불평등과 모욕을 넘어

Adding Insult to Injury: Nancy Fraser Debates Her Critics
by Nancy Fraser
edited by Kevin Olson

First published by Verso, 2008.

The collection copyright © Verso, 2008.

Individual contributions copyright © the contributors.

Korean translation copyright © Greenbee Publishing Co., 2016.

This Korean edition published by arrangement with Verso, London, through Shinwon Agency Co., Seoul.

불평등과 모욕을 넘어

낸시 프레이저의 비판적 정의론과 논쟁들

케빈 올슨 엮음 | 낸시 프레이저 외 지음

문현아·박건·이현재 옮김

프리즘총서 024

ADDING INSULT
TO INJURY

그린비

리처드 로티와 아이리스 매리언 영
그들의 목소리가 우리의 대화 속에 살아 있음을 기억하며
두 사람에게 이 책을 바친다.

서문

케빈 올슨

사회 정의에 대해 일반적으로 받아들여지던 논의들이 지난 몇십 년간의 정치적 변동으로 다시금 공격을 받고 있다. 1960~1970년대에 신좌파 진영은 분배 부정의와 계급 불평등을 우선시하던 사회민주주의의 개념적 틀을 무너뜨렸다. 신좌파는 경제 중심주의를 거부하면서 소비주의나 성적 억압, '성취 윤리'나 '사회 통제' 같은 자본주의 문화의 중심 요소에 문제를 제기했다. 반면 그 이후에 나타난 '신사회운동'은 정의의 범위를 확대해 젠더·섹슈얼리티·에스니시티의 관계를 포괄하고자 했다. 그 뒤 1980년대에는 사회민주주의적 분배 정의 관점이 우파 진영으로부터 또 다른 도전을 받았다. 힘들게 달성한 사회복지 혜택을 후퇴시키기 위해 신자유주의자들은 사회 문제를 개인 책임으로 파악하는 사회에 대한 종래의 관점과 공적 통제로부터 시장의 힘을 벗어나게 하는 것을 목적으로 하는 유연성이라는 새로운 이데올로기를 결합했다. 반면 좌파 진영에서 다문화주의자들은 사회민주주의 관점에 대해 '차이에 둔감한 자유주의자들'이라며 비판의 날을 세우고 있었다. 다문화주의자들은 공적 영역을 자유주의적으로 구성하는 것이 차별적이라 간주하면서, 집단 특수성의 인정에 중심을 둔 새로운 정의 개념을 보급하기 위해 '차이에 민감한 페미니스트들'difference feminists의 투쟁과 토착 운동을 결합했다. 그러나 뒤이은 공산주의의 몰락으로 사회 평등이 제기하는 모든 문제의 권위가 실추되는 것처럼 보임에 따라 에스노 민족주의자들과 종교 공동체주의자들은 차이에 덜 민감한 인정 모델을 대안으로 채택했다. 이후 새천년이 다가오면서 정의 문제들에 대한 표준적인 베스트팔렌적 틀은 여러 다양한 도전을 받았는데, 이러한 도전들은 그 문제들이 정의를 영토국가에 국한시켜 바라보기 때문에 발생한 것으로 보았다. 집단 학살과 군사화된 인도주의, 푸르다Purdah와 '테러와의 전쟁' 사이에 낀 인권 운동가와 국제적 페미니스트들은 구조조정이나 세계무역기구를 비판하는 사람들과 마찬가지로 영토 국가를 넘어 발생하는 부정의를 특히 중시했다. 그러나 오래지 않아 초국가적 부정의에 대한 요구는 역공을 맞는다. 북대서양의 부자 나라들은 기업 주도적인 경제적 지구화에 의해 촉발된 불안정성에 대응하느라 이민을 반대하는 이민 배척주의anti-immigrant nativism의 온상이 되었다. 또 국가와 대륙의 민족주의, 에스노 민족주의와 민중demos 민족주의를 수용하던 이전 사회민주주의의 많은 중심부 국가는 이제 포스트-베스트팔렌적 정의라는 요정을 다시 병에 가두려 하고 있다.

이러한 정치적 격변 속에서 한때 정교화되었던 사회 정의에 대한 생각 중 어떤 부분이 남아 있는가? 만일 논쟁의 패턴이 계속 좌/우 분리의 적절성을 제시한다면, 이는 좌파 진영 내 정의에 대한 공유된 전망이 없다는 사실을 반영하는 것이 된다. 사실 오늘날 진보 진영에는 진정한 부정의를 어떻게 극복할 것인가라는 점은 말할 것도 없고, 진정한 부정의가 무엇인지에 대해서도 별로 합의된 것이 없다. 어떤 이들은 성차별주의와 동성애 혐오라는 새로운 순열 조합을 강조하는 반면, 다른 이들은 식민주의와 제국주의라는 여전히 의미 있는 과거의 유산에 더 관심을 가지고 있다. 그리고 또 어떤 좌파 진영은 남반구에 만연한 산업적 착취를 강조하지만, 다른 진영은 공식적 노동으로부터 완전히 분리된 거대한 슬럼에 주목하고, 또 다른 이들은 포스트-산업주의, 포스트-평등주의, 포스트-복지 경제가 북반구 내에서 서로 다른 효과를 갖는 점에 주목한다.

적절한 접근 방식은 분명히 핵심적이면서 결정적인 현 시대의 불평등을 모두 포착해야 한다. 하지만 정의에 대한 어떤 생각이 이 모든 것을 포용할 수 있을 것인가? 어떤 개념이 투쟁의 자기 명료화와 이 시대의 희망이라는 비판적 이론화의 핵심 과업을 가장 잘 수행할 것인가?

만일 해답이 불분명하다면 두 진영은 익숙한 방식의 생각에 계속 매달릴 수밖에 없다. 경제 불평등과 싸우는 데 집중했던 진영은 사회민주주의의 재분배redistribution 패러다임에 여전히 가치를 둘 것이다. 가치가 폄하된 문화에 대한 낙인화stigmatization와 투쟁하는 데 더 큰 관심을 가졌던 다른 진영은 차이에 민감한 인정recognition 패러다임을 사용할 것이다. 각각은 자신만의 통찰력을 갖지만 동시에 맹점도 갖고 있다.

재분배 개념은 존경할 만한 선구적 주창자들을 뿌리로 두고 있다. 공리주의자와 페이비언주의자, 진보주의자와 포퓰리스트populist, 공상적 사회주의자와 맑스주의자, 사회주의자와 사회민주주의자, 반제국주의자와 개발론자, 그리고 노동운동의 모든 분파가 그들이다. 산업혁명 시대의 공장 생산, 규제되지 않는 시장, 집중된 부와 결합된 이 패러다임은 자본주의 체제가 야기하는 손상injury을 특히 중요시한다. 주로 계급 정치와 연관된 이 패러다임은 정의를 자원·기회·재화의 공정한 할당을 보장하는 것과 집중적으로 관련 짓는다.

이러한 접근법은 여전히 상당한 호소력을 갖고 있다. 자본 축적 양식에서 주요한 변환이 있었음에도 불구하고, 노동자 권리, 작업장 안전, 직업 안정성의 쟁점과 좋은 것이든 나쁜 것이든 재화의 공정한 분배는 여전히 중요한 문제이기 때문이다. 부는 여전히 한쪽으로만 분배되고 심각한 가난도 여전히 만연한 반면, 노조의 힘은 줄어들고 이전 시대에 얻어냈던 개혁은 무너져만 가고 있다. 게다가 자본주의 경제의 지구화와 통신 매체의 결합 탓에 심각한 세계적 불평등이 새로운 방식으로 두드러지고 있다. 이런 분위기 속에서 많은 사회 정의 운동이 지속적으로 재분배의 언어로 자신의 주장을 이야기하는 것은 놀라운 일이 아니다.

그럼에도 불구하고 일부 진보적 사회운동가는 재분배 패러다임의 결점을 발견했다. 문화적 페미니스트, 다문화주의자, 그리고 '퀴어 활동가'queer처럼 손상보다 모욕insult에 더 많은 관심을 보이는 이들은 자신의 정체성, 생활 방식, 사회적 기여도를 폄하하는 것에 맞선 투쟁을 목표로 삼았다. 제도화된 경시의 형식들은 잘못된 분배maldistribution로 환원되지 않으며, 이러한 손해들은 사회민주주의에서는 대체로 간과되었던 부분이다. 이 부분을 정면으로 공격하기로 결정한 이들은 인정을 중심으로 하는 또 다른 사회 정의 패러다임을 정교화했다. 위계의 담론적 구성에 초점을 맞추면서, 인정 패러다임은 기존의 경제 중심적인 사회적 상상을 문화주의적 사회 관점으로 대체했다. 이 관점은 사회를 불평등하게 가치평가된 정체성들이 상징적으로 정렬되는 행렬matrix로 파악한다. 이러한 관점 변화를 통해 인정 패러다임은 이전 패러다임에서 보이지 않았던 지위 위계를 가시화하고 비판할 수 있게 만들었다.

이 접근 역시 통찰력과 함께 맹점도 갖고 있다. 한편으로 인정 패러다임을 통해 헤게모니적 가치를 견고히 하며 지배적인 문화에 특권을 부여하는 잘못된 보편주의들을 폭로할 수 있다는 점이 입증되었다. 다른 한편으로 인정 패러다임은 정체성을 물화해 잘못된 분배에 대한 투쟁을 대체하는 경향이 있는데, 이런 인정 패러다임의 지지자들은 잘못된 분배를 단지 무시misrecognition의 부수적 효과에 불과한 것으로 본다. 그러므로 당연히 재분배를 옹호하는 대부분의 사람은 새로운 패러다임에 회의적이다.

그러므로 사회 정의에 대해 익숙한 두 개의 구상이 있는데, 그것들은 각각의 거울 이미지와도 같다. 한쪽에는 150년 동안의 자본주의 경제 비판에 근거하고 있는 평등주의적 구상이 있는데, 이것은 잘못된 분배가 무시의 기초를 이루고 있다고 주장한다. 다른 한편에는 차이에 민감한 비판이라는 새로운 전통이 있다. 상징적 위계 구성에 중심을 두는 사람들은 무시가 잘못된 분배를 만들어 낸다고 주장한다. 이렇게 각각이 상대에게 의문을 제기하고 있기 때문에, 정의에 관한 두 패러다임은 종종 대립적이고 양립 불가능한 것처럼 서로 대치해 왔다.

이는 적어도 낸시 프레이저가 이 책의 첫 논문 「재분배에서 인정으로?: '포스트사회주의' 시대 정의의 딜레마」를 발표한 1995년에는 널리 받아들여진 생각이었다. 논문의 핵심적인 주장에 동의하지 않는 사람들조차도 이를 중대한 중재로 받아들였던 이 논문의 목적은 다문화주의자와 사회민주주의자 사이에 놓인 적대 의식의 심층적인 개념적 기초가 무엇인지를 보여 주는 것이었다. 현재 무엇이 문제가 되는지를 분명히 보여 주기 위해서 프레이저는 균열의 뿌리를 정치적 주장 형성 문법의 시대적 변화에서 찾았다. 이것을 그녀는 "재분배에서 인정으로의 이동"이라고 명명했다. 그리고 그러한 두 정의 구상이 포스트-1968년 시대를 기점으로 분리되었다고 주장한다. 하지만 이런 주장은 단순한 진단에 그치지 않는다. 그녀는 종파적 경쟁 의식을 넘어서는 새로운 길을 개척하기 위해 노력하면서, 정의에 대한 이해를 재구성해 양 진영의 생각을 융합할 것도 주장했다. 프레이저는 부정의의 주요 축이 이차원적이며, 이것은 정치경제와 지위 질서에 동시적으로 근거하고 있다고 **주장**했다. 더불어 그녀는 재분배 정치와 인정 정치를 결합하지 않는다면 정의를 향한 투쟁이 성공할 수 없다고 주장했다. 이 같은 결합의 정치는 절묘함을 필요로 하는 것이기 때문에, 프레이저는 재분배와 인정 사이의 실제적인 긴장을 절묘함의 하나로 고안해 냈다. 자신이 "재분배-인정 딜레마"라고 부른 것을 극복하기 위해서, 프레이저는 불공정한 결과를 낳는 근원적인 구조는 건드리지 않고 그 결과를 경감시키는 것을 목적으로 하는 기존의 '긍정적'affirmative 전략을, 심층 구조 자체를 변화시키는 것을 목적으로 하는 더 급진적인 '변혁적'transformative 전략으로 대체할 것을 주장했다. 프레이저는 '주류 다문화주의'와 자유주의 복지국가 모두를 비판하면서, 반목하는 좌파 분파들이 '경제의 사회주의'뿐 아니라 '문화의 해체'를 위한 더 확장된 통합적 투쟁 속에서 연합할 것을 요청했다.

'손상에 모욕을 더하는 것'add insult to injury[재분배와 인정을 결합하는 것]에 대한 프레이저의 주장은 다양하고도 때로는 격렬한 반응을 불러일으켰다. 논쟁은 동시대의 선도적인 좌파 이론가들 사이에서 시작되었고, 그 논쟁은 그녀의 글에서 비롯된 이론과 실천의 긴급한 문제들을 다루었다. 하지만 논의는 곧잘 최초의 문제 제기를 넘어서서 번져 나갔다. 프레이저가 이후 자신의 관점을 계속 다듬어 가면서, '재분배와 인정'이라는 문제적 사안은 지속적으로 주의를 끌었으며 의견 충돌이 촉발되는 지점에 이르기도 했다. 그래서 정치적 풍경이 많이 변화된 오늘날의 상황에서도 '모욕과 손상'의 관계는 생생한 논쟁의 초점으로 남아 있다.

이 책은 이렇게 확장되면서 여전히 진행 중인 논쟁 과정을 담고 있다. 이 책은 프레이저의 1995년 글로 시작해서 2007년의 대답으로 끝나는데, 논쟁 과정에서 제시된 대부분의 주요 핵심 쟁점이 포함되어 있다(프레이저와 악셀 호네트의 논쟁은 다른 책으로 출판되어 여기에는 빠져 있다). 체계뿐 아니라 연대기적인 특징도 고려한 이 책『불평등과 모욕을 넘어』[이 책의 원제는 *Adding Insult to Injury*이다]는 서로 다른 쟁점을 중심으로 하는 네 번에 걸친 토론을 담고 있다. 1회차의 중심 쟁점은 재분배와 인정 사이의 균열에 대한 프레이저의 진단이다. 2회차에서는 프레이저의 명제가 이미 주어진 것으로 간주되고, 어떻게 사회 정의에 대한 두 접근을 이론과 실천에서 통합시킬 것인가로 초점이 옮겨 간다. 3회차의 핵심 질문은 재분배와 인정이 정의의 모든 의미를 실질적으로 포괄하고 있는지, 혹은 세번째 차원으로 정치적 관점을 포함하는 것이 필수적인지 여부를 다룬다. 마지막으로 4회차의 중심 관심은 프레이저 이론의 철학적 기초, 특히 규범적 토대와 사회 존재론이다. 이 네 가지 토론을 좀 더 설명해 보자.

이 책의 1부는 「재분배에서 인정으로?」에 대한 초기 논쟁을 보여 준다. 일부 초기 비판가의 글과 프레이저의 답변을 담고 있는 1부는 주로 재분배로부터 인정을 분리하는 그녀의 진단에 초점을 맞춘다. 그녀가 아픈 곳을 건드렸다는 것을 확증하기라도 하듯, 이에 대해 전체 좌파 진영 전반에 걸쳐 반응이 터져 나왔다. 주디스 버틀러는 "신보수주의 맑스주의"에 맞서 문화적 좌파를 옹호하기 위한 글을 썼다. 이성애 중심주의는 계급 착취만큼 물질적이고 자본주의에 본질적이라고 주장하면서, 버틀러는 프레이저의 문화 부정의와 경제 부정의 구분을 해체한다. 반대로 리처드 로티는 사회적 좌파를 대표해 논쟁에 개입한다. 문화적 인정에 대한 집중은 정치적으로 막다른 골목에 이르는 것이라고 비판하면서, 그는 계급과 분배 정의 우선성을 포함하는 사회민주주의로의 귀환을 요구한다. 대조적으로 아이리스 매리언 영은 포스트-신좌파 시대 진보적 투쟁의 전반적인 분위기를 옹호하기 위해 논쟁에 참여한다. 좌파 내에 재분배/인정의 분열이 존재함을 부정하면서, 그녀는 프레이저의 진단이 프레이저 자신의 '이분법적' 사고의 인공적 창조물이라고 주장한다. 한편 앤 필립스는 프레이저와 영이 벌인 논쟁의 중재를 제안한다. 좌파들 간의 입장 차이를 구분할 것을 주장하면서, 그녀는 영의 정체성 친화적인 지향에 찬성하며 문화 정치에 대한 프레이저의 해체주의적 입장을 거부하는 한편, 인정이 재분배를 대체하고 있다는 프레이저의 우려에는 동감을 표한다. 마지막으로 이처럼 활기를 띤 논박 과정에서, 프레이저는 비판가들의 반대 의견을 반박할 뿐만 아니라, 자신의 관점의 기반이 되는 유사베버주의적인 '이원적 관점'perspectival-dualist의 사회 이론을 정교화한다.

그 이론이 2부 내용의 뼈대를 구성한다. 2부에서는 분열을 극복할 필요성과 마찬가지로, 재분배 옹호자들과 인정 옹호자들 사이의 분열 역시 주어진 것으로 간주된다. 즉 여기서의 논쟁은 이론과 실천에서 재분배와 인정을 결합해야 하는가에 대한 것보다 어떻게 결합해야 하는가에 대한 것이 된다. 2부는 프레이저의 이론화 계획의 2000년판 확장본으로 시작하며, 이에 대한 네 개의 비판적 논문이 이어진다. 이 중 두 개는 주로 인정에, 나머지 두 개는 대체로 재분배에 초점을 맞추고 있다. 그런데 2부의 분위기는 좀더 어두운 편이다. 왜냐하면 이 시기는 한편으로는 점증하던 정체성 정치의 독성에 의해, 다른 한편으로는 세기 전환기에 강화된 신자유주의 헤게모니에 의해 그늘이 드리워진 시기였기 때문이다. 이러한 배경에서 프레이저는 억압적 쇼비니즘으로부터 인정을 분리하고,

인정을 평등주의적 재분배와 연결시키기 위해 '인정을 다시 생각하기'를 제안한다. 정체성에서 제도로 초점을 이동시키기 위해 프레이저는 무시를 지위 종속status subordination으로 분석한다. 왜냐하면 지위 종속은 사회 생활에 동료로 온전하게 참여할 가능성을 일부 사회 행위자에게서 박탈함으로써 정의의 요건을 위반하는 제도화된 문화 가치 패턴들을 근거로 하고 있기 때문이다. 이러한 인정의 '지위 모델'은 **참여 동등**parity of participation**으로서의 정의**라는 그녀의 관점과 연결되면서 정체성 정치의 물화 경향을 피한다. 또한 지위 모델은 자본주의를 문화와 경제에 의해 이중으로 위치와 서열이 정해지고 지위와 계급에 의해 이중으로 계층화된 것으로 파악하는 관점을 통해 무시와 잘못된 재분배가 겹쳐지는 점을 최전면에 내세운다. 아니, 내세우게 된다고 프레이저는 주장한다.

2부에 수록된 다른 글들의 저자는 프레이저의 접근이 충분히 만족스러운지에 의구심을 제기한다. 이러한 의구심은 다양한 방면에서 제기된다. 어떤 이는 인정에 대한 프레이저의 관점에 의문을 품고, 어떤 이는 재분배에 대한 프레이저의 생각을 반박한다. 또 다른 사람은 인정과 재분배의 관계에 대한 프레이저의 설명을 부인한다. 크리스토퍼 F. 주언은 프레이저의 인정의 지위 모델을 비판한다. 그의 관점에서 보면 프레이저의 설명은 개인 심리학을 희생시켜 지나치게 일방적으로 제도에만 초점을 맞춘 것이다. 반대로 엘리자베스 앤더슨은 긍정적 인정에 대한 프레이저의 비판에 결함이 있다고 주장한다. 앤더슨은 그러한 인정이 필연적으로 재분배와 긴장 관계에 놓인다는 점을 부정하면서 반대 사례를 제시한다. 즉 인종차별을 시정하기 위한 적극적 조치 정책을 재개념화해서 반대 사례로 제시한다. 한편 재분배 측면에서 잉그리드 로베인스는 어떤 분배 정의 이론도 무시를 적절하게 설명하지 못한다는 프레이저의 주장을 반박한다. 그녀의 관점에서 보면 아마티아 센의 역량 모델capability model이 이미 그렇게 하고 있고, 프레이저의 모델보다 더 성공적으로 무시를 설명하고 있다는 것이다. 조지프 히스 역시 프레이저가 비판한 재분배 이론을 회복시킨다. 그러나 히스는 로널드 드워킨이 정의를 자원의 평등으로 설명하는 방식을 지지하면서, 심의 민주주의적 인정 정치deliberative-democrative politics of recognition를 기반으로 할 것을 제안한다. 프레이저가 2부에서 이러한 비판들에 직접적으로 대답하지는 않았지만, 독자들은 그녀가 악셀 호네트(2003)나 다른 비판가들과 나눈 의견 교환(2007)에서 적합한 내용들을 발견할 수 있을 것이다.[1]

2회차 토론이 정의의 이차원적인 개념을 가정한다면, 3회차 토론에서는 그러한 가정을 의문시한다. 3부에 포함된 글들은 재분배와 인정의 결합이 정의의 모든 핵심을 포함한다는 프레이저의 견해를 수용하기보다는 세번째 차원, 즉 정치적 차원 또한 요구된다는 정의에 대한 새로운 합의를 반영하는 글들이다. 먼저 레너드 C. 펠드먼은 2002년에 쓴 논문에서 정치적 부정의는 분석적으로 경제나 문화 불평등과 구분되며 그것들로 환원될 수 없다고 주장한 바 있다. 이 책에 수록된 글을 통해 펠드먼은 논의를 확장해 국가가 기존에 존재하던 차이를 그저 인정하는 것처럼 하면서 국가 자체가 종속적인 정치적 지위를 생산하는 사례들에 주목한다. 그리고 나의 논문은 재분배와 인정을 넘어선 정의의 정치적 차원을 우선시할 것을 제안한다. 나는 정치적 참여가 다른 사회적 참여 형식들

---

1 악셀 호네트와 공저한 『분배냐 인정이냐?: 정치철학적 논쟁』, 김원식·문성훈 옮김, 사월의 책, 2014와 이 책 4부 3장으로 수록된 「참여 동등의 정의를 우선시하기: 컴프리디스와 포르스트에 대한 답변」을 뜻한다.

과 분석적으로 구분될 뿐만 아니라 규범적·개념적으로 그것들보다 우선한다고 주장하면서 프레이저의 이론에서도 정치적 참여에 특권적인 자리가 부여되어야 한다고 주장한다. 이러한 기초 위에서 나는 참여 동등에 대해 정치적으로 더 풍부한 구상을 개괄한다.

프레이저의 「글로벌한 세상에서 정의의 틀 새로 짜기」는 3회차 토론의 비판가들에 대한 일종의 대답이다. 비록 명시적으로 그러한 목적으로 쓴 것은 아니지만, 2005년의 이 글에서 그녀는 정의의 정치적 차원을 특별히 두드러지는 것으로 보는 비판가들의 생각을 수용한다. 재분배와 인정에 '대표'representation를 덧붙이면서, 프레이저는 계급·지위·분파라는 베버의 세 가지 축을 효과적으로 업데이트한 삼차원 개념을 정교화한다. 지구화를 둘러싼 투쟁을 분명한 목적으로 하는 이 새로운 차원은 그녀가 명명한 '일반 정치에서의 부정의'에 의해 다 포섭되는 것은 아니다. 일반 정치에서의 부정의는 경계 지어진 정치 공동체 내부에서 내적으로 발생하기 때문에 왜곡된 판단 규칙들로 인한 정치적 목소리의 격차를 동료 시민들 사이에서만 문제 삼는 것이기 때문이다. 더 나아가 프레이저의 개념은 '메타-정치적 부정의들'을 포함한다. 이 부정의는 정치공간을 경계 지어진 정치체들로 분리해 실제로는 초국가적인 부정의가 국내적 문제의 틀로 조망되기 때문에 발생한다. 이 경우 부정의의 결과에 영향을 받는 사람 중 시민이 아닌 사람들은 고려의 대상에서 부당하게 배제된다. 지구적 수준에서의 가난한 자들global poor의 정치적 주장이 힘이 없거나 정치·경제적으로 실패한 국가들의 국내 정치적 영역의 문제로 치환되어 가난한 자들을 강탈하는 것의 원천이 해외에 있다는 것을 알지 못하도록 전환될 때, 이들 영향을 받는 사람 중 시민이 아닌 자들은 배제되는 경우를 그 예로 들 수 있다. 이 논문에서 프레이저의 주된 관심은 두번째, 메타-정치적 수준의 대표 불능misrepresentation이다. 문제가 되는 부정의를 '잘못 설정된 틀'로 명명하면서 그녀는 부정의한 틀을 문제시하는 '포스트-베스트팔렌적인 민주적 정의론'을 제시한다. 결과적으로 그녀는 자신의 주요 이론을 개정해서 글로벌한 세상에서 국경을 초월한 불평등 설명을 목표로 설정한다.

이 책의 네번째이자 마지막 회차의 토론은 프레이저 이론의 철학적 기반을 다룬다. 여기서 쟁점이 되는 것은 비판 이론의 규범적 토대와 사회 존재론뿐 아니라 비판 이론의 기본 목적이다. 이전의 토론에서는 대체로 이 쟁점이 특별히 언급되지 않았지만, 네번째 토론에서는 본격적인 논쟁 주제로 다루어진다. 니컬러스 컴프리디스는 프레이저 접근의 두 가지 주요 원칙에 의문을 제기한다. 첫째, 정의론에서 인정을 활용하는 원칙과 둘째, 공적 영역에서의 의제 형성에 초점을 맞추는 원칙이다. 컴프리디스는 그러한 원칙들이 아직 정치적인 목소리를 획득하지 못한 취약한 주체들이 경험한 피해를 배제한다고 주장하면서 대안적인 비판 이론화 모델을 옹호한다. 논쟁적이며 개시적인disclosive 이 모델은 정의 대신 자유를 근거로 미발현된 고통을 정교화할 수 있는 새로운 표현 형식을 찾도록 고안되었다. 반대로 라이너 포르스트는 비판 이론에 대한 프레이저의 개념을 거의 받아들이지만, 참여 동등을 정의의 근본적인 원칙으로 제시한 그녀의 결정은 비판한다. 대신에 그는 그러한 역할이 '정당화 권리'the right to the justification에 맡겨져야 한다고 주장한다. 그리고 나와 마찬가지로 정치를 정의의 주요 차원으로 개념화하는 것에 동의하며, 대표를 단순히 정의의 동등한 세 기본 차원 중 하나로 고려하는 프레이저의 설명에 반대한다.

그러나 프레이저는 이러한 반대들에 설득당하지 않는다. 그녀는 이 책의 결론에 해당하는 글을 통해 4회차 토론의 비판가들의 입장에 대답한다. 여기서 그녀는 비판 이론에 대한 자신의 일반적인 이해 방식과 비판 이론을 재구성하기 위해 자신이 제안한 특정한 형식 양자 모두를 옹호한다. 컴프리디스에 답변하는 과정에서 그녀는 인정 이론가들은 오직 제도화된 지배를 폭로하는 것에 우선순위를 둘 때만 **비판** 이론가로서 자격이 있다고 주장한다. 인정 이론가들에게는 인정에 대한 정의 이론적 설명이 부재하기 때문에, 이들은 결코 논쟁적인 주장이나 언어적 혁신의 **해방적** 힘을 구성할 수 없다는 것이다. 포르스트의 주장에 답변하면서 그녀는 참여 동등으로서의 정의론이 정당화 권리에 중심을 둔 이론에 비해 권력 비대칭성을 보다 더 잘 폭로할 수 있다고 주장한다. 정당화 권리에 중심을 둔 이론은 모든 부정의를 대표 불능으로 환원하는 '환원적 정치 중심주의'에 빠져들지만, 참여 동등으로서의 정의론은 잘못된 분배와 무시의 상대적 자율성을 존중한다. 그리고 이러한 잘못된 분배와 무시는 전형적으로 대표와 대치하고 대표를 왜곡한다.

만일 이 책에서 프레이저가 자신의 의견을 더 개진할 수 있게 된다면, 그녀의 이론을 둘러싼 논쟁은 결코 여기서 끝나지 않을 것이다. 반대로 손상에 모욕을 더하는 프로젝트는 계속해서 주의를 끌고 의견 충돌을 촉발시킬 것이다. 그러니 정의론이 부족하지 않은 시대에 왜 이 작업이 이렇게 넓은 반향을 일으키는지는 충분히 고려해 볼 만한 사안이다. 첫 번째 이유는 프레이저가 더 생산적인 문제로 논쟁의 조건을 전환시키는 데 성공했기 때문이다. 다시 말해 그녀는 '문화 정치'와 '사회민주주의'를 정반대의 것으로 대치시키는 무익한 양자택일에서, 어렵기는 하지만 더욱 생산적인 방식, 즉 양자 간에 긴장이 있다는 점을 인식하는 동시에 이러한 두 경향을 통합시키는 방식으로 논쟁의 조건을 전환시켰다. 두번째 이유는 현재의 혼란한 국면을 예측 가능하고 이해 가능한 것으로 만든 그녀의 예리한 능력 때문이다. 그녀의 틀은 정치적 풍경의 개요를 제공하고 있으며 외관상 분리된 부정의들 사이의 점들을 연결한다. 그러면서 그 틀은 어떻게 하면 우리가 이질적이고 단편적인 투쟁에 그쳤을지도 모르는 그러한 투쟁들을 더 큰 그림에 연결하고, 서로 연결할 수 있을지를 고민하게 해준다. 끝으로 그리고 아마도 그래서 가장 중요하게 지적하고 싶은 점은, 프레이저의 이론화가 시간이 감에 따라 계속해서 깊어진다는 것이다. 논쟁과 대화를 매우 즐기는 사상가로서 그녀는 모든 비판적 의견 교환을 자신의 틀을 새로운 방향으로 확장하는 기회로 간주한다. 가장 최근에는 글로벌한 부정의를 분명히 하기 위해 그러한 의견 교환을 잘 활용하기도 했다. 이 책은 이와 같은 대화적인 이론화 과정을 엿볼 수 있는 독특한 기회를 제공해 줄 것이다.

| 차례 |

| **일러두기** |

1 이 책은 Nancy Fraser et. al., *Adding Insult to Injury: Nancy Fraser Debates Her Critics* (Verso, 2008)를 옮긴 것이다.

2 본문의 주석은 모두 각주이며, 옮긴이 주는 따로 구분해 주었다. 본문 내용 중 옮긴이가 추가한 내용은 대괄호([ ])로 묶어 표시했고, 본문과 각주에서 지은이가 추가한 내용은 해당 부분 끝에 '―인용자'라고 표시해 옮긴이 첨언과 구분해 주었다.

3 원서에서 이탤릭체로 강조한 표현은 고딕체로 표시했다.

4 단행본·정기간행물에는 겹낫표(『 』)를, 논문·보고서에는 낫표(「 」)를 사용했다.

5 각주에 나오는 해외 문헌 중 한국어 번역본이 있는 것은 한국어판 서지 사항 및 해당 쪽수를 적어 주었다.

6 외국 인명·지명은 2002년에 국립국어원에서 펴낸 '외래어 표기법'에 따라 표기했다.

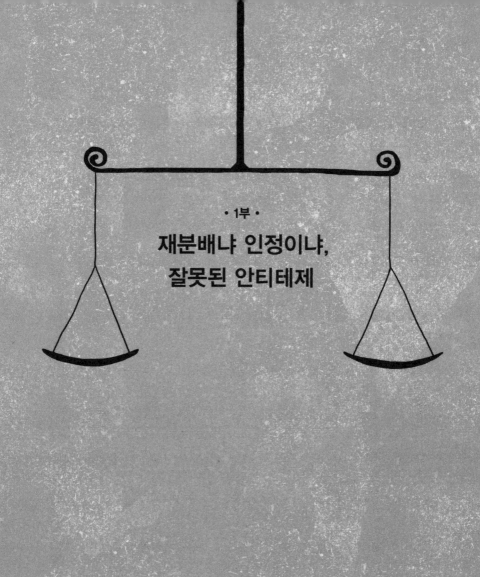

· 1부 ·

재분배냐 인정이냐,
잘못된 안티테제

1장

재분배에서 인정으로?
'포스트사회주의' 시대 정의의 딜레마

낸시 프레이저

'인정recognition 투쟁'은 빠른 속도로 20세기의 정치적 갈등을 표현하는 패러다임 형식이 되어 가고 있다. '차이 인정'을 위한 요구는 국적, 에스니시티, '인종', 젠더, 섹슈얼리티를 기치로 내걸고 결집된 집단들의 투쟁을 부추기고 있다. 위와 같은 '포스트사회주의적'postsocialist 갈등에서는 계급 이해관계를 대신해 집단 정체성이 정치 동원의 핵심 수단으로 활용된다. 문화적 지배가 착취를 대신해 근본적 부정의로 자리를 잡는 것이다. 이렇게 문화적 인정은 부정의의 개선책이자 정치 투쟁의 목표로서 사회경제적 재분배redistribution의 자리를 대신하게 된다.

물론 이게 이야기의 전부는 아니다. 인정 투쟁은 물질적 불평등이 악화된 세계에서 나타난다. 물질적 불평등은 수입과 재산권에서뿐 아니라 임금노동, 교육, 의료 서비스, 여가 시간 등에 접근할 수 있는 수단의 불평등과도 연관되어 있다. 뿐만 아니라 물질적 불평등은 칼로리를 섭취하고 환경 유해물에 노출되는 것과도 관련되어 있으며 이런 점에서 기대수명, 질병 및 사망률과 연관되어 있다. 물질적 불평등은 미국과 아이티, 스웨덴과 인도, 러시아와 브라질 할 것 없이 세계 각국에서 나타난다. 그것은 또한 전 지구적으로 증가하고 있으며, 남반구와 북반구를 나누는 선을 극적으로 가로지른다. 그렇다면 '이해관계', '착취', '재분배'와 같은 용어를 중심으로 구성된 사회주의적 상상의 광영光榮이 실추되는 이 상황을 우리는 어떻게 보아야 하는가? 그리고 '정체성', '차이', '문화적 지배' 그리고 '인정'과 같은 용어를 중심으로 하는 새로운 정치적 상상력의 부상을 어떻게 보아야 하는가? 이러한 전환은 '허위의식'으로의 타락을 보여 주는가? 아니면 오히려 소비에트 공산주의의 붕괴로 인해 그 명성이 실추된 유물론적 패러다임이 갖는 문화 무지성culture-blindness을 교정하는 것인가?

내 생각에는 위의 두 가지 경우 중 어떤 것도 타당하지 않다. 양자는 너무 도매금이고 미세한 뉘앙스를 보여 주지 않는다. 우리는 정체성 정치identity politics를 단순하게 지지하거나 **전면적으로** 부정하기보다 우리 자신이 새로운 지적·실천적 임무에 당면해 있음을 보아야 한다. 우리는 평등의 사회 정치와 정합적으로 조합될 수 있는 버전의 차이의 문화 정치를 규정하고 옹호하는 **비판적** 인정 이론을 발전시켜야 한다.

이러한 기획을 만드는 과정에서 나는 오늘날 정의가 재분배**와** 인정 **양자**를 요구한다고 전제할 것이다. 그리고 양자 간의 관계를 검토할 것이다. 부분적으로 이것은 하나가 다른 하나를 파괴하기보다 양자가 서로를 지원하는 방식으로 문화적 인정과 사회적 평등을 개념화하는 방법을 고안해 낸다는 것을 의미한다(양자를 경쟁적인 것으로 파악하는 많은 방법이 있기 때문이다!). 이것은 또한 오늘날 경제적 불이익과 문화적 경시disrespect가 얽혀 있는 방식과 서로를 지원하는 방식을 이론화한다는 것이다. 따라서 우리는 이 두 가지 부정의에 동시에 대항하려고 할 때 발생하는 정치적 딜레마들을 분명히 할 필요가 있다.

보다 큰 나의 목적은 일반적으로 상호 연관성이 없다고 여겨지는 이 두 가지 정치적 문제를 연결하는 데 있다. 인정과 재분배를 제대로 절합할 때만 우리는 우리 시대의 요구에 부응하는 비판적-이론적 틀에 도달할 수 있다. 그러나 여기서 이 많은 것을 전부 다룰 수는 없다. 이하에서 나는 이 문제의 한 측면만을 고려할 것이다. 어떤 조건하에서 인정 정치가 재분배 정치를 지원할 수 있는가? 그리고 언제 전자가 후자를 파괴하는 것처럼 보이는가? 다양한 정체성 정치 중 어떤 것이 사회 평등을 위한 투쟁에 가장 큰 시너지 효과를 발생시키는가? 그리고 어떤 것이 후자와 충돌하는 경향을 보이는가?

이러한 물음을 다루는 과정에서 나는 젠더와 '인종'이 각각 그 모범 사례가 될 수 있는 문화 부정의와 사회 부정의의 축에 초점을 맞출 것이다(반대로 나는 에스니시티ethnicity나 국적nationality에 대해서는 많이 언급하지 않을 것이다).[1] 그리고 다음의 주장을 분명히 할 것이다. 즉 사회 평등의 시각에서 인정 요구를 평가하는 가운데 나는 인권 존중에 실패하는 다양한 인정 정치는 비록 그것이 사회 평등을 촉진한다고 해도 수용할 수 없다고 주장할 것이다.[2]

---

[1] 이를 생략하는 것은 지면상의 이유 때문이다. 나는 이하에서 정교화되는 틀이 에스니시티와 국적 모두에 풍부하게 적용될 수 있다고 본다. 이러한 계열에 따라 형성된 집단들이 자신을 사회경제적 불이익 상황을 공유하는 집단으로 정의하지 않는 한, 따라서 재분배 주장을 하지 않는 한, 이 집단들은 일차적으로 인정을 위한 투쟁을 하고 있다고 이해될 수 있다. 그러나 민족 독립 투쟁은, 그것이 고유의 주권 국가의 형식이 됐든(팔레스타인의 경우), 아니면 좀더 제한적으로 다민족 국가 내에서의 지방 주권의 형식이 됐든(대다수의 퀘벡 사람), 그것이 추구하는 인정 형식이 정치적 자율성이라는 특이성을 갖는다. 반대로 에스니시티 인정을 위한 투쟁은 종종 다민족 국가 내에서의 문화적 표현의 권리를 추구한다. 이러한 차이를 통찰력 있게 논의하고 있는 것으로는 Will Kymlicka, *Multicultural Citizenship: A Liberal Theory of Minority Rights*, Oxford: Oxford University Press, 1996 참조.

마지막으로 방법론에 관해 한마디 하도록 하자. 이하에서 나는 몇 가지 분석적 구분을 제안할 것이다. 예를 들어 문화 부정의와 경제 부정의, 인정과 재분배 등을 구분할 것이다. 물론 실제 세계에서 문화와 정치경제는 항상 비늘처럼 서로 겹쳐 있다. 사실상 부정의에 대한 모든 투쟁은, 적절하게 이해된 경우라면, 재분배와 인정 모두에 대한 요구를 포함한다. 그럼에도 불구하고 발견적heuristic 목적을 수행하기 위해서는 분석적 구분이 필수불가결하다. 실제 세계의 복잡성으로부터 추상하는 방법을 쓸 때만 우리는 이를 분명하게 보여 줄 수 있는 개념 도식을 창안할 수 있다. 따라서 나는 재분배와 인정을 분석적으로 구분하고 그 각각의 논리를 드러냄으로써 우리 시대의 중심적인 정치 딜레마 몇 가지를 구분하고자——그리고 해결하기 시작하고자—— 한다.

나의 논의는 네 부분으로 진행된다. 1절에서는 재분배와 인정을 분석적으로 구분되는 정의의 두 패러다임으로 개념화하고, '재분배-인정 딜레마'를 정식화할 것이다. 2절에서는 이 딜레마에 빠지기 쉬운 집단이 무엇인지를 파악하기 위하여 세 개의 이념형적 사회 집단 유형을 구분할 것이다. 3절에서는 부정의에 대한 '긍정적' 개선책과 '변혁적' 개선책을 구분하고 각각의 개선책이 갖고 있는 집단collectivity에 대한 논리를 검토할 것이다. 마지막으로 4절에서는 이러한 구분들을 사용하는 가운데 서로를 최소한만 방해하는 방식으로 인정 주장과 재분배 주장을 통합하는 정치 전략을 제안할 것이다.

---

2 원칙적으로 이 논문에서 나의 관심은 문화적 차이 인정과 사회적 평등의 관계이다. 따라서 여기서 나는 문화적 차이 인정과 자유주의 간의 관계에는 직접적인 관심을 갖지 않을 것이다. 그러나 나는 통상 좌파 자유주의자들이 주장해 왔던 그러한 종류의 기본적 인권 존중을 결여하고 있는 그 어떤 정체성 정치도 수용될 만한 가치가 없다고 전제한다.

1. 재분배-인정 딜레마

오늘날 '포스트사회주의적인' 정치적 삶의 복잡성에 주목하면서 시작해 보자. 계급을 중심으로 하지 않는 다양한 사회운동은 서로를 가로지르는 차이의 축들을 중심으로 형성된다. 부정의의 범위에 대해 논쟁하는 과정에서 나타난 이 사회운동들의 주장은 서로 중첩되고 때로는 갈등한다. 사회운동들 내부에 그리고 운동들 사이에 문화적 변화에 대한 요구와 경제적 변화에 대한 요구가 뒤섞여 나타난다. 그러나 재분배의 전망이 쇠퇴함에 따라 정체성에 기반한 주장들이 점차 지배적으로 나타나는 경향을 보인다. 그 결과 프로그램상 빈약한 정합성을 갖는 복잡한 정치의 장이 펼쳐진다.

이러한 상황과 이 상황이 제시하는 전망들을 분명히 하기 위해 나는 널리 인지되고 있는 분석적으로 구분되는 두 가지 부정의를 구분할 것을 제안한다. 첫번째는 사회경제적 부정의다. 이 부정의는 사회의 정치-경제 구조에 뿌리내리고 있다. 착취(다른 사람의 이익을 위해 전유된 누군가의 노동 결과물을 소유하는 것), 경제적 주변화(바람직하지 않은 혹은 형편없이 낮은 임금이 지불되는 노동에 갇혀 있는 것 혹은 수입을 발생시키는 노동 전반에 대한 접근을 거부당하는 것), 그리고 박탈deprivation(생활을 위해 필요한 적절한 물질적 수준을 거부당하는 것)이 이러한 부정의의 사례라 할 수 있다.

평등주의 이론가들은 오랫동안 이러한 사회경제적 부정의의 본질을 개념화하고자 노력했다. 그들은 칼 맑스의 자본주의적 착취 이론, 정의를 '기본재'primary goods의 공정한 분배로 보는 존 롤스의 사상, 정의란 사람들이 동등한 '역량'capability을 가지도록 보장해야 한다는 아마티아 센의 생각, 그리고 정의는 '자원의 평등'을 필요로 한다는 로널드 드워킨의 생각을 고려한다.[3] 그러나 이 글의 목적을 고려해 볼 때 우리는 이 중 어떤 하나의 이론에만 전념할 필요가 없다. 우리에게 필요한 것은 단지 평등주의에서 말하는 사회경제적 부정의에 대한 일반적이고 대략적인 이해에 동의하는 것이다.

두번째 종류의 부정의는 문화적 혹은 상징적 부정의다. 이는 사회의 재현·해석·의사소통 패턴에 뿌리내리고 있다. 문화적 지배(다른 문화와 연관된, 그래서 자신의 문화에는 생소한 그리고/혹은 적대적인 해석 및 의사소통에 종속되는 것), 불인정nonrecognition(어떤 문화에서 권위를 인정받는 재현·의사소통·해석의 실천으로 인해 비가시적으로 되는 것), 그리고 경시 disrespect(전형화된 공적 문화 재현 그리고/혹은 일상의 상호작용에서 반복적으로 비난받거나 경멸받는 것)가 이러한 부정의의 사례라 할 수 있다.

몇몇 정치학자는 최근 이러한 문화적 혹은 상징적 부정의의 본질을

---

3 Karl Marx, *Capital*, Vol. 1[『자본론: 정치경제학 비판』 1권, 김수행 옮김, 비봉출판사, 2015; 『자본: 경제학 비판』 1권, 강신준 옮김, 길, 2008]; John Rawls, *A Theory of Justice*, Cambridge, MA: Harvard University Press, 1971[『정의론』, 황경식 옮김, 이학사, 2003]. 그리고 다음의 저술들을 참고하라. Amartya Sen, *Commodities and Capabilities*, Amsterdam: North-Holland, 1985; Ronald Dworkin, "What is Equality? Part 2: Equality of Resources", *Philosophy and Public Affair* 10: 4, fall 1981, pp. 283~345[「자원의 평등」, 『자유주의적 평등』, 염수균 옮김, 한길사, 2005]. 비록 여기서 나는 이 저자들을 재분배적 경제 정의 이론가로 분류하지만, 이들 대부분이 또한 문화 정의의 쟁점을 다루는 데 필요한 몇 가지 자원을 가지고 있는 것도 맞다. 가령 롤스는 "자기-존중의 사회적 기초"를 공정하게 분배되어야 하는 기본재로 보고 있으며, 센은 '자아감'(sense of self)을 역량과 연관된 것으로 고려한다(나는 이 점에 있어 마이카 맨티Mika Manty에게 빚지고 있다). 그럼에도 불구하고 아이리스 매리언 영이 주장했듯이 이들의 사고를 추진하는 근본적인 것은 분배적 경제 정의의 방향이다. Iris Marion Young, *Justice and the Politics of Difference*, Princeton: Princeton University Press, 1990 참조.

개념화하고자 노력했다. 가령 찰스 테일러는 헤겔의 생각에 기대어 다음과 같이 주장했다.

> 불인정 혹은 무시misrecognition는……누군가를 잘못되고 왜곡되고 축소된 존재 양식에 가두는 억압의 형식일 수 있다. 단순히 존중이 결여되는 것을 넘어 그것은 극심한 상처를 입힐 수 있으며, 이로 인해 사람들은 심각한 자기 증오라는 장애를 안을 수 있다. 정당한 인정은 단순한 예의가 아니라 살아 있는 인간의 필요이다.[4]

마찬가지로 악셀 호네트는 다음과 같이 주장했다.

> 우리의 전인성integrity은 다른 사람들의 승인 혹은 인정을 받음으로써 가능해진다. ['모욕'이나 '비하'와 같은 부정적 개념은—인용자] 무시의 형식, 인정의 부정과 연관되어 있다. 통상 [그것들은—인용자] 부정의한 행위 방식으로 이해되지 않는다. 왜냐하면 그것들은 주체의 행위 자유를 억압하거나 주체에게 해를 입히지 않는다고 여겨지기 때문이다. 그러나 그러한 행위는 해를 입힌다. 왜냐하면 이 행위로 인해 그 사람들이 긍정적인 자기 이해understanding를 가질 수 없게 되기 때문이다. 긍정적인 자기 이해는 상호 주관적인 방법으로 획득될 수 있다.[5]

---

4 Charles Taylor et al., *Multiculturalism and "The Politics of Recognition": An Essay with Commentary*, Princeton: Princeton University Press, 1992, p. 25.
5 Axel Honneth, "Integrity and Disrespect: Principles of a Conception of Morality Based on the Theory of Recognition", *Political Theory* 20: 2, May 1992, pp. 188~189. 그 밖에도 그의 저서 *Kampf um Anerkennung: Zur moralischen Grammatik sozialer*

이와 유사한 생각은 '인정'이라는 용어를 사용하지 않는 다른 많은 비판 이론가의 저작에도 나타난다.[6] 그러나 다시 한 번 말하지만 여기서 어떤 특정한 이론에 머물 필요는 없다. 우리에게 필요한 것은 단지 사회 경제적 부정의와 분명히 구분되는 문화적 부정의에 대한 일반적이고 대략적인 이해에 동의하는 것이다.

둘 간의 차이에도 불구하고 오늘날 사회경제 부정의와 문화 부정의 양자는 사회에 널리 퍼져 있다. 양자는 모두 다른 집단에 비해 몇몇 집단의 사람들에게 체계적인 불이익을 가하는 과정과 실천에 뿌리내리고 있다. 양자는 궁극적으로 개선되어야 한다.[7]

물론 경제 부정의와 문화 부정의에 대한 이러한 구분은 분석적이다.

Konflikte, Frankfurt: Suhrkamp, 1992, translated into English by Joel Anderson as Struggle for Recognition, Cambridge, MA: MIT Press, 1995[『인정 투쟁: 사회적 갈등의 도덕적 형식론』, 문성훈·이현재 옮김, 사월의책, 2011] 참조. 현대 인정 이론의 주요 인물인 호네트와 테일러가 모두 헤겔주의자라는 것은 우연이 아니다.

6 예를 들어 Patricia J. Williams, *Alchemy of Race and Rights: Diary of a Law Professor*, Cambridge, MA: Harvard University Press, 1991; Young, *Justice and the Politics of Difference* 참조.

7 이 논문의 초고에 대한 코멘트에서 마이카 맨티는 문화 정의의 쟁점이냐 정치-경제 정의의 쟁점이냐를 구분하는 데 초점을 맞춘 도식이 시민권이나 정치 참여와 같은 '일차적인 정치적 관심사'와 조화를 이룰 수 있는지, 그렇다면 어떻게 가능한지를 물었다("Comments on Fraser", unpublished typescript presented at the Michigan symposium on "Political Liberalism"). 나는 정치 쟁점을 두 가지 초점으로 바라보는 하버마스의 견해를 따르고자 한다. 어떤 점에서 보면 (국가가 규제하는 자본주의 사회에서) 정치 제도는 경제와 더불어 재분배와 관련된 사회경제적 부정의를 생산하는 '체계'의 부분에 속한다. 롤스의 용어로 하자면 정치 제도는 사회의 '기본 구조'의 일부이다. 그러나 다른 시각에서 볼 때 정치 제도는 '생활세계'와 마찬가지로 인정 부정의를 생산하는 문화 구조의 일부에 속한다. 가령 일련의 시민권과 참여권은 다양한 사람의 상대적 도덕 가치에 대해 은밀하게 그리고 노골적으로 강력한 메시지를 전한다. 따라서 '일차적인 정치적 관심사'는 경제 정의나 문화 정의의 문제 모두에서 다루어질 수 있으며, 이는 문제가 전개되는 맥락과 시각에 따라 달라진다.

실천에서 이 둘은 서로 얽혀 있다. 심지어 가장 물질적인 경제 제도마저도 구성적이고 환원 불가능한 문화의 차원을 가지고 있다. 경제 제도에는 의미화와 규범이 스며들어 있다. 반대로 가장 담론적인 문화 실천 역시 구성적이고 환원 불가능한 정치-경제의 차원을 가지고 있다. 문화 실천은 물질적 지원에 의해 지탱된다. 따라서 두 영역은 밀폐된 채 서로 분리되어 자리를 점유하고 있는 것이 아니다. 경제 부정의와 문화 부정의는 통상 서로 비늘처럼 얽혀 있으므로 하나가 다른 하나를 변증법적으로 강화할 수 있다. 가령 불공정하게 어떤 것에 편견을 갖는 문화적 규범들은 국가와 경제 속에 제도화되어 있으며, 동시에 경제적 불이익은 공적 영역과 일상에서의 문화 만들기에 동등하게 참여하는 것을 방해한다. 그 결과는 종종 문화적 종속과 경제적 종속의 악순환이다.[8]

이러한 상호 얽힘에도 불구하고 나는 계속해서 경제 부정의와 문화 부정의를 분석적으로 구분할 것이다. 그리고 이로부터 두 종류의 서로 다른 개선책 또한 구분할 것이다. 경제 부정의의 개선책은 특정한 유형

---

8 문화와 정치경제의 중첩에 대해서는 나의 글 "What's Critical About Critical Theory?: The Case of Habermas and Gender", in *Unruly Practices: Power, Discourse, and Gender in Contemporary Social Theory,* Cambridge: Polity Press, 1989; "Rethinking the Public Sphere: A Contribution to the Critique of Actually Existing Democracy", in *Justice Interruptus: Critical Reflections on the "Postsocialist" Condition,* New York: Routledge, 1997; "Pragmatism, Feminism, and the Linguistic Turn", in Seyla Benhabib, Judith Butler, Drucilla Cornell and Nancy Fraser, *Feminist Contentions: A Philosophical Exchange,* New York: Routledge, 1995 참조. 또한 Pierre Bourdieu, *Outline of a Theory of Practice*, trans. Richard Nice, Cambridge: Cambridge University Press, 1977도 참조. 노동과 사회복지에 대한 최근 미국 정치경제에 내재된 문화적 의미에 대한 비판은 Fraser, *Unruly Practice*의 마지막 두 장과 Nancy Fraser and Linda Gordon, "'A Genealogy of Dependency': Tracing a Keyword of the US Welfare State", in *Justice Interruptus* 참조.

으로 정치-경제를 재구조화하는 것이다. 이것은 아마도 소득 재분배, 노동 분업의 재조직, 민주적 결정에 따른 투자, 또는 여타 기본적 경제 구조의 변혁을 포함할 것이다. 이런 다양한 개선책은 그 강조점에 있어서 구분되지만 나는 이 전부를 총괄해 '재분배'라는 용어로 나타낼 것이다.[9] 이와 대조적으로 문화 부정의에 대한 개선책은 특정 유형의 문화적 혹은 상징적 변화이다. 이것은 무시된 정체성과 비난받는 집단의 문화 생산물의 가치를 상승시키는 것을 포함한다. 이것은 또한 문화 다양성을 인정하고 긍정적으로 평가하는 것을 포함할 수 있다. 나아가 이것은 **모든 사람의 자아감을 변화시키는 방식으로 사회의 재현·해석·의사소통 패턴을 전적으로 변화시키는 것을 포함할 수 있다. 이러한 개선책들은 그 강조점에 있어서 구분되지만 나는 이 전부를 총괄해 '인정'이라는 용어로 나타낼 것이다.[10]

다시 한 번 말하지만 재분배 개선책과 인정 개선책의 구분은 분석적이다. 일반적으로 재분배 개선책은 그 기저에 인정 개념을 전제하고 있다. 가령 사회경제적 재분배를 제안하는 몇몇 평등주의자가 자신의 주장을 근거 짓는 토대는 '인간의 동등한 도덕적 가치'이다. 따라서 그들은 경제 재분배를 인정의 표현으로 간주한다.[11] 반대로 인정 개선책은 때때

---

9 사실 이러한 개선책들 사이에는 어느 정도의 긴장이 있다. 긴장으로 인해 불거지는 문제에 대해서는 다음 절에서 논의할 것이다.

10 이러한 다양한 문화적 개선책들 사이에도 어느 정도 긴장이 있다. 하나는 현재 평가절하되어 있는 기존의 정체성에 인정을 부여하는 것이다. 다른 하나는 상징 구조를 변혁시키고 이로써 사람들의 정체성을 바꾸는 것이다. 다양한 개선책들 간에 존재하는 긴장에 대해서는 다음 절에서 논의할 것이다.

11 이러한 접근의 좋은 사례로는 Ronald Dworkin, "Liberalism", in *A Matter of Principle*, Cambridge, MA: Harvard University Press, 1985, pp. 181~204 참조.

로 그 기저에 재분배 개념을 전제하고 있다. 가령 다문화 인정을 제안하는 몇몇 사람이 자신의 주장을 근거 짓는 토대는 '손상되지 않은 문화 구조'라는 '기본재'의 정당한 분배라는 정언명령이다. 따라서 그들은 문화적 인정을 재분배의 일종으로 간주한다.[12] 그러나 이러한 개념적 얽힘을 풀기 위해 나는 재분배와 인정이 서로 구분되고 환원 불가능하며 독자적인 정의 개념을 구성하는지, 아니면 반대로 이 중 하나가 다른 것으로 환원될 수 있는지와 같은 일면적 질문을 제기하지는 않을 것이다.[13] 오히려 내가 가정하고자 하는 것은, 아무리 우리가 메타 이론적으로 사고한다고 해도, 한편에 사회경제적 부정의와 그 개선책을, 다른 한편에 문화적 부정의와 그 개선책을 두는 운영상의 일차적 구분을 유지하는 것이 유용하다는 것이다.[14]

이러한 구분을 하게 되면 이제 다음과 같이 질문할 수 있다. 문화 부정의의 개선을 목적으로 하는 인정 주장과 경제 부정의의 교정을 목적으로 하는 재분배 주장 사이의 관계는 무엇인가? 그리고 이 두 가지 주장이 동시에 제기되었을 때 어떤 종류의 상호 방해들이 발생할 수 있는가?

그러한 상호 방해를 걱정하는 데는 이유가 있다. 인정 주장은 종종

---

12 이러한 접근의 좋은 사례로는 Kymlicka, *Liberalism, Community and Culture*, Oxford: Oxford University Press, 1989 참조. 킴리카의 사례는 사회경제적 정의와 문화적 정의 간의 구분이 항상 재분배 정의와 관계적 혹은 의사소통적 정의 간의 구분 위에서 그려질 필요가 없다는 것을 보여 준다.

13 Honneth, *Kampf um Anerkennung*은 그러한 환원과 관련된 가장 철저하고 정교한 시도를 보여 준다. 호네트의 주장에 따르면 인정은 근본적인 정의 개념이며 재분배를 포괄한다.

14 이러한 구분이 없다면 우리는 이들 간의 갈등을 검토할 가능성을 잃게 된다. 우리는 재분배 주장과 인정 주장이 동시에 추구될 때 발생할 수 있는 상호 방해를 집중 조명할 기회를 놓치게 된다.

어떤 집단이 갖고 있다고 추정되는 특수성(그것이 수행적으로 창출되지 않았을 때)에 주목하고, 나아가 그 특수성의 가치를 긍정하는 형식을 띤다. 따라서 이 주장은 집단의 분화differentiation를 촉진하는 경향을 보인다. 이와 대조적으로 재분배 주장은 종종 집단 특수성을 유지시키는 경제 질서를 폐지할 것을 요청한다(일례로 페미니스트들은 젠더 노동 분업 폐지를 요구한다). 따라서 이러한 주장은 집단의 탈분화de-differentiation를 촉진하는 경향을 보인다. 내가 말하고자 하는 핵심은 인정 정치와 재분배 정치가 서로 모순적인 목적을 가진 것처럼 보인다는 것이다. 전자가 집단의 분화를 촉진하는 반면에 후자는 이를 파괴하는 경향을 보인다. 따라서 두 가지 주장은 서로 긴장 관계를 이루고 있다. 이것들은 서로를 방해할 수 있으며 심지어 서로 대립하는 방식으로 작동할 수도 있다.

그렇다면 여기에서 풀기 어려운 딜레마가 나타난다. 나는 이를 재분배-인정 딜레마라 부를 것이다. 문화 부정의와 경제 부정의 모두에 종속된 사람들은 인정과 재분배 모두를 요구한다. 그렇다면 이들은 자신의 특수성을 주장하기도 하면서 부정하기도 해야 한다. 이것이 가능하다면, 어떻게 가능한가?

이 질문에 대답하기 전에 어떤 사람들이 인정-재분배 딜레마에 맞닥뜨리게 되는지를 좀더 자세히 살펴보자.

2. 착취당하는 계급, 경멸받는 섹슈얼리티, 그리고 이가적 집단

다양한 종류의 사회 집단으로 구성된 하나의 개념 스펙트럼을 상상해 보자. 이 스펙트럼의 한 극단에는 분배 정의 모델에 부합하는 집단 유형이 있다. 다른 극단에는 인정 모델에 부합하는 집단 유형이 있다. 그 사이에는 두 가지 정의 모델에 동시에 부합하기에 그 중 어떤 것인지를 판단하기 어려운 경우들이 있다.

우선 이 스펙트럼의 한 극단에 위치한 재분배를 고찰해 보자. 이 극단에서 우리는 전적으로 정치경제에 뿌리내리고 있는 이념형의 집단 양식을 가정해 볼 수 있다. 이 집단 양식은 사회의 문화적 질서에 대립하는 사회의 경제 구조에 의해 하나의 집단으로 분화될 것이다. 따라서 이 집단의 구성원들을 고통스럽게 하는 구조적 부정의의 원인은 궁극적으로 정치경제로 소급되어 설명될 수 있다. 이 부정의의 뿌리와 핵심은 사회 경제적으로 잘못된 분배maldistribution일 것이며, 이에 수반되는 문화 부정의 역시 궁극적으로는 그 경제적 뿌리에서 도출될 것이다. 따라서 근본적으로 이 부정의를 치유하기 위해 요청되는 개선책은 문화적 인정과 대립하는 정치-경제적 재분배가 될 것이다.

확실히 실제 세계에서 정치-경제와 문화는 서로 얽혀 있으며, 재분배 부정의와 인정 부정의 역시 마찬가지다. 따라서 우리는 이러한 순수한 종류의 집단이 존재하는지 의심할 수 있다. 그러나 발견의 목적을 위해 이 집단의 특성들을 검토해 보는 것은 유용하다. 이를 위해 가장 이념형에 가까운 것으로 해석될 수 있는 익숙한 사례, 즉 정통적이고 이론적인 방식으로 이해된 맑스주의적 피착취 계급을 생각해 보자.[15] 그리고 계

---

15 이하에서 나는 고도로 양식화되고 정통적이며 이론적인 방식으로 계급을 이해하고자 하는데, 이는 이후에 논의될 이념형 집단과의 대조를 첨예화하기 위해서이다. 물론 이것이 맑스주의적 계급 이해의 유일한 해석 방식이라고 보기는 어렵다. 나는 다른 맥락과 다른 목적에서는 덜 경제주의적인 해석을 선호하고자 한다. 그러한 해석은 계급의 문화적·역사적·담론적 차원에 조금 더 비중을 둔다. 이러한 해석을 강조하는 저자로는 에드워드 파머 톰슨과 조앤 W. 스콧이 있다. Edward Palmer Thomson, *The Making of the English Working Class*, New York: Random House, 1963[『영국 노동 계급의 형성』, 나종일 외 옮김, 창

급에 대한 이런 이해가 실제 세계에서 노동 계급의 이름으로 정의를 위해 투쟁했던 역사적으로 현존한 집단들에 부합하는지의 문제는 일단 괄호 안에 넣어 두자.[16]

여기서 가정된 개념에 따르면 계급은 정치-경제적 사회 구조에 뿌리내리고 있는 사회적 분화의 양식이다. 계급은 오직 그 구조에서의 위치 및 다른 계급과의 관계를 통해 집단화된다. 맑스주의적 노동 계급은 자본주의 사회 질서에서 자신의 노동력을 팔아야 하는 사람들의 집단이며, 이 질서는 자본가 계급이 자신의 사적인 이익을 위하여 노동 계급의 잉여 생산성을 전유할 수 있도록 인가한다. 따라서 이러한 질서에서 나타나는 부정의는 본질적으로 재분배의 문제이다. 자본주의 사회 재생산 도식에 따르면 프롤레타리아트는 불공평하게도 대량의 부담을 지면서 소량의 대가를 받는다. 물론 이 계급의 구성원들은 심각한 문화 부정의, 즉 '숨겨진(그렇지만 그렇게 숨겨져 있지도 않은) 계급 손상[부당 대우] injury'에도 시달린다. 그렇지만 이것은 자체적 부정의를 갖는 문화 구조

비, 2000]; Joan W. Scott, *Gender and the Politics of History*, New York: Columbia University Press, 1988.

16 오늘날 실제 세계에서 형성된 어떤 집단이 이하에서 제시된 계급 개념에 상응할지는 의심스럽다. 확실히 계급을 기치로 형성된 사회운동의 역사는 이러한 개념이 제안하는 것보다 더 복잡하기 때문이다. 사회운동은 계급을 정치경제라는 구조적 범주뿐 아니라 정체성이라는 문화 평가적 범주로도 정교화해 왔다. 종종 이 운동은 여성과 흑인을 위해서도 중요한 형식으로 등장했다. 따라서 다양한 사회주의는 재분배 요구와 함께 인정 요구 역시 제기하면서 노동의 존엄성과 노동자의 가치를 주장해 왔다. 게다가 자본주의 타파에 실패하면서 계급 운동은 때때로 체계 내에서 '차이' 인정을 추구하는 개혁주의적 전략을 채택해 왔으며, 이를 통해 운동의 힘을 증대시키고 내가 뒤에서 '긍정적 재분배'라고 부르게 될 것에 대한 요구를 지원하기도 했다. 이런 점에서 보자면 역사적으로 존재했던 계급 기반적 운동은 여기서 스케치된 계급 해석보다는 내가 이후에 '이가적(bivalent) 집단 양식'이라고 부르게 될 것에 일반적으로 더 가깝다고 할 수 있다.

에 직접적으로 뿌리내리고 있는 것이기보다는 계급 이데올로기가 착취를 정당화하기 위해 증식되듯이 정치경제로부터 파생된 것이다.[17] 이 부정의의 궁극적인 개선책은 재분배이지 인정이 아니다. 계급 착취의 극복은 정치경제의 재구조화를 요구하며 나아가 사회적 부담과 사회적 이익의 계급적 분배를 변혁시킬 것을 요구한다. 맑스주의적 개념 안에서 그러한 재구조화는 계급 구조 자체를 폐기하는 급진적인 형식을 취한다. 따라서 프롤레타리아트의 임무는 단순히 더 나은 계약을 맺는 것이 아니라 '계급 자체를 폐기하는 것'이다. 그들이 필요로 하는 최종의 것은 계급 차이의 인정이 아니다. 반대로 부정의를 개선하는 유일한 개선책은 프롤레타리아 집단 자체를 없애는 것이다.

이제 개념 스펙트럼의 다른 극단을 고찰해 보자. 이 극단에서 우리는 인정의 정의 모델에 부합하는 이념형의 집단 양식을 가정해 볼 수 있다. 이러한 유형의 집단은 정치경제에 대립하는 문화에 전적으로 뿌리내리고 있다. 이 집단은 오직 지배적인 사회적 해석·평가 패턴을 통해 집단화되지 노동 분업을 통해 집단화되지 않는다. 따라서 이 집단의 구성원들을 고통스럽게 하는 구조적 부정의의 원인은 궁극적으로 문화 평가 구조로 소급되어 설명될 수 있다. 이 부정의의 뿌리와 핵심은 문화적 무시 misrecognition일 것이며, 이에 수반되는 경제 부정의 역시 궁극적으로는 그 문화적 뿌리에서 도출될 것이다. 따라서 근본적으로 이 부정의를 치

---

17 이러한 가정 때문에 재분배 결핍이 종종(아마도 심지어 항상) 인정 결핍을 수반한다는 생각을 버릴 필요까지는 없다. 그러나 이러한 가정을 통해 내가 의미하고자 하는 것은 내가 여기서 정교화한 계급 집단의 인정 결핍이 정치경제로부터 파생된다는 것이다. 나중에 나는 정치-경제에 직접적으로 뿌리내리지 않는 인정 결핍으로 고통받는 다른 종류의 집단 사례를 고찰할 것이다.

유하기 위해 요청되는 개선책은 정치-경제적 재분배와 대립하는 문화적 인정이 될 것이다.

다시 말하지만 우리는 이러한 순수한 종류의 집단이 존재하는지 의심할 수 있다. 그러나 발견의 목적을 위해 이 집단의 특성들을 검토해 보는 것은 유용하다. 이 집단의 이념형에 가까운 것으로 해석될 수 있는 사례는 특수하게 양식화되고 이론화된 방식으로 이해된 경멸받는 섹슈얼리티라는 개념이다.[18] 섹슈얼리티에 대한 이러한 이해가 실제 세계에서 정의를 위해 투쟁했던 역사적으로 현존한 동성애 집단들에 부합하는지의 문제는 잠시 접어 두고 일단 이 개념을 살펴보자.

이러한 섹슈얼리티 개념은 정치경제에 뿌리를 두지 않는 사회적 분화의 양식이다. 동성애자들은 자본주의 사회의 계급 구조 전반에 골고루 퍼져 있고, 노동 분업상 구분되는 위치를 점하지 않으며, 착취당하는 계급을 구성하지도 않는다. 오히려 이 집단 양식은 경멸받는 섹슈얼리티

---

18 이하에서 나는 고도로 양식화되고 이론적인 방식으로 섹슈얼리티를 이해하고자 하는데, 이는 여기서 논의되는 다른 이념형 집단과의 대조를 첨예화하기 위해서이다. 나는 성적인 분화가 정치경제적인 것에 대립하는 문화 구조에 전적으로 뿌리내리고 있다고 간주할 것이다. 물론 이것이 섹슈얼리티에 대한 유일한 해석 방식은 아니다. (개인적 의견 교환에서) 주디스 버틀러는, 내가 이하에서 주장하듯이, 섹슈얼리티가 문화 평가 구조만큼이나 젠더 노동 분업과도 분리되기 힘든 것이라고 주장할 수 있다고 보았다. 이 경우 섹슈얼리티 자체는 '이가적' 집단으로 보일 수 있으며 문화와 정치경제에 동시에 뿌리내리고 있는 것으로 보일 수 있다. 즉 동성애자들이 맞닥뜨리고 있는 경제적 손해는, 내가 여기서 제시하는 설명에서도 그러하듯이, 문화적이기보다는 경제적인 뿌리를 가지고 있다고 보일 수 있다. 이러한 이가적 분석이 분명히 가능하지만 이것은 또한 심각한 단점도 갖고 있다. 젠더와 섹슈얼리티를 너무 밀접하게 묶어 버리면 한편으로 노동 분업상 분명히 구분되는 위치를 점하는 집단(이 집단의 존재는 많은 부분 이 사실에 기인한다)과 다른 한편으로 그러한 구분되는 위치를 점하지 않는 집단 사이의 중요한 구분점이 사라져 버리기 때문이다. 이에 대해서는 뒤에서 논의할 것이다.

집단의 양식이며, 사회의 문화 평가 구조에 뿌리내리고 있다. 이러한 관점에서 볼 때 이들을 괴롭히는 부정의는 본질적으로 인정의 문제이다. 게이와 레즈비언은 이성애 중심주의로 인해, 즉 이성애를 특권화하는 지배적 규범으로 인해 고통받는다. 이와 나란히 동성애 혐오, 즉 동성애에 대한 문화적 평가절하가 나타난다. 이에 따라 이들의 섹슈얼리티는 비난받고, 동성애자들은 합법적 권리와 동등한 보호를 거부당한 채, 즉 근본적으로 모든 인정을 거부당한 채, 수치·괴롭힘·차별 그리고 폭력에 노출된다. 물론 게이와 레즈비언은 심각한 경제적 부정의에도 시달린다. 그들은 그 자리에서 해고될 수 있으며 가족 기반의 사회복지 혜택을 받지 못할 수 있다. 그러나 이것은 경제 구조에 직접적으로 뿌리내리고 있는 것이기보다는 부정의한 문화 평가 구조로부터 파생된 것이다.[19] 이 부정의

---

19 경제 구조에 직접적인 뿌리를 두는 경제 부정의의 사례로는 동성애자를 부당한 위치로 강등시켜 착취하는 노동 분업이 있다. 이것이 오늘날 동성애자의 상황임을 부인하는 것은 그들이 경제적 부정의에 처해 있음을 부인하는 것이 아니다. 오히려 이것은 그들의 경제적 상황의 뿌리를 다른 곳에서 찾는 것이다. 일반적으로 나는 인정 결핍이 종종(아마도 심지어 항상) 분배 결핍을 수반한다고 본다. 그러나 그럼에도 불구하고 나는 내가 여기서 정교화한 섹슈얼리티의 분배 결핍이 궁극적으로 문화 구조로부터 파생된다고 주장하고자 한다. 나중에 나는 이러한 의미를 갖지 않는 섹슈얼리티 분배 결핍, 즉 직접적으로 (오직) 문화적 뿌리에서 파생되었다고 볼 수 없는 분배 결핍에 시달리는 다른 집단의 경우를 고찰할 것이다. 아마도 나는 올리버 크롬웰 콕스(Oilver Cromwell Cox)의 반유대주의와 백인 우월주의 사이의 대조를 빌려 이 점을 좀더 분명히 할 수 있을 것이다. 콕스의 주장에 따르면 반유대주의자들에게 유대인은 혐오감을 불러일으키는 존재다. 따라서 이들의 목적은 착취가 아니라 추방, 강제적 개조 혹은 절멸, 즉 이들을 제거하는 것이다. 반대로 백인 우월주의자들에게 '흑인'은, 그들이 착취 가능한 노동력, 싸고 비천한 노동력을 제공하는 자리에 있는 한, 별 문제가 되지 않는다. 여기서 백인 우월주의자들에게 더 우선적인 목적은 착취이지 제거가 아니다(부당하게 소홀히 취급되는 콕스의 주요 저작, *Caste, Class & Race: A Study in Social Dynamics*, New York: Monthly Review Press, 1970 참조). 이런 점에서 볼 때 현대의 동성애 혐오는 백인 우월주의보다는 반유대주의에 더 가까운 것 같다. 그것은 동성애자를 제거하려 하지 착취하려 하지 않는다. 따라서 동성애의 경제적 불이익은 근본적으로 문

에 대한 궁극적인 개선책은 인정이지 재분배가 아니다. 동성애 혐오와 이성애 중심주의의 극복은 이성애 중심주의에 특권을 부여하고 게이와 레즈비언에게 동등한 존중을 부여하지 않는, 동성애를 합법적인 성적 존재 양식으로 인정하지 않는 문화 평가(그리고 그것의 법적·실천적 표현들)를 변혁시킬 것을 요구한다. 그것은 경멸받는 섹슈얼리티를 재평가하고, 게이 및 레즈비언의 성적 특수성에 긍정적 인정을 부여하는 것이다.

이렇게 볼 때 문제는 우리의 개념 스펙트럼의 두 극단과 직접적으로 연관되어 있다. 착취당하는 노동 계급의 이념형에 근접한 집단을 다룬다면 우리는 재분배 개선책이 필요한 재분배 부정의의 문제에 직면하게 된다. 반대로 경멸받는 섹슈얼리티의 이념형에 근접한 집단을 다룬다면 우리는 인정 개선이 필요한 무시 부정의에 맞닥뜨리게 된다. 전자의 경우 개선책의 논리는 그 집단을 폐기하는 것이다. 두번째의 경우에는 반대로 그 집단의 특수성을 인정함으로써 그 집단이 갖는 '집단성'의 가치를 안정화하는 것이다.

이러한 극단의 사례에서 벗어나면 문제가 좀더 혼탁해진다. 개념 스펙트럼의 중간에 위치하는 집단을 고려하게 되는 경우 우리는 착취당하는 계급의 특징과 경멸받는 섹슈얼리티의 특징이 조합되어 있는 혼종 양식을 마주하게 된다. 이러한 집단이 '이가적'bivalent이다. 이 집단이 집단

화적 인정의 거부에서 도출된 결과이다. 이는 동성애 혐오를 계급의 거울 이미지로 만든다. 앞서 논의했듯이, 여기서 무시의 '숨겨진(그렇지만 그렇게 숨겨져 있지도 않은) 손상들'은 좀더 근본적으로 볼 때 착취 부정의로부터 파생된 결과이다. 그러나 그와 대조적으로 백인 우월주의는 간단히 말해 '이가적'이며, 정치경제와 문화에 동시에 뿌리내리고 있다. 따라서 이것은 재분배 부정의와 인정 부정의를 동근원적이고 동근본적으로 발생시킨다(부수적이지만 이 마지막 논점에 있어서 나와 콕스는 다른 입장을 취한다. 콕스는 백인 우월주의가 효과적으로 계급으로 환원될 수 있다고 본다).

적으로 차별화되는 원인은 사회의 정치-경제 구조와 문화 평가 구조 양
자와 연관되어 있다. 따라서 불이익을 당하는 집단은 정치경제와 문화에
동시적으로 그 원인이 있는 부정의에 시달리는 것이다. 요약하자면 이가
적 집단은 사회-경제적으로 잘못된 분배와 문화적 무시 모두에 시달리
게 된다. 여기서 이 두 가지 부정의 중 어느 것도 다른 것의 간접 효과라
고 할 수 없다. 양자는 모두 일차적이며 동근원적이다. 이러한 경우 재분
배 개선책 혹은 인정 개선책만으로는 충분하지 않다. 이가적 집단은 양
자 모두를 필요로 한다.

젠더와 '인종' 양자는 이가적 집단의 모범 사례라고 할 수 있다. 비록
각각 서로 공유되지 않는 특이성을 갖고 있지만 양자는 모두 정치-경제
차원과 문화 평가 차원을 포괄하고 있다. 따라서 젠더와 '인종'은 재분배
와 인정 모두와 관련되어 있다.

예를 들어 젠더는 정치경제 차원을 갖는다. 젠더는 정치경제의 기본
적인 구조적 원리이다. 한편으로 젠더는 '생산적' 임금노동과 '재생산' 및
가사 노동과 같은 부불 노동을 근본적으로 구분하는 구조적 원리인데,
여기서 여성은 후자에 일차적인 책임을 갖는 것으로 여겨진다. 다른 한
편으로 젠더는 임금노동 내에서도 남성 지배적인 제조업 및 전문직 고소
득 노동과 여성이 대다수인 '핑크칼라' 및 가사 서비스직 같은 저임금 직
종을 구분하는 구조적 원리이기도 하다. 그 결과 젠더 특유의 착취·주변
화·박탈 양식을 창출하는 정치-경제 구조가 만들어진다. 이 구조는 젠
더를 계급과 유사한 어떤 특징을 갖는 정치-경제적 분화로 구성한다. 이
러한 관점에서 보면 젠더 부정의는 재분배 개선책을 절실히 필요로 하는
일종의 분배 부정의로 나타난다. 계급만큼이나 젠더 정의는 그러한 젠더
구조화를 제거시키기 위해서 정치경제를 변혁할 것을 요구한다. 젠더 특

유의 착취·주변화·박탈을 제거하기 위해서는 젠더 노동 분업을 폐기할 필요가 있다. 이러한 개선의 논리는 계급에서 나타나는 논리와 닮아 있다. 그것은 젠더 자체를 폐기한다. 요약하자면 만약 젠더가 정치-경제적 분화 이외에 다른 것이 아니라면, 정의는 젠더를 폐기할 것을 요구하게 될 것이다.

그러나 이것은 이야기의 절반일 뿐이다. 사실상 젠더는 정치-경제적 분화일 뿐 아니라 문화 평가적 분화이기도 하다. 마찬가지로 젠더는 계급보다는 섹슈얼리티와 더 유사한 요소들을 포함하며 이로 인해 정면으로 인정의 문제를 포함한다. 확실히 젠더 부정의의 주요 특징 중 하나는 남성 중심주의다. 남성성과 연계되어 있는 특징들에 특권을 부여하는 권위주의적 규범의 구성이 문제이다. 이를 통해 문화적 성차별이 나타난다. 즉 '여성적인 것'으로, 전형적——전형적인 것만은 아니지만——여성으로 코드화된 것들에 대한 광범위한 평가절하와 비방이 문제가 된다.[20] 이러한 평가절하는 성폭력, 성적 착취 그리고 널리 퍼져 있는 가정 폭력 등 여성이 당하고 있는 광범위한 피해로 표현된다. 미디어에서 나타나는 왜소화, 대상화 그리고 품위를 손상시키는 전형화된 묘사를 보라. 일상 영역에서의 희롱과 비방도 그러하다. 남성 중심적 규범 아래서 여성은 모자라거나 비정상적인 것으로 나타나며, 이 규범은 차별하고자 하는 의도가 없을 때조차도 여성에게 불이익을 초래한다. 태도상의 차별도 있다. 공적 영역과 심의체에서의 배제 혹은 주변화도 있다. 온전한 법적 권리나 동등한 보호가 부정되는 경우도 있다. 이러한 손상은 인정 부정의다. 이

---

20 물론 젠더 비방은 다양한 형태로 나타나는데, 여기에는 '여성성'의 품위를 손상시키기보다는 이를 찬미하는 것처럼 보이는 보수적인 전형도 포함된다.

것들은 정치경제와는 크게 상관이 없으며 단순한 '상부구조'가 아니다. 따라서 이러한 손상은 정치-경제적 재분배로만으로는 치유될 수 없으며 인정이라는 별도의 개선책을 요구한다. 남성 중심주의와 성차별주의의 극복은 남성성에 특권을 부여하고 여성에게 동등한 존중을 부여하지 않는 문화 평가(그리고 그것의 법적·실천적 표현들)를 변혁시킬 것을 요구한다. 그것은 남성 중심적인 규범을 해체하고 경멸받는 젠더의 가치를 재평가할 것을 요구한다. 이 개선책의 논리는 섹슈얼리티에서의 논리와 유사하다. 이것은 평가절하된 집단의 특수성에 긍정적 인정을 부여하는 것이다.

요약하자면 젠더는 이가적 집단 양식이다. 젠더는 재분배의 범위 안에 속해 있는 정치경제의 측면을 포함한다. 그러나 젠더는 동시에 인정의 범위 안에 속해 있는 문화 평가의 측면도 포함한다. 물론 이 두 측면은 서로 완전히 분리되지 않는다. 오히려 두 측면은 서로를 변증법적으로 강화하는 방식으로 얽혀 있다. 성차별적이고 남성 중심적인 문화 규범은 국가와 경제에 제도화되어 있으며, 여성의 경제적 불이익은 여성이 공적 영역과 일상에서 문화 창조에 동등하게 참여하는 것을 방해함으로써 그녀들의 '목소리'를 제한한다. 그 결과 문화적인 종속과 경제적인 종속의 악순환이 생겨난다. 따라서 젠더 부정의를 개선하는 것은 정치경제와 문화 모두를 변화시킬 것을 요구한다.

그러나 젠더의 이가성은 딜레마의 원천이다. 여성이 적어도 두 가지 종류의 분석적으로 구분되는 부정의에 시달리고 있는 한, 여성들은 적어도 재분배와 인정이라는 두 가지 종류의 분석적으로 구분되는 개선책을 요구할 수밖에 없다. 그러나 이 두 개선책은 서로를 반대 방향으로 끌어당긴다. 양자를 동시에 추구하기는 쉽지 않다. 재분배 논리가 젠더를 폐기하는 데 있다면 인정 논리는 젠더 특수성의 가치를 인정하는 데 있다.[21] 여기서 페미니즘 버전의 재분배-인정 딜레마가 나타난다. 그렇다면 어떻게 페미니스트들은 젠더 차이를 폐기하면서 동시에 젠더 특수성의 가치를 인정하는 방식으로 투쟁할 수 있는가?

이와 유사한 딜레마가 인종차별에 대항하는 투쟁에서도 발생한다. '인종'은 젠더와 마찬가지로 이가적 집단 양식이다. 한편으로 인종은 정치경제의 구조적 원리라는 점에서 계급과 유사하다. 이러한 관점에서 볼 때 '인종'은 자본주의적 노동 분업의 구조적 원리가 된다. '인종'은 임금노동 내에서 유색인은 저임금 직종, 낮은 지위의 직종, 비천하고 더러운 직업 그리고 가사 노동직을 맡고 '백인'들은 고소득 직종, 높은 지위의 직종, 화이트칼라, 전문직, 기술직, 경영직을 담당하는 구분의 구조적 원리이기도 하다.[22] 오늘날 임금노동에서 나타나는 인종적 구분은 식민주의

---

21 이것은 왜 여성 운동의 역사가 통합적 평등권 페미니즘과 '차이' 지향적인 '사회적·문화적' 페미니즘 사이에서 진동하는 패턴을 보였는지를 설명하는 데 도움을 준다. 이가적 집단들로 하여금 자신의 주된 초점을 재분배와 인정 사이에서 계속 진동하게 만든 시간적 논리를 상세히 밝히는 일은 유용할 것이다. 그 첫번째 시도에 대해서는 나의 글 "Multiculturalism, Antiessentialism and Radical Democrac: A Genealogy of the Present Impasse in Feminist Theory", in *Justice Interruptus* 참조.

22 이에 덧붙여 '인종'은 임금노동과 부불 노동을 나누는 젠더 구분과도 은연중에 연루되어 있다. 젠더 구분은 여/남 구분과 연관해 가사 노동 영역과 임금노동 영역을 구분하는 규범에 의존한다. 그러나 미국에서(그리고 다른 곳에서도) 이 구분은 항상 인종화와 관련되어 왔다. 가정성은 암묵적으로 '백인'에게 특권적인 것이었다. 특히 아프리카계 미국인에게는 가정성의 특권이 허락되지 않았다. 가정은 (남성의) 사적 '안식처'일 수도, 자신의 일가를 먹이는 (여성의) 일차적 혹은 독점적 지점일 수도 없었다. Jacqueline Jones, *Labor of Love, Labor of Sorrow: Black Women, Work, and the Family, from Slavery to the Present*, New York: Basic Books, 1985; Evelyn Nakano Glenn, "From Servitude to Service Work: Historical Continuities in the Racial Division of Paid Reproductive Labor", *Signs: Journal of Women in Culture and Society* 18: 1, Autumn 1992, pp. 1~43.

와 노예제라는 역사적 유물의 일부이다. 식민주의와 노예제는 '흑인'을 효과적으로 하나의 정치경제적 카스트로 구성함으로써 잔인하고 새로운 형식의 전유와 착취를 정당화하는 인종 범주를 정교화했다. 뿐만 아니라 오늘날 '인종'은 공식 노동 시장으로의 접근 가능성도 구조화한다. 즉 그것은 많은 유색인을 '잉여' 인간으로, 강등된 하위 프롤레타리아트나 하층 계급으로, 심지어 착취할 가치도 없기에 생산 체계에서 전적으로 배제되는 사람으로 구성한다. 그 결과 '인종' 특유의 착취·주변화·박탈 양식을 창출하는 정치-경제 구조가 만들어진다. 이 구조는 '인종'을 계급과 유사한 어떤 특징을 갖는 정치-경제적 분화로 구성한다. 이러한 관점에서 보면 인종 부정의는 재분배 개선책을 절실히 필요로 하는 일종의 분배 부정의로 나타난다. 계급만큼이나 인종 정의는 인종화를 제거시키기 위해서 정치경제를 변혁할 것을 요구한다. '인종' 특유의 착취·주변화·박탈을 제거하기 위해서는 인종 노동 분업을 폐기할 필요가 있다. 착취 가능한 노동과 잉여 노동 사이의 인종적 구분과 임금노동 내에서의 인종적 구분을 철폐해야 한다. 이러한 개선의 논리는 계급에서 나타나는 논리와 닮아 있다. 그것은 '인종' 자체를 폐기한다. 요약하자면 만약 '인종'이 정치-경제적 분화 이외에 다른 것이 아니라면, 정의는 인종을 폐기할 것을 요구하게 될 것이다.

그러나 젠더와 마찬가지로 '인종'은 정치-경제적인 것만이 아니다. 그것은 또한 인정의 세계와 연관된 문화 평가적 차원을 갖는다. 이런 점에서 '인종'은 계급보다는 섹슈얼리티와 더 유사한 요소들도 포함한다. 인종차별주의의 핵심은 유럽 중심주의다. '백인다움'과 연계되어 있는 특징들에 특권을 부여하는 권위주의적 규범의 구성이 문제이다. 이를 통해 문화적 인종차별이 나타난다. '흑인', '갈색인', '황색인'으로, 전형적──전형적인 것만은 아니지만──유색인으로 코드화된 것들에 대한 광범위한 평가절하와 비방disparagement[23]이 문제가 된다.[24] 이러한 평가절하는 유색인이 당하는 광범위한 피해로 표현된다. 가령 미디어는 유색인을 범죄적이고, 짐승 같으며, 원시적이고, 바보 같은 것으로 전형화해 묘사함으로써 이들의 품위를 손상시킨다. 일상의 모든 영역에서 그것은 폭력, 희롱 그리고 경시로 나타난다. 유럽 중심주의적 규범 아래서 유색인은 모자라거나 비정상적인 것으로 나타나며, 이 규범은 차별하고자 하는 의도가 없을 때조차도 유색인에게 불이익을 초래한다. 태도상의 차별도 있다. 공적 영역과 심의체에서의 배제 그리고/혹은 주변화도 있다. 온전한 법적 권리나 동등한 보호가 부정되는 경우도 있다. 젠더의 경우와 마찬가지로 이러한 손상은 인정 부정이다. 따라서 이를 치유하는 논리 또한 평가절하된 집단의 특수성에 긍정적 인정을 부여하는 것이다.

이렇게 볼 때 '인종' 또한 이가적 집단 양식이다. 그것은 정치경제의 측면과 문화 평가의 측면을 갖고 있다. 이 두 측면은 서로를 변증법적으로 강화하는 방식으로 얽혀 있다. 인종차별적이고 유럽 중심적인 문화 규범은 국가와 경제에 제도화되어 있으며, 유색인의 경제적 불이익은 그들의 '목소리'를 제한한다. 따라서 인종 부정의를 개선하는 것은 정치경

---

23 이 논문의 초고에서 나는 '명예훼손'(denigration)이라는 용어를 사용했다. 아이러니하게도 그 결과 나는 의도치 않게 이를 기술하는 그 행위 속에서 내가 비판하고자 했던 바로 그러한 종류의 해를 입혔다. '검게 하다'(nigrare)라는 뜻의 라틴어에서 유래한 용어인 '명예훼손'은 검게 만들기로서의 비방, 즉 인종차별적 가치평가를 나타낸다. 이 점에 주의를 기울일 수 있게 해준 세인트루이스 대학의 학생에게 감사를 전한다.
24 물론 인종 비방은 다양한 형태로 나타나는데, 여기서는 아프리카계 미국인을 지적으로는 열등하지만 신체와 근육은 타고난 것으로 전형화해 묘사하는 것에서부터 아시아계 미국인을 '모델 소수자'로 전형화하는 경우까지 아우른다.

제와 문화 모두를 변화시킬 것을 요구한다. 그리고 젠더와 마찬가지로 '인종'의 이가성은 딜레마의 원천이다. 유색인이 적어도 두 가지 종류의 분석적으로 구분되는 부정의에 시달리고 있는 한, 유색인들은 적어도 두 가지 종류의 분석적으로 구분되는 개선책을 요구할 수밖에 없다. 그러나 양자를 동시에 추구하기는 쉽지 않다. 재분배 논리가 '인종'을 폐기하는 데 있다면 인정 논리는 집단 특수성의 가치를 인정하는 데 있다.[25] 여기서 인종차별 버전의 재분배-인정 딜레마가 나타난다. 그렇다면 어떻게 인종차별 반대자는 '인종'을 폐기하면서 동시에 인종화된 집단 특수성의 가치를 인정하는 방식으로 투쟁할 수 있는가?

요약컨대 젠더와 '인종'은 딜레마적인 집단 양식이다. 개념 스펙트럼의 한쪽 극단에 위치한 계급이나 다른 극단에 위치한 섹슈얼리티와 달리 젠더와 '인종'은 이가적이다. 그것에는 재분배 정치와 인정 정치가 동시에 포함되어 있다. 결과적으로 양자는 재분배-인정 딜레마에 맞닥뜨린다. 페미니스트들은 젠더 차이를 없앨 수 있는 정치-경제적 개선책을 추구하면서 또한 경멸받는 집단의 특수성의 가치를 인정하는 문화 평가적 개선책을 추구해야 한다. 마찬가지로 인종차별 반대자들은 '인종' 차이를 없앨 수 있는 정치-경제적 개선책을 추구하면서 또한 경멸받는 집단의 특수성의 가치를 인정하는 문화 평가적 개선책을 추구해야 한다. 어떻게 양자가 동시에 가능한가?

---

25 이것은 왜 미국 흑인 해방 투쟁의 역사가 통합과 분리주의(또는 흑인 민족주의) 사이에서 진동하는 패턴을 보였는지를 설명해 준다. 젠더와 마찬가지로 이러한 변화의 역학을 상세히 밝히는 일은 유용할 것이다.

3. 긍정이냐 변혁이냐: 개선책에 대한 재고

지금까지 나는 아주 처리하기 힘든 형태의 재분배-인정 딜레마를 드러냈다. 나는 정치경제 부정의에 대한 재분배 개선책이 항상 사회 집단을 탈분화한다고 가정해 왔다. 마찬가지로 나는 문화 평가 부정의에 대한 인정 개선책이 늘 사회 집단의 분화를 강화한다고 가정해 왔다. 이러한 가정하에서라면 페미니스트와 인종차별 반대자가 재분배와 인정을 동시에 추구하기는 어려워 보인다.

그러나 이제 이러한 가정들을 더 복잡하게 만들고자 한다. 이 절에서 나는 한편으로는 대안적 재분배 개념을, 다른 한편으로는 대안적 인정 개념을 검토할 것이다. 나의 목적은 재분배-인정 분할을 가로지르는 부정의 개선책의 두 가지 방식을 대략적으로 구분하는 것이다. 나는 이를 각각 '긍정'affirmation과 '변혁'transformation이라 부를 것이다. 이 각각을 일반적으로 스케치한 후에 나는 각각이 재분배 및 인정과 관련하여 어떻게 작동하는지를 보여 줄 것이다. 이를 기반으로 마지막에서 나는 재분배-인정 딜레마를 좀더 해결하기 쉬운 형식으로 재구성하고자 한다.

긍정과 변혁을 간단히 구분하는 데서 시작해 보자. 부정의에 대한 긍정적 개선책이라는 말은 사회 질서의 불공정한 결과를 창출하는 근저의 틀은 손대지 않은 채 그 틀이 만들어 내는 결과를 교정하고자 하는 것을 의미한다. 변혁적 개선책이란 이와는 반대로 근저에서 이를 발생시키는 틀을 재구조화함으로써 불공정한 결과를 교정하고자 하는 것을 의미한다. 이 대조의 핵심은 결과의 최종 상태냐 아니면 이를 생산한 과정이냐에 있는 것이지, 점진적 변화냐 아니면 대대적인apocalyptic 변화냐에 있는 것이 아니다.

무엇보다 우선 이러한 구분은 문화 부정의의 개선책에 적용될 수 있다. 문화 부정의에 대한 긍정적 개선책은 오늘날의 주류 다문화주의와 연관되어 있다.[26] 이것은 집단 정체성의 근거에 놓여 있는 정체성의 내용과 집단적 분화는 그대로 놔둔 채, 부당하게 평가절하된 집단 정체성의 가치를 재평가함으로써 경시를 교정하고자 하는 것이다. 이와는 대조적으로 변혁적 개선책은 오늘날의 해체주의deconstruction와 연관되어 있다. 이것은 근저에 놓인 문화 평가 구조를 변혁시킴으로써 존중 박탈을 개선하고자 한다. 이것은 기존의 집단 정체성과 분화의 틀을 탈안정화해 오늘날 경시되고 있는 집단 구성원들의 자부심을 상승시킬 뿐 아니라 **모든 사람**의 소속감, 귀속감 그리고 자아감을 변화시키고자 한다.

이러한 구분을 분명히 하기 위해 다시 한 번 경멸받는 섹슈얼리티의 경우를 살펴보자.[27] 동성애 혐오와 이성애 중심주의에 대한 긍정적 개선책은 오늘날의 게이 정체성 정치와 연관되어 있다. 이 정치는 게이와 레즈비언 정체성의 가치를 재평가하는 것을 목적으로 한다.[28] 반대로 변혁적 개선책은 동성-이성의 이분법을 해체하고자 하는 '퀴어 이론'적 접근

---

26 모든 버전의 다문화주의가 여기서 내가 말하는 이 모델에 부합하지는 않는다. 여기서 말하는 모델은 다문화주의에 대한 일반적 이해를 이념형으로 재구성한 것이다. 이것은 주류 공적 영역에서 항상 논쟁되는 버전이기도 하다. 다른 버전들에 대해서는 Linda Nicholson, "To Be or Not to Be: Charles Taylor on the Politics of Recognition", *Constellations* 3: 1, 1996, pp. 1~16; Michael Warner et al., "Critical Multiculturalism", *Critical Inquiry* 18: 3, Spring 1992, pp.530~556 참조.

27 여기서 섹슈얼리티는 전적으로 사회의 문화 평가 구조에 뿌리를 두는 집단으로 가정되어 있음을 상기하라. 따라서 여기서의 쟁점들은 정치-경제 구조의 쟁점들에 의해 가려져 있지 않으며, 요구되는 것은 인정이지 재분배가 아니다.

28 또 다른 긍정적 접근은 게이 권리 휴머니즘이다. 이것은 기존의 섹슈얼리티들을 사적인 것으로 만들고자 한다. 지면 한계상 여기서는 이에 대해 논의하지 않으려 한다.

방식에 포함되어 있다. 게이 정체성 정치는 동성애를 에스니시티와 마찬가지로 실체적·문화적·식별적 확실성을 갖는 것으로 간주한다.[29] 이러한 확실성은 본질적으로 그리고 그 자체로 존재한다고 가정되며 여기에 부가적으로 인정이 필요하다고 여겨진다. 이와 대조적으로 '퀴어' 이론은 동성애를 이성애와의 관련 속에서 구성되고 평가절하되는 것으로 본다. 여기서 동성애와 이성애는 성적 양면성을 구체화한 것들이며 각각은 서로와의 관계 속에서만 함께 정의된다.[30] 변혁적 개선책은 게이 정체성을 고착화하는 것이 아니라 동성-이성 이분법을 해체함으로써 모든 고정된 성 정체성의 틀을 탈안정화하는 것이다. 여기서 핵심은 모든 성적 차이를 단 하나의 보편적 인간 정체성 안에 녹이는 것이 아니다. 오히려 핵심은 다층적이고 탈이분법적이며 유동적으로 항상 전환하는 차이들로 이루어진 성적인 장sexual field을 지속시키는 것이다.

이 두 가지 접근은 무시의 개선책으로 상당히 고려할 만하다. 그러나 양자 간에는 핵심적인 차이가 존재한다. 게이 정체성 정치는 기존의 성적 집단 분화를 강화하려는 경향을 보이는 반면, 퀴어 이론의 정치는 이들을 탈안정화하려 한다. 적어도 원칙적으로 그리고 긴 안목에서 볼 때 그러하다.[31] 이 핵심적 차이는 인정 개선책 일반에도 적용될 수 있다. 긍

29　섹슈얼리티를 넌지시 에스니시티 모형의 사례로 제시하는 게이 정체성 정치의 경향에 대한 비판적인 논의로는 Steven G. Epstein, "Gay Politics, Ethnic Identity: The Limits of Social Constructionism", *Socialist Review* 93/94, May-August 1987, pp. 9~54 참조.

30　자크 데리다의 해체 철학에서 이를 표현하는 기술적 용어는 **대체보충**(supplement)이다.

31　장기적 해체라는 자체적 목표에도 불구하고 퀴어 이론의 실천적 결과는 조금 애매하다. 즉 해체라는 약속의 땅을 지향하고 있을 때조차도 게이 정체성 정치처럼 지금 바로 여기서의 집단 연대를 강화하는 것처럼 보인다. 이를 고려할 때, 내가 아래에서 집단 탈분화의 '공식적 인정 약속'이라고 부르는 것을 (과도기적) 집단 연대 및 집단 단결이라는 '실천적 인

정적 인정 개선책은 기존의 집단 분화를 촉진시키는 경향이 있는 반면, 변혁적 인정 개선책은 장기적인 안목에서 이 분화를 탈안정화하고자 하며, 이로써 미래의 재집단화를 위한 공간을 마련하고자 한다. 나는 잠시 후에 이 점을 다시 논의할 것이다.

유사한 구분이 경제 부정의의 개선책에도 적용될 수 있다. 경제 부정의에 대한 긍정적 개선책은 역사적으로 존재한 자유주의적 복지국가와 연관되어 왔다.[32] 이것은 근저에 놓여 있는 정치경제 구조는 그대로 놔둔 채 잘못된 분배의 최종적 상태를 교정하고자 한다. 따라서 이 개선책

정 결과'로부터 구분하는 것이 좋을 것이다. 그러니 퀴어 이론의 인정 전략은 내적 긴장을 포함한다고 볼 수 있다. 즉 실질적으로 동성-이성 이분법의 틀을 탈안정화하기 위해 이 이론은 우선 '퀴어'를 응집시켜야 한다. 이러한 긴장이 강화될지 아니면 약화될지는 여러 요인에 달려 있는데 이것이 너무 복잡해서 여기서는 논의할 수 없다. 그러나 어느 경우든 퀴어 이론의 인정 정치는 게이 정체성 정치와는 분명히 다른 것으로 남는다. 게이 정체성 정치가 단순히 그리고 직접적으로 집단 분화를 명시한다면 퀴어 이론은 원칙적으로 탈분화를 목표로 하는 가운데 집단 분화를 오직 간접적으로만 명시한다. 따라서 두 가지 접근 방식은 질적으로 다른 종류의 집단을 구성한다. 게이 정체성 정치가 추정적으로 확정적인 섹슈얼리티를 입증하기 위하여 자신을 동성애자로 확증하는 동성애자들을 소집한다면, 퀴어 이론은 확정적인 성 정체성으로부터의 해방을 요구하기 위하여 '퀴어'를 소집한다. 확실히 '퀴어'는 게이와 같은 의미를 갖는 정체성 집단이 아니다. 퀴어는 오히려 반(反)정체성 집단이라고 이해하는 것이 낫다. 퀴어는 게이에서 이성애자와 양성애자까지 포괄하는 전반적인 성적 행위의 스펙트럼을 포괄할 수 있다(이 차이에 대한 유쾌한——그리고 통찰력 있는—— 설명 그리고 퀴어 정치의 세세한 연출에 대해서는 Lisa Duggan, "Queering the State", *Social Text* 39, Summer 1994, pp. 1~14 참조). 그렇다면 복잡성을 차치하고라도, 우리는 긍정적 게이 인정이 낳는 (직접적) 분화 효과를 변혁적 퀴어 인정이 가져오는 (복잡함에도 불구하고 좀더) 탈분화적인 결과로부터 구분할 수 있고 또 그렇게 해야 한다.

32 '자유주의적 복지국가'란 뉴딜 정책에 따라 미국에서 성립한 레짐과 같은 것을 의미한다. 이것은 통상 사회민주주의적 복지국가나 보수 코퍼러티즘 복지국가와는 다른 것이다. 이에 대해서는 Gøsta Esping-Andersen, *The Three Worlds of Welfare Capitalism*, Princeton: Princeton University Press, 1990[『복지 자본주의의 세 가지 세계』, 박시종 옮김, 성균관대학교출판부, 2007].

은 생산 체계를 재구조화하지는 않은 채 경제적으로 불이익을 받는 집단의 소비 몫을 증대시키고자 한다. 이와는 대조적으로 변혁적 개선책은 역사적으로 존재한 사회주의와 연관되어 왔다. 이 개선책은 근저에 놓인 정치경제 구조를 변혁함으로써 불공정한 분배를 개선하고자 한다. 생산 관계를 재구조화함으로써 이 개선책은 소비 몫의 최종 분배 상태를 바꿀 뿐 아니라 사회적 노동 분업, 나아가 모든 사람의 존재 조건을 변화시키고자 한다.[33]

다시 한 번 착취당하는 계급의 경우를 고려해 보자.[34] 계급 부정의에 대한 긍정적 재분배 개선책은 수입을 대체하는 서로 다른 두 가지 방식을 포함한다. 사회보장 프로그램은 안정적으로 고용된, 소위 일차적 노동 계급 부문을 위한 사회 재생산 비용의 일부를 제공한다. 공적 부조 프로그램은 자산 조사를 통해 실업자나 불완전 고용인과 같은 '예비군'을 '겨냥한' 원조를 제공한다. 이러한 긍정적 개선책은 계급 분화 자체를 폐기하기보다 분화를 지탱하고 형성한다. 이 개선책의 일반적인 효과는 우리의 관심을 노동자/자본가 계급 구분에서 고용인/실직자 노동 계급 구분

---

33 물론 '현존' 사회주의의 다양한 특징들은 오늘날 문제가 있는 것으로 여겨진다. 사실상 어떤 사람도 시장을 위한 공간이 거의 없는 순수한 '사령부' 경제를 지속적으로 옹호하지 않는다. 또한 민주주의적 사회주의 사회에는 공유권의 영역 및 정도와 관련된 어떤 동의도 없다. 물론 나의 목적과 관련해 보자면 여기서 사회주의적 이념의 상세한 내용을 서술할 필요는 없다. 오히려 표면적 재할당과는 대립되는 심층 정치경제적 재구조화를 통해 분배 부정의를 개선한다는 일반적 개념에 호소하는 것만으로도 충분하다. 이렇게 볼 때 사회민주주의는 긍정적 개선책과 변혁적 개선책이 조합된 혼종의 경우로 나타난다고 할 수도 있다. 이것은 또한 자유주의 복지국가보다는 더 많고 사회주의보다는 더 적은, 온건한 정도의 경제 재구조화를 포함하는 '중간 입장'으로 볼 수도 있다.

34 위에서 정의된 의미의 계급은 전적으로 사회의 정치경제 구조에 뿌리를 두는 집단임을 상기하라. 따라서 여기서의 쟁점들은 문화 평가 구조의 쟁점들에 의해 가려져 있지 않으며, 요구되는 개선책은 재분배지 인정이 아니다.

으로 전환시키는 것이다. 공적 부조 프로그램은 가난한 자들을 '겨냥'하지만, 원조뿐 아니라 적개심도 불러일으킨다. 그러한 개선책은 분명 필요한 물질적 원조를 제공한다. 그러나 또한 심적으로 매우 강력한 적개심이 부착된 집단 분화를 형성하기도 한다.

이제 이 논리를 긍정적 재분배 일반에 적용해 보자. 이러한 접근 방식은 경제적 부정의의 개선을 목적으로 하지만 계급 불이익을 발생시키는 심층 구조는 그대로 놔둔다. 따라서 이것은 계속적으로 표면적 재할당만을 만들어 낸다. 그 결과 불이익을 당하는 대부분의 계급은 본래적으로 결함이 있고 만족을 모르는 집단으로, 항상 더 많은 것을 요구하는 사람들로 표시된다. 동시에 그러한 계급은 심지어 특권화된 집단처럼 비칠 수도 있다. 특별 대우와 과분한 부조의 수혜자로 나타나게 되는 것이다. 따라서 분배 부정의의 치유를 목적으로 하는 이 접근 방식은 인정 부정의를 산출하는 것으로 끝날 수 있다.

어떤 의미에서 이러한 접근 방식은 자기 모순적이다. 긍정적 재분배는 일반적으로 보편적 인정 개념, 즉 인간의 동등한 도덕적 가치를 전제한다. 이를 '공식적 인정 약속'official recognition commitment이라고 부르자. 그러나 시간의 경과와 함께 반복됨에 따라 긍정적 재분배의 실천은 보편주의와는 모순되는 두번째의──낙인찍는──인정 역학recognition dynamics을 작동시키는 경향이 있다. 이 두번째 역학은 긍정적 재분배의 '실천적 인정 결과'practical recognition effect로 이해될 수 있다.[35] 이것은 공식적 인정 약속과 갈등을 일으킨다.[36]

───────

35 오늘날의 미국에서처럼 때때로 긍정적 재분배의 실천적 인정 결과는 그 공식적 인정 약속을 완전히 무력화할 수 있다.

이제 이 논리를 계급 분배 부정의에 대한 변혁적 개선책의 논리와 대조시켜 보자. 변혁적 개선책에는 대체로 보편주의적 사회복지 프로그램, 가파른 누진세, 완전고용 창출을 목적으로 하는 거시 경제 정치, 거대한 비-시장 공적 부문, 중요한 공적 그리고/혹은 집단적 소유, 기본적인 사회경제적 우선성에 대한 민주적 의사 결정 등이 조합되어 있다. 변혁적 개선책은 모든 이가 고용에 접근할 수 있도록 보장하고자 하며, 기본 소비 몫과 고용 간의 연관을 해체하는 경향을 갖기도 한다. 이 정책이 나아가고자 하는 방향은 계급 분화를 파괴하는 것이다. 어쨌든 변혁적 개선책은 특별한 부조의 수혜자로서 자신을 인식하는, 상처받은 사람들로 이루어진 낙인찍힌 계급을 창출하지 않는 방식으로 사회 불평등을 줄인다.[37] 따라서 이 개선책은 인정 관계에서의 상호성과 연대를 촉진하는 경향이 있다. 나아가 분배 부정의 개선을 목적으로 하는 이 접근 방식은 몇 가지 인정 부정의를 개선하는 것도 돕는다.[38]

이러한 접근 방식은 자기 모순이 없다. 긍정적 재분배와 마찬가지로 변혁적 재분배는 일반적으로 보편적 인정 개념, 즉 인간의 동등한 도덕

---

36 여기서 내가 쓰는 용어는 『실천 이론 개요』(Outline of a Theory of Practice)에서 피에르 부르디외가 '공식적 친족 관계'와 '실천적 친족 관계'를 구분한 것에서 영감을 받은 것이다.

37 나는 일부러 사회주의일 수도 있고 건강한 사회민주주의일 수도 있는 좀 애매한 그림을 스케치했다. 후자에 대한 고전적 설명으로는 Thomas Humphrey Marshall, "Citizenship and Social Class", in Class, Citizenship, and Social Development: Essays by T.H. Marshall, ed. Seymour Martin Lipset, Chicago: University of Chicago Press, 1964[「시민권과 사회 계급」, 『시민권』, 조성은 옮김, 나눔의집, 2014] 참조. 여기서 마셜은 심지어 완전한 사회주의가 부재하는 경우에도 '사회적 시민'으로 이루어진 보편주의적 사회민주주의 레짐은 계급 분화를 폐기한다고 주장한다.

38 좀더 상세히 말하자면, 변혁적 재분배는 정치경제 구조로부터 파생된 무시의 형식을 교정하는 데 도움이 된다. 이와는 반대로 문화 구조에 뿌리내리고 있는 무시를 교정하는 데는 독자적인 인정 개선책이 필요하다.

적 가치를 전제한다. 그러나 긍정적 재분배와 달리 변혁적 재분배의 실천은 이러한 개념을 파괴하는 경향으로 나아가지 않는다. 따라서 두 가지 접근 방식은 집단 분화에 대한 서로 다른 논리를 발생시킨다. 긍정적 개선책이 뜻하지 않게 계급 분화 촉진이라는 결과를 가져올 수 있다면 변혁적 개선책은 분화를 흐릿하게 만든다. 이와 더불어 두 가지 접근 방식은 서로 다른 인정 역학을 발생시킨다. 긍정적 재분배는 박탈이라는 손상에 무시라는 모욕을 덧붙이면서 불이익을 당하는 자들에게 낙인을 찍을 수 있지만, 이와 반대로 변혁적 재분배는 몇 가지 형식의 무시를 개선하도록 도우면서 연대를 촉진시킬 수 있다.

그렇다면 이러한 논의에서 어떤 결론을 이끌어 내야 하는가? 이 절에서 우리는 개념 스펙트럼의 두 극단에 있는 '순수한' 이념형의 사례들만을 고찰했다. 한편으로 우리는 경제적 뿌리를 갖는 계급의 분배 부정의에 대한 긍정적·변혁적 개선책의 서로 다른 결과를 대조해 보았고, 다른 한편으로는 문화적 뿌리를 갖는 섹슈얼리티의 인정 부정의에 대한 긍정적·변혁적 개선책을 대조해 보았다. 우리는 긍정적 개선책이 일반적으로 집단 분화를 촉진하는 경향이 있는 반면, 변혁적 개선책이 이를 해체하거나 흐리게 만들고 있음을 보았다. 우리는 또한 긍정적 재분배 개선책이 반동적으로 무시를 창출할 수 있으며, 이와 달리 변혁적 재분배 개선책은 몇 가지 형식의 무시를 교정하는 데 도움이 될 수 있음을 보았다.

이 모든 것은 재분배-인정 딜레마를 재공식화할 방법을 보여 준다. 우리는 이렇게 질문할 수 있을 것이다. 두 가지 유형의 부정의에 종속된 집단의 경우, 만약 두 가지 유형의 부정의가 모두 제거될 수 없다면, 어떤 개선책들의 조합이 재분배와 인정이 동시에 추구되는 경우 발생할 수 있는 상호 방해를 최소화하도록 작동하는가?

	긍정	변혁
재분배	**자유주의적 복지국가** • 기존 집단에게 존재하는 재화를 표면적으로 재할당 • 집단 분화 유지 • 무시 창출 가능성 있음	**사회주의** • 생산관계의 심층적 재구조화 • 집단 분화의 희석화 • 몇 가지 형식의 무시를 개선하도록 도울 수 있음
인정	**주류 다문화주의** • 기존 집단들의 기존 정체성에 대한 존중을 표면적으로 재할당 • 집단 분화 유지	**해체주의** • 인정 관계의 심층적 재구조화 • 집단 분화의 탈안정화

4. 딜레마 해결 방책 고안하기 : 젠더와 '인종'에 대한 재고

네 칸으로 이루어진 도표를 그려 보자. 가로축은 우리가 방금 검토했던 긍정과 변혁이라는 두 가지 일반적인 개선책으로 구성되어 있다. 세로축은 우리가 재분배와 인정으로 고려했던 두 가지 측면의 정의로 이루어져 있다. 방금 논의했듯이 우리는 도표에 네 가지 정치 지향을 위치시킬 수 있다. 재분배와 긍정이 만나는 첫째 칸에는 자유주의적 복지국가 프로젝트가 있다. 기존 집단들 사이의 재분배 몫을 표면적으로 재할당하는 데 집중하는 이 프로젝트는 집단 분화를 유지시키는 경향을 보인다. 이것은 또한 반발적 무시를 창출할 수 있다. 재분배와 변혁이 만나는 둘째 칸에는 사회주의 프로젝트가 있다. 생산관계의 심층적 재구조화를 목적으로 하는 가운데 이 프로젝트는 집단 분화를 희석화시키는 경향을 보인다. 이것은 또한 몇 가지 형식의 무시를 교정하는 것을 도울 수 있다. 인정과 긍정이 만나는 셋째 칸에는 주류 다문화주의 프로젝트가 위치한다. 기존 집단들 간의 존중을 표면적으로 재할당하는 데 초점을 맞추는 이 프로젝트는 집단 분화를 유지시키는 경향을 보인다. 인정과 변혁이 만나는 넷째 칸에는 해체주의 프로젝트가 있다. 인정 관계의 심층적 재구조화를 목적으로 하는 가운데 이 프로젝트는 집단 분화를 탈안정화하는 경향을 보인다.

이 도표는 주류 다문화주의를 자유주의적 복지국가의 문화적 유사물로 채택하는 반면, 해체주의를 사회주의의 문화적 유사물로 채택한다. 이를 통해 우리는 다양한 개선 전략들 간의 상호 양립 가능성에 대한 몇 가지 예비적 평가를 할 수 있다. 우리는 한 쌍의 개선책이 동시에 추구되는 경우 이들이 서로 어느 정도나 상반되는 방식으로 작동할지를 평가할 수 있다. 우리는 재분배-인정 딜레마의 진퇴양난에 정면으로 맞닥뜨리게 만드는 쌍이 무엇인지를 파악할 수 있다. 우리는 또한 이 딜레마를 풀 수 있는 방책을 제공하는 쌍이 무엇인지도 파악할 수 있다.

자명하게도 두 쌍의 개선책은 특히 전망이 없어 보인다. 자유주의적 복지국가의 긍정적 재분배 정치는 해체주의의 변혁적 인정 정치와 반목하는 것으로 보인다. 전자가 집단 분화를 촉진하는 경향으로 나아가는 반면, 후자는 오히려 이를 탈안정화하는 경향을 보인다. 이와 유사하게 사회주의의 변혁적 재분배 정치는 주류 다문화주의의 긍정적 인정 정치와 반목하는 것으로 보인다. 전자가 집단 분화를 폐기하는 경향으로 나아가는, 후자는 오히려 이를 촉진하는 경향을 보인다.

반대로 다른 두 쌍의 개선책은 이에 비해 전망이 있어 보인다. 자유주의적 복지국가의 긍정적 재분배 정치는 주류 다문화주의의 긍정적 인정 정치와 양립 가능해 보인다. 물론 전자가 반발적 무시를 창출할 수 있긴 하지만 그럼에도 양자는 모두 집단 분화를 촉진하는 경향을 보인다. 이와 유사하게 사회주의의 변혁적 재분배 정치는 해체주의의 변혁적 인정 정치와 양립 가능해 보인다. 양자는 모두 기존의 집단 분화를 폐기하는 경향을 보인다.

이러한 가설을 시험해 보기 위해 젠더와 '인종'을 재고해 보자. 이 집단들이 경제 부정의와 문화 부정의의 축 모두에 걸쳐 있는 이가적 구분임을 상기하라. 따라서 젠더 그리고/혹은 '인종'의 위계에서 종속된 사람들은 재분배와 인정 양자를 필요로 한다. 이들은 재분배-인정 딜레마의 전형적인 주체이다. 그렇다면 다양한 부정의 개선책 쌍들이 동시에 추구되는 경우 이들에게는 어떤 일이 발생하는가? 만약 재분배-인정 딜레마를 전적으로 떨쳐 버릴 수 없다면, 페미니스트와 인종차별 반대자에게 이를 풀 수 있는 방책을 가능하게 하는 개선책 쌍은 있는가?

우선 젠더의 경우를 고려해 보자.[39] 젠더 부정의를 교정하는 것은 정치경제와 문화의 변화를 요구하며, 이로써 경제적인 종속과 문화적인 종속의 악순환을 끊을 수 있다. 우리가 보았듯이 문제가 되는 변화는 긍정 혹은 변혁이라는 두 가지 형식 중 하나를 취할 수 있다.[40] 우선 분명한 전

---

39 정치경제적 분화로서 젠더는 노동 분업의 구조적 요소로서 젠더 특유의 착취·주변화·박탈을 불러일으킨다는 점을 상기하라. 그리고 문화 평가적 분화로서 젠더는 인정 관계의 구조적 요인으로서 남성 중심주의와 문화적 성차별주의를 불러일으킬 수 있다는 점을 상기하라. 또한 이가적 집단 분화로서 젠더에서는 경제 부정의와 문화 부정의가 면밀하게 서로 구분될 수 없다는 점을 상기하라. 반대로 이러한 부정의들은 서로를 변증법적으로 강화하는 방식으로 얽혀 있다. 성차별적이고 남성 중심적인 문화 규범은 경제에 제도화되어 있으며, 경제 불이익은 일상생활과 공적 영역 모두에서 동등하게 문화 생산에 참여할 수 없도록 방해한다.

40 나는 분명하게 전망이 없는 경우들은 다루지 않을 것이다. 여성성의 재평가를 목적으로 하는 문화 페미니즘의 인정 정치가 정치경제의 탈젠더화를 목적으로 하는 사회주의 페미니즘의 재분배 정치와 조합되기 힘들다는 사실을 분명히 지적해 두기로 하자. 이러한 양립 불가능성은 우리가 '여성 차이'의 인정을 장기적인 페미니즘의 목표로 삼을 때 분명해진다. 물론 몇몇 페미니스트는 그러한 인정 투쟁을 그 자체의 목적이 아니라 그들이 계획하는 과

망을 갖는 경우, 즉 긍정적 재분배와 긍정적 인정이 조합되어 있는 경우를 살펴보자. 이름이 말해 주듯 경제적 젠더 부정의를 개선하는 긍정적 affirmative 재분배는 적극적 조치affirmative action를 포함한다. 여성에게 현존하는 직업과 교육의 기회를 공정하게 분배하는 것을 보장하기 위한 노력이 여기에 속한다. 긍정적 재분배를 통해 그러한 직업과 기회의 속성이나 수가 변하는 것은 아니다. 문화적 젠더 부정의를 개선하는 긍정적 인정은 문화 페미니즘, 즉 여성성에 의미를 부여하는 이분법적 젠더 코드는 그대로 놔둔 채 여성성의 가치를 재평가함으로써 여성에게 존중을 보장하려는 노력을 포함한다. 따라서 지금 논의하고 있는 이 시나리오에는 자유주의적 페미니즘의 사회경제 정치와 문화 페미니즘의 문화 정치가 조합되어 있다. 그렇다면 이 조합은 정말로 재분배-인정 딜레마 해결 방책을 제공하는가?

　그러나 처음의 전망과 달리 이 시나리오는 문제가 있다. 긍정적 재분배는 정치경제를 젠더화화는 심층 차원을 건드리지 못하기 때문이다. 주로 태도상의 차별과 싸우는 것을 목적으로 한 채, 긍정적 재분배는 젠더

정의 한 단계로, 실질적 탈젠더화로 나아가는 과정의 한 단계로 인식한다. 아마도 여기에는 사회주의와의 형식적 모순이 존재하지 않을 수 있을 것이다. 그러나 동시에 거기에는 실천적 모순이, 적어도 실천적 난점이 존재한다. 가령 지금 여기에서 수행되는 여성의 차이에 대한 강조가 정말로 가까운 장래에 젠더 차이를 해소하는 것으로 종결될 수 있는가? 자유주의 페미니즘적 복지국가와 해체주의적 페미니즘이 조합되는 경우에는 이와 상반된 주장이 제기될 수 있다. 여기서 여성을 긍정하는 작용은 통상 '성맹적 사회'(sex-blind society)라는 장기적 목표 성취 과정에서 필요한 과도기적 개선책으로 간주된다. 아마도 여기에는 해체주의와의 형식적 모순이 존재하지 않을 수 있을 것이다. 그러나 그럼에도 불구하고 거기에는 실천적 모순이, 적어도 실천적 난점이 존재한다. 가령 지금 여기에서 수행되는 자유주의적 페미니즘의 긍정 작용이 정말로 가까운 장래에 우리를 해체로 이끄는 것을 도울 수 있는가?

화된 임금/부불 노동의 구분 또는 임금노동 내에서의 젠더화된 남성적/여성적 직업 구분은 공격하지 않는다. 젠더 불이익을 창출하는 심층 구조는 그대로 놔둔 채, 그것은 표면적인 재할당만을 계속 만들어 낸다. 결과적으로 나타나는 것은 젠더 분화의 강조뿐만이 아니다. 이것은 또한 여성을 결함이 있고 만족을 모르는 존재로, 항상 더 많은 것을 요구하는 존재로 표시한다. 장기적으로 여성은 심지어 특권화된 존재, 특별 대우와 과분한 부조의 수혜자로 비칠 수도 있다. 따라서 분배 부정의의 개선을 목적으로 하는 이 접근 방법은 인정 부정의로의 반발을 초래할 수 있다.

우리가 여기에 문화 페미니즘의 긍정적 인정 전략을 추가하면 문제는 더 악화된다. 이 접근 방법은 수행적으로 창조되지 않을 경우, 여성적이라 추정되는 문화 특수성 혹은 차이에 주의를 집중하게 만든다. 몇몇 맥락에서 이러한 접근 방식은 남성 중심적 규범을 해체시키는 방향으로의 진보를 만들어 낼 수 있다. 그러나 이 맥락에서 긍정적 인정 전략은 적극적 조치에 대한 분노의 불꽃에 기름을 붓는 결과를 가져올 수 있다. 그러한 렌즈를 통해 읽어 보면, 여성의 차이를 긍정하는 문화 정치는 인간의 동등한 도덕적 가치에 대한 자유주의적 복지국가의 공식적 약속을 모욕하는 것으로 나타난다.

분명한 전망을 가진 다른 경로는 변혁적 재분배와 변혁적 인정의 조합이다. 경제적 젠더 부정의를 개선하는 변혁적 재분배는 특정 형식의 사회주의 페미니즘이나 페미니스트 사회민주주의에 존재한다. 그리고 문화적 젠더 부정의를 개선하는 변혁적 인정은 젠더 이분법을 탈안정화함으로써 남성 중심주의를 철폐하려는 페미니스트 해체주의에 존재한다. 따라서 지금 논의되고 있는 이 시나리오에는 사회주의 페미니즘의 사회경제 정치와 해체주의 페미니즘의 문화 정치가 조합되어 있다. 그렇다면 이 조합은 정말로 재분배-인정 딜레마 해결 방책을 제공하는가?

이 시나리오는 훨씬 덜 문제적이다. 해체주의 페미니즘의 장기적 목표는 위계적 젠더 이분법의 문화를 다양하고 과도기적인 차이들의 다층적 교차 네트워크로 대체하는 것이다. 이러한 목표는 변혁적 사회주의-페미니즘의 재분배와 모순을 이루지 않는다. 해체주의는 불공정하게 젠더화된 정치경제에서 발생하는 젠더 차이의 퇴적이나 응결을 반대한다. 해체주의자들은 늘 새로운 정체성과 차이가 자유롭게 구성되고 나아가 유연하게 해체되는 문화를 유토피아적으로 그리는데, 이 유토피아적 문화는 어쨌든 대강의 사회적 평등의 기초 위에서만 가능하다.

뿐만 아니라 과도기적 전략으로서 이러한 조합은 분노의 불길을 부채질하는 것을 피한다.[41] 만약 이 조합에 결함이 있다면, 오히려 그것은 해체주의 페미니즘의 문화 정치와 사회주의 페미니즘의 경제 정치가 현재 문화적으로 구성된 여성 대부분의 직접적 이해관계나 정체성에서 멀리 떨어져 있다는 것이다.

유사한 결과가 '인종'에서도 발생한다. 여기서도 변화는 긍정 혹은 변혁이라는 두 가지 형식 중 하나를 취할 수 있다.[42] 분명한 전망을 제시하는 첫번째 경우는 긍정적 재분배와 긍정적 인정이 짝을 이루는 경우

---

41 앞서 각주 31번에서도 논의한 것처럼, 여기서 나는 변혁적 인정 개선책의 내적 복잡성이 기대에 어긋나는 나쁜 결과를 발생시키지 않는다고 가정하고 있다. 그러나 만약 젠더 탈분화라는 공식적 인정 약속에도 불구하고 해체주의 페미니즘 문화 정치의 실천적 인정 결과가 강력하게 젠더 분화적이라면 사실상 나쁜 결과가 발생할 수 있다. 이 경우 사회주의-페미니즘적 재분배와 해체주의-페미니즘적 인정은 서로에게 방해가 될 수 있다. 그러나 아마도 이러한 방해는 여기서 검토한 다른 시나리오에서 나타나는 방해보다는 다소 덜 강할 것이다.

42 각주 39와 40에서 젠더와 관련해 설명한 것이 동일하게 '인종'에도 해당될 수 있다.

다. 경제적 인종 부정의를 개선하는 긍정적 재분배는 적극적 조치를 포함한다. 유색인에게 직업과 교육의 기회를 공정하게 분배하는 것을 보장하기 위한 노력이 여기에 속한다. 문화적 인종 부정의를 개선하는 긍정적 인정은 문화 민족주의, 즉 '흑인임'에 의미를 부여하는 이분법적 흑-백 코드는 그대로 놔둔 채 '흑인임'의 가치를 재평가함으로써 유색인에게 존중을 보장하려는 노력을 포함한다. 따라서 지금 논의하고 있는 이 시나리오에는 자유주의적 반인종주의의 사회경제 정치와 흑인 민족주의 혹은 흑인 권력의 문화 정치가 조합되어 있다. 그렇다면 이 조합은 정말로 재분배-인정 딜레마 해결 방책을 제공하는가?

이 시나리오 역시 다시금 문제가 된다. 젠더의 경우와 마찬가지로 긍정적 재분배는 여기서 정치경제를 인종화하는 심층 차원을 건드리지 못하기 때문이다. 긍정적 재분배는 착취 가능한 노동과 잉여 노동의 인종적 구분도, 임금노동 내에서 일어나는 비천한 직업과 비천하지 않은 직업의 인종적 구분도 공격하지 않는다. 인종적 불이익을 창출하는 심층 구조는 그대로 놔둔 채, 그것은 표면적인 재할당만을 계속 만들어 낸다. 결과적으로 나타나는 것은 인종 분화의 강조뿐만이 아니다. 이것은 또한 유색인을 결함이 있고 만족을 모르는 존재로, 항상 더 많은 것을 요구하는 존재로 표시한다. 결국 유색인들 또한 기껏해야 특권화된 특별 대우의 수혜자로 제시될 수 있다. 이 문제는 우리가 문화 민족주의의 긍정적 인정 전략을 추가하면 더 악화될 수 있다. 몇몇 맥락에서 이러한 접근 방식은 유럽 중심적 규범을 해체시키는 방향으로의 진보를 만들어 낼 수 있다. 그러나 이 맥락에서 흑인 차이를 긍정하는 문화 정치는 자유주의적 복지국가에 대한 모욕으로 나타난다. 적극적 조치에 대한 분노에 불을 지피면서 이 접근 방식은 강력한 반발적 무시를 초래할 수 있다.

또 다른 경로인 변혁적 재분배와 변혁적 인정의 조합을 고려해 보자. 경제적 인종 부정의를 개선하는 변혁적 재분배는 특정 형식의 반인종차별적인 민주주의적 사회주의 혹은 반인종차별적 사회민주주의에 존재한다. 그리고 문화적 인종 부정의를 개선하는 변혁적 인정은 인종 이분법을 탈안정화함으로써 유럽 중심주의를 철폐하려는 반인종주의적 해체주의에 존재한다. 따라서 지금 논의되고 있는 이 시나리오에는 사회주의적 반인종차별주의의 사회경제 정치와 해체주의적 반인종차별주의의 문화 정치가 조합되어 있다. 젠더에 대한 접근 방식과 유사하게 이 시나리오는 훨씬 덜 문제적이다. 해체주의적 반인종차별주의의 장기적 목표는 위계적 인종 이분법의 문화를 다양하고 과도기적인 차이들의 다층적 교차 네트워크로 대체하는 것이다. 다시 말하지만 이러한 목표는 변혁적 사회주의의 재분배와 모순을 이루지 않는다. 뿐만 아니라 과도기적 전략으로서 이 조합은 분노의 불길을 부채질하는 것도 피할 수 있다.[43] 다시 말하지만, 원리적 결함이 있다면 그것은 해체주의적 반인종주의의 문화 정치와 사회주의적 반인종차별주의의 경제 정치가 현재 문화적으로 구성된 유색인 대부분의 직접적 이해관계나 정체성에서 멀리 떨어져 있다는 것이다.[44]

그렇다면 이러한 논의에서 우리는 어떤 결론을 내려야 하는가? 젠더

---

43 다시 말하지만, 각주 31번에서 논의했듯이 나는 변혁적 인정 개선책의 내적 복합성이 기대에 어긋나는 나쁜 결과를 발생시키지 않는다고 가정하고 있다. 그러나 만약 인종 탈분화라는 공식적 인정 약속에도 불구하고 해체주의적 반인종차별주의 문화 정치의 실천적 인정 결과가 강력하게 인종 분화적이라면 사실상 나쁜 결과가 발생할 수 있다. 이것은 반인종차별주의적인 사회주의적 재분배와 반인종차별주의적인 해체주의적 인정이 서로를 방해하는 결과를 낳을 수 있다. 그러나 다시 말하지만 아마도 이러한 방해는 여기서 검토한 다른 시나리오가 수반하는 방해보다는 다소 덜 강할 것이다.

와 '인종' 양자의 경우에 재분배-인정 딜레마를 해결할 최적의 방책을 제공하는 시나리오는 경제적 사회주의와 문화적 해체주의를 조합하는 것이다.[45] 그러나 이러한 시나리오를 심리적·정치적으로 실현 가능한 것으로 만들기 위해서는 모든 사람이 현재의 문화적 구성과 결부된 자신의 이해관계와 정체성에 대한 애착에서 벗어날 필요가 있다.[46]

5. 결론

재분배-인정 딜레마는 현실적이다. 이 딜레마를 전적으로 해결하거나 해소할 수 있는 말끔한 이론의 방향은 없다. 우리가 할 수 있는 최선은 재분배와 인정이 동시에 추구되어야 하는 경우 양자 사이에 발생할 수 있

---

44 테드 코디체크(Ted Koditschek)가 (개인적인 의견 교환에서) 내게 제안한 바에 따르면 이 시나리오는 다른 심각한 결함을 가질 수 있다. 즉 "해체주의적 옵션은 현 상황의 아프리카계 미국인에게는 덜 유용할 수 있다. [많은―프레이저] 흑인이 완전한 경제 시민권에서 구조적으로 배제되고, 이로써 '인종'이 점차 투쟁에서 공격당할 수 있는 문화 범주의 선두가 되는 상황에서, 자기 존중적인 사람들은 공격적으로 '인종'을 자부심의 원천으로 긍정하고 수용하지 않을 수 없다". 나아가 코디체크의 주장에 따르면 이와는 대조적으로 유대인들은 "에스니시티의 긍정, 자기 비판, 그리고 코스모폴리턴적인 보편주의 사이에서 좀더 건강하게 균형을 협상할 수 있는 활동에서의 여유를 더 많이 갖는다. 이것은 유대인들이 좀더 나은 해체주의자들이기 때문이 아니라(혹은 좀더 본질적으로 사회주의 성향을 갖기 때문이 아니라) 유대인들이 이러한 변화를 일으킬 여지를 더 많이 갖고 있기 때문이다".

45 이러한 결론이 국적과 에스니시티의 경우에도 주장될 수 있는지는 문제로 남는다. 원주민으로 이루어진 이가적 집단이 집단으로서의 정체성을 폐기하려 하지 않는다는 것은 분명하다.

46 항상 이것이 사회주의가 가진 문제였다. 사회주의는 인식적으로는 호소력 있지만 경험적으로는 멀리에 있다. 해체주의를 여기에 부가하는 것은 문제를 악화시키는 것처럼 보인다. 해체주의는 너무 부정적이고 반발적이어서, 다시 말해 너무 **해체적**이어서, 기존 정체성에 밀착되어 있는 종속된 집단에게 투쟁의 영감을 불러일으킬 수 없는 것으로 판명될 수 있다.

는 갈등을 최소화하는 접근 방법을 발견함으로써 이 딜레마를 약화시키는 것이다.

내가 여기서 주장한 것은 젠더나 '인종' 같은 이가적 집단이, 적어도 이것들이 서로 분리된 것으로 생각된다면, 당면 딜레마를 해결하는 가장 최선의 방책은 사회주의적 경제와 해체주의적 문화 정치의 조합이라는 것이다. 다음 단계에서는 이러한 조합이 좀더 큰 사회문화 형태에도 작동한다는 것을 보여 주게 될 것이다. 결국 젠더와 '인종'은 서로 말끔히 분리되어 있지 않다. 이것들은 섹슈얼리티나 계급으로부터도 말끔히 분리되어 있지 않다. 오히려 이 모든 부정의의 축들은 모든 사람의 이해관계와 정체성에 영향을 미치는 방식으로 서로 교차하고 있다. 이 중 어떤 것도 그 집단의 유일한 구성 요소가 아니다. 그리고 사회 구분의 한 축에서는 종속되어 있는 사람이 다른 축에서는 지배적으로 나타날 수 있다.[47]

그렇다면 이제 우리의 임무는 다층적이고 상호 교차적인 부정의에 대항하는 다층적이고 상호 교차적인 투쟁의 장에서 나타나는 재분배-인정 딜레마를 해결하는 방책을 고안하는 것이다. 물론 여기서 완전한 논

---

47 최근의 저작 다수는 내가 이 글에서 발견의 목적을 위해 분리했던 다양한 종속의 축들 간의 '교차'를 다루는 데 집중하고 있다. 이 중 많은 저작이 인정의 차원에 관심을 기울인다. 이 저작들은 다양한 집단 동일화 및 정체성 범주들이 서로 동구성적 혹은 동구조적이라는 점을 보여 주고자 한다. 예를 들어 Scott, *Gender and the Politics of History*는 프랑스 노동 계급의 정체성이 젠더 코드를 갖는 상징화를 통해 산만하게 구성되어 왔다고 주장한다. 그리고 David R. Roedger, *The Wages of Whiteness: Race and the Making of the American Working Class*, London: Verso, 1991은 미국 노동 계급의 정체성이 인종적으로 코드화되어 왔다고 주장한다. 반면 많은 유색인 페미니스트는 젠더 정체성이 인종적으로 코드화되었을 뿐 아니라 인종 정체성 역시 젠더적으로 코드화되어 왔다고 주장해 왔다. 나는 린다 고든과 함께 젠더, '인종' 그리고 계급 이데올로기가 현재 미국에서의 '복지 의존성' 및 '하층 계급'에 대한 이해에 횡단적으로 존재한다고 주장했다(Fraser and Gordon, "A Genealogy of 'Dependency'" in *Justice Interruptus* 참조).

증을 할 수는 없겠지만, 위험을 무릅쓰고 사회주의와 해체주의의 조합이 다른 대안에 비해 우수한 것으로 증명될 수 있다고 기대해도 좋을 세 가지 이유를 제시할 것이다.

첫째로 젠더와 '인종'과 관련해서 제기했던 주장은 모든 이가적 집단에 적용된다. 섹슈얼리티와 계급의 기치하에 형성된 실제 세계의 집단들이 앞에서 제안된 이념형의 구성물과 달리 이가적인 것으로 드러나는 한, 이 집단들 또한 사회주의와 해체주의의 조합을 선호할 수밖에 없다. 따라서 이중의 변혁적 접근 방식이 광범위한 불이익 집단의 선택 방향이 되어야 한다.

둘째로 재분배-인정 딜레마는 이를테면 단수의 이가적 집단에 내생적으로만 발생하는 것이 아니다. 이 딜레마는 또한 소위 교차하는 집단들을 가로질러 외생적으로도 발생한다. 따라서 게이이자 노동 계급인 어떤 사람은, 우리가 섹슈얼리티와 계급을 이가적인 것으로 해석하든 하지 않든 상관없이, 딜레마에 봉착하게 된다. 그리고 여성이자 흑인인 어떤 사람 역시 다층적이고 첨예한 형태의 딜레마에 맞닥뜨리게 된다. 따라서 부정의의 축들이 서로 가로지르고 있음을 인식하는 한, 우리는 일반적으로 이들을 횡단하는 형태의 재분배-인정 딜레마가 있음을 인식해야 한다. 이러한 딜레마의 형태들은 긍정적 개선책의 조합을 통해 해결을 보려 할 때, 우리가 위에서 언급한 형태들보다 더 큰 저항에 직면할 것이다. 긍정적 개선책들은 덧붙여지는 방식으로 작동하며, 종종 서로 상반된 목적을 갖기 때문이다. 따라서 계급, '인종', 젠더, 섹슈얼리티의 교차는 변혁적 해결을 더욱 강하게 요구하며, 사회주의와 해체주의의 조합을 더욱 매력적으로 만든다.

셋째로 이 조합은 연합coalition의 형성을 가장 잘 촉진한다. 연합 형성은 사회적 적대가 증대하고 사회운동이 균열되며 우파의 호소력이 점차 증가하고 있는 오늘날 미국에서 특히 필요한 것이다. 이러한 맥락에서 정치경제와 문화 양자의 심층 구조를 변혁하는 프로젝트는 현재 진행 중인 부정의에 대항하는 **모든** 투쟁에 정의를 가져다줄 수 있는 유일한 포괄적 프로그램인 것으로 보인다. 그렇다고 이것이 제로섬 게임이라는 것은 아니다.

만약 이것이 옳다면, 우리는 현재 미국의 정치가 얼마나 나쁜 상황으로 치닫고 있는지를 알게 된다. 우리는 지금 서로를 강화하는 문화적·경제적 종속의 악순환에 꼼짝없이 갇혀 있다. 이러한 부정의를 자유주의적 복지국가와 주류 다문화주의의 조합을 통해 해결하려는 우리의 노력은 예상을 뒤엎는 그릇된 결과로 이어지고 있다. 재분배와 인정에 대한 대안적 이해를 직시함으로써만 우리는 모든 사람을 위한 정의의 요구에 부응할 수 있다.

2장

/

단지 문화적인

주디스 버틀러

나는 최근 회자되었던 서로 다른 두 가지 주장에 대한 검토를 제안하고 자 한다. 이 주장들은 얼마 전부터 만들어진 어떤 고양된 분위기를 반영하고 있다. 첫번째 주장은 때로 맑스주의가 문화연구로 환원되어 이해되면서 맑스주의 이론과 액티비즘이 문화연구로 환원되는 것을 맑스주의자들이 명백히 거부한 것과 연관되어 있다. 두번째 주장은 신사회운동을 문화적인 영역에 속하는 것으로 격하시키는 경향과 관련되어 있다. 실제로 이 주장은 신사회운동을 이른바 '단지'merely 문화적인 것으로 일축하면서 문화 정치를 분파적이고 정체성 중심적이며 특수주의적인 것으로 치부해 버린다. 여기서 다루는 이런 관점들에 상응하는 이름을 내가 잘못 붙이더라도 용서받으리라 믿는다. 이 글은 우리가 말로 내뱉고 귀로 듣는 이 관점들이 진보적 지식인 집단 내에 존재하는 어떤 지적 배경에서 나온 논쟁의 일부라는 점을 실제 문화적인 전제로 삼고 있기 때문이다. 또한 나는 한 개인을 어떤 하나의 관점과 결부 짓는 것, 이를테면 누가 뭐라고 말했고, 또 그에 대해 누가 답으로 뭐라고 말했는지를 논하는 사소한 정치, 다시 말해서 (지금 이 순간의 나로서는 거부하고 싶은) 일종의 문화 정치라는 것이 그 관점을 통해 얻을 수 있는 의미나 영향으로부터 우리의 주의를 돌려 상황을 왜곡할 위험이 있다는 것도 알고 있기 때문이다.

지난해에 제기된 주장들은 다음과 같은 유형의 논변을 담고 있다. 문화를 강조하는 좌파 정치가 맑스주의의 유물론적 기획을 거부했다거나, 또는 이렇게 하면 경제적 형평과 재분배를 문제 삼을 수 없다거나, 그래서 문화를 사회적·경제적 생산양식에 대한 체계적 이해의 틀 안에 위치 짓는 데 실패한다고 말이다. 또는 문화를 강조하는 좌파 정치가 좌파를 정체성 중심적 분파들로 쪼개 버렸고, 이로 인해 우리가 공통의 이상과 목표, 공통의 역사의식, 공통의 가치관, 공통의 언어, 심지어 객관적이고 보편적인 합리성 양식조차도 잃어버리게 되었다는 식의 논변도 있다. 또한 문화를 강조하는 좌파 정치가 사회적 조건과 경제적 조건의 체계적 상관성에 대해 더 확고하고 중대하며 포괄적인 전망을 제시하기보다, 일시적인 사건·실천·목표에 초점을 두는 자기 중심적이고 사소한 정치 형태를 취하게 되었다는 논변들도 나타났다.

분명히 이러한 논변들에 다소 암묵적으로 깔려 있는 생각은 포스트구조주의가 맑스주의를 좌절시켰다는 것이다. 이에 따르면 사회적 삶에 대한 **체계적인** 설명을 제시하는 능력, 혹은 합리성――객관적이든 보편적이든 둘 모두이든――의 규범을 확증하는 능력은 문화 정치의 장에 도입된 포스트구조주의로 인해서 심각하게 방해를 받았다. 그러면서 포스트구조주의는 파괴적이고 상대주의적이며 정치적으로 무능한 것으로 간주되었다.

동일시 형식으로서 패러디

아마도 당신은 내가 시간을 내어, 이를테면 그러한 논변들에 이런 식으로 시간을 할애하면서, 그것도 공식적으로 이 논변들을 자세하게 언급하는 방식을 벌써 궁금해할 수도 있을 것이다. 어쩌면 내가 이미 이러한 입장들을 패러디하고 있는 것은 아닌지를 궁금해하기도 할 것이다. 나는 그러한 입장들이 가치 없다고 생각하는 걸까? 아니면 그것들이 중요하고 반향을 받을 만한 가치가 있다고 생각해서 이러는 걸까? 만일 내가 이러한 입장들을 패러디하는 것이라면, 그것은 아마도 내가 그 입장들을 우스꽝스럽고 무의미하며 정형화된 것으로 본다는 뜻일 것이다. 또한 그것들이 거의 누구에게나 받아들여질 수 있으며, 심지어 그럴듯하지 않은 사람들이 말한다고 해도 설득력 있게 들릴 수 있는 담론으로서 일반화 가능성과 통용성을 갖는 것이라고 생각한다는 뜻일 것이다.

그런데 공격받고 있는 문화 정치에 내가 참여하면서도, 이 주장들을 반복해서 언급하는 것이 그러한 논변들과의 잠정적 동일시identification와 관련된다면 어쩔 것인가? 내가 수행하는 이러한 잠정적 동일시, 즉 이러한 입장들의 패러디에 내가 개입되어 있는지에 대한 문제를 제기하는 잠정적 동일시는 좋든 싫든 간에 이러한 입장들이 나의 입장이 되는 바로 그 순간이 아닐까?

내 주장은 패러디하는 것과의 사전 제휴가 없다면, 즉 패러디 대상으로 취하려 하는 입장과 친밀하거나 친밀하고자 하지 않는다면 그 지적 입장에 대한 패러디를 확실하게 수행할 수 없다는 것이다. 패러디하기 위해서는 동일시하고 가까워지고 접근하는 능력이 필요하다. 또한 패러디는 자신이 전유하는 입장과 친밀성을 만들어 나가는데, 이것은 주체의 목소리·태도·수행성performativity을 문제 삼는다. 따라서 청중이나 독자는 당신이 어디에 서 있는지, 당신이 다른 편으로 완전히 가 버렸는지, 당신의 입장을 고수하는지, 수행 도중에 그것의 먹이가 되지 않고 다른 입장을 시연할 수 있는지를 전혀 알지 못하게 된다. 당신은 그녀가 전혀 진지하지 않다고 결론 내릴지도 모르며, 혹은 이를 일종의 해체주의적 놀이로 결론 내리고서 진지한 토론을 할 다른 곳을 찾기로 결정할지도 모른다. 하지만 당신이 원한다면 나는 이러한 갈팡질팡한 놀이에 당신을 초대하고자 한다. 왜냐하면 이것이 좌파 진영의 불필요한 분리를 극복하는 목적에 실제적으로 기여할 것이며, 그것이 바로 내 글이 지향하는 목적의 일부이기 때문이다.

나는 그러한 사전 제휴와 친밀성이 없다면 문화적 좌파를 패러디하려는 최근의 노력들이 발생할 수 없었음을 주장하고 있는 것이다. 패러디를 시작하는 것은 욕망과 양가성의 관계를 시작하는 것이다. 우리는 작년에 있었던 불쾌한 장난질 속에 독특한 동일시 형식이 작동하고 있음을 목도했다. 여기서 패러디를 수행한 사람은 문자 그대로 패러디되는 현 장소의 점유를 열망했다. 그는 문화적 좌파의 문화적 우상icon을 폭로할 뿐 아니라 **바로 그 우상성iconicity을 획득하고 전유하고자 했으며**, 나아가 폭로를 수행한 사람으로서 스스로를 기꺼이 대중에 드러내고자 했다. 그럼으로써 패러디 속에서 두 개의 입장을 점유했으며, 타자의 입장을 영토화하고 일시적으로 문화적 명성을 획득했다.[1] 그렇다고 패러디의

---

1 여기서 말하는 불쾌한 장난질이란 앨런 D. 소칼과 관련된 것이다. Alan D. Sokal, "Transgressing the Boundaries: Towards a Transformative Hermeneutics of Quantum Gravity", *Social Text* 46~47, 1996, pp. 217~252.

72 1부 · 재분배냐 인정이냐, 잘못된 안티테제

목적이 좌파 정치가 미디어에 끌려다니거나 미디어 중심적이 되면서 대중적인 것과 문화적인 것에 의해 타락하게 된 방식을 비난하는 것은 아니었다. 오히려 패러디의 목적은 정확히 미디어에 개입해 미디어를 추동하여 유명해지고, 위신을 떨어뜨리고자 했던 그 사람들이 획득했던 바로 그 문화적 관점에서 승리하여 이를 통해 애초에 비판을 자극했던 대중성과 미디어에서의 승리의 가치들을 재확인하고 구현하는 것이었다고 보아야 한다. 스릴 넘치는 사디즘을 생각해 보라. 분석 대상으로서 명백히 개탄되었던 대중 영역popular field을 점유한 바로 그 순간에 억눌린 **분노**ressentiment가 방출되고, 그러면서 적의 권력에 대한 경의를 표했으며, 그로써 자신이 뒤흔들고자 했던 바로 그 이상화를 재활성화한 것이다.

이런 점에서 패러디의 결과는 역설적이다. 외견상 좀더 진지해 보이는 맑스주의 아바타들 자신이 문화적으로 각광을 받는 바로 그 순간에 만끽한 승리의 환희는 자신들이 반대한 바로 그 문화적인 비판 대상을 입증한 것이자 그 징후를 드러낸 것이기 때문이다. 적을 제압함으로써 얻은 그들의 승리감, 즉 적의 자리를 취하는 이상한 방식이 아니고서는 가능하지 않은 승리감으로 인해 다음과 같은 질문이 제기된다. 이제 사회적·경제적 관계에 대해 좀더 체계적인 분석을 하는 대신에 언론의 주목을 받는 **일시적**transient 주제에 집중하게 되면서, 이 좀더 진지한 맑스주의의 목적과 목표는 실망스럽게도 문화적 영역으로 이동한 것 아닌가? 이 나라에서 복지권welfare rights이 폐지되어 가고, 전 지구적으로 계급 격차가 강화되고, 나아가 이 나라에서 우파가 성공적으로 '중도'의 지위를 획득하면서 효과적으로 좌파 자체를 미디어에서 사라지게 만든 바로 그 상황에서 이런 승리감은 좌파의 **분파화**factionalization를 재각인시킨 것이다. 좌파의 한 부류가 다른 부류를 후려치는 아주 드문 경우를 빼면 언제 좌파가 『뉴욕 타임스』의 1면을 장식한 적이 있던가? 좌파는 이 속에서 주류 자유주의·보수 언론 소비를 위한 볼 만한 구경거리로 전락하는데, 이 언론은 어떤 종류의 좌파도 급진적 사회 변화를 추동하는 강력한 힘을 가진 존재로 고려하기는커녕, 정치 과정 내에서의 좌파의 모든 분파를 기꺼이 얕잡아 본 것이다.

맑스주의를 문화연구와 분리하고, 비판적 지식을 문화적 특수성이라는 함정에서 구출하려는 이러한 시도는 단순히 좌파 문화연구와 더 정통적인 형태의 맑스주의 사이의 세력 다툼에 불과한 것인가? 이런 식의 분리 시도는 신사회운동이 좌파를 분열시켰고, 그래서 우리가 공통의 이상을 가질 수 없게 만들어 버렸고, 그에 따라 지식과 정치적 액티비즘의 장을 파편화해 정치적 액티비즘을 문화 정체성의 단순한 확인이나 긍정 수준으로 환원시켰다는 주장과 어떻게 연결되는가? 신사회운동은 '단지 문화적인' 것이며, 통합적·진보적 맑스주의는 반드시 객관적인 계급 분석에 기초한 유물론으로 돌아가야 한다는 생각은 물질적인 삶과 문화적인 삶 사이의 구분이 그 자체로 견고하다는 것을 가정한다. 물질적인 삶과 문화적인 삶이라는 외형적으로 견고한 구분에 의지하는 것은 분명히 이론적 시대착오theoretical anachronism의 부활이다. 이는 레이먼드 윌리엄스, 스튜어트 홀, 가야트리 차크라보르티 스피박 같은 다양한 문화 유물론자들의 기여뿐 아니라 토대-상부구조 모델의 전위displacement를 통해 맑스주의에 기여한 루이 알튀세르의 노고를 깎아내리는 것이다. 사실상 이런 구분을 시대착오적으로 부활시키는 것은 신사회운동을 단지 문화적인 것으로, 문화를 파생적이고 부차적인 것으로 파악하고 이에 따라 시대착오적인 유물론에 새로운 정통의 기치를 내걸고자 하는 전략에 복무하는 것이다.

정통주의의 통일

'통일'을 요구하는 좌파 정통의 이러한 부활은, 역설적으로 정확히 정통주의가 애통해할 방식으로 좌파를 다시 분리시킨다. 실제로 그들이 이러한 분리를 생산하는 방식은 어떤 운동들이 어떤 이유에서 단지 문화적인 영역으로 강등되는지, 그리고 어떻게 물질적인 것과 문화적인 것의 분리가 특정 형식의 정치적 액티비즘을 암묵적으로 주변화하는 목적으로 부각되는지를 묻는 순간 분명해진다. 어떻게 사회적·성적 보수주의와 마찬가지로 새로운 좌파 정통이 인종이나 섹슈얼리티의 문제를 정치라는 '현실'real 비즈니스에서 부차적인 문제로 만들면서, 이 과정을 통해 신보수주의 맑스주의neoconservative Marxism라는 새롭고 괴이한 정치 형태를 생산하는가.

좌파 정통이 내세우는 외형상의 통일은 어떤 배제나 종속의 원리 위에 세워진 것인가? 민주주의 원칙을 기반으로 하는 신사회운동이 어떻게 헤게모니를 장악한 좌파뿐 아니라 이와 공모하는 자유주의 중도파, 그리고 진정 위협적인 우파에 맞서 자신의 입장을 표현해 왔는지를 우리는 얼마나 쉽게 망각하고 있는가? 반半자율적 신사회운동의 등장을 애석해하면서 이를 좁은 의미의 정체성 중심주의로 이해하는 사람들이 신사회운동이 발전하게 된 역사적 이유를 한 번이라도 제대로 고려한 적이 있는가? 하버마스식으로 합리성을 상상적으로 세련화하는 방식을 통해서든 인종적으로 정화된 계급 개념에 우선성을 두는 공동선common good의 개념을 통해서든, 어쨌든 절대 명령에 의해 보편성을 복구하려는 최근의 노력에서 이러한 상황이 단순 재생산되고 있는 것 아닌가? 통일이라는 새로운 수사의 핵심은 부분적으로 교화와 종속에 반대하는 과정에서 형성된 신사회운동을 바로 그 교화와 종속을 통해 그저 '포용'include 하려는 것 아닌가? 이를 통해 이 갈등이 만들어진 역사를 독해하는 데 '공동선'의 주창자들이 실패했음을 드러내면서 말이다.

되살아난 정통주의가 신사회운동에 대해 분노하고 있다면 그것은 바로 그러한 운동이 향유하고 있는 활력 때문일 것이다. 역설적이게도 좌파를 계속 살아 있게 하는 바로 그 운동이 좌파를 마비시키는 데 일조한 것으로 간주된다. 물론 나는 신사회운동을 협소한 의미의 정체성 중심주의로 구성하면 정치적 장이 좁아질 거라는 데 동의한다. 하지만 신사회운동들이 정체성 중심적 형태로 환원될 수 있다고 볼 이유는 전혀 없다. 통일의 문제, 좀더 온건하게 말해 연대의 문제는 정치적 장을 초월하거나 제거한다고 해서 해결될 일이 아니다. 그리고 배제를 통해 통일을 회복한다는, 즉 가능성의 조건으로서 종속을 재도입하는 식으로 통일을 회복한다는 막연한 약속을 통해 해결될 수 있는 것도 아니다. 가능한 단 하나의 통일은 일련의 갈등을 종합하는 데 있지 않다. 가능한 단 하나의 통일은 정치적으로 생산적인 방식으로 갈등을 지속하는 양식일 것이다. 즉 개별 신사회운동이 서로 제각각이 되지 않을 수 있도록 상대의 압력을 고려하는 가운데 자신의 목적을 발화할articulate 것을 요구하는 경쟁의 실천일 것이다.

이것은 에르네스토 라클라우와 샹탈 무페가 제기한 등가 연쇄chain of equivalence와 긴밀하게 연관되지만 정확히 그것은 아니다.[2] 새로운 정치 구성체들은 별개의 분화된 실재들처럼 서로 유추 관계를 이루며 구분

---

2 나와 라클라우가 평등에 대해 나눈 대화 참조. Ernesto Laclau, Reinaldo José Laddaga, and Judith Butler, "The Uses of Equality", *Diacritics* 27, spring 1997, pp. 3~12.

되는 것이 아니다. 그들은 중첩되고 상호적으로 결정되며 서로 수렴되는 정치화의 장이다. 사실상 가장 바람직한 경우는 하나의 사회운동이 다른 것에서 자신의 가능성의 조건을 찾는 것이다. 여기서 차이는 서로 다른 것으로 분화되는 운동들 사이에 존재하는 **외재적인** 차이일 뿐 아니라 **운동 자체의 내적 자기 구별**self-difference of movement itself, 즉 구성적 파열이기도 하다. 구성적 파열로 인해 신사회운동은 정체성 중심적이지 않은 토대를 가지게 되며, 동원되는 특정 갈등을 정치화의 토대로 장착하게 된다. 하나의 정체성의 통일성과 일관성을 강화하기 위해 또 다른 정체성을 배제하는 과정으로 이해되는 분화화는, 차이의 문제를 하나의 정체성과 다른 정체성 사이에 등장하는 것으로 위치시키는 오류를 범한다. 그러나 차이는 정체성의 가능성의 조건 혹은 정체성의 구성적 경계이다. 왜냐하면 정체성의 발화를 가능하게 하는 것은 동시에 최종적 혹은 폐쇄적 발화를 가능하게 하는 것이기 때문이다.

학계 내부에서 인종 연구를 젠더 연구나 섹슈얼리티 연구와 분리하려는 노력은 자율적 발화에 대한 다양한 필요가 있음을 보여 준다. 그러나 그런 노력은 어떤 자율성에 대해서라도 그 궁극적 한계를 노출시키는 일련의 중요하고 고통스러우며 바람직한 대립도 예외 없이 만들어 낸다. 몇 가지 예를 들면, 아프리카계 미국인 연구 내에서의 섹슈얼리티 정치나 퀴어 연구, 계급 연구, 페미니즘 내에서의 인종 정치, 그리고 앞에서 언급한 연구들 내부에서 이루어지는 여성 혐오 문제, 또한 페미니즘 내에서의 동성애 혐오 문제 등이 있다. 이것이 좀더 새롭고 보다 포용적인 좌파들이 넘어서고 싶어 할 바로 그 지루한 정체성 중심적 투쟁들로 보일지도 모르겠다. 그럼에도 불구하고 그런 차이들의 재교화domestication와 재종속화 이상의 어떤 것을 말하고자 하는 '포용'의 정치를 위해 좌파들은 새로운 형태의 갈등적 만남의 과정에서 동맹 의식을 발전시켜야 한다. 신사회운동들이 지배적인 보편을 찾는 수많은 '특수주의들'로 등장한다면, 우리는 반드시 어떻게 보편성의 규정 그 자체가 이전에 작동했던 사회적 권력의 제거를 통해서만 가능하게 되었는지를 물어야 한다. 이는 보편적인 것이 불가능하다고 말하는 것이 아니다. 오히려 보편적인 것이 가능해지는 것은 항상 위조하고 영토화하는 권력 내에서 자신의 위치를 추상화할 때이고, 그 때문에 보편적인 것은 모든 차원에서 저항되어야 한다. 보편은 아마도 순간적으로만, 발터 벤야민의 관점에서처럼 "번쩍 하는 섬광"에서만 가능할 것이다. 그리고 그 보편이 가능하다면 이는 진행 중인 사회적 경합이라는 상황에 맞서 사회운동들이 찾아낸 수렴점을 찾을 수 있게 해주는 번역translation의 고된 노동의 결과일 것이다.

몇몇이 그랬듯이, 신사회운동의 활력을 비난하는 것은 바로 좌파의 미래가 민주적 참여를 종용하는 운동의 토대 위에 건설되어야 한다는 것을 이해하지 못하는 것이다. 또한 그러한 운동들에 통일성을 부과하기 위한 외부로부터의 노력은 어떤 것이라도 전위주의, 즉 위계와 불일치를 생산하는 데 전념하여 스스로의 주장대로 외부에서 오는 바로 그 분파화를 생산하는 전위주의의 한 형태를 띠기 때문에 거부되리라는 것을 이해하지 못하는 것이다.

퀴어 정치와 문화적인 것에 대한 비방

잘못되고 배제적인 통일성에 대한 향수는 문화적인 것에 대한 비방, 나아가 좌파 내에서 새롭게 부흥한 성적·사회적 보수주의와 연관된다. 때로 이들은 계급이 살아가는 하나의 양상으로 인종을 고려하는 폴 길로이

Paul Gilroy와 스튜어트 홀의 주장을 받아들이지 않고 인종을 계급에 재종속시키는 형식을 취한다. 이때 인종은 계급이 유지되는 한 형식에 불과하다. 때문에 인종과 계급은 분석적으로 구분되어 표현되지만 인종 분석은 계급 분석 없이는 이루어지지 못한다. 섹슈얼리티와 계급의 관계에서는 또 다른 동역학이 작동하는데, 이 글의 나머지 부분에서는 이 쟁점에 집중하고자 한다. 물질적인 삶에서 무엇이 가장 절박한가 하는 질문에서 비본질적인 것으로 간주되는 **퀴어 정치는 정통파에게 통상적으로 정치화의 문화적 극단으로** 그려진다.

계급 투쟁과 인종 투쟁은 전반적으로 경제적인 것으로, 페미니스트 투쟁은 때로는 경제적이고 때로는 문화적인 것으로 이해된다. 반면 퀴어 투쟁은 문화적인 투쟁으로 이해되는 것에 그치지 않고, 최근 사회운동들이 취했다고 전제되는 '단지 문화적인' 형식의 전형으로 이해된다. 나의 동료 낸시 프레이저의 최근 작업을 생각해 보자. 그녀의 관점은 결코 정통파가 아니다. 반대로 그녀는 해방 투쟁들이 다양하게 맞물린 관계를 이해하기 위한 폭넓은 틀을 제공할 방법을 찾아 왔다. 그녀의 작업을 살펴보고자 하는 이유는 부분적으로 내가 염려하는 그 전제가 그녀의 논의에서 발견될 수 있기 때문이다. 그간 우호적으로 논쟁을 진행한 우리 사이를 고려할 때 이 점에 대해서도 생산적인 의견 교환이 이루어지리라고 생각한다. 이 글에서 내가 이름을 거명한 유일한 사람이 그녀인 것도 이 때문이다.[3]

최근 저서 『중단된 정의』에서 프레이저는 "오늘날 미국에서 '정체

---

3 Seyla Benhabib, Judith Butler, Drucilla Cornell and Nancy Fraser, *Feminist Contentions: A Philosophical Exchange*, New York: Routledge, 1995 참조.

성 정치'라는 표현이 점차 페미니즘, 인종차별 반대anti-racism, 이성애 중심주의 반대anti-heterosexism에 대한 경멸적 용어로 사용되고 있다"고 정확히 지적한다.[4] 그녀는 그러한 운동들이 사회 정의와 밀접하게 관계되며, 모든 좌파 운동은 그러한 운동들의 도전에 응답해야 한다고 주장한다. 그럼에도 불구하고 그녀는 분리를 재생산하는데, 특정 억압들을 정치경제의 부분에 위치시키고 다른 억압들을 전적으로 문화적인 영역에 귀속시킨다. 정치경제와 문화 사이에 걸쳐 있는 스펙트럼을 가정하면서 그녀는 이러한 정치 스펙트럼의 문화적 극단에 레즈비언과 게이 투쟁을 위치시킨다. 그녀의 주장에 따르면 동성애 혐오는 정치경제적 뿌리를 갖지 않는데 그 이유는 동성애자는 노동 분업에서 구별되는 지위를 점하지 않고, 전 계급 구조에 걸쳐 있으며, 착취당하는 계급으로 구성되지 않기 때문이다. 다시 말해서 "그들이 겪는 부정의는 본질적으로 인정의 문제이다". 여기서 이들의 투쟁은 물질적 억압의 문제보다는 문화적 인정의 문제가 된다.[5]

섹슈얼리티가 사회적으로 규제되는 방식을 비판하고 변혁하는 운동이 왜 정치경제가 기능하는 데 있어 핵심적인 것으로 이해되지 않는가? 사실 이러한 비판과 변혁이 유물론적 프로젝트의 핵심이라는 것은 사회주의 페미니스트들 그리고 1970~1980년대에 맑스주의와 정신분석학을 수렴하고자 했던 사람들이 예리하게 지적한 바 있으며, 맑스와 엥겔스 역시 '생산양식'이 사회적 연합의 양식들을 포함할 필요가 있다는 주

---

4 Fraser, *Justice Interruptus: Critical Reflections on the "Postsocialist" Condition*, New York: Routledge, 1997, p. 5.

5 *Ibid.*, pp. 17~18. 이러한 관점들에 대한 다른 진술을 보고자 한다면 이 책에 수록된 프레이저의 「재분배에서 인정으로?: '포스트사회주의' 시대 정의의 딜레마」 참조.

장을 통해 이를 명확히 한 바 있다.『독일 이데올로기』(1846)에서 맑스는 "매일 자신의 삶을 새롭게 만드는 인간은 친족을 증식시키기 위해 다른 인간을 만들기 시작한다. 부부 관계, 부모 자식 관계, 즉 **가족이다**"라는 유명한 문장을 남겼다.[6] 비록 출산을 자연스러운 관계로 볼 것인지 아니면 사회적 관계로 볼 것인지 사이에서 동요했지만, 맑스는 생산양식이 항상 협력 양식과 결합될 뿐 아니라, 더 중요하게는 "생산양식 그 자체가 '생산력'"이라는 점을 분명히 했다.[7] 엥겔스는『가족, 사유 재산, 국가의 기원』(1884)에서 이 주장을 확장하는데, 거기서 사회주의 페미니스트 학자들 사이에서 한동안 가장 광범위하게 인용되었던 공식이 제공되었다.

> 유물론의 관점에 따르면 역사의 결정적 요인은 궁극적으로 직접적인 생활의 생산 및 재생산이다. 그러나 이 자체가 다시 두 가지로 나누어진다. 하나는 생활 수단, 즉 의식주의 생산과 이에 필요한 도구의 생산이며, 다른 하나는 인간 그 자체의 생산, 즉 종의 번식이다.[8]

---

6 Robert C. Tucker ed., *The Marx-Engels Reader*, New York: Norton, 1978, p. 157[「독일 이데올로기」,『칼 맑스·프리드리히 엥겔스 저작 선집』1권, 최인호 외 옮김, 박종철출판사, 1990, 209쪽].

7 *Ibid.*.

8 Frederich Engels, "Preface to the First Edition", in *The Origin of the Family, Private Property and the State*, ed. Eleanor Burker Leacock, New York: International Publishers, 1972, pp. 71~72[『가족, 사유재산, 국가의 기원』, 김대웅 옮김, 두레, 2012, 8~9쪽]. 엥겔스는 이 단락에서 어떻게 사회들이 친족 관계에 의해 지배되는 단계에서 국가에 의해 지배되는 단계로 발전했는지, 그리고 이 후자의 발전에서 어떻게 친족이 국가에 의해 포섭되었는지 계속해서 설명한다. 이 주장과 Michel Foucault, *The History of Sexuality, Vol. 1: An Introduction*, trans. Robert Hurley, New York: Norton, 1978[『성의 역사 제1권: 지식의 의지』, 이규현 옮김, 나남출판, 2010] 주장의 수렴점을 이야기하는 것은 흥미로운 일이다. 거기서 푸코는 다음과 같이 말한다. "특히 18세기 이래로 서구 사회는 이전의 장치에 포

사실상 당시의 여러 페미니즘은 가족을 생산양식의 일부로 파악하고자 했을 뿐만 아니라, 바로 그렇게 만들어진 젠더가 이성애 규범적 가족을 재생산하는 규범들에 의거한 "인간 그 자체의 생산"의 일부로 이해되어야 한다고 주장했다. 나아가 이들은 정신분석학을 도입해 자본의 이해에 복무하는 사회적 형식 속에서 인간들을 재생산하는 데 친족이 어떻게 작동하고 있는지 보여 주었다. 비록 논쟁에 참여한 일부는 친족의 영역을 레비-스트로스나 이에 관련한 라캉주의 후계자들에게 마지못해 양도했지만, 다른 참여자들은 여전히 성적 노동 분업과 젠더에 따른 노동자 재생산을 설명하기 위해 가족에 대한 특별히 사회적인 설명이 필요하다고 주장했다. 정확히 말해 당시 사회주의 페미니스트의 입장의 본질은 가족이 자연적으로 주어진 것이 아니라는 바로 그 관점이었다. 그들은 가족을 친족 기능의 특정한 사회적 배치로, 역사적으로 우발적인 것이며 원칙적으로 변혁 가능한 것으로 보았다. 1970~1980년대의 학문 분위기에서 성적 재생산의 영역은 삶의 물적 조건의 일부로, 즉 정치경제에 고유하며 구성적인 특징으로 받아들여졌다. 또한 그들은 '남성'과 '여성'으로 젠더화된 인간의 재생산이 가족의 사회적 규제에, 그리고 사회 형식으로서의 가족의 일원이 되는 데 적합한 곳이자 이성애적 인간의 재생산 장소로서의 이성애 가족의 재생산에 어떻게 달려 있는지를 보여 주고자

개켜 있던 새로운 장치를 창조하고 사용했다"(p. 106[123쪽]). 친족이 외관상 이전의 형태 속에서 섹슈얼리티를 결정했는데, 이것을 푸코는 '혼인 체계'(a system of alliance)라 불렀다 (p. 107[125쪽]). 그리고 친족은 계속해서 새로운 '섹슈얼리티' 조직을 지지하는데, 심지어 후자가 이전의 것에서 자율성을 유지할 때도 그러하다. 이러한 관계에 대한 확대된 토론에 대해서는 나와 게일 루빈(Gayle Rubin)의 인터뷰 참조. "Sexual Traffic", *difference* 6: 2~3, 1994, pp. 62~97[「성적 거래: 주디스 버틀러의 게일 루빈 인터뷰」, 『일탈: 게일 루빈 선집』, 신혜수·임옥희·조혜영·허윤 옮김, 현실문화, 2015].

했다. 게일 루빈과 다른 이들의 작업이 진정 가정하고 있던 것은 젠더의 규범적 재생산이 이성애 중심주의와 가족의 재생산에 핵심적이었다는 점이다. 이런 점에서 성적 노동 분업은 젠더화된 인간의 재생산과 분리되어 이해될 수 없었다. 그리고 정신분석학은 대체로 그러한 사회 조직의 심리적 흔적을 이해하는 방식으로, 그리고 성적 욕망에서 그 규제가 나타나는 방식을 이해하는 것으로 도입되었다. 이에 따라 섹슈얼리티의 규제는 정치경제의 기능에 고유한 **생산양식**과 체계적으로 연결되었다.

물적 배제

'젠더'와 '섹슈얼리티' 모두가 '물적 생활'의 일부가 되는 이유는 이것들이 성적 노동 분업에 복무하는 방식 때문만이 아니라, 규범적 젠더가 규범적 가족의 재생산에도 복무하기 때문이라는 점에 주목해 보자. 여기서의 요점은 프레이저와 반대된다. 즉 섹슈얼리티의 사회적 장을 변혁시키기 위한 투쟁이 정치경제의 핵심이 되는데, 그 이유는 이 투쟁들이 무급 착취 노동의 문제와 직접적으로 연결될 수 있기 때문만이 아니다. 그것은 인간들의 사회적 재생산과 재화의 재생산 양자를 포함하기 위하여 '경제적인' 영역 자체를 확장시키지 않고서는 이 투쟁들을 제대로 이해할 수 없기 때문이기도 하다.

사회주의 페미니스트는 인간들의 재생산과 섹슈얼리티의 사회적 규제가 어떻게 재생산 과정의 일부가 되는지, 어떻게 정치경제의 '유물론적 개념'의 일부가 되는지를 이해하고자 한다는 점을 염두에 두자. 비판적 분석의 초점이 어떻게 규범적 섹슈얼리티가 재생산되는가에 대한 문제에서 어떻게 바로 그 규범성이 자신의 한계 내에 정박하고 있는 비규범적 섹슈얼리티, 그리고 자신의 한계 밖에서 번성하고 고통받는 섹슈얼리티에 의해 반박되는가라는 퀴어의 문제로 전환될 때, 어째서 비판적 분석과 생산양식 사이의 관계가 급작스럽게 사라지는가? 비규범적 섹슈얼리티들이 주변화되고 비하되는 것이 단지 문화적 인정의 문제인가? 그리고 법적 '인간성'personhood이라는 정의가 물질적 결과와 분리될 수 없는 문화적 규범에 의해 엄격히 한정될 때, 문화적 인정이 결핍되는 것과 물질적으로 억압되는 것을 분석적인 수준에서라도 구분하는 것이 가능한가? 다음의 경우를 고려해 보자. 예를 들어 레즈비언과 게이가 국가가 인가한 가족(세금과 재산법 양자에 따르면 가족은 경제적 단위이다) 개념으로부터 배제되는 경우, 시민으로 받아들여지지 않아 국경에 머물고 있는 경우, 언론 및 집회의 자유의 지위를 선별적으로 거부당하고 있는 경우, (군대의 일원으로서) 자신의 욕망을 말할 권리를 부정당하고 있는 경우, 혹은 죽어 가는 연인을 위해 긴급한 의학적 결정을 내리거나 죽은 연인의 재산을 물려받거나 죽은 연인의 사체를 병원에서 인수할 법적 권리를 보장받지 못하는 경우 등 이 사례들은 소유를 둘러싼 이해관계가 규제되고 분배되는 방식을 제약하는 '신성 가족'을 다시 보여 주는 것이지 않은가? 이것은 단순히 문화적 태도를 문제 삼는 것의 반복인가? 혹은 이러한 공민권 박탈은 법적·경제적 지위를 성적이고 젠더적으로 분배하는 특정한 작동 방식을 보여 주는 것인가?

만일 누군가가 계속해서 생산양식을 정치경제 구조를 정의하는 것으로 생각한다면, 섹슈얼리티를 생산양식의 일부로 포함하기 위해 노력한 페미니스트들이 힘들게 성취한 통찰을 포기하는 것은 전혀 타당하지 않다. 그러나 프레이저처럼 정치경제를 정의하는 계기로 권리와 재화의 '재분배'를 사용한다고 하더라도, 이러한 동성애 혐오가 정치경제가 기능하는 데 있어 핵심적이라는 사실을 어떻게 간과할 수 있겠는가? 이 나라에서 건강 관리가 분배되는 상황을 고려할 때 게이들이 차별받는 '계급'으로 구성되지 않는다고 말할 수 있을까? 이윤에 눈먼 건강 관리 조직과 제약 회사들이 HIV와 AIDS에 걸린 사람들에게 얼마나 차별적인 부담을 전가하고 있는지를 떠올려 본다면 말이다. HIV 감염 집단이 영구적으로 일종의 채무 계급으로 생산되고 있는 것은 어떻게 이해해야 할까? 레즈비언 집단의 빈곤율은 경제의 규범적인 이성애 중심성과의 관련 속에서 사고되어야 하는 것 아닌가?

성적 생산양식

프레이저는 『중단된 정의』에서 "젠더"가 "정치경제의 기본적인 구조적 원리"임을 인정했지만, 그 근거는 젠더가 무급 재생산 노동을 구조화한다는 것이었다.[9] 비록 그녀는 레즈비언과 게이의 해방 투쟁을 지지하고 동성애 혐오에 반대한다는 입장을 명확하게 밝혔지만, 자신이 제안한 개념화와 관련하여 이러한 지지가 어떤 의미를 함축하고 있는지를 충분히 급진적으로 밀어붙이지는 않았다. 프레이저는 정치경제 내에서 '젠더'의 장소를 보증하는 재생산 영역이 어떻게 성적 규제에 의해 제한되는지, 즉 어떤 강제적 배제를 통해 재생산 영역이 제한당하고 그것이 자연스러운 것처럼 고착되는지 묻지 않는다. 규범적인 이성애 중심주의와 그 '젠더들'이 어떻게 재생산 영역 내에서 생산되는지를 분석할 방법이 있는가? 더군다나 트랜스젠더뿐 아니라 동성애와 양성애도 성적 '비체'abject

---

9 Fraser, *Justice Interruptus*, p. 19.

로 **생산하는** 강제적 방식을 언급하지 않은 채, 그리고 바로 이러한 규제라는 사회 메커니즘을 적절하게 설명하도록 생산양식을 확장하지 않은 채 이를 분석할 방법이 있는가? 따라서 이러한 생산들이 정치경제의 성적 질서가 기능하는 데 필수적임에도 불구하고, 다시 말해 그런 생산들이 정치경제의 실행 가능성에 근본적인 위협을 구성하고 있는데도 불구하고 그러한 생산들을 '단지 문화적인' 것으로 이해하는 것은 잘못이다. 재생산과 연결된 경제는 반드시 이성애 중심주의의 재생산과 관련된다. 이 말은 이성애적이지 않은 형식의 섹슈얼리티들이 배제되는 것만을 뜻하지 않는다. 이 말은 이성애적이지 않은 형식들에 대한 억압이 기존의 규범성을 작동시키는 데 필수적이라는 의미다. 이 억압은 그저 문화적으로 타자의 인정을 받지 못해 고통받는 사람들의 문제가 아니다. 오히려 이 억압은 젠더 안정성, 이성애 중심적 욕망, 가족의 자연화를 유지하도록 기능하는 특수한 성적 생산·교환 양식의 문제다.[10]

이렇게 섹슈얼리티가 생산이나 재분배 내에 근본적으로 자신의 자리를 가지고 있는데, 왜 최근의 맑스주의 혹은 네오맑스주의 논의에서는 섹슈얼리티가 '문화'의 전형으로 등장하는 걸까?[11] 얼마나 재빠르게, 때로는 자신도 모르는 사이에 물질과 문화 사이의 구분이 다시 만들어지고 있는가. 그것도 정치 구조의 근본적 영역으로부터 섹슈얼리티를 축출하

---

10 게다가 비록 프레이저가 문화적 인정의 문제와 정치경제의 문제를 구분하기는 했지만, 단지 교환을 시작하는 것만으로도 누군가는 '인정받을' 만한 사람이 되며 인정 자체가 교환의 형식이자 전제 조건이라는 점을 기억하는 것이 중요하다.
11 '교환'에 있어 섹슈얼리티의 자리는 많은 연구의 초점이 되어 왔는데, 그 연구들은 족외 결혼의 사회 구조 내에서의 이성애적 교환에 대한 규범적 설명에 근거한 레비-스트로스의 친족 개념과 맑스주의적인 교환 개념을 조화시키고자 했다.

기 위해 그러한 구분선을 그릴 때 말이다! 이것은 애초부터 이러한 구분이 개념적 토대가 아님을 의미한다. 왜냐하면 이 구분은 맑스주의 역사 그 자체를 선택적으로 망각함으로써 발생하는 것이기 때문이다. 결국 맑스에 대한 구조주의적 보충뿐 아니라 문화적 삶과 물질적 삶 사이의 구분은 많은 다른 영역에서의 위기와 관련된다고 볼 수 있다. 맑스 자신은 자본주의 이전의 경제 구성체들은 그것들을 배태했던 문화적이고 상징적인 세계로부터 충분히 해방될 수 없었다고 주장했다. 그리고 이 논제는 마셜 살린스, 칼 폴라니, 해리 피어슨과 같은 경제인류학자들의 중요한 작업을 통해서도 이어지고 있다. 이들의 작업은 『전자본주의 경제 구성체』*Precapitalist Economic Formations*에 담긴 맑스의 논지를 확장하고 정교화한다. 맑스는 문화와 경제가 어떻게 분리 가능한 영역으로 구성되는지, 즉 분리된 영역으로서의 경제 제도가 어떻게 자본에 의해 주도되는 추상화 작용들의 결과가 되는지를 설명하고자 했다. 맑스는 그 구분들이 노동 분업의 효과이자 정점이라는 점, 따라서 노동 분업 구조에서 배제될 수 없다는 점을 잘 알고 있었다. 가령 『독일 이데올로기』에서 그는 "분업은 물질적 노동과 정신적 노동의 분할이 등장하는 시점에 비로소 진정으로 분업이 된다"라고 표현했다.[12] 이것은 알튀세르가 「이데올로기와 이데올로기 국가 장치」에서 노동력의 재생산의 관점 및 가장 주요하게는 "노동력의 기술 재생산을 [제공하는—인용자] 이데올로기적 종속의 형식"의 관점에서 노동 분업을 재고하는 데 일조했다.[13] 인간 재생산에 있어 이데올로기의 중요성은 알튀세르의 다음과 같은 획기적인 주장, 즉

---

12 Tucker, ed., *The Marx-Engels Reader*, p. 51[「독일 이데올로기」, 『칼 맑스·프리드리히 엥겔스 저작 선집』 1권, 211쪽].

"이데올로기는 언제나 장치 그리고 그것의 실천이나 실천들에 존재한다. 이러한 실존은 물질적이다"에서 정점에 이른다.[14] 이런 점에서 동성애 혐오가 문화적인 태도의 맥락에서만 인식된다고 해도, 그 태도는 여전히 그 태도를 제도화하는 장치와 실천 속에 위치 지어져 있어야 한다.

문화적인 그리고 물질적인 증여

페미니즘 이론 내에서 레비-스트로스에로의 전환은 여성의 교환에 대한 분석을 맑스의 가족 비판에 도입했으며, 이를 통해 한동안 젠더와 섹슈얼리티 모두를 고려하는 것이 패러다임으로서 자리를 차지했다는 의미로 볼 수 있다. 무엇보다 이 중요하고 문제적인 이론적 전환으로 인해 문화적 삶과 물질적 삶이라는 안정된 구분이 흔들리기 시작했다. 레비-스트로스의 이론을 따라 여성을 '증여'gift로 보게 되면, 여성은 문화적으로도 물질적 영역으로도 환원되지 않는 방식으로 교환 과정에 들어서게 된다. 레비-스트로스는 마르셀 모스의 증여론을 전용했는데, 모스에 따르면 증여는 유물론의 한계를 보여 준다. 모스에게 경제는 다양한 문화적 형식을 전제하는 교환의 한 부분일 뿐이며, 경제적인 영역과 문화적인 영역의 관계는 여태껏 그래 왔듯이 명백히 구분되는 그런 것이 아니다. 비록 문화적 삶과 물질적 삶의 구분을 통해 자본주의를 설명하지 않지만, 모스는 현재의 교환 형식을 야만적 물질주의 형식으로 비난했다. "레

---

13 Louis Althusser, *Lenin and Philosophy, and Other Essays*, trans. Ben Brewster, New York: Monthly Review Press, 1971, p. 133[「이데올로기와 이데올로기적 국가 장치」, 『아미엥에서의 주장』, 김동수 옮김, 솔, 1991, 81쪽].

14 *Ibid*., p. 166[같은 글, 같은 책, 111쪽].

스res[물건을 뜻하는 라틴어]는 원래 조잡한 것, 단순히 손으로 만져서 알 수 있는 것이 아니었다. 그러다가 오늘날에 와서 단순하고 수동적인 거래 대상처럼 된 것이다."[15] 그러니 오히려 레스는 일군의 관계가 수렴되는 장소로 이해해야 한다. 마찬가지로 '개인' 역시 그/녀의 '대상'과 본래적으로 구분되는 것이 아니다. 즉 교환은 사회적 유대를 강화하거나 위협한다.

레비-스트로스는 이러한 교환 관계가 문화적인 동시에 경제적이라는 점만을 보여 준 것이 아니다. 그는 교환 관계가 그 구분을 부적절하고 불안정하게 만든다는 점도 드러냈다. 즉 교환은 일련의 사회적 관계를 생산하고, 문화적 혹은 상징적 가치(이 둘을 쌍으로 고려하는 경향은 라캉주의자들에게서 두드러지지만 레비-스트로스에서 시작된 것이다)를 소통시키며, 분배와 소비의 경로를 보장한다. 이런 상황에서 만일 성적 교환에 대한 규제가 문화와 경제의 구분을 불가능은 아니더라도 어렵게 만드는 것이라면, 외견상 친족의 기본 구조를 넘어 그런 교환이 뒤흔들리는 상황에서, 과연 그런 교환 경향의 급진적 변환이 야기하는 결과들은 무엇일 것인가? 만일 비규범적·반규범적인 성적 교환이 친족과의 관계에서 증여의 과도한 순환으로 이어지게 되면, 그때는 경제와 문화 간의 구분이 좀 수월해진다는 것인가? 그러니 문제는 성정치가 문화에 속해야 하는지 경제에 속해야 하는지가 아니다. 문제는 어떻게 성적 교환이라는 바로 그 실천이 두 영역 사이의 구분을 혼동스럽게 하는가이다.

사실상 퀴어 연구와 레즈비언/게이 연구는 서로의 노력을 축적하는

---

15 Marcel Mauss, *An Essay on the Gift*, trans. W. D. Halls, New York: Norton, 1990, p. 50[『증여론』, 이상률 옮김, 한길사, 2002, 204쪽].

방식으로 성적 재생산과 섹슈얼리티의 연계뿐 아니라 성적 재생산과 친족 사이에 전제된 연계에 대해서도 문제를 제기해 왔다. 맑스주의적 가족 비판으로 회귀하는 경향의 퀴어 연구에서는 친족이 **사회적으로 우발적이고 사회적으로 변형 가능한 것으로 설명된다.** 이 설명은 일부 페미니즘 이론에서 하나의 패러다임처럼 자리 잡은 레비-스트로스와 라캉 도식을 보편화하는 파토스와는 거리를 두는 것이다. 레비-스트로스의 이론은 어떻게 이성애 규범성이 스스로 자기 증식하는 가운데 젠더를 생산하는지 보여 주는 데 도움을 줬지만, 그 곤경을 벗어나는 길을 보여 줄 비판적 도구는 제공할 수 없었다. 성적 교환을 강제적인 것으로 설명하는 모델은 재생산에 결박된 것으로서 섹슈얼리티 개념을 재생산하는 것일 뿐 아니라 재생산을 핵심으로 하는 자연화된 '섹스' 개념도 만들어 낸다. 자연화된 섹스는 이성애적 부부를 섹슈얼리티의 신성한 구조로서 떠받치는 기능을 하면서 그런 방식으로 친족, 법적·경제적 지위를 승인한다. 그리고 이런 실천들을 통해 사회적으로 어떤 사람이 인정될 수 있는지의 여부가 결정된다. 섹슈얼리티의 사회적 형식들이 재생산뿐 아니라 이성애적 친족 질서를 넘어서는 데 그치지 않고 뒤흔들 수도 있다는 주장은 하나의 개인으로, 하나의 성sex으로 자격을 부여받는 기준이 근본적으로 변환될 수 있다는 주장이기도 하다. 이런 주장은 단지 문화적인 것에 불과한 것이 아니며, 오히려 성적 규제의 자리가 주체를 생산하는 양식임을 확증해 주는 것이다.

　우리는 혹시 퀴어 투쟁이 요구하는 사회 관계의 개념화와 제도화 과정에 대한 근본적 전환의 의미를 거부함으로써 이 투쟁의 정치력을 누그러뜨리려는 학문적 노력을 목격하고 있는 것 아닐까? 성적인 것을 문화적인 것과 결합하고, 더불어 그것을 자율적인 것으로 간주하며 문화 영역을 격하하는 것, 즉 문화 영역에서만 벌어지는 것으로 성적 영역을 격하하는 것에 대해 생각 없이 반응하는 것은 문화에 대해서 그러하듯 동성애를 식민화하고 그 속에 가두려 노력하는 것 아닐까?

어쨌든 문화적인 것을 무시하는 좌파 내 신보수주의는 그게 뭐든 기껏해야 항상 또 다른 형태의 문화적 간섭을 양산할 뿐이다. 부차적 억압이라는 그다지 신뢰가 가지 않는 개념을 다시 끌어들여 문화와 경제를 구분하려는 전술적 조작은, 오직 폭력적인 삭제를 통해서만 통일이 가능하다는 의심을 강화할 뿐이기 때문에 통일을 강조하는 경향에 다시금 저항을 불러일으킬 뿐이다. 사실상 나는 이 폭력을 이해하기 위해 좌파가 포스트구조주의와 제휴할 수밖에 없었다는 점을 추가로 언급하고자 한다. 즉 통일이 필연성과 일관성이라는 외양을 갖추고, 또 차이가 모든 투쟁의 구성 요소로 남아 있도록 하기 위해 통일 개념에서 무엇이 삭제되어야 하는지를 이해할 수 있는 독해 방식이 요구되었다고 볼 수 있다. 차이를 희화화하고 비하하고 길들이려는 통일에 다시 종속되길 거부하는 이런 노력이야말로 더욱 폭넓고 활력이 넘치는 정치적 자극의 기반이 될 것이다. '통일'에 대한 이러한 저항이야말로 좌파 내 민주적 전망을 위한 암호 해결의 열쇠가 될 것이다.

/

이성애 중심주의, 무시
그리고 자본주의
주디스 버틀러에 대한 답변

낸시 프레이저

주디스 버틀러의 글은 여러 면에서 환영할 만하다. 그녀의 글은 우리에게 오랫동안 논의되지 않았던 사회 이론의 심층적이고 중요한 질문들을 돌아보게 해준다. 그리고 그 글은 현재의 정치적 국면에서 좌파의 문제적 상황에 대한 진단과 그러한 질문에 대한 성찰을 연결시켜 준다. 가장 중요한 점은 버틀러가 그 글에서 맑스주의와 1970년대 사회주의 페미니즘이 지닌 진실로 유용한 측면을 확인하고 재생했다는 것인데, 현재의 지적이고 정치적인 유행은 이러한 측면들을 억압하는 데 공모했다. 또한 버틀러는 담론 분석, 문화연구, 포스트구조주의처럼 자본주의를 이해하기 위한 최근의 옹호할 만한 이론 흐름과 과거 이론 패러다임의 핵심적 통찰을 통합하는 데 관심을 보이는데, 이것은 대단히 모범적 사례로 보인다. 나는 진심으로 이에 동참하고자 한다.

그럼에도 불구하고 버틀러와 나는 동의하지 않는 부분이 있다. 그 중 가장 중요하면서도 토론을 위해 가장 유익한 점은 이처럼 공유된 갱생 reclamation과 통합의 프로젝트를 세밀하게 현실화시키는 방법과 관련된다. 우리는 맑스주의가 남긴 불후의 유산과 여전히 적절한 사회주의 페미니즘의 통찰이 정확히 무엇인지에 대해 서로 다른 관점을 가지고 있다. 또한 우리는 다양한 포스트구조주의 경향의 장점에 대한 평가와 어떻게 이 경향들이 유물론적 관점을 유지하는 사회 이론화의 성격을 가장 잘 드러내는지에 대해서도 서로 다른 시각을 보인다. 끝으로 우리는 현재의 자본주의 성격에 대해서도 서로 동의하지 않는다.

이러한 주제들에 대해 유익한 토론을 하기 위한 방법을 분명히 하기 위해, 쓸데없이 우리의 관심을 돌릴 수 있는 것들을 먼저 제거하면서 답변을 시작하고자 한다. 버틀러는 나의 책 『중단된 정의』에 대해 논쟁하면서, "신보수주의 맑스주의자"라고 부른 일군의 익명의 대화자들을 비판했다. 나중에 다시 이 문제로 돌아갈 예정이지만, 이 집단에 대한 버틀러의 비판이 갖는 장점이 뭐든 간에 틀frame을 구성하기 위해 사용한 그녀의 전략은 매우 유감스러웠다. 버틀러는 부인했지만, 독자들은 내가 게이와 레즈비언에 대한 억압을 '단지' 문화적이고, 따라서 이차적이고 파생적이며 심지어 사소한 것으로 일축하는 "신보수주의 맑스주의자"와 같은 사고를 공유하고 있다는 잘못된 결론을 내릴 수 있기 때문이다. 독자들은 내가 성적 억압이 계급 억압보다 덜 근본적이고 덜 물질적이며 덜 실제적이라고 판단하고 있으며, 이성애 중심주의에 대한 투쟁을 노동자의 착취에 대한 투쟁에 종속시키길 원한다고 가정할지도 모른다. 독자들은 내가 "성적으로 보수적인 정통" 맑스주의자와 하나로 묶인다고 생각하면서, 심지어 내가 게이와 레즈비언 운동을, 좌파를 분열시켰던 정당화되지 않은 특수주의에 불과한 것으로 여기고 있다고 결론 내릴 수도 있을 것이다. 또한 독자들은 내가 좌파의 통일을 좌파에게 강요한다고 단정 지을 수도 있을 것이다.

물론 나는 위의 어느 것에도 해당하지 않는다. 반대로 『중단된 정의』

에서 나는 사회적 좌파로부터 문화적 좌파를, 이른바 계급 정치로부터 정체성 정치를 분리시키는 현재의 흐름을 '포스트사회주의적'[1] 조건의 구성적 특징으로 분석했다. 이러한 분리를 극복하고 좌파의 통일된 전선을 위한 기초를 정교화하는 방법을 찾으면서 나는 '토대'와 '상부구조', '주요' 억압과 '부차적' 억압 사이의 정통적 구분과 경제적인 것의 우선성을 피하는 틀을 제안했다. 이 과정에서 이성애 중심주의적 억압의 개념적 환원 불가능성과 게이·레즈비언 권리의 도덕적 정당성을 전제했다.

나의 틀에서 핵심적인 것은 분배 부정의와 인정 부정의 사이의 규범적 구분이다. 나는 인정을 '단지 문화적인' 것이라고 폄하하지 않았다. 오히려 여기서 나의 핵심은 도덕적으로 옹호할 만한 사회 질서라면 반드시 근절시켜야 하는 두 개의 똑같이 주요하고 심각하며 실질적인 종류의 손해harm가 있는데, 이를 개념화해야 한다는 것이다. 나의 관점에서 볼 때, 무시당한다는 것은 단순히 나쁘게 생각된다거나 업신여김을 당한다거나 타인의 의식적 태도나 심리적 신념 속에서 평가절하된다는 것이 아니다. 오히려 그것은 사회적 상호작용의 **온전한 파트너**full partner로서의 지위를 거부당하는 것이고, 사회 생활에 **동료로 참여하는 것**에서 배제당하는 것이다. 무시는 분배 불공평(공정한 자원의 몫 혹은 '기본재'를 얻지 못하는 것 같은)의 결과이기보다는, **제도화된** 해석·평가 패턴의 결과로 봐야 한다. 왜냐하면 이 속에서 어떠한 것들은 상대적으로 존중과 존경esteem을 받을 가치가 없는 것으로 구성되기 때문이다. 예를 들어 법, 사회복지, 의학, 그리고/혹은 대중문화에서 경시disrespect와 멸시disesteem

---

1 특히 내 책 『중단된 정의』의 「서문」과 이 책에 수록된 나의 글 「재분배에서 인정으로?: '포스트사회주의' 시대 정의의 딜레마」 참조.

의 패턴들이 제도화될 때, 이러한 패턴들은 분배 불공평이 방해하는 것과 같이 참여 동등parity of participation을 방해한다. 이로 인한 손해는 너무나도 실제적이다.

따라서 나의 관점에서 무시는 심리적 상태가 아니라 제도화된 사회적 관계이다. 비록 지위 손상이 잘못된 분배maldistribution에 수반될 수도 있다고 해도, 본질적으로 지위 손상은 분석적으로는 잘못된 분배라는 부정의와 구분되고, 개념적으로는 환원 불가능하다. 무시가 잘못된 분배로 전환되는가 혹은 그 반대인가 하는 것은 문제가 되고 있는 사회 구성체의 본성에 달려 있다. 예를 들면 지위가 가장 중요한 분배 원칙인 사회, 즉 지위 질서와 계급 위계가 혼합되어 있는 자본주의 이전 사회나 국가 이전 사회에서는 무시만으로도 잘못된 분배가 발생한다. 반대로 특수한 경제 관계들의 제도가 특권 구조와 경제적 분배를 상대적으로 분리하도록 만드는 사회, 즉 지위와 계급이 분기되는 자본주의 사회에서는 무시와 잘못된 분배가 전적으로 상호 전환 가능하지 않다. 오늘날 과연 어느 정도까지 잘못된 분배와 무시가 서로 '일치하는지' 여부는 이제부터 다루려고 한다.

그러나 규범적으로 볼 때 핵심은 다음과 같다. 무시는 잘못된 분배에 수반되든 아니든 근본적인 부정의가 된다. 그리고 이 점이 정치적 결과와 연결된다. 무시를 사회 정의에 대한 진정한 주장으로 언급하기 위해 무시라는 상황이 잘못된 분배를 가져온다는 점을 보여 줄 필요는 없을 것이다. 이 점은 이성애 중심적 무시에도 적용된다. 이성애 중심적 무시는 성적 규범들의 제도화와 게이와 레즈비언에게 동등한 참여를 부여하지 않는 해석과 연관된다. 이성애 중심주의에 반대하는 이들은 성적 지위 손상을 입증하기 위해 성적 지위 손상 주장을 계급 박탈 주장으로 번역하려고 애쓸 필요가 없다. 또한 자신이 정당하다는 것을 증명하기 위해 이러한 투쟁이 자본주의를 위협한다는 점을 보여 줄 필요도 없다.

그러므로 내 입장에서 무시 부정의는 분배 부정의만큼이나 매우 심각한 것이며 무시 부정의는 분배 부정의로 환원될 수도 없다. 그러므로 문화적 손해가 경제적 손해의 상부구조적 반영이라고 주장하기는커녕, 나는 두 가지 종류의 손해가 모두 근본적이며 개념적으로 환원 불가능하다는 분석을 제시했다. 그러므로 나의 관점에서 보면 이성애 중심적 무시가 '단지' 문화적이라는 것은 말도 되지 않는다. 그런 말투는 토대-상부구조 모델이나 경제 일원론을 가정하는 것으로, 내 틀은 그런 것을 몰아내고자 하기 때문이다.

요약하면 버틀러는 사실 신분과 계급이라는 유사-베버적인 이원론을 정통 맑스주의의 경제 일원론으로 잘못 이해한 것이다. 인정과 재분배를 구분하여 인정에 대한 가치를 필연적으로 떨어뜨리려는 것으로 잘못 가정해 놓고, 그녀는 나의 규범적 구분을 게이와 레즈비언 투쟁의 가치를 훼손하고 새로운 "정통"을 강요하기 위해 고안한 "전략"으로 취급한다. 버틀러의 생각과 반대로 나는 그 전략은 거부하지만 동시에 그 구분은 옹호하고자 한다. 그러므로 우리 사이의 실제 쟁점을 해결하기 위해서는 그녀의 논의에서 너무 긴밀하게 동일시되어 있는 두 개의 질문을 분리해야 한다. 첫째는 이성애 중심주의적 억압의 깊이와 심각성에 관한 정치적 질문이다. 내가 주장한 바와 같이 이것에 대해 우리는 서로 간에 이견이 없다. 둘째는 버틀러가 "물질적/문화적인 것의 구분"으로 잘못 언급하는 개념적 지위에 관한 이론적 질문인데, 이 구분은 이성애 중심주의 분석 및 자본주의 사회의 본질과 연관된다. 여기에 우리의 실제적인 불일치가 놓여 있다.[2]

버틀러의 비판을 도식적으로 다시 언급하는 것으로 이러한 실제적인 불일치를 풀어헤쳐 보자. 내가 읽기로 그녀는 나의 재분배/인정 틀에 대해 세 가지 중요한 이론적 주장을 제시한다. 첫째, 그녀는 게이와 레즈비언이 물질적·경제적 손해로 고통을 겪기 때문에 그들이 겪는 억압은

---

2 이하에서 나는 『중단된 정의』에 관해 버틀러가 사용했던 논쟁 방식과 관련된 해석 문제는 제쳐 두고자 한다. 그녀는 잘못된 분배와 섞이지 않는 순수한 무시 부정의로 내가 이성애 중심주의를 범주적으로 주장하고 있다고 말했다. 사실 나는 사유 실험의 양식으로 그 문제를 가설적으로 논의했을 뿐이다. 재분배 주장과 인정 주장 각자의 독특한 논리를 드러내기 위해 독자에게 억압받는 집단들의 개념적 스펙트럼을 상상해 보라고 한 것이었다. 즉 한쪽 끝에는 순수한 잘못된 분배의 이념형적 희생자들이 있고, 다른 쪽 끝에는 순수한 무시의 이념형적 희생자들이 있으며, 그 중간에는 혼종적이거나 '이가적인' 사례들이 있는 개념 스펙트럼을 상상해 보라는 것이었다. 이런 가설적 의도에서 나는 스펙트럼의 한쪽 끝을 차지하는 이념형적 무시의 구체적 근사치로서 '경멸받는 섹슈얼리티' 개념을 그려 냈고, 반면 이러한 섹슈얼리티 개념은 논쟁적임을 명확히 언급했으며, 이 구상이 실제 세계에서 정의를 획득하기 위해 벌어지는 현존하는 동성애 집단 투쟁에 얼마나 밀접하게 부합하는지 여부는 열린 질문으로 남겨 두었다. 이처럼 『중단된 정의』에서의 이성애 중심주의에 대한 나의 '무시' 분석은 버틀러가 드러낸 것보다 훨씬 더 제한적이다. 더욱이 최근 나는 사실상 현실 세계에서 억압받는 거의 모든 집단이 '이가적'이라고 주장했다. 다시 말하면 현실의 모든 집단은 경제 요소와 지위 요소를 모두 지니고 있다. 따라서 현실의 모든 집단은 잘못된 분배와 무시 양자로 고통받고 있으며, 이러한 부정의들 중 어떤 것도 단지 다른 것의 간접적 효과가 아니고, 각각은 독자적인 영향력을 가지고 있다. 그럼에도 불구하고, 모든 것이 동일한 방식으로 이가적이지도 않고, 동일한 정도로 이가적이지도 않다. 어떤 억압의 축들은 분배 쪽 끝으로 더 심하게 기울어져 있고, 다른 것들은 인정 쪽 끝에 더 치우쳐 있다. 반면 또 다른 것들은 중간에 더 가까이 모여 있다. 이러한 이유로 이성애 중심주의는 부분적으로 잘못된 분배의 축 쪽에 존재하지만, 주되게는 무시 부정의의 축 쪽에 존재한다. 그리고 이성애 중심주의는 동성애를 가치가 낮은 것으로 구성하고 경멸받는 섹슈얼리티로 제도화하는 지위 질서에 주로 근거하고 있다. 원래의 주장을 확인하려면 이 책에 수록된 「재분배에서 인정으로?」 참조. 이후 그 주장을 좀더 개선한 글로는 나의 "Social Justice in the Age of Identity Politics: Redistribution, Recognition, and Participation", in Nancy Fraser & Axel Honneth, *Redistribution or Recognition?: A Political-Philosophical Exchange*, trans. Joel Golb, James Ingram and Christiane Wilke, London: Verso, 2003[「정체성 정치 시대의 사회 정의: 분배, 인정, 참여」, 『분배냐 인정이냐?: 정치철학적 논쟁』, 김원식·문성훈 옮김, 사월의책, 2014] 참조.

무시로 범주화되기에 적합하지 않다고 주장한다. 둘째, 그녀는 가족을 생산양식의 일부로 보는 1970년대 사회주의 페미니즘의 중요한 통찰을 상기시키면서, 섹슈얼리티에 대한 이성애 규범적 규제가 "정치경제가 기능하는 데 있어 핵심적인 것"이며 그 규제에 대한 현재의 투쟁이 자본주의 체제의 "실행 가능성을 위협하게 된다"고 주장한다. 셋째, 전자본주의적 교환에 대한 인류학적 설명을 재검토한 후에 그녀는 물질적인 것과 문화적인 것 사이의 구분이 "불안정"하며 사회 이론에서 배척해야 하는 "이론적 시대착오"라고 주장한다. 내가 보기엔 이 중 어떤 것도 대체로 설득력이 없다. 그 이유는 현대 자본주의 사회에 대한 적절하게 분화되고 역사적으로 위치 지어진 관점을 제공하지 못하기 때문이다. 차례대로 세 가지 주장을 살펴보자.

버틀러의 첫번째 주장은 게이와 레즈비언이 현재 겪고 있는 손해에 대한 부정할 수 없는 몇 가지 사실에 호소하고 있다. '단지 상징적'이긴커녕 이러한 손해들은 부정할 수 없는 물질적 효과를 갖는 심대한 경제적 불이익을 포함한다. 예를 들어 오늘날 미국에서 게이와 레즈비언은 고용이나 병역에서 즉각적으로 무시되고, 넓은 범위의 가족 기반 복지 혜택을 받지 못하고 있으며, 의료 비용을 불균등하게 부담하고 있고, 세금이나 상속법에서도 불이익을 받고 있다. 이성애자가 누리는 것만큼 동성애자가 제도적 권리와 보호를 누리지 못한다는 사실의 효과 역시 동일하게 물질적이다. 사법적 판단이 미치는 많은 지역에서 동성애자들은 합의에 따라 섹스했어도 기소될 수 있다. 그리고 더 많은 지역에서는 제재도 없이 공격받을 수 있다. 이러한 경향들의 경제적이고 물질적인 성격을 고려한다면, 버틀러의 주장처럼 이성애 중심주의에 대한 '무시' 분석은 잘못된 것이다.

버틀러의 전제는 물론 옳다. 하지만 그렇다고 그녀의 결론이 도출되지는 않는다. 그녀는 무시 부정의가 반드시 비물질적이고 비경제적이어야 한다고 가정한다. 그녀가 물질적인 것과 경제적인 것을 뒤섞은 측면은 잠시 제쳐 두더라도 그 가정은 두 측면에서 문제가 된다. 먼저 물질성 쟁점을 고려해 보자. 나의 개념에서 무시 부정의는 잘못된 분배 부정의만큼이나 물질적이다. 확실히 무시 부정의는 사회의 해석·평가·의사소통 패턴, 그러므로 이렇게 말할 수 있다면, 상징 질서에 근거하고 있다. 하지만 이것이 무시 부정의가 '단지' 상징적이라는 것을 의미하지는 않는다. 반대로 여성, 인종적으로 구분된 사람 그리고/혹은 게이·레즈비언이 사회 생활에 동등하게 참여하는 것을 막는 개인성의 규범·의미작용·구성 등은 제도와 사회적 실천 속에, 사회적 행동과 내재화된 아비투스 속에, 그리고 물론, 이데올로기 국가 장치 속에 물질적으로 구체화되어 있다. 무시 부정의는 희미하고 가벼운 영역을 차지하기는커녕 존재나 효과의 차원에서 물질적이다.

그러므로 나의 관점에서 볼 때 버틀러가 언급한 물질적 손해는 무시의 패러다임적 사례로 구성될 수 있다. 무시는 개인성의 이성애 중심적 의미·규범·구성의 제도화를 반영한다. 헌법, 의료, 이민 및 귀화 정책, 연방 및 주 세금법, 사회복지와 고용법, 동등 기회법과 같은 영역이 그런 제도화의 대표적 사례들이다. 버틀러 스스로도 언급했듯이, 제도화된 것은 동성애 주체를 비체abjects로 생산하는 자격과 개인성의 문화적 구성이다. 반복하자면 이것이 무시의 본질이다. 즉 무시는 참여 동등을 거부당한 평가절하된 개인들의 문화적 규범의 제도화를 통해 계급을 **물질적으로** 구성하는 것이다.

이렇게 무시로부터 발생하는 손해가 물질적일 수 있다면, 그런 손해는 또한 경제적일 수 있는가? 버틀러가 언급했고, 나 자신도 『중단된 정의』에서 분명히 표현했듯이 이성애 중심주의의 어떤 형식이 게이와 레즈비언에게 경제적 손해를 끼치는 것은 사실이다. 그러니 문제는 이것을 어떻게 해석할 것인가에 달려 있다.[3] 하나의 가능성은 맑스주의자가 노동자에 대한 착취를 파악하는 것처럼 이러한 경제적 손해를 사회 경제 구조의 직접적 표현으로 보는 것이다. 버틀러가 승인한 듯이 보이는 이런 해석에 따르면 동성애자들이 겪는 경제적 취약함은 생산관계에 결박되어 있다. 이의 개선은 이런 관계의 변혁을 요구한다. 또 다른 가능성은 내가 선호하는 방식으로 이성애 중심주의가 초래하는 경제적 손해를 더 근본적인 무시 부정의의 간접적인 (잘못된) 분배 결과로 보는 것이다. 내가 『중단된 정의』에서 옹호했듯이 이런 관점에서 보면 경제적 이성애 중심주의의 뿌리는 '인정 관계'이다. 즉 이성애를 규범적인 것으로, 동성애를 비정상적인 것으로 구성하는 제도화된 해석 및 평가 패턴이 바로 그것이며, 그럼으로써 게이와 레즈비언은 참여 동등을 거부당한다. 인정 관계를 바꿔라, 그러면 잘못된 분배는 사라질 것이다.

이러한 해석 투쟁은 심도 있고 어려운 질문을 제기한다. 동성애의 경제적 취약함liablities을 교정하기 위해 현재 자본주의 구조를 변혁하는 것이 필요한가? '경제 구조'라는 것은 정확히 무엇을 의미하는가? 이성애 규범적인 섹슈얼리티 규제를 자본주의 경제에 직접적으로 속한 것으로 파악해야 하는가? 아니면 경제 구조와 구별되며 복합적으로 연관된 지

---

3 일반적으로 우리는 여기서 몇 가지 질문을 구분해야 한다. ① 문제가 되는 부정의의 본질, ② 그 부정의의 궁극적인 원인, ③ 부정의를 재생산하는 현재의 인과 구조, ④ 개선책. 나는 이 점에 대해서 에릭 올린 라이트에게 감사를 전한다(1997년의 개인적 의견 교환)

위 질서에 속한 것으로 보는 것이 더 나은가? 더 일반적으로 말하면 후기 자본주의 사회의 인정 관계는 경제 관계와 일치하는가? 아니면 근대 자본주의의 제도적 분화가 지위와 계급 사이에 간격을 만들어 내는가?

이러한 질문을 추적하기 위해 버틀러의 두번째 주장을 검토해 보자. 여기서 그녀는 이성애 규범적인 섹슈얼리티 규제는 "정치경제가 기능하는 데 있어 핵심적"이라는 명제를 지원하기 위하여 1970년대 사회주의 페미니즘의 통찰, 즉 가족은 생산양식의 일부라는 점을 상기시킨다. 버틀러의 주장에 따르면 그 규제에 대항하는 현재의 투쟁은 자본주의 체계의 "실행 가능성을 위협"한다.

실제로 주장의 두 가지 서로 다른 변이를 여기서 구분할 수 있는데, 하나는 개념 정의적이며definitional 다른 하나는 기능주의적이다. 첫번째 변이에 따르면 (이성애 중심적인) 성적 규제는 개념 정의상 경제 구조에 속한다. 경제 구조는 단지 사람과 재화를 (재)생산하는 사회적 기제와 제도의 전체 조합일 뿐이다. 따라서 개념 정의상 가족은 이 구조의 일부이고, 사람을 재생산하는 주요 장소이다. 나아가 젠더 질서는 가족의 '생산물'을 표준화시켜 둘 중 하나로, 그리고 상호 배제적이며 외관상 자연스러운 사람인 남자와 여자로 순응시킨다. 그런 다음 젠더 질서는 이성애를 생산하고 자연스럽게 만드는 성적 규제 양식을 가정하며, 그와 동시에 동성애를 비체로 생산한다. 버틀러가 내린 결론은 이성애 규범적인 섹슈얼리티 규제는 개념 정의상 경제 구조의 일부라는 것이다. **그것이 사회적 노동 분업도, 자본주의 사회의 노동력 착취 양식도 구조화하지 않는데도 말이다.**

이 개념 정의 중심적 주장은 역사에 무관심한 올림포스 신들의 태도를 취하는 것 같아 보인다. 그 결과로 이 주장은 너무나 많은 것을 성취하려는 위험을 무릅쓴다. 성적 규제 양식이 정의상 경제 구조에 속한다고 가정하는 것(노동 분업이나 착취 양식에 그 어떤 영향도 미치지 않음에도)은 경제 구조라는 관념을 탈역사화하고 그것의 개념적 힘을 탈각시키는 것과 같다. 상실된 것은 독특하고 고도로 특수한 사회 조직 형식으로서 자본주의 사회의 특징이다. 이 조직은 친족 및 정치 권위와의 관계에서 상대적으로 분리된 전문화된 경제 관계 질서를 창출한다. 따라서 한편으로는 성적 규제 양식과 다른 한편으로는 잉여가치의 축적이 존재 이유인 전문화된 경제 관계 질서 사이의 연관이 자본주의 사회에서 약해진다. 그 연관은 경제 관계가 대체로 친족 기제를 통해 윤곽이 잡히고 직접적으로 섹슈얼리티에 겹쳐지던 전자본주의, 근대 국가 이전 사회에 비해 오히려 더 약해졌다. 나아가 20세기라는 후기 자본주의 사회에서는 섹슈얼리티와 잉여가치 축적의 관계가 엘리 자레츠키가 '개인 생활'이라 부른 것의 등장으로 인해 훨씬 더 약화된다. 즉 섹슈얼리티·우정·사랑을 포함한 친밀한 관계의 공간은 더 이상 가족과 동일시되지 않고, 생산과 재생산이라는 규범으로부터 분리된다.[4] 따라서 일반적으로 현재의 자본주의 사회는 '간격들'을 포함하게 된다. 예를 들어 경제 질서와 친족 질서, 가족과 개인 생활, 지위 질서와 계급 위계 사이에 간격이 생긴다. 이처럼 고도로 분화된 사회에서 성적 규제 양식을 단순히 경제 구조의 일부로 받아들이는 방식은 나로서는 이해하기 어렵다. 또한 차이 인정에 대한 퀴어 요구를 재분배에 대한 요구로 잘못 배치시키는 것도 마찬가지로 납득할 수 없다.

---

4 Eli Zaretsky, *Capitalism, the Family, and Personal Life*, New York: Harper & Row, 1976[『자본주의와 가족 제도』, 김정희 옮김, 한마당, 1986].

게다가 다른 의미에서 보더라도 개념 정의 중심의 주장을 통해 이룰 수 있는 것은 거의 없다. 버틀러는 섹슈얼리티에 대한 투쟁을 경제적인 것으로 결론 내리고자 했지만, 그 결론은 동어반복에 불과했다. 만일 성적 투쟁이 개념 정의상 경제적이라면, 성적 투쟁은 착취율에 맞선 투쟁이라는 의미에서는 경제적인 것이 아니다. 양자의 투쟁을 단순히 '경제적인 것'이라 부르게 되면, 둘 간의 차이를 무화해서 자동적으로 시너지를 일으키리라는 오해를 불러일으킬 수 있고, 이를 통해 결국 사실상 서로 구분되거나 충돌하는 것들을 어떻게 시너지로 **만들 수** 있는가라는 정치적으로 긴박한 질문을 제기하고 또 이에 답할 우리의 능력을 무디게 할 수 있다.[5]

이것 때문에 나는 버틀러의 두번째 주장인 기능주의적 변이를 검토하고자 한다. 버틀러의 주장은 이렇다. 즉 개념 정의상 그렇지는 않지만 이성애 규범적인 섹슈얼리티 규제는 경제적이다. 왜냐하면 그 규제가 잉여가치의 확장에 기능적 작용을 하기 때문이다. 다른 말로 하면, 자본주의는 강제적인 이성애 중심주의가 '필요하다'. 혹은 그로부터 이득을 취한다. 버틀러에 따르면 그 결과 이성애 중심주의에 대한 게이와 레즈비언 투쟁은 자본주의 체제의 "실행 가능성"을 위협한다.

모든 기능주의적 주장과 마찬가지로 이 역시 경험적 인과관계에 맞

---

5 이렇게 해서 개념 정의 중심의 주장은 그저 구분의 필요를 또다른 수준으로 떠미는 것에 불과하다. 물론 누군가는 정치적 주장은 다음 두 가지 중 한 가지 방식을 통해 경제적인 것이 될 수도 있다고 주장할지 모른다. 첫째는 잉여가치를 포함한 경제 가치의 생산과 분배를 문제 삼는 것이고, 둘째는 (섹슈얼리티와 관련된 것을 포함해) 개인성의 규범·의미작용·구성의 생산과 재생산을 문제 삼는 것이다. 그러나 '경제적'이라는 용어를 자본주의적 의미에 제한하고 재분배 주장과 인정 주장을 구분하는 나의 더 간단한 전략보다 이것이 왜 낫다고 하는지 모르겠다.

을 수도 있지만 대립할 수도 있다. 그러나 경험상 게이와 레즈비언의 투쟁이 실제로 현존하는 역사 형식 속에서 자본주의를 위협했다고 보기는 어렵다. 예를 들어 아프리카계 미국인이 그러했듯 만일 동성애자들이 열등하지만 그들에 대한 착취가 경제의 작동에 핵심이 되는 유용한 노동자 계급으로 구성되는 경우라면 가능한 이야기일 수도 있다. 그러면 누군가는 이렇게 말할 것이다. 자본의 이익은 동성애자를 '그들의 자리'에 유지시킴으로써 얻어진다고. 그러나 사실 동성애자들은 그 존재 자체가 혐오스러운 것으로서 더 자주 구성된다. 나치가 유대인을 그렇게 구성한 것처럼 말이다. 유대인은 사회에서 '설 자리'가 전혀 없었다. 따라서 오늘날 게이와 레즈비언을 주요하게 반대하는 자들은 다국적 기업이 아니라 종교적이고 문화적인 보수주의자들이며, 그들의 강박관념은 지위이지 이윤이 아니라는 점은 놀라운 일이 아니다. 실제로 아메리칸 에어라인, 애플, 디즈니 등 유명한 몇몇 다국적 기업은 동거 관계 복지 혜택과 같은 게이 친화적 정책을 제도화함으로써 그런 보수주의자들의 분노를 사고 있기도 하다. 게이들이 보이콧 대상도 아니고, 그렇다고 해도 보이콧을 견뎌 내야 할 만큼 게이들이 거대한 집단이라는 점을 고려할 때, 이 기업들은 게이를 고용하는 것에 따른 이득을 분명히 알고 있다.

그러므로 경험적으로 볼 때 현재의 자본주의는 이성애 중심주의를 요구하는 것 같지 않다. 경제 질서와 친족 질서 사이의 간격과 가족과 개인 생활의 간격을 고려했을 때, 자본주의 사회는 현재 이성애 가족 바깥에서 임금노동을 하며 살아가는 상당히 많은 개인을 허용하고 있다. 인정 관계가 변한다면 자본주의 사회는 더 많은 것을 허용할 수 있을 것이다. 이렇게 해서 우리는 앞서 제기한 문제에 답할 수 있다. 즉 동성애의 경제적 불리함은 자본주의 구조에 결박된 것보다는 인정 관계 속에 있는 이성애 중심주의의 효과로 볼 때 더 잘 이해된다. 그러니 좋은 소식은 이러한 불리함들을 개선하기 위해 자본주의를 전복할 필요는 없다는 점이다. 물론 다른 이유들로 자본주의를 전복할 필요는 있겠지만 말이다. 나쁜 소식은 우리가 기존의 지위 질서를 변혁하고 인정 관계를 재구조화할 필요가 있다는 점이다.

기능주의적 주장을 펼침으로써 버틀러는 내 생각에 1970년대 맑스주의와 사회주의 페미니즘이 지녔던 최악의 측면 중 하나를 부활시켰다. 즉 서로를 완벽하게 강화하는 맞물려 있는 억압 구조들의 일원론적 '체계'로 자본주의 사회를 과잉 전체화하는overtotalized 바로 그 시각이다. 이 관점에서는 '간격'이 포착되지 않는다. 이러한 관점은 버틀러가 승인한 포스트구조주의 패러다임과 내가 채택한 베버주의적 패러다임을 포함하여 수많은 방향에서 강력하고 설득력 있는 비판을 받아 왔다. 기능주의 체계 이론은 잊힌 채로 있었다면 더 좋았을, 1970년대 생각의 한 부류이다.

기능주의를 무엇으로 대체하면 좋을지에 대한 질문은 나의 재분배/인정 틀에 대한 버틀러의 세번째 주장과 관련된다. 이 주장은 해체주의적이다. 이성애 중심주의의 뿌리가 '단지' 문화적인 것에 대한 반대로서 경제적이라고 주장하기는커녕 이 주장의 핵심은 "물질/문화 구분"을 해체하는 데 놓인다. 버틀러의 주장에 따르면 이 구분은 "불안정하다". 윌리엄스에서 알튀세르에 이르는 네오맑스주의 사상의 중요한 흐름은 돌이킬 수 없을 만큼 그 차이를 '위기'로 규정했다. 그러나 결정적 주장은 저명한 인류학자 모스와 레비-스트로스에게서 비롯되었다. '증여'와 '여성의 교환'이라는 그들 각자의 주장은 교환의 '원초적' 과정이 물질과 문화 분할 중 어느 한쪽에 속할 수 없음을 폭로하는 것이었다. 동시적으로 존재하기 때문에, 그러한 과정은 바로 그 구분을 "탈안정화한다". 따라서 지금에 와서 물질/문화 구분을 다시 언급한 나는 버틀러의 주장에 따르면 "이론적으로 시대착오적인 사람"이 되었다.

이러한 주장이 신뢰성이 떨어지는 몇 가지 이유 중 첫째는 이 주장이 '경제적인 것'과 '물질적인 것'을 융합하기 때문이다. 버틀러는 재분배와 인정에 대한 나의 규범적 구분이 물질적인 것과 문화적인 것의 존재론적 구분에 기초하고 있다고 가정한다. 그러므로 버틀러는 존재론적 구분을 해체하는 것이 규범적 구분의 근거를 제거하는 것이라고 가정한다. 그러나 실제로 그 가정은 유효하지 않다. 앞서 내가 말했듯이, 내 관점에서 보면 무시 부정의는 잘못된 분배 부정의와 마찬가지로 물질적이다. 이처럼 나의 규범적 구분은 존재론적 차이에 근거를 두고 있지 않다. 자본주의 사회에서 나의 규범적 구분과 **정말로** 연관되는 것은 경제적인 것과 문화적인 것의 구분이다. 그러나 이것은 존재론적 구분이 아니라 사회 이론적 구분이다. 물질/문화적인 것의 구분이 아니라 경제/문화적인 것의 구분이 버틀러와 나 사이의 실제적인 논란거리다. 즉 구분의 상태가 쟁점이 되는 셈이다.

그러면 경제/문화 구분의 개념적 지위는 무엇인가? 내 생각에는 인류학적 논변이 이 문제 해결의 실마리를 보여 주긴 하지만, 버틀러의 입장을 지지하는 방식으로는 아니다. 내가 읽은 바에 따르면, 모스와 레비-스트로스는 국가 이전, 전자본주의 사회의 교환 과정을 분석했는데, 거기서 사회 관계의 주요 표현 양식은 친족이다. 그들의 설명에서 친족은 결혼과 성적 관계뿐만 아니라 노동 과정과 재화의 분배도 조직했다. 또한 권위 관계, 상호성과 의무, 신분과 위신의 상징적 위계도 조직했다. 두드러지게 경제적인 관계도 두드러지게 문화적인 관계도 존재하지 않았다. 따라서 추정컨대 경제/문화라는 구분은 이러한 사회의 성원들에게 는 적용 가능하지 않았다. 그렇다고 해서 이러한 구분이 의미 없거나 쓸모없다는 것을 뜻하지는 않는다. 반대로 자본주의 사회에서는 그것이 의미 있고 유용할 수 있는데, 이른바 원시 사회와 달리 자본주의 사회는 현재의 논의에서 문제가 되는 사회 구조적 분화들을 **정말** 포함하고 있기 때문이다. 게다가 그 사회가 우리 사회와 어떻게 다른지 살펴보기 위해 **우리는** 그러한 구분을 분화가 부족한 사회에 적용할 수 있다. 예를 들어 누군가 이렇게 이야기할 수 있다. 내가 방금 언급했듯이 그런 사회에서 는 자본주의 사회에서 상대적으로 분리된 문제들인 경제적 통합과 문화적 통합 양자를 단일한 사회 관계 질서가 관리한다고 말이다. 더욱이 내가 모스와 레비-스트로스를 이해하는 관점에서 볼 때, 이 점이 그들 사상의 정수다. '경제적인 것'과 '문화적인 것'에 대한 그들의 의도가 어떠한 것이었든 간에, 그 구분을 그들이 **역사화했다**고 독해하기보다 그 구분을 '탈안정화'했다고 독해하는 것은 그다지 도움이 되지는 않는다. 다시 말하면 요점은 그 구분을 근대 자본주의에 핵심적인 것으로 역사화하고, 그렇게 근대 자본주의 자체를 더 광범위한 인류학적 맥락 안에 위치시키고 이를 통해 구분의 역사적인 구체성을 드러내는 것이다.

그러므로 버틀러의 '탈안정화' 전략은 두 가지 중요한 측면에서 방향을 잘못 잡고 있다. 첫째, 이 전략은 전자본주의 사회의 전형적 특징, 즉 사회 구조적 차원에서 경제/문화 분화의 부재를 자본주의 사회로 부당하게 일반화한다. 둘째, 그 전략은 구분을 역사화하는 것이 사회 이론에서 그 구분을 무가치하고 쓸모없게 만드는 것이라고 잘못 가정한다. 사실 역사화는 정반대 일을 한다. 구분들을 불안정하게 하기는커녕 그것들의 활용을 더 값진 것으로 만든다.

따라서 내 관점에서 보면 역사화는 탈안정화나 해체보다 사회 이론에 더 좋은 접근법이다.[6] 역사화를 통해서 우리는 현대 자본주의 사회의 성격이 사회 구조적으로 분화되고 역사적으로 특화된 것임을 이해할 수 있게 된다. 이렇게 하면서 우리는 또한 반기능주의적 계기, 즉 대항 체계적 행위자성agency과 사회 변화의 가능성을 위치 지을 수 있게 된다. 이것들은 언어의 추상적인 초역사적 특성 안에서, 즉 '재의미화'나 '수행성' 등으로 나타나지 않고, 오히려 특정한 사회 관계의 실제적인 모순적 성격 속에서 나타난다. 현대 자본주의 사회에 대한 역사적으로 특정화되고 구분되는 관점을 통해 우리는 간격, 지위와 계급의 비-동형이성들non-isomorphisms, 사회 주체들에 대한 다층적이고 모순적인 호명들interpellations, 사회 정의를 위한 투쟁을 불러일으키는 다층적이고 복잡한 **도덕적 의무들**moral imperatives을 위치 지을 수 있게 된다.

게다가 이러한 관점을 통해 알 수 있듯이 현재의 정치적 국면은 정통 맑스주의의 추정상의 부활에 중심을 맞춘 진단으로는 적절하게 파악하기가 힘들다. 오히려 현재의 국면은 한편으로 재분배 정치를 지향하는 사회주의/사회민주주의 흐름과 다른 한편으로 인정 정치를 지향하는 다문화주의 흐름 사이에서 좌파가 분열했음을 분명하게 인정하고, 이를 극복할 방법을 찾는 것을 통해 더 잘 이해할 수 있다. 그러한 분석의 필수불

---

6 그러나 나는 다른 수준에서는 해체를 지지하는 입장이다. 이것은 나의 관점에서 보면 표준적인 정체성 정치보다 종종 더 나은 인정 정치에 대한 하나의 접근을 나타내기 때문이다. 해체주의적 인정 정치는 기존 집단 정체성과 차이에 대해 긍정적이지 않으며 변혁적이다. 이런 관점에서 볼 때 해체주의적 인정 정치는 내가 재분배 정치에 대한 긍정적인 접근과 반대되는 변혁적인 접근으로 이해하는 사회주의와 친화성을 갖는다(더 자세한 설명은 「재분배에서 인정으로?」 참조). 그럼에도 불구하고 나는 사회 이론의 수준, 즉 버틀러가 여기서 상기시킨 수준에서 해체가 유용하다고는 생각하지 않는다.

가결한 출발 지점은 양측 모두 정당한 주장을 하고 있으며, 그것들이 어떻게 해서든 계획에 따라 조화를 이루어야 하고 정치적으로 시너지 효과를 일으켜야 한다는 것을 원칙적으로 인정하는 것이다. 오늘날 사회 정의는 결국 재분배와 인정 모두를 요구한다. 어느 것 하나만으로는 충분하지 않다.

확신컨대 이 마지막 지점에 대해 버틀러와 나는 동의한다. 그녀가 사회 정의의 언어를 상기시키는 것을 꺼려하고, 우리가 이론적으로 불일치함에도 불구하고, 우리 모두는 사회주의 정치의 최상의 요소들을 되살리고 그것을 '신사회운동들' 정치의 최상의 요소들과 통합시키고자 노력한다. 마찬가지로 우리는 자본주의에 대한 네오맑스주의적 비판 중에서 독창적 가치를 지닌 흐름을 되찾아오고, 이를 포스트맑스주의 비판 이론의 가장 통찰력 있는 흐름과 통합하는 데 열성적이다. 그것이 버틀러 글의 장점이며, 내 책의 희망 사항이기도 한 이 의제에 대한 프로젝트가 다시 가동되기를 나는 바란다.

/

4장

'문화적 인정'은 좌파 정치에
유용한 개념인가

리처드 로티

주디스 버틀러와 낸시 프레이저는 미국에서 가장 널리 읽히며 토론되는 철학자 중 하나이다. '문화적 인정' 개념의 유용성에 대해 그들과 내가 다르게 생각하는 점이 무엇인지 토론할 기회를 갖게 된 것을 고맙게 생각한다. 이 책에 실린 두 사람의 글은 모두 문화적 인정이라는 개념이 좌파의 정치적 사고에서 핵심 혹은 적어도 핵심 근처에 존재하거나 존재해야 한다는 점을 전제하고 있다. 나는 이 점에 의문을 제기하면서 이 기회에 그 이유를 밝혀 보고자 한다.

　나는 학생들에게 버틀러나 프레이저의 논문을 읽으라는 과제를 자주 내 준다. 학생들은 즐겁고 공감하는 마음으로 과제물을 읽는다. 연관된 수업의 토론 역시 종종 유별나게 활기를 띤다. 학생들 중 특히 버틀러나 프레이저처럼 '문화'와 '문화적 인정'이라는 개념을 중요하게 생각하는 경우, 그 개념의 유용성에 대한 나의 질문에 당황한다. 이 개념들을 잠시 옆으로 제쳐 두려고 하거나 문과대에서 최근 유행하는 '문화연구'를 회의적으로 바라보는 나의 입장을 학생들은 현재의 정치적 상황에 눈을 감아 버리려는 징후로 읽으려고 한다. 점증하는 '문화연구' 분야가 늘

어나는 양만큼이나 좌파 정치 활동이 커지지는 않을 것이라고 이야기하면 학생들은 강하게 이의를 제기한다. 내가 『미국 만들기』*Achieving Our Country*에서 주장했듯이, 미국 좌파 지식인은 철학의 유용성을 과대평가하고 있으며 '해체', '주체 위치', '권력' 같은 용어가 현재 무엇을 해야 하는지에 대한 고민에 별 도움이 되지 않는다고 이야기할 때도 반응은 비슷하다.

이런 사안들에 관해 학생들과 토론할 때면 때로 내가 뭔가 잘못하고 있는 것이 아닌가 하는 느낌이 들 때가 있다. 내가 뭔가를 놓치고 있고, 신세대들이 내가 모르는 뭔가를 깨닫고 있는 것이 아닌가 하는 의심도 든다. 이것이 사실이라면 내게 계속 의구심이 드는 점을 여기서 한번 자세히 털어놓는 것이 도움이 될 것 같다. 이는 다음과 같은 차이들을 분명히 하는 데 도움이 될 듯하다. 즉 1940~1950년대의 산물로 좌파를 받아들인 우리 세대의 특징적인 사고 습관과 1970~1980년대에 형성되었으며 1960년대의 기억에 상당 부분 의존하는 좌파의 특징적인 사고 습관 사이의 차이들 말이다.

몇십 년 전만 해도 '문화'라는 용어는 정치 토론의 장에 거의 등장하지 않았다. 다른 많은 문화에 '긍정적 가치'를 부여해야 한다는 생각은 특별히 인류학적인 맥락을 제외하고는 아직 표면에 등장하지 않았다. 그 시절 미국 좌파들은 낙인찍힌 집단의 문화에 인정을 부여할 필요보다는 낙인찍힌 집단에 대한 편견을 극복할 필요를 이야기했다. 당시 좌파의 중심적인 생각은 우리 모두가 공통의 인간성을 공유하고 있고, 이 공통성이야말로 우리가 바로 같은 국가의 시민이 되고 서로의 형제·자매와 결혼할 수 있게 만들어 준다는 것이었다. '차이를 존중하라'는 생각은 아직 나타나지 않은 상태였다.

1960년대 내내 '편견'prejudice은 이 공통성을 인식할 수 없어서 다른 사람을 공정하게 대하지 못한다는 의미로 좌파들이 사용한 단어였다. 이런 관점에서 누군가에 대한 편견이 있다고 말하는 것은 그/녀가 경멸받는 집단의 성원인 동료 인간을 예단prejudge한다는 의미였다. 편견에 사로잡힌 사람은 누군가가 그런 집단의 성원이라는 사실이 다른 모든 것에 앞선다고 가정한다. 즉 어떤 지적인 특징이나 성격적 특징으로도 그 집단의 성원이라는 사실을 보완할 수 없으며, 경멸받는 집단의 성원이라는 낙인이 찍힌 사람들과는 결혼이나 우정 그리고 다른 소중한 인간관계를 형성하기가 곤란하다고 생각하는 것이다. 편견에 사로잡힌 사람은 경멸받는 집단의 성원들을 동료 시민으로 생각하는 것을 못마땅하게 여긴다. 그들은 지울 수 없는 낙인이 찍힌 사람과 공적인 일에 대해서 함께 이야기하기는커녕 낙인찍힌 사람은 공적인 일에 대해서 알 가치도 없다고 생각한다.

　　많은 사람, 특히 가난한 사람은 그 편견으로 여러 혜택을 입기도 했다. 왜냐하면 사람들은 원래 열등하게 여겨지는 사람과 스스로를 대조함으로써 자아 존중감을 유지할 수 있기 때문이다. 그들에 대한 편견이 이들의 자긍심 구성에 핵심인 셈이다. 미국에서 이런 현상의 전형은 독립전쟁 이후 남부의 가난한 백인들 사이에서 나타났는데, 이들은 '깜둥이'niggers가 아니라는 사실을 근거로 자긍심을 가질 수 있었기 때문이다. 이런 맥락 때문에 아프리카계 미국인이 절반의 인간semi-human으로 대접받는 체계가 유지되고 보호되었다.

　　가난한 백인을 비롯한 이런 사람들은 낙인찍힌 집단의 성원을 타락한 인류의 표본으로 여겨, 이들과 자기 형제·자매의 결혼을 떠올리는 것에서조차 혐오감을 느낀다. 그런 사람들의 피가 오염되어 있다고 생각하는 것이다. 마찬가지로 많은 이성애자가 동성애자와 육체적으로 가까이 하는 것만으로도 자신의 인격에 흠집이 생긴다고 느낀다. 그리고 만일 동성애 행위에 한 번이라도 개입하게 된다면 스스로 영구적인 손상을 입었다고 여길 것이다. 이는 일본, 그 밖의 다른 장소나 인도의 카스트 체제처럼 배제의 패턴이 제도화되는 여러 많은 사례 중 일부이다. 전체 사회가 순수와 오염이라는 관념을 중심으로 조직되는 이런 사회는 좌파가 항상 대체하고자 했던 사회이다. 좌파는 이런 사회를 어떤 인간도 종족이나 지역 사회에서 완전한 자격을 갖춘 성원 이하로 간주되지 않는 사회로 대체하고자 했다.

오래전 미국에서 좌파들은 품위 있고 문명화된 사회를 만드는 것이 부분적으로는 돈과 기회를 재분배하는 사안이며, 또 부분적으로 편견을 제거함으로써 낙인을 지워 내는 사안이라고 가정했다. 이 두 노력은 함께 간다고 가정되었다. 이 둘을 어떻게 통합할지에 관한 이론적 쟁점은 부각되지 않았지만 여러 실천적인 문제점이 불거져 나왔다. 그 시절에는 흑인, 낮은 카스트의 성원, 육체 노동자, 여성, 동성애자가 문화, 즉 이들을 억압하는 사람들이 이해해야 하고 인정해야 하는 문화를 가지고 있는지에 대한 질문은 제기되지 않았다('프롤레타리아 문화'라는 특별히 맑스주의적인 현상만 예외적이었다).

이 모든 것은 2세대 페미니즘second-wave feminism이 부상하기 이전이다. 이 페미니즘 운동은 게이와 레즈비언의 권리를 위한 운동과 마찬가지로 마틴 루터 킹의 민권 운동 사례로부터 많은 영향을 받았다. 그런데 게이와 레즈비언 활동가들이 편견과 낙인을 제거할 필요에 대해 말하곤 했지만, 그 용어는 페미니스트들이 연구하던 변화를 위한 설명들에 잘 들어맞지는 않았다. 남성으로 인해 여성이 느끼는 굴욕이 여성에 대한 남성의 **편견** 때문이라고 설명하는 것만으로는 충족되지 않는 그 무엇이 있었다. 여성이라는 존재와 **낙인찍힌다**는 것이 정확히 일치하지는 않기 때문이다. 집단으로서의 여성은 흑인이나 유대인처럼 희생양이 되지는 않는다. 희생양은 반드시 추방되거나 죽임을 당하지만, 아내라는 존재는 버리기에는 유용한 면이 있기 때문이다. 남성이 여성과 맺는 관계에서 남성이 오염되는 경우는 그저 때때로 일어나는 특별한 상황에 국한된다고 여겨진다.

그러나 흑인이 백인으로부터, 게이가 이성애자로부터 그리고 여성이 남성으로부터 무엇을 필요로 하는지를 묘사하는 데 있어 '인정'은 똑같이 잘 적용할 수 있는 용어다. 이들 모두는 지역 공동체 내에서 이성애백인 남성들이 서로가 서로를 상대하는 것처럼 당연히 전제되는 공통의 인간성을 공유할 수 있는 종의 완전한 성원으로 인정받아야 한다. 2세대 페미니즘을 선봉으로 신사회운동이 자신의 투쟁을 공통의 기치하에 결집하던 시기에, '인정의 필요'는 '편견을 제거하기 위한 필요'보다 적절해보였다.

그러나 왜 '인정'이 공통의 인간성에 대한 인정이기보다 **문화** 혹은 '문화 차이'의 인정으로 여겨지게 되었는지는 분명하지 않다. 아마도 낙인찍힌 사람들에게는 문화, 예전 매슈 아널드식 의미에서의 문화가 결여되어 이를 영원히 획득할 수 없으리라고 언급되던 맥락이 한몫을 했을지도 모른다. 최근까지 남성들은 이와 유사한 무능력을 여성의 속성으로 간주했다. 왜냐하면 여성들은 저급의lightweight 문화(피아노 연주나 소설읽기가 중심인)는 획득할 수 있을지 몰라도 고급의heavyweight 문화, 예를 들어 교수나 법률가가 되는 데 필요한 문화는 획득할 수 없다고 여겨졌기 때문이다. 따라서 통치하는 남성들만 독특하게 갖고 있는(그래서 종종 구식의 고전 교육을 받을 수 있는 사람은 이들뿐이라고 간주되었다) 밀도감 있고 편안함을 주는 관계·기억·전통의 그물망을 흑인 미국인, 육체 노동자, 여성에게도 허용하는 방식으로 이들에 대한 인정이 부여되었다. 지식인들이 '문화'라는 용어를 활용하는 방식을 전환하는 데 있어 레이먼드 윌리엄스가 특히 중요한 역할을 했고, 이를 통해 문화는 아널드식의 의미에서 벗어나 보다 인류학적인 것으로 바뀌었다.

이는 다른 젠더·계급·에스니시티의 사람에 대해 공통의 인간성을 인정하고자 할 때, 그들 역시 마찬가지로 풍부한 내면의 삶을 살아간다고 생각하려 할 때 도움이 된다. 그런 내면의 삶을 상상하려 할 때 그 삶을 구성하는 기억과 관계의 그물망에 대해 아는 것이 도움이 되는 것이다. 그러므로 편견을 제거하고 낙인을 지우는 데 도움이 되는 한 가지 방법은 다음과 같은 점을 인식하는 것이다. 예를 들면 여성에게 역사가 있다거나, 동성애자들이 소크라테스나 프루스트와 똑같이 낙인찍힌 집단에 속한다는 데서 자긍심을 느낀다거나, 또는 아프리카계 미국인들은 백인들이 토니 모리슨의 소설을 통해 최근 들어서야 배우기 시작한 그런 기억들, 즉 러셀 뱅크스가 "미국 내 인종들 사이에서 벌어진 300년 전쟁"이라고 표현한 전투에 대해 상세하게 기억하고 있다는 점을 지적하는 것이다. 이런 방식은 모든 집단이 고전학자, 명문 이튼 스쿨 출신, 엘크스 자선 보호회의 회원들과 마찬가지로 스스로를 보호하는 기억과 전통, 관습과 제도의 안락한 담요를 두르고 있음을 인식하는 데 도움이 된다.

그러나 이러한 사실에 주의를 기울이는 것만이 편견을 제거하는 유일한 길은 결코 아니다. 또 하나의 방법은 편견이 있는 사람에게 낙인찍힌 사람도 찔리면 피를 흘린다는 점을 이해시키는 것이다. 예를 들면 그들도 자식이나 부모에 대해 크게 걱정하고, 똑같이 자기 의심에 사로잡히며, 모멸당하면 자신감을 상실할 수 있다고 이해시키는 것이다. 또는 그들이 인생의 한 단계에서 다음 단계로 이동할 때 다른 모든 사람과 동일한 어려움을 겪는다고 강조하는 것이다. 비록 그들에게 삶의 기회가 최소한으로 주어진다 해도. 차이를 강조하기보다는 공통성을 강조하는 이 방식은 '문화적 인정'과는 거의 관련이 없다. 이러한 방식은 모든 문화와 역사적 시대의 성원들이 공유하는 경험과 관련이 있으며, 바로 그 때문에 문화 변화에도 불구하고 상당 부분 동일하게 유지된다.

그래서 우리는 여전히 문화적 인정이 왜 그렇게 중요한지를 설명해야 한다. 생각컨대 미국 좌파 학술 진영 담론에서 문화적 인정이 그렇게 중요해진 한 가지 이유는 특별히 학술적인 상황의 결과인 것 같다. 우리의 특수한 전문적 능력을 고려할 때, 소위 아카데믹한 사람들이 편견을 제거하기 위하여 할 수 있는 유일한 일은 여성의 역사를 쓰고, 흑인의 예술적 성취를 칭송하는 것 등등이기 때문이다. 이것이 여성학, 아프리카계 미국인 연구, 게이 연구 같은 학술 프로그램에서 일하는 학자들이 가장 잘할 수 있는 일이다. 이러한 프로그램들은 신사회운동의 학술 부대로, 주디스 버틀러가 언급하듯이 이런 운동이 최근 미국 사회에서 좌파를 계속 살아 있도록 했고 바로 이 기간 동안 부자들은 지속적으로 계급 투쟁에서 승리했다.

이러한 학술 프로그램이 만들어졌을 때, 프로그램 개설자들은 정치적 목적을 위해 세금으로 지원되는 고등교육 체계라는 자원을 활용하는 것이라고 프로그램의 설립 이유를 설명할 수 없었다. 그런 설명은 이 프로그램을 반대하는 우파들이 선호하는 것으로 사실 프로그램 개설 이유에 대한 우파의 설명은 너무나도 정확하다. 이러한 프로그램은 매우 고맙게도 전문대나 종합대가 최근에 점점 더 많이 하는 시도로서 자신들이

몸담고 있는 사회가 더 우호적이고 관대해지도록 돕는 것이다. 그러나 그런 프로그램이 더 좋은 세상을 위한 시민의 매너와 도덕을 변화시켜 학생들의 의견을 교정할 것이고, 그들의 부모보다 편견을 덜 가지게 할 수 있다고 해도, 바로 그 이유로 새로운 프로그램을 도입해야 한다고 대학 교수진을 설득할 수는 없다. 새로운 프로그램은 비정치적이고 순전히 학술적인 목적을 추구하기 위한 것으로만 계획된 것이라고 설명해야 한다. 그래야만 그 프로그램을 만든 사람들은 이전의 학자들이 도외시했던 영역인 낙인찍힌 집단의 **문화**를 연구하는 데 헌신할 것이라고 말할 수 있게 되는 것이다.

나는 이런 식으로 학문 세계의 관습을 실용주의적으로 수용한 것이 좌파의 정치적 목적으로서 '편견의 제거'를 '문화적 인정'으로 대체하는 역할을 한 것이 아닌가 한다. 이것이 아마도 미국 좌파가 공통 인간성의 인정보다는 차이의 인정에 대해 더 많이 떠드는 이유에 대해서도 설명해 줄 것이다. 왜냐하면 현재 미국의 대다수 좌파는, 인정할 수밖에 없다는 것이 슬픈 현실이지만, 학자들이기 때문이다. 어떤 집단도 예의 바르고 문명화된 사회를 부양하기 위해서 발견한 바로 그 수단이 목적에 필수적인 수단이라고 생각하기 쉽다. 특히 그 목적에 도달하기 위한 프로그램이 자신의 전공을 특화한다는 생각에 빠지기 쉽다.

1960년대에 형성된 정치적 관점을 보유하고 있는 학문적 세대는 1972년 대선에서 민주당의 조지 맥거번 후보의 패배 이후 개혁이란 생각을 신뢰하지 않게 되었고, 엄청난 표차로 닉슨이 재선에 성공했기 때문에 선거의 판단이 훌륭하다는 호소에도 그닥 신뢰를 보내지 않게 되었다. 맥거번을 위한 모든 캠페인이 무용지물이 되었기 때문에, 봉투 붙이기, 전단지 돌리기, 피케팅, 시위 등 정치 과정에 대한 유사한 참여 양식이 결국 큰 영향을 미치지 못한다고 생각하게 되었다. 그래서 이 세대는 정치 혁명보다는 문화 혁명을 증진시킬 수 있다고 생각하는 경향에 사로잡혔다. 그리고 이 문화 혁명이 궁극적으로 어떤 정치적 목표를 이룰 것이라고 생각했다.

내가 『미국 만들기』에서 언급했듯이 일종의 문화 혁명이 실제 일어났다. 1972년부터 지금까지 여성, 아프리카계 미국인, 게이에 대한 미국 사회의 제도와 이성애자 백인 남성의 태도가 상당히 많이 개선되었는데, 주로 1975~1990년에 학교, 전문대, 종합대에 부임한 교사 세대 덕분이었다. 하지만 내가 그 책에서 말했듯이 이 세대는 저소득층 이성애자 백인 남성의 소득 수준을 향상시키거나, 실직 상태의 이성애자 백인 남성이 직업을 갖도록 돕는 데 있어서는 별로 한 일이 없다. 문화가 경제를 한쪽으로 제쳐 놓는 듯한 이런 상황은 부분적으로는 성숙한 1960년대 세대 좌파들이 문화 변동을 많이 생각했기 때문이다. 또한 이들 세대가 가난한 이들에게 더 많은 돈을 우려내는soak the poor 레이건식 정책에 저항하는 방법이나, 러스트 벨트Rust belt[미국 중서부, 북동부의 사양화된 중공업 지대]의 실업자들을 위해 할 수 있는 일, 혹은 세계 경제가 미국 임금노동자를 가난하게 만들지 않도록 하는 대처 방안에 대해서는 생각을 하지 못했기 때문이다. 문화가 경제를 한쪽으로 제쳐 놓았기 때문에, 미국 이성애자 백인 남성 노동 계급은 아마도 좌파 학문 집단이 이러한 문제에 대해서는 관심이 없다고 생각하기 쉬웠을 것이다.

낸시 프레이저가 말하는 것처럼 최근에 "'차이 인정'을 위한 요구는 국적, 에스니시티, '인종', 젠더, 섹슈얼리티를 기치로 내걸고 결집된 집단들의 투쟁을 부추기고 있다". 하지만 나는 그 요구가 이들 집단이 (프레이저의 말에 의하면) "전형화된 공적 문화 재현 그리고/혹은 일상의 상호작용에서 반복적으로 비난받거나 경멸받지"[1] 않을 수 있도록 과거의 요구에 비해 유용한 뭔가를 더 추가하는지는 잘 모르겠다. 과거의 요구와 새로운 요구 사이의 차이는, 누군가를 골라서 잘못된 대우를 하지 말라는 것과 독특한 특징에 주의를 기울여 그것을 존중해야 한다는 것 사이의 차이다. 새로운 요구가 과거의 요구보다 충족시키기가 더 어렵다. 그러니 보다 쉬운 요구에서 더 엄격한 요구로 이동한 것을 좋게 설명할 근거가 무엇인지 나로서는 잘 납득되지 않는 것이다.

내가 보기에 이 변화를 지지할 만한 유일하게 그럴듯한 설명은 이것이다. 즉 1960년대 세대 이후의 강단 좌파는 이러한 차이들에 대해 많이 알고 있고, 전체 대중이 이런 차이들에 관심을 가져야 한다고 생각하고 있다. 이 현상은 변증법적 유물론을 많이 알고 있던 1930년대 맑스주의를 많이 공부하던 세대와의 상동성을 떠올리게 한다. 이들은 부르주아지, 비혁명적 노조주의의 유혹에 굴복하지 않으려면 전미자동차노조United Automobile Workers의 조합원이 반드시 변증법적 유물론에 관심을 가져야 한다고 주장했다. 현재의 강단 좌파 세대처럼 당시 학자들은 부당한 대접을 받는 사람들에게 자신이 도움이 되기를 절실히 원했다. 그래서 그들은 자신이 지닌 전문 지식의 중요성을 지나치게 강조한 것이다. 내게는 '문화적 인정'을 재분배와 동등하게 두려고 하는 시도가 이와 유사한 과대평가의 결과로 보인다. 학자들은 자신이 하고 있는 것이 좌파 정치에 있어 주변적이기보다는 중심적이라는 점을 스스로에게 확신시키고자 무던히 애쓰고 있는 것이다.

프레이저와 마찬가지로 나는 편견에 의해 경시가 좌우된다는 찰스

---

1 In this volume, p. 14[이 책 24, 29쪽] 참조.

테일러의 입장에 동의한다. 즉 여성이 이 종의 이등급 성원이라는 오래된 가정에 의해 좌우되는 경시는 "극심한 상처를 입힐 수 있으며, 이로 인해 사람들은 심각한 자기 증오라는 장애를 안을" 수 있다. 나는 또 악셀 호네트의 헤겔주의적 주장에도 동의한다. "우리의 전인성은 다른 사람들의 승인 혹은 인정을 받음으로써 가능해진다." 우리가 만나는 대부분의 사람이 상호 협력적 프로젝트에서 우리를 대화 가능하고 신뢰할 만한 파트너로 대하지 않는다면, 우리는 손상을 입는다. 하지만 **개인보다 특정한 공동체의 일원으로서** 인정을 요구한다는 것은 헤겔에게 두드러진 생각은 아니며, 직관적으로 분명하지도 않다. 남편과 부인의 변증법으로 쉽게 다시 쓰이기도 하는 헤겔의 주인과 노예의 변증법은 문화들 사이에서 발생하는 것이 아니라 개인들 사이에서 발생한다.

데이비드 브롬위치는 (『다른 수단에 의한 정치』*Politics by Other Means*에서) 이렇게 지적했다. "편견을 제거하는 것"에서 "문화적 차이를 인정"하는 것으로의 변화는 좌파 내에 혼란을 야기시켰는데, 왜냐하면 최근의 개인주의적인 서구의 모든 사고방식과 어긋나기 때문이다. 즉 단순히 인간으로 혹은 개인적 특징이나 성취로 인정받기 위해 우리가 원하고, 원해야 하는 그 모든 것이 개인적이라는 전제와 어긋난다. 이 제안은 프랑스혁명 이후부터 거의 모든 좌파의 수사학에서 핵심적이었다. 그러니 이 수사학을 문화적 차이의 중요성에 대한 강조와 통합하는 것은 어려운 일이다.

그러한 개인주의적인, 그리고 제한적인 범위에서 실존주의적인 사고방식은 젊은이가 자신의 선조, 부모, 혹은 출신 공동체에 무엇을 빚지고 있는지에 집중해서는 안 되며, 오히려 어떻게 이 모든 것으로부터 해방되어 자기 자신이 될 수 있는지에 집중하라고 제안한다. 우리는 X로 고정관념화되는 것을 거부하고, X로 생각되는 것에 분노하고, 그녀 스스로 주위 사람들이 사용하는 모든 범주적인 전문 용어에서 벗어나는 자기 이미지를 만들고자 노력하는 그런 누군가를 좋다고 평가한다. 만일 누군가가 그녀 자신의 뿌리로부터 탈출하지 않고, 대신에 집단의 성원 자격에 중심을 두는 자기 이미지를 발전시키는 시도를 선택한다면, 우리는 이를 자명한 의무를 인정함으로써 이러한 선택을 한 것이기보다는 전적으로 의식적이고 완전히 자유롭게 이 결정을 선택했다는 점에서 중요하게 고려할 것이다.

자기 창조적 독립성self-creating independence에 대한 칭송은 데카르트적 자아에 대한 신념과는 관계가 없다. 이러한 칭송은 우리 자아가 사회적 구성물이라는 주장과 전적으로 양립 가능하다. 즉 우리 자아는 타인과 상호작용한 우연적 산물이며, 이러한 상호작용들은 푸코가 말한 '권력'에 의해 통제된다는 것을 인식하는 주장이기도 하다. 누구나 다음과 같은 푸코의 주장에 동의할 수 있다. 대안적인 신념 가운데 모든 선택은 그 당시에 진실로 가능했던 후보들이라는 한계 내에서 만들어진다. 그리고 진실로 가능했던 이 후보들은 누군가가 다른 후보를 억압할 권력을 갖고 있었기 때문에 가능했던 것이다. 이를 통해 자기 창조를 값진 것으로 만드는 개인주의적이고 유사 니체적인 사고방식은 여전히 유지된다 (푸코는 그러한 자기 창조의 존경할 만한 사례가 자기 자신이라는 점을 스스로 알고 있었다).

우리의 공통적인 인간성의 인정이라는 문제도 칸트나 하버마스의 보편주의와는 관련이 없다. 그러한 인정은 우리의 양심이 우리에게 동일한 지침을 내릴 수 있을 정도로 신뢰할 만한지를 믿는 문제가 아니며, 또 도덕적이고 정치적인 토론이 하버마스와 아펠이 말한 '더 나은 토론의 힘' 덕택에 합의를 도출할 거라고 믿는 문제도 아니다. 앞서 언급했듯이 이전에 경멸받던 사람들을 자기 자신처럼 특별하고 구체적이며 평범한 방식으로, 즉 찔리면 피를 흘리고 소외당하면 마음에 상처를 입는 식으로 간주하는 문제라고 보는 게 더 맞을 것이다.

만일 좌파가 문화적 차이를 강조하기보다 그 공통성을 강조하는 방식으로 편견을 제거하기 위해 계속 노력했다면, 실제로 발생한 것과 동일한 정도의 문화 혁명을 일으켰으리라고 나는 생각한다. 나는 '문화'라는 용어가 사람들로 하여금 이전에 경멸받던 집단을 동료 '인간으로 대하도록 만드는 노력에 영향이나 힘을 미쳤는지 의심스럽다. 그래서 나는 프레이저의 말을 빌려 다시 쓰고 싶다. 즉 "문화적 부정의에 대한 개선책은 특정 유형의 문화적 혹은 상징적 변화이다"라는 프레이저의 말을 빌려 이런 표현으로 바꾸고자 한다. "무엇보다도 먼저 전통적으로 경멸받던 집단을 다른 사람들과 동일한 성원으로 생각하도록 하는 개선책은 이들이 그 멸시받는 사람들과 공유하는 점을 강조하는 것이다."

프레이저는 더 나아가 이 개선책은 "무시된 정체성과 비난받는 집단의 문화 생산물의 가치를 상승시키는 것을 포함한다. 이것은 또한 문화 다양성을 인정하고 긍정적으로 평가하는 것을 포함할 수 있다"고 말한다.[2] 나는 그럴 수 있다는 데 동의한다. 그러나 이는 사람이 흑인인지 여성인지 게이인지 나바호족인지에 대해 별로 생각하지 않도록 아이를 키우는 것과 관련될 수도 있다. 그래서 아이들이 '여성은 어떻게 살아가는 사람인지(혹은 게이는 어떤지)?' 혹은 '흑인(혹은 나바호족) 정체성은 어떻게 구성되는지?' 혹은 '어떤 문화적 생산물이 뚜렷하게 아프리카계 미

---

2 In this volume, p. 17[이 책 33쪽] 참조.

국인이 되는 것과 관련이 되는지? 베트남계 미국인은 어떤지? 멕시코계 미국인은 어떤지?' 등의 질문을 거의 제기하지 못하도록 만드는 방식으로 이어질 수도 있지 않을까?

프레이저의 글과 이 책에 실린 다른 많은 글을 읽으면서 나는 계속 다음과 같이 자문했다. 만일 동성애의 "집단 양식은 경멸받는 섹슈얼리티 집단의 양식이며, 사회의 문화 평가 구조에 뿌리내리고 있다"거나 혹은 "동성애 혐오는 동성애에 대한 문화적 평가절하의 결과다"라는 맥락에서 누군가가 '문화'라는 단어를 지우게 되면, 우리는 무엇을 잃게 되는 것인가?[3] 동성애 혐오를 극복하기 위해 아이들을 게이 혹은 레즈비언이 아무렇지도 않다고 생각하게끔 키우는 것이 아니라 왜 "게이 및 레즈비언의 성적 특수성에 긍정적 인정을 부여해야" 하는지가 나는 계속 궁금했다. 또한 최근 이민자들의 에스닉에 대한 편견을 극복하기 위해 왜 우리가 이민자들의 원래 문화에 관심을 가져야 하는지도 의문이었다.

그러한 의문들 때문에 나는 프레이저가 명명한 "인정 관계의 심층적 재구조화", 즉 "집단 분화를 탈안정화하는" 과정으로 생각되는 "해체"의 필요에 회의감이 들었다. 나는 편견을 제거하기 위해 우리에게 "해체주의의 변혁적 인정 정치"가 필요한지 확신할 수 없다. 우리는 예를 들어 백인 아이가 피부색 차이보다 공통된 고통과 즐거움에 대해 더 많이 생각하도록 키우는 게 아니라 "위계적 인종 이분법"을 "다양하고 과도기적인 차이들의 다층적 교차 네트워크"로 대체해야 하는가?[4] 오히려 공통의 고통과 즐거움을 생각하게 하는 방식을 통해 백인 아이가 백인임을 덜 중

---

3 In this volume, p. 21[이 책 39~40쪽] 참조.
4 In this volume, pp. 33, 34, 38[이 책 58, 64쪽] 참조.

요한 것으로 여기게 되면, 이것이 프레이저가 언급한 대로 "현재의 문화적 구성과 결부된 자신의 이해관계와 정체성에 대한 애착"에서 벗어나는 방법이 될 것이다.[5] 백인 아이가 인종 간 전쟁의 역사를 절실하게 배울 필요가 있다고 간주해 보자. 그렇다고 해서 이것이 독특한 흑인 문화의 장점을 배우는 것과 동일한 것은 아니다.

나는 현재 좌파가 직면한 문제에 대한 프레이저의 분석에서 배울 만한 것이 많다는 것을 알고 있다. 그리고 나는 아이리스 매리언 영과 주디스 버틀러에게 프레이저가 동의하지 않는 부분에 대해 어느 정도는 그녀의 입장을 지지한다. 그러나 나는 여전히 '해체주의'는 좌파가 필요로 하는 이상으로 화려하며 너무 세련된 무기라고 생각한다. '해체주의'가 좌파의 목표 중에서 '사회주의'와 동등한 것으로 상승되어야 한다는 프레이저의 제안은 내게 고뇌의 흔적으로 보이긴 한다. 데리다적 방식으로 사상·정체성·제도 속에서 잠재적인 논리 불일치를 발견하는 것은 최근에 만들어진 다양한 학문 프로그램에서 훈련받은 사람들에겐 익숙한 그런 것이기도 하다. 하지만 나는 이런 추가적인 기술이 우리 사회가 편견을 제거하고 공정성을 증진시키도록 돕는 데 더 나은 수단인지, 예를 들어 매 맞는 여성을 위한 쉼터나 AIDS 지원 집단 혹은 게토의 흑인 아동을 위한 취학 전 교육 사업Head Start program에서 훈련받는 것보다 더 나은 수단인지 의심스럽다.

프레이저는 "계급, '인종', 젠더, 섹슈얼리티의 교차는 변혁적 해결을 더욱 강하게 요구하며, 사회주의와 해체주의의 조합을 더욱 매력적으로 만든다"라고 말한다.[6] 나는 이런 교차가 철학적으로 세련된 해체주의만

5　In this volume, p. 39[이 책 65쪽] 참조.

큼이나 적절성이 부족하다는 생각이다. 교차는 단순히 다음과 같은 사실에 불과하다. 즉 누군가가 오전에는 여성이기 때문에 모멸당하거나 차별받고, 오후에는 흑인이기 때문에 그런 상황에 처하고, 밤에는 레즈비언이기 때문에 그런 상황에 처하다가, 이 세 가지 이유로 혹은 그 중 한 이유로 인해 낮은 임금을 받게 된다는 것이다. 내게는 이런 상황에 대한 개선책들 중 어떤 것도 이 개인의 정체성에 관한 질문과 관계가 없어 보인다. 나는 그 개인이 그러한 정체성의 구성에 참여함으로써 상황이 개선된다는 것인지, 혹은 일단 가해자가 그렇게 구성된 정체성을 인정함으로써 상황이 개선된다는 것인지 잘 모르겠다.

주디스 버틀러가 동맹을 시도할 수 있는 사회운동들 사이의 차이들을 묘사하면서 우리에게 "**운동 자체의 내적 자기 구별**self-difference of movement itself, 즉 구성적 파열이기도 하다. 구성적 파열로 인해 신사회운동은 정체성 중심적이지 않은 토대를 가지게 되며, 동원되는 특정 갈등을 정치화의 토대로 장착하게 된다"[7]고 상기시키는 것도 가능한 개선책들을 생각하는 데 도움이 되지 않는다. 헤겔과 데리다를 연구하는 학자로서 나는 버틀러가 "차이는 정체성의 가능성의 조건 혹은 정체성의 구성적 경계이다"라고 말할 때 그 의미는 이해할 수 있다. 하지만 예를 들어 레즈비언의 상황을 개선시키고자 하는 운동이 아프리카계 미국인의 상황을 개선시키고자 하는 운동과 마주칠 때 맞닥뜨리는 문제적 상황에서 이런 철학적 요점이 어떤 의미를 지닐지는 모르겠다. 그러니 **단지** 철학적인 수준에 그치는 것으로 보인다.

---

6 In this volume, p. 41[이 책 67쪽] 참조.
7 In this volume, p. 47[이 책 77쪽] 참조.

잠시 후 버틀러는 다음과 같이 말한다.

신사회운동들이 지배적인 보편을 찾는 수많은 '특수주의들'로 등장한
다면, 우리는 반드시 어떻게 보편성의 규정 그 자체가 이전에 작동했던
사회적 권력의 제거를 통해서만 가능하게 되었는지를 물어야 한다. 이
는 보편적인 것이 불가능하다고 말하는 것이 아니다. 오히려 보편적인
것이 가능해지는 것은 항상 위조하고 영토화하는 권력 내에서 자신의
위치를 추상화할 때이고, 그 때문에 보편적인 것은 모든 차원에서 저항
되어야 한다.

나는 "항상"이라는 것에 의문이 들 뿐만 아니라, 이 주장의 적절성
도 받아들이기 어렵다. 도대체 어떤 맥락에서, 누가 다양한 신사회운동
을 "보편적"이라는 기치하에 두고자 한다는 말인가? (어떤 운동이 표를,
혹은 돈을, 혹은 살아 있는 생명체를 누군가에게 제공할 때처럼) 이러한 운
동들 사이의 지역적이고 일시적인 동맹을 협상하기 위해서 적절한 "보편
성"을 찾을 필요는 없다. 신사회운동들이 현재 미국 사회에서 실업 상태
에 있거나 말도 안 되게 적은 임금을 받는 수많은 이성애자 백인 남성의
상황을 개선시키기 위한 시도에 매달려야 한다는 나의 주장과 하나의 보
편에 신사회운동들을 결집시켜야 한다는 것은 동일한 사안이 아니다. 내
주장은 오히려 몇 가지 서로 다른 의약품을 동시에 섭취해서 바람직한
시너지 효과를 보려는 것과 같은 것이다.
　　내가 인용한 부분들에서 버틀러는 "문화를 강조하는 좌파 정치가 좌
파를 정체성 중심적 분파들로 쪼개 버렸고", 이로 인해 우리가 "공통의
이상과 목표를 잃어버리게 되었다"고 주장하는 사람들에게 대응하는 데

관심을 기울였다. 토드 기틀린Todd Gitlin, 아서 슐레진저Arthur Schlesinger, 그리고 나는 실제로 이런 말을 해왔다. 하지만 나는 우리의 불만에 대한 버틀러의 철학적 지적의 적실성을 이해할 수가 없다. 왜냐하면 우리는 편견과 성차별주의를 제거하는 데 집중함으로써 계급이나 화폐의 문제를 등한시하는 좌파를 성장시킨 데 따른 위험한 결과에 불만을 품었기 때문이다. 나, 그리고 아마 기틀린과 슐레진저 모두 꿈에서라도 신사회운동이 "자기 중심적이고 사소한 정치 형태"라고 생각해 본 적이 없다. 그렇다고 우리가 이러한 운동이 "사회적 조건과 경제적 조건의 체계적 상관성에 대해 더 확고하고 중대하며 포괄적인 전망"으로 바뀌어야 한다고 생각하는 것도 아니다. 의심할 여지 없이 그런 상호 관계들이 존재하지만, 그런 관계를 고민하는 것이 더 새로운 사회운동이나 오래된 운동 모두의 목적에 부합하는 좌파의 중요한 기획을 실천하는 데 있어 전제 조건은 아니기 때문이다.

프레이저와 케빈 올슨은 그런 전망을 현실화하는 것이 정말로 중요하다고 생각한다. 나는 두 사람이 분석적 범주들의 생산에 가져온 철학적 날카로움을 존중하지만, 그들이 우선순위로 느끼는 것들을 공유하지는 않는다. 또한 버틀러가 그렇게 하려고 하듯 프레이저와 기틀린, 슐레진저, 나를 하나의 같은 상자에 집어넣을 방법이 있다고도 생각하지 않는다. 우리 세 명이 프레이저와 공유하는 생각이 있다면 더 강력한 미국 좌파를 생산하는 방법에 대한 것일 것이다. 이 좌파는 투표하는 시민 대다수가 될 것이다. 우리 모두는 가난한 자로부터 더 많은 돈을 우려내는 미국 공화당 제도의 희생자들과 가난 이외의 이유로 낙인찍히거나 권리를 박탈당한 사람들 사이에 동맹이 촉진되기를 원한다. 이 두 집단은 겹치지만 동일하지는 않다. 그리고 미국 공화당은 그런 사람들이 결승선 앞에서 서로 싸우게 만드는 데 점점 능숙해지고 있다.

버틀러 역시 미국의 유권자 사이에서 좌파가 대다수가 되게 하는 데 일조하기를 원한다고 나는 믿는다. 그러나 정체성과 차이의 문제에 집중하기 위하여 그녀가 공을 들이는 철학적 세련화가 다수결주의 정치를 추구하는 좌파의 시도에 많은 도움이 될지는 의심스럽다. 이런 종류의 철학적 세련화가 새로운 운동이 학문적 날개를 세워 가는 과정에 유용하게 이용되어 왔다는 점에는 기꺼이 동의한다. 하지만 내가 보기에 버틀러는 강단 정치의 문제를 더 큰 문제와 결합시켜, 자신이 할 수 있는 수준 이상으로 정치적 유용성을 철학적 세련화를 통해 과하게 쥐어 짜내려고 시도하는 것 같다.

버틀러는 이렇게 말한다.

학계 내부에서 인종 연구를 젠더 연구나 섹슈얼리티 연구와 분리하려는 노력은 자율적 발화에 대한 다양한 필요가 있음을 보여 준다. 그러나 그런 노력은 어떤 자율성에 대해서라도 그 궁극적 한계를 노출시키는 일련의 중요하고 고통스러우며 바람직한 대립도 예외 없이 만들어 낸다. 몇 가지 예를 들면, 아프리카계 미국인 연구 내에서의 섹슈얼리티 정치나 퀴어 연구, 계급 연구, 페미니즘 내에서의 인종 정치, 그리고 앞에서 언급한 연구들 내부에서 이루어지는 여성 혐오 문제, 또한 페미니즘 내에서의 동성애 혐오 문제 등이 있다. 이것이 좀더 새롭고 보다 포용적인 좌파들이 넘어서고 싶어 할 바로 그 지루한 정체성 중심적 투쟁들로 보일지도 모르겠다.[8]

그러나 내 생각에 핵심은 이러한 투쟁들을 초월하는 것이 아니라 투쟁에 관여하는 사람들의 지평선을 확장하는 데 있다. 서로 다른 다양한 학파들 사이에서 좌파 경향의 사람들이 서로 구분되어야 하느냐 마느냐에 시간을 덜 소모하도록 만드는 것이 핵심인 것이다. 내 예감상 그들은 미국인의 임금이 세계 임금 시장 수준까지 계속 떨어지면 어떻게 해야 하는지에 더 많은 고민의 시간을 보내게 될 것 같다. 내 생각이 틀리건 맞건 간에, 미국 좌파가 더 강해질 것인지에 대해 우리 학생들이 몰두해야하는 상황은 순수하게 실천적이며 현재 매우 다급한 문제이다. 이것은 데리다와 푸코가 아퀴나스나 라이프니츠보다 꼭 더 적절하지는 않을 수도 있다는 이야기이기도 하다.

내가 보기에 좌파 학자들에게 가장 유용한 철학자로는 오랫동안 대기자 명단에 올라가 있던 존 스튜어트 밀과 존 듀이를 들 수 있다. 밀은 사회 제도의 목표는 최대로 가능한 인간 다양성의 번영이어야 한다는 주장을 정확히 펼쳤다. 우리는 그가 의도했던 이러한 다양성을 문화의 다양성보다는 자기를 창조하는 개인의 다양성으로 여겨야 한다. 우리의 유토피아적 꿈은 문화가 개인의 자아 존중감의 원칙적 근원으로 파악되기보다는 인간의 행복을 증진시킬 하나의 방편으로, 즉 문화가 일시적으로 개인이 함께 모여 만드는 것으로 여겨지는 세상에 대한 것이어야 한다.

---

8 In this volume, p. 47[이 책 76쪽] 참조.

5장

왜 편견을 극복하는 것으로
충분하지 않은가
리처드 로티에 대한 답변

낸시 프레이저

「재분배에서 인정으로?」에 대한 리처드 로티의 반박을 환영한다. 무엇이 단결된 좌파 전선을 위한 제안으로 효과적일까 하는 점에서, 나는 사회 민주주의자들과 다문화주의자들이 서로 전쟁을 할 필요가 없다는 점을 보여 주고자 했다. 오히려 인정 정치와 재분배 정치를 결합하는 것은 가능하고 바람직하다. 까다로운 점은 시너지 효과를 증진시키는 변혁적 접근을 지지한다는 이유로 제로섬 사고를 촉진하는 긍정적 접근을 버리는 것이다. 인정 진영에서 보면 이것은 정체성 정치를 불공정한 가치 위계의 탈제도화를 목적으로 하는 정치로 대체하는 것을 의미한다. 반면 재분배 진영에서 보면 이것은 신자유주의 경제를 민주적 사회주의 혹은 사회민주주의로 대체하는 것을 의미한다. 내가 주장했듯이 해체주의적 인정 정치와 민주-사회주의적 재분배 정치를 결합함으로써 사람들은 두 좌파 진영 각각을 올바르게 평가할 수 있게 된다. 또한 사람들은 문화 부정의와 정치경제 부정의를 동시적으로 교정할 수 있는 개혁도 상상할 수 있게 된다.[1]

　로티는 이런 제안에 회의적이다. 문화적 좌파에 대한 사회민주주의적 비판의 관점에서 로티는 인정에 대한 나의 관심을 "현재의 정치적 상황에 눈을 감아 버리려는 징후"로 이해한다. 그는 베트남 전쟁 이후 좌파가 이미 문화 혁명을 달성했으며, 인종적 소수자, 여성, 게이를 특징짓는 데 사용했던 낙인을 지워 버리는 것에 대체로 성공했다고 생각하는 것 같다. 그러나 좌파는 '사디즘'과의 전투에 사로잡힌 나머지 '이기주의'에 대항한 싸움을 도외시하여, 결국 "문화가 경제를 한쪽으로 제쳐 놓으면서" 부자들이 계급 투쟁에서 승리하도록 만들었다. 마찬가지로 불행히도 문화적 좌파는 전통적인 좌파의 목적인 "편견 제거"를 소외받는 집단의 독특한 문화를 긍정하는 의심스러운 프로젝트로 대체해 버렸다. 로티가 주장하길 이제 필요한 것은 베트남 전쟁 이전의 좌파가 선호했던 옛 전략으로 회귀하는 것이다. 문화보다는 경제에, 집단 차이보다는 공유된 인간성에 우선성을 두면서, 좌파는 오늘날 사라지지 않고 남아 있는 편견에 계속해서 반대하면서 재분배를 강조해야 한다. 좌파는 재분배와 인정을 결합하자는 나의 제안을 따르기보다는 '문화적 인정'이라는 생각을 버려야 한다는 것이다. 이런 생각은 현재 정치에 기여하는 데 하등 쓸모가 없기 때문이다.[2]

아래에서 나는 오늘날 좌파가 무엇을 해야 하는지에 대해 로티가 말한 결론을 반박하고자 한다. 한편으로 나는 인정을 특별하게 해석해서 사회 정의의 필수불가결한 차원으로 옹호할 것이다. 다른 한편 로티와 달리 나는 무시라는 주요한 부정의가 편견 그 자체를 제거한다고 해서 개선될 수 없음을 주장하고자 한다. 이런 방식으로 나는 인정 정치가 정

---

1 이 책에 수록된 나의 「재분배에서 인정으로?: '포스트사회주의' 시대 정의의 딜레마」 참조.
2 이 책에 수록된 로티의 「'문화적 인정'은 좌파 정치에 유용한 개념인가」 참조.

치적으로 유용하며 도덕적으로도 진실로 요구된다는 점을 보여 주고 싶다. 재분배와의 결합을 통해 인정은 우리 시대 성공 가능한 좌파 정치의 근본 요소로 남게 될 것이다.

물론 **어떤 종류의** 인정 정치인가 하는 의문은 있다. 로티 주장의 대부분은 전통적인 정체성 정치에 방향이 맞춰져 있다. 내가 **인정의 정체성 모델**이라 명명한 것을 전제한다면, 그러한 정치는 소외받는 집단의 독특한 문화적 정체성이라고 알려진 것을 정당화함으로써 이들 집단의 모욕적 재현에 대항하는 것을 목적으로 한다. 이런 종류의 인정 정치는 문제가 있다는 로티의 주장에 나는 동의한다. 내가 보기에 어려움은 두 가지로 정리될 수 있다. 첫째, 무시를 독립적인 문화적 손해로 취급함으로써 정체성 정치는 제도적 매트릭스에서 부정의를 추상화하고, 경제 불평등과 무시가 얽혀 있는 것을 모호하게 한다. 이렇게 해서 재분배를 위한 투쟁과의 시너지 효과가 생기기는커녕 인정은 너무나도 쉽게 재분배를 대신한다(나는 이것을 **대체**displacement의 문제라고 불렀다). 둘째, 스스로 정교화 과정을 통해 만들어진 진정한 집단 문화의 공고화를 추구함으로써 이런 접근은 정체성을 본질화한다. 그래서 이런 접근은 개별 성원이 집단 문화에 순응하도록 압력을 가하며, 그들 삶의 복잡성, 그들 정체화의 다층성, 그리고 그들 사이의 다양한 제휴의 교차성을 거부한다. 이렇게 해서 차이들을 가로지르는 상호작용을 증진하기는커녕 이런 접근은 분리주의와 억압적 공동체주의를 촉진하는 방식으로 집단 정체성을 물화하고 공유된 인간성이라는 쟁점을 도외시한다(나는 이것을 **물화**reification의 문제라고 불렀다).[3]

일반적으로 나는 인정의 정체성 모델에 상당한 결함이 있다는 로티의 말에 동의한다. 하지만 무엇을 해야 하는지에 대한 결론은 그와 다르다. 그는 인정 정치를 완전히 버릴 것을 제안했지만, 나는 재분배의 대체와 집단 차이들의 물화 둘 모두를 피하는 형식 안에서 인정 정치를 재구성할 것을 제안했다.

간단히 말해서 나의 제안은 **지위**status의 관점에서 인정을 재해석하는 것이다. 이런 관점에서 보면, 인정을 요구하는 것은 집단에 특수한 정체성이 아니라 사회적으로 상호작용하는 온전한 파트너로서의 개별 집단 성원의 지위이다. 따라서 무시는 집단 정체성의 비하를 의미하는 것이 아니다. 오히려 그것은 상대적으로 누군가를 존중 혹은 존경받을 가치가 없는 존재로 구성하는 제도화된 문화 가치 패턴 때문에 사회 생활에 동료로 참여하는 것을 거부당한다는 의미의 **사회적 종속**을 의미한다. 이 부정의를 교정하기 위해서는 인정 정치가 요구되지만, 이것이 정체성 정치는 아닌 것이다. 지위 모델에서 정치는 오히려 **참여 동등을 방해하는 문화 가치 패턴들을 탈제도화하고, 그 패턴들을 참여 동등을 촉진하는 패턴들로 대체함으로써** 종속을 극복하는 것을 목적으로 한다.[4]

이런 접근은 무시를 공정하지 못한 종속의 한 종류로 진지하게 고려한다는 점에서 로티의 접근과는 다르다. 기본적인 전제는 정의란 사회의 모든 성원이 **동료**로서 서로 상호작용할 수 있도록 하는 사회적 배치를 요구한다는 점이다. 제도화된 문화 가치 패턴이 참여 동등을 방해하는 한, 이런 패턴들은 정의를 위반하는 것이 되기 때문에, 무시당하는 것은 정당화될 수 없다. 실제로 무시는 사회의 온전한 성원 이하의 범주로

---

3 이 책에 수록된 나의 「인정을 다시 생각하기: 문화 정치에서의 대체와 물화의 극복을 위하여」 참조.
4 더 자세한 설명은 나의 「인정을 다시 생각하기」 참조.

개인들을 구성하는 많은 법률, 정부 정책, 행정 규제, 전문 지식 그리고 사회 관습의 세계 속에서 제도화된다. 사례들은 다양한데, 동성 파트너십을 불법적이고 변태적인 것으로 결혼에서 제외시키는 혼인법, 싱글맘을 성적으로 무책임한 식객 정도로 낙인찍는 사회복지 정책, 인종적 특징을 가진 사람을 범죄와 연관시키는 인종 프로파일링 같은 정책 실천이 그런 사례이다. 이 중 어느 경우도 정치경제의 단순한 부산물에 불과한 것이 아니며, 때문에 이러한 무시의 사례들은 재분배 정책만으로 교정될 수 없다. 반대로 이런 부정의를 극복하는 유일한 방법은 사람들을 종속시키는 제도화된 문화 패턴들을 그들을 동료로 확립하는 패턴들로 대체하는 것이다.

로티의 교섭 거부주의rejectionism와는 반대로, 지위 모델은 인정이라는 아기를 정체성 정치라는 목욕물과 함께 버리는 것을 피하게 해준다. 재분배 정치를 대체하기는커녕 이 접근은 제도화된 문화 가치 패턴이 참여 동등을 가로막는 유일한 장애물이 아님을 인식한다. 즉 어떤 행위자가 동료로서 타자와 상호작용하기 위해 필요한 자원이 부족할 때도 동등한 참여는 방해를 받는다. 따라서 이 관점에서 볼 때 잘못된 분배maldistribution도 심각한 부정의이다. 더욱이 자본주의적 조건에서 잘못된 분배는 지위 위계의 단순한 표출이 아니며, 따라서 인정 정치만으로 개선될 수 있는 것이 아니다. 그러므로 지위 모델의 경우 인정 요구는 재분배 요구와 확실하게 연결되어야 한다.

이와 마찬가지로 지위 모델은 집단 정체성의 물화를 조장하지도 않는다. 지위 모델의 관점에서 보면, 일부 사회적 행위자가 제도화된 가치 패턴 때문에 사회 생활에 온전하고 동등하게 참여할 기회를 부여받지 못할 때 문화가 정치적 관심의 대상이 된다. 특수성이 제대로 인식되지 않아 동등을 가로막는 장애물이 되는 경우에만 부정의를 교정하기 위해 집단 차이가 긍정된다. 다른 사례들에서 개선책은 거부된 인간성에 대한 보편주의적 인정(이것이 로티의 만능 해결책이다), 집단 차이가 구성된 것이라는 관점에서의 해체, 혹은 이 둘의 어떤 조합의 형태가 될 수 있을 것이다. 모든 사례에서 목적은 가능한 한 최대 범위로 사회적 상호작용을 증진시키는 것이다. 게다가 참여 동등이라는 생각은 공공 영역에서 인정 요구를 시험하는 데 있어 정당한 기준으로 작용할 수 있다. 본질적으로 대화적이고 민주적인 이러한 접근은 정체성 정치가 갖는 독백적이고 권위적 특성, 때때로 문화적 진본에 호소하는 것을 거부한다. 이렇게 해서 내가 주장하는 인정 정치는 집단 차이를 물화하기는커녕 분리주의와 억압적 공동체주의를 막는다.

그러므로 일반적으로 인정의 지위 모델은 정체성 정치에 대한 로티의 비판을 피해 간다. 게다가 지위 모델을 그가 추천하는 접근과 비교할 때 그 장점은 더욱 두드러진다. 사실 로티는 몇 가지 상호 배치되는 주장 사이에서 오락가락한다. 어떤 부분에서 그는 1960년대에 시작된 문화 혁명 덕분에 모든 무시가 이미 제거되었다고 주장한다. 그리고 다른 부분에서는 남아 있는 무시가 재분배 정치에 의해 교정 가능하다고 주장한다. 또 다른 부분에서는 재분배만으로는 잔존하는 모든 무시를 폐지하기에 충분하지 않을지 몰라도, 편견을 제거하는 것을 목적으로 하는 익숙한 자유주의적 개혁에 의해 그런 결과가 성취될 수 있다고 주장한다.

이러한 주장들 가운데 우리는 세번째 주장에만 일관된 관심을 기울이면 된다(첫번째 주장은 일련의 긍정적인 문화적 추세들이 계속될 것이라고 추정하면서 유토피아적 공상의 수준에 이르러 문화적 측면에 내재된 불평등한 제도화와 그에 맞서는 강력한 대항적 경향들을 간과한다. 한편 두번째 주장은 천박한 경제 결정론에 기반하는 것으로 현재 자본주의 사회가 고도로 분화된 성격을 갖고 있음을 볼 때 이는 허위임을 알 수 있다).[5] 그러므로 이렇게 질문을 던져야 한다. 전적으로 자원 재분배와 편견 제거에 초점을 둔 정치가 오늘날 적합한 좌파 정치가 될 것인가? 그런 정치가 잘못된 분배뿐 아니라 무시를 포함하는 현재의 모든 부정의에 대한 성공 가능하고 믿을 만한 도전이 될 수 있을 것인가?

내 대답은 그렇지 않다는 것이다. 문제는 편견을 제거한다고 모든 무시가 사라지는 것은 아니며, 심지어 편견 제거가 재분배의 해결책과 함께 제시된다고 해도 마찬가지라는 것이다. 우선 한 가지 이유는, 무시는 만일 그것이 경멸적 태도와 믿음을 의미하는 것이라면, 주로 편견을 통해서만 공급되는 것이 아니기 때문이다. 오히려 무시는 동등을 방해하는 규범에 따라 사회적 상호작용을 규제하는 제도와 실천을 통해 전달된다. 이러한 제도와 실천은 종종 의식의 범위 밑에서 작동하기 때문에, 제도와 실천을 변화시키기 위한 노력만이 부정의를 개선할 수 있다(그리고 물론 오직 그런 노력만이 사회 변화를 위한 의식의 재활성화를 대체하려는 편협한 유혹을 피할 수 있다).

게다가 모든 무시가 공통적인 인간성을 거부하기 때문에 발생하는

---

5 경제 결정론에 대한 좀더 확장된 비판으로는 Fraser, "Social Justice in the Age of Identity Politics: Redistribution, Recognition and Participation", in *The Tanner Lectures on Human Values*, vol. 19, ed. Grethe B. Peterson, Salt Lake City: The University of Utah Press, 1998, pp. 1~67. 이 글을 개정하고 확장한 버전이 Nancy Fraser and Axel Honneth, *Redistribution or Recognition?: A Political-Philosophical Exchange*, trans. Joel Golb, James Ingram, and Christine Wilke, London: Verso, 2003[「정체성 정치 시대의 사회 정의: 분배, 인정, 참여」, 『분배냐 인정이냐?: 정치철학적 논쟁』, 김원식·문성훈 옮김, 사월의책, 2014]에 실려 있다.

것은 아니다. 어떤 경우에 부정의는 집단 차이를 인식하지 못해서 발생한다. 예를 들면 다음의 경우다. 첫째, 출산 휴가를 제공하지 않은 고용주가 성차별에 해당하지 않는다는 미 법원의 결정. 이 결정은 남성에게 제공한 혜택을 여성에게 제공하지 않은 것은 아니기 때문임을 근거로 했다. 둘째, 일반적 남성 평균에 해당하는 신장을 가진 사람을 위해 제작된 사다리에서의 등판 속도를 기준으로 해서 많은 여성에게 불이익을 준 소방관 구직 절차. 셋째, 캐나다에서 기마 경관에게 의무적으로 제복 모자를 착용하도록 규정하여 결과적으로 독실한 시크교도의 직업 기회를 차단한 것 등이 있다. 이러한 경우들에서 문제는 로티적 의미에서 공유된 인간성을 무시하는 데서 나온 편견이 아니다. 오히려 참여 동등을 방해받아 문제가 되는 것인데, 왜냐하면 지배 혹은 다수 집단의 상황에 맞춰진 규범들이 해당 범위를 넘어서 그들과는 상황이 다른 사람들에게는 손상을 주는 범위로 적용되기 때문이다. 이렇게 하면 부정의의 핵심은 차이를 인정하지 못하고 수용하지 못해서 생기는 것이 된다. 그러므로 로티와는 반대로 모두가 공유하는 것을 강조한다고 부정의를 개선할 수는 없다. 반대로 참여 동등을 확립하는 유일한 방법은 문제가 되는 차이를 고려하지 않는 규범을 차이를 수용하는 대안으로 교체하는 것이다. 차이를 수용하는 대안은 여성과 시크교도도 찔리면 피를 흘린다는 것 이상의 생각을 전달해야 한다. 예를 들어 이러한 대안은 출산하는 사람은 그럴 수 없는 사람만큼이나 작업장에서 적법성을 가지고 있어야 한다거나, 기마 경관이 되는 것이 시크교도가 되는 것을 배제해서는 안 된다는 생각을 전달해야 하는 것이다.

로티에게는 미안한 말이지만, 그래서 정의는 때로 차이의 인정을 요구한다. 하지만 그런 인정은 누구나 공유하는 것에 대한 존중을 거부하거나 대신하지 않는다. 오히려 인정은 보편주의를 더 충분히 깨닫게 하는 수단을 제공하면서 모두가 공유하는 것의 깊이를 더할 것이다. 그 이유는 대략 다음과 같다. 인간은 평등하다는 도덕적 가치를 강조하는 보편주의적 규범은 사회의 모든 성원에게 타자와 동등하게 참여할 기회를 보장할 것을 요구한다. 이것은 이어서 참여 동등을 가로막는 장애물을 제거할 것을 요구하는데, 집단 차이를 인정하지 못한 경우를 포함하여 어떤 형태로 장애물이 발생하는지와는 상관없이 장애물의 제거를 요구한다. 따라서 집단 차이의 인정은 때때로 공통적인 인간성의 존중을 확증하는 데 필요하게 된다.

그럼에도 불구하고 인정과 연관된 차이가 가지고 올 위험성에 대해서는 로티가 정확하게 걱정하고 있다. 참여 동등을 보장하려는 수단으로 시작했던 것이 그 자체로 하나의 삶의 형태를 취할 수 있다. 예를 들면 어떤 삶에 대한 인정이 손쉽게 물화되면서, 집단 차이들을 끝내 고착시키고, 개인들을 억압하고 통제하고자 의도했던 바로 그 적대감을 키우는 식이다. 그러나 이에 대한 해결책은 차이에 무지한 보편주의라는 부적절한 형식으로 퇴각하는 것이 아니다. 오히려 다른 것을 추가해야 한다. 즉 물화하고자 하는 경향들에 반작용하도록 도와주는 인정의 층위인 해체를 추가해야 하는 것이다. 부분적으로 이것은 일종의 살아 움직이는 관점을, 즉 모든 집단 분류는 구성성과 우연성에 근거한다는 점을 강조하는 문화적 주장에 관여한다는 것을 의미한다. 정체화identification들의 역사적 변화에 대한 근본적 개방성을 강조하는 그런 해체주의적 문화 정치는 차이를 인정하는 정치와 연관된 위험을 줄이는 데 도움을 줄 수 있다.

더욱이 때때로 해체주의는 더 직접적인 제도적 함의들을 갖는다. 무시가 강제적 분류 체계로부터 발생하는 경우에 그러한데, 이 분류 체계는 개인들을 일방적으로 개념적 극단의 한쪽 혹은 다른 쪽과 동일시하도록 만들어 버린다. 예를 들면 미국에서 시민들은 그들의 성 그리고/혹은 에스닉 정체화 과정의 복잡성이 단번에 잘려 나가는 방식으로, 때때로 게이 아니면 이성애자, 흑인 아니면 백인으로 강제로 동일시된다. 여기서 적합한 교정은 추상적인 보편주의나 단순한 차이의 확증이 아니며, 오히려 현재의 분류를 해체하는 것이다. 그러므로 로티의 주장과는 반대로 해체주의는 정치적으로 유용할 수 있다. 왜냐하면 이것은 소수만 이해하는 학문적인 철학이 아니라 지위 종속을 치유하는 다면적 전략의 한 요소로 이해되기 때문이다.

여기서의 도덕은 두루 적용되도록 만들어진 접근으로는 충분하지 않다는 것이다. 무시는 몇 가지 서로 다른 형식과 외양에서 기인하기 때문에 다면적인 노력이 요구된다. 목표는 인정 개선책을 무시 손해 misrecognition harm에 맞춰 조정하는 것이 되어야 한다. 즉 필요한 곳에서는 보편적 존중을 차이와 관련된 존경으로 보충하고, 우연적 타당성 이상의 것을 요구하는 모든 분류 체계에 대한 해체적 회의주의라는 건전한 처방을 추가해야 한다. 로티의 주장보다 더 일관되게 실용적이어야 하며, 이 접근이야말로 현재 참여 동등을 가로막는 모든 범위의 장애물을 제거할 유일한 방법이다.

이 모든 이유로 나는 좌파가 시계를 되돌리려는 로티의 제안을 거절해야 한다고 주장한다. 베트남 전쟁 이전의 좌파 전략으로 회귀하는 대신에 좌파는 지난 40년간의 성과를 기반으로 해야 한다. 왜냐하면 이러한 성과가 사회 정의의 의미를 확대하고 심화했기 때문이다. 이런 식으로 좌파는 인정 정치를 포기하기는커녕 지위 종속을 극복하고 참여 동등을 발전시키는 것을 목적으로 하는 인정 정치 입장을 채택해야 한다. 이런 방식으로 집단 정체성들의 물화와 재분배 투쟁의 대체를 회피하는 것을 포함하여 성공적으로 정체성 정치의 함정을 피할 수 있다. 이와 똑같이 중요한 것은, 이러한 것이 현재 내부 논쟁에 버려지고 있는 에너지를 생산적인 방식으로 되살릴 수 있고, 작금에 요구되는 어려운 과제에 집중할 수 있게 해준다는 점이다. 다시 말하자면 향후 가속화된 지구화 시대에 부정의에 대항한 싸움을 이끌 적절한 좌파적 전망 속에서 인정과 재분배를 통합해야 한다는 것이다.

6장

제멋대로의 범주들
낸시 프레이저의 이원론 비판

아이리스 매리언 영

정의를 언급하는 이론가들이 정치경제학을 잊은 것인가? 우리가 가장 중요한 부정의를 문화적 뿌리에서 찾은 것인가? 비판 사회 이론에서 정치경제라는 물질 작용과 문화라는 상징 작용 사이의 기본적인 구분을 다시 주장해야 하는가? 낸시 프레이저는 최근 두 글을 통해 이 질문들에 긍정적으로 답했다.[1] 그녀는 최근 일부 정치 이론이나 실천에서 사회 집단에 대한 인정이 특권화되고 있으며, 그 과정에서 재화의 분배 문제나 노동 분업의 쟁점이 고려되지 않는 경향이 있다고 주장했다.

'차이 인정'을 위한 요구는 국적, 에스니시티, '인종', 젠더, 섹슈얼리티를 기치로 내걸고 결집된 집단들의 투쟁을 부추기고 있다. 위와 같은 '포스트사회주의적' 갈등에서는 계급 이해관계를 대신해 집단 정체성

---

1 Nancy Fraser, "Recognition or Redistribution?: A Critical Reading of Iris Young's *Justice and the Politics of Difference*", *Journal of Political Philosophy* 3: 2, 1995, pp. 166~180과 이 책에 수록된 「재분배에서 인정으로?: '포스트사회주의' 시대 정의의 딜레마」 참조.

이 정치 동원의 핵심 수단으로 활용된다. 문화적 지배가 착취를 대신해 근본적 부정의로 자리를 잡는 것이다. 이렇게 문화적 인정은 부정의의 개선책이자 정치 투쟁의 목표로서 사회경제적 재분배의 자리를 대신하게 된다.[2]

프레이저는 개념적으로 문화와 정치경제를 대립시킨 뒤, 다양한 집단의 억압을 양극 사이에 정도의 차이가 있는 것으로 배치하는 분석틀을 통해 이 문제를 바로잡을 수 있다고 제안한다. 프레이저는 경제적 사안에 관한 정의와 문화적 사안에 관한 정의의 분명한 구분이 가능하다고 전제하면서 비판 이론 내에서 정치경제학의 제자리를 회복할 수 있다고 주장한다. 그리고는 어떤 인정 정치가 경제 부정의에 대한 변혁적 대응과 양립 가능한지를 판단한다.

프레이저의 글은 우리에게 중요한 쟁점을 환기시킨다. 최근 다문화주의나 민족주의를 다루는 정치 이론 일각에서 서로 다른 문화 가치에 대한 존중을 정의의 가장 중요한 문제로 강조하는 경향을 보이는 것은 사실이다. 그러면서 부나 자원의 분배 문제나 노동의 조직이라는 사안은 고려하지 않는 경우도 많다. 프레이저는 익히 알려진 찰스 테일러의『다문화주의와 '인정 정치'』를 한 측면에만 관심을 기울이는 사례, 즉 재분배를 희생시키고 인정에만 관심을 기울이는 사례로 인용하는데, 이에 대해서는 나도 동의한다.[3] 심지어 분배 정의론의 대가 존 롤스조차 요즘은

---

2 In this volume, p. 11[이 책 24쪽].
3 Charles Taylor et al., *Multiculturalism and "The Politics of Recognition": An Essay with Commentary*, Princeton: Princeton University Press, 1992.

문화와 가치의 차이를 강조하며 제한된 자원을 둘러싼 대립을 소홀히 취급한다.[4] 특히 학교와 대학에서 다문화주의를 표방하는 일부 활동가의 경우, 교과 과정이나 교재에서 집단이 대표되는 것만을 목표로 삼으면서 이런 운동을 가능하게 한 평등이나 불이익의 쟁점으로부터 멀어지는 것도 사실이다.[5] 또 최근 페미니스트, 게이 남성, 레즈비언이 쓴 이론적 글에는 경제적 특권이나 억압적인 사회 관계와는 분리된 집단 정체성의 문제에만 천착하는 경향이 드러나기도 한다.

그럼에도 불구하고 나는 다문화주의에 대한 최근의 여러 다른 좌파 비판가와 마찬가지로 프레이저도 인정 정치가 경제 투쟁으로부터 후퇴한 정도를 다소 과장하고 있다고 생각한다. 이른바 문화 전쟁은 주로 학교와 대학이라는 문화판에서 치러졌다. 하지만 페미니스트들이나 인종 차별에 반대하는 활동가들이 대체로 경제적 불이익이나 경제적 지배라는 쟁점을 무시했다는 근거는 별로 없다. 이를테면 아프리카계 미국인의 정체성 촉진에 애쓰는 사람들은, 아프리카계 미국인 거주 지역을 중심으로 조직화와 연대가 이루어지면 이곳 사람들이 서비스와 일자리를 제공받고, 이를 통해 이들의 물질적 생활이 개선된다는 신념에 기반해 활동을 벌이고 있다.

---

4 John Rawls, *Political Liberalism*, New York: Columbia University Press, 1993[『정치적 자유주의』, 장동진 옮김, 동명사, 1999] 참조. 나는 롤스의 변화에 대해 서평 형식으로 논평한 바 있다(*Journal of Political Philosophy* 3: 2, 1995, pp. 181~190).

5 토드 기틀린은 인정 자체가 목적이 되어 버린 캘리포니아의 학교 교육 위원회 논쟁의 사례들을 언급한다. Todd Gitlin, *Twilight of Common Dreams: Why America Is Wracked by Culture Wars*, New York: Metropolitan Book, 1995 참조. 나는 모두가 집단의 차이에만 관심을 기울이기 때문에 미국 내 좌파 정치가 괴멸되었다는 논의를 피력하기 위해 기틀린이 이런 극단적인 사례를 인용하는 것이 그다지 설득력 있다고 생각하지는 않는다.

정도의 차이가 있다는 점을 고려하면, 인정 정치가 경제 정의에 관한 관심사를 밀어내고 그 자리를 차지하려는 경향을 비판적으로 보아야 한다는 프레이저의 지적은 옳다. 그러나 프레이저가 제안하는 해결책, 즉 정치경제를 전적으로 문화에 반대되는 것으로 재범주화하는 방식은 오히려 상황을 악화시킨다. 정치경제와 문화에 대한 프레이저식의 이분법은 페미니스트, 인종차별 반대자, 동성애 운동가가 인정 그 자체를 목적으로 추구하는 것처럼 간주한다. 그러나 이들이 문화적 인정을 추구하는 이유는 그것이 경제 정의와 정치 정의를 위한 수단이 되기 때문이다. 프레이저는 특히 페미니스트들과 인종차별에 반대하는 운동가들이 자기기만의 딜레마에 빠져 있다고 보는데, 내 생각에 이 딜레마는 구체적인 정치 전략들을 바탕으로 한 판단이기보다는 프레이저가 만든 추상적인 틀로 인해 야기된 것이다. 바로 이 틀 때문에 노동 계급 정치나 퀴어 정치 모두 실제보다 더 일차원적인 것으로 간주되는 것이다.

재분배와 인정을 대립시키는 프레이저의 입장은 정치경제의 물적 효과와 문화가 불가분하게 결합되어 있다는 신좌파 이론에서도 후퇴하는 것이다. 그녀가 이전에 발표한 글들은 맑스주의 역시 문화연구라는 입장을 강화하는 데 주요하게 기여했다는 평가를 받기도 했다. 나는 정치경제를 문화와 반대되는 것으로 간주하기보다, 오히려 이론적으로나 정치적으로 더 생산적인 방식을 제안하려고 한다. 그 방식은 범주를 다양화하면서 이 범주들을 특별한 사회 집단이나 쟁점마다에 각각 서로 다르게 관계 짓는 접근이다. 그러므로 이 글의 목적은 일차적으로 어떤 이론적 전략이 정치에 가장 유용한 것인지를 묻고, 그런 맥락에서 프레이저가 이런 양극화 전략을 채택한 것을 비판하는 데 있다. 나는 문화 정치를 경제 정치의 대립항으로 놓는 분석을 통해서는 지배적인 경제력과 정치적 수사에 맞서는 강력한 저항의 연대를 지향하는 목표를 제대로 달성할 수 없다는 점을 밝히려 한다. 정치 투쟁과 쟁점을 정교하며 일관된 방식으로 잘 다듬어야 앞으로의 갈등과 동맹의 쟁점을 더 잘 규명할 수 있다고 보기 때문이다.

1. 재분배 대 인정

프레이저는 부정의를 두 종류로 설명한다. 첫번째 사회경제적 부정의는 사회의 정치경제적 구조에 "뿌리내리고" 있다. 착취, 경제적 주변화, 기본재에 대한 박탈이 이런 부정의의 일차적인 형식이다. 두번째 종류의 부정의는 문화적 혹은 상징적인 것이다. 이는 사회의 재현·해석·의사소통 패턴에 "뿌리내리고" 있다. 이 부정의에는 비주류 문화로 간주되고, 개인이 처한 문화적 특수성 때문에 비가시화되며, 비하되는 방식으로 정형화되거나 문화적으로 재현되는 것이 포함된다. 이처럼 서로 환원될 수 없는 두 가지 부정의의 뿌리에 상응하는 서로 다른 두 개의 개선책이 존재한다. 재분배는 보다 폭넓은 경제 평등을 야기할 정치적·경제적 변화를 만들어 낸다. 인정은 무례함으로 인한, 그리고 정형화되고 문화화된 제국주의로 인한 경시의 피해를 바로잡을 수 있다.

프레이저는 실제 세계에서 정치경제 구조와 문화적 재현의 의미는 서로 분리될 수 없다고 단언한다. "가장 물질적인 경제 제도마저도 구성적이고 환원 불가능한 문화의 차원을 가지고 있다. 경제 제도에는 의미화와 규범이 스며들어 있다. 반대로 가장 담론적인 문화 실천 역시 구성적이고 환원 불가능한 정치-경제의 차원을 가지고 있다. 문화 실천은 물질적 지원에 의해 지탱된다."[6] 그러므로 재분배와 인정이라는 구분은 전적으로 이론적인 것으로, 설명을 위해 고안된 분석적 구분이다. 프레이저는 이런 범주적 대립이 유용하며 심지어 필수적이라 주장한다. 왜냐하면 억압받는 집단들의 정치적 목표가 왜 경우에 따라 서로 모순되는지 이해하는 데 이 같은 범주적 대립이 유용하며 필수적이라고 보기 때문이다.

프레이저는 이런 갈등을 설명하기 위해 집단들이 겪는 부정의의 형태를 분류하여 일종의 연속체continuum를 구성한다. 연속체의 한 극단에는 '순수한' 형태의 정치경제적 부정의를 겪는 집단이 자리한다. 재분배-인정이라는 구분이 이념적이며 실체가 아니기 때문에 이 집단 역시 하나의 이념형일 수밖에 없다. 계급 억압은 자연스럽게 이 이념형에 유사한 것으로 간주된다. 연속체의 다른 한 극단에는 '순수하게' 문화적인 억압만을 겪는 집단이 자리하고 있다. 게이 남성과 레즈비언이 당하는 부정의가 이 이념형에 유사한 것으로 간주된다. 이들이 겪는 억압은 이들의 성적 관행을 경멸하는 문화적 가치에만 뿌리를 내리고 있다.

이 양 극단의 부정의에 대한 개선책은 개량적이거나 혁명적인 변주로 나타나고 프레이저는 각각을 '긍정적'과 '변혁적'이라는 용어로 표현한다. 계급 억압에 대한 긍정적 개선책은 자유주의적 복지국가 방식으로, 근저에 깔린 경제 구조는 건드리지 않은 채 재화·서비스·소득을 재분배하는 것이다. 다른 한편으로 계급 부정의 해소를 위한 변혁적 개선책은 기본적인 경제 구조를 변화시킴으로써 프롤레타리아트를 해체하는 것이다. 성적 억압에 관한 긍정적 개선책은 이들을 비하하는 고정관념에 맞서 게이와 레즈비언의 정체성을 공고히 하는 것인 반면, 변혁적 문화 정치는 성 정체성이라는 바로 그 범주를 해체한다.

---

6 In this volume, p. 16[이 책 32쪽].

곤란함은 연속체의 중간에 놓인 집단들, 즉 정치경제적 부정의와 문화적 부정의 모두에 종속되어 있는 집단들의 사례에서 발생한다. 프레이저에 따르면 젠더와 인종에 관한 억압이 이에 해당한다. 두 개의 서로 다른, 그러면서 잠재적으로 대립하는 부정의의 형태에 종속되어 있기 때문에 여성과 유색인의 정치 투쟁은 잠재적으로 모순적일 수밖에 없다. 정치경제적 관점에서 볼 때 여성과 유색인의 급진적인 변혁 투쟁은 노동분업 속에서 젠더나 인종 집단이라는 하나의 구분된 입장을 제거하는 것을 목표로 해야 한다. 그러나 집단으로서 구조화된 입장을 제거한다는 이 목표는 '정체성 정치'와 충돌한다. 정체성 정치에서 여성 혹은 유색인은 이들을 비하하는 고정관념이나 문화적 재현에 맞서 집단의 특정한 가치를 긍정하고 서로 친화력을 갖고자 한다. 프레이저에 따르면 긍정적 인정 정치는 변혁적 재분배 정치와 충돌할 수밖에 없다. 왜냐하면 변혁적 정치는 하나의 집단으로서 그 집단을 제거할 것을 요구하는 반면, 긍정적 정치는 집단 정체성을 긍정하기 때문이다. 이 충돌은 긍정적 인정 정치가 갖는 오류와 정체성을 해체시키는 변혁적 문화 정치의 필요성을 드러내 준다.

2. 왜 이분법으로 이론화하려는 것일까

프레이저는 인정 정치에 대한 '해체주의적' 접근을 제안한다. 이는 정체성에 대한 분명하고도 대립적인 범주들을 어질러 놓는 방식이다. 그런데 그녀의 글에서 이론화는 막무가내로 이분법적 틀을 고집하고 있기도 하다. 모든 집단에 대한 부정의는 두 가지의, 그것도 서로 배타적인, 딱 두 가지의 범주로 환원된다. 이 부정의들의 개선책 역시 서로 배타적인 두 가지의 범주로 제시되고 각각은 개량적이거나 급진적인 두 판본으로 분화된다. 억압에 영향을 미치는 모든 사회 과정은 이분법의 이쪽 아니면 저쪽으로 개념화되거나 이 둘이 교차해 만들어지는 결과물로 드러난다. 따라서 재분배나 인정은 서로 배타적인 범주일 뿐 아니라, 서로 합해서 억압과 정의에 관한 모든 것을 설명할 수 있는 것이 된다.

이미 언급했듯이 프레이저는 이런 이분법이 현실을 묘사하지 않는다고 주장한다. 그렇다면 이 이론은 무엇을 정당화하기 위한 것이라는 말인가? 이에 대한 프레이저의 답은 이렇다. 분석틀은 개념을 필요로 하고 그 개념들로 현실이 분석 가능해진다. 그리고 이 분석틀을 통해 개념들 사이의 구분이 가능해진다. 물론 맞는 말이다. 맞긴 하지만, 왜 비판 사회 이론이 단지 이 두 가지 범주에만 의존해야 하는지는 설명하지 못한다. 왜 하나의 분석 전략을 채택해야 하는가? 더 나아가 왜 사회 현상에서 나타나는 다원화된 범주들을 이런 '두 개의 초점을 갖는'bifocal 범주로 환원해야 하는가?

나는 『정의와 차이의 정치』에서 억압의 다원적인 범주들에 대해 설명했다. 나는 억압의 다섯 가지 '측면', 즉 착취, 주변화, 무권력, 문화 제국주의, 폭력을 구별한다.[7] 대부분의 경우에는 전체 범주를 다 필요로 하지 않지만, 구체적인 억압의 상황에서는 여러 범주를 고려해야 설명이 가능한 경우가 많다. 억압에 대한 다원적이지만 제한된 범주화를 정교화하려는 이유는 개인과 집단을 그 위치에 놓는 억압 구조들의 차이를 수용하고, 이를 통해 억압을 '우선순위가 높은' 하나 혹은 두 가지 구조로

---

7 Iris Marion Young, *Justice and the Politics of Difference*, Princeton: Princeton University Press, 1990, Chap. 2.

환원하는 경향에 맞서기 위함이다.

내 책을 비판하는 글에서 프레이저는 오히려 그런 환원론을 되풀이하고 있다.[8] 다섯 가지 억압의 형식은 잘못된 분배라는 정치경제 부정의(착취·주변화·무권력)와 무시라는 문화 부정의(문화 제국주의와 폭력) 두 가지로 '정말로' 환원된다는 것이다. 프레이저는 다섯 가지가 두 가지로 환원되는 것을 정당화하지 못한다. 또한 '재분배' 측면으로 범주화한 것 중 적어도 하나, 이를테면 무권력이 노동 분업과 존중이라는 규범 **모두**를 통해 설명된다는 것에 대해서도 분명히 밝히지 못했다. 여기서 내가 개발한 특정한 설명틀을 주장하는 것은 핵심이 아니다. 오히려 핵심은 범주를 두 개로 만드는 것이 어떻게 자의적이지 않을 수 있는지를 따져 묻는 데 있다.

「재분배에서 인정으로?」라는 글에서 프레이저는 정치경제와 문화 범주로 사회 구조와 부정의 모두를 설명할 수 있다는 자신의 주장을 재고한다. 이 범주화에는 제3의 것, 즉 법, 시민권, 국가 운영, 정치 참여에 관한 실천이나 제도와 관련된 사회 현실에서의 정치적 측면이 끼어들 여지가 없음을 인정하기 때문이다. 그러나 프레이저는 이런 문제 제기를 진지하게 고려하지 않고, 오히려 이 같은 정치 현상을 정치경제와 문화라는 이분법적 틀로 환원시키는 데 집중했다. 그러면서 프레이저는 하버마스에게로 돌아간다.

나는 정치 쟁점을 두 가지 초점으로 바라보는 하버마스의 견해를 따르고자 한다. 어떤 점에서 보면 (국가가 규제하는 자본주의 사회에서) 정치

---

8 Fraser, "Recognition or Redistribution?", *Journal of Political Philosophy* 3: 2.

제도는 경제와 더불어 재분배와 관련된 사회경제적 부정의를 생산하는 '체계'의 부분에 속한다. 롤스의 용어로 하자면 정치 제도는 사회의 '기본 구조'의 일부이다. 그러나 다른 시각에서 볼 때 정치 제도는 '생활 세계'와 마찬가지로 인정 부정의를 생산하는 문화 구조의 일부에 속한다. 가령 일련의 시민권과 참여권은 다양한 사람의 상대적 도덕 가치에 대해 은밀하게 그리고 노골적으로 강력한 메시지를 전한다. 따라서 '일차적인 정치적 관심사'는 경제 정의나 문화 정의의 문제 모두에서 다루어질 수 있으며, 이는 문제가 전개되는 맥락과 시각에 따라 달라진다.[9]

프레이저는 이전의 논문인 「비판 이론에서 무엇이 비판적인가?: 하버마스와 젠더의 사례를 중심으로」What's Critical about Critical Theory? The Case of Habermas and Gender에서 이분법적 사고 일반에 대해, 특히 '체계'와 '생활 세계' 사이의 이분법에 대해 중요하면서도 설득력 있는 비판을 한 것으로 잘 알려져 있다.[10] 프레이저는 하버마스가 체계와 생활 세계를 범주적으로 대립시킴으로써 그의 이론에 담긴 개념들의 미묘한 차이에 대한 설명을 희석시켰다고 주장했다. 그녀는 이 이분법이 공적인 것(체계)과 사적인 것(생활 세계, 이 속에서 사람들은 배려가 필요한 개인으로 나타난다) 사이의 젠더화된 대립을 강화할 뿐만 아니라, 국가와 경제 체계의 재생산에 여성의 가사 노동이 기여하는 점도 모호하게 흐려 버린다고 주장했다. 그러면서 프레이저는 하버마스의 이분법이 관료적이며 기업

---

9 In this volume, p. 16 n. 7[이 책 31쪽 각주 7].

10 Fraser, *Unruly Practices: Power, Discorse, and Gender in Contemporary Social Theory*, Minneapolis: University of Minnesota Press, 1989.

적인 제도를 재생산하는 사회 과정으로부터 문화 규범을 잘못 구분했다고 논박했다. 바로 이런 이유로 하버마스의 이분법 이론은 이 같은 국가나 기업 제도하에서 의사소통적 민주화의 가능성을 마련할 수 있는 조건이 될 수 없다는 것이다. 위의 인용문에서 정치적인 것을 체계와 생활 세계로 환원시킨 것과 달리 「비판 이론에서 무엇이 비판적인가?」라는 글에서 프레이저는 정치 행동과 투쟁이라는 범주를 덧붙이고 있다. 체계와 생활 세계라는 잘 정리된 이분법에 이 범주를 추가로 덧붙여 그 틀을 뒤흔들어 놓았던 것이다. 그 글에서 그녀는 이분법적인 이론화는 그 범주에 쉽게 들어맞지 않는 현상의 가치를 평가절하하고 모호하게 만들며, 그런 맥락에서 개념화된 것들을 왜곡시킬 수 있다고 제안했다. 그런데 오히려 이 이야기는 최근 그녀 자신이 만든 이론적 전략에 적용되는 것 같아 보인다.

3. 이론과 현실에 대한 구분

프레이저는 이분법을 구성한 배경을 이렇게 설명한다. 이론가들은 상호 배타적으로 대립하는 것을 잘 활용해 현실에서의 모순을 규명한다는 것이다. 프레이저는 정치경제와 문화, 재분배와 인정의 이분법을 통해 다양한 정치적 목표 사이의 모순을 강조하려고 한다. 그녀는 페미니스트와 인종차별 반대 운동이 자신의 집단 정체성을 긍정하는 동시에 노동 분업 내에서 젠더 혹은 인종에 특화한 위치를 제거하는 두 가지 모두를 목표로 할 수 없다는 점을 강조하려고 한다. 그래서 프레이저는 변혁적 재분배를 긍정적 인정과 양립할 수 없는 것으로 개념화한다. 이 때문에 페미니스트와 인종차별 반대 운동의 목표들은 내적으로 모순된다는 설명틀이 가능해진다. 그렇지만 만일 재분배와 인정이라는 이분법 범주가 현실에 부합하지 않고 오히려 단지 이론적 탐구를 위한 것heuristic에 불과하다면, 그런 모순이 이론적 이분법을 위한 인위적 가공물에 불과하지 않다는 것을 어떻게 알 수 있나? 이분법이 정치적 모순을 피상적이거나 심지어는 상상적으로가 아니라, 오히려 근본적으로 표출할 수 있다는 프레이저의 주장을 우리가 왜 받아들여야 하나? 나는 짧게나마 이 범주가 대부분의 사회운동을 설명하는 데 실패한다는 점을 지적하려고 한다. 왜냐하면 프레이저가 '인정'이라고 부르는 것은 대부분의 사회운동에서 그녀 자신이 재분배 범주로 묶어 놓은 경제 평등, 사회 평등 그리고 자유를 위한 수단으로 기능하기 때문이다.

프레이저의 설명에 따르면 정치경제적 부정의에는 착취·주변화·박탈이 포함된다. 경제 부정의의 개선책은 어느 것이든 일종의 정치경제적 재구조화가 된다.

이것은 아마도 소득 재분배, 노동 분업의 재조직, 민주적 결정에 따른 투자, 또는 여타 기본적 경제 구조의 변혁을 포함할 것이다. 이런 다양한 개선책은 그 강조점에 있어서 구분되지만 나는 이 전부를 총괄해 '재분배'라는 용어로 나타낼 것이다.[11]

특히 프레이저 스스로 재분배 범주에 여러 구분을 다시 도입하려 한다는 점을 고려하면, 사람들이 왜 이처럼 다양한 사회 과정이 모두 재분배로 범주화되어야 하느냐는 질문을 던지는 것이 그다지 이상하지 않다.

---

11 In this volume, p. 17[이 책 33쪽].

특히 프레이저는 이 범주에 굳이 그 구분을 다시 도입하려 한다. 나도 동의하긴 하지만, 그녀는 도움을 필요로 하는 사람에게 재화와 서비스를 공적으로 제공하는 대표적 사례인 경제 부정의를 위한 재분배 개선책이 부정의를 만드는 바로 그 조건을 변화시키지 않고 오히려 더 강화하는 경향이 있다고 굳게 믿는다. 그래서 그녀는 개선책들이 기본적인 경제 구조를 변혁시켜야 한다고 제안한다. "생산관계를 재구조화함으로써 이 개선책은 소비 몫의 최종 분배 상태를 바꿀 뿐 아니라 사회적 노동 분업, 나아가 모든 사람의 존재 조건을 변화시키고자 한다."[12] 프레이저는 이런 개선책을 '변혁적 재분배'로, 기본적 구조를 건드리지 않고 남겨 두는 '긍정적 재분배'와는 구별되는 것으로 구분한다. 그런데 왜 이 두 가지를 동일한 일반적 범주 아래에 두는 것인가? 이를테면 재화의 분배 패턴에 대한 사안과 노동 분업, 조직의 의사 결정 권력 사안 같은 정의에 관한 여러 쟁점을 구분해서 성찰할 수 있게 해주는 다차원적인 범주를 선택하지 않으려는 이유는 무엇인가?

이전에 나는 정의에 관한 여러 이론이 정의의 모든 쟁점을 분배로 잘못 몰아넣었고, 그에 따라 종종 부정의의 개선책을 재화의 재분배와 잘못 동일화했음을 드러내기 위해 그런 구분들이 필요하다는 이야기를 한 적이 있다. 나는 프레이저가 재분배에 관한 긍정적 개선책과 변혁적 개선책을 구분한 것과 동일한 이유로 이런 분배 패러다임을 비판하는 것이다. 최종 상태에서 분배는 대체로 투자, 생산의 조직, 가격 등에 관한 의사 결정 권력이나 노동 분업을 조정하는 사회적·경제적 구조에 뿌리내리고 있음을 강조하고 싶기 때문이다. 그리고 사회 제도적 정의를 평가하기

---

12 In this volume, pp. 30~31[이 책 53쪽].

위해 네 가지로 겹쳐지는 범주화를 제안한 것이다. 분명히 사회와 제도는 그것이 드러내는 자원과 재화의 분배 패턴에 따라 평가되어야 한다. 또한 사회와 제도는 노동 분업, 의사 결정 권력을 조직하는 방식, 그 사회와 제도의 문화적 의미가 모든 사회 구성원의 자기 존중과 자기 표현을 고양시키는지 여부에 따라 평가되어야 한다는 점도 빼놓을 수 없다.[13] 노동 분업의 구조와 의사 결정 권력의 구조는 문화적 의미로 환원될 수 없는 만큼이나 재화의 분배 차원으로도 환원될 수 없다. 이 둘은 서로 다른 사회적 위치에 놓인 행위자의 행동과 관계를 조건화하는 실천들을 포함하며, 서로 다른 사회적 위치는 소득·재화·서비스·자원이 분배되는 맥락과 맞물린다. 그러니 우리가 분석틀에서 분배, 노동 분업, 의사 결정 권력을 서로 구분해 놓으면, 나중에 가서 개선책이 '단지' 재분배적인 것인지 아니면 기본 구조를 변혁하는 것인지 사이의 혼돈을 해결할 필요가 아예 없는 것이다.

정의의 쟁점을 경제와 문화로 이분화하려는 프레이저의 욕망이 너무 극명한 범주들을 만들어 버린 셈이다. 더 다원적인 범주화를 고려하면 더 나은 행동을 이끌어 낼 수 있다. 왜냐하면 다원적인 범주화를 통해 어떻게 투쟁들이 서로 다른 종류의 목표와 정책을 지향하는지를 알게 되기 때문이다. 한 예로 분배에 관한 정의의 쟁점과 의사 결정 권력에 관한 정의의 쟁점을 구별하면, 환경 정의 투쟁이 그저 위험 지역 선정에 관한 재분배 쟁점만이 아니라 오히려 지역 선정에 관한 결정을 둘러싼 절차에도 관련되는 것임을 알 수 있게 된다.[14] 나아가 노동 분업의 변화는 단순히 업무의 '재분배'에 지나지 않는 것이 아니라(프레이저의 이분법에서

---

13 Young, *Justice and the Politics of Difference*, Chap. 1.

는 그렇다), 오히려 서로 다른 종류의 일이 갖는 문화적 의미와 가치를 재의미화하는 것으로 이어질 수 있다. 젠더 노동 분업을 그 예로 들 수 있다. 돌봄 노동의 우선적 책임을 지불 경제 밖에 놓인 여성에게 할당하는 젠더 분업은 돌봄 노동의 속성과 가치를 전폭적으로 인정하지 않으면 바뀔 수 없는 것이다.

이처럼 정의의 쟁점에 관한 다원적인 범주화를 통해, 공정한 제도들뿐만 아니라 이 제도들 사이에서 발생하는 모순을 구성하기 위해 결합되어야 하는 변수를 보다 더 분명히 파악할 수 있다. 다원적인 범주화는 재분배의 완전무결함을 흩뜨려 버리는 데 그치지 않는다. 그것은 이에 덧붙여 문화를 여러 변수 중 하나로 강등시켜, 사회 정의를 위한 분석에서 다른 변수들과 결합될 수 있도록 만들어 주는 역할을 할 수 있다.

4. 하나의 대안: 프레이저의 유물론적 문화 이론화

프레이저가 재분배와 인정의 이분법을 도입하는 이유는 다문화주의와 정체성 정치가 정치경제라는 쟁점을 무시하는 경향을 바로잡기 위해서다. 이런 설명이 때때로 들어맞기는 한다. 그렇지만 바로잡기 위한 개선책이 정치경제를 반대편의 문화와 대립시키는 방식은 아니라고 본다. 보다 적절한 이론적 개선책은 정의 쟁점을 인정과 정체성을 포함하는 것으로 개념화하는 것이다. 정의 쟁점은 필연적으로 물질적인 경제 자원이나 그 결과와 연관되기 때문에, 시장 동역학 혹은 경제적 착취나 박탈로 굳

---

14 Christian Hunold and Iris Marion Young, "Justice, Democracy, and Hazardous Siting", *Political Studies* 46: 1, 1998, pp. 82~95.

이 환원할 필요가 없는 것이다.

　내가 이해하는 한에서는 이 점이 그간 소위 '문화연구' 진영에서 가장 훌륭히 수행해 온 측면이다. 이들은 맑스주의자의 생각처럼 정치경제가 물질적이라는 점을 포기하지 않으면서 철두철미하게 문화임을 드러내고 싶어 했고, 또한 문학과 미술을 공부하는 학생들이 '문화'라고 부르는 것이 경제, 즉 상부구조의 기반으로서가 아니라, 계급 관계 재생산에 영향을 미치는 측면을 포함해 상부구조의 생산·분배·결과라는 의미에서 경제적인 것임을 드러내고 싶어 했다. 정치경제는 문화고 문화는 경제인 것이다.

　피에르 부르디외의 연구는 문화와 정치경제의 상호작용을 잘 드러내는 사례다. 그간의 연구를 통해 부르디외는 특권적인 경제 계층의 자리를 차지하거나 유지하기 위해서는 교육, 취향, 사회 연계망 같은 문화요인에 부분적으로 의존해야 한다는 점을 밝혔다. 그러나 이런 문화화 과정에 접근하는 데 결정적으로 중요한 것은 경제 자원과 이것이 가져다주는 경제적 편안함에 수반되는 상대적인 여유로움이다.[15] 아르투로 에스코바르 역시 훌륭한 책 『발전과의 조우』에서 비슷한 맥락을 언급한다. 에스코바르는 억압받는 농민들이 자원에 대한 접근을 놓고 벌이는 투쟁에서 문화와 물질적 생존이라는 쟁점의 상호작용을 언급한다. 많은 라틴

15　Pierre Bourdieu, *Distinction: A Social Critique of the Judgement of Taste*, trans. Richard Nice, Cambridge, MA: Harvard University Press, 1979[『구별 짓기』, 최종철 옮김, 새물결, 2005] 참조. 또한 Bourdieu, "What Makes a Social Class?: On The Theoretical and Practical Existence Of Groups", *Berkeley Journal of Sociology* 32, 1988, pp. 1~18; Craig Calhoun, *Critical Social Theory: Culture, History, and the Challenge of Difference*, Oxford: Blackwell, 1995, Chap. 5 참조.

아메리카 농민은 토착 문화를 기반으로 하고 있기 때문에 지배적인 라틴 문화에 의해 문화를 말살당한 적도 없고 동화되지도 않았다. 이 농민들은 억압적인 정부와 국제 거대 금융에 맞서 그저 최소한의 인간다운 삶을 위해 투쟁하는 것이다. 그런데 에스코바르는 이런 농민들의 저항이 "토지와 생활 조건에 대한 투쟁 그 이상을 반영한다"고 설명한다. 그리고 "이는 무엇보다 상징과 의미에 관한 문화 투쟁"이라고 지적한다.[16] 라틴 아메리카 농민은 세계은행 대표단, 지역의 정부 관료, 선의의 NGO 지도 자들에 맞서 정치경제에서의 가장 기본적인 개념들, 즉 토지, 천연자원, 재산, 도구, 노동, 건강, 먹거리 등에 대한 문화 해석을 둘러싼 투쟁을 벌이고 있는 것이다. 우리는 이 주장이 정치경제학을 문화로 '환원'시킨다고 잘못 해석해서는 안 된다. 반대로 문화적 의미와 정체성에 대한 투쟁이 삶과 죽음이라는 결과와 맞물려 있는 것으로 보아야 한다.

> 재현과 문화적 긍정을 위한 투쟁은 국지적, 지역적, 전 지구적인 정치경제 조건을 둘러싼 착취나 지배에 맞선 투쟁과 결합해 수행되어야 한다. 두 프로젝트는 하나이며 똑같다. 자본주의 체제는 사회적인 가치를 갖는 정체성 형식들의 재생산을 잠식한다. 개발 프로젝트는 존재하는 문화 관행을 파괴하는 방식으로 문화적 긍정에 필수적인 요소들을 괴멸시킨다.[17]

---

16 Arturo Escobar, *Encountering Development: The Making and Unmaking of the Third World*, Princeton: Princeton University Press, 1995, p. 168.

17 *Ibid.*, pp. 170~171.

이 같은 유물론적 문화-정치 이론을 고려함으로써 필요에 부응하는 경제 체계라는 단순해 보이는 사안이 갖는 문제를 되짚어 볼 수 있다. 아마티아 센을 인용해서 표현하면 이렇다. 평등을 요구할 때 우리는 무엇이 평등해져야 하는지를 물어야 한다.[18] 유물론적 문화 접근은 필요가 어떤 목적 때문에 누가 필요한 것인지에 대해 규정할 권한을 누가 가질지를 둘러싼 정치 투쟁 속에서 맥락화되어 있음을 이해하는 것이다. 이 접근은 낸시 프레이저 본인이 이전에 작성한 「필요에 대한 투쟁」이라는 글에서 채택한 입장이기도 하다. 이 글에서 프레이저는 필요가 언제나 투쟁과 해석에 종속된다고 설파한다. 그리고 서로 투쟁하는 집단들 간의 불평등은 물질 자원과 담론 자원에 대한 접근에 의해 동시적으로 구조화된다고 설명한다. "필요에 관한 논의는, 특히 담론적·비담론적 자원을 서로 불평등하게 갖고 있는 집단들이 정당한 사회적 필요에 대한 각자의 해석적인 헤게모니를 차지하려 할 때 투쟁의 영역으로 나타난다."[19] 유물론적 문화 분석을 기반으로 하면 부당한 사회적·경제적 불평등의 상황에서 공식 여론의 의사소통 동원력이 종종 사회적·경제적 불평등을 반영하며 재생산한다는 것을 파악할 수 있다. 또 다른 이전 글에서 프레이저는 경제적 하위 집단이 기댈 최선의 수단은 하위 주체subaltern의 대항-여론을 형성하는 것이라고 논의하기도 했다. 이를테면 "하위 사회 집단의 구성

---

18 「재분배에서 인정으로?」에서 프레이저는 센을 순수 정치경제학 이론가로 잘못 설정하고 있다. 사실 센은 문화적 의미의 다양한 편차와 그것이 인간의 필요에 갖는 함의에 대해, 그리고 재화와 사회적 네트워크 속에서 사람들의 필요가 충족되는 것의 문화적 의미에 대해서도 날카로울 정도로 예민하다. Amartya Sen, *Inequality Reexamined*, Cambridge, MA: Harvard University Press, 1992[『불평등의 재검토』, 이상호 외 옮김, 한울, 2008] 참조.
19 Fraser, "Struggle over Needs: Outline of a Socialist-Feminist Critical Theory of Late Capitalist Political Culture", in *Unruly Practices*, p. 116.

원들이 대항-담론을 만들고 유포시킴으로써 정체성·이해관계·필요에 대한 대항적 해석을 만들 수 있는 담론 영역"을 만드는 것이다.[20] 이 글에서 프레이저는 억압에 맞서는 어떤 투쟁도 동시적으로 문화 지배와 경제 지배에 대항하는 투쟁이라고 제안했다. 하위 집단의 문화 스타일은 평가 절하되고 묵과되며, 부르주아적 공공 영역의 정치경제는 하위 집단이 물질적 수단에 동등하게 접근할 평등한 기회를 갖지 못하게 만들어 버리기 때문이다.

이렇게 볼 때 「재분배에서 인정으로?」를 쓰던 당시의 프레이저는 내가 지금 인용한 적어도 세 개의 논문에서 드러나는 프레이저와는 상당히 반대되는 것 같다. 이전에 낸시 프레이저는 집단 정체성의 담론적인 문화적 과정과 그 집단 자신의 필요 및 이해관계를 경제 구조의 변화를 이끌기 위한 정치적 맥락의 과정으로 이론화했다. 반면 최근에 그녀는 문화를 경제로부터 분리하고, 부정의에 맞서는 운동에서 이 둘이 서로를 밀어내는 경향이 있다고 주장하고 있는 것이다. 나는 후기 프레이저에 비해 초기 프레이저의 입장을 더 추천하려고 한다. 초기의 글들은 인정 정치를 물질적·사회적·경제적 평등과 복지라는 목적을 향한 투쟁의 수단으로 고려한다. 그러나 최근 프레이저의 논문들은 대부분 인정 그 자체를 하나의 목적으로 간주하면서 인정을 재분배와 정치적으로 단절된 것으로 다루려고 한다.

---

20 Fraser, "Rethinking the Public Sphere: A Contribution to the Critique of Actually Existing Democracy", in Craig Calhoun ed., *Habermas and the Public Sphere*, Cambridge, MA: MIT Press, 1992, p. 123.

5. 재분배를 위한 인정

프레이저는 다문화주의와 정체성 정치에 대한 비판을 통해 인정 정치가 마치 하위 집단들의 운동에서 그 자체 목표인 것처럼 서술한다. 때에 따라 이는 사실이기도 하다. 찰스 테일러는 퀘벡인들의 분리주의 운동을 차이의 정치의 한 사례로 언급한다. 이 운동은 퀘벡인을 하나의 구분된 집단으로 인정하는 것 자체를 정치적 목표로 하기 때문인데, 다른 민족주의 운동에서도 상황이 비슷할 때가 있다. 조금 다른 맥락의 사례로 교육에서의 다문화주의를 들 수 있는데, 이 경우 기존에 배제당한 집단에 대한 관심과 인정이 때로 그 자체의 목표가 되기도 한다.

인정 자체가 정치적 목표가 되는 경우에 인정은 경제적인 분배나 노동 분업 쟁점과 대체로 단절된다. 나 역시 인정에 대한 정치적 초점이 착취, 박탈 혹은 노동 통제와 같은 부정의와 단절되는 것이 문제라는 프레이저의 의견에 동의한다. 그러나 개선책은 정치경제 쟁점을 인정 쟁점과 재결합하는 데서 찾을 수 있다. 우리는 인정이 어떻게 경제적·정치적 평등을 위한 수단이자 요소가 될 수 있는지를 밝혀야 하는 것이다.

「재분배에서 인정으로?」에서 프레이저는 이와 반대 방향으로 나아간다. 프레이저는 집단에 기반하여 문화적 특수성과 인정을 요구하는 모든 사례에서 인정 그 자체가 목표가 되는 것처럼 간주한다. 그러나 그녀가 가장 관심을 갖는 운동들, 이를테면 여성 운동, 유색인 운동, 게이와 레즈비언 운동, 빈민 운동, 노동 계급 운동 등에서조차도 인정 정치는 유독 정의 하나만을 목표로 지향하기보다 오히려 폭넓은 사회적·경제적 평등이라는 목표를 위한 수단이자 요소로 작동한다.

프레이저는 게이와 레즈비언의 해방을 인정 정치에서의 '순수' 사례로 상정한다. 이 이념형에서 게이 남성과 레즈비언에 대한 부정의의 '뿌리'는 전적으로 문화적이다. 게이와 레즈비언은 이성애 중심주의와 동성애 혐오라는 문화적 구성에 기인하는 부정의로 고통받는다. 게이나 레즈비언을 혐오스럽고 부자연스럽게 그리는 이미지는 분배 결과에도 영향을 미친다. 그러나 억압의 뿌리가 문화이기 때문에 개선책도 문화적이어야 한다. 즉 게이와 레즈비언의 생활 양식과 일상을 정상적이고 가치 있는 것으로 인정하고 이런 실천과 더불어 살아가는 사람들에게도 동등한 정도의 존중이 주어져야 하는 것이다.

논쟁을 이어 가면 역사적으로 대체로 결혼이 경제 제도였다는 점까지 이를 수 있지만, 나는 여기서 이성애 중심주의와 동성애 혐오가 문화적이라는 주장을 일일이 다 논박하지는 않으려고 한다. 그러나 아무리 이념형이라고 해도 섹슈얼리티와 관련된 억압이 순수하게 문화적이라고 주장하면 섹슈얼리티 때문에 억압받는 사람들의 정치는 사소한 것으로 치부될 수밖에 없다. 이성애 중심주의의 '뿌리'가 무엇이든 간에, 이 뿌리를 다층적인 것으로 이론화하는 내 입장에서 이런 해악은 문제가 될 수밖에 없다. 왜냐하면 이성애 매트릭스에서 그릇된 편wrong side에 속한다고 간주되는 사람들은 누려야 할 자유를 제도적으로 제약당하고, 상시적으로 학대·폭력·죽음을 경험하며, 자원과 기회의 측면에서도 부당한 대우를 받기 때문이다. 게이, 레즈비언, 트랜스섹슈얼, 퀴어 활동가의 우선적인 정치 목표는 물질적·경제적·정치적 평등이다. 이를테면 고용과 주거, 의료보험에서 차별을 받지 않고, 경찰이나 법정에서 동등한 보호를 받으며, 파트너에 대해서나 아이를 양육하는 데서도 동등한 자유를 누릴 권리인 것이다. 이런 경우에 불평등의 원천은 이성애 규범을 위반하는 사람을 사회의 악처럼 가시화하는 문화적 이미지이고 이 때문에 차이의 정치는 동등한 보호와 동등한 기회라는 물질적 목표를 획득하기 위한 주요 수단이 된다. 그 예로 섹슈얼리티의 가능성들에 대한 긍정적이고 활기찬 이미지들은 정상과 일탈로 획일화하는 구조를 무너뜨리고자 하는 것으로, 존중과 자유를 위한 필요조건인 것이다.

나는 지금까지 정치경제와 문화, 재분배와 인정을 양극화하는 것이 사회 현실이나 정치의 다중성과 복합성을 왜곡시킨다고 이야기했다. 인종차별에 반대하는 정치, 페미니스트 정치에 대한 프레이저의 설명이 바로 이런 왜곡의 사례가 된다. 프레이저는 인종과 젠더를 집단성에 대한 '딜레마'로 양식화한다. 인종과 젠더 부정의는 분석적으로 구분되는 두 가지 억압 양식, 즉 분배 부정의와 인정 결핍이 변증법적으로 결합되어 만들어진 것이다. 따라서 이에 대한 개선책도 서로 구분되는 두 가지, 즉 재분배와 인정이 되어야 하는 것이다. 그런데 프레이저에 따르면 두 형태의 개선책은 종종 서로 모순된다. 여성 혹은 유색인의 재분배 정의를 위한 변혁적 목표는 노동 분업의 구조를 제거하는 것과 맞물린다. 즉 평가절하된 특정한 노동을 백인 여성과 유색인종에게 할당하면서 이들(특히 유색인종)을 '산업 예비군'이라는 주변화된 하층 계급으로 만드는 구조를 제거하는 것과 맞물린다. 젠더와 인종이 이처럼 노동 분업과 구조적 주변화에 의해 규정되는 한, 재분배의 목표는 억압받는 젠더나 인종이라는 집단을 제거하는 것이 되어야 한다. 노동 계급 운동의 목표가 하나의 집단으로서 프롤레타리아트를 제거하는 것과 마찬가지인 것이다.

그러나 프레이저에게 인정 정치는 젠더나 인종에 적용되면 다른 방향으로 나아간다. 이 경우 문화 정치의 목표는 여성, 혹은 아프리카계 미국인, 멕시코계 미국인, 나바호족이라는 특정한 차이를 긍정하면서 여성의 관계 지향성에 관한 자존감을 계발하거나 음악적·종교적·스토리텔

링적 전통에 기반한 도덕적 자질을 함양하는 것이 된다. 따라서 이때 인정 정치는 그 집단 그 자체를 선으로 긍정하는 것이 되며, 재분배라는 변혁적 목표와 모순되어 그 목표를 잠식하게 되는 것이다.

유색인이 적어도 두 가지 종류의 분석적으로 구분되는 부정의에 시달리고 있는 한, 유색인들은 적어도 두 가지 종류의 분석적으로 구분되는 개선책을 요구할 수밖에 없다. 그러나 양자를 동시에 추구하기는 쉽지 않다. 재분배 논리가 '인종'을 폐기하는 데 있다면 인정 논리는 집단 특수성의 가치를 인정하는 데 있다.……그렇다면 어떻게 인종차별 반대자는 '인종'을 폐기하면서 동시에 인종화된 집단 특수성의 가치를 인정하는 방식으로 투쟁할 수 있는가?[21]

이렇게 프레이저는 복잡다단한 현실에 이분법적 범주를 들이대고 이를 통해 아무 곳에도 존재하지 않는 모순을 찾으려고 한다. 프레이저는 유색인의 문화적인 긍정 운동은 '인종'을 없애기 위해 '인종'을 긍정한다고 주장한다. 그러나 이는 대부분의 흑인 문화 정치에 대한 왜곡이다. 이를테면 아프리카계 미국인이나 미국 선주민 혹은 북아프리카의 무슬림 이주민의 문화적·사회적 특수성을 긍정하는 것은 이 집단들을 '인종차별적'으로 구조화하려는 것에 종지부를 찍기 위함이다. 이들이 문화 특수성을 긍정하는 이유는 '인종'에 깔린 본질주의를 부정하고 스테레오타입을 통해 비하되는 것에 맞서 집단 구성원 간의 연대를 고무하기 위해서다. 프레이저의 입장은 인종차별에 반대하는 정치와 대립각을 세우

---

21 In this volume, p. 27[이 책 48쪽].

는 보수주의 입장과 비슷해 보인다. 보수주의자들은 연대와 세력화를 위해 억압받는 유색인의 특정한 경제적·정치적·문화적 제도화를 긍정하는 것을 백인을 배제하는 인종차별적 제도로 간주한다.

6. 물질적인 것과 문화적인 것의 뒤얽힘

나아가 프레이저는 이 운동들이 내적으로 모순된다고 말한다. 이들이 주장하는 인정 정치가 그 자체를 목표로 하기 때문이라며 말이다. 유색인의 문화 긍정 운동의 일부 저술이나 활동에서 문화 세력화와 인정 자체가 해방의 대의가 되는 경우도 있다는 점은 사실일 것이다. 그러나 유색인의 문화 자존감이나 정체성을 긍정하려는 사람들은 이런 인정을 경제 정의와 사회 평등을 위한 하나의 수단으로 이해한다. 문화적 맥락에서 아프리카계 미국인을 위한 학교나 대학을 지지하는 대부분의 사람은 다음과 같은 믿음을 갖고 있다. 이 학교를 통해 젊은 아프리카계 미국인이 백인 사회에 맞설 수 있는 기술과 자신감을 기르고, 이들이 집단적으로 사회 분위기를 바꿔 아프리카계 미국인의 성공이 사회에서 더 환대받을 수 있게 된다고 믿는 것이다.

또 다른 사례로 자신들이 문화적으로 구별되는 인정 자체를 분명한 목표로 삼는 토착민의 운동도 고려할 수 있다. 이들에게 이런 인정은 경제 발전을 위한 중요한 수단이기도 하다. 이들은 집단적으로 발전하고 이를 통해 힘을 키워 백인의 식민지 착취를 재분배할 경제 기반을 만들기 위해 토지에 대한 권리를 주장한다. 또한 많은 사람은 전통적인 토착 문화의 가치를 회복시킴으로써 경제적 상호 관계 형식과 자연보호에 대한 비전을 찾을 수 있고, 이런 것들이 제도화되어 감에 따라 자본주의에 맞설 변혁적 가능성이 생길 수 있다고 믿고 있다.

내적 모순에 대한 프레이저의 논의는 젠더 억압에 맞선 투쟁의 측면에서 더 강조된다. '평등 대 차이'라는 저 악명 높은 논쟁은 말 그대로 페미니스트 정치에서 진짜 딜레마로 이어지고 있다. 이를테면 페미니스트들은 건강보험 혜택, 휴가, 승진 기준, 노동 시간의 분배라는 쟁점에서 젠더를 고려하지 않는 고용주들의 정책을 긍정해야 할까? 아니면 공정한 할당을 위해 수많은 여성이 우선적으로 아이나 노인 친척을 돌볼 책임을 져야 하는 위치에 있음을 고용주들이 분명하게 고려해야 한다고 요구해야 할까? 후자의 전략을 선택하면 성적 노동 분업을 공고히 할 위험이 있다. 그래서 대부분의 페미니스트는 이 전략이 부정의하며 따라서 근절되어야 한다고 주장한다. 그렇다면 전자를 택하면 어떤가? 그렇게 되면 고용주들은 평등이라는 미명하에 남성에 대한 특권화를 유지할 것이다.

하지만 이런 페미니스트의 딜레마는 재분배 전략과 인정 전략 사이에서 진행되는 것이 아니다. 오히려 딜레마는 두 개의 서로 다른 재분배 전략 사이에서 발생한다. 심지어 프레이저의 기준에 따르면 둘째 전략이 더 변혁적인 가능성을 가질 수 있다. 왜냐하면 첫째 전략이 구조를 고려하지 않는 데 비해 둘째 전략은 젠더화된 노동 분업을 분명하게 고려하기 때문이다. 그러나 이유가 어떻든 페미니즘적 인정 정치 입장이 어떻게 페미니즘적 재분배 정치에 "맞서서 서로를 밀어내고" 있는 것인지는 잘 이해되지 않는다. 여성을 폭력의 피해자로 격하시키는 여성 혐오를 없애기 위해서는 특수하게 젠더화된 여성이라는 인간성을 긍정하는 것이 포함되어야 하는데, 이는 여성의 대한 경제적 재평가에도 기여할 것이다. 더 나아가 노동 시장 밖에서 여성이 수행하는 일의 규범적·인간적 가치를 긍정하는 것은 재분배의 재구조화에 기여할 것이고, 이에 따라 시장과 사회 정책에서 가려진 사회 비용도 고려될 수 있다.

페미니스트들은 이 쟁점을 대항-여론으로 논의한다. 대항-여론은 각자의 경험을 토대로 자신의 목소리를 내면서도 이를 통해 서로를 위할 수 있도록 고무한다. 대항-여론은 여성의 관심사를 무시하거나 왜곡하는 보다 큰 대중을 향해 목소리를 낼 수 있기를 상상하며 그런 이해관계를 만들어 간다. 이렇게 연대를 만들어 가는 정체성 정치에서 여성은 공통의 문화나 관심사를 가진 존재로 환원될 필요가 없다. 일부 페미니즘 담론에서는 '여성의 문화'를 구성하고 칭송하는 것 자체가 목적이 되기도 한다. 그러나 더 많은 경우에 주된 초점은 경제적·정치적 기회에 대한 투쟁의 맥락 속에서 만들어지는 젠더 특화된 경험과 입장으로 모아진다.

그러니 결론은 이렇게 된다. 프레이저는 문화적 특수성이라는 인정을 위한 투쟁과 경제 구조의 급진적 변혁을 위한 투쟁을 서로 모순되는 것으로 개념화하는 잘못을 범한 것이다. 집단의 문화를 훼손하는 것이 구조적인 경제 억압을 만들고 이를 더 강화하는 것으로 이어지는 한, 두 가지 투쟁은 연속적일 수밖에 없다. 차이의 정치가 물질적 억압과 박탈을 양산하는 문화를 단절시키고 문화적 표현 자체만을 목표로 하게 되면, 그때 그 정치는 억압과 해방의 복잡다단한 사회적 연결 고리를 애매모호하게 만들어 버리는 것이 된다. 이를테면 무슬림 집단이 소녀들이 베일을 쓰고 학교에 등교할 자유를 누리는 것에만 초점을 맞추고, 아메리카 선주민들이 종교적 자유와 문화적 자산을 회복하는 투쟁만 벌인다면 이들의 정치는 피상적인 데 그칠 것이다. 그러나 문화적으로 다르다는 이유로 사람들이 물질적으로 불이익을 받거나 박탈당해서는 안 된다는 보다 큰 맥락을 고려하게 되면, 피상적으로 보이던 쟁점들조차 급진적인 것이 될 수 있다.

7. 결론

급진주의자들이 노동 분업, 자원에 대한 접근, 필요의 충족과 같은 물질적 쟁점과 이러한 물질적 안정이라는 조건 속에서 누구나 자유롭게 자신의 소질을 계발하고 익히면서 다른 사람과 협력하며 자신을 표현할 수 있는 사회를 위한 사회 변혁에 관심을 새롭게 기울여야 한다는 프레이저의 주장은 옳다. 그러나 재분배와 인정을 대립항으로 놓는 그녀의 양극화는 그 정도를 과장해서 인정을 요구하는 일부 집단이나 운동에서 이런 쟁점 자체가 무시되는 것처럼 치부하고 있다. 그런 경향이 있음을 나도 인정한다. 그렇기 때문에 둘 사이의 이분법을 공고히 하는 것이 아니라, 상징과 담론이라는 쟁점을 노동의 물질적 조직, 자원에 대한 접근, 의사 결정 권력에서의 결과들과 다시 연결시켜야 치유가 가능하다. 그래서 나는 부정의와 억압의 개념을 다원화함으로써 문화가 다른 것들과 서로 상호작용하는 몇 가지 투쟁의 영역 중 하나가 될 수 있도록 하는 더 나은 이론적 접근법을 제안하는 것이다.

프레이저는 인정을 재분배만큼 가치 있는 것으로 주장하려고 한다. 그러나 자신이 긍정적 인정 정치로 명명하는 것에 대한 그녀의 비평은 이른바 정체성 정치에 대한 최근의 다른 좌파들의 비평과 별로 다르지 않아 보인다. 이 설명에 따르면 지난 20여 년간 진보 진영에 영향을 미친 차이의 정치는 크나큰 과실이었다. 즉 페미니스트, 게이와 레즈비언, 아프리카계 미국인, 미국 선주민 등의 여러 운동은 분열을 낳고 반발을 초래해 경제 권력에 맞서야 하는 급진 정치의 진로를 우회시켰다.[22]

그러나 자본주의적 헤게모니가 '가족 가치' 담론에 의해 지탱되고, 적극적 조치affirmative action, 재생산 권리, 유색인을 위한 투표권, 토착민 주권 등이 모두 심각한 공격을 받고 있을 때, 젠더 혹은 인종에 특화된 투쟁들이 분열을 조장한다거나 그저 개량주의에 불과하다고 말한다고 해서 연대가 촉진되는 것은 아니다. 오히려 그렇게 할수록 우파적 의제들이 고무되고 경제적으로 가장 불이익을 받는 집단 일부는 더 주변화될 뿐이다. 반자본주의적이며 진보적인 운동이 강력해지려면 연합 정치 coalition politics가 필요하다. 연합 정치는 사람들이 경험하는 억압의 속성에 차이가 있음을 인정하는 것이며 문화적으로 특수한 이 네트워크들과 조직들을 긍정하는 것이다.

프레이저가 제시하는 정치적 목표와 원칙이 담긴 세계는 기이하게도 행동에 대해서는 텅 비어 있다. 프레이저는 문화와 정체성에 대해 '긍정적' 접근보다 '해체주의적' 접근을 요청하고 있다. 그런데 나로서는 이것이 현장의 활동에 어떤 의미가 있는지 잘 와닿지 않는다. 멕시코 정부에 도전하는 사파티스타 봉기를 필두로 어업권을 위한 오지브와족 Ojibwa의 권리 옹호, 거주지에 은행 투자를 유치하기 위한 아프리카계 미국인 지도자들의 요구, 노동당을 만들고자 하는 노동조합원들의 노력, 가정 폭력을 당한 여성을 위한 쉼터 제공 등에 이르기까지 저항은 여러 영역에서 나타나고 있으며, 집단에 이름을 붙이지 않거나 그 집단의 본질을 긍정하지 않는 경우도 많다. 이런 대부분의 투쟁은 자기의식적으로 문화적 인정과 경제적 박탈이라는 쟁점을 개입시킨다. 그러나 그렇다고 해서 그것을 총체적인 목표로 만드는 것은 아니다. 이 중 어느 것도 그 자체로는 '변혁적'이지 않다. 그러나 이 투쟁들이 서로 연결되면 그 저항은

---

22 James Weinstein, report on independent politics, *In These Times*, February 18, 1996, pp. 18~21; Gitlin, *Twilight of Common Dreams* 참조.

철저하게 전복적인 것이 될 수 있다. 연합 정치는 다음의 조건하에서만 건설되고 유지될 수 있다. 즉 각 집단이 다른 집단의 특수한 관점과 상황을 인정하며 존중할 때, 그리고 이를 통해 대항-여론이 유동적으로 서로 활동을 넓혀 갈 때 가능하다. 내 생각에 이런 연합 정치가 문화와 경제를 반대되는 것으로 놓는 이론적 틀을 통해 촉진될 것 같지는 않다.

7장

폴리안나 원칙[1]에 반대하며
아이리스 매리언 영에 대한 답변

낸시 프레이저

아이리스 매리언 영과 나는 서로 다른 세상에 사는 것 같다. 영의 세상에는 사회 좌파와 문화 좌파 사이에 어떤 구분도 없다. 문화 정치 지지자들은 사회 정치 지지자들과 협력적으로 일하면서 차이의 인정에 대한 요구와 부의 재분배에 대한 요구를 연결하고 있다. 실제로 정체성 정치를 실천하는 어느 누구도 본질주의적이지 않으며 심지어 권위주의적이지도, 호전적이지도 않다. 차이의 인정이라는 요구 그 자체를 궁극의 최종 목표로 주장하는 경우는 매우 드물며, 모두가 이행기 사회주의적 요구를 내걸고 있다. 그러므로 영에 따르면 내 글을 통해 소개되는 분리는 내 상상력에 기반한, 나만의 '이분법적 틀'이라는 가공물에 불과한 것이 되는 셈이다.

그런데 요상하게 주술을 부려 이런 분리를 만든 것은 물론 내가 아니다. '포스트사회주의' 정치 문화가 이런 분리를 만든 것이다. 백만 명의

---

1 Pollyannaism. 과거의 좋은 점만 기억하고 싶어 하는 사람들의 심리를 설명하는 원칙.—옮긴이

흑인 남성이 벌인 워싱턴 행진에서 단 하나의 사회경제적 요구도 제기되지 않은 것은 내가 빚어낸 상상이 아니다. 미국의 사회 좌파들이 『사회 텍스트』Social Text라는 장난질, 즉 문화연구의 '사이비 좌파주의'를 불신할 의도로 상황을 만들어 그 속에서 많은 사람이 회심의 미소를 지었던 현실 역시 내가 가공한 상상이 아니다. 내가 한 것은 이미 존재하는 계급 정치와 정체성 정치 간의 균열, 즉 사회주의 혹은 사회민주주의 정치와 다문화주의 정치 사이의 분열을 분석하는 틀의 구성이었다. 나는 이 균열이 잘못된 안티테제 때문임을 드러내려고 했다. '포스트사회주의' 이데올로기하에서 우리는 사회 정치와 문화 정치 사이에서, 재분배와 인정 사이에서 둘 중 하나를 선택해야 하는 상황을 현실에서는 마주하지 않는다. 원칙적으로는 두 가지 모두를 갖추는 것이 가능하기 때문이다.

내 논문이 언급하는 맥락을 상기해 보길 바란다. 점증하는 시장화와 더불어 전 세계적으로 불평등이 급증하고 있다. 사회주의적 이념들은 점점 더 정당성을 잃어 가고 있다. 차이의 인정에 대한 주장이 점점 현저하게 가시화되는 상황이고, 그에 비해 평등한 재분배를 위한 주장은 상대적으로 쇠퇴하는 분위기이며, 사회 좌파로부터 문화 좌파들이 떨어져 나오고 있다. 그리고 이러한 상황에서 현 질서에 대한 포괄적인 대안이라는 신뢰할 만한 어떤 전망도 존재하지 않는다. 이에 대한 나의 진단은 토드 기틀린Todd Gitlin과 제임스 와인스테인James Weinstein, 그리고 이들과 상반된다는 영의 입장과도 다르다. 즉 좌파의 균열은 한편의 계급 투쟁과 다른 한편의 젠더, '인종', 성적 투쟁 사이에 있지 **않다**. 오히려 균열은 이런 운동들을 가로지르며 진행되고 있다. 각각의 운동은 이미 문화적 흐름과 사회적 흐름으로, 재분배를 지향하는 흐름과 인정을 지향하는 흐름으로 분할되어 있다. 게다가 내가 진단한 바에 따르면 이런 균열은 진정한 안티테제를 반영하지도 못하고 있다. 오히려 원칙상으로 가능한 것은 해방적 인정 정치와 평등주의적 재분배 정치를 결합하는 것이다.

따라서 문화와 정치경제를 이분화하기는커녕, 오히려 나는 '포스트 사회주의' 이데올로기 속에서 이들이 서로에게서 떨어져 나가는 현황을 진단한 것이다. 정체성 정치에 계급 정치를 대립시켜 그 승리를 주장하기는커녕, 오히려 나는 그 둘 사이에서 어느 하나를 선택해야 한다는 주장을 반박한 것이다. 존재하지도 않는 모순들을 가공해 내기는커녕, 오히려 나는 이미 존재하는 정치적 구분을 초월하는 틀을 만든 것이다. 성차별주의, 인종차별주의, 이성애 중심주의에 맞선 운동들을 쓰레기 취급하기는커녕, 오히려 나는 이 운동들 속에서 변혁적 흐름과 긍정적 흐름을 구별하려고 한 것이다. 그렇게 해야 재분배와 인정을 위한 요구가 서로 어우러지며 하나의 포괄적인 정치 프로젝트 속에 통합될 수 있다고 판단했기 때문이다.

그러나 영은 체계적으로 내 주장을 왜곡하고 있다. 분석적이기보다는 어떤 의도를 가진 것처럼 보이는 토론을 통해 영은 분석의 세 가지 서로 다른 수준, 즉 철학적·사회-이론적·정치적 수준을 뒤섞어 버렸다.

철학적 수준에서 내 논의의 시작점은 정의에 관한 서로 구분되는 두 가지 패러다임의 분리이다. 그 하나인 분배 패러다임은 적어도 지난 150여 년간 정의를 분석하는 주된 접근법으로 자리 잡아 온 것이다. 특히 1970~1980년대에 분배 패러다임은 강도 높으면서도 뛰어난 철학적 세련화 과정을 거쳤다. 이와 반대로 보다 최근에 생겨난 또 다른 패러다임은 인정이라는 규범적 개념에 집중된다. 이 패러다임은 1980~1990년대 인정 정치에 반응하면서 악셀 호네트와 찰스 테일러 같은 철학자들이 발전시킨 것이다. 두 패러다임은 규범적으로 강력한 영향력을 발휘하고 있다. 각각은 정의의 중요한 측면을 규명하고 자신의 도덕적 힘을 설명하는 데 모두 성공을 거두었다. 그러나 이 두 정의 패러다임은 서로 소통하지 않고 있다. 이 둘은 오늘날의 도덕철학에서 서로 분리되어 있기에 절합될 필요가 있는 것이다.

영의 주장과 반대로 내가 이 패러다임들을 고안한 것이 아니다. 더욱이 이런 균열을 일부러 조장하지도 않았다. 더군다나 정의론이 "두 개의 서로 배타적인 범주"로 분리되어야 한다고 내가 주장했다는 것은 더더욱 말도 되지 않는다. 오히려 나는 어떻게 우리가 이 둘 사이의 관계를 이해해야 하는가라는 철학적 질문을 던진 것이다. 이 중 하나의 패러다임이 개념적으로 다른 것으로 환원될 가능성도 있을 수 있다. 그러나 어느 누구도 이를 시도하지 않았고, 사실상 그렇게 할 수 있을지에 대해서는 나도 회의적이다. 이 방법을 제외하면 만족할 만한 철학적 접근은 보다 일반적이고 포괄적인 정의 개념을 개발하는 것이 될 것이다. 그러면 그 개념은 재분배와 인정을 포함하게 될 것이다. 내가 『뉴 레프트 리뷰』*New Left Review*에 발표한 글에서 시도한 것이 바로 이런 접근법이다.[2]

사회-이론적 수준을 살펴보자. 나는 정치경제의 물질적 과정을 문화의 상징적 과정과 "전적으로 상반되는" 것으로 서술한 적이 없다. 오히려 나는 우리가 속한 자본주의 사회 구성체에서 이야기를 시작했을 뿐이

---

2 이 접근에 대한 보다 정교한 설명으로는 Nancy Fraser, "Social Justice in the Age of Identity Politics: Redistribution, Recognition, and Participation", in Nancy Fraser & Axel Honneth, *Redistribution or Recognition?: A Political-Philosophical Exchange*, trans. Joel Golb, James Ingram and Christiane Wilke, London: Verso, 2003[「정체성 정치 시대의 사회 정의: 분배, 인정, 참여」, 『분배냐 인정이냐?: 정치철학적 논쟁』, 김원식·문성훈 옮김, 사월의책, 2014] 참조.

다. 즉 문화로 불리는 부분, 그리고 보다 폭넓게 칼 폴라니가 '사회'로 명명한 부분과 구별해서 경제 영역이나 제도가 특화되는 사회 구성체를 설명한 것이다. 이 사회 구성체를 설명하기 위해서는 자본주의의 경제/문화 분화라는 역사적 사실에 대해서뿐만 아니라 이들이 서로 철저하게 상호 침투하고 있는 근저의 현실에 대해서도 고려해야 한다. 그래서 설명을 제대로 하기 위해 나는 특정한 (분석적) 외양을 빌려 문화/경제 구분을 적용한 것이다. 영의 주장과 반대로 나는 두 개의 실체적인 제도적 영역으로서 경제와 문화를 구분해 경제에 재분배를, 문화에 인정을 할당한 것이 아니다. 오히려 나는 두 개의 분석적 관점을 구별해 어느 영역에나 적용될 수 있도록 다듬어 본 것이다. 문화와 경제가 두 개의 서로 분리되며 단절된 영역이라는 관점을 반박하기 위해 나는 문화 요구와 경제 요구가 의도하지 않은 결과를 더듬어 둘 사이의 상호 침투를 밝힌 것이다. 내 글의 취지는 문화 요구가 재분배적 함의를 갖고 있고 경제 요구 역시 인정이라는 숨겨진 의미를 갖고 있다는 점과 우리가 무모하게도 이 둘이 서로를 침범하고 있는 상황을 무시하고 있다는 점을 밝히는 것이었다. 따라서 영이 '이분법'이라고 명명한 것은 실제로는 **'이원적 관점'** perspectival duality이라고 해야 옳을 것이다.[3]

또한 이 접근이 하버마스에 대한 1985년 글을 비롯해서 내가 이전부터 시도한 작업과 일관된다는 점도 강조하고 싶다. 당시 나는 실질적인 제도적 구분(체계와 생활 세계)으로 제시된 것을 받아들이면서 이를 관

---

3 보다 상세한 설명은 Fraser, "Social Justice in the Age of Identity Politics", in Fraser & Honneth, *Redistribution or Recognition?*「정체성 정치 시대의 사회 정의」, 『분배냐 인정이냐?』] 참조.

점들의 분석적 구분(체계적 관점과 생활 세계 관점)으로 재해석했다. 영의 주장과 반대로 나는 그 구분을 단순하게 거부한 것이 아니며, 동시에 이 분법적 사고방식 일반을 비판한 것도 아니다. 오히려 나는 중요한 분석적인 방법론적 구분과 실질적인 제도적 구분을 혼용하는 것을 비판한 것이다(말이 나온 김에 군이 언급하자면, 동일한 이원적 관점이『뉴 레프트 리뷰』에 발표한 내 글에서 영이 인용한 72쪽에 나오는 정치에 관한 문단에 분명하게 제시되어 있다. 거기서 나는 정치 현상이 생활 세계와 체계라는 두 관점 모두를 통해 조망될 수 있다고 주장했다). 그러므로 영이 둘로 분리되었다고 본 낸시 프레이저는 실제로 하나다.

영은 자신의 글 전체에서 두 요소로 된 구분은 곧 이분화라고 잘못 전제한다. 그런 뒤 영은 과학적 간소화에 맞서며 다섯 개가 두 개보다 낫다고 고집을 피운다(이렇게 되면 누군가는 영을 불길한 군사주의적 입장에선 '뻔뻔한' 오각형[펜타곤]주의자로 부르고픈 마음이 일기도 할 것 같다). 물론 진정한 쟁점은 범주의 수가 아니라 범주의 인식론적 지위와 설명력이다.[4] 그러나 영이 내 구분에 맞서 제기하는 반대는 이 부분에서도 설득력이 없다. 이를테면 영은 나의 대립을 반박할 아무런 근거도 제시하지 못했다. 나는 부정의에 대한 긍정적 개선책과 변혁적 개선책을 대립되는 것으로 보았고 이 대립은 두 측면을 밝히고 있다. 첫째, 이를 통해 우리는

---

4 여기서 영 자신의 접근법이 지닌 결함도 나타난다. 영이 '집단 억압'을 설명하기 위해 제안하는 다섯 개의 구성 요소를 지닌 '다중적' 도식은 임시변통적이며 이론화되어 있지도 않다. 서로 다른 영역의 개념적 공간에서 아무렇게나 뒤섞은 항목을 통해 구성된 이 도식은 재분배와 인정을 각각 분석하지도 못하며 함께 분석하지도 못한다. 이에 대해서는 Fraser, "Culture, Political Economy, and Difference: On Iris Young's *Justice and the Politics of Difference*", in *Justice Interruptus: Critical Reflections on the "Postsocialist" Condition,* New York: Routledge, 1997 참조.

사회주의 이념의 공식적인 본질을 유지할 수 있다. 비록 우리가 사회주의의 실질적인 내용을 어떻게 채울 것인지를 그다지 분명하게 파악하지 못하더라도, 자유주의적 복지국가와 구분해서 살펴볼 수는 있는 것이다. 둘째, 이를 통해 우리는 긍정적 개선책과 변혁적 개선책을 대립하는 것으로 보지 않았으면 감춰져 있었을 연결 고리를 드러낼 수 있다. 즉 한편으로는 사회주의와 해체주의 사이의, 다른 한편으로는 자유주의적 복지국가와 주류 다문화주의 사이의 연결 고리를 드러낼 수 있다는 것이다.

이제 이를 통해 최종적으로 정치의 수준에 다가갈 수 있다. 영의 주장과 반대로 인정의 요소와 재분배의 요소 사이에 존재하는 균열은 단순한 허위의식 차원의 문제가 아니다. 오히려 이 균열은 사회 정의를 위한 투쟁에서 동시적으로 추구되어야 하는 다층적인 목표들 사이의 진정한 모순을 왜곡된 형태로 표현한다. 이론가들은 이를테면 응원단장의 역할을 벗어던지고 자신이 지지하는 사회운동을 비판적으로 사고하는 방식을 통해 이런 모순이 보다 더 분명하게 드러나도록 해야 한다. 이때 당면한 어려움을 부정하거나 축소한다면 그것은 자기 귀를 막은 채 안 들린다며 모르쇠로 일관하는 것과 마찬가지일 뿐이다. 뿐만 아니라 문화적 차이의 인정을 주장하는 사람들이 결국에는 경제적 재구조화를 희망할 것이라고 말하는 데 불과하다. 그 희망을 현실화하려면 그 주변을 어슬렁거리는 것이 아니라, 희망의 기초가 탄탄히 다져진 것인지를 따져 살펴야 하는 것이다. 끝으로 이런 방식은 폴리안나적 관점, 즉 진보적인 사회운동 내에 그리고 그들 사이에 발생하는 모순이 어떤 식으로든 자연스럽게 해결되어 각각의 특수성을 포용하는 '연합'이 만들어질 것이라는 낙관에도 도움이 되지 않는다는 점을 언급하고 싶다.

내 글은 통합의 프로젝트, 즉 사회주의 정치의 최선과 다문화주의 정치의 최선을 통합하는 프로젝트를 옹호했다. 물론 그것에 진정한 어려움들이 있음도 솔직하게 인정했지만 말이다. 영이 주장하는 것과 반대로 나는 재분배가 인정과 충돌한다고 이야기한 적이 없다. 오히려 나는 현재의 역사적 맥락에서 다양한 집단 분화 요구와 탈-분화 요구 사이의 긴장들이 단일한 모순의 외양, 즉 내가 '재분배/인정 딜레마'로 부르는 외양을 띠고 있다고 주장했다. 이런 맥락에서 볼 때 경제 정의를 위한 요구는 필연적으로 문화 정의를 위한 요구와 충돌할 수밖에 없다. 그러나 내가 설명하려고 한 것처럼 그것의 외양이 우리를 잘못 이끌고 있다. 우리가 변혁적 접근으로부터 긍정적 접근을 구별한다면, 피할 수 없어 보이던 모순들은 오히려 우리가 성찰적으로 선택해야 하는 가능한 다중적 전략으로 우리를 이끌 것이다. 특히 인정 요구의 일부, 이를테면 '해체주의' 식 요구는 사회경제적 평등을 위한 요구와 시너지 효과를 이룰 것이다.

영은 사실상 긍정적 인정 정치를 지지하는 개괄적 글을 작성했기 때문에 당연히 이런 최종 결론을 거부할 것이다. 그렇지만 영은 자신의 글 말미에서 그런 정치가 변혁적 재분배를 촉진할 수밖에 없는 이유를 제시하지 못했다. 그러니 나는 긍정적 인정 정치가 변혁적 재분배를 촉진할 수는 없다는 소신을 계속 굽히지 않을 것이다.

8장

불평등에서 차이로

대체의 극단적 사례?

앤 필립스

지난 15년간 좌파 사상에서의 변화를 고려하면 대체displacement라는 개념을 피해 가기 어려울 것 같다. 문화가 물질을 대체하고, 정체성 정치가 계급을 대체하고, 개헌의 정치가 평등의 경제학을 대체하고 있다. 특히 정치 이론과 사회 이론의 주된 관심사가 불평등에서 차이로 대체되고 있다. 우리는 어떻게 불평등을 없애야 하는지를 묻기보다 어떻게 차이를 여전히 인정하면서 평등을 이뤄 내야 하는지를 묻고 있다. 이런 식으로 질문을 뒤바꾸게 된 맥락은 다양할 것이다. 그러나 그 중 의심할 여지없이 확실한 한 가지 요소로는 불평등에 대한 전적으로 계급적인 분석에서 대안들로의 변화, 즉 젠더·에스니시티·인종 불평등과 더불어 계급이 연속체의 하나로 변해 버린 것을 들 수 있다. 계급 불평등은 소멸의 전략, 즉 마침내 차이들이 없어지면 불평등도 사라지게 될 것이라는 주장이 되어 버렸다. 쉽게 없애 버릴 수 없는 또 다른 형태의 집단 차이라는 주제로 관심사가 바뀌면서, 언제나 불가피한 문제로만 여겨졌던 차이라는 사안을 떠올리는 것 자체가 부적절한 일이 되어 버렸다. 왜 성평등이 여성과 남성의 구분을 없애는 것에 매달려야 하는가? 왜 에스닉 문화들 사이의 평등이 서로를 구별하는 특징을 없애는 것에 매달려야 하는가? 평등이 차이와 대립한다는 생각은 페미니스트들에게 널리 비판받았을 뿐만 아니라 다문화적이고 다양한 에스닉 사회 속에서 평등한 시민권의 조건을 이론화하는 사람들에게도 비판받았다.[1] 어떤 사람들은 차이를 고려하지 않고 평등에 도달할 희망은 가질 수 없다는 점을 전략적 지점으로 삼고 있다. 왜냐하면 차이를 저버리려는 모든 시도——그 사람이 여성인지 남성인지, 백인인지 흑인인지를 고려하지 않는——는 이미 지배하고 있는 집단의 지배를 강화하는 것으로 끝나 버린다고 보기 때문이다. 또 다른 사람들은 차이를 더 적극적으로 고려해야 한다는 입장이다. 즉 이들은 다양성이 하나의 긍정적 특징으로서 우리의 정치를 주도하는 맥락으로 적극 포용되어야 한다고 주장한다. 둘 중 어느 것에서나 동질성보다는 이질성, 똑같음보다는 다양성에 강조점이 놓이며, 차이의 인정이 평등에 도달하는 데 결정적인 단계로 우선시된다.

이에 대한 한 가지 사례로 시민권의 보편적 모델, 즉 모든 개인이 동일한 일련의 권리를 향유하거나 모든 집단이 동일한 헌법상의 합의를 따르도록 하는 것을 문제 삼는 것을 들 수 있다.[2] 또 다른 사례로 점점 더

---

1 페미니스트의 비판으로는 Iris Marion Young, *Justice and the Politics of Difference*, Princeton: Princeton University Press, 1990 참조. 후자의 비판은 Will Kymlicka, *Multicultural Citizenship: A Liberal Theory of Minority Rights*, Oxford: Oxford University Press, 1996 참조.

2 한 예로 윌 킴리카는 집단적으로 분화된 시민권에 대해 논의하며, 아이리스 매리언 영은 주변화되고 억압받는 사람들을 위한 집단적 대표라는 추가적 형태에 대해 논의한다. 두 사례를 통해 제시되는 것은 차이를 통한 평등이라는 개념이지 동일한 처우로서의 평등이 아니다. 이를 이해하려면 스코틀랜드와 웨일스에서의 자치권 이양에 관한 최근 논쟁을 떠올리는 것이 도움이 될 것이다. 만일 스코틀랜드인들이 자체적인 국회를 만들어 영국의 입헌 결정에 영향을 미치는 것이 공정한지 여부를 묻는다면, 이 질문은 시민권의 보편적 모델이라는

각광받고 있는, 근본적 차이를 전제하는 데서 출발하는 심의 민주주의 deliberative democracy 전통을 들 수 있다. 여기서 차이는 누구는 노동당에 투표하고 다른 누구는 보수당에 투표하는 의견의 차이도 아니고, 한 집 단을 다른 집단과 갈등하는 위치에 놓는 계급 위치에 따른 차이도 아니 다. 여기서의 차이는 우리가 서로를 이해하는 데 방해가 되는 경험, 가치, 문화적 일상의 차이처럼 쉽게 고쳐지지 않는 완고한 차이를 말한다.[3]

권력의 불평등은 이런 전통에서 두드러지는 특징으로 꼽을 수 있다. 심의 민주주의를 선호하는 사람은 권력의 불평등을 이미 주어진 권력을 제거하는 방식의 하나로, 혹은 소수 관점의 배제를 시정하는 방식의 하 나로 제시한다. 그런데 여기에서도 경제로부터 문화로의 뚜렷한 대체를 살펴볼 수 있다. 즉 민주적 평등을 위한 필수 요소로서의 경제적 조건으 로부터 문화적 가치나 도덕적 신념에 차이가 있는 집단들 간의 담론적 상호작용으로 무게중심의 이동이 감지되는 것이다. 다른 무엇보다 맑스 주의에서는 사회 생활과 경제 생활의 실질적인 평등과 결합되지 않는 정 치 평등은 기만적인 성취에 불과하다. 사실 공민권·정치권·사회권에 관 한 토머스 험프리 마셜의 논의를 통해 발달한 평등 시민권 패러다임에서

배경 속에서 진행되는 것이다. 여기서 시민권의 보편적 모델은 모든 시민이 정확히 동일한 권리를 가지며 국가의 모든 영역이 정확히 동일하게 헌법으로 합의된다는 것을 의미한다. 이때 비대칭적 조처를 주장하는 사람들은 이 근거를 문제 삼게 되는 것이다.

3 이를테면 Joshua Cohen, "Deliberation and Democratic Legitimacy", in Alan Hamlin and Philip Pettie eds., *The Good Polity: Normative Analysis of the State*, Oxford: Blackwell, 1989; Young, "Justice and Communicative Democracy", in Roger Gottlieb ed., *Radical Philosophy: Tradition, Counter-Tradition, Politics*, Philidelphia: Temple University Press, 1994; Amy Gutmann and Dennis Thompson, *Democracy and Disagreement*, Harvard: Harvard University Press, 1996 참조.

도 정치 평등은 교육받을 권리와 고용에서의 권리 같은 실질적인 사회권을 기반으로 했다. 그런데 반대로 오늘날의 논쟁은 문화 규범이나 도덕 규범이 서로 다른 집단을 어떻게 정치적으로 포용하는지 여부에 초점이 맞춰져 있다. 최근 출간된 논문 모음집『민주주의와 차이』의「서론」에서 세일라 벤하비브는 이 책의 필진 중 한두 명이 경제권과 사회권을 성공한 심의 민주주의의 실질적인 전제 조건의 일부로 강조한다고 피력하고 있다. 그러나 논쟁은 정치적 합의의 가능성을 내다보는 절차적 혹은 심의적 모델을 옹호하는 부류와 차이를 불가피한 것으로 간주해 그 해결이 불가능하다고 상정하면서 "경합적 민주 정치 모델"을 전개하는 부류 사이에서 갈라진다.[4] 불평등으로부터 차이로의 전환은 소수 집단에 대한 인정을 거부하는 불평등 권력 관계라는 틀에서 전형적으로 접근되었다. 그리고 불평등의 경제적 측면에 대한 관심으로부터 주의를 돌려, 특히 계급 불평등에 대해서는 놀랄 만큼 거의 언급하지 않는 식으로 진행되었다. 다이애너 쿨은 계급과 차이 담론 간의 관계에 대한 최근 논문에서 "경제 불평등이 차이 담론에서는 제껴지고 있다"고 논박했다.[5] 젠더·에스니시티·인종과 결합된 적절한 차이들의 범위를 확대하느라 경제 불평등이 시야에서 사라져 버리게 되었다는 것이다.

이런 배제가 생겨나게 된 배경에는 귀가 닳도록 들은 좌파 정치 내의 약점들이 자리하고 있다. 이를테면 젠더·에스니시티와 결합된 어떤 정치에도 맞서는 식으로 접근하는 계급 분석의 전개 방식, 자유주의와 사

---

4 Seyla Benhabib ed., *Democracy and Difference: Contesting the Boundaries of the Political*, Princeton: Princeton University Pres, 1996, p. 7.

5 Diana Coole, "Is Class a Difference that Makes a Difference?", *Radical Philosophy* 77, 1996, p. 19.

회주의의 대치 상황에서 종종 불거져 나온 민주주의에 대한 경시, 경제적 착취가 구조화되어 있는 세상에서 '단지' 문화적인 것은 무시할 수 있다는 식으로 비난하는 경향이 그것이다. 그러나 한때 계급에 부여된 우위는 더 이상 지지받지 못하고 있다. 배타적으로 계급 정치만을 실천함으로써 젠더·에스니시티·인종과 결합된 경험의 차이라는 핵심이 덮여버렸고, 이를 통해 '계급'은 빈 범주로 남으면서 역사적 의미를 상실하거나 지배적인 성 혹은 에스닉 집단의 경험과 이해관계에 묻히는 것처럼 되었다. 이런 비판을 최초로 공식화한 설명은 착취와 억압에 대한 유물론적 분석이라는 폭넓은 해석과 더불어 통용되는 것처럼 보였던 반면, 후기 변형들은 조금 더 문제가 되고 있다. 그 예로 1970년대 페미니스트의 연구 상당수가 맑스를 기반으로 한 구성틀 속에서 진행되었던 것을 떠올릴 수 있다. 맑스의 통찰력을 기반으로 하되 맑스가 여성 억압에 대해서는 맹점이 있었음을 언급하는 방식으로 말이다. 인종화되고 젠더화된 복합성 속에서 계급은 '대체'의 수준까지 재이론화되지는 않았으며, 성 억압과 계급 억압에 대한 '이중 체계'를 채택한 사람들은 전형적으로 계급 분석에서 유추한 모델에 기반해 가부장주의적 관계 이론을 발전시켰다. 그러나 이런 방식은 오래가지 못하고 단명했다. 정치경제에 부여된 우위에 더 깊은 의문을 제기하는 방식으로 빠르게 번져 갔기 때문이다. 이제는 계급의 지배만이 문제가 되는 것이 아니었다. 그 바탕에 깔린 인과관계의 위계화도 문제가 되었다. 즉 경제적 기반으로부터 정치적·문화적 상부구조를 구별 짓고 '현실적' 이해관계를 경제 관계의 위치에서 규정하는 인과관계의 위계화가 문제가 된 것이다.

생각의 변화를 가져온 요인 중 하나는 인식론적인 것이었다. 즉 이해관계가 불거져 나온 담론의 외부에서 이해관계를 인식하려는 모순이 문제였다. 모순의 상당 부분은 정치적인 것이었다. 지난 20년간 투쟁의 대부분이 '물적 이해관계'만으로는 설명되지 않는 지배의 형태에 대한 것이었기 때문이다. 이를테면 가정 폭력이나 인종차별적인 공격의 야만성, 이슬람에 대한 악마화, '일탈적인' 섹슈얼리티에 대한 끊임없는 저평가, '자해적인 자기 혐오' 등이 사회적으로 문화 가치가 혐오되는 사람들을 향해 부과되었다.[6] 최근 몇 년간의 꿋꿋한 노력에도 불구하고 이런 현상들은 계속해서 경제 불평등의 효과로 재각인되지 못했다. 이 중 어느 것도 경제적 종속 관계로부터 완전히 분리되어 있지 않다. 이를테면 여성에 대한 폭력을 설명하면서 사회적 노동 분업에서 여성의 위치를 언급하지 않는다면 잘못된 것이다. 또 다른 사례로 오늘날 미국의 인종차별을 설명하면서 노예 소유 경제라는 역사적 유산을 언급하지 않는다면 이 역시 잘못된 것이다. 그렇지만 이에 대한 문제 제기나 해결책 그 어느 것도 유물론적 분석의 틀로 깔끔하게 정리되지 못했다. 왜냐하면 '현실적' 혹은 '본질적인' 이해관계를 고려함으로써 사람들의 가장 긴급한 관심사가 진정 무엇인지를 되물을 수 있게 된 상황이 왔는데도, 경제 관계에 부여된 우위가 '단지' 문화적인 것들을 폄하했기 때문이다. 그러므로 이전의 이론적 지배(이를 에르네스토 라클라우는 생산력 발전에 결정적 역할을 부여한 '자의적 도그마'로 설명했다)로부터 경제를 탈착dislodging해야 문화 종속으로 인한 부정적인 영향, 혹은 서로 배제하려고 경쟁하는 관계 속에서 정치 투쟁과 문화 투쟁이 갖는 결정적 역할을 더 잘 설명하는 방안을 찾을 수 있다.[7]

---

6 Charles Taylor et al., *Multiculturalism and "The Politics of Recognition": An Essay with Commentary*, Princeton: Princeton University Press, 1992, p. 25.

여러 이론가는 지금 이 탈착이 대체가 되어 버릴지 모른다는, 즉 정치 영역을 확대하겠다는 약속이 오히려 경제를 잘라 내는 것으로 끝나 버릴지 모른다는 우려를 표하고 있다. 최근의 여러 논문을 묶어 펴낸 『중단된 정의: '포스트사회주의적' 조건에 관한 비판적 성찰』에서 낸시 프레이저는 정치적 상상에서의 주요 전환을 이렇게 설명한다.

> 관련된 여러 사람이 재분배를 정의의 핵심 문제로 삼는 사회주의적인 정치적 상상으로부터 인정이 정의의 핵심이 되는 '포스트사회주의적인' 정치적 상상으로 이동하고 있는 것 같다. 이 전환에서 가장 두드러지는 사회운동은 더 이상 경제적 '계급'으로 규정되지 않는다. 즉 이들은 자신의 '이해관계'를 옹호하면서 '착취'를 종식시켜 '재분배'를 이루고자 투쟁하는 사람들이 아니다. 오히려 이들은 문화적으로 규정된 '집단' 혹은 '가치 공동체'에 속하는 사람들로서, 자신의 '정체성'을 옹호하면서 '문화 지배'를 종식시켜 '인정'을 이루고자 투쟁하는 사람들이다. 그 결과 문화 정치가 사회 정치와 결별하고decoupling, 문화 정치에 의해 사회 정치가 상대적으로 가려지게 되었다.[8]

이 전환과 관련된 다수의 사람은 오래된 것과 새로운 것이 결합해서 보다 만족스런 결합으로 이어지길 기대했다. 프레이저가 제기하는 질문은 다소 만족스런 결합으로 보이는 이것이 단순한 대체로 끝나 버리는

---

7 Ernesto Laclau, *New Reflections on the Revolution of Our Time*, London: Verso, 1990, p. 7.
8 Fraser, *Justice Interruptus: Critical Reflections on the "Postsocialist" Condition*, New York: Routledge, 1997, p. 2.

게 아니냐는 것이다. 프레이저는 집단 정체성이 계급 이해관계를 '대신'하고, 문화 지배가 경제 착취를 '대신'하며, 문화 인정이 사회경제적 재분배를 '대체'하는 것을 말한다. 여기에서 대체라는 용어는 이전의 편견이 한쪽으로 떠밀리면서 제자리를 찾기보다는 버려졌다는 프레이저의 인식을 전달한다.[9]

프레이저가 설명하는 새로운 인정 정치는 여러 측면에서 현재 북미의 정치에 들어맞는 것 같다. 이 정치는 미국 대학에서 벌어진 이른바 문화 전쟁을 상기시킨다. 문화 전쟁은 교과 과정에서 여성 혹은 아프리카계 미국인에 대한 재현을 둘러싸고 진행된 것이고, 그런 면에서 문화 지배라는 담론의 틀에 들어맞는다. 그리고 이에 동원된 인정의 언어도 퀘벡의 정치에 대해 찰스 테일러가 쓴 내용과 특히 잘 부합하는 것 같다. 그러나 영국의 정치 발전에서는 정체성 옹호를 둘러싼, 문화 지배를 끝장내려는, 문화적으로 경멸받는 집단이 인정을 획득하기 위한 싸움의 경향이 그다지 두드러지지 않았다. 무슬림 소수자나 게이·레즈비언 집단의 주장과 관련된 몇 가지 사례를 들 수는 있지만, 그렇다고 해서 정말로 심각하게 정치가 정체성 정치나 집단 인정을 위한 투쟁으로 변질되었다고 보기는 어렵다. 그렇지만 다소 다른 양상으로 경제가 대체되는 점에 대해서는 영국 좌파 상당수도 걱정을 표하고 있다. 신노동당 정부의 급진주의가 소득이나 부의 재분배에 관한 정책보다는 오히려 법 개정 관련 프로그램에 훨씬 더 분명하게 집중하고 있기 때문이다. 뒤늦게나마 민주적 책무라는 문제에 관심을 보인 것에 지지를 보낼 수는 있지만, 그렇다 해도 이에 관한 지평이 넓어질수록 경제 평등은 오히려 시야 밖으로 멀

---

9 Fraser, *Justice Interruptus*, p. 11.

리 벗어나 버릴 뿐이라는 지적을 하지 않을 수는 없다.

바로 이 점이 최근 낸시 프레이저와 아이리스 매리언 영의 의견 교환 과정에서 문제가 된 부분이다.[10] 두 이론가 모두 사회경제적 평등이라는 쟁점에 지속적으로 관심을 가져 왔다는 점은 주지의 사실이다. 또한 다양한 국면에서 동료들이 경제적 특권이나 경제 억압의 문제를 놓칠 때 경종을 울리는 역할을 하기도 했다. 프레이저는 인정 정치로 부르고 영은 차이의 정치로 부르는 분야를 둘 모두 (정도의 차이는 있겠지만) 많이 연구해 오기도 했다. 즉 둘 모두 현대 사회를 경제 부정의와 문화 부정의의 결합이라는 특징으로 조망하려 하면서 그 중 어느 하나가 다른 하나보다 더 '근본적'이라는 분명한 주장을 거부하려는 사람들이다. 그런데 '경제적인' 것으로 여겨지는 것과 '문화적인' 것으로 여겨지는 것의 지속성과 상호 강화를 영이 강조하려고 하는 반면, 프레이저는 이 둘 사이의 긴장을 강조하기 위해 분석적 구분을 역설하는 것 같다. 영에게 대체의 위험은 모든 진보 운동이 직면하는 영속적인 위험 중 하나에 불과하다. 불평등과 불이익이라는 쟁점을 소홀히 하는 이론가나 활동가는 언제나 또 생기게 마련이기 때문에 다른 사람들은 그런 후퇴에 맞서 방심하지 않아야 한다고 주장하는 것이다. 이와 반대로 프레이저에게 대체의 위험은 둘을 구분하지 못하는 실패로 인해 더욱 강화된다. 문화 부정의에 맞서는 전투의 어떤 방식들은 경제 부정의에 맞서는 싸움을 어렵게 만든다. 만일 충돌을 빚을 수 있는 잠재적인 영역들이 있음을 인정하지 않는

---

10 Fraser, "Recognition or Redistribution?: A Critical Reading of Iris Young's *Justice and the Politics of Difference*", *Journal of Political Philosophy* 3: 2, 1995; Fraser, *Justice Interruptus*, Chap. 8; 이 책에 수록된 영의 「제멋대로의 범주들: 낸시 프레이저의 이원론 비판」과 프레이저의 「폴리안나 원칙에 반대하며: 아이리스 매리언 영에 대한 답변」 참조.

다면 우리는 동시적으로 두 개의 전선을 향해 전진할 수 없는 것이다.

프레이저가 언급하는 경제 부정의는 사회의 정치경제 구조에 뿌리 박혀 있다. 착취, 경제적 주변화, 심한 박탈은 사람들이 적절한 생활 수준을 유지하지 못하게 만든다. 이에 대한 개선책은 프레이저의 용어로는 (맑스가 그것을 맹비난했음에도 불구하고!) '재분배'이다. 이는 소득의 재분배, 노동 분업의 재조직화, 투자 결정의 민주화, 기본적인 경제 구조의 변혁을 의미한다. 이와 달리 문화 부정의는 문화 혹은 상징 질서에 뿌리 박혀 있다. 이는 하나의 문화 집단에 속한 구성원들이 이질적인 그리고/혹은 적대적인 문화에 결합된 다른 해석 및 의사소통 패턴의 지배를 받는 것이다. 개인이 속한 문화에 대한 이해를 종종 무시당하는 경우나 사람들이 섹슈얼리티·젠더·인종 때문에 주기적인 중상모략·비방·경시를 받는 경우가 그렇다. 경멸받거나 주변화된 정체성으로 간주되는 것에 대한 인식이나 재평가의 부족함을 고칠 개선책을 찾기는 쉽지 않다. 고용 현장에서의 개혁, 이를테면 동성애자에게 군대에서 동등하게 고용될 권리를 보장하거나 아동도 함께 노동할 수 있는 권리를 보장하는 방식 등을 통해 겉으로 드러나는 차별을 솎아 낼 수는 있다. 그러나 사람들이 계속해서 동성애자를 싫어한다면, 프레이저의 표현으로 "경멸받는 섹슈얼리티"로 대우한다면, 이들은 계속해서 치욕을 느끼고 괴롭힘을 당하고 폭력을 겪을 것이다. 이 때문에 이를 위한 개선책은 재분배가 아닌 인정을 통해 가능하다. 즉 게이와 레즈비언에게 동등한 존중을 하지 않았던 문화 평가를 바꿔야 하는 것이다.

프레이저는 하나의 부정의 형태가 다른 부정의 형태보다 더 근본적이라고 주장하지는 않는다. 프레이저는 "나는 오늘날 정의가 재분배와 인정 **양자**를 요구한다고 전제할 것이다"고 하면서 하나의 전선에서만 단

독으로 싸움을 벌인다고 그것이 자동적으로 다른 것의 결과로 이어지지는 않는다는 점도 분명히 밝힌다.[11] 그렇다면 우리는 다음과 같은 결론을 내릴 수 있다. 우리는 두 가지 임무 모두에 대해 최선을 다해야 한다. 왜냐하면 둘 모두 개별적으로 중요하며 그 중 어느 하나도 다른 하나보다 더 근본적이지 않기 때문이다. 프레이저는 손쉬운 절충주의가 두 가지 형태의 부정의에 의해 고통받는 집단, 이를테면 여성 혹은 '인종'에 의해 규정되는 집단의 사람들에게는 소용없다는 점에 주로 관심을 기울인다. 젠더나 인종과 관련된 사회경제 부정의는 인종과 젠더라는 범주 자체를 존재하지 않도록 하는 방법을 통해 가장 잘 개선할 수 있다. 즉 노동 분업과 소득을 재구조화해 사회·경제 관계에서 사람들의 위치가 더 이상 젠더와 인종에 좌우되지 않아야 되는 것이다. 그러나 문화 부정의("'여성적인 것'으로 코드화된 것들" 혹은 "'흑인', '갈색인', '황색인' 등으로 코드화된 것들에 대한 광범위한 평가절하와 비방")는 경멸받는 집단의 특징에 대한 긍정적 재평가, 즉 이들의 집단 정체성에 대한 강한 긍정을 요구하는 것처럼 보인다.[12] 따라서 프레이저는 젠더와 인종의 정치에서 나타났던 이미 익숙해진 긴장, 즉 젠더와 인종의 중요성을 없애려는 전략과 개인의 성이나 인종의 내재적 가치를 고집하려는 전략 사이에서 쉽게 해결될 것 같지 않은 딜레마를 제안하는 것이다. 프레이저에 따르면 이는 진정한 딜레마이지만, 우리가 채택하는 접근에 따라 완화될 수 있다. 연속체라는 개념, 혹은 보다 역동적인 언어로 표현하면 다층적으로 서로 맞물려 있는 투쟁의 장들이라는 개념은 여기서는 그다지 도움이 되지 않는다. 왜

---

11 In this volume, p. 12[이 책 25쪽].
12 In this volume, p. 26[이 책 46~47쪽].

냐하면 이는 우리가 모든 진전이 서로를 강화하게 마련이라고 보게 만들고, 이렇게 되면 우리는 전략적으로 선택을 해야 하는 상황에서 중요한 문제가 무엇인지를 판단할 수 없게 되기 때문이다.

바로 이 점이 낸시 프레이저가 아이리스 매리언 영에게 들이대는 문제 제기다. 프레이저는 영이 『정의와 차이의 정치』*Justice and the Politics of Difference*에서 인정과 재분배 모두를 포괄하려는 드문 시도를 하면서도 이 둘 사이의 긴장을 충분히 인식하지 못한다고 판단한다. 프레이저는 영이 두 패러다임의 관계를 철저하게 생각하지 못했기 때문에 부주의하게 "도매금으로 넘기듯 획일적이면서도 무비판적으로 차이의 정치를 승인하고 말았다"고 말한다. 동시에 그 승인은 "영이 재분배 정치에의 헌신을 고백한 것과도 맞지 않다".[13] 프레이저는 영이 서로 다른 형태의 집단 억압을 '사회 집단'이라는 단일한 범주, 즉 착취, 주변화, 무권력, 문화 제국주의, 폭력이라는 다섯 가지 억압의 모습 중 하나로 특징지어지는 단일한 범주로 붕괴시켜 버렸다고 논박한다. 프레이저는 계속해서 영이 그 과정에서 "암묵적으로 문화에 기반한 사회 집단을 특권화함으로써", 또 다른 맥락에서 차이의 정치가 역효과를 가져올 수 있음을 인식하는 데 실패했다고 주장한다.[14] 프레이저는 무권력과 착취로 고통받는 육체 노동자 집단이 자신을 하나의 사회 집단처럼 정체화하는 문화적 친화성이 무엇인지를 질문한다. 이 집단은 진정으로 차이의 정치와 결합된 문화 긍정을 필요로 하는가? 그렇지 않으면 이 집단은 반대로 노동의 재조직화를 필요로 하는 것인가? 즉 정신 노동과 육체 노동의 차이를 없애 이를

---

13 Fraser, *Justice Interruptus*, p. 190.
14 *Ibid.*, p. 196.

통해 전문직 노동자들로부터 육체 노동자를 분리시키는 문화적 친화성을 잠식하는 것을 필요로 하는가? 영의 분석에 따르면 문화 특수성을 파괴하는 것은 무엇이든 문화 제국주의의 기미를 풍긴다. 프레이저의 분석에 따르면 성공을 거둔 재분배 정치 앞에서 어떤 문화 특수성은 사라져야 한다.

여기에서 쟁점은 두 가지다. 우선 재분배와 인정을 구분하는 것이 이론적으로 그리고/혹은 정치적으로 적절한지라는 문제가 있다. 그리고 프레이저의 분석이 자신의 핵심 관심사로서 경제 부정의를 새삼 강조하는 것으로 끝나는 것인지라는 문제가 있다. 프레이저는 착취의 언어로부터 문화 억압과 인정 언어로의 이동을 경제로부터 문화 관심사로의 이동, 즉 한 영역으로부터 다른 영역으로의 움직임, 전자를 위협하며 뒤처지게 만드는 움직임으로 제시한다. 영은 이것이 심지어 프레이저도 기여한 바 있는 폭넓은 연구, 즉 경제적인 것과 문화적인 것의 이분법적 구분에 도전하며 소위 경제적인 것을 규정하는 데 큰 역할을 한 문화 재현의 힘에 대한 탐구의 기반을 무시한 것이라고 지적한다. 아이리스 영은 문화연구라 불리는 것에서 가장 훌륭히 수행해 온 프로젝트를 언급하며 이렇게 서술한다.

맑스주의자의 생각처럼 정치경제가 물질적이라는 점을 포기하지 않으면서 철두철미하게 문화임을 드러내고 싶어 했고, 또한 문학과 미술을 공부하는 학생들이 '문화'라고 부르는 것이 경제, 즉 상부구조의 기반으로서가 아니라, 계급 관계 재생산에 영향을 미치는 측면을 포함해 상부구조의 생산·분배·결과라는 의미에서 경제적인 것임을 드러내고 싶어 했다. 정치경제는 문화고 문화는 경제인 것이다.[15]

이는 한편으로는 프레이저의 주장이기도 하다. 프레이저는 "가장 물질적인 경제 제도마저도 구성적이고 환원 불가능한 문화의 차원"을 가지고 있으며, "가장 담론적인 문화 실천 역시 구성적이고 환원 불가능한 정치-경제의 차원을 가지고 있다"[16]고 했다. 만일 프레이저가 '경제적'이라는 용어를 '문화적'인 것과 구분되는 것으로 계속 사용한다면, 아이리스 영 역시 서로가 서로를 생산하거나 혹은 강화하는 방식을 언급할 때 그렇게 사용할 것이다. 사실 어떤 구분을 하지 않은 채로 우리가 뭔가를 한다는 것은 쉽지 않은 일이다. 왜냐하면 심지어 우리가 정치경제를 문화적인 것으로, 문화를 경제적인 것으로 서술한다고 해도, 우리는 문화 정체성을 유지시키는 경제 자원에 대해서나 사람들이 자신의 경제적 요구를 주장할 수 있게 해주는 문화 자원에 대해 언급할 수 있기를 바라기 때문이다(보다 분명한 대비는 이렇다. 모든 것이 정치적이라 말하고 싶다고 해서, 그것이 사적인 생활과 공적인 생활 사이에 차이가 없다는 식의 관점으로 이어지거나 정치 평등을 단순히 경제 평등과 동일한 것으로 보면서 이둘 사이에 아무런 구분이 없다는 식의 결론으로 빠져들어서는 안 되는 것이다). 여기서 핵심은 우리가 분석적 분리를 하느냐 여부가 아니다. 오히려 핵심은 우리가 구분한 것들이 그 자체로 독립적인 생활을 영위하느냐 여부다. 프레이저는 투쟁의 한 형태와 다른 형태 사이에 일어날 수 있는 잠재적인 충돌을 강조한다. 영은 오히려 이들의 상호 연결에 훨씬 더 주목한다. 한 예로 아프리카계 미국인들이 자신의 문화에 기반한 아프리카계 미국인의 학교나 대학을 지지한다면, 이들은 문화 자존감이나 문화 정체

---

15 In this volume, p. 98[이 책 156쪽].
16 In this volume, p. 16[이 책 32쪽].

성을 추구하기 위해서만 그러는 것이 아니다. 그런 학교들이 젊은 아프리카계 미국인들이 경제 정의와 사회 평등을 성취하는 것을 돕기를 기대하기 때문에 그렇게 하는 것이다. 여성들이 노동력 외부에서 돌봄-노동의 규범적 가치를 긍정할 때, 이들은 사회의 노동 분업에 대한 재구조화를 요청하면서 이를 통해 유급 노동과 무급 노동 사이의 불균형도 바로잡으려 한다. 다시 말해서 영은 서로를 강화하는 투쟁들의 다중성 내에 자신을 위치시킨다. 영은 이것을 이미 나타나고 있는 현실로 보았고 이런 상호 연결성을 계속해서 강화할 수 있는 분석 형태를 선호한다. 우리는 "부정의와 억압의 개념을 다원화함으로써 문화가 다른 것들과 서로 상호작용하는 몇 가지 투쟁의 영역 중 하나가 될 수 있"도록 해야 한다.[17] 이 중 어느 하나를 또 다른 하나와 맞서게 하는 것은 도움이 되지 않는다는 것이다.

이쯤 되니 나는 오히려 두 사람 모두에게 동의하는 것 같다. 프레이저의 훌륭한 연구를 통해 우리는 정치 딜레마에 대해 더 분명하게 이해할 수 있게 되었다. 하나의 바람직한 목표가 마찬가지로 바람직한 또 다른 목표와 어떻게 충돌할 수 있는지를 생각하게 해준 것이다. 그러면서 (프레이저의 표현을 따르면) 딜레마 "해결 방책"을 고안하고자 하는 우리의 목표에 다가갈 대안적 방법들이 있는지에 대해서도 생각해 보게 해주었다. 경제 정의와 문화 정의의 구분은 사실상 불확실하다. 즉 어떤 것이 한쪽에 들어맞고 어떤 것이 다른 쪽에 들어맞는지 불확실하다. 그러나 서로 다른 종류의 잠재적 갈등과 긴장을 규명하는 것은 상당히 시사적이며, 이런 투쟁들의 중요성에 대해서도 인정해야 한다. 계급 정치와 정체

---

17 In this volume, p. 105[이 책 167쪽].

성 정치의 분열은 프레이저가 살펴본 대로 상상의 파편에 불과한 것이 아니다. 그리고 인정 요구를 강조하는 사람들의 경우, 자신의 입장이 경제 재구조화에 기여할 수 있다고 생각해도 자신이 선택한 경로가 두 가지 목표를 성취하는 데 어려움을 가져올 수 있음을 고려해야 한다.[18] 정치적 노동 분업의 측면에서 볼 때, 어느 누구도 한꺼번에 모든 것을 다 할 수는 없다. 그러니 우리의 선택이 다른 쟁점을 막는 상황이 발생할 때, 모든 것이 서로 연결되어 있다고 말하는 것은 그다지 도움이 되지 않는다.

이런 맥락에서 여성, 에스닉·인종 소수자에 대한 정치적 대표에서의 평등이라는 익히 들어 본 항변을 고려해 보자. 정치적 평등을 사회경제적 평등의 반영에 불과한 것으로 간주하던 옛 사회주의 패러다임에서 이는 정치적 경합이 일어나는 장에서 하나의 자율적인 사안으로 적절하게 고려되기 어려웠다. 즉 여성 혹은 흑인이 제대로 대표되지 못하는 사안은 사회적 노동 분업에서 이들이 차지하는 위치에 따른 자명한 결과이고, 따라서 이 사안은 경제 종속화 관계를 통해 가장 잘 접근될 수 있다고 여겨졌다. 그러니 여성으로만 이루어진 별도의 후보자 명단all-women shortlists을 만든 [영국] 노동당의 시도나 미국에서 소수 집단이 다수 득표단이 될 수 있도록 선거구를 재구획하는 시도 등은 고려할 필요가 없다. 정치적 대표에서의 평등은 경제 관계의 평등이 이루어지면 당연히 진행될 것이기 때문이다. 그런데 나는 이런 반응을 매우 부적절한 것으로 받아들일 수밖에 없다. 이 반응은 사회경제적 변혁을 정치 지배나 문화 지배에 도전하는 패턴의 조건으로 제시하는 것이기 때문이다. 정치적 측면에서 어떤 진전을 얻지 못하는 한 사회경제적 측면에 맞서는 시도가 성

---

18 이 책에 수록된 프레이저의 「폴리안나 원칙에 반대하며」 참조.

공할 확률은 낮을 수밖에 없는데도 말이다. 뿐만 아니라 이런 반응은 정치 부정의(프레이저의 표현을 빌리면 '문화' 부정의)의 독립적인 중요성을 간과한다. 인구의 큰 일부가 주변화되는 문제에 대해 우리가 주목해야 할 독자적인 사안이 아닌 것처럼 상정하기 때문이다. 여성이나 흑인의 정치적 대표성을 확대하는 것은 중요한 문제다. 이 사안은 그 자체로 중요하다. 왜냐하면 이것이 인구 다수의 배제(인구 다수를 일종의 미성년처럼 취급하는)에 맞서는 것이기 때문이다. 또한 이것은 경제 변화를 가져올 수 있도록 정치적 의제를 변혁하는 하나의 방식이 될 수 있다는 맥락에서도 중요하다.

그러나 이 틀이 자명하게 다가오는 만큼 그에 따른 위험도 분명하다. 대표에서의 동등을 위한 투쟁이 '여성의 이해관계'나 '흑인의 이해관계'라는 이름하에 진행될 때, 이것이 이론적으로나 경험적으로 검증된 바 없는 본질주의적 개념으로서 단일화된 목소리를 상정할 수 있기 때문이다. 여성 누구나 모든 여성을 대표하며 흑인 누구나 모든 흑인을 대표한다는 관점을 조성하면 각 범주 내의 경제적 차이는 흐려지며 경제 불평등에 관한 나머지 쟁점들은 저 멀리 변방으로 밀려나게 된다. 그래서 이런 식으로 미국에서는 논의가 누적투표제와 비례대표제를 중심으로 발전하고 있는 것이다. 이것들은 인종 집단의 대표라는 요구를 인종적 진정성이라는 위험스런 기반에서 분리하면서 소수 집단에 대한 정치적 대표를 확대하는 방법이다.[19] 마찬가지로 선출된 의회에서의 젠더 비율을 바꾸는 논의도 대표의 동등을 위한 주장이 '여성' 혹은 '남성'이라는 본질

19　특히 Lani Guinier, *The Tyranny of the Majority: Fundamental Fairness in Representative Democracy*, New York: Free Press, 1995 참조.

주의적 개념 정의와는 거리가 있다고 설명할 수 있다.[20] 제도의 선택과 마찬가지로 논의의 선택 역시 차이를 만들어 낸다. 왜냐하면 일부는 경제적 특권 혹은 경제 불평등 쟁점을 옆으로 치워 버리라 위협하고, 다른 일부는 그런 연결을 더 잘 유지하게 만들기 때문이다. 연결을 잘 유지하려는 노력이 성과를 거두려면, 실제로 그런 딜레마가 있다는 점을 인지해야 한다. 딜레마가 있음을 인지하는 데 실패하면, 우리는 절박하게 찾으려 했던 그 무엇을 다른 것으로 대체해 버리는 결과를 낳을 수도 있다.

이 점에서 나는 프레이저에게 전적으로 동의한다. 그러나 표면 아래를 조심스럽게 들여다보면 '경제적인' 것의 우위를 재강조하려는 문제적인 경향을 발견하게 된다. 프레이저는 문화 부정의를 격하하는 하나의 방법으로 사회경제 부정의를 끌어들이지는 않으며, 정의는 두 가지를 동시에 고려해야 한다는 점을 분명하게 주장한다. 그러나 그녀는 자신의 전체적인 전망에서 재분배를 위한 투쟁이 우위를 가진다고 제안한다. "어떤 조건하에서 인정 정치가 재분배 정치를 지원할 수 있는가? 그리고 언제 전자가 후자를 파괴하는 것처럼 보이는가?"[21] 프레이저가 내세우는 답은 문화 투쟁의 중요성을 재확인하는 것이기는 하다. 그러나 문화 자체의 중요성을 거부하는 방식으로 그렇게 하는 것이라고도 풀이할 수 있는 것이다.

프레이저가 선호하는 해결책은 젠더 정체성이나 인종 정체성의 불안정성을 계속 유지시키는 해체주의 정치다. 즉 남성/여성, 백인/흑인의

20　나는 이런 논의를 *The Politics of Presence*, Oxford: Oxford University Press, 1995에서 발전시켰다.

21　In this volume, p. 12[이 책 26쪽].

뚜렷한 구분을 흐림으로써 엄격한 구성으로부터 그 사람들을 떼어 놓는 방식의 정치이다. 이런 정치는 "근저에 놓인 문화 평가 구조를 변혁시킴으로써 존중 박탈을 개선하고자 한다". 그러나 이 접근은 그렇지 않았다면 그저 동일한 상태로 남아 있었을 기존 범주화의 우선순위를 단순히 역전시키는 방식을 취하지 않는다. 오히려 이 접근은 우리의 모든 정체성을 탈안정화시키며 "모든 사람의 소속감, 귀속감 그리고 자아감을" 변화시키고자 한다.[22] 이 접근은 문화 정체성에 대한 우리의 고정관념에 도전할 것을 요구하며, 이해관계나 정체성에 대한 오늘날의 문화적 구성에 우리가 갖는 애착을 문제시하라고 한다. 그리고 남성/여성, 백인/흑인의 이분법적 대립을 약화시켜 "다양하고 과도기적인 차이들의 다층적 교차 네트워크"로 대체하라고 한다."[23] 나는 젠더 정체성에 관한 한 이런 접근에 상당히 공감한다. 그러나 이 방식은 여전히 문화의 중요성을 탈신비화하는 전략의 일환처럼 느껴진다. 이를테면 개인에게 남성적 혹은 여성적으로 여겨지는 것이 무엇이든 그 사이의 경계를 넘나드는 여러 방식을 강조함으로써 남성성 혹은 여성성의 개념에 도전할 수 있다고 여기는 것이다. 혹은 개인 스스로가 이른바 그 문화에 대해 규정된 개념을 회피하는 여러 방식을 강조함으로써 에스닉 정체성이라는 개념에 도전할 수 있다고 여기는 것이다. 어찌 보면 이는 굳게 코드화된 젠더·에스닉·인종 정체성 개념으로부터 해방을 약속하는 것처럼 보이기도 한다. 그런데 또 다르게 보면 이는 모든 장벽과 분화를 궁극적으로 녹여 내려는 동화주의적 프로젝트처럼 보이기도 한다. 변혁이라는 과업은 필연적으로 현재 서

---

22 In this volume, p. 29[이 책 50쪽].
23 In this volume, p. 37[이 책 62쪽].

로 구별되는 가치들 혹은 정체성들이 하나로 수렴되는 과정을 제안할 수밖에 없다. 새로운 정체성들(그렇지만 더 이상 '문화적'이지 않은)을 만들어 내는 문화적 용광로를 말이다.

이것이 바로 문화 없는 문화 정치다. 어떻게 보면 이 점이 문제일지도 모르겠다. 프레이저는 영이 에스닉 집단 모델로부터 차이의 정치를 이끌어 낸다고 문제 삼으면서, 자신은 에스닉 정체성의 문제를 뜨문뜨문 등장하는 각주 정도로만 처리하고, 나아가 종교·언어 정체성을 둘러싸고 진행되는 인정 투쟁은 언급하지 않기 때문이다. 문화는 경제와 분석적으로만 구분되는 것이 아니라 뭔가 비본질적인 것으로 변해 버린다. 우리는 문화적으로 구성되는 영역을 둘러싼 전투를 벌여야 하지만(거대한 물적 불평등이 있는 세상에서 문화 부정의가 존재하는 않는 듯 무시해서는 안 된다), 이 전투에서 문화적 인정 개념에 실질적인 무게를 싣지 않는 방식으로 해야 하는 것이다. 그리고 나서 프레이저는 지난 몇 년 동안 좌파를 너무도 괴롭혔던 바로 그 문제, 경제적인 것의 우위를 다시 들여와야 한다고 위협하듯 논의를 펼친다. 즉 문화 투쟁의 타당성 검증은 이것이 경제 투쟁을 강화하는지 아니면 분쇄하는지 여부에 달려 있다거나, 경제 평등을 위한 요구에는 진정성을 부여할 수 있지만 문화 인정을 위한 요구에 마찬가지의 진정성을 부여할 수는 없다는 식인 것이다. 그러니 영의 말이 맞는 것도 같다. 경제와 문화 사이의 분리, 비록 이것이 '현실적인' 구분에 대한 것이 아니라 분석적으로 고안된 것이라도 해도, 이 분리는 문화를 그 안에 의미가 없는 것으로 만들어 버리는 것 같기 때문이다. 프레이저가 객관적이라고 천명함에도 불구하고 재분배는 정치 투쟁의 핵심 영역으로 등장하고 인정의 지향은 피상적인 중요성만을 지닌다.

프레이저는 인정 이론가들은 사회 평등의 문제를 무시하려 하는 반면, 분배 정의 이론가들은 정체성 정치를 일축하려 한다고 지적한다. 그리고 나는 이렇게 둘 중 하나를 선택하거나 말거나 하는 방식은 용납될 수 없다는 점에서 프레이저에 동의한다. 그러나 프레이저가 재통합하는 방식은 그녀의 의도에 비해 그다지 공명정대하지 못하다. 그에 관한 근거의 일부는 아이리스 영이 제안한 대로 경제와 문화를 너무 과도하고 극단적으로 이분화하려 한다는 점에서 찾을 수 있다. 그리고 또 다른 일부는 이런 이분화의 결과로 인해 경제적인 요구를 문화적인 것보다 더 현실적인 것처럼 보이게 만들었다는 데 있다. 어쨌든 강조하고 싶은 점이 있다. 서로를 강화하는 관심사들을 하나의 연속체 속에 단순 배치해 버리는 방식, 또는 존재하는 모든 불평등과 부정의의 문제를 '차이'라는 단일한 범주로 통합시켜 버리는 방식은 매우 불만족스럽다는 것이다. 차이의 담론에 대해 마찬가지로 평가하면서 다이애너 쿨도 이 점을 지적한 바 있다. 즉 차이 담론은 다른 집단에 비해 어떤 특정 집단에 더 잘 적용된다는 것이다. 쿨에 따르면 차이 담론은 실업이나 고용 불안정을 통해 대략적으로 '하위 계급'underclass으로 범주화된 집단에는 제대로 작동하지 않는다. 내가 보기에 불평등의 문제로부터 차이에 대한 질문으로 초점이 전환된 것에는 굉장한 의미가 있다. 그러나 모든 불평등 문제에 접근할 때 차이가 헤게모니적인 언어가 된다면, 이는 사실상 대체라고밖에 볼 수 없다. 쿨의 평가에 따르면 차이 담론은 "정도에서 벗어난 인상을 준다. 왜냐하면 모든 종류의 다양성을 수용할 것 같은 분위기를 풍기기 때문이다".[24] 너무나 자주 그렇듯이, 이렇게 되면 경제적 차이가 중요한 형태로 언급되지 못하는 결과로 이어지고 만다.

---

24 Coole, "Is Class a Differece that Makes a Difference?", *Radical Philosophy* 77, p. 24.

프레이저가 주장하듯 우리에게 필요한 것은 서로 다른 종류의 차이가 있음을 인정하는 것이다. 그리고 한 종류의 차이에 적합한 전략이 다른 것에는 적합하지 않을 수 있음을 인정하는 것이다. 우리는 잠재적인 갈등·긴장·딜레마를 인식할 수 있게 해주는 분석이 필요하다. 그러나 그와 동시에 하나의 어떤 주도적인 흐름이 다른 것보다 우위를 점해야 한다는 식의 전제 없이 이를 추구해야 한다. 그런데 프레이저가 ("문제의 한 측면에 불과함"을 받아들이면서도) 질문을 던질 때, 즉 어떤 조건에서 인정 정치가 재분배 정치를 지원하며 또 언제 전자가 후자를 잠식하는가라고 물을 때의 분위기는 이렇다. 우리가 인정 정치의 중요성에 대해 판단하려면 재분배 정치의 중요성이 무엇인지를 결정한 이후여야 한다는 것처럼 느껴지는 것이다.[25] 이 점 때문에 프레이저의 논의는 위험스럽게 구사회주의 패러다임 쪽으로 다가가 있는 것처럼 보인다. 구사회주의 패러다임은 정체성 투쟁이 분명하게 경제적 조건을 둘러싼 '현실적인' 투쟁과 조화를 이룰 때만 수용했다. 이 과정을 받아들이면 인정 정치에 대한 프레이저의 공식적인 승인의 의미는 그 기반이 잠식되어 버리고 만다. 그럼에도 불구하고 나는 여전히 전략적 선택에 대한 낸시 프레이저의 분석을 통해 차이의 인정이라는 새로운 정치가 경제 불평등을 둘러싸고 진행되던 구정치를 대체하지 않을 것임을 믿는다. 그런 맥락에서 갈등들이 빚어질 수 있음을 인식하는 것은 가장 중요한 첫 단계가 될 것이다.

---

25 In this volume, p. 12[이 책 24~25쪽].

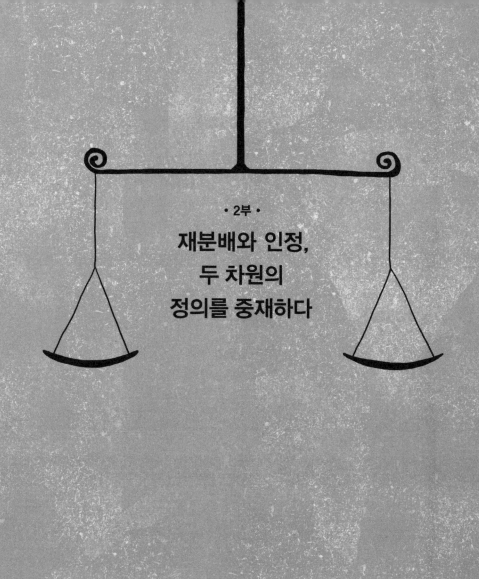

· 2부 ·

**재분배와 인정,
두 차원의
정의를 중재하다**

/

1장

인정을 다시 생각하기
문화 정치에서의 대체와 물화의 극복을 위하여

낸시 프레이저

1970년대와 1980년대에 '차이 인정'을 위한 투쟁은 해방의 약속을 책임지고 있는 것처럼 보였다. 섹슈얼리티, 젠더, 에스니시티 그리고 '인종'의 기치하에 내달렸던 많은 사람이 그때까지만 해도 부정되었던 정체성을 주장하는 일에 고무되어 있었을 뿐만 아니라, 부와 권력의 재분배를 둘러싼 전투에 좀더 풍부하고 횡적인 차원을 가져오고자 했다. 세기 전환기에 이르러 인정과 정체성의 쟁점은 더욱 중심적인 것이 되었지만, 다수의 쟁점은 현재 또 다른 책임을 면치 못하고 있다. 르완다에서 발칸 반도에 이르기까지 '정체성'의 문제들은 인종 청소, 종족 학살에 저항하는 운동을 형성시키기도 했지만 이를 조장하는 캠페인에도 불을 지폈기 때문이다.

이 과정에서 변한 것은 투쟁의 성격만이 아니다. 투쟁의 스케일 역시 변했다. 현재 차이의 인정을 외치는 주장은 전 세계적으로 많은 사회적 갈등을 추동하고 있다. 국가 주권 및 지방 정부의subnational 자율성을 외치는 캠페인에서, 다문화주의를 둘러싼 격돌, 새롭게 박차를 가하고 있는 국제적 인권 운동에 이르기까지 이 모든 투쟁은 공유된 인간성에 대한 보편적 존중과 문화적 차이의 인정 모두를 촉진하고자 한다. 이전에 사회운동의 전경을 이루었던 것이 자원의 분배였다면, 페미니즘에서 그러하듯 이제 사회운동에서 두드러지게 된 것은 차이 인정을 위한 주장이다. 물론 이러한 투쟁들은, 명백히 해방적인 것에서부터 지독히 비난받을 만한 것에 이르기까지(아마도 대부분은 그 중간 어딘가에 있겠지만) 광범위한 염원들을 담고 있다. 그럼에도 불구하고 이러한 투쟁들이 공통 문법에 의지하고 있다는 점은 생각해 볼 필요가 있다. 소련식 공산주의의 종말 이후 지구화가 가속화되고 있는 오늘날, 하필 왜 이러한 형식의 사회 갈등이 많이 나타나는 것일까? 왜 많은 운동이 인정이라는 용어를 통해 자신의 주장을 전하고 있는 것인가?

이러한 질문은 평등주의적 재분배 주장이 상대적으로 축소되고 있다는 점을 시사한다. 한때 정치 논쟁의 주된 문법이었던 분배의 언어는 오늘날 좀 시들해졌다. 물론 얼마 전까지만 해도 대담하게 자원과 부의 동등한 배분을 요구했던 운동의 역할이 완전히 사라진 것은 아니지만, 신자유주의자들이 평등주의에 계속적으로 가하는 수사적 공격, 믿을 만하고 '실현 가능한 사회주의' 모델의 부재, 그리고 지구화에 직면하여 널리 퍼지고 있는 국가-케인스주의적 사회민주주의의 생존 능력에 대한 의심 등으로 인해 재분배 운동은 상당히 축소되어 왔다.

우리는 정치적 주장 만들기의 문법이 새로운 지형을 이루고 있음을 마주하게 되는데, 이것은 두 가지 측면에서 우리에게 충격을 준다. 첫째로, 공격적으로 팽창하는 자본주의가 급진적으로 경제 불평등을 악화시키고 있는 경제 지구화 시대가 가속화되고 있음에도 불구하고, 또는 바로 그 때문에 재분배에서 인정으로의 이러한 변화가 발생하고 있다는 것이다. 이러한 맥락에서 인정의 문제는 재분배 투쟁을 보완·복잡화·풍부화하기보다 이를 주변화·퇴색화·대체하는 경향이 있다. 나는 이를 **대체** displacement**의 문제**라고 부를 것이다. 둘째로, 오늘날의 인정 투쟁은 가속화된 이주와 지구적 매체의 흐름이 문화 형식을 뒤섞거나 복수화하는 시점에서, 즉 초문화적transcultural 상호작용과 소통이 엄청나게 증가하고 있는 시점에서 발생하고 있다는 것이다. 그러나 종종 이러한 투쟁은 증가하는 다문화적 맥락 내에서 괄목할 만한 상호작용을 촉진시키기보다는 집단 정체성을 극적으로 단순화하거나 물화하는 방향으로 나아간다. 따라서 인정 투쟁은 오히려 분리주의, 편협성과 쇼비니즘, 가부장제와 권위주의를 조장하는 경향이 있다. 나는 이를 **물화**reification**의 문제**라고 부를 것이다.

대체와 물화, 이 두 가지는 매우 심각한 문제다. 사실상 인정 정치가 재분배 정치를 대체하는 한 경제적 불평등이 부추겨질 수 있으며, 인정 정치가 집단 정체성을 물화하는 한 인권 침해가 발생하거나 그것이 중재하려 했던 바로 그 적대주의를 오히려 고착시킬 위험이 있다. 이런 위험 때문에 많은 이가 '정체성 정치'와의 관계를 단순히 끊어 버리거나 문화적 투쟁 일체를 폐기하고자 했다는 것은 놀랄 일이 아니다. 이 말은 어떤 이들에게는 젠더, 섹슈얼리티, '인종', 에스니시티보다 계급이 우선적일 수 있다는 의미다. 다른 이들에게 이러한 문제는 경제주의를 부활시켜야 함을 의미할 수도 있다. 그리고 또 다른 이들에게 이것은 통제할 수 없는 모든 '소수자주의적'minoritatian 주장을 거부하고 세속주의, 보편주의 혹은 공화주의와 같은 이름을 가진 다수자의 규범에 동화될 것을 주장해야 함을 의미할 수도 있다.

이런 반응들은 이해할 만하지만 매우 잘못된 길로 나아간 것이기도 하다. 모든 형식의 인정 정치가 똑같이 치명적인 것은 아니기 때문이다.

몇 가지 인정 형식은 재분배만으로는 개선할 수 없는 심각한 부정의들에 대한 해방적 대답을 독자적으로 제시한다. 더욱이 문화는 타당한, 심지어 필연적인 투쟁 영역이며, 그 자체의 부정의를 갖는 현장으로서 경제 불평등과 깊이 연루되어 있다. 제대로 이해하기만 한다면 인정 투쟁은 권력과 부의 재분배를 도울 수 있으며 차이의 심연을 가로지르는 상호작용과 협력을 촉진할 수 있다.

이 모든 가능성은 인정에 접근하는 방식에 달려 있다. 내가 여기서 주장하고자 하는 것은 우리가 대체와 물화의 문제를 풀거나 적어도 완화시킬 수 있는 방식으로 인정 정치를 재고할 필요가 있다는 것이다. 이는 인정 투쟁을 재분배를 대체하거나 파괴하는 것이 아니라 오히려 재분배와 통합될 수 있는 것으로 개념화하는 것을 의미한다. 이는 또한 인정을 물화나 분리주의를 촉진시키는 것이 아니라 복잡한 사회 정체성들 전체를 조화시킬 수 있는 것으로 설명하는 방식을 발전시키는 것을 의미한다. 여기서 나는 인정을 그런 방식으로 재고할 것을 제안하고자 한다.

정체성 왜곡으로서의 무시?

인정 정치에 대한 통상적인 접근——나는 이를 '정체성 모델'이라고 부를 것이다——은 정체성이 대화적이며 상호 인정의 과정을 통해 구성된다는 헤겔의 생각에서 출발한다. 헤겔에 따르면 인정은 주체들 간의 이상적 상호 관계를 만들어 내며, 이 관계 속에서 각 주체는 타자를 자신과 동등하면서도 분리된 것으로 인식한다. 인정 관계는 주체성의 핵심이다. 다시 말해 우리는 오직 타자를 인정하고 타자의 인정을 받음으로써만 개별 주체가 된다는 것이다. 따라서 타자로부터 오는 인정은 자아감을 발전시키는 데 본질적이다. 인정받지 못한다는 것——혹은 '무시된다는 것'——은 자기 자신과의 관계가 왜곡되고 자신의 정체성이 손상되는 고통을 겪는다는 것이다.

정체성 모델의 옹호자들은 헤겔주의적 인정 도식을 문화적이고 정치적인 영역의 언어로 가져온다. 그들의 주장에 따르면 지배 문화에 의해 평가절하된 집단에 속하는 것이 바로 무시당하는 것이며, 자기 자신과의 관계가 왜곡distortion되는 고통에 처하게 되는 것이다. 인정받지 못하는 집단의 구성원들이 타자를 낙인찍는 지배적 문화의 시선을 반복적으로 대면하게 되면, 부정적인 자아 이미지를 내면화하게 되어 자기 고유의 건강한 문화 정체성을 발전시키는 것을 방해받게 된다. 이러한 관점에서 볼 때 인정 정치는 지배 문화가 비하하는 집단상象에 대항해 투쟁함으로써 내면화된 자아-탈구self-dislocation를 개선하고자 한다. 인정 정치는 무시당한 집단의 구성원들이 그러한 자아상을 부정함으로써 새로운 자아를 펼칠 것을 제안한다. 내면화된 부정적 정체성을 폐기함으로써 그들 자신의 자기 긍정적인 문화를 집단적으로 생산해야 한다는 것이다. 이 권리가 공적으로 행사될 때 대체로 그들은 사회적 존중과 존경을 획득할 수 있다. 이것이 성공을 거두는 경우 그들은 인정을, 즉 왜곡되지 않은 자기 관계를 얻게 된다.

의심의 여지 없이 이러한 정체성 모델은 인종차별, 성차별, 식민화 그리고 문화 제국주의가 어떤 심리학적 결과를 가져오는지를 몇 가지 측면에서 정말 잘 통찰하고 있다. 그러나 정체성 모델은 이론적·정치적으로 문제가 있다. 인정 정치가 정체성 정치와 동일한 것으로 생각될 때 인정 정치는 집단 정체성을 물화시킬 뿐 아니라 재분배의 정치 또한 대체해 버릴 위험을 촉진하게 된다.

우선 정체성 정치가 재분배 투쟁의 자리를 대신하는 경향으로 나아가게 되는 경로들을 고려해 보자. 경제 불평등이라는 주제에 대해서는 대체로 침묵한 채 정체성 모델은 무시를 독자적으로 존재하는free-standing 문화 손상으로 취급한다. 다시 말해서 정체성 정치의 옹호자 중 많은 이가 분배 부정의를 모두 묵살하고 문화를 바꾸려는 노력에만 전적으로 집중한다. 이와 대조적으로 다른 이들은 분배의 심각성을 받아들이면서 진정으로 이를 개선하고자 한다. 그러나 결국 두 흐름은 재분배 주장의 자리를 대체하는 것으로 종결된다.

첫번째 흐름은 무시를 문화적 평가절하의 문제로 본다. 부정의는 비하하는 재현에 뿌리내리고 있지만 이 재현은 사회적 토대를 갖는 것으로 나타나지 않는다. 이러한 흐름에서 문제 덩어리는 토대 없이 부유하는 free-floating 담론이지 **제도화된** 의미화나 규범이 아니다. 그들은 문화를 본질인 것처럼 실체화하면서hypostatizing 무시를 제도적 매트릭스에서 분리시키고 있으며 무시가 분배 부정의와 얽혀 있음을 망각한다. 가령 그들은 (노동 시장에 제도화되어 있는) '여성성'의 코드를 갖는 행위들을 평가절하하는 남성 중심적 규범과 여성 노동자의 저임금 사이의 연관 관계를 보지 못할 수도 있다. 마찬가지로 그들은 사회복지 시스템 내에서 동성애를 탈법화시키는 이성애 중심적 규범이 게이·레즈비언에게 돌아가는 자원과 혜택의 부정의와 체계적으로 연결되어 있음을 간과할 수도 있다. 그러한 연관을 제대로 보지 못하기에 그들은 무시를 사회-구조적 토대와는 관련 없는 것으로 보면서 이를 왜곡된 정체성의 문제로만 취급한다. 결국 정체성 정치로 축소된 인정 정치는 재분배 정치를 대체한다.

정체성 정치의 두번째 흐름은 잘못된 분배maldistribution를 이런 방식으로 단순히 묵살하지는 않는다. 이 흐름은 문화 부정의가 종종 경제 부정의와 연결된다는 것을 진심으로 받아들이긴 하지만 그 연관성을 잘 못 이해한다. 이러한 관점의 지지자들은 현 사회를 '문화주의적'으로 보는 것에 실질적으로 동의하면서 잘못된 분배를 그저 무시의 이차적 효과로 가정한다. 그들에게 경제 불평등은 단순히 문화적 위계의 표현일 뿐이다. 다시 말해 계급 억압은 프롤레타리아 정체성을(또는 미국에서 말하듯 '계급주의'를) 문화적으로 평가절하하는 상부구조의 효과이다. 이러한 견해에 따르면 모든 잘못된 분배는 인정 정치를 통해 간접적으로 개선될 수 있다. 즉 부당하게 평가절하된 정체성에 그 가치를 재부여하는 것이 바로 경제 불평등의 심층 근원을 공격하는 일이 되는 것이다. 따라서 이들은 재분배 정치가 따로 필요하다고 보지 않는다.

이런 방식으로 문화주의적 정체성 정치의 옹호자들은 단순히 이전의 천박한 경제주의적 맑스주의의 주장을 역전시킨다. 그들은 인정 정치가 분배 정치의 자리를 대신하도록 만든다. 마치 천박한 맑스주의가 한때 인정 정치의 자리에 분배 정치를 위치시켰던 것처럼 말이다. 사실상 천박한 문화주의는 천박한 경제주의가 그랬듯이 현대 사회를 이해하는 데 더 이상 적합하지 않다.

만약 우리가 상대적으로 자율적인 시장이 존재하지 않는 사회, 즉 문화 가치 패턴이 인정 관계뿐 아니라 분배까지도 규제하는 사회에 살고 있다면 문화주의에 의미가 있을 수도 있다. 그러한 사회에서 경제 불평등과 문화적 위계는 말끔하게 하나로 용해되어 있을 것이기 때문이다. 정체성 가치 절하depreciation는 완벽하게 그리고 직접적으로 경제 불평등으로 번역될 수 있을 것이며 무시는 잘못된 분배를 직접적으로 포함하게 될 것이다. 그러므로 두 가지 형식의 부정의는 한꺼번에 개선될 수 있을 것이며 무시를 시정하는 성공적인 인정 정치는 잘못된 분배 역시 거스를 수 있을 것이다. 그러나 어떤 경제적 관계도 포함하지 않는 순수한 '문화적' 사회라는 이념——이것은 몇 세대의 인류학자들을 매혹시켰다——은 작금의 현실과 거리가 멀다. 현실적으로 모든 사회에는 시장화가 어느 정도 침투해 있으며, 경제적 분배 기제는 문화적 가치·위신의 패턴으로부터 부분적으로나마 분리되어 있다. 문화 패턴으로부터 부분적으로 독립되어 있는 시장은 그 자체의 논리에 따르기에 문화에 의해 전적으로 강제되거나 문화에 종속될 수 없다. 결과적으로 시장은 단순한 정체성 위계로 표현될 수 없는 경제 부정의를 창출한다. 이러한 조건에서 모든 잘못된 분배를 인정 정치를 통해 개선할 수 있다는 생각은 완전히 착각이다. 경제 정의를 위한 투쟁이 다른 것으로 대체될 수 있다는 생각은 이러한 착각의 결과이다.

그러나 문제가 되는 것은 대체만이 아니다. 인정에 대한 정체성 정치 모델은 정체성을 물화하는 경향도 갖는다. 진정한, 자기 긍정적인 그리고 자기 창출적인 집단 정체성을 승화하고 전시할 필요를 강조하는 가운데 정체성 정치 모델은 개별 구성원이 주어진 집단 문화에 순응해야 한다는 도덕적 압력을 행사한다. 사람들은 대항 문화나 문화적 실험을 그저 집단에 대한 불충과 같은 것으로 여기면서 이를 단념시킨다. 이는 젠더·섹슈얼리티·계급과 같은 집단 내의 구분을 설명하고자 하는 문화 비평의 경우에도 마찬가지다. 가령 정체성 모델은 종속된 문화 내에 존재하는 가부장주의의 가닥들을 정밀 검토하지는 않은 채, 그러한 가부장제 비평 자체를 '진정성이 없는 것'으로 낙인찍는다. 그 결과 대개 정체성 모델은 단 하나의 극적으로 단순화된 집단 정체성을 전제하게 된다. 즉 정체성 모델은 인간 삶의 복합성, 그 정체성의 다층성 그리고 인간들의 다양한 제휴에서 발생하는 횡단적 끌림 등을 부정하게 되는 것이다. 여기서 아이러니하게도 정체성 모델은 무시를 실어 나르는 수단이 된다. 집단 정체성을 물화함으로써 이 모델은 결국 문화적 동일화의 정치를 뒤흔드는 투쟁, 문화 정체성을 대표하는 권위 집단——그리고 권력 집단——내에서 발생하는 투쟁을 이해할 수 없게 된다. 이러한 투쟁을 시야에서 배제함으로써 그러한 접근은 지배적 분파의 권력을 은폐하고 집단 내 지배를 강화시키게 된다. 따라서 정체성 모델은 너무나 쉽게 순응주의·편협성·가부장주의를 양산하는 억압적 형식의 공동체주의가 된다.

게다가 역설적이게도 정체성 모델은 스스로 다짐한 헤겔주의적 약속을 부정하는 경향마저 보인다. 이 모델은 정체성을 대화적인 것으로, 다른 주체와의 상호작용을 통해 구성되는 것으로 보는 데서 시작했지만 결국은 독백을 안정화시키며 끝난다는 것이다. 무시당한 사람들이 스스로 자신의 정체성을 구성할 수 있으며 또 그래야 한다고 주장하면서 말이다. 뿐만 아니라 정체성 모델은 한 집단이 오롯이 그 자신의 관점에서 이해될 권리를 갖는다고 생각한다. 이 말은 집단의 정당화가 외적 시각에서 다른 주체를 보거나 타자의 자기 해석에 이의를 제기하는 가운데 이루어지지 않는다는 것이다. 따라서 다시금 정체성 모델은 대화적 관점에 대립하여 문화적 정체성을 자체적으로 창출되고 기술되는 것으로 만든다. 여기서 누군가의 문화적 정체성은 타자에게 부수적인 의견이 될 뿐이다. '진정한' 집단적 자아 재현을 위해 공적 영역에서 일어날 수 있는 모든 도전을 피하려는 이러한 종류의 정체성 정치에서 차이를 가로지르는 사회적 상호작용이 발전하기란 거의 불가능하다. 반대로 이러한 정체성 정치는 분리주의나 폐쇄적 소수 집단의 고립화를 촉진할 뿐이다.

따라서 정체성 모델을 통해 인정에 접근하는 방식은 심각한 결함을 갖는다. 그것은 이론적 결핍과 정치적 문제를 낳는다. 그것은 인정 정치

를 정체성 정치와 동치시킴으로써 집단 정체성의 물화 및 재분배 정치의
대체를 조장한다.

지위 종속으로서의 무시

이러한 결론에 따라 나는 인정에 접근하는 대안적 방식을 제안하고자 한
다. 즉 인정을 사회적 지위status의 문제로 다루자는 것이다. 이 시각에서
인정되어야 하는 것은 특수한 집단 정체성이 아니라 개별 집단 구성원의
지위, 즉 사회적 상호작용의 온전한 파트너로서의 지위이다. 이렇게 되면
무시는 집단 정체성의 가치 절하와 기형화를 의미하는 것이 아니라 사회
적 종속을 의미하게 된다. 사회적 종속이란 사회적 삶에 동료로 참여하
는 것을 방해받고 있음을 의미한다. 이러한 부정의를 시정하기 위해 요
구되는 것은 여전히 인정 정치이지만, '지위 모델'에서 부정의는 더 이상
정체성 문제로 환원되지 않는다. 오히려 인정 정치는 무시되는 분파party
를 나머지와 동등한 수준에서 참여 능력이 있는 온전한 사회 구성원으로
만듦으로써 종속을 극복하려는 정치를 의미한다고 할 수 있다.

이를 설명하면 다음과 같다. 인정을 지위의 문제로 보는 것은 제도
화된 문화 가치 패턴들이 사회적 행위자와 관련된 위치에 미치는 영향을
고려하여 그 패턴들을 검토한다는 것을 의미한다. 그 패턴들이 행위자들
을 동등한 수준에서 사회적 삶에 참여할 수 있는 동료로 구성한다면, 그
때 우리는 상호 인정과 지위 동등성에 대해 말할 수 있게 된다. 반대로 제
도화된 문화 가치 패턴들이 몇몇 행위자를 열등하고 배제되며 전적으로
다른 것 혹은 단순히 비가시적인 것으로—다른 말로 하자면 사회적 상
호작용의 온전한 파트너가 되지 못하게—구성한다면, 그때 우리는 무

시와 지위 종속에 대해 말할 수 있다. 지위의 관점에서 볼 때 무시는 정신의 기형화나 독자적 문화 손상이 아니다. 여기서 무시는 제도화된 사회적 종속 관계이다. 무시는 단순히 타인의 태도, 신념이나 재현을 병든 것으로 보거나 업신여기는 것 혹은 평가절하하는 것이 아니다. 무시는 오히려 사회적 상호작용에서 온전한 파트너로서의 지위를 부정하는 것이다. 무시는 그 사람을 상대적으로 존중하거나 존경할 가치가 없는 것으로 구성하는 제도화된 문화 가치 패턴의 결과이다.

더욱이 지위 모델에서 무시는 토대 없이 부유하는 문화적 재현이나 담론을 통해 매개되는 것이 아니다. 우리가 보았듯, 무시를 저지르는 것은 제도화된 패턴이다. 즉 무시는 동등parity을 방해하는 문화적 규범에 따라 상호작용을 규제하는 사회적 제도의 작동을 통해 수행된다. 이러한 무시의 한 가지 예로 혼인법을 들 수 있다. 이 법은 동성 파트너십을 불법적이고 변태적인 것으로 결혼에서 제외시킨다. 싱글맘을 성적으로 무책임한 식객 정도로 낙인찍는 사회복지 정책도 있다. 그 밖에 인종적 특징을 가진 사람을 범죄와 연관시키는 '인종 프로파일링' 같은 정책 실천도 있다. 이 모든 경우에 상호작용은 제도화된 문화 가치 패턴에 의해 규제되는데, 이 패턴 안에서 일부 사회적 행위자는 규범적인 것으로, 다른 행위자는 결핍되거나 열등한 것으로 구성된다. 이 패턴에 따르면 '이성애적인 것'은 정상이지만 '게이'는 타락한 것이다. '남성이 가장인 가정'은 적절하지만 '여성이 가장인 가정'은 그렇지 못하다. '백인'은 법을 준수하지만 '흑인'은 위험하다. 이 모든 경우 일부 사회 구성원은 온전하게 파트너로서 상호작용할 수 있는 지위를 부여받지 못하게 된다. 이들은 나머지 구성원들과 동등한 수준으로 참여할 수 없다.

위의 사례가 보여 주듯 무시는 다양한 형식으로 나타날 수 있다. 복잡하고 분화된 오늘날 사회에서 동등을 방해하는 가치들은 다양한 제도 현장에서 질적으로 서로 다른 유형으로 제도화된다. 어떤 경우 무시는 법제화되어 있으며 공식 법률의 코드로 표현되고 있다. 또 다른 경우에 무시는 정부 정책, 행정 코드 혹은 전문가적 실천을 통해 제도화된다. 무시는 또한 비공식적으로 제도화되기도 한다. 관념의 패턴, 지속적 관습 혹은 시민사회의 군어진 사회적 관행 등을 생각해 보라. 그러나 형식상의 차이를 막론하고 이 부정의들의 핵심에는 동일한 것이 있다. 즉 모든 경우에 제도화된 문화 가치 패턴들이 일부 사회 행위자가 사회의 온전한 구성원이 될 수 없도록 만들며, 동료로 참여하지 못하게 만든다.

지위 모델에서 무시는 제도화된 종속의 형식이며 심각한 정의 위반의 형식이다. 무시가 어디서 어떻게 일어나든 인정은 주장될 수 있다. 그러나 정확히 이 말이 무엇을 의미하는지에 주목하라. 지위를 통해 인정에 접근하는 방식은 집단 정체성의 가치를 평가하는 것이 아니라 종속을 극복하는 것을 목적으로 한다. 여기서 인정 주장은 종속된 정치 집단을 동료로서의 타자와 상호작용할 수 있는 온전한 사회적 삶의 파트너로 만들고자 한다. 다시 말해 인정 주장은 참여 동등을 방해하는 문화 가치 패턴들을 탈제도화하고, 그 자리에 참여 동등을 장려하는 패턴을 둘 것을 목적으로 한다. 이제 무시를 시정한다는 것이 의미하는 바는 사회 제도를 바꾼다는 것이다. 좀더 특별하게는 이와 관련된 모든 제도적 현장에서 참여 동등을 방해하는 규제적 상호작용 가치를 변화시키는 것이다. 각각의 경우에 이것이 정확히 어떻게 수행되어야 할지는 무시가 제도화되는 양식에 따라 다르다. 법제화된 형식은 법적 변화를 요구하고, 정책으로 군어진 형식은 정책 변화를 요구하며, 관념의 형식은 관념 변화를 요구한다. 개선 양식과 개선 기관agency은 제도적 현장만큼이나 다양하다. 그러나 각각의 경우에 목표는 동일하다. 즉 무시를 개선한다는 것은 참여 동등을 방해하는 제도화된 가치 패턴을 참여 동등을 가능하게 하는 혹은 촉진하는 패턴으로 바꾸는 것을 의미한다.

　게이와 레즈비언의 참여 동등을 부정하는 혼인법의 경우를 다시 한 번 고려해 보자. 보다시피 부정의의 뿌리는 이성애를 정상으로, 동성애를 타락으로 구성하는 이성애 중심적 문화 가치 패턴의 법적 제도화에 있다. 부정의를 개선하기 위해서는 이런 가치 패턴을 탈제도화하고, 그 자리에 동등을 촉진시키는 대안을 채워 넣을 필요가 있다. 물론 개선은 다양한 방법으로 수행될 수 있다. 한 가지 방법은 지금 이성애적 결합이 향유하는 것과 동일한 인정을 게이와 레즈비언 결합에도 승인하는 것이다. 이것은 동성 결혼을 합법화함으로써 이루어질 수 있다. 다른 방법은 이성애적 결혼을 탈제도화하는 것이다. 기혼자이기에 가능했던 건강 보험과 같은 권리를 더 이상 부여하지 말고 대신 시민권과 같은 다른 토대에 권리를 부여하는 방법이 있을 수 있다. 이 개선안 중 어떤 하나가 다른 것에 비해 선호될 만한 좋은 이유가 있을 수 있겠지만, 원칙적으로 양자는 모두 성적 동등을 촉진하고 이러한 무시의 사례를 시정하게 될 것이다.

　일반적으로 지위 모델은 어떤 유형의 무시 개선책과도 선험적으로 연결되어 있지 않다. 오히려 지위 모델은 광범위한 가능성을 허용하는데, 이 가능성들은 종속된 집단이 동료로 사회적 삶에 참여할 수 있기 위해 정확히 무엇을 필요로 하는지와 연관되어 있다. 어떤 경우 개선책은 과잉 할당되거나 과잉 구성된 특수성distinctiveness의 짐을 벗어던질 필요가 있다. 다른 경우에는 지금까지 승인되지 못했던 특수성을 재고할 필요가 있다. 그 밖의 경우 지배 혹은 이익 집단에 초점을 맞추는 가운데, 보편적인 것으로 잘못 진열되어 왔던 이 집단의 특수성을 폭로할 필요가 있다. 그 외에 다른 대안으로는 부여된 차이를 말로 다듬는 데 일반적으로 쓰이는 용어들을 해체하는 방법도 있을 것이다. 이 모든 경우에 지위 모델은 동등을 방해하는 구체적 질서를 개선하는 데 초점을 맞춘다. 따라서 정체성 모델과 달리 지위 모델은 집단 특수성에 가치를 부여하는 접근 방식에 선험적인 특권을 부여하지 않는다. 오히려 지위 모델은 원칙적으로 차이를 긍정적으로 인정하는 것뿐 아니라, 차이의 보편주의적 인정 혹은 해체주의적 인정이라고 부를 만한 것 또한 허용한다. 다시 한 번 핵심을 말하자면, 지위 모델에서 인정 정치는 정체성에 머물지 않고 제도화된 손상을 치유하는 제도적 개선책을 찾고자 한다. 이러한 인정 정치는 (토대 없이 부유하는 것이 아니라) 사회적으로 토대를 갖는 문화 형식에 초점을 맞추는 가운데 상호작용을 규제하는 가치를 변형시키고, 사회적 삶에서 참여 동등을 촉진시키는 새로운 가치 패턴을 공고히 함으로써 지위 종속을 극복하고자 한다.

지위 모델과 정체성 모델 간에는 이보다 더 중요한 차이가 있다. 지위 모델에서 제도화된 문화 가치 패턴은 참여 동등을 방해하는 유일한 장애물이 아니다. 동등한 참여가 지연되는 것은 일부 행위자가 동료로서 타자와 상호작용하는 데 필요한 자원을 결핍하고 있을 경우에도 발생한다. 이 경우 잘못된 분배는 사회적 삶의 참여 동등을 방해하는 것이며 이러한 점에서 잘못된 분배는 사회적 종속과 부정의의 형식이다. 정체성 모델과 달리 지위 모델은 사회 정의를 두 개의 분석적으로 구분되는 차원, 즉 인정의 차원과 분배의 차원을 포함하는 것으로 이해한다. 인정의 차원은 제도화된 의미와 규범이 이와 연관된 사회적 행위자의 입장에 미치는 영향과 관련되어 있다. 그리고 분배의 차원은 사회적 행위자가 사용할 수 있는 자원의 할당을 포함한다.[1] 이런 점에서 각각의 차원은 분석적으로 구분되는 사회 질서의 측면들과 연관되어 있다. 인정 차원은 사회의 지위 질서, 즉 사회적으로 자리 잡은 문화 가치 패턴들 및 문화적으로 정의된 사회적 행위자 범주——지위 집단——에 의해 만들어진 구조에 해당한다. 여기서 지위 집단은 타자와의 관련 속에서 누리고 있는 명예, 특권 그리고 존경에 따라 구분된다. 반대로 분배 차원은 사회의 경제구조, 즉 소유권 체제와 노동 시장 및 경제적으로 정의된 행위자 혹은 계급 범주에 의해 만들어진 구조에 해당한다. 여기서 행위자와 계급은 자원에 대한 권리를 얼마나 가지고 있느냐에 따라 구분된다.[2]

---

1 사실 더 많은 가능성을 열어 놓기 위해서라도 나는 '적어도 두 개의 분석적으로 구분되는 차원'이라 말해야 한다. 내가 특히 염두에 두고 있는, 참여 동등을 방해하는 제3의 가능한 장애물은 '정치적인 것'이다. 이것은 경제적인 혹은 문화적인 것에 대립되어 있다. 이 장애물은 잘못된 분배나 무시가 없는 경우에도 일부 사람을 체계적으로 주변화시키는 의사 결정 과정을 포함하고 있다. 가령 지역구 선거제의 규칙은 반영구적인 소수자 집단에게 목소리를 부여하지 않는다(이 사례에 대한 통찰력 있는 설명으로는 Lani Guinier, *The Tyranny of the Majority: Fundamental Fairness in Representative Democracy*, New York: Free Press, 1995를 보라). 참여 동등을 방해하는 제3의 정치적 장애물이 가능함을 논하는 부분에서 나는 특히 Max Weber, "Class, Status, Party", in *From Max Weber: Essays in Sociology*, eds. Hans H. Gerth and C. Wright Mills, Oxford: Oxford University Press, 1958의 덕을 보고 있다. 지금 이 글에서 나는 계급과 지위에 대한 베버식의 구분에 맞추어 분배와 인정을 구분하고 있지만 베버 자신의 구분은 원래 두 개가 아니라 세 개, 즉 "계급, 지위 그리고 분파(party)"였다. 그는 참여 동등을 방해하는 제3의 정치적 종류의 방해물을 이론화할 자리를 효과적으로 준비했던 것이다. 여기서 제3의 방해물은 '정치적 주변화 또는 배제'라고 불릴 수 있다. 나는 여기서 이러한 제3의 가능성을 발전시키기보다 잘못된 분배와 무시에 한정해 논의하고자 한다. 참여 동등을 방해하는 정치적 장애물에 대한 분석은 다음 기회로 미루기로 한다.

2 이 논문에서 나는 의도적으로 맑스주의적 계급 개념이 아니라 베버주의적 계급 개념을 사용한다. 따라서 나는 행위자의 계급 위치를 그/녀가 생산수단과 맺고 있는 관계가 아니라 그/녀가 시장과 맺고 있는 관계의 견지에서 이해한다. 이러한 **경제적** 범주로서의 베버주의적 계급 개념이 분배를 정의의 규범적 차원으로 보고자 하는 나의 관심에 더 적합하다. 맑스주의적 계급 개념은 **사회적** 범주로서 나의 관심에 적합하지 않다. 그럼에도 불구하고 나는 '자본주의 생산양식'을 사회적 전체성으로 보는 맑스주의적 사고를 거절하고 싶지는 않다. 반대로 나는 그러한 사고방식이 지위와 계급에 대한 베버의 이해가 위치하고 있는 포괄적인 틀

뿐만 아니라 두 차원은 각각 분석적으로 구분되는 부정의 형식과 연관되어 있다. 앞서 보았듯 인정 차원과 관련된 부정의는 무시다. 반대로 분배 차원에 상응하는 부정의는 잘못된 분배로, 이로 인해 경제 구조, 소유권 체제, 노동 시장은 온전한 참여를 위해 행위자들이 필요로 하는 자원을 박탈한다. 각각의 차원은 결국 분석적으로 구분되는 종속의 형식에 상응한다. 즉 앞서 보았듯이 인정 차원은 지위 종속에 상응하는데 이는 제도화된 문화 가치 패턴에 뿌리를 두고 있다. 반면 분배 차원은 경제적 종속에 상응하는데 이는 경제 체계의 구조적 특징에 뿌리내리고 있다.

일반적으로 지위 모델은 인정의 문제를 좀더 큰 사회적 틀 내에 위치시킨다. 지위 모델의 관점에서 볼 때 사회는 문화적 사회 질서 형식뿐 아니라 경제적 질서 형식까지도 포괄하는 복합적 장으로 나타난다. 모든 사회에서 이러한 두 가지 형식의 질서는 서로 뒤얽혀 있다. 그러나 자본주의적 조건하에서도 하나는 다른 하나로 완전히 환원될 수 없다. 경제적 차원은 문화적 차원으로부터 상대적으로 분리된다. 전략적 행위가 지배하는 시장 영역은 가치 규제적 상호작용이 지배하는 비시장 영역과 다르다. 결과적으로 경제적 분배는 특권의 구조로부터 부분적으로 분리된다. 이런 점에서 자본주의 사회에서 경제적 할당이 문화 가치 패턴을 완전히 좌지우지하지도(이는 문화주의적 사회 이론에 반대되는 것이다), 계급 불평등이 지위 위계에 그대로 반영되지도 않는다. 오히려 잘못된 분배는 부분적으로 무시와 구분된다. 따라서 지위 모델에서 볼 때 모든 분

<hr />

을 설명하는 데 유용하다고 생각한다. 따라서 나는 맑스와 베버를 반정립적인, 화해 불가능한 사상가로 보는 표준적 관점을 기각한다. 베버식의 계급 정의에 대해서는 Weber, "Class, Status, Party", in *From Max Weber* 참조.

배 부정의가 인정을 통해 극복될 수 있는 것은 아니다. 재분배 정치 역시 필수적이다.[3]

그렇다고 자본주의 사회에서 분배와 인정이 서로 말끔하게 분리되는 것도 아니다. 지위 모델에서 두 차원은 서로 뒤얽혀 있으며 서로 인과적으로 상호작용한다. 수입 분배와 같은 경제 쟁점의 근저에는 인정의 맥락이 뒤얽혀 있다. 즉 노동 시장에 제도화된 가치 패턴은 '남성'과 '백인'으로 코드화되는 행위에 특권을 부여할 수 있는 반면 '여성'과 '흑인'으로 코드화된 활동은 특권에서 배제한다. 반대로 인정 쟁점의 근저에는—가령 미적 가치판단의 근저에는—분배의 맥락이 놓여 있다. 즉 경제적 자원에 대한 접근성이 줄어들면 예술 작업에 동등하게 참여하는 것이 방해받을 수 있다.[4] 그 결과 종속은 악순환될 수 있다. 여기서 지위 질서와 경제 구조는 서로를 침범하고 강화한다.

정체성 모델과 달리 지위 모델은 현대 사회를 좀더 폭넓게 이해하는 가운데 무시 현상을 관찰한다. 지위 모델의 관점에서 지위 종속은 경제 질서로부터 고립된 것으로 이해될 수 없으며, 따라서 인정은 분배와 동떨어진 것으로 이해될 수 없다. 반대로 두 차원을 함께 고려할 때만 우리

---

3 현재 자본주의 사회에서 잘못된 분배와 무시, 계급과 지위가 서로 환원될 수 없음을 충분히 논의하고 있는 글로는 이 책에 실린 나의 「이성애 중심주의, 무시 그리고 자본주의: 주디스 버틀러에 대한 답변」과 "Social Justice in the Age of Identity Politics: Redistribution, Recognition, and Participation", in Nancy Fraser & Axel Honneth, *Redistribution or Recognition?: A Political-Philosophical Exchange*, trans. Joel Golb, James Ingram and Christiane Wilke, London: Verso, 2003[『정체성 정치 시대의 사회 정의: 분배, 인정, 참여』, 『분배냐 인정이냐?: 정치철학적 논쟁』, 김원식·문성훈 옮김, 사월의책, 2014] 참조.

4 다소 환원적이지만 이 쟁점에 대한 설득력 있는 설명으로는 Pierre Bourdieu, *Distinction: A Social Critique of the Judgement of Taste*, trans. Richard Nice, Cambridge, MA: Harvard University Press, 1984[『구별 짓기』, 최종철 옮김, 새물결, 2005] 참조.

는 그 경우에 참여 동등을 방해하고 있는 것이 무엇인지를 결정할 수 있다. 지위가 경제적 계급과 어떻게 복잡하게 얽혀 있는지를 끝까지 캐내알아낼 때만 우리는 부정의를 시정하는 가장 좋은 방식이 무엇인지를 결정할 수 있다. 지위 모델은 재분배 투쟁을 쫓아내는 경향에 반하여 작동한다. 무시가 독립적으로 존재하는 문화적 손상이라는 생각을 거부하면서 이 모델은 지위 종속이 종종 재분배 부정의와 연관되어 있음을 인정한다. 문화주의적 사회 이론과 달리 이 모델은 이러한 복잡한 연관성을 피해 지름길을 택하지 않는다. 모든 경제 부정의가 인정을 통해서만 극복될 수 있는 것이 아님을 받아들이면서 지위 모델은 인정 주장을 재분배 주장과 확실히 통합시키는 접근법을 채택한다. 그리고 이를 통해 대체의 문제를 누그러뜨린다.

지위 모델은 또한 집단 정체성의 물화도 피해 간다. 우리가 보았듯 지위 모델의 설명에서 인정은 집단의 특수한 정체성이 아니라 온전한 사회적 상호작용 파트너로서의 개인의 지위를 요구한다. 상호작용 능력에 미치는 제도화된 규범의 영향력에 초점을 맞추기 때문에 이 모델은 사회 변화를 추동하기 위해 문화를 본질화하거나 정체성을 실체화하지 않는다. 마찬가지로 지위 모델은 무시되었던 기존 집단 정체성의 가치를 고정하는 개선책을 특권화하지 않기 때문에 작금의 배치를 본질화하거나 역사적 변화를 지체시키지 않는다. 마지막으로 지위 모델은 참여 동등을 규범적 기준으로 만듦으로써 인정 주장을 공적 정당화의 민주적 과정 안에 포섭시킨다. 이를 통해 지위 모델은 진정성의 정치가 빠질 수 있는 권위주의적 독백을 피할 수 있게 되며, 분리주의나 집단의 고립화에 반대되는 초문화적 상호작용의 가치를 상승시킬 수 있게 된다. 지위 모델은 퇴행적 공동체주의로 빠지기보다 이에 대항하여 작동한다.

결론

요약하자면 오늘날 인정 투쟁은 종종 정체성 정치의 행색을 하고 있는 것으로 보인다. 이러한 인정 투쟁은 종속된 집단을 비하하는 문화적 재현에 반대하는 것을 목적으로 한다. 그러나 이렇듯 인정 투쟁이 '진정한' 집단 정체성을 제의하는 한, 그래서 차이를 가로지르는 상호작용을 촉진하기보다 분리주의·순응주의·편협성을 강화하는 한, 인정 투쟁은 무시의 문제를 제도적 매트릭스에서 분리시키고 정치경제와의 연결성으로부터 차단시키게 된다. 그 결과 대체로 두 가지 불행이 나타나게 된다. 즉 많은 경우 인정 투쟁은 즉각적으로 경제 정의를 위한 투쟁을 대체하는 경향으로 나타나거나 퇴행적 형식의 공동체주의를 촉진하게 된다.

그러나 인정 정치를 거부하는 것만이 능사가 아니다. 이는 수많은 사람이 몇 가지 인정을 통해 개선될 수도 있을 심각한 부정의로 인해 고통받도록 저주하는 꼴이 될 것이다. 오히려 필요한 것은 대안적인 인정 정치다. 즉 대체와 물화를 작동시키지 않으면서 무시를 개선할 수 있는 비-정체성 중심적 정치가 필요하다. 내가 주장해 왔듯 지위 모델은 이를 위한 토대를 제공한다. 인정을 지위의 문제로 이해함으로써 그리고 이를 통해 인정이 경제적 계급과 갖는 연관을 검토함으로써 우리는 재분배 투쟁의 대체라는 문제를 완전히 해소할 수는 없지만 적어도 이를 누그러뜨리는 단계들을 밟아 나갈 수는 있다. 또한 정체성 모델을 피함으로써 우리는 집단 정체성을 물화하는 위험한 경향을 완벽하게 떨쳐 버릴 수는 없지만 적어도 이를 차츰 줄여 갈 수는 있게 될 것이다.

참여 동등에 대해 논하기
낸시 프레이저의 사회 정의 구상에 대하여

크리스토퍼 F. 주언

1. 서론 : 비판 사회 이론의 임무

지난 10년간 낸시 프레이저는 포괄적이면서도 예리한 비판 사회 이론을
발전시켰는데, 그 이론은 칼 맑스의 경구를 사용하자면 "스스로[비판 철
학—인용자]에게 자신의 투쟁과 자신의 욕망의 의미를 명확히 하는 우리
시대의 연구"를 발전시킬 수 있거나, 혹은 막스 호르크하이머의 개념을
사용하자면 해방적 의지가 담긴 적절한 학제 간 사회 이론으로 간주될
수 있는 것이었다.[1] 그러면 학제 간 사회 이론이자 해방을 지향하는 비판
의 필요조건은 무엇일까? 일단 무엇보다도 이론은 사회에 대한 이론을
제시해야 한다. 즉 이론은 사회적·제도적 구조들, 문화적 해석들, 인성 구

---

1 Karl Marx, "For a Ruthless Criticism of Everything Existing"(Letter to Arnold Ruge,
September 1843), in *The Marx-Engels Reader*, ed. Robert C. Tucker, New York:
W. W. Norton & Company, 1978, p. 1; Max Horkheimer, "The Social Function of
Philosophy" and "Traditional and Critical Theory" in *Critical Theory: Selected Essays,*
trans. Matthew J. O'Connell, New York: Continuum, 1992.

조들과 그와 유사한 것들이 왜 현재와 같은 특정한 형식을 취하고 있는지를 일정하게 묘사 그리고/혹은 설명해야 한다. 그러나 또한 비판 사회 이론은 단순한 사회학 혹은 사회심리학 혹은 이러한 것들의 결과의 조합을 넘어, 해방이 무엇을 의미하는지에 대한 일정한 형태의 설명을 필요로 한다. 다시 말해 적어도 다양한 제도 형태, 사회적 기대, 문화적 해석 혹은 그 이외의 어떤 것들이 해방적이지 않고 부당하고 억압적이고 종속적이고 혹은 그 밖의 부정적 느낌의 무엇이라고 비판할 때, 비판 사회 이론이 환기하는 규범적 기준이 사용될 것이다. 물론 최종적으로, 지난 30년간의 독일 비판 사회 이론 흐름에 익숙한 사람은 누구든 잘 알 수 있듯, 비판 사회 이론은 또한 그것이 사용하는 증거의 기준, 그것이 현대 사회를 탐구하기 위해 사용하는 절차, 그것의 규범적 관점 등등을 정당화하는 방식 등에 대해 상당한 정도의 철학적 성찰성reflexivity을 요구한다. 다시 말하자면 해방적 지향을 담은 학제 간 이론은 적어도 세 가지 종류의 성찰에 의해 지지된다. 첫번째는 다소 포괄적인 사회 이론인데, 이는 현시대의 우리 상황, 즉 '우리 시대 투쟁의 의미'에 대해 우리가 있는 그대로 경험적으로 정확하게 이해할 수 있도록 해준다. 두번째는 '우리 시대의 욕망'들이 가치 있는 욕망인지에 대한 설명인데, 이러한 욕망들은 우리가 정확한 투쟁으로 나아갈 수 있도록 해준다. 그러므로 여기에서 우리는 현재 사회를 이해하는 데 사용된 규범적 기준에 대한 설명이 필요하게 된다. 세번째는 '스스로에게 현재 우리 시대를 명확히 하는 비판 철학'의 요구들이다. 여기서 비판 사회 이론은 그 자신의 방법론적 절차들과 합리성 기준들에 대해 철학적으로 성찰적인 설명을 필요로 한다.

그런데 모든 비판 사회 이론이 갖춰야 하는 네번째의 필요물이 있다. 더 좋은 단어가 없기 때문에 여기서는 이것을 '통찰력'perspicacity이라고 부르고자 한다. 즉 이론이 중요한 것으로 선택한 그 시대의 투쟁과 소망은 이론이 갖고 있는 현재 사회 구성체를 분석하는 방식과 현재를 특정하게 분석하는 시각을 통해 우리가 관여해야 하는 중요한 사회 조건, 사회 변화, 사회 행위자가 무엇인지를 성찰적으로 보여 주어야 한다. 다른 방식으로 통찰력의 필요조건perspicacity requirement을 말하자면, 결국에는 비판 사회 이론이 중요한 실천적 쟁점으로 제기하는 문제를 뒤덮어 버릴 만큼 비판 사회 이론의 사회 이론적, 규범적, 방법론적 임무가 너무나도 과도하거나 지나치게 성찰적이어서 해당 문제의 본질을 망각하게 해서는 안 된다는 것이다. 경험적 사회 이론이 아무리 정확하다고 해도, 규범적 틀이 아무리 난공불락이라고 해도, 이론에 대한 방법론적 자기 이해가 아무리 설득력 있다고 해도, 비판 사회 이론이 우리 시대의 실제 투쟁과 소망에 대해 통찰력 있고 실천적으로 유용한 것을 말하지 않는다면, 결국 그것은 목표를 상실한 것이다.

나는 현재의 다른 사회 이론들처럼 낸시 프레이저의 비판 사회 이론이 처음 세 가지 임무는 잘 수행하고 있다고 생각한다. 그리고 프레이저의 이론은 대부분의 다른 이론보다 통찰력의 필요조건을 더 잘 충족하고 있다고 말하고 싶다. 왜냐하면 그 이론은 세계의 진보적 변화를 위한 전망과 방안 속에서 우리가 발견하게 되는 사회 세계에 대해 더 통찰력 있는 이론을 제공하기 때문이다. 최근 그녀가 악셀 호네트와 공동 집필한 책에서 이러한 통찰력이 분명히 드러나는데, 프레이저는 이전보다 더욱 지구화되고 상호 연결되어 있으며 문화적으로 다원화된 세상에 대해 이야기하고 있다. 그 책에서 그녀는 특정한 방식으로 누군가의 이득을 위해서 다른 누군가의 사회적 종속과 억압을 영속화하고 강화하는 그런 세상에서 사회 정의를 증진시키기 위해 현재의 사회적 현실, 신사회운동,

현재 진행 중인 투쟁의 상이한 여러 측면에 관한 몇 가지 흥미로운 점들을 이야기하고 있다.[2] 그러나 나는 여기서 그녀의 비판 사회 이론의 유의미성을 광범위하게 입증하기보다는 다음과 같은 더 제한적인 수준의 성찰을 제시하고자 하는데 이것은 두 부분으로 나뉜다. 첫번째 부분에서 나는 프레이저의 관점이 갖는 주요 특징의 일부를 간단히 요약할 텐데, 이를 통해 이러한 특징이 그녀의 비판 사회 이론이 갖는 힘에 어떻게 기여하는지 주목할 것이다. 그러고 나서 두번째 부분에서는 좀더 비판적인 성찰을 하고자 하는데, 특히 그녀가 자신의 이론에서 매우 중요한 틀로 제안하는 '참여 동등'이라는 규범적 기준을 더 살펴보고자 한다. 다른 곳에서 나는 그녀 주장의 방법론적 접근과 사회 이론적 접근, 특히 인정을 위한 사회적 투쟁을 이해하기 위해 베버주의적 범주를 사용한 것에 비판적 관심을 기울였는데, 여기서는 그러한 주제들을 참여 동등에 대한 비판적 성찰을 이끄는 간단한 도입 정도로만 다룰 것이다.[3]

2. 프레이저의 독특한 주장들

먼저 간단하게 그녀 이론의 세 가지 독특한 특징을 강조해 보자. 다음과

---

2 Nancy Fraser and Axel Honneth, *Redistribution or Recognition?: A Political-Philosophical Exchange*, trans. Joel Golb, James Ingram, and Christine Wilke, London: Verso, 2003[『분배냐 인정이냐?: 정치철학적 논쟁』, 김원식·문성훈 옮김, 사월의책, 2014].

3 Christopher F. Zurn, "Identity or Status?: Struggles over 'Recognition' in Fraser, Honneth, and Taylor", *Constellations* 10: 4, 2003, pp. 519~537; "Group Balkanization or Societal Homogenization: Is There a Dilemma between Recognition and Distribution Struggles?", *Public Affairs Quarterly* 18: 2, 2004, pp. 159~186.

같은 특징으로 인해 그녀의 이론은 다른 이론보다 현대 사회를 더 폭넓고 잘 이해할 수 있게 된다. 즉 그녀의 이론은 ① 잘못된 분배와 무시 양쪽에 초점을 맞추는 이가적bivalent 사회 이론, ② 무시를 개인 정체성에 대한 손해보다는 지위 종속으로 설명하는 것, ③ 정의의 규범적 기준을 참여 동등의 관점에서 파악하는 것을 특징으로 한다.

첫째, 그리고 아마도 가장 유명한 것일 텐데, 프레이저는 현대 사회의 가장 두드러진 부정의들을 잘못된 분배나 무시 어느 한쪽에만 배타적으로 초점을 두는 사회 이론으로는 이해할 수 없다고 말한다. 오히려 우리는 (적어도) 이가적 혹은 두 개의 초점 이론이 필요하다. 다시 말해 정치경제의 계급 구조를 원인으로 하는 부정의와 제도적으로 정박된 지위 위계를 원인으로 하는 부정의들에 동시적으로 관심을 갖지만 하나의 부정의 차원을 다른 하나로 환원하지 않는 그런 이론이 필요하다.[4] 그녀는 사회 질서의 어느 한쪽 차원의 관점에서 모든 부정의를 설명하고자 하는 사회 이론은 필연적으로 그 이론이 포착하고자 하는 현상을 결국 왜곡시킬 것이라고 주장한다. 또한 더 걱정스러운 것은 부정의와 싸우는 데 있어 비효율적이거나 심지어 역효과를 낳는 정치 행동 전략을 결국 제안할 것이라는 점이라고 말한다. 결국 모든 사회적 투쟁과 부정의를 정치-경제적 근거로 환원시키고자 하는 이론들, '바보야, 문제는 경제야'

---

4 그녀의 이가적 사회 이론의 본래적 구성은 다음에서 찾아볼 수 있다. Fraser, "Recognition or Redistribution?: A Critical Reading of Iris Young's *Justice and the Politics of Difference*", *Journal of Political Philosophy* 3: 2, 1995; Fraser, *Justice Interruptus: Critical Reflections on the "Postsocialist" Condition*, New York: Routledge, 1997. 그리고 이러한 생각은 아래의 책에서 다소 수정 보완되었다. Fraser and Honneth, *Redistribution or Recognition?*.

라는 구호를 선동하는 사람들은 모욕·폄하·증오에 기반하여 어떤 집단을 평가하는 평가 패턴과 사회 생활에서 특정 집단 성원에게 평등한 역할을 부여하는 것을 거부하는 평가 패턴을 극복하기 위한 사회 투쟁의 중요한 문화적·상징적·평가적 차원을 포착하는 데 요구되는 개념적 자원을 절대 가지지 못할 것이다. 더욱 좋지 않은 것은 그와 같은 경제 중심 이론이 잘못된 분배를 교정하기 위해 권고하는 개선책들이 실제로 억압받는 집단의 성원이 이미 겪고 있는 무시의 패턴을 강화하는 등 의도하지 않은 결과를 야기하기도 한다는 것이다. 예를 들면 수입 정도에 초점을 맞춘 재분배 복지 프로그램의 수혜자들이 겪는 반발적 낙인화backlash stigmatization 같은 것이 있다. 악셀 호네트, 찰스 테일러, 아이리스 매리언 영 같은 인정 이론가들은 계속해서 다음과 같은 점을 지적했다. 즉 물질적 혜택과 사회적 협력 부담의 불균등한 할당에만 배타적으로 초점을 맞추는 순수 분배적 정의 이론은 정체성을 구성하는 집단의 성원 자격에 초점을 둔 신사회운동의 기반이 되는 문화적 평가와 사회적 인정의 비대칭적 구조를 체계적으로 간과하게 된다는 것이다.[5]

반대로 인정 정치를 논하는 여러 이론가는 그러한 통찰을 과도하게 부풀려 왔으며, 경제 부정의를 간과하거나 모든 사회 부정의를 무시의 문제로 환원하는 실수를 범했다. 이와 같은 환원주의적이고 '단일 초점

---

5 Axel Honneth, *The Struggle for Recognition: The Moral Grammar of Social Conflicts*, trans. Joel Anderson, Cambridge, MA: Polity Press, 1995[『인정 투쟁』, 문성훈·이현재 옮김, 사월의책, 2011]; Charles Taylor, "The Politics of Recognition", in Charles Taylor et al., *Multiculturalism and "The Politics of Recognition": An Essay with Commentary*, Princeton: Princeton University Press, 1992; Iris Marion Young, *Justice and the Politics of Difference*, Princeton: Princeton University Press, 1990.

적인' 인정 이론을 가장 잘 보여 주는 것은 악셀 호네트의 인정 이론이다. 프레이저가 분명히 주장하듯이, 분명 정치-경제 구조에 의해 야기된 많은 부정의를 개인의 가치나 존엄성의 상대적 평가를 통해 이루어지는 미심쩍은 패턴을 가지고 이론적으로 포착할 수 있다는 것은 단순히 생각해도 그럴듯하게 들리지 않는다. 예를 들어 다음과 같은 것들이 있다. 지구화라는 조건 속에서의 탈산업화 문제, 혹은 한 국가에서 다른 국가로 양질의 임금노동 직업이 이동하는 문제나 급격하고 예측 불가능한 글로벌 자본의 이동으로 야기된 불안정성의 문제, 혹은 선진국들로 인해서 저발전 국가들에 표면화되어 나타나는 거대하게 비대칭화된 환경적 부담 문제 같은 것을 생각해 보자. 이러한 문제나 이와 유사한 부정의는 인정 이론들 속에서 포착된 것과 다른 종류의 사회 질서에서 발생한다. 왜냐하면 이런 부정의들의 효과는 문화적 평가나 제도화된 존중 패턴의 구조와 분석적으로 독립적이기 때문이다. 물론 정치-경제와 사회의 문화-상징 질서 사이에는 상호 간의 강화와 간섭이라는 중요한 관계가 있다. 하지만 그러한 상호 관계를 개념적으로 분석하기 위해서는 먼저 그들을 분석적으로 구분하는 이론이 필요하다.[6]

이 점에서 프레이저가 크게 기여한 것은 한 측면을 다른 한 측면으로 부정확하게 환원하지 않고, 사회 제도들의 인정과 분배 차원을 동시에 처리할 수 있는 통찰력 있는 두 개의 초점 이론을 구성해 왔다는 점이다. 오직 그러한 이론만이 경제 부정의와 문화 부정의 형식들 사이에서 발생

---

6 단일 초점의 인정 이론에 분배 부정의를 통합하려 하는 시도로 인해 호네트의 이론이 겪고 있는 사회 이론적 결함에 대한 보다 풍부한 설명으로는 나의 "Recognition, Redistribution, and Democracy: Dilemmas of Honneth's Critical Social Theory", *European Journal of Philosophy* 13: 1, 2005 참조.

하는 상호 관계성, 상호 간섭, 상호 강화, 부정적이거나 긍정적인 피드백 고리에 충분히 관심을 기울일 수 있다. 정리하면 프레이저의 이가적 비판 이론은 한편으로는 '바보야, 문제는 경제야'라고 말하는 이론과 대립하고, 다른 한편으로는 '바보야, 문제는 문화야'라고 주장하는 이론과 대립한다. 만일 무시와 잘못된 분배가 서로 다른 인과관계의 기원을 가지고 있고 서로 다른 논리를 따른다면, 우리는 제도화된 문화 가치 패턴을 바꾸는 것 그 자체만으로 잘못된 분배를 극복할 수 있다고, 혹은 물질적 분배의 경제적 기제를 바꾸는 것 자체만으로 체계적인 무시를 극복할 수 있다고 기대해서는 안 될 것이다. 사회 부정의는 적어도 두 개의 분석적으로 구분되는 사회 질서 형식과 관련되며, 적절한 비판 사회 이론은 적어도 양쪽 모두에 관심을 기울일 필요가 있다.

지금 나는 '적어도 두 개의' 서로 다른 형식을 언급했다. 왜냐하면 프레이저는 이 둘과는 분석적으로 구분되는 세번째 사회 질서 형식을 포괄할 수 있는 이론적 발전의 기회를 지속적으로 열어 두었기 때문이다. 여기서 말하는 세번째 형식이란 정치적 배제의 형식이다.[7] 여기서 우리는 분배 구조나 문화 가치 패턴의 직접적인 인과 결과가 아닌 또 다른 부정의 형식을 찾은 것처럼 보인다. 즉 이러한 부정의 형식은 오히려 민주적 정치 실천에서 벗어난, 국가 중심적인 정치적-법적 형식의 결과처럼 보이며, 이것은 특정 집단을 다른 집단에 제도적으로 종속시킨다. 프레이저는 분석적으로 구분되는 세번째 사회 종속의 축을 발전시키지는 않았다. 그러나 레너드 C. 펠드먼뿐 아니라 나 역시 프레이저가 이 축을 발전시

---

7 그 중에서도 Fraser and Honneth, *Redistribution or Recognition?*, pp. 67~69, p. 101, n. 40[『분배냐 인정이냐?』, 121~125쪽, 71쪽 각주 40] 참조.

킬 것을 권유했다.[8] 나는 프레이저가 이 축을 발전시킬 것을 기대하고 있다. 왜냐하면 '삼가적'trivalent 사회 이론의 고안을 통해서 이가적인 분석적 구분을 통해 발생한 것과 동일한 종류의 이익이 생길 것이라고 예상하기 때문이다. 내 생각에 적어도 이가적 사회 이론의 필요성에 대한 프레이저의 통찰은 여전히 적절한 것 같다. 만일 비판 사회 이론이 무시를 잘못된 분배로 혹은 잘못된 분배를 무시로 환원한다면 비판 사회 이론이 정확하게 혹은 통찰력 있게 현재의 사회 현실을 서술하기를 희망할 수는 없다는 점에는 논의의 여지가 없는 것 같다. 그리고 만일 우리 시대의 투쟁과 소망을 적절히 진단할 수 있다면, 비판 사회 이론은 부정의의 독립적 인과 근원으로서 법적 제도와 공식적 정치 구조를 설명할 필요가 있다는 점에도 논란의 여지가 없는 것 같다.

이제 두번째 부분, 즉 프레이저가 자신의 비판 사회 이론의 맥락에 도입한 더 최근의 개선점을 살펴보도록 하자. 지난 5년여 동안 프레이저는 인정의 '정체성' 모델 관점이 아니라 인정의 '지위' 모델 관점에서 무시를 분석하고자 노력했다.[9]

프레이저에 따르면 호네트와 테일러가 제시했던 인정의 정체성 모델은 개인 정체성 인식a sense of personal identity의 발전을 위한 상호 주관적 조건의 심리학적 전제에서 출발하고, 개인적 전인성personal integrity

---

8 그러한 삼가적 이론을 미국 내 홈리스 정책에 매력적으로 적용하면서, 프레이저의 이가적 사회 이론을 정치학 방면으로 확장할 필요성을 정교하게 주장한 글로는 Leonard C. Feldman, "Redistribution, Recognition, and the State: The Irreducibly Political Dimension of Injustice", *Political Theory* 30: 3, 2002, pp. 410~440 참조.

9 특히 이 책의 수록된 프레이저의 「인정을 다시 생각하기: 문화 정치에서의 대체와 물화의 극복을 위하여」와 "Recognition without Ethics?", *Theory, Culture & Society* 18: 2~3, 2001.

의 발전을 저해하는 경시 및 폄하의 다양한 문화적·상징적 패턴을 구분하고 나서, 이러한 경시 패턴을 부정의로 평가한다. 왜냐하면 이러한 패턴들이 건강한 자존감과 자부심을 형성하는 개인의 능력에 손해를 입히기 때문이다. 심리학적이고 관념적인 요소에 초점을 맞추는 정체성 모델과는 대조적으로 프레이저의 지위 모델은 처음부터 사회학적이다. 왜냐하면 이것은 인정과 정체성 형성의 상호 주관적 관계에 개입된 개인의 내적 관점이 아니라, 사회학적 관찰자라는 외적 관점에서 인정을 다루기 때문이다. 이 입장은 비록 복잡한 사회에서 발견되는 가지각색의 사회적 친밀 집단, 단체, 교제, 연합 등을 부정하지는 않지만, 견고한 문화 가치 패턴 때문에 집단으로서의 자신의 존재가 종속적인 사회 지위에 놓이게 되는 집단에만 초점을 둔다. 그러므로 지위 모델에 따르면 무시는 단순히 문화적이고 상징적인 모욕에서 발생하는 것이 아니다. 오히려 무시는 사회 제도에 깊숙이 자리하고 있으며 모욕당하는 집단의 성원이 사회적 삶에서 평등하게 참여할 기회를 체계적으로 방해하는 문화적이고 상징적인 모욕에서 비롯된다. 이렇게 해서 정당한 인정 투쟁은 제도화된 문화 가치 패턴을 변화시키는 것을 목적으로 하는 것처럼 보인다. 즉 평등한 기반 위에서 사회 생활에 참여할 기회를 방해하는 방식으로 어떤 개인들과 집단들을 종속적으로 만들었던 그러한 패턴의 변화를 목적으로 하는 듯하다. 엄밀한 의미에서 무시는 인정의 정체성 모델이 함의하는 것처럼 낙인을 찍는 상징적 패턴의 순수한 문화적 영역이나 비하하는 가치 평가적 태도의 심리학적 영역에서만 발생하는 것은 아니다. 오히려 **제도적으로 정박해 있으며, 체계적 종속을 낳는 문화 가치 패턴 속에서도 발생한다.**

예를 들어 현대 미국에서 이탈리아계 미국인을 하나의 집단으로 구분하는 일련의 문화적 가치와 상징적 의미를 분명히 확인할 수 있고, 이것들은 경멸적이고 낙인적인 것일 수 있다. 그러나 이러한 문화적·상징적 고정관념은 (아마도) 더 이상 이탈리아계 미국인의 사회적 참여 동등을 체계적으로 막는 비대칭적 사회 구조에 정박해 있지 않다. 이러한 관점에서 볼 때 이탈리아계 미국인은 더 이상 **지위** 집단을 구성하지 않는다. 요약하면 지위 모델에서는 단순히 문화를 통해서만 무시가 발생하는 것이 아니다. 즉 무시는 오직 제도적으로 정박해 있는, 지위를 부여하지 않는 문화 가치 패턴을 통해서만 발생하지, "토대 없이 부유하는" 태도와 상징적 패턴을 통해서는 발생하지 않는다.

프레이저 이론의 세번째 독특한 점은 '참여 동등'의 기준을 사용하는 규범적 틀에 대한 분명한 설명인데, 이는 더 공정한 분배와 인정 구조를 위해 시민들이 제기한 다양한 주장의 상대적인 장점, 그리고 사회 부정의를 극복하고자 제안된 개선책의 성공에 대한 상대적인 전망, 이 양자를 평가하기 위한 것이다.[10]

여기서의 기본적 생각은 사회의 어떤 구성원이 타인과 동료로 사회생활에 참여할 기회를 막는 그러한 사회 구조 자체가 공정하지 못한 것이라고 말해야 한다는 것이다. 프레이저는 정의의 두 가지 필요조건의 관점에서 참여 동등의 규칙을 설명한다.

---

10 Fraser, "Social Justice in the Age of Identity Politics: Redistribution, Recognition and Participation", in *The Tanner Lectures on Human Values*, vol. 19, ed. Grethe B. Peterson, Salt Lake City: The University of Utah Press, 1998; Fraser, "Recognition Without Ethics?", *Theory, Culture & Society* 18: 2~3; Fraser and Honneth, *Redistribution or Recognition?*.

정의는 모든 (성인) 사회 성원이 동료로 상호작용할 수 있도록 해주는 사회적 배치를 요구한다. 내가 주장하는 참여 동등이 가능하기 위해서는 적어도 두 가지 조건이 만족되어야 한다. 첫째, 물질적 자원의 분배는 반드시 참여자들의 독립성과 '목소리'를 보장할 만한 정도가 되어야 한다.……둘째 조건은 제도화된 문화 가치 패턴들이 모든 참여자에게 평등한 존중을 나타내야 하고 사회적 존중을 달성하는 데 필요한 평등한 기회를 보장해야 한다는 것이다.[11]

첫번째 '객관적' 조건에 따르면, 예컨대 참여 동등은 남편이 부인에게 종속적인 것 이상으로 부인이 남편에게 체계적으로 종속되게 만드는 무급 재생산 노동의 젠더화된 분업 같은 경제 구조에 의해 방해받는다. 또한 참여 동등은 무과실 이혼법no-fault divorce laws에 의해서도 방해를 받는데, 이 법은 여성의 평등한 목소리를 인정하지 않는 방식으로 남성과 여성이 선택할 수 있는 이탈 전략exit option의 비대칭성을 강제한다. 두번째 '상호 주관적' 조건에 따르면, 참여 동등은 제도화된 문화 가치 패턴에 의해서도 방해받는데, 예를 들면 이러한 패턴은 인간으로서 동등한 존경과 사회적 존중을 획득하기 위한 평등한 기회 모두를 부인에게 부여하지 않는 유부녀 신분이라는 법적 유물 안에 분명히 드러나 있다. 유부녀 신분의 여성은 예를 들어 이른바 아내 강간이 면책되므로 평등한 존경을 부여받지 못하며, 그에 따라 결혼 계약은 이런 행위들에 대한 면책 증거로 간주된다. 즉 결혼 계약에서는 남편에 의해 자행되는 모든 미래의 성적 행위가 결혼 계약에 의해 이미 완전히 합의된 것으로 여겨지는

---

11 Fraser and Honneth, *Redistribution or Recognition?*, p. 36[『분배냐 인정이냐?』, 71~72쪽].

반면, 부인들은 성별 노동 분업에서의 자신의 역할을 정의하는 논쟁에 참여하지 못하고, 그럼으로써 남편이나 다른 성인 남성의 기여만큼 여성의 기여를 코드화하는 가치 평가 계획을 정의하는 데 참여하지 못하므로 자기 존중을 위한 평등한 기회를 갖지 못하게 된다.

나는 여기서 참여 동등의 이러한 규범적 틀이 약속하는 세 가지 장점을 간단하게 검토하고자 한다. 첫번째 장점으로 참여 동등은 사회 정의를 이해하려 시도했던 광범위한 규범적 사회 이론의 이전 전통을 재활성화한다. 이 이론은 모든 사람의 평등한 권리라는 이론 위에 정초된 이상적인 법적·정치적 구조 속에 명시된 것으로서의 정의의 형식적 조건에 한정되지 않는다. 정의의 형식적 조건에 한정되는 이론은 존 롤스의 『정의론』에 압축적으로 요약되어 있으며 그 이후 자유주의 정치 이론가들이 발전시켜 온 모델이기도 하다.[12] 롤스의 입장에서 보면 그가 제시하는 정의론의 두 가지 원칙은 '질서가 잘 확립된' 사회에 적용하기 위해 고안되었고, 그 사회의 주요한 사회 제도 그 자체는 주요 부정의와 문제 많은 내적 구조에 책임이 없다. 그러나 물론 우리는 그것이 우리가 처한 상황이 전혀 아니라는 점을 일상생활의 경험을 통해 잘 알고 있다. 사회 이론이 해방적 의도를 가진 학제 간 이론을 강력하게 발전시키고자 하는 것은, 정치적 혹은 법적 제도뿐 아니라 교육 제도, 가족 구조, 사회 관습, 매스커뮤니케이션 기관, 시민사회 조직, 경제적 생산·분배 관계, 주요 문화 담론 등의 폭넓은 스펙트럼을 아우르는 우리의 기본적인 사회 제도들의 질서가 잘 정립되어 있지 **않은** 것 같기 때문이다. 이것은 더 넓은 사회 현

---

12 John Rawls, *A Theory of Justice*, revised edition, Cambridge, MA: Harvard University Press, 1999[『정의론』, 황경식 옮김, 이학사, 2003].

상을 평가하기 위해서는 의무론적이고 칸트적인 이론의 영향을 받은 기준들보다 더 확대되고 더 예리한 규범적 기준이 필요하다는 것을 의미한다. 왜냐하면 의무론적이며 칸트의 영향을 받은 정의론은 공정성의 형식적 정의에 따른 권리들과 책임들의 이상적 분배에만 초점을 두기 때문이다. 오히려 프레이저의 규범적 틀은 부인할 수 없는 사회 정의의 확장된 이상으로서, 있는 그대로의 현재 사회의 전망과 결점을 심각하게 고려하는 비판 사회 이론의 예전 약속을 충족시킬 가능성을 제공한다. 물론 참여 동등 규범의 확장성은 다음과 같이 공식화할 수 있다. 즉 그것은 넓게 보면 동료로서 타인과 **사회 생활**에 참여하는 것을 허용하는 사회 제도들의 확장된 민주화를 요구한다. 이것은 단순히 정부 정책에 대해 평등한 투표권을 갖고 있는, 법 앞에서 평등한 사람으로 대우하는 것만을 의미하지 않는다.

프레이저 틀의 두번째 장점은 전통적 사고와 달리 심오하고 폭넓은 유토피아를 그리는 부담을 지지 않고도 확장된 규범적 이상을 보증할 수 있다는 점이다. 이것은 부정의 방법via negativa을 통해 성취된다. 즉 참여 동등의 틀은 질서가 잡힌 사회 혹은 완전히 정의로운 사회의 특징을 자세히 묘사하는 그림을 그리기보다는, 현재 사회 관계에서 **부정의**로 간주되는 것이 무엇인지를 구체적으로 정의한다. 따라서 이곳에는 유토피아적 관계가 어떤 것인지 구체적으로 언급해야 하는 중대한——아마도 감내하기 힘든——부담이 없다. 또한 여기에는 제안된 유토피아의 경험적 설명 가능성을 즉각적으로 이론화하라는 요구가 없고, 전통적 사회 구조의 관성에 대한 복잡한 평가를 할 필요도 없으며, '부분적 준수론'partial compliance theory[13] 위에서 이상론의 원칙과 비이상적 현실을 연결시키기 위한 가교 원칙에 대한 요구도 없다. 또한 왜 다른 사람들이 그런 유토피아적 이상들을 고안할 수 없거나 하고자 하지 않는지 설명하기 위한 방법론적 의무도 여기에는 없다.[14] 더욱이 그러한 부정의 방법은 시민과 사회운동에 의해 실제 사용되었던 공적 평가 언어를 더 긴밀하게 추적한다. 우리는 사회 세계의 일상 성원으로서 구체적인 손해, 위반, 분열, 부정의, 왜곡, 병적인 측면 등의 관점에서 현상을 측정하는 경향이 있다. 우리는 우리의 전체 정치적·사회적 제도·구조·절차를 좋음the good과 정의사회라는 이상적 기준과 추상적으로 비교하지 않는 경향이 있다.

게다가 참여 동등에 대한 부정의 방법은 정의와 좋은 삶을 위한 필요충분조건을 구체화하는 거대 이론보다 더 보편적이고 덜 논쟁적이다. 이것에는 적지 않은 현실적 이득이 있다. 우리는 기본적인 규범적 원칙들의 정당성에 대해 논쟁하는 것에 시간을 덜 쓸 수 있으며, 구체적인 위반 행위를 확인하고 치유하는 것에 더 많은 시간과 노력을 들일 수 있다. 이러한 보편적 성격은 동등에 대한 장애물이 무엇인지 확인하는 출발점에서뿐 아니라 동등이 좋은 삶에 대한 목적론적 구체화가 아니라 정의의 윤리적 기준이라는 사실에도 기인한다. 그러므로 이 방법은 오늘날 우리 세계에서 만나게 되는 합리적 다원주의의 조건을 준수할 수 있다. 즉 그것은 서로 다른 개인이나 집단이 가치로운 삶에 대해 현격히 다른 생

---

13 이 구절은 롤스의 것인데, "비이상적 이론의 몇몇 부분"에 대한 즉석 토론의 맥락에서 이해를 돕기 위해서 도입되었다. Rawls, *A Theory of Justice*, p. 216[『정의론』, 332쪽]. 이에 대해서는 *Ibid.*, 38, 39, 53절 참조.

14 유토피아적 사고 형식이 갖는 체계적인 문제에 대한 세심한 설명은 세일라 벤하비브의 책에서 확인할 수 있다. 이러한 문제들 때문에 서구 혹은 헤겔적 맑스주의의 발전이 지체되었는데, 이들은 유토피아적 사고의 전망을 포기하지 않는다. Seyla Benhabib, *Critique, Norm, and Utopia: A Study of the Foundations of Critical Theory*, New York: Columbia University Press, 1986[『비판, 규범, 유토피아』, 정대성 옮김, 울력, 2008].

각을 가지고 있음을 인정하게 하면서도 동시에 우리가 개인으로서 어떤 개인에게 빚을 지고 있음을 고려하는 가운데 실질적인 규범 판단을 내릴 수 있게 해준다. 인간학적·목적론적 전제에 따라 우리가 누구이며 어떤 사람이고자 하는지를 설명하는 유토피아적·이상적 이론들이 부닥치게 되는 철학적 반박을 피하려면, 모든 사람에게 구속력이 있다고 모두가 인정해야 하는 정의의 요구 조건에 초점을 맞출 필요가 있다. 놀랍게도 보편적인 성격을 확보하고 현재의 사회 구성체를 평가하는 데 수많은 실제적 역할을 할 수 있게 하는 것은 참여 동등 틀의 빈약성과 부정적 성격이다.

프레이저의 규범적 틀의 세번째 장점은 현대적이며 복잡한 다원적 민주 사회들의 공적 영역에 표현된 수많은 경쟁적 주장에 대해 진실로 **비판적인** 태도를 조성한다는 점이다. 참여 동등의 틀은 모든 주장을 단순히 잘못된 분배와 무시로 간주하여 그 주장들은 액면 그대로 정당화시키기보다는, 우리가 고려할 만한 가치가 없는 주장과 가치가 있는 주장을 구분해 낼 수 있도록 해준다. 예를 들어 많은 혐오 단체와 파시스트 소수 집단은 자신들이 사회에서 무시받고 있다고 주장한다. 현존 사회 구조는 가치 있는 삶의 전망을 외국인 혐오xenophobic라는 관점에서 가져오고 있는 이들 혐오 단체와 파시스트 집단의 완전한 자긍심 고양을 방해하고 있는 것으로 여겨질 수 있다. 왜냐하면 그들의 자기 전망이 사회로부터 폄하되고 있기 때문이다. 그러나 프레이저는 그들의 주장을 인정의 관점에서 확장해 정당한 것으로 허용해서는 안 된다고 주장한다. 그들의 경우 비록 완전한 정체성을 형성하기 위한 시도가 방해받고, 그럼으로써 무시라는 형식의 고통을 받는 것처럼 보이는 것은 사실이다. 그러나 프레이저의 모델에서 보면, 중요한 문제는 심리적 정체성 변형 경험이 아니라 사회적 종속 관계이다. 왜냐하면 그들이 가치 있는 삶으로서 외국인 혐오적 전망을 채택하는 것은 다른 사회 집단 성원의 자긍심 고양을 위한 동등한 존중과 동등한 기회를 부정하는 것을 목적으로 하므로, 이 집단은 참여 동등의 상호 주관적 조건을 위반하고 있기 때문이다. 따라서 그들에 대한 인정을 확대해야 한다는 주장은 거부되어야 한다.

마찬가지로 분배 부정의를 경험했다는 일부 주장은 참여 동등의 객관적 조건의 관점에서 보면 그럴듯한 증거로 채택되기 힘들다. 예를 들어 지방 재산세에 의해서만 공공 학교의 운영 자금이 충당되는 시스템은, 비록 그런 시스템이 계급적으로 구별된 학군에서 성장한 [부유한] 학생들의 동등한 독립성과 목소리를 실제적으로 제한하고, 그럼으로써 참여 동등의 객관적 조건을 이 학생들에게 부여하지 않는다고 해도, 정의와 자유의 쟁점으로 이야기될 수 있을 것이다.

이런 주장들에 대한 비판적 평가 내용은 진정한 집단의 의미와 성원 자격이라는 전문 용어를 동원해 목표를 확장하기 위한 정체성 정치의 일부 형식과 관련해 특히 유용하다. 여기서 프레이저는 우연적으로 구성된 집단 정체성을 모든 집단 성원에게 해당하는 의사 자연 상태quasi-natural states로 물화하는 식으로 집단 성원 자격을 이해해 이용하는 방식에 대단히 민감하다. 그러나 집단 정체성의 물화reification는 경험적으로나 역사적으로나 오류일 뿐 아니라 집단 정체성을 구성하고 관리하는 데 동원되었던 특정 권력과 통제의 형식을 은폐하는 데도 사용된다. 이렇게 진정성authenticity이라는 용어는 어떤 것을 타자에게는 진정한 것이 아닌 것으로 코드화함으로써 지위 종속의 내적 관계를 구조화하거나, 혹은 자연적이라고 추정되는 '진정한' 정체성을 부정확하게 현실화하는 내적 관계를 구조화하기 위해 집단 내부에서 종종 사용된다. 프레이저의 규범적 틀은 이전까지 무시된 특이성을 단지 환기하는 것만으로는 어떤 주장이 개선할 만한 적절한 내용을 포함하고 있는지를 판단하기에 충분하지 않은 이유를 통찰력 있게 해명한다. 왜냐하면 일단 우리가 지위 종속의 관점에서 무시를 말하기 시작하면, 무시는 집단들 사이에서뿐 아니라 집단 내에서도 발생할 수 있다는 점이 명확해지기 때문이다. 이것은 복합적으로 차이들이 교차하는 경우에 특히 분명한데, 그 속에서는 서로 다른 집단 성원이 성·섹슈얼리티·인종·에스니시티 등에 따른 다양한 형식의 지위 종속으로 고통받는다. 우리는 무시의 개선 요구와 제안된 개선책이 가져올 효과를 반드시 무시의 다른 형식들과 잘못된 분배의 관점에서 엄격하게 검토해야 한다. 그리고 그러한 임무를 위해서는 분명하고 설득력 있고 강력한 규범적 틀, 즉 프레이저가 우리에게 제안한 그런 규범적 틀이 필요하다.

3. 참여 동등에 대해 논하기

나는 이제 세번째 부분, 즉 프레이저의 참여 동등의 규범적 틀에 대해 좀 더 성찰적이며 비판적으로 이야기하는 부분으로 넘어가고자 한다. 먼저 논의를 위해 세 가지 질문 지점을 제기할 것이며, 그 후 프레이저가 제안한 규범 이론의 성격을 명확히 해야 답할 수 있는 인정의 지위 모델에 대한 몇 가지 사회 이론적 우려를 이야기하고자 한다.

그녀가 주장하듯이 프레이저의 이론에서 사례로 제안되는 실질적 평가들이 의무론적 수준에서, 그리고 윤리적 평가로 '일단 먼저' 전환되지 않고도 실제로 온전히 실행 가능한가? 예를 들어 쉽게 찾아볼 수 있는 정당화될 수 없는 지위 종속의 사례로 그녀는 동성 파트너끼리 결혼할 권리를 거부당하는 것을 들고 있다. 여기서 프레이저는 동성 결혼의 거부는 게이와 레즈비언에게 참여 동등의 상호 주관적 조건을 부여하지 않는 지위 종속을 구성하기 때문에 "윤리적 평가에 호소하지 않고도, 즉 동성애 관계가 윤리적으로 가치 있다는 실질적 평가를 가정하지 않아도" 정의의 의무론적 수준에 머무를 수 있다고 주장한다.[15] 그러나 정의 주장이 세계 보편적인 것이라면 누가 결혼할 수 있고 누가 할 수 없는지에 대한 구분은 어떻게 만들어질 수 있는가? 나에게는 이 점이 분명하지 않다. 예를 들어 단순히 참여 동등의 규범에 기초해서 보면 남녀 한 쌍의 부부 관계가 아닌 관계에 실제적 혜택과 결혼 자격을 부여하지 않는 것이 어떻게 가능한지 분명하지 않다. 외관상 이것은 누군가에게는 동등의 거부이며, 남녀 한 쌍으로 이루어지지 않은 로맨틱 관계를 폄하하는 제도화된 문화 패턴이라는 수단에 의해 이루어지는 동등의 거부이기 때문이다. 아마도 다른 이유에서 우리는 그럼에도 남녀 한 쌍의 부부 관계가 아닌 관계에 그런 동등성을 부여하지 않고 싶어 하는지도 모른다. 그러나 의무론적 틀이 애초에 피하고자 했던 역사적으로 제한적이며 특수주의적인 윤리적 이유들을 넘어 이와 같은 남녀 한 쌍의 부부 관계가 아닌 관계들이 어떻게 가능할 수 있을지 상상하기란 쉽지 않다.

일반적으로 나는 프레이저와 달리 다음의 내용에 확신할 수 없는데, 예를 들어 동성 결혼 문제, 성별로 구분된 초등학교, 환경 관리를 위한 미래 세대의 의무, 혹은 독립성과 물질적 분배의 관점에서 볼 때 자기 주장을 위한 '객관적' 조건은 무엇인가 하는 점 등등이 좋은 삶은 무엇인가라는 특수주의적 목표와 연관된 가정들에서 완전히 독립적인 수준에서 결

---

15 Fraser and Honneth, *Redistribution or Recognition?*, p. 40[『분배냐 인정이냐?』, 77쪽].

정될 수 있다는 점에 대해서 그러하다.[16] 동등의 상호 주관적 조건들에 대한 논쟁이 필연적으로 문화 가치, 상징, 재현을 서로 다르게 해석하는 것과 연관된다는 점을 고려할 때, 두꺼운 해석학적 판단을 참고하지 않고는 논쟁이 이루어질 수 없을 것 같다. 여기서의 판단은 맥락 특수적인 가치 지평과 굳건하게 연결된다. 나는 인정과 분배 주장을 판단하는 비종파적non-sectarian 언어에 대한 희망을 공유하고자 한다. 그러나 나는 오늘날 우리가 목도하는 대부분의 중요한 쟁점에 대한 비종파적 언어의 실천적 가능성에 대해 의심을 품고 있기도 하다.

두번째로, 지위 평등에 대한 초점과 정의의 의무론적 틀은, 비록 그것이 최소한으로 허용할 수 있는 사회 구조의 중요한 규범적 기본의 경계를 결정하기는 하지만, 많은 사회운동의 급진적 주장을 일반적으로 부드럽게 하는 경향이 있지 않은가? 현재의 많은 투쟁이 우리 사회에서 부정의를 없애기보다는 우리 삶의 방식, 자아 실현의 실천, 좋은 삶에 대한 우리의 생각을 근본적으로 재구성하는 것을 목표로 하는 것 같다. 예를 들어 퀴어 정치는 현재 그들에게 가해지는 지위 종속의 극복 이상의 것을 목표로 한다. 왜냐하면 소수자 성 정체성은 넓은 범위의 문화에서 모욕받고 경멸받기 때문이다. 이를테면 오히려 그러한 정치들은 성적 수치심이라는 윤리적 틀을 약화시키는 것보다는 정상과 퀴어, 다수와 소수, 칭송받는 것과 경멸받는 것 등 모든 종류의 섹슈얼리티를 해방시키는 것을 목적으로 한다. 이것이 갖고 있는 생각은 누군가가 당하고 있는 부정

---

16 이러한 쟁점들에 관한 프레이저의 입장을 더 자세히 보려면 Fraser, "Recognition without Ethics?", *Theory, Culture & Society* 18: 2~3, pp. 33~38; Fraser and Honneth, *Redistribution or Recognition?*, pp. 38~42[『분배냐 인정이냐?』, 75~81쪽] 참조.

의를 교정하는 것이 아니라, 기본적으로 모든 형식의 성적 자율성을 함양하는 방식으로 성적 수치심에 대한 우리 사회의 관습을 재구조화하도록 추동하는 것이다. 여기서의 핵심은 어떤 종류의 기이함이 정상에서 약간 벗어난 정도이며 허용할 만하다고 사회가 관용하도록 하는 것이 아니라, 마이클 워너가 말했듯이 "존경의 위계를 변화시키려는 직접적 도전과 함께 눈에 두드러지게 모욕받는 퀴어 섹스에 대한 솔직한 포용"처럼 사회의 모든 윤리적 이해를 원칙적으로 재구성하는 것이다.[17] 또한 최근의 수많은 반지구화와 반자본주의 저항이 개인의 독립과 목소리에 요구되는 객관적이고 물질적인 것에만 초점을 맞춤으로써 얼마나 많은 것을 놓치고 있는지 생각해 보라. 말하자면 자본주의 경제 구조라는 익명의 정언명령에 부착된 출세 제일주의, 경쟁, 자기 중심적 개인주의에 대한 심층적 비판은 개인에 대한 경제적 부정의에 초점을 두는 이론만 가지고는 단지 수박 겉핥기식이 될지 모른다.

이러한 걱정을 표현하는 하나의 방법은 다음과 같은 것이다. 즉 정의에 대한 의무론적 초점은 서로 경쟁하는 규범적 틀들에 비해서 철학적이고 방법론적으로 분명한 이점을 가지고 있음에도 불구하고, 이것은 우리가 많은 사회운동의 의미론과 문법을 이론적으로 축소하게 만들고, 그러므로 동시대의 투쟁과 소망을 이해하고자 하는 비판 사회 이론의 야심을 희석시키게 만든다고 말하는 것이다. 나는 경제 쟁점과 문화 부정의를 무시해야 한다고 제안하는 것이 아니며, 우리가 정의에 기반을 둔 규범적 틀의 핵심인 좋음에 대한 권리의 우선권을 양보하자고 제안하는 것

---

17 Michael Warner, *The Trouble with Normal: Sex, Politics, and the Ethics of Queer Life*, Cambridge, MA: Harvard University Press, 2000, p. 74.

도 아니다. 나의 걱정은 많은 중요한 사회운동과 비판 사회 이론의 특성인 현재에 대한 급진적 비판의 소망을 충족시키는 데 있어 과연 그러한 틀만으로 충분하느냐는 것이다. 이 글 도입부에서 비판 사회 이론의 과업의 관점에 관해 말했듯, 나는 동시대의 투쟁과 소망에 대한 덜 정확하고 덜 날카로운 설명의 대가로 방법론적 엄격함이라는 소득을 얻는 것이 걱정스럽다.

　세번째 관심 영역은 규범적 정의 이론들은 항상 그들 이론이 지지하는 서로 다른 원칙들 사이에서의 독특한 우선순위 관계들을 대략 보여준다는 사실로 정리된다. 예를 들어 로널드 드워킨은 개인적 권리의 고려라는 원칙의 문제는 사회의 집합적 목표에 대한 고려라는 정책의 문제를 능가한다고 주장하는 반면, 존 롤스는 공정으로서의 정의가 갖는 의사소통 측면과 분배 측면 사이의 우선순위 관계를 자세하게 설명한다.[18] 그러나 프레이저는 우리가 적정한 재분배와 충분한 인정 사이에서 결정을 내려야 하는 그러한 사례들에서 작동하는 참여 동등의 원칙을 어떻게 생각하는지에 대해 많이 이야기하지 않았다. 만일 우리가 그녀의 제안을 따라 분석적으로 독립적인 세번째 사회 질서의 축을 정치적 의사 결정 과정의 관점에서 받아들인 다음, 정치적 주변화와 배제를 참여 동등의 거부라는 분석적으로 구분되는 세번째 형식으로 분석한다면, 참여 동등의 원칙에 대한 질문은 더욱 긴급한 것이 된다. 그녀가 실제 연구에서 재분배와 인정 사이의 긴장을 정교화하는 수많은 방식을 제안한 것은 사실이다. 그리고 그러한 실제적 해결책은 현재 생각할 수 있는 최선의 것일

18　그 중에서도 Ronald Dworkin, *Taking Rights Seriously*, Cambridge, MA: Harvard University Press, 1978. 또한 롤스의 저작들을 볼 것.

것이다. 하지만 모든 규범적 원칙을 동시에 만족시킬 수 없는 그러한 상황에서 각 요구들에 우선순위를 어떻게 부여할 것인지를 안다면 비판 사회 이론의 형태에 대한 중요한 무언가가 구체화될 수 있을 것 같다.

나는 이제 더 큰 범위에서 프레이저가 제안한 규범적 틀의 성격에 대해 내가 느낀 혼란으로 돌아가고자 한다. 특히 규범적 이론과 사회적 실천의 관계와 관련된 그녀 생각에 대한 혼란을 살펴보고자 한다. 그러나 이 틀로 곧장 돌아가기보다는, 개인 정체성 형성 이론에서 인정 이론을 분리하고 지위 종속의 관점에서 무시를 재개념화하자는 프레이저의 사회 이론적 제안에 대한 자명한 반대 의견들을 고려함으로써 이 문제에 간접적으로 접근해 보고자 한다. 다른 곳에서 인정의 지위 모델의 장점과 단점을 호네트와 테일러의 정체성 모델과 비교하여 충분히 다루었기 때문에,[19] 여기서는 프레이저의 주장, 즉 지위 모델이 우리가 직관적으로 인정 손해로 이해하는 그러한 손해 모두를 그리고 그러한 손해들만을 골라낼 수 있다는 주장이 문제가 될 수 있는 사례들을 가지고 그녀의 주장에 내가 왜 동조하지 않는지 이야기해 보고자 한다. 다른 말로 하면, 이러한 사례들은 지위 종속이 무시를 진단하고 인지하는 최선의 틀이라는 그녀의 주장에 대해서 자명한 반대 의견을 제기하는 것으로 여겨질 수 있다. 그러나 이와 같이 논란이 되는 사례들이 갖는 사회-이론적인 중요성을 평가하는 유일하게 적절한 방법은 규범적인 틀로 돌아가는 것이다. 그리고 그 이후에 규범적 틀은 참여 동등의 기준이 사회 이론가들과 참여자들에게 어떻게 이해되고 사용되어야 하는지에 대한 중요한 질문들을 제기할 것이다.

---

19 Zurn, "Identity or Status?", *Constellations* 10: 4, 2003.

먼저 정체성, 즉 자아감sense of self과 실제로 연결되지 않은 지위 위반의 가능성을 고려해 보자. 물론 연결되지 않았다고 말하는 것은 틀린 것일지도 모른다. 하지만 나는 이것을 무시의 사례로 부를 수 없다고 생각한다. 그러나 프레이저의 사회 이론은 이것을 무시의 사례로 받아들여야 한다고 생각하는 것 같다. 기업의 중간 지위 관리자를 상상해 보자. 여성 관리자인 그녀는 아마도 의사 결정 과정에서 배제되기 때문에 참여 동등을 성취하지 못할 것이다. 일련의 제도화된 문화 가치 패턴이 그녀의 집단인 중간 지위 관리자를 참여에서 배제하는 식으로 정의하기 때문에 그녀가 배제되는 것이다. 그러나 그녀가 무시라는 피해를 겪고 있다고 말하는 것은 이상하다. 왜냐하면 그 배제는 어떤 식으로도 그녀의 자아감이나 그녀 자신이 강력하게 동일시하는 근본적 정체성을 침해하거나 공격하지 않기 때문이다.[20] 또 다른 제도적 규범 수준으로 넘어가, 개별 시민의 정치적 영향력에 가중치를 주어서 어떤 공동체의 시민은 다른 공동체의 시민보다 더 많은 영향력을 행사하게 되는 국가적 수준의 일들을 상상해 보자. 예를 들어 이런 상황은 선거인단이라는 정치 제도를 사용하는 (적어도) 상원 대표권 및 대통령 대표권과 관련한 연방주의라는 미국 헌법 제도 속에서 발생한다. 여기서 우리는 형식적 민주주의 제도와 관련해 명백한 참여 동등 위반을 발견하는데, 이것은 도시 거주자를

---

20 내가 제시한 사례의 가정은 사람들이 일반적으로 자신의 자아감과 관리자라는 지위가 강력하게 연결되어 있다고 상정하지 않는다는 것이다. 누군가는 개인의 정체성은 종종 노동 분업에서의 위치와 연결된다고 하면서 이러한 가정에 반대할 수 있다. 그러나 내가 제시하는 사례에서 지위 종속은 그녀가 회사에서 근무한다고 해서, 그녀가 특정한 사업을 한다고 해서, 그녀가 화이트칼라라고 해서, 혹은 그녀가 특별한 종류의 노동을 한다고 해서 발생하지는 않는다. 오히려 종속은 그녀가 중간 관리자 계급에 성원 자격을 갖게 될 때 발생하며, 내가 의문을 제기하는 성원 자격은 그녀의 자아감과 긴밀히 연결되어 있다.

농촌 거주자보다 정치적으로 덜 신뢰할 만하고 덜 애국주의적인 사람으로, 간단히 말하면 낮은 지위의 집단으로 코드화하는 제도화된 문화 가치를 반영한다. 그러나 아직도 나는 우리가 이러한 종류의 지위 종속을 무시의 사례로 부르는 것을 주저해야 한다고 생각한다. 여기서의 주저함은 정확히 부정의가 누군가의 자아감의 사회적 기반과 연결되지 않았으며, 부정의가 누군가의 정체성에 대한 공격으로부터 발생하지 않았다는 것에서 나타나는 것이 아닐까?

이제 지위 종속과 독립적이며 정체성에 기반을 둔 손해의 가능성을 고려해 보자. 기본적 생각은 다음과 같다. 즉 개인들은 자신의 근본적인 자아감에 공격을 가하는 모욕이나 낙인화의 문화 패턴 때문에 손해를 입는다는 것인데, 그러나 그러한 상징적 패턴이 사회적으로 종속화하는 제도에 정박되어 있지는 않다. 진보적이고 코스모폴리턴적이며 관용적인 도시에 살고 있지만, 게이를 음탕한 방탕아로 표현하는 매스미디어와 문화 속의 고정관념 때문에 자신의 자긍심이 침해당하고 있어, 스스로 성 정체성을 감추고 사는 게이를 생각해 보라.[21] 또 다른 예로, 이동하는 데 있어 불편함을 해소하고자 하는 장애인을 생각해 보라. 그녀는 실제로는 높은 수준의 차별 방지 제도에 의해 보호받고 있지만, 정기적으로 자신을 육체적으로 돕고자 하는 심할 정도로 세심하게 배려하는 시도나, 육체적 불편함을 이유로 그녀를 마치 어린아이처럼 취급하는 시도에 노출되어 있다. 이런 경우에 그녀는 자존감의 사회적 기반이 침해되었다고 느낀다. 왜냐하면 그녀는 온전한 개인적 자율성을 누릴 수 없는 것처럼 대접받았고, 그래서 온전한 인간적 존엄성이 부족한 것으로 취급받았

---

21 이러한 사례와 토론에 대해 존 맨들(Jon Mandle)에게 감사드린다.

기 때문이다. 그러나 그녀의 자아감에 대한 이러한 손상은 사회 생활의 주요 활동에 평등하게 참여할 수 있는 그녀의 역량을 침해하는 방식으로 제도에 정박되어 있는 것은 아니다. 두 가지 사례 모두에서 개인 정체성의 건전한 발달에 요구되는 사회적 기반의 손해에서 기인하는 무시의 사례를 확인할 수 있다. 하지만 이 손해는 문화적 가치 위계와 태도적 패턴 속에서만 "토대 없이 부유하는" 것이다. 따라서 이 손해는 제도적으로 정박된 참여 동등의 장애물로 기능하지 않는다. 그러므로 이것들은 지위 종속과 무관한 무시의 사례이다.

만일 우리가 무시와 관련 없는 지위 종속으로 고통받고 있다면, 그리고 프레이저의 모델 분석과는 반대로 지위 종속 없는 무시를 경험하고 있다면, 지위 모델은 어느 부분에서는 두드러질 정도로 인정 정치 분석에 적합하지 않은 것 같다. 왜냐하면 이 모델은 정체성의 형성과 유지에 관한 사회심리학의 고려 사항을 회피하기 때문이다. 분명히 문화적으로 정교화된 많은 무시 형식은 실제로 제도화된 지위 종속을 낳고, 문화적으로 정교화되지 못한 많은 지위 종속 형식은 나중에 모욕적이고 낙인화하는 이미지를 정당화될 수 없는 사회적 배치를 기만적으로 적법한 것으로 보이게 발전시킬지도 모른다. 그럼에도 불구하고, 현 시대의 투쟁과 소망을 향한 사회 정의 이론은 개인적 정체성 형성과 그것을 가능하게 만드는 인정의 상호 주관적 조건 사이의 내적 관계에 대한 설명을 회피할 수 없다. 그렇지 않으면 이것은 모든 형식의 지위 종속을 정당화될 수 없는 무시 형식으로 과잉 진단할 것이며, 제도적으로 정박되지 않는, 정체성에 기반을 둔 손해를 무시와 같은 것으로 진단할 수도 없을 것이다.

이제 이처럼 자명한 반대들을 다룸에 있어 핵심 질문은 한편으로는 모든 형식의 지위 위계와 다른 한편으로는 모든 형식의 문화적이고 태도적인 경시를 비판 사회 이론이 실제로 걱정해야 하는지와 관련된다. 그러나 이러한 질문들은 단순히 경험적 사회 이론의 수준에서 제기될 수 없다. 왜냐하면 이러한 질문들은 어떤 종류의 사회 구조와 과정이 진실로 정의에 해가 되고, 어느 것이 상대적으로 해가 되지 않는지에 대한 규범적 쟁점에 관련되기 때문이다. 이제 그 부분에 대해 이야기할 것이다.

관리 위계, 불평등한 투표 권력, 성적 소수자의 성 정체성 숨김, 장애인을 경시하며 어린아이처럼 취급하는 사례에 사람들이 어떻게 대응하는지 살펴보자. 누군가는 이렇게 말할 것이다. "글쎄, 그러한 사례들은 비판 사회 이론이 걱정해야 하는 사회적 상호작용이나 사회 구조의 종류가 전혀 아니야. 왜냐하면 이것들은 지위 종속에 관해 중요하고 지속적이면서도 진정으로 손해를 끼치는 형식들이 아니기 때문이지. 즉 이 형식들은 자긍심을 위한 동등한 존중과 평등한 기회를 부정하는 것이 아니야. 그렇기 때문에 우리 이론에서 이를 고려할 필요는 없어. 나아가 더 정확히 표현하면 이는 정체성에 기반한 인정 이론이 책임져야 하는 부분이야. 왜냐하면 이 이론들은 정체성에 관한 모든 손해를 걱정할 만한 무시의 형식과 동일시하기 때문이지. 마지막으로 덧붙이면 정체성 기반 이론들 쪽에서 인정이 확장되어야 한다는 모든 주장에 대해서 이와 같이 존중을 보이게 되면 관용적이지 않은 혐오 집단들의 주장 또는 진정성을 물화하는 특수 용어를 유포시키는 비자유주의자들의 주장을 제대로 성찰하지도 않은 채 승인해 버리는 것으로 나아갈 따름이야." 이러한 반응은 이러한 사례들이 중요하거나 실질적 부정의의 사례가 아니기 때문에 우리는 그것들을 구체적으로 포착하는 데 있어 우리 사회 이론의 무능을 걱정할 필요가 없다는 주장으로 요약된다.

그러나 특히 프레이저가 사회 관계의 일차 질서와 그러한 관계들에 대한 주장들을 평가하는 이차 질서 양쪽에서의 민주주의에 헌신하고자 한다는 점을 고려하면, 이러한 반응이 얼마나 설득력이 있을지는 분명하지 않다.[22] 설명해 보자. 위의 반응들을 이해하는 가장 자연스러운 방법은 무엇이 정의이고 그것이 진실로 무엇을 요구하는지에 대해 통찰을 갖고 있는 사람의 관점을 가지고서, 일반적 사회 참여자들이 정의가 무엇이고 그것이 무엇을 요구하는지에 대해 만족할 만한 개념을 가지고 있다는 것을 부인하는 것이다. 나는 이것을 전문가주의적 이해라 부르고자 하는데, 반응을 이런 식으로 이해하는 한 반대 사례들은 지위 종속 이론에 대항하는 데 그다지 매력적이지 못한 사례들이다. 왜냐하면 비판 사회 이론은 사회 행위자들의 일차 질서 주장이 보장되는지를 실질적으로 평가하기 위해 이론가들이 사용할 수 있는 분명하고 정당화된 규범 기준을 정교화하기 때문이다. 비판 사회 이론은 이렇게 해서 '무시'라는 명칭을 오직 이 이론이 비난하는 지위 종속의 사례들에만 남겨 둔다. 그리고 정당화될 수 있는 것으로 간주되는 제도화된 위계들에는 절대로 그 명칭을 사용하지 않는다. 또한 비판 사회 이론은 이들 이론가들이 실제 혹은 중요한 부정의로 간주하지 않는 정체성 기반의 경시나 모멸을 개인들이 경험하는 순간을 언급하면서도 결코 '무시'라는 용어를 사용하지 않는다. 이러한 전문가주의적 접근은 인정 주장에 관한 갈등을 분명히 판가름할 수 있는 장점을 갖고 있는 반면, 그와 동시에 지위 종속으로서의 무시에 대한 사회 이론적 설명을 일정 정도 가능하게 한다. 문제는 이러한 접근

---

22 이런 두 가지 수준의 주장의 판결, 그리고 두 수준과 관련해 사회 이론가들과 사회운동 참여자들 사이의 관계에 대한 나의 생각은 케빈 올슨의 분석에 크게 빚지고 있다. 이 책에 수록된 「참여 동등과 민주적 정의」 참조.

이 사회 참여자들을 상대적으로 무능하며, 정당화되거나 정당화되지 말아야 할 사회 구조를 구별하는 미묘한 과업을 수행할 수 없는 사람으로 대우함으로써 우리의 민주적 관념을 훼손한다는 점이다.

프레이저는 참여적이고 평등주의적인 측면에서 이러한 전문가주의적 이해가 갖는 결점을 분명히 인지했으며, 그것을 거부하고 다음과 같이 주장한다.

참여 동등의 규범은 공적 토론의 민주적 과정을 통해서 반드시 대화적이고 담론적으로 적용되어야 한다. 그러한 토론에서 참여자들은 기존의 제도화된 문화 가치 패턴이 참여 동등을 방해하는지, 제시된 대안이 참여 동등을 강화하는지에 대해 논쟁한다.……지위 모델의 입장에서 보면 참여 동등은 정의의 문제에 대한 공적 논쟁과 심의의 관용어구idiom로 기능한다. 더 강하게 말하면 이것은 **공적 이성**public reason**의 주요 관용어구를** 대표하는데, 분배와 인정 양자의 쟁점에 대한 민주적 정치 논쟁을 수행하는 데 있어 우선적인 언어이기 때문이다.[23]

이제는 자명한 반대에 대한 반응의 대안적이고 포퓰리즘적인populist (이라고 말해 두자) 이해로 나아가 보자. 기대 가능한 인정의 상호 주관적 구조의 침해 사례로서 개인이 경험하는 개인적 전인성integrity에 대한 경시의 경우에, 그녀의 이론은 침해의 사례들을 무시의 사례로 중요하게 여겨야 한다. 그러나 그렇게 되면 제도적으로 정박된 문화 가치 패턴과

---

23 Fraser and Honneth, *Redistribution or Recognition?*, p. 43 [『분배냐 인정이냐?』, 82~83쪽].

태도 그리고 토대 없이 부유하는 문화 가치 패턴과 태도 간의 차이에 대한 프레이저의 주장은 무너진다. 여기서 무시로 간주된 것은 정확히 정체성 이론가들이 주장한 것이다. 즉 무시로 간주된 것은 손상되지 않은 전인적 개인 정체성을 성취하기 위한 기회를 방해하는 것으로 개인이 실제로 경험하는 사회적 조건이다. 제도화된 지위 종속의 사례, 즉 관리 위계나 불평등한 투표 권력 같은 사례를 보면 이 사례들은 일상의 공공 영역에서 경시적 문화 평가 패턴에 의해 발생한 것으로 등록되어 있지 않다. 따라서 포퓰리즘적 해석에서 보면 비판 사회 이론은 이러한 사례들에 대해 걱정할 필요가 없다. 그것들은 우리 이론가들이 반드시 정당한 것으로 인정해야 하는 단순한 지위 위계이다. 왜냐하면 거기에는 가능한 무시의 사례들로서 그것들에 대한 민주적 토론이나 논쟁이 없기 때문이다. 이렇듯 포퓰리즘적인 반응은 부인할 수 없는 인정의 손해와 중요하지 않은 지위 차이들이 어떻게 다른지에 대한 일상적 감각을 분명하게 보존한다. 하지만 그러면서 비판 이론은 포퓰리즘적 반응을 자명한 사회 이론적 반대 수준으로 의미를 격하시켜 버린다. 지위 종속은 단순히 사회 참여자들이 정체성 왜곡으로 경험하고 주제화하는 것이 무엇인지에 대해 이야기하는 이론적 방식으로 판명된다. 인정의 지위 모델은 이렇게 해서 정체성 모델에 대한 포퓰리즘적 해석으로 힘없이 추락하게 되고, 사회 이론은 기존의 혐오 집단 형식과 진정성 정치에 관해 더 이상 충분히 비판적이지 않게 된다.

전문가주의적 반응은 별 매력이 없는 플라톤주의적 이론 이해를 포기하는 대가로 반대 사례들로부터 이론을 구하고, 포퓰리즘적 반응은 반대를 수긍하고 인정의 지위 모델의 이론적 장점을 포기하는 대가로 우리의 민주적 관념을 구한다는 것을 고려할 때, 프레이저가 일상적인 사회 참여자들과 비판 사회 이론가들 사이의 더 미묘한 노동 분업을 승인한 것은 그다지 놀라운 일이 아니다. 프레이저는 부정의에 대해 제시된 개선책을 평가할 때 우리가 지적 노동 분업을 위한 '경험적인 방법'을 사용할 것을 제안한다. "우리가 제도적 문제들을 고려할 때, 이론의 과업은 정의의 요구와 양립할 수 있는 정책과 프로그램의 범위를 한정하는 것이다. 그에 반해서 그 범위 내 선택지들 중 무엇에 비중을 둘 것인지는 시민들이 심의할 문제이다."[24] 비록 그녀의 주장 맥락 내에서 이러한 분업은 제시된 부정의의 개선책에 대한 평가에 유용하다고 제안된 것이지만, 우리는 여기에서 그것을 정의 위반 여부를 초기에 진단하는 것으로도 확장해 사용할 수 있을 것 같다. 이렇게 나의 반대 사례들로 돌아가면 이론가들은 부정의로 간주되어야 하는 것이 무엇인지 범위를 정하고(여기에는 정당화될 수 없는 지위 위계만이 포함되고, 중요하지 않은 것으로 보이는 모든 정체성 기반의 경시는 제외된다), 민주적 참여자들은 그 현상의 범위 중에서 어떤 것이 개선되어야 할 만큼 충분히 중요한 것으로 간주되어야 하는지를 탐구하고 결정하게 된다. 그러나 이런 이해——아마도 우리는 이것을 의제 결정 이해agenda-setting understanding라고 부를 수 있을 텐데——에는 내가 보기에 전문가주의적 이해에서 비롯되는 것과 동일한 문제가 있다. 이런 이해는 이론가만이 사회적 실재와 정의의 요구에 대한 최선의 통찰을 가지고 있다고 가정한다. 우월한 도덕적 통찰에 의해 이미 결정된 선택지들 사이에서의 민주적 결정으로 얻어지는 고색창연한 정당성을 추가하기 위해서만 공적 대화와 참여가 필요할 뿐이다.[25]

아마도 프레이저는 사회 이론의 수준에서 자명한 반대 사례들에 대

---

24 Fraser and Honneth, *Redistribution or Recognition?*, p. 72[『분배냐 인정이냐?』, 129쪽].

해 사례들이 지위 종속 범주에 포함되어야 하는지에 관련된 규범적 판단 없이도 답할 수 있을 것이다. 이러한 흐름 속에서 하나의 반응은 문화적 해석의 패턴, 사회 규범, 태도 성향이 '제도적으로 정박된다'는 것이 무엇을 의미하는가를 더욱 철저하게 설명하는 것에 의존할 수도 있을 것이다. 더 폭넓게 분석해 보면, 예를 들면 도시에 사는 게이가 스스로 성 정체성을 숨기게 만드는 게이에 대한 대중문화의 해석, 신체적 장애 여성을 유아같이 취급하는 광범위하게 확산된 세심한 배려 태도는 실제로 제도적으로 정박된 해석·행위·태도 패턴으로서 우리가 이 모두를 고려해야 한다는 점이 밝혀질지도 모른다. 이런 경우에 정체성 기반의 무시 형식의 외양은 지위 모델의 형식과 동일한 것으로 드러날 것이다. 이론은 규범적 분석에 의지하기보다는 사회 이론 내에서의 개선을 통해 지위 종속을 설명할 수 있다.[26]

그래서 문제는 건전한 중도 노선을 사회 이론이 이끌고 제시할 수 있는 사회-이론적 판단을 만드는 방법에 관한 것이다. 여기서 중도 노선이라 함은 제도적 정박화에 대한 용납될 수 없을 정도로 형식적인 설명(이

---

25 (2003년 11월 6일 보스턴에서 열린) 42회 연례 '현상학 및 실존 철학 학회'(Society for Phenomenology and Existential Philosophy, SPEP) 학술 대회에서 이 논문의 초기 버전을 발표했을 때, 프레이저는 『분배냐 인정이냐?』에서 자신이 제안했으며, 내가 이론가와 시민 사이의 노동 분업의 의제 결정 모델이라 부른 것을 더 이상 지지하지 않는다고 구두로 밝혔다. 그녀는 제러미 월드론(Jeremy Waldron)과 내가 자신의 이론이 허용될 수 없는 엘리트주의와 전문가주의적 경향을 갖는다는 점을 정확히 지적했다고 언급하면서, 자신의 근본적 헌신은 일차 질서와 이차 질서 양자에서 참여 동등의 규범에 대한 완전한 민주적 이해에 있음을 재확인했다. 나는 이러한 명확화를 환영하지만, 이 이론이 어떻게 지위 모델이 약속한 장점을 발생시키는 다양한 인정 주장에 관해 충분히 비판적일 수 있을지는 여전히 분명하지 않다.

26 프레이저는 SPEP에서 나의 논문에 대답하면서 이러한 흐름에 맞춰 하나의 제안을 했다.

것은 현존하는 법적 규제에만 좁게 초점을 맞춘다)과 제도적 정박화에 대한 용납될 수 없을 정도로 두꺼운 설명(이것은 모든 형태의 내적인 심리적 믿음과 태도를 조사할 것을 공적으로 허가한다) 사이에서의 중도 노선을 의미한다. 내 생각에 프레이저는 제도적으로 정박되는 장소의 다양성에 대해 법적인 정치 이론이 할 수 있는 것보다 더 많이 이야기할 수 있는 사회 이론을 원하면서도, 사회 행위자의 심리적 상태를 너무 깊숙이 탐구하는 필요성은 피하고자 했다. 특히 이러한 필요성은 그녀가 비판해 오던 것인데, 그녀의 이론과 경쟁 관계에 있는 정체성 기반의 무시 이론에서 주장해 왔던 것이다. 희망은 용납될 수 없을 정도로 제도화된 무시 패턴과 용납될 만하지만 가끔 그리고 "토대 없이 부유하는" 무시 패턴 사이의 순전히 사회-이론적 구별에 있을 것이다. 그러나 당연히 이 지점에서 나는 허용될 만하고 허용되지 않을 만한 해석·행위·태도 패턴 사이의 이러한 구별이 독특한 규범적 고려를 떠올리지 않고 어떻게 가능할지 의심스럽다. 그리고 앞서 내가 제기했던 문제가 여기서 다시 등장한다. 양쪽의 특정한 사례들과 일련의 사례들에 대한 일반적 기준에 대해 누가 이러한 판단을 할 것인가? 만일 이론가들이 한다면, 우리는 어떻게 반민주적 통찰을 피할 수 있을까? 만일 사회 참여자들이 한다면, 진단적이고 비판적인 감각의 부족을 어떻게 피할 수 있을까(민주적 정당성에 관한 고민은 누그러지겠지만)?

내가 프레이저의 입장을 여기서 적절하게 설명했는지, 또한 이론적 통찰력과 민주적 정당성의 일차 및 이차 질서 요건 사이의 긴장을 그녀가 정교화하려 한 방식을 내가 충분히 이해했는지 확신할 수는 없다. 내가 보기에 민주적 심의를 '시종일관' 이론 속에서 수용하고자 하는 욕망과, 보증된 사회 정의 주장 및 개선책과 보증되지 않은 사회 정의 주장 및 개선책을 실질적으로 구별하고자 하는 이론의 비판적 열망들 사이에는 실제적인 갈등이 있다.

다르게 말하면, 현 시대의 투쟁과 소망을 비판적 관점에서 명확히 하는 데 요구되는 다양한 과업 사이에 중대한 갈등이 있는 것으로 보인다. 즉 현재의 투쟁들을 경험적으로 정확하게 평가할 필요성, 이론가와 활동가가 사용하는 평가 기준을 방어할 수 있는 설명을 위한 규범적 요건, 이론의 성찰적 명확성에 위한 방법론적 요건, 새롭고 흥미로우면서도 실천적으로 유효한 방식으로 현재를 통찰력 있게 드러내 줄 수 있는 날카로운 렌즈에 대한 열망 등의 과업들 사이의 갈등이 그러하다. 이것들은 궁극적으로는 조화 가능하지 않은 과업들일지도 모른다. 그럼에도 불구하고 프레이저가 이러한 다양한 과업을 성취할 수 있는 비판 사회 이론의 중요하고 강력한 구상을 우리에게 제공했다는 것은 그녀의 공로임에 틀림없다.

3장

/

적극적 조치와 프레이저의
재분배-인정 딜레마

엘리자베스 앤더슨

고등교육 내에서의 적극적 조치affirmative action가 캘리포니아, 텍사스, 메릴랜드, 워싱턴주에서 과거 수준으로 후퇴했다. 그리고 미시건주에서는 법적 도전을 받고 있다. 이러한 도전들 때문에 적극적 조치의 지지자들은 방어적인 태도를 취하고 있다. 적극적 조치가 살아남으려면 지지자들은 이전에 그 프로그램이 정당화되었던 근거 이상으로 더욱더 분명하게 그 근거를 정교하게 만들 필요가 있다. 이런 문맥에서 재분배-인정 딜레마에 대한 낸시 프레이저의 설명이 우리가 적극적 조치의 문제점과 가능성을 이해하는 데 어떻게 도움을 줄 수 있는지를 고려할 필요가 있다.

고등교육에서 인종을 고려하는 적극적 조치에 관한 논의는 일반적으로 두 가지 범주의 근거, 즉 '보상적' 근거와 '다양성' 근거로 나뉜다. 프레이저의 분류에 따르면 이 두 범주는 각각 인종차별을 극복하기 위한 '재분배'와 '인정' 전략에 상응한다. 두 가지 모두 그녀가 말하는 '변혁적' 개선책보다는 '긍정적' 개선책을 대표한다. 종속적 인종 집단에 교육 기회를 제공하고 그럼으로써 직업 기회를 확장하고자 하는 적극적 조치는 자본주의 내 경제 계급들의 위계에 도전하지도 않고, 엘리트 교육 제도의 위계에 도전하지도 않기 때문이다.[1] 프레이저의 분석에 따르면 이 경우 우리는 각각 부적합하고 서로 결합하면 모순을 빚는 두 유형의 치유책을 받아들이는 셈이 된다.

긴 안목에서 볼 때 이 둘의 조합이 모순적이라는 것은 쉽게 알 수 있다. 그러므로 적극적 조치의 보상적 근거는 '인종을 넘어서기 위해서 인종'을 이용하는 것을 목적으로 하며, 나아가 고등교육에서 인종을 고려하는 것을 인종차별 없는 사회color-blind society로 가는 임시적인 중간 기착지로 여긴다. 주류 다문화주의에 내포된 다양성 근거는 인종적 차이들을 가치 있는 문화적 차이로 생각하며, 나아가 인종을 고려하는 것을 고등교육의 영구적 특징으로 여긴다.

다소 확인하기 어려운 점은 양쪽의 근거가 갖고 있는 개별적 부적절성이다. 확실히 프레이저는 전적으로 보상적인 인종 기반의 적극적 조치의 근본적 약점을 정확히 진단하고 있다. 즉 이러한 적극적 조치는 인종적 불이익을 양산하는 근본 메커니즘과 구조에 도전하지 못하기 때문에, 정책을 집행하기 위해 유색인종의 특성을 제멋대로 만들어 버린다. 그리고 여기서 유색인종은 "결함이 있고 만족을 모르며" "특별 대우를 받는

---

1 적극적 조치는 선별적 입학을 실천하는 일부 엘리트 대학에서만 실행된다. 대부분의 학교는 고등학교 졸업장을 가진 모든 지원자를 받아들인다. 그러므로 고등교육 내 적극적 조치의 핵심은 종속적 인종 집단이 어떤 학교에 입학하는 것을 가능하게 하는 것이 아니라, 엘리트 교육에 대한 접근을 허용하는 것이다. 이른바 계급 기반의 적극적 조치는 인종 기반의 적극적 조치와 마찬가지로 계급 구조에 대해 변혁적이지 않다. 양자 모두 가난한 집단과 중간 계급 사이에서가 아니라 중간 계급 내에서만 재분배를 실행한다. 윌리엄 줄리어스 윌슨(William Julius Wilson)이 "진실로 불이익을 받는 사람들"이라 부른 이들에 대한 전망을 진전시키기 위해 적극적 조치를 사용한다는 것에 대한 진지한 전망은 거기에 없다. 왜냐하면 이러한 개인들은 불충분하게 초중등 교육(K-12)을 받아 왔고, 대부분은 엘리트 학교의 시험은 고사하고 일반 4년제 대학의 시험도 치를 준비가 되어 있지 않기 때문이다.

특권 수혜층"으로 표현된다. 그리고 유색인종을 이렇게 재현하는 것은 백인들의 불만과 '반발적 무시'backlash misrecognition를 불러온다. 여기서 긍정적 재분배affirmative redistribution는 긍정적 인정affirmative recognition 을 약화시킨다.

하지만 고등교육에서 인종을 고려하는 적극적 조치의 **배타적** 근거로 '다양성'을 생각할 때의 문제는 정확히 무엇일까? 프레이저는 긍정적 인정 개선책의 문제와 긍정적 재분배 개선책이 겪는 문제를 유사한 것으로 파악하지 않는다. 그녀는 재분배 개선책이 인정 불평등을 악화시키는 방식과 비슷하게 인정 개선책이 분배 불평등을 악화시킨다고 주장하지도 않는다. 그녀는 순수한 인정 개선책은 재분배 문제를 무시해야 한다고 생각하는 것 같다. 하지만 다양성 기반의 적극적 조치의 경우에, 이러한 가정은 이중으로 잘못되어 있다. 먼저 적극적 조치가 재분배 근거에 의해 정당화되든 인정 근거에 의해 정당화되든 그 조치는 일차적 재분배 효과를 갖는다. 왜냐하면 그것은 불이익을 받는 인종 집단에 엘리트 교육 기회를, 따라서 졸업 후 엘리트 경력을 쌓을 수 있는 학연 네트워크의 기회를 제공하기 때문이다. 둘째, 다인종의 장점을 옹호하는 주류 다문화주의는 미국 기업 문화를 바꾸는 데 도움을 주었다. 이제 미국 기업 문화는 놀라울 정도로 변화해 효율성과 경쟁을 저해하는 정의의 요구(혹은 쓸데없는 간섭)보다는 '다양성'을 조직의 생산성을 향상시키는 특징으로 포괄하였다. 이것은 성과 기준을 불이익을 받는 인종 집단을 위해 변형시키는 가운데 이차적 재분배 효과를 갖게 되는데 이 과정에서 반발적 무시는 약화된다. 결국 재분배는 별 어려움 없이 명백한 인정 개선책의 효과를 그냥 갖게 된다.

왜 고등교육에서 인종을 고려하는 적극적 조치를 정당화하는 핵심적 근거로서 다양성이 보상을 압도하게 되었는지를 설명하는 과정에서 나는 긍정적 전략틀 내에서 인정과 재분배를 화해시키려는 이러한 **모양새**appearance가 너무 지나쳤다고 주장하고자 한다. 적극적 조치를 주장하는 순수한 다양성 근거에는 그 밖에도 다른 장점이 있다고 설정해 보자. 법적인 관점에서 보면, 배키Bakke 판례에서 대법원은 많은 공공 대학이 맞추기 힘든 보상적인 적극적 조치에 대해 조건을 부과한 반면, 다양성 근거에 대해서는 개방적인 자세를 취했다.[2] 순수한 다양성 근거는 두 가지 방식으로 적극적 조치를 지지하는 연합의 범위를 확장한다. 첫째, 중국계·일본계·쿠바계 미국인같이 경제적으로는 불이익을 받지 않는 집단들에게 이러한 정책의 몫을 지급하고, 둘째, 자유주의와 에스노-인종 민족주의를 좌파라는 외견상 공통적인 현수막 아래에 재통합함으로써 확장한다. 결국 다양성에 의존함으로써 자유주의자들은 인종 정의 쟁점이 상정될 때 발생할 수 있는 불편한 도전을 피할 수 있게 된다. 예를 들면 민권법에 의해 인종차별이 추정상 소멸된 지 35년 이후에도 여전히 왜 '특별 대우'가 요구되는지 설명하는 것, 상대적으로 가장 특혜를 받는 아프리카계 미국인들(이를테면 전문직 흑인 부모를 둔 아이)이 표준화된 시험에서 더 높은 점수를 받는 아무 죄도 없는 가난한 백인 노동 계급 아이들보다도 특권적 고려를 요구하고 받을 자격이 있는지 설명하는 것, 성과 원리가 타협되어야 하는지 설명하는 것 등의 도전을 피할 수 있다. 핵심은 순수하게 보상적인 적극적 조치의 옹호자들은 이러한 도전들에

---

2 배키 판례는 공립 학교들이 '사회적 차별'을 개선하기 위해 인종 기반의 적극적 조치를 수행하는 것을 금지시켰다. 그럼으로써 보상적 계획을 최근에 인종차별을 해왔다는 것을 입증할 수 있는 그런 학교들에만 국한시켰다.

답을 내놓을 수 없다는 점이다. 순수하게 재분배적인 근거 위에서 이러한 도전들에 답을 내놓게 되면 사람들은 불편해진다. 재분배 주장과 맞닥뜨리게 되면 백인들은 죄책감을 느끼거나 (만일 그들이 자신의 상대적 특권이 부정의하게 획득된 것이라는 사실을 받아들이기 싫어한다면) 분노를 느끼게 된다.

그러나 다양성 대학Diversity University에는 문제가 있다. 나는 이것이 왜 문제인지를 이해하기 위해서는 프레이저가 분명하게 분리하지 않은 두 종류의 인정을 구분해야 한다고 주장할 것이다. 하나는 합법적·문화적으로 구분되는 집단을 인정하는 것이다. 이와 같은 종류의 인정은 비가시성 혹은 문화적 낙인으로 고통받는 집단에 적합한 개선책이 된다. 두번째 종류의 인정은 상대 집단에 부정의하게 종속되어 구성된 집단을 인정하는 것이다. 이러한 종류의 인정은 집단 존재 자체가 부정의의 결과로 나타나는 집단에게 적합한 개선책이다. 각각의 인정 형식은 차이가 지배와 맺는 관계에 대해 서로 다른 이야기를 들려준다. 첫번째는 지배를 기존 문화적 차이의 부정의한 서열화로 재현한다. 두번째 형식은 기존 지배의 산물로서 문화적 차이를 재현한다. 이 중 어떤 이야기도 백인이 아닌 미국의 인종 집단을 설명하는 데 있어 완전히 사실은 아니다. 그러나 두번째 이야기는 아프리카계 미국인의 특징에 좀더 부합한다. 그리고 아프리카계 미국인은 미국에서 적극적 조치의 주요한 수혜자로 합당하게 간주된다.

나는 고등교육에서 적극적 조치에 대한 순수한 다양성 근거가 갖는 문제를 지적하고자 한다. 그 문제란 첫번째 종류의 인정 개선책을 제공함으로써 적극적 조치가 아프리카계 미국인에게 특별히 주어지는 이유를 훼손하고 잘못 재현하게 된다는 것이다. 결국 미국의 인종 차이들의 의미는 체계적으로 무시된다. 만일 인종이 정치경제 계급 구조의 지속적이며 부정의한 특징이 되는 방식을 인지하지 못한다면, 인정 개선책으로 간주되는 것, 즉 다양성 혹은 주류 다문화주의는 자신의 관점에서도 실패한다. 결론적으로 순수하게 다양성을 근거로 하는 적극적 조치는 인종을 고려하는 적극적 조치의 인정 목표나 재분배 목표 어느 하나도 효과적으로 달성하지 못할 것이라고 나는 주장하고자 한다. 그것이 가능하려면 반드시 재분배 근거와 다양성 근거가 결합되어야 한다.

분석적 목적을 위하여 어떤 재분배 요소도 없다고 가정한 상태에서 적극적 조치의 다양성 근거의 특징을 생각해 보자. 먼저 우리가 즉각 알아차리게 되는 것은 다음과 같은 것이다. 즉 고등교육에서의 자유주의자들과 에스노-인종 민족주의자들 간의 다양성 연합diversity coalition은 다양성이 무엇인지를 정확히 설명하지 않고 애매하게 머뭇거리면서 설명을 회피하는 것을 통해 유지되고 있다는 점이다. 다양성의 의미는 인종 고정관념을 해체하는 것인가 아니면 인종적 차이를 부각시키는 것인가? 혹은 더 넓은 세계에 학생들을 노출시키는 것인가 아니면 그들 '자신의' 내적 경계를 갖는 조상 공동체communities of ancestry 속에서 그들의 정체성을 보장해 주는 것인가? 또는 통찰력과 창의성은 모든 방면에서 온다는 점을 배우는 것인가 아니면 어떤 '누군가의' 문화를 찬양하는 것인가? 이러한 질문들은 다문화주의라는 천막이 적어도 두 가지 상반된 이데올로기를 수용하고 있다는 점을 보여 주는데, 그것은 인본주의와 에스노 중심의 정체성 정치이다. 인본주의자가 인종 다양성을 대학 입학 시 강조하는 것은 인종 집단 **내부의** 다양성을 강조하여 경멸받는 인종 집단에 대한 잘못되고 모욕적인 고정관념을 해체하기 위해서이다. 인종 집단 내의 차이들이 집단 간의 차이들보다 더 크다는 것을 우리가 인지하게 되면, 우리는 더 이상 '인종'을 의미 있는 분류로 여기지 않게 되고, 인종 차별이 없는 사회로 나아가게 될 것이다. 다양성은 우리가 공유하는 공통의 인간성을 각 개인에게 부여할 수 있게 해준다.[3] 정체성 정치를 실천하는 이들에게 인종 다양성의 핵심은 인종적 차이를 부각시키는 것인데, 이것은 다른 인종 집단 성원들의 의식 교화를 위해서라기보다는 각 집단 자체의 집합적 가치를 그들 각각에게 공정하게 부여하기 위해서이다. 정체성 정치는 인종 집단들의 **내적 동질성**을 강조하는데, 그것이 발견하거나 상상한 공통성들을 가치가 부여된 정체성들로 전환시키고, 그리하여 집단의 문화적 표시로 전환시킨다.

각 관점의 약점은 잘 알려져 있다. 자유주의적 인본주의는 주로 백인이 인종 편견을 가지고 있다고 가정하는데, 엘리트 대학 내 비백인의 존재 가치를 측정하기 위해 '백인 유용성 기준'white utility baseline을 암묵적으로 채택한다. 질문은 "인종 고정관념을 깨는 데 이 유색인의 존재가 얼마나 가치 있는가?"이다. 이 시각은 유색인종 학생들이 대학에 입학하는 데 드는 비용과 혜택을 무시함으로써, 유색인종을 백인에게 맞춰진 제도적 목적의 단순한 도구로, 즉 타자를 위한 교보재로 다룬다.[4] 게다가 이 시각은 입학 사정관들이 입학 사정 시 인종을 고려하도록 획책하여 '올

---

3 프레이저의 분류 체계와는 달리 인본주의는 인정 요구가 어떻게 집단 차이의 소멸에 동의하고 있는지를 보여 준다. 모든 인정 부정의에 대한 개선책이 인지된 차이를 재평가하는 것은 아니다. 아프리카계 미국인이 특이하게 "범죄자 같고, 짐승 같고 [그리고―인용자] 어리석게" 간주되는 한, 개선책은 바람직한 방향으로 범죄성·야만성·어리석음을 묘사하려고 시도하는 것이 아니라 그러한 관점이 잘못되었음을 공격하는 것이다.

4 물론 이것은 실제 자유주의적 인본주의자들에 대한 불공정한 정의인데, 이들은 분배 정의의 독립적 요구를 허용한다. 여기서 나는 분배적 관심을 다소 무시하면서, 적극적 조치에 대한 순수한 인본주의적 다양성 근거의 함의를 고려하고 있다.

바른' 유색인종을 선발하도록 하는데, 이들 유색인종은 인종 고정관념을 깨는 데 최적의 위치에 있는 사람들이다. 이처럼 고정관념에 반하는 학생들은 백인 다수 학생 집단에 대해 다소 튀기보다는 이들과 잘 어울릴 만큼의 충분한 유사성을 이상적으로 공유하고 있다. 누가 온전히 인간적인지 인정하기 위한 기준으로 백인 중간 계급 규범을 암묵적으로 수용함으로써 우리 모두가 공통의 인간성을 공유하고 있다는 '올바른' 결론이 작위적으로 만들어진다. 이 시각은 인종 차이의 실재를 거부하기 때문에 (이 관점에서 보면 인종들은 존재하지 않는다), 여기에서는 공개적으로 인식되고 있는 차이들을 넘어선 공통 인간성의 인정은 있을 수 없다. 동시에 이것은 인종 고정관념의 실재를 인식하고 있기 때문에, 동일성 교육을 할 필요가 있음을 알고 있으며, 따라서 반드시 이 과업을 수행할 비백인 인종의 '올바른' 대표자를 선발해야 한다. 이 모델에서는 인종 차이는 공식적으로 부정되거나 은밀하게 인정되며, 모든 곳에서 무시된다.

인정 진영에서 에스노-인종 정체성 정치는 자유주의적 인본주의와 별반 다르지 않게 간주된다. 포스트모더니스트들이 계속해서 정확하게 강조했듯이, 주요한 문제는 인종적 차이를 구체화하여 규정하는 것인데, 이러한 차이는 집합적 정체성과 자아 확인의 공통적 기초를 구성하리라고 가정되어 왔다. 아무리 특정한 문화적 특성 혹은 물리적 특성이 명명된다고 해도, 집단의 어떤 성원은 배제될 것이고, 상대적으로 존중받거나 경멸받는 성원들의 내적 위계가 확립될 것이다. 대학 입학의 영역에서 보면, 이것은 자체적으로 '진정한' 아프리카계 미국인, 멕시코계 미국인 등을 입학시키는 것을 추구한다고 선언하는 것이다. 게다가 모든 민족주의 운동의 역사가 증명하듯이 정체성 정치는 과도하게 신화를 만들고자 하는 유혹에 빠져들기 쉽다. 예를 들면 어디에도 존재하지 않는 집단 차이를 주장하는 것, 이웃 집단들 사이의 미세한 차이를 숭배하는 것, 집단 차이를 외부에서 수입된 것으로 보거나 집단 간 상호작용의 결과로 보기보다는 집단에 근본적이고 독특하며 고유한 것으로 잘못 재현하는 것 등이 대표적인 예이다. 이러한 모델에서는 인종 차이 역시 체계적으로 무시된다. 게다가 정체성 정치의 목표는 교양 과목 교육의 목표와 배치된다. 정체성 정치는 학생들에게 더 넓은 세계를 보여 주기보다는 편협성을 강화한다. 그리고 학생들이 그러한 문제에 대하여 자유롭게 자신의 결론을 이끌어 내야 할 때, 가정하건대 이것은 인종 집단 차이가 집단을 넘어선 공통성보다 중요하다는 것을 가르칠 것이다.

실제로 온건한 주류 다문화주의자들은 다양성의 개념과 근거를 의도적으로 분명하게 밝히지 않고 애매하게 함으로써 인본주의와 정체성 정치의 문제들을 회피해 왔다. '다양성'은 '문화적 차이'와 연관되며, 학생들을 문화 다양성에 노출시키는 데 있어 교양 과목의 코스모폴리턴적 관심을 증진시키는 매우 중요한 역할을 한다. 하지만 그러한 문화적 차이들이 무엇인지 말하지는 말자! 적어도 이 전략은 '정치적으로 올바른' 특정 결론을 사전에 가르치도록 상정하지 않는 장점, 혹은 '올바른' 결론을 이끌어 내도록 하는 사전에 결정된 범위 내에서의 동료 경험을 학생들에게 제공하기 위하여 입학을 조작하는 것을 상정하지 않는 막대한 장점이 있다. 만일 있다고 해도 이것은 어떤 차이가 존재하는지, 무엇이 중요한지에 대해 특정한 대답을 가정하기 않기 때문에, 백인이 아닌 지원자 중에서 그들 각각의 인종의 '올바른' 혹은 '진정한' 대표자를 선택하는 거대한 인정 부정의를 범하지 않는다.

그러나 인종을 고려하는 온건한 다문화주의는 심각한 어려움에 봉착한다. 이것은 왜 인종별로 지원자를 확인하는 것이 문화적 차이라는 중요한 범위를 지키는 좋은 방법인지를 설명할 필요가 있다. 한편으로 미국의 인종 분류는 인종 집단들 내의 진정한 문화적 차이들을 삭제한다는 점에서 너무나도 거칠다.[5] '아시아인들'은 선조가 중국인, 일본인, 인도인, 말레이시아인, 아프가니스탄인, 아마도 터키인까지로 거슬러 올라갈 수 있는 사람들을 포함한다. 공통의 대륙적 기원은 공통의 문화를 거의 입증하지 못한다. 그럼에도 왜 이러한 집단들을 같은 집단으로 분류하는가? 다른 한편 미국 시민에게 적용되는 미국의 인종 분류는 너무나도 편협하다. 아프리카인 철학자 콰메 앤서니 아피아가 지적했듯이, 만일 미국의 인종 다양성이 미국을 다문화 사회로 만든다고 생각한다면, 가나와 비교해 보라.[6] 멀리서(즉 북미 이외의 어느 곳에서나) 보면, 아프리카계 미국인은 아주 미국적으로 보인다. 만일 온건한 다문화주의자들이 진정 문화적으로 다양한 캠퍼스를 원한다면, 그들은 아프리카계 미국인을 고려하는 입학을 위해 1세대 이민자들과 미국 시민이 아닌 사람들을 찾아내든, 혹은 영어가 모국어인 2세대 히스패닉이라도 찾아내야 한다.

결론적으로 만일 인종을 고려하는 정책들이 순수하게 다양성만을 근거로 하는 환율로 이득을 내야 한다면 그것들은 결코 부채에서 벗어나지 못할 것이다. 그것들은 예정된 수혜자를 거의 정당하게 평가하지 못하는 일련의 치명적인 무시를 범할 운명에 처해 있다. 순수한 '인정' 전략은 인정 부정의의 희생자에 대해 적절한 인정을 보장하지도 못한다. 그리고 만일 그것들이 인정 부정의를 피할 수 있을 만큼 모호하다면, 그것

---

5 David A. Hollinger, *Postethnic America: Beyond Multiculturalism*, New York: Basic Books, 1995 참조.

6 Kwame Anthony Appiah, "The Multiculturalist Misunderstanding", *New York Review of Books* 44: 15, October 9, 1997, pp. 30~36.

들의 은밀한 재분배 기능을 수행하지 못할 것이다. 왜냐하면 그것들은 아프리카계 미국인의 입학을 선호하지 않을 것이기 때문이다. 고등교육에서 인종을 고려하는 정책들은 다양성 근거가 재분배적 근거와 결별할 때는 작동할 수 없다.

순수한 다문화주의적 시각이 놓치고 있는 것은 무엇인가? 그것은 인종을 미국 계급 체제의 지속적인 구조적 특징으로 분명하게 인정하는 것이다. 미국 인종 분류는 유사 카스트 체계를 구성하는데, 그 속에서 사회경제적 위계는 다양한 대륙에 분포되어 있는 선조의 기원에 근거한다. 유럽에서 선조를 찾을 수 있는 사람들은 선조가 아프리카 혹은 콜럼버스 미국 도착 이전의 북미나 남미 대륙에서 태어난 사람들에 비해 체계적인 사회경제적 이득을 누린다. 이것은 오늘날까지도 사실이다. 비록 공식적이며 국가 차원의 백인 우월성이 폐지되었고, 차별반대법 제도가 있음에도 불구하고 말이다.[7] 아프리카계 미국인이 원하는 주요한 인정 형태는 그들이 단순히 하위 인종 계급으로 구성되어 왔기 때문에 겪고 있는 지속적이며 부당한 사회경제적 불이익의 인정이다.

아프리카계 미국인이 이런 종류의 인정을 받고 있다고 가정해 보자. 재분배-인정 딜레마에 대한 프레이저의 설명이 여전히 고등교육에서의 적극적 조치의 문제와 가능성을 이해하는 데 도움을 줄 수 있는가? 적극적 조치가 체계적인 인종 불이익을 양산하는 구조를 변화시킬 수 없기 때문에, 고등교육에서의 적극적 조치가 항상적인 재분배에 개입해야 한

---

7 이 사실을 뒷받침해 주는 포괄적인 기록을 보고자 한다면 Douglas S. Massey and Nancy A. Denton, *American Apartheid: Segregation and the Making of the Underclass*, Cambridge, MA: Harvard University Press, 1993 참조.

다는 것을 지적한다는 점에서 프레이저의 관점은 정확하다. 하지만 만일 우리가 가정하듯이 이 관점이 폭넓게 이해된다면, 그런 항상적인 재분배 요구는 더 이상 아프리카계 미국인을 "결함이 있고 만족을 모르는" 사람들로 표현하지 않을 것이다. 오히려 재분배 요구는 미국 사회가 초중등 교육 과정에서 아프리카계 미국인에게 지속적으로 불충분한 기회를 제공하고 있다고 지적할 것이다. 아프리카계 미국인은 더 이상 "특별 대우를 받는 특권 수혜층"으로 인식되지 않을 것이다. 대신에 적극적 조치는 서로 다른 인종 집단들의 교육에 있어 투자의 시기에 차이가 있음을 지적한다. 초중등 교육 기간 동안에 백인 학생들은 아프리카계 미국인에 비해 교육 투자에 있어 엄청난 초기 비용의 이익을 누린다. 적극적 조치는 아프리카계 미국인에 대한 교육 투자를 고등학교 이후의 교육 기간으로 연기한다. 백인들이 이런 식으로 짜인 정책을 비난한다면, 이들은 아프리카계 미국인들이 상대적으로 초중등 교육의 공적 투자에서 박탈당했기 때문에 대학 교육 수준에서도 투자가 더 거부되어야 한다고 주장해야 할 것이다. 백인들이 교육 투자 시기에서의 이러한 차이들 때문에 불이익을 받고 있다고 생각한다면, 이들은 대학 입학 시점에서뿐만이 아니라 초중등 교육 기간 동안에도 아프리카계 미국인들과 위치를 기꺼이 바꿔야 할 것이다. 그러나 오직 바보만이 그러한 거래를 수용할 것이다.

만일 백인들이 인종의 지속적인 사회경제적 중요성을 인정한다면, 그들은 더 이상 왜 차별반대법이 체계적인 인종적 불이익을 제거하는 데 충분하지 않았는지 궁금해하지 않을 것이다. 중상류층 아프리카계 미국인조차도 하층 백인이 효과적으로 할 수 있는 것과 달리 여전히 소득과 재산을 권력, 지위, 공공재에 대한 접근, 경제적으로 가치 있는 사회적 연결망으로 변환시킬 수 없다는 것을 백인들은 이해할 것이다(결정적으로 그들은 다수 백인 이웃들과 접촉하기 어렵다). 백인들은 불평등하게 분배된 외부적 이득과(예를 들면 고등학교에서 대학교 선수 과목Advanced Placement course에 접근하는 문제) 성과를 구분하는 법을 배울 것이다.

이러한 사고 실험은 다음과 같은 점을 제안한다. 즉 프레이저의 재분배-인정 딜레마는 적극적 조치의 재분배 근거를 사람들이 이해할 수 있도록 하는 인정 형식을 구성함으로써 해결할 수 있다는 것이다. 반발적 무시는 재분배 자체의 산물이라기보다는, 미국의 인종 구분이 문화나 생물학에 근원을 둔 것이 아니라 카스트 같은 경제 계급의 차원을 구성한다는 것을 인정하지 않기 때문에 발생하는 것이다.

이는 아프리카계 미국인이 문화적 무시로 인해서도 고통받는다는 것을 부인하는 것은 아니다. 프레이저가 정확히 강조했듯이 인종은 '이가적 집단'이며, 분배와 인정 부정이라는 양 측면을 갖고 있다. 하지만 아프리카계 미국인의 문화적 무시조차도 순수하게 '문화적인' 것은 아니다. 만일 '문화'를 오래된 인류학적 관점에서 고립된 집단들의 원초적 차이들을 포함하는 것으로 이해한다면 말이다. 확실히 아프리카계 미국인의 문화에는 아프리카 문화 형식의 중요한 흔적들이 있다.[8] 그리고 아프리카계 미국인은 독특한 방언, 특이한 기독교 교회, 다양한 가족 구조 등 백인들이 거의 공유하지 않는 문화적 형식을 창조했다. 그러나 이러한 현상 중 어느 것도 원초적으로 흑인/백인 차이를 강조하는 모델로는 이해할 수 없다. 미국 주류 문화에는 아프리카 문화 형식의 주요한 흔적들이 있다. 예를 들면 재즈가 그런데, 이것은 완전히 아프리카계 미국인의

---

8 Lawrence Levine, *Black Culture and Black Consciousness: Afro-American Folk Thought from Slavery to Freedom*, Oxford: Oxford University Press, 1977 참조.

것은 아니며 백인과 흑인 예술가들이 함께 만들어 낸 것이다. 흑인 영어라는 토착어도 또한 영어의 다른 판본이며, 문법이나 단어의 상당 부분을 스코틀랜드-아일랜드 방언에 빚지고 있다. 흑인 기독교 교회는 노예제, 짐크로Jim Crow 그리고 민권 투쟁의 유산으로 성장했다. 현대 아프리카계 미국인의 다양한 가족 구조는 대개 인종 기반의 체계적인 사회경제적 불이익에 적응한 결과이다. 다시 말해서 오늘날 독특한 아프리카계 미국 문화로 제시되는 것을 아프리카계 미국인과 백인의 상호작용의 역사, 즉 사회경제적 부정의와 그에 대한 투쟁으로 정의되는 역사와 분리하여 사고하는 것은 상상조차 할 수 없는 일이다. 아프리카계 미국인에 대한 백인의 낙인은 인종적인 카스트와 같은 위계를 합리화하려는 시도를 표현하는 것이지, 원초적 문화적 차이에 대한 편견 섞인 반응은 아닌 것이다. 이렇게 분배 부정의의 맥락에서 문화적 인정을 이해하지 않는다면 아프리카계 미국인이 요구하는 특정한 문화적 인정조차도 달성할 방법이 없다.

그러면 도대체 고등교육에서 인종 다양성의 의미와 쓸모는 무엇인가? 나는 적극적 조치의 순수한 재분배 근거로 돌아가야 한다고 주장하기보다 다양성 근거들을 재구성하고자 한다. 즉 인정 개선책의 핵심에 재분배 정의를 둘 것을 강조하고자 한다. 엘리트 대학의 세 가지 임무를 고려해 보자. 그 임무는 첫째, 민주주의 사회의 미래의 기업·정치 지도자를 교육시키는 것, 둘째, 일반적으로 인문학과 인간과학에 대한 탐구를 통해 인간에 대한 자기 이해를 발전시키는 것, 셋째, 학생들이 자신의 자유와 자각을 증진시킬 수 있도록 해서 스스로의 삶과 정체성을 비판적으로 성찰할 수 있도록 하는 것이다. 이러한 임무 중 어떤 것도 미국 내 인종의 구조적 실재에 정직하게 직면하지 않는 한 미국에서 적절하게 달성할 수 없다. 이런 실재의 사례로는 어떤 식으로 인종이 개인이 권력과 기회에 접근할 가능성에 엄청난 영향을 미치는지, 누군가가 타인에게 어떻게 보이고 평가되는지, 어떤 조건 아래서 미국 생활의 주요 공공 제도에 참여할 수 있는지 등이 있다. 엘리트 대학에서 구성원의 인종 다양성은 이러한 실재들과 직면하는 데 필수적이다.

민주주의 사회를 진흥하는 과업은 민주주의 **문화**를 진흥하는 것과 연관된다. 이것은 공적 관심을 갖는 문제들에 대한 대화가 우리 사회의 특성을 결정하는 정치-경제 분업을 넘어서 활기차게 진행될 수 있는 문화를 말한다. 그러한 문화에서 대화 참여자들은 사회 질서의 서로 다른 지위를 점하고 있는 사람들이 수용할 만한 관점으로 자신의 제안을 정당화할 필요를 인정하고, 그러한 관점이 무엇인지를 이해하는 능력을 소유하게 된다. 이것은 다른 위치에 있는 사람들의 관점을 수용하고 그러한 관점들에서 비롯되는 정책들의 장단점을 고려하는 상상적 투사의 기술을 요구한다. 하지만 누군가가 취하고자 하는 입장에 대해 실질적으로 협의하지 않는 상상적 투사를 생각해 보라. 이런 식의 투사는 특권 집단이 불이익 집단의 관점을 고려할 때 특권 집단 측에 온정주의, 거만함, 자화자찬, 편협함 등과 같은 더 나쁜 태도를 불러일으킨다. 이런 식의 상상적 투사는 불이익 집단이 특권 집단의 관점을 고려할 때 자기 자신에 대해 일종의 자기애적 피해망상(예를 들면 음모 이론을 제기하거나 경시나 무시가 더 많이 발생하는 곳의 특권 집단에게 악의를 품는 것)을 갖게 만든다. 사회에서 다양한 구조적 지위를 점유하고 있는 사람들과의 실제적 대화만이 이러한 질병을 치유할 수 있다. 미래의 사회 지도자들이 대학 밖에서 그런 대화를 나누리라는 전망은 사실상 무의미하다. 왜냐하면 대학들은 미국 사회에서 인종적으로 통합되어 있으며 참여자들(대학생)이 공식적으로 평등한 지위로 만나서 자신의 의제를 정할 수 있는 유일한 대규모 성인 사회 영역이기 때문이다. 가족, 친구 관계, 이웃, 교회 같은 사적 영역은 거의 완전히 인종적으로 격리되어 있다. 유급 노동의 세계 역시 철저히 격리되어 있고, 이 세계는 상급자와 하위 직급자들의 솔직한 대화를 방해하고 대화 주제를 회사 관련 쟁점으로 제한하는 인종과 성적으로 위계화된 직위에 의해 특징지어진다. 만일 민주주의의 이상을 실현하기 위해 시민들이 인종 분리를 넘어서서 건설적 대화에 참여하고 타자의 관점을 수용하는 것을 배워야 한다면, 현재 이를 가능하게 할 그럴듯한 환경을 갖추고 있는 유일한 곳은 바로 대학이다.[9]

인문학과 사회과학을 통해 인간사에 대한 지식을 증진시킨다는 대학의 두번째 핵심적인 내적 임무를 살펴보자. 우리가 우리 자신에 대해 이야기하는 이론들이나 이야기들이 단지 이데올로기, 즉 자신의 지위를 적법하게 하는 권력자들의 이해관계의 반영이 아니라고 우리가 언제 확신할 수 있는가? 그것들이 다양한 관점의 비판을 적극적으로 수용할 수 있을 때만 그러하다. 권력 관계가 부분적으로 인종에 의해 구성되어 있는 사회에서 어떤 사람의 인종 정체성은 그의 환경에 영향을 주고, 그럼으로써 경험에도 영향을 미친다. 따라서 불이익을 받는 인종 집단의 대학 입학을 방해하는 장벽들은 지배 집단의 경험 범위를 넘어서는 범위의 경험을 가진 사람들로부터 제기되는 비판이 지식 주장에 유입되지 못하게 차단시킨다. 지배 집단은 미심쩍고 정교화되지 않은 배경 가정

---

9 Robert Post, "Introduction: After Bakke", in Robert Post and Michael Paul Rogin eds., *Race and Representation: Affirmative Action*, New York: Zone Books, 1998, pp. 13~27 참조.

background assumption에서 나오는 질문들을 할 것이고, 그러한 가정들이 질문자에게는 상식으로 통하는 당연한 것들이기 때문에, 질문들은 비판적 엄격성에서 벗어난다. 종속적 인종 집단의 성원들은 종종 지배 집단이 발전시킨 이론들이 자신을 무시하거나 잘못 재현하는misrepresent 방식을 탐지하는 데 더 좋은 위치에 있으며, 보통은 이러한 편견을 수정하는 데 더 큰 이해관계를 가지고 있다. 게다가 이들은 새로운 연구 주제를 상정하고, 새로운 질문들을 던지며, 종속적으로 인종화된 위치에 놓인 사람들의 특정한 관심을 다루기 위하여 고안된 새로운 이론들의 형성을 통해 인간사에 대한 연구를 발전시킬 수 있다. 학교에서 연구자들의 인종 다양성을 보장하는 것은 이렇게 해서 대학들의 내적 지식 임무를 증진시킨다.[10]

마지막으로 학생들 자신에 의한 비판적 자기 성찰과 정체성 형성을 격려하는 과정에서의 고등교육의 역할을 고려해 보자. 개인적 정체성에 대한 질문들, 특히 자신의 출생, 선조, 의지와 상관없이 이루어지는 집단의 소속 등의 조건과 연관된 질문들은 미국 사회에서는 특별히 골치 아픈 것이다. 집단 정체화identification, 특히 인종 경계를 따라 이루어진 정체화는 미국에서 강력한 힘을 갖고 있다. 하지만 백인 인종 정체화는 이중으로 백인에게 비가시적이다. 왜냐하면 첫째, 백인됨은 인종 정체성으로 표시되지 않고, 둘째, 개인주의 이데올로기는 어떤 종류의 집단 정체

---

10 James Brown, "Affirmative Action and Epistemology", in *Ibid.*, pp.333~337; Helen Longino, "Essential Tensions-Phase Two: Feminist, Philosophical, and Social Studies of Science", in Louise Antony and Charlotte Witt eds., *A Mind Of One's Own: Feminist Essays On Reason And Objectivity*, Boulder, CO: Westview Press, 1993 참조.

화에 대해서도 스스로 거부할 것self-ignorant denial을 독려하기 때문이다. 백인 인종 정체화의 패턴들은 (백인이 교외로 이사하는 것에 표현되어 있듯이) 폭로될 필요가 있는 분배 부정의를 영속화하고자 하는 의도를 분명히 담고 있다. 하지만 이러한 패턴은 또한 백인 학생들이 자기 자신을 받아들이는 능력에도 영향을 미친다. 타인들이 주관적으로 그들에게 부여된 인종 정체성을 다루는 다양한 방식을 배우고, 정체성이 서로 다르게 구성되는 것의 장점을 토의하는 것을 배우는, 인종적으로 다양하고 통합된 환경에 백인 학생이 참여하는 것은 이들 백인 학생이 자아감을 향상시킬 독특한 기회를 제공한다. 그럼으로써 이러한 참여는 그렇게 제공되지 않았으면 직접적으로 인지하지 못했을 정체성 갈등을 맞닥뜨릴 수 있도록 해준다. 유색인종 학생 또한 정체성에 대한 질문이 토론의 주요 주제가 되는 다양한 인종적 환경에서 이득을 취한다. 이러한 관점에서 다양성은 학생들에게 고정된 정체성을 가르치는 방법이 아니라, 사람들이 사회적으로 부여된 정체성을 대하는 다양한 방식을 비판적으로 파악할 수 있게 하는 방법이다. 교양 과목의 임무에 충실한 이런 식의 다양성의 목적은 정체성 논쟁의 대답을 받아 적는 것이 아니라, 학생들이 그들 정체성이 무엇으로 구성되어야 할지를 스스로 결정할 수 있게 해주는 경험, 주장, 자기 이해 방식을 그들에게 보여 주는 것이다.[11]

고등교육에서의 인종 다양성은 이렇게 민주적·인식적·개인적 목적에 부합한다. 이러한 목적은 몇 가지 종류의 인정을 필요로 한다. 인종에 기초한 구조적 부정의의 인정, 이해관계, 경험, 그리고 이것들을 생산하는 관점의 인종화된 갈등의 인정, 서로 투쟁하고 서로 함께 작용하는 인

---

11 Judith Butler, "An Affirmative View", in *Race and Representation*, pp. 155~173 참조.

종화된 집단들에 의해 만들어진 부정의들에 대한 문화적 대응의 인정, 이전에는 인식되지 않았던 주관적 인종 정체화의 인정, 사람들이 자신의 인종 정체성을 이해하는 다양한 방식의 인정이 그것이다. 이러한 모든 형식의 인정이 이득을 보는 집단이 불이익을 받는 집단을 인정하는 것과 관련되지는 않는다. 어떤 것은 이득 집단 자체의 자기 인정과 관련되며, 다른 것들은 공통적인 민주주의 공동체의 인정과 관련된다.

이러한 분석은 프레이저의 주장, 즉 정의는 재분배와 인정 주장의 통합을 요구한다는 주장의 정당성을 입증한다. 하지만 이것은 재분배-인정 딜레마에 대한 그녀의 주장뿐 아니라 단지 긍정적이기만 한 개선책의 전망에 대한 그녀의 낙담에 대해서도 의문을 제기한다. 아프리카계 미국인에 대한 고등교육에서의 적극적 조치의 경우에, 나는 프레이저의 논의가 인정을 지나칠 정도로 간단하게 설명하고 있다고 주장했다. 이런 특별한 경우에 필요한 인정 개선책의 다양성을 인지함으로써 우리는 그녀의 딜레마를 피하거나 최소한 개선할 방법을 찾을 수 있다. 동시에 그러한 인지를 통해서 우리는 자유주의적인 인본주의적 고정관념의 해체와 인종 민족주의적 정체성의 긍정이라는 상반된 전망을 넘어 고등교육에서 인종 다양성을 추구하는 근거들에 대한 이해를 확장할 수 있다.

4장

/

분배 정의론에 대한
낸시 프레이저의 비판은 정당한가

잉그리드 로베인스

1. 서론

분배 정의 이론들은 어느 정도까지 인정 쟁점을 수용할 수 있을까? 낸시 프레이저에 따르면, 표준적인 분배 정의 이론들은 인정 쟁점을 무시하기 때문에 이를 적절히 포괄할 수 없다. 또한 인정 이론은 반대의 단점이 있다. 현재 인정 이론들은 경제적 불평등과 재분배에 충분한 주의를 기울이지 않고 있다. 이 이론 역시 분배 정의 문제를 받아들이기에 부적합하다. 대다수 실제 사회 부정의의 형태가 경제 부정의와 문화 부정의가 혼합된 것이기 때문에 그녀는 새로운 규범적 틀을 제안하는데, 그것은 재분배 정책과 차이의 인정 정치를 통합하는 것이다. 이런 사회 정의 틀은 사회에서 참여 동등을 가능하게 하는 정도에 따라 부정의를 평가한다.

먼저 나는 프레이저가 사회 정의에 대한 이론적 논의에 기여한 핵심을 간단히 요약하고자 한다. 비록 프레이저가 분배 정의 이론들이 인정을 수용할 수 없다는 자신의 이론에 대한 논거를 제공하지는 않았지만, 나는 이런 비판이 어느 정도 타당하다는 점에 동의한다. 그러나 그녀는 서로 다른 분배 정의 이론 사이의 차이점을 무시한다. 더 자세히 말하면, 그녀의 비판은 로널드 드워킨이나 필리프 판 파레이스 같은 사람들의 분배 정의 이론에는 타당하다. 그러나 그녀는 존 롤스의 이론에 대해서는 지나치게 단순화시켜 비판한 감이 있으며, 아마티아 센의 역량 접근 capability approach 이론에는 이런 식의 비판이 타당하지 않다. 이런 이론들이 어떻게 다른지, 그리고 센의 역량 접근이 재분배와 인정의 쟁점을 어떻게 모두 수용할 수 있는지 보여 주는 데 사용되는 것이 바로 젠더 사례들이다. 마지막으로 나는 프레이저의 참여 동등 규범과 센의 역량 접근을 대조하고, 양쪽 접근 방식이 매우 유사함에도 불구하고 센의 역량 접근 방법이 프레이저의 참여 동등에서는 발견할 수 없는, 몇 가지 도덕적으로 중요한 불평등을 설명하는 데 적합하다는 것을 보여 줄 것이다.

2. 재분배, 인정, 사회 정의에 대한 프레이저의 입장

낸시 프레이저는 경제적 재분배 요구를 기꺼이 희생하면서 민족, 에스니시티, 인종, 젠더, 성적 지향을 근거로 한 차이의 인정에 대한 요구가 전 세계적으로 급증하고 있다고 주장한 것으로 널리 알려져 있다.[1] 그녀의 일반적 주장은 "오늘날 정의는 재분배와 인정을 모두 필요로 하며, 둘 중 어느 하나만으로는 충분하지 않다"는 것이다.[2] 우리는 재분배 정치와 인

---

1 이 책에 수록된 프레이저의 「재분배에서 인정으로?: '포스트사회주의' 시대 정의의 딜레마」; Fraser, "Social Justice in the Age of Identity Politics: Redistribution, Recognition and Participation", in *The Tanner Lectures on Human Values*, vol. 19, ed. Grethe B. Peterson, Salt Lake City: The University of Utah Press, 1998, pp. 3~5; Fraser, "Recognition without Ethics?", *Theory, Culture & Society* 18: 2~3, 2001, p. 21 참조.

정 정치를 상호 배타적인 대안으로 표현하는 주장을 거부해야 한다. 대신에 우리는 재분배와 인정 요구를 모두 수용할 수 있는 대안적 틀을 찾는 데 노력을 집중해야 한다.

프레이저는 왜 사회 정의가 서로 분리될 수 없고 본질적으로 뒤섞여 있는 사회경제적 차원과 문화적 차원을 가지고 있는지를 설명하기 위해 **이가적 집단**bivalent collectivity이라는 유용한 개념을 도입한다.[3] 이가적 집단은 사회경제적으로 잘못된 분배와 문화적 무시로 고통받는 사람들의 집단이며, 이때 그것들 중 어느 것도 다른 하나의 효과로 환원될 수 없다. 그러한 집단이 직면하는 부정의는 경제 영역과 문화 영역에서 동시적으로 연유한다. 그러한 이가적 집단의 사례는 젠더인데, 젠더 불평등의 원인은 부분적으로는 경제적 배치에 근거하고 있고, 부분적으로는 사회 문화에 근거하고 있다. 젠더와 인종은 이가적 집단의 전형적 사례이지만, 계급·섹슈얼리티·에스니시티 등 모든 집단이 이가적 집단이다. 물론 경제적 차원과 문화적 차원의 상대적 중요성은 이러한 집단들 사이에 차이가 있다. 계급의 경우 사회 부정의의 경제적 근원이 문화적인 것보다 더 광범위하고, 성적 지향의 경우 부정의의 문화적 원인이 경제적인 것보다 더 중요하다. 그렇지만 경제적이고 문화적인 질서는 이러한 모든 집단에 크건 작건 영향을 미치고 있다.

실제적으로 사회 정의의 모든 사례에서 경제적인 것과 문화적인 것이 둘 중 어느 하나로 환원되는 식의 역할을 하지 않는다는 점을 인지하

2　Fraser, "Social Justice in the Age of Identity Politics", in *The Tanner Lectures on Human Values*, vol. 19, p. 5.

3　*Ibid.*, p. 15.

는 것은 이론적으로나 정치적으로 중요한 함의를 갖고 있다. 이것은 사회 정의에 대한 비판적 접근은 "사회적인 것과 문화적인 것, 경제적인 것과 담론적인 것"을 통합해야 한다는 것을 함의한다. "이것은 문화적 정의 이론을 분배적 정의 이론과 연결시키는 것을 의미한다."[4]

프레이저는 정치적이고 이론적인 수준 모두에서 서로 다른 편의 경향을 자세히 관찰해야 한다고 주장한다. "점차……재분배 정치와 인정 정치가 상호 배타적인 대안이 되고 있다고 주장된다."[5] 프레이저가 주장하듯이 이론적 수준에서 유사한 문제를 발견할 수 있다. 즉 분배 정의 이론들은 정의의 문화적 차원에 주의를 기울이지 않는 반면 인정 이론들은 경제 불평등과 재분배 주장을 무시하고 있다. 게다가 그녀는 분배 정의 이론들은 인정 주장을 포괄할 만큼 변형될 수 없고, 인정 이론들도 재분배 주장을 다룰 수 없다고 말한다. 그러므로 **이가적 정의 개념**이 필요한데, 이는 "재분배와 정의 둘 중 어느 하나를 다른 하나로 환원하지 않고 양자를 포괄한다".[6] 프레이저는 배치와 제도는 사람들이 참여 동등을 갖는 정도에 따라 평가되어야 한다고 주장한다. 즉 사람들이 타인과 동등하게 사회 생활에 참여할 수 있는 정도에 따라 평가되어야 한다는 것이다.[7] "정의는 모든 (성인) 사회 성원이 동료로 상호작용할 수 있도록 해주는 사회적 배치를 요구한다."[8] 참여 동등은 두 가지 조건, 즉 공정한 재분배라

---

4 Fraser, *Justice Interruptus: Critical Reflections on the "Postsocialist" Condition*, New York: Routledge, 1997, p. 5.

5 Fraser, "Social Justice in the Age of Identity Politics", in *The Tanner Lectures on Human Values*, vol. 19, p. 10.

6 *Ibid.*, p. 30.

7 *Ibid.*, p. 36.

8 *Ibid.*, p. 30.

는 객관적 전제 조건과 상호적 인정이라는 상호 주관적 전제 조건의 만족을 요구한다.

나는 이가적 집단들이라는 프레이저의 개념화가 유용하며, 그녀의 일반적 주장, 즉 대부분의 집단, 특히 고도의 이가성을 갖는 집단(젠더처럼)에 있어 정의는 재분배와 인정 정치를 동시적으로 필요로 한다는 것에 동의한다. 그러나 그러한 이가적 정의 이론에 도달하기 위해 우리가 기존의 분배 정의 이론들을 버리고 완전히 무에서 출발해야 한다고 생각하지는 않는다. 이 글의 나머지 부분에서 나는 분배 정의 이론들의 관점에서 사회 정의에 대한 프레이저의 연구를 분석할 것이다. 나는 프레이저가 분배 정의 이론들을 너무나도 쉽게 모두 기각했으며, 그런 이론들이 인정 쟁점을 동등하게 포괄할 수 없는 것처럼 취급한 것은 너무 불공정한 처사라고 주장하고자 한다. 게다가 다른 많은 분배 정의 이론과 대조적으로, 아마티아 센의 역량 접근은 재분배와 인정 모두를 포괄할 수 있는 사회 정의 틀로서 독보적이라는 점을 주장하고자 한다.[9]

3. 분배 정의 이론들에 대한 프레이저의 비판 재검토

분배 정의 이론들에 대한 프레이저의 비판은 두 가지 주장으로 이루어져 있다. 먼저 그녀는 분배 정의 이론들이 전적으로 경제적 불평등에만 초점을 맞추어, 차이 인정의 쟁점들을 무시한다고 주장한다. 둘째, 그녀는

---

9 아마티아 센의 역량 접근이 재분배와 차이의 인정이라는 양쪽의 주장을 포괄할 수 있는 매력적인 규범적 이론틀을 제공한다는 주장은 최근 Kevin Olson, "Distributive Justice and the Politics of Difference", *Critical Horizons* 2: 1, 2001, pp. 5~32에서 제기된 바 있다.

표준적인 분배 정의 이론들은 인정의 문제를 적절하게 포괄할 수 없다고 주장한다. 이러한 두 주장 모두에 대해 그녀는 자세한 분석을 제공하지 않는다. 이를 지지하는 충분한 증거나 논거 없이 단순히 주장을 펼치고 있을 뿐이다.[10] 비판의 대상이 되는 분배 정의 이론가들을 명시하지는 않지만, 우리는 각주를 통해 존 롤스, 로널드 드워킨, 아마티아 센 등의 이론가가 포함되어 있다고 추론해 볼 수 있다.[11]

이 세 명의 이론가가 모두 유사한 이론을 주장한다고 암묵적으로 가정하는 것은 불행한 일이다. 그러한 일반화는 롤스, 드워킨, 센의 작업에 기반을 두고 있는 앵글로-아메리카 자유주의 전통 내에서 분배 정의에 대해 연구하는 학자들과의 토론을 활성화하는 데 도움이 되지 않는다. 게다가 만일 이러한 이론가들 중 한 명이 분배 정의의 이론이 인정 쟁점을 수용할 수 있다는 것을 보여 준다면, 사람들은 다음과 같이 생각할 것이다. 프레이저는 이 이론이 왜 거부되어야 할 필요가 있는지 증명해야 하고, 자신의 규범적 제안과 그 이론을 비교해야 한다고 말이다.

존 롤스의 '공정으로서 정의'에 따르면 두 가지 정의 원칙이 합치되어야 한다.[12] 첫번째 원칙은 각 개인은 일련의 기본적 자유에 대해 평등한 권리를 가져야 함을 가정한다. 두번째 원칙은 두 가지 측면이 있는데, 그 중 하나는 모든 직책과 지위는 모두에게 개방되어야 한다는 것이고, 다

---

10 Fraser, "Social Justice in the Age of Identity Politics", in *The Tanner Lectures on Human Values*, vol. 19, pp. 4, 10, 27.

11 In this volume, Fraser, p. 14, n. 3[이 책 29쪽 각주 3]; Fraser, "Social Justice in the Age of Identity Politics", in *The Tanner Lectures on Human Values*, vol. 19, n. 26; Fraser, "Recognition without Ethics?", *Theory, Culture & Society* 18: 2~3, 2001, n. 8.

12 John Rawls, *A Theory of Justice*, revised edition, Cambridge, MA: Harvard University Press, 1999, pp. 52~56, 266[『정의론』, 황경식 옮김, 이학사, 2003, 105~111, 400쪽].

른 하나는 사회적·경제적 불평등은 모든 사람에게 이익이 되도록 조정되어야 한다는 것이다. 불평등은 가장 못사는 사람에게 이익이 되는 한에서만 허용된다. 이러한 불평등은 사회적 기본재의 관점에서 평가되는데, 기본재란 모든 합리적 인간이 원한다고 가정되는 권리·자유·기회·소득·재산·자긍심 같은 것을 의미한다.[13]

프레이저는 권리와 재화의 공정한 분배가 무시가 발생하지 않도록 하는 데 충분하다고 가정하는 관점에 강력히 반대한다.[14] 그러나 롤스와 관련해 이 비판은 다음과 같은 이유로 다소 잘못된 것 같다. 롤스의 정의론은 1950~1960년대 미국에서 발전했는데, 그 시대는 흑인·여성·게이에 대한 광범위한 차별이 자행되던 시절이었다. 그와 같이 특정한 사회적 분위기와 맥락에서, 정치적 과업은 진정한 평등권을 옹호하는 것이었다. 롤스의 작업은 민권 운동에 도덕적이고 이론적인 근거와 지지를 제공했다. 1950~1960년대 미국의 맥락에서 진보적 정치철학의 의제는 복지국가를 공정하게 설계하는 **방법**에 대한 논쟁이 아니라 복지국가의 존재 자체를 옹호하고 정당화하는 것이었다. 롤스의 이론이 만들어진 시공간을 고려할 때, 이것은 무엇보다도 먼저 옹호되어야 하는 것이었고 효과적인 규범 전략이었던 것으로 보인다. 그렇다면 여기서 중요한 질문은 현 시대 롤스주의자들이 여전히 평등한 권리와 자유에 만족하는지 여부이다. 프레이저의 논문에는 이러한 주장을 뒷받침할 만한 증거나 논거가 없다. 게다가 우리는 롤스의 이론이 자원의 재분배를 우선으로 하는 것

---

13 Rawls, *A Theory of Justice*, p. 54[『정의론』, 107~108쪽].

14 Fraser, "Social Justice in the Age of Identity Politics", in *The Tanner Lectures on Human Values*, vol. 19, p. 28.

이 아니라, 이상적인 유토피아적 세계에서 어떻게 **사회 제도**가 공정한 사회를 창조하기 위해 설계될 수 있을 것인지에 대한 것이라는 점에 주목해야 한다. 여기서 공정한 사회란 억압받는 집단들의 종속이 제거된 사회를 포괄한다. 이처럼 사회적 변화를 위한 롤스 이론의 범위와 의제는 드워킨 같은 다른 분배 이론들보다 더 폭넓다.

로널드 드워킨의 '자원의 평등'은 비개인적 자원(재정적 자원 등)은 취약한 개인적 자원(재능이나 장애 등)을 가진 사람들에 대해 보상의 형식으로 나뉘어야 한다고 주장한다.[15] 사람들이 원하는 것의 차이로 인해 발생하는 비개인적 자원의 불평등은 정당화되는 반면, 사람들이 통제할 수 없는 이유로 인한 불평등은 정당화될 수 없다. 드워킨의 복잡한 평등주의 이론을 깊이 들여다보면, 이 이론은 사회 정의의 인정 쟁점과 문화적 측면을 포괄하는 데 많은 어려움이 있다는 것을 알 수 있다. 예를 들어 드워킨의 이론은 현재의 노동과 돌봄의 젠더 분업 내의 부정의를 탐지할 수 없다.[16] 더 일반적으로 보면 드워킨의 평등주의 이론이 사람들 사이에서 불공정한 불평등을 양산하는 젠더, 인종, 그리고 다른 인간 다양성 차원의 문화적 측면들을 구조상 설명할 수 없다는 주장이 제기되었다. 왜냐하면 그의 이론은 그러한 불평등은 사람들이 개인적으로 책임져야 하고 재분배나 인정을 받아서는 안 되는 선택에 의해 야기된다고 가정하기

---

15 Ronald Dworkin, "What is Equality? Part 2: Equality of Resources", *Philosophy and Public Affair* 10: 4, fall 1981, pp. 283~345[「자원의 평등」, 『자유주의적 평등』, 염수균 옮김, 한길사, 2005].

16 Andrew Williams, "Dworkin on Capability", *Ethics* 113: 1, 2002, pp. 23~39; Ronald Pierik and Ingrid Robeyns, "Resources or Capabilities?: Social Endowments in Egalitarian Theory", mimeo, n.d..

때문이다.[17] 그의 이론이 젠더 불평등을 다루는 방법을 추궁당했을 때 드워킨은 선망 테스트envy test가 이것을 처리할 수 있다고 답했다. 예를 들어 만일 여성이 자신을 남성으로 전환시키는 약을 기꺼이 먹는다면, 그녀에게는 여성이기 때문에 당하는 불평등에 대한 보상이 필요하다. 그러나 만일 여성이 그러한 약을 먹지 않는다면, 이것은 그녀가 남성이라는 존재로의 '일괄 거래'package deal를 선망하지 않으며, 따라서 여성이기 때문에 당하는 불평등에 대한 보상이 필요하지 않다는 것을 의미한다.[18] 드워킨주의자라면 이것이 유일한 분석적 수단이라고 강조하겠지만, 차이에 민감한 수많은 정의 이론가는 이 방법이 사회 부정의의 문화적 원인을 고려하기에는 모욕적이고 매우 쓸모없는 방법이라고 주장한다. 정체성이나 차이를 인정받지 못한 것에 대해 재정적 보상을 하는 것은 정의를 회복하는 것이 아니라 사태를 악화시키는 것이다. 드워킨은 사람들의 존재가 존중받는 것의 본질적 중요성에 아주 무지한 듯이 보인다. 드워킨의 평등주의 이론은 모욕에 근거한 부정의가 보상될 수 없다는 가능성을 허용하지 않고, 대신에 수정적 전략을 요구한다.

왜 문화 부정의는 자원의 평등 속에서 자기 자리를 찾을 수 없는 것인가? 드워킨의 이론은 이상적 이론이다. 그러한 이론은 일련의 자유가 보장받는 사회, 즉 불공정한 젠더 위계가 없고, 젠더, 인종, 에스니시티나 성적 지향에 근거한 차별이나 편견도 없는 사회에 우리가 살고 있다고 가정하면서, 공정한 분배를 이룰 방법을 묻는 것이다. 다시 말하면 문화 부

---

17 Pierik and Robeyns, "Resources or Capabilities?".

18 2001년 3월에 런던 대학에서 열린 드워킨의 작업에 대한 세미나 중 청중이 던진 질문에 대한 그의 답변. 또한 Dworkin, *Sovereign Virtue: The Theory and Practice of Equality*, Cambridge, MA: Harvard University Press, 2000, p. 292 참조.

정의는 어떤 의미로는 드워킨의 이론에서 다음과 같이 가정된다. 즉 그의 이론에서는 특정한 자유들과 법적 권리들이 효과적으로 보호되는 것으로 가정된다. 이 때문에 드워킨의 분배 정의 이론은 무시의 쟁점을 포괄하는 것이 불가능하도록 설계되어 있다. 드워킨은 분배 정의 이론가 집단에 속하는데, 이들은 우리가 차별과 편견을 제거할 수 있는 한 문화 정의가 실현되고 우리는 경제 정의에 집중할 수 있다고 주장한다. 그와 유사한 리처드 로티의 제안에 답변하면서 프레이저는 편견을 극복하는 것으로는 충분하지 않다고 정확히 주장한 바 있다.[19] 내가 보기에 모든 정의 이론가가 이 중요한 요점을 충분하게 이해하지는 못했다. 로티에 대한 프레이저의 답변을 지지하는 분명한 사례는 벨기에 루뱅 대학교의 한 여성 학술 집단의 액티비즘에서 볼 수 있다. 이 집단은 대학에서의 여성의 지위를 향상시키고 젠더 연구의 도입을 옹호하기 위해 1997년에 결성되었다. 그들의 첫번째 요구는 대학 탁아소(그리고 대부분의 다른 탁아소)가 오후 5시 30분과 6시 사이에 문을 닫으므로, 어떤 교수 모임도 오후 5시 이후에 열려서는 안 된다는 것이었다. 그러한 요구가 편견과 싸우는 것과 아무런 관계가 없는 것은 분명하다. 그러나 탁아소에서 아이를 데려오는 책임을 지는 부모 역할의 차이에 대한 인정과는 관계가 있는데, 대개 아버지보다는 어머니가 그 역할을 맡기 때문이다. 이 집단은 모든 (장차 관계자가 되려는 사람을 포함해) 대학 직원이 아이가 없거나 집에서 아이를 돌볼 파트너(반드시 여자가 아니라고 해도)가 있는 것은 아니라는 사실의 인정을 요구했다.

---

19 이 책에 수록된 로티의 「'문화적 인정'은 좌파 정치에 유용한 개념인가」와 프레이저의 「왜 편견을 극복하는 것으로 충분하지 않은가: 리처드 로티에 대한 답변」 참조.

일반적으로 나는 드워킨의 이론이 인정 쟁점을 무시하고 있다는 프레이저의 비판에 동의한다. 차이 인정을 무시하는 분배 정의 이론을 이야기하는 앵글로-아메리카 학문 집단에서 드워킨만이 예외가 아니라는 점이 분명히 지적되어야 한다. 예를 들어 필리프 판 파레이스의 기본 소득 제안은 어느 정도는 드워킨과 롤스의 작업을 기반으로 하는데, 이것은 단지 경제적 불평등만을 관찰하고 있으며, 결국 자신의 재분배 제안의 인정 효과를 분석하는 데 실패한다.[20] 다른 곳에서 나는 젠더 부정의 사례에 대해 이런 주장을 했다.[21] 소득이 없는 많은 여성은 무조건적 기본 소득이 시행된다면 경제적 관점에서 더 나아질 수 있다. 그러나 가족 내 의사 결정의 젠더적 속성은 고용된 일부 여성을 가정 내로 유인해 여성의 노동 공급을 축소시킬 것이며, 게다가 기본 소득은 전통적인 젠더 노동 분업을 약화시키는 데 전혀 도움을 주지 않을 것이다. 따라서 페미니즘적 관점에서 기본 소득은 젠더 불평등과 싸우고 젠더 역할을 변화시키는 한에서만, 즉 우리가 알고 있는 젠더를 해체하는 정치를 동시적으로 도입할 때만 옹호되어야 한다. 그러므로 이러한 분석은 재분배와 인정이 동시적으로 고려되어야 하고 우리는 정의 쟁점에 대한 통합적 사고가 필요하다는 프레이저의 주장에 대한 또 다른 지지 증거를 제공한다.

프레이저가 분배 정의 이론과 인정 정치 이론에 대한 자신의 비판을 발표한 이후로, 내가 아는 한 분배 이론가들과는 논쟁이 없었던 반면 인정 정치 쪽과는 수차례 논쟁과 대화가 있었다는 것은 주목할 만한 일이

---

20 Philippe Van Parijs, *Real Freedom for All: What (If Anything) Can Justify Capitalism?*, Oxford: Oxford University Press, 1995.

21 Ingrid Robeyns, "Will a Basic Income Do Justice to Women?", *Analyse und Kritik* 23: 1, 2001, pp. 88~105.

다. 내 생각에 분배 정의 이론가들이 프레이저의 비판에 거의 개입하지 않은 이유는 분배 정의 이론들을 과도하게 단순화시켰기 때문이다. 사실상 몇몇 정의 이론가는 에스니시티, 문화적 차이, 젠더 쟁점을 통합하기 위해 자유주의적 분배 정의 이론을 수용했다. 프레이저 자신은 윌 킴리카의 작업이 '예외'라고 지적한다.[22] 킴리카는 자유주의적 분배 정의 이론 전통으로부터 에스니시티와 소수 집단 쟁점을 분석하는 방대한 연구 작업을 시작했다. 이와 유사하게 다른 정의 이론가들도 젠더와 연관된 문화 부정의를 분석하기 위해 분배 정의 이론으로부터 시작했으며,[23] 앤 필립스의 연구는 비록 사회경제적 평등을 옹호하는 (의심할 여지 없이 확장된) 자유주의적 이론틀 내에서의 연구라는 한계를 가지고 있지만, 문화적 차이들에 많은 관심을 기울인다.[24]

프레이저의 계획은 억압받는 모든 집단의 경제적이고 문화적인 불평등과 부정의를 포괄할 수 있는 통합적 틀을 발전시키는 것이다. 나는 이것이 정말 필요하고 흥미로운 계획이라는 점에 동의한다. 그러나 목욕물과 함께 아기까지 버릴 필요는 없다. 처음부터 새로운 규범적 이론틀을 구성하는 대신에, 먼저 인간 다양성을 공정히 다루고 인정 주장을 포괄할 수 있는 분배 정의 이론이 있는지를 면밀하게 살펴보는 것이 낫다. 나는 아마티아 센의 역량 접근이 그러한 틀을 제공한다고 주장할 것이

22 Fraser, "Social Justice in the Age of Identity Politics", in *The Tanner Lectures on Human Values*, vol. 19; Will Kymlicka, *Liberalism, Community and Culture*, Oxford: Oxford University Press, 1989; *Multicultural Citizenship: A Liberal Theory of Minority Rights*, Oxford: Oxford University Press, 1995.

23 Susan Moller Okin, *Justice, Gender and the Family*, New York: Basic Books, 1989.

24 Anne Phillips, *Which Equalities Matter?*, Cambridge: Polity Press, 1999.

다. 이와 유사한 주장을 케빈 올슨이 했으며, 엘리자베스 앤더슨의 평등주의적 제안 역시 이와 동일한 일반적 사유 흐름을 보여 주고 있다.[25]

4. 재분배, 인정 그리고 아마티아 센의 역량 접근

지금까지 나는 드워킨에 대한 프레이저의 비판을 지지했으며, 롤스에 대한 그녀 비판의 공정성과 타당성에는 의문을 제기했다. 또한 나는 그녀의 비판을 확대해 판 파레이스의 분배 정의 이론에도 적용했다. 이제부터 나는 프레이저의 비판이 센의 역량 접근에 대해서는 정당하지 않다고 주장하고자 한다. 역량 접근은 사회 정의에 대한 다른 규범적 접근보다 더 재분배와 인정 쟁점을 수용할 수 있기 때문이다.[26]

1) 센의 역량 접근

역량 접근이란 무엇인가?[27] 역량 접근은 하나의 일반적 규범틀이다(어떤 이는 하나의 패러다임이라고 부르기도 한다). 이것은 사회 정책·제도의 설

---

25 Olson, "Distributive Justice and the Politics of Difference", *Critical Horizons* 2: 1; Elizabeth Anderson, "What Is the Point of Equality?", *Ethics* 109: 2, 1999, pp. 287~337.

26 게다가 아마티아 센은 정체성과 인정에 점점 더 많은 관심을 보이고 있다. Amartya Sen, *Reason Before Identity*, Oxford: Oxford University Press, 1998; "Continuing the Conversation", talks with Bina Agarwal, Jane Humphries, and Ingrid Robeyns, *Feminist Economics* 9: 2~3, 2003, pp. 319~332에서 언급한 정체성에 관한 그의 책(근간) 참조. 그는 지배적인 정체성을 지닌 사람들이 어떻게 이 정체성을 남용해 사회의 다른 집단 사람들을 억압하는지에 주로 관심이 있는 것 같다. 이는 이 책에 수록된 프레이저의 「인정을 다시 생각하기: 문화 정치에서의 대체와 물화의 극복을 위하여」에서 논의된 문제이기도 하다.

계와 복지·불평등·가난·정의의 평가는 반드시 주로 사람들의 기능 수행 역량에 초점을 맞추어야 한다고 주장한다. 기능을 수행한다는 것은 '존재하고 행동한다'는 것을 의미하는데, 이는 일하고 독서하고 정치적으로 활동하고 정신적·육체적으로 건강하고 좋은 교육을 받고 안전하고 주거지가 있고 공동체의 성원이 되는 것 등을 말한다. 이러한 수행 가능한 기능의 목록은 정말로 끝이 없다. 이러한 기능들의 일부는 분배 정의에 대한 가장 주류적인 의미에서의 분배 정의 평가와 더 많이 연관되어 있는데, 좋은 교육을 받고 건강하고 좋은 주거지가 있는 것 등이 그러하다. 또 다른 기능들은 인정 연구, 특히 존중받는 것이 수행하는 기능과 연관되어 있다고 할 수 있다.

센은 성취된 기능들이 중요한 것이 아니라 그러한 기능들을 성취하기 위해 우리가 가지고 있는 실제 기회들, 즉 개인 역량이 중요하다고 강조한다. 다시 말해서 역량은 가능한 기능이며, 한 개인의 모든 역량은 그녀의 역량 집합capability set을 구성하는데, 이는 자신이 하고 싶은 것을 할 수 있고 원하는 대로 될 수 있는 개인의 자유를 표현한다. 성취된 기능과 역량의 구분을 통해 사람들은 삶의 계획을 세우고, 자신이 되고 싶고

---

27 Sen, "Equality of What?: The Tanner Lecture on Human Values", in *Choice, Welfare and Measurement*, Oxford: Blackwell, 1982; "Rights and Capabilities", in *Resources, Value and Development*, Cambridge: Harvard University Press, 1984; *Commodities and Capabilities*, Oxford: Oxford University Press, 1985; *The Standard of Living*, Cambridge: Cambridge University Press, 1987; *Inequality Reexamined*, Oxford: Clarendon Press, 1992[『불평등의 재검토』, 이상호 외 옮김, 한울, 2008]; "Gender Inequality and Theories of Justices", in Martha Nussbaum and Jonathan Glover eds., *Women, Culture, and Development: A Study of Human Capabilities*, Oxford: Clarendon Press, 1995; *Development as Freedom*, New York: Knopf, 1999[『자유로서의 발전』, 김원기 옮김, 갈라파고스, 2013].

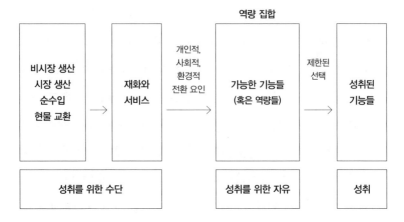

<그림1> 역량 접근의 개요도

하고 싶은 것을 결정할 수 있게 된다. 센의 틀에서 중요한 것은 일차적으로 사람들은 자신의 존재beings와 행위doings를 성취하기 위해 진실하고 실제적이며 효과적인 기회를 가져야 한다는 점이다. 역량 접근의 상이한 구성 요소들과 원자재들이 맡아야 하는 역할은 아마도 〈그림 1〉에서 도식적으로 잘 표현될 것이다.

자원 혹은 재화와 서비스는 특정 기능을 가능하게 한다. 그러나 특정 존재와 행위를 성취하기 위한 재화와 기능 사이의 관계는 세 가지 형태의 전환 요인conversion factor에 영향을 받는다. 먼저 **개인적 전환 요인들**(신진대사, 신체 조건, 성별, 독서 기술, 지능 등)은 개인이 원자재의 특징을 기능으로 전환하는 방식에 영향을 미친다. 만일 개인이 장애가 있거나 신체적 조건이 좋지 않거나 자전거를 배운 적이 없다면, 자전거는 이동 기능을 가능하게 하는 데 있어 제한적인 효용을 갖는다. 두번째로 **사회적 전환 요인들**(공공 정책, 사회적 혹은 종교적 규범, 차별적 관습, 젠더 역할, 사회적 위계, 권력 관계 등)과 **환경적 전환 요인들**(기후, 기반 시설, 제도, 공공재 등)은 재화의 특징을 개인적 기능으로 전환하는 역할을 한다. 만일 포장된 도로가 없거나 사회 규범상 여성은 남성 가족 구성원을 동반하지 않고서는 집을 떠날 수 없다면, 기능 수행을 위한 재화의 사용은 매우 어렵거나 심지어 불가능해진다. 이러한 사회적 전환 요인의 상당수가 사회적 과정인데, 이것이 무시의 근원이 된다는 것은 분명하다. 이성애 중심주의, 남성 중심주의나 종교적 편견 같은 부정의의 문화적 원천은 개인의 역량 집합을 협소하게 만든다. 이와 같은 센의 양식화된 역량 접근 표현은 자원이 전체 이야기의 부분일 뿐이라는 점을 분명히 한다. 궁극적으로 중요한 것은 사람들이 가져야 하고 해야 하는 실제 기회가 무엇인가 하는 점이며, 자원은 단지 이런 과정에서 하나의 투입 요소라는 것이다. 다른 말로 하면, 역량 접근은 사회 정의를 실제적 혹은 유효한(형식적이라는 것과 대조적으로) 기회들이라는 관점에서 평가한다. 여기서 기회란 사람들이 스스로 가치 있게 여기는 삶을 영위하는 것을, 즉 그들이 하고 싶은 것을 하고 되고 싶은 사람이 될 기회를 의미한다.

센은 처음에 롤스의 정의론에 대한 비판으로 역량 접근을 구성했다.[28] 센은 사회적 기본재에 집중하는 것은 "인간 존재의 다양성에 주목하지 못하는 것으로 보이며" 이러한 재화를 가지고 인간이 무엇을 할 수 있는지 포착할 수 없게 만든다고 주장했다.[29] 또한 그는 "비-착취 혹은 비-차별은 기본재로는……충분히 포착될 수 없는 정보의 사용을 요구한다"고 주장했다.[30] 자기 존중의 사회적 근거는 (롤스의) 기본재이지만,

---

28 Sen, "Equality of What?", in *Choice, Welfare and Measurement*. 센은 최초에는 역량 접근을 공리주의에 대한 비판으로 구성했는데, 이는 현재 토론과 큰 관련이 없다.

29 *Ibid.*, p. 366.

30 *Ibid.*, p. 367.

자기 존중 자체는 (센의) 개인의 기능이다.[31] 센은 유사한 방식으로 드워킨의 자원의 평등을 비판한다.[32] 센은 언제나 자원에 토대를 두는 분배 정의 이론을 광범위한 인간 다양성의 관점에서 비판했다. 왜냐하면 많은 재화로 무엇을 할 수 있는지는 누가 그것을 사용하는지에 달려 있기 때문이다. 역량의 관점으로 인간 다양성에 접근하고 개인의 안녕well-being에 사회적·환경적·개인적 요인이 영향을 미치는 것에 본질적으로 주목함으로써 우리는 분배 정의 측면뿐 아니라 인정 쟁점도 포괄할 수 있다. 결론적으로 역량 접근이 인정과 재분배를 수용할 수 있다는 것은 나에게 자명해 보인다.

두 가지 점을 순서대로 정리해 보자. 첫째, 아마티아 센의 역량 접근에 대한 정확한 설명을 재구성하는 것은 쉽지 않다는 점을 나는 충분히 알고 있다. 역량 접근에 대한 센의 논문들은 학문 분과를 넘나들며 다양한 저널과 책에 흩어져 있다. 또한 그는 자신이 강연한 학문 분과의 청중을 고려하여 이러한 접근의 특정한 측면을 강조하기도 했는데, 그것이 그의 작업을 세심하게 해석하는 것을 더욱 어렵게 만들기도 한다. 게다가 센은 자신의 접근을 서서히 발전시켰기 때문에, 역량 접근을 이해하기 위해서는 그것에 대한 센의 최초 저작부터 최근의 것까지 읽을 필요가 있다. 왜냐하면 센 자신이 이 접근을 깔끔하게 정리한 분명한 개괄적 논문을 발표하지 않았기 때문이다. 둘째는 역량 접근에 대한 센과 마사 C. 누스바움의 작업 간의 차이와 관련된 것이다.[33] 센의 접근과 누스바움의 접근의 차이를 자세히 묘사하는 것은 이 글의 범위를 벗어난다. 현재

---

31 Sen, "Rights and Capabilities", in *Resources, Value and Development*, pp. 320~321.
32 *Ibid.*.

맥락에서 이야기하자면, 센의 역량 접근은 일반적 규범틀로서 이것이 적용될 수 있는 방법과 장소에 관해 대단히 높은 유연성을 가지고 있는 반면에, 누스바움의 역량 접근은 더 엄격한 규범적 주장을 하고 있다는 점을 지적하는 것이 중요하다. 나아가 센은 우리가 특별한 조건에 적합해질 모든 역량을 특정하게 지정할 수 없으며, 이것은 민주적 절차의 방식으로 이루어져야 할 필요가 있다고 주장한 반면, 누스바움은 보편적인 역량들의 목록을 옹호했다. 따라서 내가 보기에 누스바움의 접근은 정치적 정당성을 상실하게 된다.[34]

2) 역량 접근과 젠더 노동 분업

역량 접근이 재분배와 인정 모두를 어떻게 설명할 수 있는지 보여 주기 위해 나는 서구 사회에서의 젠더 노동 분업 사례를 간단하게 분석할 것이다. 페미니즘의 분석에 따르면 현재 서구 사회의 젠더 노동 분업은 불공정하다. 사회 규범, 사회 제도(학교나 세금 제도)의 상호작용과 축적된 영향, 그리고 노동 시장의 특징들은 이성애 커플이 전통적인 젠더 노동 분업을 선택하는 것을 더 쉽게, 종종 재정적으로 이득을 취하게 해준다. 여기서 전통적인 젠더 노동 분업이란 남성은 노동 시장에서 풀타임으로 일하고, 여성은 주로 가정을 책임지면서 파트타임 직업을 갖고 가사와

---

33 Martha C. Nussbaum, *Women and Human Development: The Capabilities Approach*, Cambridge: Cambridge University Press, 2000; "Capabilities as Fundamental Entitlements: Sen and Social Justice", *Feminist Economics* 9: 2~3, 2003, pp. 33~59.

34 Robeyns, "Sen's Capability Approach and Gender Inequality: Selecting Relevant Capabilities", *Feminist Economics* 9: 2~3, pp. 61~92

돌봄 노동을 가능한 한 결합하는 방식을 말한다. 이전의 페미니즘과 사회과학 연구를 참조해, 나는 다른 논문에서 이것이 공정한 절차나 기회의 측면과 공정한 결과의 측면 모두에서 불공정한 상황이라고 평가될 수 있음을 주장했다.[35] 나는 이것을 불공정한 것으로 여기면서 논의를 시작할 것이며, 역량 접근을 어떻게 비판적으로 사용해 우리가 젠더 노동 분업을 더 공정하게 만들 수 있을지 질문할 것이다.[36]

아이가 있는 이성애 커플이 있다고 치자. 전통적인 젠더 노동 분업에서 남성의 역량 집합은 노동 시장에서 일할 역량을 포함하며, 돌봄 노동이나 가사 노동의 책임은 지지 않는다. 그의 역량 집합에는 집안일을 하는 남편houseman이 되는 선택지는 포함되어 있지 않다. 집에서 주로 일하는 것이나 적은 시간 동안 일하는 파트타임 직업을 갖는 것도 포함되어 있지 않을 것이다. 복지국가와 사회 제도는 양쪽 부모가 노동과 돌봄 노동을 결합하는 것을 허용하지 않으며, 사회적 규범은 아버지가 아니라 어머니가 돌봄 노동을 맡을 것을 권장한다. 여성의 역량 집합은 남성과 대칭적인 역량들을 포함하는데, 즉 그녀는 가정주부일 수는 있지만, 다른 누군가가 아이와 가사를 돌보는 것을 전제로 노동 시장에서 직업을 찾을 수는 없다.[37]

---

35 Robeyns, "Gender Inequality: A Capability Perspective", doctoral dissertation, Cambride Unviersity, 2002, Chap. 2.

36 나는 '비판적 사용'이라는 말을 덧붙였는데, 왜냐하면 원칙상 역량 접근은 효용·자원 등과 같은 차원에서 이익을 주기보다 복지(역량들)의 다차원적 목적들에 초점을 맞추는 것만을 선호하는 최소한의 버전에서도 사용될 수 있기 때문이다. 그러나 센의 폭넓은 작업을 고려할 때, 역량 접근은 남성 중심적 자유주의 형태가 아니라 비판적 페미니즘-자유주의 형태로 사용될 필요가 있다는 것은 자명해 보인다. 역량 접근의 그 이외의 사용은 환원주의적 해석이 될 것이다.

유럽의 경우 그러한 배치가 불공정하다는 페미니스트들의 주장에 대해 정부들이 취했던 반응은 매우 달랐다. 스웨덴 모델은 대체로 다음과 같다. 모든 부모가 일을 하며 여성은 공적 영역에서 약 35시간 일한다고 가정된다. 자녀 돌봄 시설들과 더불어 시장 노동과 양육의 결합을 좀 더 쉽게 만드는 다른 지원책들은 정부에 의해 낮은 가격으로 제공된다. 결과적으로 직접세와 간접세는 높고, 따라서 일반 물가 수준도 높다. 적정 수준의 물질적 생활 조건에 다다르기 위해서 양쪽 부모가 직업을 가질 필요가 있다. 엄마와 아빠 모두 육아 휴직을 갖는 것이 권장된다. 따라서 정책은 엄마와 아빠 모두의 정체성을 일하는 부모로 전환시킨다. 집에 있는 엄마와 아빠가 되는 일을 선택하는 것은 기회비용의 관점에서 매우 비싼 가격으로 이해되며, 따라서 정말 부자들을 제외하고는 전업 가사 담당자가 되는 것은 선택지가 되지 않는다. 비시장 돌봄 노동은 스웨덴 사회에서 특별히 가치 있는 것으로 여겨지지 않는다.[38]

네덜란드 모델은 대략 그 반대이다. 네덜란드에서 가사의 가치는 매우 높다. 그리고 지배적인 모성 이데올로기는 가사일을 하는 엄마를 칭찬하며, 아이를 일주일에 3일 이상 탁아소에 맡기는 엄마를 책망한다. 정규 학교 시간이 짧고 방과 후 학교 시설이 부족한 것은 한쪽 부모(혹은 조부모)가 풀타임 직업을 갖지 않는 것을 전제로 한다. 아기와 유아 대상 탁아소 수는 부족하고, 정부 보조금도 빈약하며, 탁아소의 운영도 상당한

---

37 따라서 결과 기반의 정의 평가는 이렇게 특징지어진 남성의 역량 집합이 여성의 역량 집합보다 덜 매력적이라는 점을 보여 줄 필요가 있다. 나는 여기서 그것을 논의하지는 않겠지만 다음을 볼 것. Robeyns, "Gender Inequalty", Chap. 2.

38 Mary Daly and Katherine Rake, *Gender and the Welfare State: Care, Work and Welfare in Europe and the USA*, Cambridge: Polity Press, 2003, p. 152.

정도로 사업주에게 맡겨져 있다. 국가 지원을 받는 어린이집은 네 살부터만 이용 가능하다. 네덜란드의 상황은 여전히 전통적인 젠더 노동 분업을 상당히 반영하는데, 가사 전담자를 지원하는 정부 정책만이 예외적이다. 예를 들면 네덜란드에 합법적으로 거주하고 있는 모든 사람은 적어도 15년간은 이전의 고용 조건에 따라 무조건적으로 정부 연금을 받는다. 그리고 2001년 세금 환급 제도를 통해 적지만 무조건적인 개인 세금 공제가 도입되었다. 과세 제도는 적정한 편이다. 따라서 가사 전담자가 되는 것이 적어도 스웨덴에서만큼이나 현실적으로 감당할 수 없는 것은 아니다. 네덜란드의 엄마들은 가사 전담자가 되는 역량에 대해서는 더 많은 지원을 받고 있으나, 제도적 설계나 정책은 일하는 부모가 되기 위한 엄마의 역량을 확장하거나 지원하는 것 또는 양쪽 부모 사이에서 더 평등하게 무급 노동을 배분하는 것에 거의 신경 쓰지 않는다.

역량 접근은 우리가 젠더 노동 분업이 만든 부정의를 회복시키기 원할 때 유용한 틀을 제공한다. 규범은 다른 차원의 집합을 축소시키지 않으면서도 동시적으로 남성과 여성의 역량 집합들을 확장시키는 정책과 제도적 개선책을 찾아야 한다. 역량 집합은 기존의 선택을 활용할 수 없도록 하지 않으면서 확장되어야 한다.

동시에 자신의 역량 집합에서 개인이 어떤 옵션을 고를 것인가 하는 점을 결정하게 만드는 선택에 영향을 주는 문화적·사회적인 비물질적 제약은 반드시 공정해야 한다. 예를 들어 여성은 다른 행동들보다 가족을 우선시해야 한다는 압박을 사회적으로나 도덕적으로나 남성보다 더 많이 느껴서는 안 되며, 반면 남성성의 문화적 개념은 사회적 지위나 존경을 상실하지 않고서도 남성이 돌봄이나 시장 노동의 평등한 공유에 효과적으로 관여하는 것이 쉽도록 변화되어야 한다. 이것이 역량 접근을 다른 자유주의적 정의 이론과 아주 다르게 만드는 중요한 조건이다. 부모들이 아주 동일한 역량 집합에서 선택할 옵션을 가지고 있다고 상상해 보자. 판 파레이스 같은 (좌파) 자유주의자는 정의가 실현되었다고 주장할 것이다.[39] 그러나 센 같은 비판적 자유주의자는 사람들의 선택을 제한하는 것들을 엄밀히 조사할 것을 주장한다. 이것은 까다로운 문제인데, 어떤 것을 '실제의', '자발적인' 혹은 '자유로운' 선택으로 간주하고 간주하지 말아야 할지에 대한 어려운 논쟁으로 우리를 인도하기 때문이다. 또한 정체성, 다양성, 무시(혹은 인정)의 부가적인 측면이 고려되는 것도 여기에서인데, 불공정한 정체성 형성과 사회적 규범은 개인의 역량 집합으로부터의 선택들을 이끌어 내고, 그것은 결과적으로 불공정한 불평등을 야기한다. 비슷하게 종종 사람들은 개인적 선택을 하지 않지만, 복지에 영향을 주는 집단적 선택(예를 들어 한 가구 내에서)은 한다. 이렇게 가구 같은 집단들 내의 권력 관계는 역량 분석 내에서 설명될 필요가 있다.[40] 그리고 정체성과 인정의 규범적 측면에 대해 연구했던 프레이저와 다른 이론가들의 작업에서 분명히 드러났듯이, 서로 다른 정체성 주장에 대해 비판적 태도를 견지하기 원한다면 권력 관계에 주의를 기울이는 것이 중요하다.

---

39 Van Parijs, "Real Freedom, the Market and the Family: A Reply to Seven Critics", *Analyse und Kritik* 23: 1, 2001, pp. 106~131.

40 Vegard Iversen, "Intra-household Inequality: A Challenge for the Capability Approach?", *Feminist Economics* 9: 2~3, 2003, pp. 93~115. 센 자신은 가구 내부의 불평등에 대한 연구에 기여한 바 있으며("Gender and Cooperative Conflict", in Irene Tinker ed., *Persistent Inequalities: Women and World Development*, New York: Oxford University Press, 1990), 최근에는 사회 관계의 권력 측면에 충분한 주의를 기울이는 것이 중요하다고 주장했다("Continuing the Conversation", *Feminist Economics* 9: 2~3).

5. 센의 역량 접근과 프레이저의 참여 동등

이제 누군가는 역량 접근의 비판적 사용이 주장하는 젠더 노동 분업의 변혁은 프레이저가 말하는 변혁적 재분배 정치라는 제안과 유사하다고 말할지도 모른다.[41] 자세히 보면 차이는 있으나, 공정한 정책 변화를 이야기하는 규범적 정치 이론이라는 넓은 범위에서 보면 프레이저의 제안과 역량 접근의 비판적 사용은 서로 가까운 사이다. 이 사실은 만일 프레이저가 롤스·드워킨·센의 이론을 더 자세히 검토했다면, 이들 세 명의 이론이 서로 같지 않으며 특히 드워킨과 센의 이론은 매우 구분될 정도로 다르다는 점을 알아챘을 거라는 내 주장의 증거이다.[42]

하지만 더 중요한 것은 이것이 센의 역량 접근이 프레이저의 참여 동등과 동일한 것인지 아닌지에 대한 질문을 촉발시킨다는 점이다. 정의에 대한 이러한 두 가지 설명은 단순히 서로 다른 언어로 동일한 것을 옹호하는 것인가? 앞으로 나는 센의 역량 접근과 프레이저의 참여 동등의 차이 네 가지를 설명해 보고자 한다. 그리고 이 모든 점에서 볼 때 센의 틀이 더 광범위하며, 프레이저의 이론으로는 설명하기 힘든 정의의 몇 가지 사례를 다룰 수 있음을 보여 줄 것이다. 다시 말해서 센의 역량 접근이 참여 동등보다 더 넓은 범위를 가지고 있으며 인간 다양성에도 더욱 급

Fraser, "After the Family Wage: Gender Equity and the Welfare State", *Political Theory* 22: 4, 1994, pp. 591~618; "Social Justice in the Age of Identity Politics", in *The Tanner Lectures on Human Values*, vol. 19, pp. 57~67.

42 게다가 드워킨의 자원의 평등과 센의 역량 접근의 차이에 대한 최근 논쟁에서 드워킨은 자신은 전통적인 젠더 노동 분업에서 남성이 여성보다 더 임금을 많이 받는 것을 어떤 근거 위에서 평가해야 하는지를 살피지 않았다고 언급했다. Dworkin, "Sovereign Virtue Revisited", *Ethics* 113: 1, 2002, p. 137.

2부 · 재분배와 인정, 두 차원의 정의를 중재하다

진적인 관심을 갖고 있다.

먼저 가장 추상적이고 이론적인 수준에서 두 접근의 차이를 살펴보자. 프레이저가 아직까지 자신의 참여 동등 제안을 아주 자세히 발전시키지는 않았기 때문에 차이를 직접적으로 비교하기는 힘들 것이다. "사회 생활에 타인과 등등하게 참여한다는 것"은 정확히 무엇을 의미하는가?[43] 내가 해석하기에 이것은 어떤 집단에 속해 있는지와 상관없이 사람들은 사회 참여에 있어서 동등한 접근성을 가져야 한다는 것이다. 역량 접근의 관점에서 보면, 참여 동등은 사람의 존재와 관련된 것이 아니라 사람의 **행위**와 관련된 역량들을 포함하는 것으로 보인다. 존재가 도구적으로 행위에 가치가 있는 한, 그러한 존재들은 프레이저의 설명 속에 포함될 것이라고 주장할 수 있을 것이다. 그러나 역량 접근은 프레이저의 설명과 관련해서 여전히 두 가지 차이점을 갖는다. 첫째, 역량 접근은 행위에 필요한 그런 존재들을 포함한다. 그러한 존재들이 도구적으로 중요하기 때문**만이 아니라**, 그들의 본질적인 중요성 때문에 그러하다. 게다가 그리고 더욱 중요한 것은, 역량 접근은 또한 사회 참여가 가능하다고 말해질 수 없는 존재들도 포함한다는 점이다. 예를 들어 네덜란드에서 아이는 엄마의 성姓 혹은 아빠의 성을 모두 물려받을 수 있지만, 양쪽 성을 다 물려받을 수는 없다. 내 생각에 이것은 양쪽 부모와 아이들에 대해 불공정하고, 특히 엄마 쪽에 불공정하다. 왜냐하면 젠더화된 사회 규범과 남성성·여성성에 대한 헤게모니적 관념 때문에 아빠의 성을 따르는 아이가 많을 것이기 때문이다. 역량 접근은 엄마 혹은 아빠를 존중하

---

43 Fraser, "Social Justice in the Age of Identity Politics", in *The Tanner Lectures on Human Values*, vol. 19, p. 36.

는 차원에서 그/녀가 아이에게 그/녀의 성을 물려줄 수 있어야 하고, 아이를 존중하는 차원에서 아이가 양쪽 부모의 성을 가질 수 있어야 한다고 주장할 것이다. 성이 두 개가 되는 것을 허용한다면 역량 집합은 증대할 것이며, 특히 엄마의 역량이 증대할 것이다. 그리고 분명히 어떤 여성들은 이 역량에 높은 가치를 부여할 것이다. 나는 참여 동등을 규범으로 할 때 그 입장이 어떻게 이러한 변화를 지지할 것인지 알 수 없다. 젠더와 정의에 대한 프레이저의 포괄적인 저술에 근거해서 볼 때, 그러한 긍정적인 변혁적 정책이 젠더 정의에 기여한다는 점에 프레이저도 동의할 것이라 가정한다고 해도 말이다. 하지만 참여 동등의 규범이 이 주장에 동의할까?

역량 접근과 참여 동등의 두번째 차이는 '**정상성' 관념**에 대한 그것들의 신뢰이다. 역량 접근의 매력적인 특징 중 하나는 모든 것에 적용될 수 있다는 점이다. 이것은 '비정상적' 사례들, 정신적으로나 육체적으로 심각한 장애가 있는 사람이나 입원 환자를 포함한다. 롤스의 공정으로서 정의는 '평균', '기준', 혹은 '정상적' 개인이라는 개념에서 출발하며, 이러한 규범에 근거해 사람들이 가져야 하는 사회적 기본재의 총량을 결정한다. 이것이 센의 역량 접근과의 주요한 차이인데, 센의 역량 접근은 '정상적' 사례를 가정하지 않는다.[44] 게다가 역량 접근은 아기, 유아, 어린이에 대한 정의를 고려하거나 변혁적 정책의 발전을 고려하는 데 사용될 수 있다.[45] 예를 들어 우리는 시각 장애인이 결코 볼 수 없다는 것을 인정해

---

44 Sen, "Equality of What?", in *Choice, Welfare and Measurement*, pp. 365~366.

45 Madoka Saito, "Amartya Sen's Capability Approach to Education: A Critical Exploration", *Journal of Philosophy of Education* 37: 1, 2003, pp. 17~33.

야 할지 모른다. 그리고 우리는 시각 역량이 평등하지 않기 때문에 부정의가 발생했다고 생각하지는 않는다. 마찬가지로 우리는 정신적으로 심한 손상을 입은 사람들이 국가 정책에 대해 성찰적 의견이나 판단을 제시할 수 없으며, 따라서 정치 참여 역량에 관해 결코 동등할 수 없다는 사실을 인정한다. 하지만 시각 장애인 혹은 정신 장애인을 위해 사회가 만들어야 하는 서로 다른 역량들의 목록은 작성할 수 있다. 센의 틀에서 우리는 장애인들의 역량 집합을 가능한 한 많이 확장하는 것을 목표로 삼는다. 즉 그들이 스스로 수많은 일상적 결정을 할 수 있도록, 재미있고 즐거운 활동을 수행할 수 있도록, 그들이 확실히 안전할 수 있도록, 잘 섭취할 수 있도록, 잘 돌봄받을 수 있도록 역량 집합이 확장되는 것을 목표로 삼는다.

참여 동등에 대한 프레이저의 규범적 개념은 롤스의 '공정으로서 정의'처럼 '정상적' 개인 개념을 전제하는 것 같다. 여기서 정상적 개인이란 타인과 동료로서 사회에 참여할 수 있는 심리적 역량과 법적 권리를 가진 사람을 말한다. 여기에는 심각한 물리적·정신적 손상을 입은 사람은 제외되는 듯하다. 다시 말해서 프레이저의 참여 동등 개념은 충분히 발전되지 않았고, 아마도 그녀는 이후의 저작에서 이러한 '특별한 사례'를 사회 정의에 대한 자신의 관점 속에서 어떻게 다루어야 할지 이야기할지도 모르겠다.

역량 접근과 참여 동등의 세번째 차이는 이 이론들이 **재분배와 인정이 요구되는 진정한 본질적 이유**를 무엇이라고 생각하는지에 달려 있다. 가난이 만연해 있고 구조적이며 널리 퍼져 있어서 어디에서나 가난을 찾아볼 수 있는 인도의 시골 지역을 예로 들어 보자. 많은 사람이 하루 16시간 동안 일하고, 여가 시간이 절대적으로 부족하며, 음식 섭취라는 관점에서 볼 때 자신의 생존에만 집중적으로 관심을 쏟고 있고, 겨우 살아가는 수준의 건강 상태를 유지하고 있다. 이러한 상황을 판단하는 데 참여 동등의 관점은 어떤 유용성을 주는가? 만일 이들이 최소한의 생활 수준에 올라선 도시 거주자들과 동료로서 전반적 인도 사회에 참여하고자 한다면 당연히 더 많은 물질적 지원, 더 많은 음식, 더 나은 거주지, 더 적은 노동과 더 많은 휴식이 필요할 **것이다.** 하지만 실제로 중요한 것은 그 점이 아니다. 핵심은 이러한 사람들은 건강해지는 것, 최소한의 휴식을 향유하는 것, 충분한 영양을 섭취하는 것 등 최소 수준의 기본 역량이 부족하다는 것이다. 그러한 절망적 상황에서 정말 중요한 것은 이러한 사람들의 행위보다는 존재이다. 참여 동등이 가까운 미래에 이러한 사람들을 위한 현실적 옵션이 될지 여부와는 독립적으로, 그들에게 자원을 재분배하고 그들 삶의 조건을 구조적으로 향상시키기 위해 노력하는 도덕적 사례는 그들의 기본적 기능 역량에 근거한다.

참여 동등과 비교할 때 역량 접근의 마지막 장점은 **폭넓은 유형의 사례들**에 적용할 수 있다는 점이다. 이 다양함은 지리학적 상황의 관점이나 고려되는 정책 혹은 정치적 상황의 관점 모두에서 분명하게 표현된다. 역량 접근은 단순히 정의에 대한 것이 아니라 모든 유형의 사회적 변화에 관한 것이기도 하다. 예를 들어 사비나 알키레는 옥스팜Oxfam이 어떻게 파키스탄에 원조를 할당하는지 탐구하기 위해 확장된 비용-편익 분석을 할 때 역량 접근을 적용했다.[46] 그녀는 순전히 재정적인 관점에서 보면 옥스팜은 원조 기금을 염소 사육 프로젝트에 투자해야 했다고 주

---

46 Sabina Alkire, *Valuing Freedom: Sen's Capability Approach and Poverty Reduction*, New York: Oxford University Press, 2002.

장했다. 장미 화환 생산 프로젝트는 재정적 관점에서는 그렇게 성공적이지 않았다. 하지만 물질적 관점에서 수량화되거나 표현될 수 없는 역량, 예를 들면 종교 의례에 장미를 제공하거나, 장미의 아름다움이나 향기를 향유하거나, 더 많은 자존심과 자긍심을 획득했다고 느끼거나, 마을에서의 사회적 관계가 좋아졌거나 하는 등의 역량을 가능하게 했다. 또 다른 프로젝트인 무슬림 성인 여성을 위한 언어 수업은 재정적으로 돌아오는 것이 아무것도 없었지만(이 지역에 여성 노동자를 위한 시장은 존재하지 않는다), 학생들이 자기 계발과 임파워먼트를 형성하는 유의미한 효과를 거뒀다. 알키레의 연구에서 역량 접근은 매우 실용적이며 골치 아픈 개발 프로젝트에 적용되었는데, 이 프로젝트는 규범적 정치철학 속의 정의의 기준에 대한 이론적 성찰과는 다소 거리가 있다. 하지만 센의 역량 접근에 내가 매력을 느끼는 것이 바로 이 점이다. 왜냐하면 역량 접근은 사회적 혹은 분배적 정의 이론으로 독해될 수 있지만, 사실 그보다 더 광범위하며, 규범적 쟁점에 대해 생각하는 일종의 패러다임을 발전시켜 왔기 때문이다. 대조적으로 참여 동등의 일반적 기준이 마침내 더 다양한 규범적 문제를 분석하는 데 사용되고 그 문제들을 다루기 위한 정책이나 정치를 발전시킬 수 있는 일반적 규범틀로 발전될 수 있을지는 결코 분명하지 않다.

결론적으로 내가 독해한 바에 따르면 참여 동등이 지지하는 모든 것은 역량 접근에 포함되어 있는 반면, 역량 접근은 참여 동등에 포함되어 있지 않은 도덕적으로 중요한 정보와 고려 지점도 지적하고 있다. 게다가 (규범적 사용의 측면뿐 아니라 지리학적 측면에서도) 역량 접근의 범위는 참여 동등의 범위보다 넓은 것 같다.

6. 결론

낸시 프레이저는 사회 정의는 재분배와 인정 모두를 필요로 하고 사회 정의 이론은 통합적이어야 한다고 주장함으로써 비판적 규범 이론에 충분하게 기여했다. 나는 넓은 관점에서 볼 때 그녀의 실제적인 분석에 동의하지만, 이 글에서는 그녀가 분배 정의 이론들의 차이를 구분하지 않음으로써 그 이론가들을 불공정하게 대했다고 주장했다. 더욱 중요한 것은, 나는 아마티아 센의 역량 접근에 대한 프레이저의 비판은 잘못되었다고 생각한다는 것이다. 센의 역량 접근이 인정의 쟁점을 수용할 수 없다고 잘못 가정함으로써 프레이저는 역량 접근이 실제로 그녀가 사회 정의 이론이 충족시켜야 한다고 주장했던 모든 요구를 충족시킬 수 있다는 점을 이해하지 못했다. 게다가 나는 센의 역량 접근이 경제 불평등뿐 아니라 문화 부정의의 쟁점에 대해 당연한 관심을 기울이는 사회 정의에 대한 통합적 이론틀로서 더 유망하다고 제안했다. 역량 접근에 관한 논문의 양이 최근 급격히 많아지고 그 적용 범위도 넓어지고 있다는 점을 고려하면, 참여 동등 이론가들은 그들의 접근이 갖고 있는 부가적 가치 혹은 특징이 무엇인지 보여 줄 필요가 있다. 만일 참여 동등 규범이 제안한 모든 주장이 역량 이론가들도 제안한 것이라는 점이 밝혀진다면, 연합을 형성해 역량 패러다임에서의 주장과 경험적 연구들로부터 배울 필요가 있을 것이다.

한 가지 유의할 점이 있다. 이 글에서 나는 프레이저의 참여 동등 제안과 대조하기 위해 역량 접근에 대해 논의했다. 내 생각에 역량 접근은 문화적인 것과 경제적인 것을 포괄할 수 있는 폭넓은 사회 정의 이론으로 유망하다. 그러나 역량 접근이 최근에 상당히 발전해 왔음에도 불구하고 많은 연구가 이루어질 필요가 있다. 나는 이 틀이 정의의 어떤 질문에 대해서도 우리를 안내해 줄 준비가 되어 있다고 아직 확실하게 주장하고 싶지는 않다. 하지만 나는 이것이 현재 우리가 가지고 있는 가장 유망한 틀이라고 실제로 느끼고 있으며, 점점 더 많은 학자, 활동가, 정책 입안자가 동일하게 생각할 것이라고 본다. 만일 낸시 프레이저가 자신의 참여 동등 제안이 역량 접근과 정말 다르며 역량 접근이 줄 수 없는 뭔가를 우리에게 제공한다고 생각한다면, 그 전에 그러한 점이 분명히 밝혀져야 도움이 될 것이다.

5장

/

자원 평등주의와 인정 정치

조지프 히스

약간의 일화로 내 이야기를 시작하고자 한다. 내게는 타이완의 소도시에 살고 있는 인척들이 있다. 대부분의 외국인을 향한 그 도시 사람들의 태도는 문화적으로 동질한 공동체에서 일반적으로 볼 수 있는 일종의 일상적 에스노 중심주의라고 규정할 수 있다. 백인, 즉 '뾰족한 코'에 대한 그들의 태도는 다소 더 양가적이다. 내 처의 숙모 한 분이 몇 년 전에 보인 태도가 이를 잘 요약해 준다. 백인은 좋은 대접을 받았는데, 왜냐하면 그들이 **매우 부자**였기 때문이었다고 그녀는 말했다. 그들은 도시에 올 수 있었고, 원하는 것을 무엇이든 살 수 있었다. 이로 인해 모든 사람이 열등감을 느꼈다. 하지만 지금은 많은 중국인이 외국인 방문객만큼이나 부자이다. 그래서 이제 사람들은 백인이 평범하다는 것을 깨달았고, 더 이상 외국인을 특별 대우하지 않는다.

이것은 재분배 정치 옹호자들이 중요하게 생각하는 이야기 중 하나다. 사회적 지위와 인정, '체면'은 돈과 권력을 따른다. 한 집단이 다른 집단보다 자원에 대해 더 큰 재량권을 행사하는 한, 그 집단은 또한 해당 집단의 성원이 아닌 사람들에게 무능함과 열등함의 감정을 불러일으킬 것이다. 막대한 근원적 불평등을 적어도 교정하는 데 실패한 그런 불균형에 대해 보상하고자 하는 어떤 프로그램도 아무런 위안이 되지 않을 것이다. 재분배 없는 인정은 감투상과 다를 바 없다.

불행히도 재분배의 중요성에 대한 이러한 성찰은 시야에서 멀어지고 있으며, 특히 부의 기본적 수준이 극히 높은 사회에서는 더 그러하다. 그러나 재분배보다 인정을 중요시하는 이러한 경향에 기여한 것은 대개 정치적 이유 때문에 재분배 쟁점의 중요성들을 폄하하려 한 많은 '문화적 좌파' 이론가의 욕망이었다. 그러한 욕망은 초기의 많은 재분배 정치 옹호자들이 부의 평등한 분배가 지위의 평등과 인정의 필요조건이라는 타당한 성찰에서 그런 평등한 분배가 필요조건이자 충분조건이라는 타당하지 않은 결론으로 넘어가 버렸기 때문에 생겨났다. 거칠게 말해서 이 옹호자들은 분배 문제를 해결하면 다른 모든 사회적 문제가 사라질 것이라고 생각했다.[1] 이런 관점에서 그들은 어떻게 무시가 재분배를 방해할 수 있으며, 어떻게 중대한 물질적 불평등이 없는 상황에서도 무시가 부정의를 영속화할 수 있는지에 대해 심각하게 고려하지 못했다.

그러나 재분배가 갖고 있는 복원력에 대한 과도하게 순진한 믿음을 교정하기 위한 시도는 또한 그 자체로 과도한 측면을 발생시켰다. 그리하여 완전히 전도된 관계가 올바른 것으로 간주되었다. 즉 모든 부정의는 인정의 실패로부터 나온다는 것이다. 따라서 인정 문제를 해결하면 분배는 저절로 해결될 것이라고 주장되기도 했다.[2] 이것은 더 이상 도움

---

1 이러한 생각은 분명히 토대와 상부구조의 관계에 관한 맑스주의 사상의 도움을 받았다. 가능한 한 맑스와 거리를 두려는 욕망이 분명히 많은 이론가에게 재분배를 전적으로 거부하고 인정과 상징 권력에 초점을 두도록 동기를 부여했다. 이것은 또한 종종 그 이론가들이 분배 쟁점을 제기하는 이를 일종의 속류 맑스주의자라고 생각하도록 이끌었다.

이 되지 않는다. 문제는 사회 정의의 어떤 차원도 쉽게 다른 하나로 환원될 수 없다는 그런 단순한 것이 아니다. 왜냐하면 이러한 점 때문에 종종 논쟁들이 반대 방향으로 이끌리기도 했기 때문이다. 내가 보기에는 낸시 프레이저의 논의가 설득력이 있는데, 그녀는 분배와 인정의 원칙은 각각 일반적 사회 정의 이론의 분석적으로 독특한 차원을 구성한다고 주장했다. 그녀가 정한 과업은 상반되는 목적으로 작동하지 않는 방식, 혹은 적어도 그들 사이의 갈등이 원칙적 형태 속에서 해결될 수 있는 방식으로 그 둘이 잘 들어맞는 방법을 찾아내는 것이다.

이 글에서 나는 이 두 가지 원칙의 관계를 이해하는 특수한 방식을 제안하고자 한다. 나는 일반적 사회 정의 이론은 반드시 그 핵심에 평등 개념이 있어야 한다는 관점을 원리로 삼고자 한다. 왜냐하면 정의 이론은 공정한 상호작용 조건, 즉 상호작용의 어떤 당사자도 합리적으로 거절할 수 없는 조건을 구성하는 세부 내용을 목적으로 해야 하기 때문이다. 모든 협력의 노력은 "이해관계 집단의 정체성뿐 아니라 갈등에 의해서도 규정된다". 왜냐하면 행위자들은 협력의 이득이 어떻게 향유되는지와 누구에 의해 향유되는지를 결정해야 하기 때문이다.[3] 이런 관점에 따르면 분배의 정치가 중요해지는데, 이는 이러한 갈등을 해결하기 위해서는 몇 가지 원칙들이 필요하기 때문이다. 어떤 특정한 배치를 제안할 경우 협력의 이득이 모든 사람을 평등하게 대하는 방식으로 분배된다면 이

2 Axel Honneth, *The Struggle for Recognition: The Moral Grammar of Social Conflicts*, trans. Joel Anderson, Cambridge, MA: Polity Press, 1995[『인정 투쟁: 사회적 갈등의 도덕적 형식론』, 문성훈·이현재 옮김, 사월의책, 2011].

3 John Rawls, *A Theory of Justice*, Cambridge, MA: Belknap, 1971, p. 4[『정의론』, 황경식 옮김, 이학사, 2003, 37쪽].

제안은 모두에게 수용 가능할 것이므로, 우리는 평등이 어떤 다른 원칙보다 두드러진 역할을 하리라고 기대해 볼 수 있다. 그다음에 인정 정치가 요구되는데, 왜냐하면 인정은 평등 원칙이 특별한 환경에서 부과하는 요구들을 구체화하기 위해 성취되어야 하기 때문이다. 이렇게 공정한 상호작용 관계는 인정 없이 성취될 수 없다. 왜냐하면 평등의 적절한 기준은 협력적 배치에 관련된 집단들의 문화적 전통과 사회적 관습에 대한 특수한 정보 없이는 구체화될 수 없기 때문이다.

1. 인정 정치가 갖는 문제

이 주장에 대해 자세히 말하기 전에, 내가 프레이저의 입장에 대해 왜 흥미를 갖는지 간단하게 좀더 말해 보고자 한다. 프레이저의 가장 논쟁적인 주장은 '인정 정치'가 일반적 사회 정의 이론의 부적절한 기반을 구성하고 있다는 것이다. 그녀는 두 가지 이유에서 이런 주장을 하고 있는데, 하나는 다른 하나보다 더 이해하기 힘들다. 그녀의 첫번째 주장은 특정 집단은 단지 과거의 부정의와 차별 때문에 존재한다는 것이다. 그러한 조건에서 보면 이러한 집단들에 필요한 것은 차이에 대한 인정이 아니라 이러한 차이를 없애 버리는 것이다. 따라서 그들은 집단으로서는 "폐기될" 필요가 있다.[4] 두번째 주장은 더 이해하기 힘든데, 시장 경제 상황에서 수많은 사회적 상호작용 패턴이 문화적 가치 체계에서 "분리된다"는 것이다.[5] 그 결과 특수한 집단이 문화에 의해 재현되거나 "가치평가되는" 방식을 가지고서는 해당 집단의 자격entitlement을 직접적으로 결정할 수

---

4 In this Volume, p. 22[이 책 41쪽].

없다. 첫번째 주장의 결과는 분배의 평등과 차이의 인정을 모두 추구하는 과정에서 좌파가 종종 두 가지 모두를 얻어 내기 위해 노력해 왔던 것이다. 두번째 주장이 제안하는 바는 종종 좌파가 공허한 문화적 비판의 희생물이 되어 왔으며, 이러한 문화적 비판은 주요한 경제적 혹은 정치적 체계의 재생산에서 기능적 역할을 하지 않는 '이데올로기들'과 상징 체계들을 해체한다는 것이다. 프레이저는 온화한 방식으로 이러한 두 제안이 가능하도록 만들었지만, 나는 다소 단호하고 확실하게 이를 가능하도록 하고 싶다.

첫번째 주장과 관련해 나는 인정 정치가 종종 잊혔다면 더 좋았을 집단 차이들을 확고하게 한다는 프레이저의 의견에 동의한다. 더 분명히 말하면, 집단적으로 분화되는 권리와 자격은 오직 인정받고 있는 집단이 집단으로서 통합성을 보존하기를 원하거나 혹은 그렇게 하고자 하는 진지한 전망을 갖고 있을 때만 가치가 있다. 예를 들어 이것은 인종이나 에스니시티로 규정되는 집단들이 갖고 있는 문제이지만, 이들은 영토적으로 한군데 모여 살지 않으며 민족 주권도 부족하다. 인구 통계를 잠시 살펴봐도 인종 간 결혼에 대한 엄청난 반발이 가까운 미래에 발생하지 않는다면 미국과 캐나다는 몇 세대 안에 포스트-인종 사회로 진화하리라는 것을 알 수 있다.[6] 이미 미국에서 자신을 흑인이라 규정하는 사람의 75~90%가 아프리카와 유럽에 선조를 둔 자손들이 결합한 것이다.[7] 이러

---

5 In this Volume, p. 67[이 책 107쪽]. 덧붙여 말하면 나는 '시장 경제'라고 했지 '자본주의'라고 말하지 않았다. 왜냐하면 중요한 현상은 특정한 소유 구조가 아니라 경제적 의사 결정 권력의 탈중심화이기 때문이다.

6 Michael Lind, *Next American Nation: The New Nationalism and the Fourth American Revolution*, New York: Free Press, 1995, pp. 294~298 참조.

한 경향을 **늦추려는** 시도조차도 일종의 인종주의를 요구하는데, 이는 대부분의 미국인이 더 이상 원하지 않는 그런 것이다. 결과적으로 아프리카계 미국인 공동체는 이전의 인종주의적인 '피 한 방울'의 법칙을 적용함으로써 자신의 구성원 수를 유지할 수 있는데, 이것은 인종 간 결합을 했던 선조들의 후손들을 점점 더 불편하게 만들고 있다.[8] 그러므로 인정 정치는 인종을 고려할 때 나타날 수 있는 해로운 수준을 영속화할 뿐 아니라 점점 더 시대에 역행하게 되는 분류 체계를 제도화한다.

내가 더 이해하기 힘들다고 규정했듯이, 프레이저의 두번째 핵심은 다소 정교화될 필요가 있다. 인정 정치의 옹호자 중에는 문화 결정론 경향을 보이는 부류가 있다. 그들은 모든 사회적 행위를 오직 근본적인 가치 체계나 신념 체계의 표현으로만 보려고 한다.[9] 그들은 개인이 단지 문화적으로 체화된 역할만을 연기하는 것이 아니라는 점을 망각한다. 문화적 가치는 종종 사회적 규범의 형식으로 제도화되는데, 이 규범은 수용 가능하거나 적절한 행위의 범위에 상당히 넓은 제약을 부과한다. 개인들은 이러한 의무를 이행하는 방법에 대해 상당한 재량권을 행사할 뿐만 아니라 전반적 규범틀은 전략적 행동이 확장될 여지에 대해 충분한 공간을 남겨 두고 있다.[10] 개인들이 전략적으로 행동할 때 그들이 갖는 결과들은 규범 체계에 의해 직접적으로 지시되지 않는다. 그 결과들은 최선의

---

7 F. James Davis, *Who Is Black?: One Nation's Definition*, University Park: Pennsylvania State University Press, 1991, p. 21.

8 예를 들어 타이거 우즈가 PGA 투어에서 우승하고 먼저 '흑인'으로 명명되었을 때 그가 표현한 불쾌함을 고려해 보라.

9 이 생각은 다음의 글에 아주 분명히 정교화되어 있다. Charles Taylor, "Legitimation Crisis?", in *Philosophy and Human Science: Philosophical Papers*, Vol. 2, Cambridge: Cambridge University Press, 1985, pp. 278~288.

행위 노선을 선택하는 무수한 개인 행위자의 총합적 결과일 뿐이다. 결과적으로 전략적 행동은 각 개인 행위자의 관점에서 보면 종종 계획하지 않은, 그리고 종종 바라지 않은 결과를 낳는다.[11] 이것은 특히 시장의 경우에 사실이다. 시장에서는 이익을 최대화하는 행위와 관련해 상당한 정도의 행동 허용 범위가 개인에게 주어진다. 그러나 개인은 또한 종종 타인의 소유권을 존중해야 한다는 요구에 따라야 한다.

시장 경제에서 전반적인 부의 재분배 패턴은 개인이 생산에 기여하는 **요인들**과 이러한 요인들이 거래되는 가격에 의해 결정된다. 이러한 가격은 수백만의 개인과 기업의 결정이 갖는 총합적 효과에 의해 정해지는데, 이러한 결정들은 대개는 자신의 결정이 타인에게 어떤 영향을 미치는지에 대한 생각도 없고 이해관계도 없는 사람들에 의해 이루어진다. 결론적으로 볼 때, 특정한 요인 때문에 개인이 받게 되는 그런 특정한 분배 몫만 가지고서는 문화가 어떻게 그 요인을 '가치평가'하는지에 대해 종종 아무것도 알 수 없다(가격 변화는 아마도 타인들이 그 요인을 제공하기를 중단했거나 혹은 제공하기 시작했다는 사실을 단순히 반영하는 것일 수 있다). 쓰레기 수거업자는 꽤 많은 돈을 버는데, 부분적으로는 그 일이 낙인찍힌 일이어서 일부 사람만이 쓰레기 수거업자가 되고자 하기 **때문**이다. 그래서 요인을 '재가치평가'하려는 시도나 요인의 제공자에게 증가된 인정이나 지위를 부여하는 것이 요인이 거래되는 가격을 필연적으로 상승시키지는 않을 것이다(오히려 그 가격을 **낮추는** 반대의 결과를 낳

---

10 특히 피에르 부르디외가 이 점을 강조했다. Pierre Bourdieu, *Outline of a Theory of Practice*, trans. Richard Nice, Cambridge: Cambridge University Press, 1977.

11 Joseph Heath, "Rational Choice as Critical Theory", *Philosophy and Social Criticism* 22: 5, 1996, pp. 43~62 참조.

을 수 있는데, 왜냐하면 상승한 지위는 더 많은 사람이 그 시장에 들어오는 것을 촉발시킬 수도 있기 때문이다).

'핑크 게토'의 문제 그리고 여성 노동의 전통적인 저평가와 이러한 사실들이 어떻게 연관되는지 고려해 보자. 여성 노동이 저임금인 것은 이 노동이 평가되지 못하기 때문, 즉 그것의 가치가 인정받지 못하기 때문이 아니다.[12] 대부분의 서구 사회에서 여성에 대한 차별은 여성의 낮은 임금에 **직접적인** 책임이 없다. 직장에서의 차별은 여성이 더 넓은 범위의 직업군에 들어가지 못하게 하거나 특정 형태의 훈련을 받지 못하게 하는 효과를 갖는다. 이런 배제의 결과로 여성 노동자는 특정 영역에 상당히 집중된다. 나아가 기본적 자녀 양육의 책임은 몇 년마다 입사와 퇴직을 반복할 수 있는 직업 혹은 파트타임으로 일할 수 있는 직업을 여성이 선호하게 만든다. 이것은 문제를 악화시키는데, 즉 높은 실업률과 특정한 주요 영역에서의 격렬한 임금 경쟁을 낳는다. 임금 협상을 해본 모든 사람이 알고 있듯이, 개인이 가지고 있는 교섭력의 크기는 개인이 얼마나 쉽게 교체될 수 있는지와 긴밀하게 연결되어 있다. 결과적으로 여성 노동의 '재가치평가'는 여성이 자신의 직업에 대해 더 좋은 감정을 갖게 할지 몰라도, 이러한 종류의 직업을 찾는 사람의 수가 줄어들지 않는 한 여성을 더 부자로 만들지는 않을 것이다. 나아가 여성 노동 가치를 재평가하는 것, 즉 임금을 시장 가격 이상으로 올리는 것은 젊은 여성들이 이러한 영역을 피해 전통적인 남성 직업군으로 들어갈 동기를 감소시키는 반

---

12 '저평가' 가설을 반박하는 증거로는 Tony Tam, "Sex Segregation and Occupational Gender Inequality in the United States: Devaluation or Specialized Training?", *American Journal of Sociology* 102: 6, 1997, pp. 1659~1692 참조.

대의 결과를 낳을지도 모른다(예를 들면 간호사 임금이 낮다는 사실은 과거 수십 년간 의대에 들어간 여성의 수가 넘쳐났다는 것과 연관된다).

이와 비슷하게, 자녀 양육, 가정 관리 같은 여성의 가사 노동은 그것의 가치가 인정되지 않기 때문에 '무급'인 것이 아니다(비록 이러한 서비스들의 가치가 너무나도 종종 인정되지 않는다는 것은 의심할 여지 없이 사실이지만). 일반적으로 우리가 임금을 받고 펜스를 고치거나 잔디를 깎지 않듯이 임금을 받고 아이를 양육하지도 않는다. 이것은 노동의 가치가 인정받지 못하는 사실과는 전혀 관계가 없다. 왜냐하면 이러한 행동을 하는 것은 행위자의 자기 이해관계와 연관되기 때문이다. **다른** 사람의 아이를 키우거나 **다른** 사람의 집을 청소하고자 하는 사람은 해당 서비스에 대한 임금을 보장받을 수 있다(다른 사람의 펜스를 고치거나 잔디를 깎고 임금을 받을 수 있는 것처럼). 아무튼 이러한 활동들이 무급이라는 생각은 그 자체가 일종의 환상이다. 아이를 양육할지 펜스를 고칠지를 결정하는 데 있어 대부분의 사람은 직접적인 비용-편익 계산, 즉 다른 사람을 고용해 그 일을 시킬 때의 편의성과 그 일을 직접 할 때의 비용을 계산한다(유실 소득을 포함해). 만일 개인이 전일제 고용에서 시간제 고용으로 전환함으로써 탁아소 비용 15,000달러를 절약할 수 있다면, 그 사람은 그녀가 집에서 보내는 시간 동안에 효과적으로 15,000달러 수입(세후)을 벌어들이는 것이다.[13]

---

13 이 점에서 세금 제도는 중요한 고려 대상이다. 대부분의 시장 거래에는 세금이 붙고 급여도 마찬가지이다. 높은 세율은 누군가를 고용해 그것을 시키는 것보다 스스로 하는 것이 더 낫다고 생각하게 만든다. 분배 목적을 달성하기 위해 세금 제도를 사용하는 것은 '무급' 부문의 성장을 촉진할 수 있다(아마도 이것이 이케아Ikea가 스웨덴에서 태동한 이유일 것이다). 전일제 고용에서 시간제 고용으로의 전환과 관련된 계산법에 대해 말하자면, 이러한 계산

이러한 사례들의 공통점은 두 사례 모두에 심각한 부정의의 쟁점이 있지만, 각 사례에서 부정의는 기껏해야 간접적으로 인정 쟁점과 연결된다는 점이다. 문화적 가치평가에 초점을 맞추는 것은 이러한 부정의들이 발생하는 메커니즘을 불명확하게 하는 경향이 있다. 각 사례에서 낮은 임금(혹은 무임금)은 낮은 지위 활동과 연관된다. 이 때문에 많은 사람이 임금이 낮은 것은 지위가 낮기 **때문**이라고 생각한다. 이것은 명백히 잘못되었으며 실제 쟁점에서도 빗나간 것이다. 핑크 게토의 임금은 낮지만 그것은 여성들이 이 영역에서 차별받기 때문이 아니라 경제의 **다른 부문**과 비교해서 차별받기 때문이다. 이것은 적은 수의 직업을 두고 서로 경쟁하는 수많은 여성을 만든다(그리고 다른 직업에 대해서는 남성들과 경쟁하지 않으며, 이것이 평균 남성 소득을 상승시키는 효과가 있다). 가사 노동에 있어 문제는 여성 노동이 무급이라는 점이 아니며, 여성이 종종 그들 노동이 창조하는 잉여의 충분한 몫에 대한 반환을 요구하지 못한다는 점이다. 이것은 일반적으로 그들이 관계에서 교섭력을 거의 가지고 있지 못하기 때문이다. 이러한 경우에 문제를 해결하는 가장 좋은 방법은 로나 마호니의 기억할 만한 문구처럼 여성들이 "좋은 훈련을 받고, 결혼은 나보다 좀 못한 사람과"train up and marry down 하는 것이다.[14] 전통적 '여성 노동'과 연관된 문화적인 가치평가를 변화시키는 것은 아마도 젊은

은 우리가 일반적으로 공유하고 있는 생각(즉 집을 렌트하면 돈이 들지만, 자기 소유의 집에 사는 것은 '공짜'라는 생각에)에 들어 있는 것과 동일한 혼란에 빠지는 것이다. 착오는 기회 비용을 무시한다고 해도, 현금 거래를 단지 비용으로 생각하는 것에서 비롯된다(자기 소유의 집에서 사는 것은 재산에서 발생하는 소득 흐름을 포기하는 것이다).

14 Rhona Mahony, *Kidding Ourselves: Breadwinning, Babies And Bargaining Power*, New York: Basic Books, 1995.

여성이 이 전략을 채택해야 하는 동기를 단순히 무뎌지게 할 수도 있을 것이다.

이 모든 것은 다음과 같은 질문을 제기한다. 어떤 이유로 사람들은 이렇게 다양한 형식의 사회적 불평등의 핵심에 무시가 있다고 생각하는 것일까? 어떤 종류의 기제가 이러한 분배 결과를 인정의 부족과 연결시키는 것일까? 많은 이론가가 이를 충분히 자세하게 언급하지 않는다. 가장 공통적인 시각은 무시가 불평등을 야기하고, 이는 그것이 개인적 **동기부여**를 약화시키기 때문이라는 것이다. 다음과 같은 형태의 인과관계가 일반적으로 가정된다. 즉 무시와 차별적 태도는 억압받는 집단에 내재화되는데, 이 집단은 낮은 자긍심을 형성한다. 낮은 자긍심으로 인해 동기부여가 낮아지게 되고, 낮은 동기부여는 더 낮은 성취 수준을 생산한다. 물론 이러한 형태의 인과관계는 인간 심리에 대한 경험적 주장이지만, 인정 정치의 옹호자들은 종종 이를 마치 선험적인 것처럼 다룬다. 인정과 개인 정체성에 대한 논문의 양을 고려할 때, 이러한 형식의 연결이 실제로 어떤 것을 얻는지에 대한 질문이 거의 제기되지 않는다는 것은 놀랄 만한 일이다.

이런 주장의 경험적 증거는 사실 그다지 유력한 증거도 아니다. 예를 들어 미국에서의 수많은 연구를 보면 아프리카계 미국인이 보여 주는 수준 이하의 낮은 학업 성취는 낮은 자긍심의 결과로 설명될 수 없다. 수많은 연구에서 아프리카계 미국인 학생은 평균적으로 백인 학생에 비해 높은 자긍심을 가지고 있고, 심지어 그들의 학업 성취 수준이 낮을 때조차도 자긍심이 높다고 보고되고 있기 때문에 이러한 증거는 부분적으로만 유효하다.[15] 게다가 아프리카계 미국인 학생은 평균적으로 높은 '목표 성취 기대'expectancy of goal attainment를 갖고 있으며, 실패에도 덜 실망하는 경향을 보인다.[16] 요약하면 주위의 차별적인 태도가 아프리카계 미국인 학생들에게 낮은 자긍심을 갖게 하거나, 혹은 자긍심이 학업 성취에 있어 인과적으로 어떤 유효한 역할을 한다는 주장을 뒷받침할 확실한 증거는 없다.

이제 분명히 분배적 문제임에도 불구하고 인정 정치가 어떻게 이를 분배적 문제로 고려하지 않는지에 대한 사례를 살펴보자. 아이들의 자긍심이 학업 수행 능력을 향상시킨다는 것에 대한 불충분한 증거에도 불구하고 미국인은 초등학교 자녀들의 자긍심을 증진시키기 위해 막대한 시간과 돈을 투자한다.[17] 한편 미국의 학교가 갖는 분명한 문제는 대부분의 주에서 이 학교들이 지방세municipal taxation를 통해 지원을 받는다는 점이다. 지방세 제도는 이웃하고 있는 학군들 사이에서 치솟고 있는 현저한 불평등을 당연시하고, 미국 도시들을 부유한 교외와 가난한 게토로 분리하는 주거 역학을 직접적으로 조장한다. 재분배 해법을 수행하기 위

---

15 이에 대해 도움이 될 만한 연구로는 Sandra Graham, "Motivation in African Americans", *Review of Educational Research* 64: 1, 1994, p. 98 참조.

16 *Ibid.*, p. 95. 그레이엄은 이렇게 말한다. "오히려 자료에 따르면 흑인 연구 대상자들은 성취에 실패할 때조차도 미래에 대해 놀랄 만큼 낙관적이다. 아프리카계 미국인 사이에서의 기대감을 연구(혹은 참고)하는 연구자들은 직관에 반대되는 이러한 자료에 적절하게 대응하지 못했다. 이들이 선호하는 접근 방식은 경험적 자료를 무시하고 낮은 기대를 가정하거나, 혹은 인지하고 있는 장애물에 직면해도 높은 기대를 갖는다는 기능 장애(예를 들어 기만)의 측면에 초점을 맞추었다."

17 캘리포니아주는 너무 앞서가 버려서 특별한 '자긍심과 개인 및 사회적 책임을 함양하기 위한 태스크포스'(Task Force to Promote Self-Esteem and Personal and Social Responsibility)를 구성했다. 태스크포스팀에 제출된 자료의 일부는 Andrew Mecca, Neil J. Smelser, and John Vasconcellos, *The Social Importance of Self-Esteem*, Berkeley: University of California Press, 1989에 수록되어 있다. 하지만 이런 제목에도 불구하고, 이 책에 수록된 글들은 자긍심과 다양한 사회적 문제, 예를 들어 학업 성적 미달부터 복지 의존 등의 경험적 연관에 대해서는 분명하게 비관적이다.

해 필요한 것은 기존 세금 수입을 주 정부와 지방 정부가 공유하는 방식으로 제도를 바꾸는 것이다. 교과 과정을 둘러싼 싸움에 소비되는 막대한 에너지를 이런 형식의 단순한 자금 조달 쟁점을 거론하는 데 사용하면 더 나았을 것이라는 인상을 지우기는 매우 힘들다.[18]

인정 정치로의 전환을 유도하는 많은 동기가 재분배 정치에 대한 일반적인 불만족이다. 그러나 이러한 불만족을 야기했던 문제의 중요성을 다시 생각해 본다면, 앞서 제시한 인정 정치의 한계는 분배를 강조한 정의 이론들을 다시 돌아보게 만든다. '차이의 문제'가 평등주의 이론들에 만연한 문제를 구성하는가? 아니면 단지 다루기 어려운 일련의 사례를 보여 주는가? 만일 후자임이 밝혀진다면, 질문은 이제 이러한 사례들을 다루기 위해 전체적인 평등주의-재분배 틀을 바꿀 필요가 있는지 없는지가 될 것이다.

2. 복지와 자원 평등주의

전통적으로 분배 정치를 반대하는 이유는 분배 정치가 평등주의에 기반하고 있고, 평등주의는 차이에 둔감하다는 것이다. 사람들을 평등하게 대우하는 것은 종종 완전히 똑같은 방식으로('피부색에 개의치 않고') 사람들을 대우하는 것을 의미한다고 생각된다. 그리고 모든 사람을 동일하게 대우하는 것은 자격을 결정하는 데 있어 적절히 고려되어야 하는 개인의

---

18 이 효과에 대한 자세한 주장을 보려면 Todd Gitlin, *The Twilight of Common Dreams: Why America Is Wracked by Culture Wars*, New York: Metropolitan Books, 1995 참조.

상황 차이들을 인정하지 못하게 만든다. 평등주의는 부정의를 개선하는 데 실패할 뿐만 아니라, 차이에 둔감한 평등주의는 차이를 영속화할 수 있다. 오래전 맑스의 용어를 사용하자면 '형식적' 평등은 실질적 불평등을 감추게 된다.

널리 알려져 있듯이, 이것이 어느 정도까지 사실일지는 여기서 고려되는 평등주의의 판본이 무엇인지에 전적으로 달려 있다.[19] 더 자세히 말하자면 이것은 고려 중인 특정 평등 개념이 적절한 **평등한 분배 대상** equalisandum으로 무엇을 지향하는지에 달려 있다. 만일 특정 평등 개념이 복지(또는 행복)의 평등화를 지향한다면, 평등주의에 대한 협의는 분명히 잘못된 것이다. 복지 평등주의에서 각 개인은 자신의 목표 수준까지 목적과 계획을 성취하기 위해 필요한 어떤 자원이라도 가질 자격을 갖는다. 이 경우 분배 체제는 반드시 최대한으로 차이에 민감해야 한다. 왜냐하면 그것은 반드시 개인에게 한 묶음의 자원을 제공해야 하고, 자원은 개인의 특수한 요구와 욕구를 충족시키도록 정확히 맞추어져야 하기 때문이다. 이 경우 개인의 자격은 거의 전적으로 개인의 특정한 상황과 취향에 따라 결정된다.

이것은 모든 사람이 복지 평등주의자라면 거기에 '차이의 문제'는 실제로 없으리라는 것을 가정한다. 사실 앞서 정형화된 평등주의에 반대하는 주장은 암묵적으로 복지-평등주의적 직관들에 호소한다. 본질적으로 인정의 실패는 문제가 아니다. 문제는 그러한 실패가 정체성이 부인

---

19 월 킴리카는 "피부색에 개의치 않는다는 이데올로기는 서구 자유주의 전통과 우연적 관계만이 있을 뿐"이라고 주장했다. Will Kymlicka, *Liberalism, Community and Culture*, Oxford: Oxford University Press, 1989 참조. 그가 주장하듯이 이 원칙의 명성은 미국 민권 운동의 성공으로 거슬러 올라간다.

되는 사람들에게 **손해를 주는 데** 있는데, 왜냐하면 그러한 실패가 그들의 복지를 축소시키기 때문이다. 따라서 '평등주의'는 차이에 둔감해서가 아니라, 차이에 대한 둔감함이 진정한 평등을 달성하는 것을 불가능하게 만들기 때문에 비판받는다. 결과적으로 평등주의를 둘러싼 논쟁은 복지가 적절한 **평등한 분배 대상**인지에 대한 논쟁을 평등주의자들의 내부 논쟁으로 가지고 올 때 더 유용하게 고려될 수 있다.[20] 그러므로 질문은 왜 수많은 평등주의자, 그리고 특히 많은 재분배 정치 옹호자가 복지주의를 거부하느냐는 것이다.

복지주의에 반대한 최근의 가장 영향력 있는 주장은 로널드 드워킨이 제기했다.[21] 이 주장의 핵심은 **비싼 취향**expensive taste의 문제이다. 드워킨은 동일한 자원을 가진 서로 다른 개인은 매우 다른 복지 수준을 성취할 것이라고 주장한다. 때때로 이것은 개인이 장애를 갖고 있거나 혹은 타인과 동일한 수준의 즐거움을 성취하는 것을 방해하는 특별한 환경에 종속되어 있기 때문이다. 예를 들어 심각한 식품 알레르기가 있는 사람은 표준화된 음식을 배급받아서는 알레르기 없는 사람이 누리는 것과 동일한 복지를 누릴 수 없을 것이다. 그러한 경우에 복지 평등주의는 합의할 만한 결론을 제시하는데, 타인이 향유하는 만큼의 복지 수준을 제공받기 위해서는 이 사람에게 반드시 특별한, 그리고 필요하다면 부가적

---

20 아마티아 센은 정치철학에서 넓은 범위의 논쟁은 이런 식으로 유용하게 재개념화될 수 있다고 다음의 책에서 주장했다. Amartya Sen, *Inequality Reexamined*, Cambridge, MA: Harvard University Press, 1992[『불평등의 재검토』, 이상호 외 옮김, 한울, 2008].

21 Ronald Dworkin, "What is Equality? Part 1: Equality of Welfare", *Philosophy and Public Affairs* 10: 3, 1981, pp. 185~246[「복지의 평등」, 『자유주의적 평등』, 염수균 옮김, 한길사, 2005]; "What is Equality? Part 2: Equality of Resources", *Ibid.* 10: 4, 1981, pp. 283~345[「자원의 평등」, 같은 책].

인 자원이 주어져야 한다는 것이다. 하지만 다른 경우들에 이러한 결론은 그렇게 합의할 만하지 않다. 종종 서로 다른 개인은 동일한 자원들에서 서로 다른 복지를 얻는데, 왜냐하면 그들의 선호도가 다르기 때문이다. 그러나 특정한 선호를 충족하기 위해 필요한 자원들은 본질적으로 드물거나 매우 노동 집약적일 수 있다. 결과적으로 어떤 개인은 자원을 복지로 전환하는 데 매우 비효율적인 선호를 가지고 있을 수 있다. 이러한 사람은 비싼 취향을 가지고 있다고 말할 수 있다. 문제는 개인이 그러한 취향을 의도적으로 만드는 것이 가능하다는 것이다. 예를 들어 와인과 음식에 대한 취향을 얻기 위해 사람들은 규칙적으로 좋은 와인과 까다로운 음식을 접할 수 있다. 복지 평등주의는 여기서 애초의 의도와는 달리 개인들이 그러한 취향을 획득했기 때문에 그 수준의 웰빙을 유지할 수 있는 추가적 자원을 받을 권리가 있다고 주장하게 된다.

이런 종류의 자격에 정확히 어떤 문제가 있는가? 부분적 문제는 명백하게도 복지 평등주의 체제에서 자원은 절제되고 근검한 취향을 갖춘 사람들로부터 비싼 취향을 발전시킨 사람들을 만족시키기 위해 이전될 거라는 것이다. 그러나 그런 재분배가 불공정하거나 부정의하다고 주장하는 것은 선결문제 요구의 오류인데, 왜냐하면 이러한 용어들을 정의하는 것이 정확히 지금 쟁점이 되고 있기 때문이다. 이런 이유로 드워킨은 이러한 종류의 보상적 합의에 대해 순환성을 피하면서 두 가지 점에서 반대했는데,[22] 첫번째 주장은 **도덕적 해이**로부터 제기되는 주장이고, 두번째 주장은 **일방주의**라는 무례한 형식을 지적한다.

① **도덕적 해이.** 다음과 같은 오래된 프랑스 격언이 있다. '보험이 범죄를 증가시킨다'l'assurance pousse au crime. 이 격언은 공통적으로 알려진 사실에 기원을 두고 있는데, 그것은 예를 들면 땅 주인이 화재보험에 가

입할 수 있을 때 그의 빌딩은 앞선 통계적 확률을 능가하는 속도로 화재가 발생하기 시작한다는 것이다. 문제는 이렇다. 보험회사는 개인들이 미래의 거대한 손실 위험을 현재의 확실하지만 작은 손실(보험료)로 전환하는 것이 가능하게 한다. 하지만 만일 개인들이 거대한 손실을 발생시킬 불확실한 사건을 통제한다면, 보험 계약 효력의 발휘는 사건이 일어나지 않도록 하기 위한 개인들의 동기를 감소시킨다. 그들은 보험에 가입했으므로 더 위험한 행동에 관여할 수 있다. 왜냐하면 이 행위에 연관된 비용이 외재화되기 때문, 즉 그 비용이 보험 제도의 다른 가입자의 비용에서 이전되기 때문이다. 이렇게 해서 보험은 종종 불행한 사건이 더 잘 일어나게 만든다. 이것은 도덕적 해이와 관련된다(보험에 가입했을 때 사람들이 더 위험하게 행동한다는 사실이 의심스럽다면 다음과 같은 실험을 해볼 수 있을 것이다. 하루 동안 차량을 렌트한다. 그리고 손해보험에 가입하지 않는다. 자, 이제 당신이 운전을 얼마나 주의 깊게 하는지 관찰한다).

어떻게 이것이 복지주의와 연관되는가? 복지 평등주의는 거대한 보험 설계로 생각할 수 있다. 그것은 거의 모든 안 좋은 일이 개인들에게 일어나는 것에 대비해 그들을 보호하는데, 더 자세하게는 불행에 대비한 보험을 개인에게 가입시켜 주는 것이다.[23] 결과적으로 이것은 정신을 마

---

22 많은 비평가가 책임에 대한 드워킨의 관점이 여기서 작동한다고 가정한다. 나는 의도적으로 그러한 해석을 피했다. 개인이 반드시 비싼 취향에 대해 **책임**을 져야 한다는 관점은 순환적 주장의 사례이다. 왜냐하면 '해야 한다'는 것의 영향력은 어떤 개인이 자격이 있는지에 관한 개념에서 끌어내야 하는데, 그것은 무엇이 공정한지에 대한 개념을 미리 가정하고 있기 때문이다.

23 프랑수아 에왈드는 아래의 책에서 사적 영역은 보험에 대한 저항을 누그러뜨리고 도덕적 해이를 통제하는 새로운 방법을 개척함으로써 복지국가의 위험에 대비한 기반을 닦았다는 흥미로운 주장을 했다. François Ewald, *L'État providence*, Paris: Grasset, 1986.

비시킬 정도의 도덕적 해이 문제들을 발생시킬 가능성이 있다. 사람들은 자기가 갖고 있는 자원으로부터 적절한 복지 수준을 얻을 것이라고 생각해야 하는 어떤 동기도 상실할 것이다. 이렇게 해서 사람들은 그들이 일반적으로 비싼 취향을 개발하지 **않아야** 한다는 동기를 상실한다(드워킨이 정확히 지적했듯이 이것은 정말로 효율성 문제이지 본질적으로 정의 이론의 문제가 아니다.[24] 만일 모든 사람이 그들이 자원을 사용하는 방식에 있어 주의를 덜 기울이고, 그러고 나서도 모든 사람이 여전히 평등하다면, 그들은 평등화 설계 없이 획득될 수 있었던 것보다 더 낮은 복지 수준에서 평등한 것일 뿐이다. 평등과 효율성은 적어도 원칙적으로는 구분되기 때문에, 이것은 정말 이론적 문제가 아니라 실천의 문제이다. 동시에 실천 문제로 나아가면 이것이 특별히 심각하다는 점은 반드시 인정되어야 한다).

② **일방주의.** 드워킨이 궁극적으로 자신의 사례에 근거해 반대하고 있는 것은 도덕적 해이와는 조금 다르다. 복지 평등주의는 도덕적 해이 문제를 발생시키는데, 왜냐하면 그것이 개인들이 자신의 선호를 만족시킬 때 발생하는 비용을 타인에게 전가하는 것을 가능하게 하기 때문이다. 드워킨에게 있어 문제는 개인에게 이런 종류의 선택을 하도록 허용하는 것이 만들어 내는 결과의 조합이 아니라 개인에게 그런 선택을 하는 것이 허용되어야 한다는 바로 그 생각이다.[25] 드워킨에 따르면, 협력 관계의 틀 내에서는 개인들이 상호작용 조건을 일방적으로 정할 수 있어서는 안 된다. 이 원칙은 매우 단순하지만, 정의 이론에 매우 지대한 영

---

24 Dworkin, "What is Equality? Part 1", *Philosophy and Public Affairs* 10: 3, p. 235[「복지의 평등」, 『자유주의적 평등』, 122쪽].

25 *Ibid.*, p. 237[같은 글, 같은 책, 124쪽]

향을 미친다.[26] 비싼 선호의 비용이 외재화됨으로써, 이러한 비용을 심의해 고려해야 하는 의무도 없이, 그리고 그의 선택에 영향받는 사람들과 상의해야 하는 의무도 없이, 행위자는 타자에게 비용을 부과하는 결정을 하고 있다.

드워킨의 관점에서 볼 때 복지주의의 문제는 모두가 수용할 수 있는 상호작용 조건에 의해 협력이 통제되어야 한다는 생각(혹은 적어도 개인이 일방적으로 이런 조건들을 지시해서는 안 된다는 생각)을 침해한다는 것이다. 복지는 자격을 만들어 낼 수 없다. 왜냐하면 개인들은 자신의 선호를 변형할 수 있고, 그럼으로써 그들이 주어진 자원에서 취하고자 하는 복지의 수준을 통제할 수 있기 때문이다. 만일 사람들이 자신의 선호를 변형할 수 있고, 그런 뒤 이러한 선호가 자격을 만들어 낸다면, 이것은 개인들에게 일방적으로 자신의 자격을 확장할 능력을 부여할 것이다. 이것은 개인들이 협력의 상호작용 조건을 **사후에** 변경하는 것을 허용한다. 그리고 개인이 나중에 합의된 분배 결과를 일방적으로 변경할 수 있도록 허용했던 공동 합의를 모든 개인은 정당하게 거부할 수 있게 된다.

이러한 주장은 오직 허용될 만한 평등의 원칙만이 이후에 발생하는 일방적 개정에 영향을 받지 않는 공동 합의를 지지하는 원칙이라고 말하는 것이다. 드워킨에 따르면 분배 문제를 결정하는 일반적 원칙만이 **자원**의 분배를 평등화하는 것이 될 것인데, 왜냐하면 오직 자원만이 '수정할 수 없는' 공동 합의의 근거를 제공하기 때문이다. 그러한 설계하에서 자원은 평등하게 분배될 것이고 개인들은 자신의 힘으로 자원을 복지로

26　예를 들면 아서 립스테인이 발전시킨 처벌 이론을 볼 것. Arthur Ripstein, *Equality, Responsibility, And the Law*, Cambridge: Cambridge University Press, 1998.

'전환'할 것이다. 그들이 성취하는 복지 수준은 그들의 선호 형식에 따라 결정될 것이다. 비싼 취향을 갖고 있는 사람들은 비싸지 않은 취향을 갖고 있는 사람보다는 일반적으로 덜 만족스러울 것이다. 이렇게 자원 평등주의는 비싼 선호의 획득과 관련된 비용을 '내부화'하는 효과를 갖는다. 그럼으로써 개인이 비싼 선호를 갖는 것을 단념시키고, 개인이 이러한 선호의 비용을 타인에게 부과하는 것을 막는다.

이러한 판본의 자원 평등주의는 여전히 개인적 차이에 아주 민감하다는 것을 지적하는 것이 중요하다. 드워킨은 선망 없는 상황being envy-free 속에서 평등의 수요를 충족시키는 어떤 특별한 자원의 분배가 있다고 주장한다. 선망 없는 상황이란 개인이 다른 사람이 받는 자원 묶음을 자기 것보다 더 선호하지 않는 상황이다.[27] 결과적으로 모든 개인이 자신의 특정한 요구에 맞춰진 자원 묶음을 갖게 되는 경우에만 개인은 만족해 선망 없는 상황이 될 것이다. 차이가 수용되지 않았다는 것은 (총가치의 관점에서) 이러한 차이를 만족시키기 위해서는 평균적 자원 총량보다 더 큰 자원이 단순히 필요하다는 것이다. 결과적으로 이런 형식의 자원 평등주의는 분명히 차이에 민감하지 않은 게 아니며, 차이에 민감하지 않다면 그곳에는 민감해서는 안 된다고 믿을 만한 원칙적 이유가 있

---

27 William J. Baumol, *Superfairness: Applications and Theory*, Cambridge, MA: MIT Press, 1986. 드워킨이 자원 할당을 위해 경매나 시장을 이용한 것은 전적으로 불필요했다는 것을 생각해 보라. 조개껍질을 최초에 할당하는 것은 선망 없는 할당을 생산하는 것이다. 이에 대해서는 다음 참조. Dworkin, "What is Equality? Part 2", *Philosophy and Public Affairs* 10: 4, p. 237[「자원의 평등」, 『자유주의적 평등』, 140~141쪽]. 경매는 단지 효율성만을 생각한다. 경매가 이런 식으로 사용된다는 사실은 후생경제학 제2정리의 사소한 결과이다(그리고 그것 자체는 단지 그 정리를 증명하기 위해 필요한 고도로 엄격한 일련의 가정하에서만 얻을 수 있다).

는 것이다. 따라서 어디에서 '차이의 문제'가 생겨나는지 확인하기 위해서는 더 자세히 살펴볼 필요가 있다.

3. 문화적 차이들

자원 평등주의는 비싼 취향의 문제를 직관적으로 올바른 방식으로 다루고 있다. 그러므로 그것은 복지주의의 약점 중 하나를 피한다. 그러나 복지주의를 뒷받침하는 주요한 직관 중 하나는 개인은 전적으로 자신의 통제 밖에 있는 환경 때문에 자원을 복지로 변환하는 데 때때로 효율적이지 않다는 생각임을 떠올릴 수도 있다. 지금껏 형성되어 온 자원 평등주의는 장애가 있는 개인들이 특정한 요구를 충족시키는 데 필요한 자원을 그들에게 제공했지만, 다른 사람 이상의 총가치를 갖는 자원들을 제공하지는 않았다. 이 부분은 정당한 이유를 갖지 못하는 것 같다. 결국 자원을 복지로 변환시키는 데 비효율적인 개인에게 사회의 자원 중 더 큰 몫을 배분하는 것을 허용하지 않는 이유는, 그렇게 하면 그 개인의 전환율이 변화되어 그 사람이 일방적으로 상호작용 조건을 변형하는 것을 허용하기 때문이다. 그러나 장애가 있는 사람은 자신의 통제를 벗어난 환경 때문에 비효율적이다. 그러므로 그에게 더 큰 자원 몫을 허용하는 것이 어떤 중대한 일방주의(혹은 도덕적 해이) 문제를 야기하지는 않는다.

이것을 개선하는 가장 쉬운 방법은 장애를 일종의 '마이너스' 자원으로 간주하는 것이다. 그렇게 되면 선망 없음의 원칙에 따라 장애로 고통받는 개인은 자동적으로 보상받는다. 어려운 점은 장애와 비싼 취향을 구분하는 것이다. 원칙상의 구분은 분명하다. 모든 전환 비효율성들에 대한 전면적 보상에 반대하는 이유는, 개인들이 자신의 전환율을 통제하는 경우에는 그 보상이 개인들에게 상호작용 조건을 **통제**할 수 있는 부적합한 형식을 제공하기 때문이다. 복지주의 내에 문제가 야기되는 것은 취향이 **자발적으로 생겨날 수** 있기 때문이다. 결과적으로 장애와 비싼 취향 사이의 차이는 단순히 획득된 전환 비효율성이 자발적인지 비자발적인지의 차이이다.

원칙은 분명하지만 불행히도 이 구분은 실천에 있어 매우 복잡하다. 차이에 대한 둔감성의 문제가 발생하는 것은 둘 사이의 회색 지대이다. 자원 평등주의 시각에 따르면 행위자가 사회 자원의 평등한 몫에서 누릴 수 있는 복지 수준을 낮추는 어떤 조건에도 원칙상 그에 대한 보상이 있어야 한다. 그러나 보상받을 자격이 되기 위해서 이 조건은 비자발적으로 발생해야 한다. 어떤 경우에는 이것이 문제가 되지 않는다. 예를 들면 출산을 장려하기 위해 여성 노동자에게 양질의 복지 혜택 묶음을 제공하는 사업주의 실천과 자원 평등주의는 분명히 불일치하지 않는다. 이것은 단순히 남성과 여성의 재생산적 생리 현상이 달라서 일반적으로 여성에게 더 많은 것이 필요하다는 사실을 반영할 뿐이다. 재생산적 생리 현상은 사람들이 일반적으로 선택할 수 있는 것이 아니므로 여기에 일방주의의 문제는 없다. 이와 유사하게 보상을 모두 해줄 필요는 없는 많은 종류의 차이가 있다. 예를 들면 익스트림 스포츠를 좋아하는 고용인은 일반적으로 개선된 의학 복지 혜택 묶음을 가질 자격이 되지 않는다. 여가 활동을 자유롭게 선택할 수 있다는 점을 고려할 때, 회사 내 다른 직원들이 어느 한 개인의 취향을 보조해야 할 특별한 이유는 없다. 이것은 차이를 만들어서는 안 되는 차이이다. 그러나 양쪽 사이의 어딘가에 위치한 수많은 사례가 있다. 자원 평등주의가 차이에 적대적으로 보일 수 있는 지점이 바로 여기인데, 왜냐하면 자원 평등주의는 보상 쪽으로 기울어지는 가정을 포용하지 않기 때문이다.

소수 언어를 사용하는 누군가의 사례를 생각해 보자. 이 사람은 다양한 방식으로 사회에서 불이익을 받을 것이다. 그리고 중간 수준의 다수 언어를 사용하는 사람에 준하는 복지 수준을 성취하기 위해 더 큰 수준의 자원 묶음을 필요로 할 것이다. 하지만 이러한 언어적 선택이 어느 정도 자발적인지를 확인하기는 매우 어렵다. 한편으로 사람들은 자신의 모국어를 선택하지 않는다. 그러므로 거기에는 널리 사용되지 않는 언어를 배우는 것과 관련된 순전한 불운의 요소가 있다. 다른 한편으로 사람들은 새로운 언어를 배울 수 있고, 때로 비록 체계적인 불이익을 받는다고 하더라도 계속해서 특수한 언어를 사용하는 것을 선택한다. 이러한 관점에서 보면 유일한 불운은 개인이 제2언어 교육 과정에 투자해야 한다는 것이다. 따라서 평등주의자가 이 교육 과정을 듣지 않기로 선택한 개인에게 얼마만큼의 보상을 해야 하는지는 불명확하다.

드워킨은 자발적 선호와 비자발적 선호를 구분하는 것은 문제의 행위자가 **동일시하고 있는** 선호를 통해서 결정할 수 있다고 제안한다. 이런 시각의 배경에는 행위자의 위계적 개념이 있는데, 이는 찰스 테일러가 발전시킨 구분을 따른다. 이 모델에 의하면 행위자는 일차 욕망(선호)과 이차 욕망(강한 가치평가strong evaluation) 모두를 가지고 있다. 후자는 행위자가 어떤 종류의 욕망을 가지기 원하는지를 결정한다. 이러한 강한 가치평가는 행위자의 개인 정체성의 중요한 요소인데, 왜냐하면 개인이 가지고 싶어 하는 이런 종류의 욕망이 대략적으로 어떤 종류의 사람이 되고 싶어 하는지를 정의하기 때문이다. 드워킨은 행위자가 자신이 가지고 있거나 이러한 선호들과 동일시하는 일차 욕망을 가지기 원하는 사례들에서, 이러한 선호들은 자발적인 것이라고 분류될 수 있다고 제안했다.

다른 한편 순수한 장애를 갖고 있는 행위자는 이것을 방해물이나 부담으로 경험하지 자신을 그것과 동일시하지는 않을 것이다. 드워킨은 개인이 동일시하지 않는 사례들에 대해서만 전환 비효율성의 보상을 받아야 한다고 주장한다.

이러한 기준을 사용하면 언어적 선호가 자발적이라는 것은 꽤나 분명해 보인다. 결과적으로 드워킨의 자원 평등주의는 언어적 소수자에 대해 최소한의 것만 합의해 줄 뿐이다. 이들 언어적 소수자는 보조를 받아 제2언어 교육 과정을 제공받을 것이고, 그렇지 않으면 모국어를 계속 사용하는 결정과 연관된 어떤 비용도 그들 자신이 감내하게 될 것이다. 이렇게 생각하는 과정에서 문제는 사람들은 할 수 있기 때문만이 아니라, 그렇게 하도록 되어 있기 때문에 특수한 언어로 이야기한다는 점이다. 우리가 말하는 언어는 우리의 문화와 가치에 내밀하게 연결되며, 종종 개인 정체성의 중요한 요소이다. 나아가 하나의 언어를 말하는 것은 누군가를 하나의 역사적 공동체의 성원으로 만드는 것이고, 그것이 많은 사람으로 하여금 언어를 전승시켜야 한다는 의무감을 느끼게 만든다.[28] 그러므로 언어 사용의 패턴을 단순한 선호의 표현으로 고려하는 것은 부적절해 보인다.

이러한 관점에서 볼 때 언어 사용은 더 일반적인 현상의 특별한 사례임이 분명해진다. 언어 사용과 관련된 자발성의 수준을 확인하는 것이

---

28 분리주의자였던 퀘벡의 전 총리 뤼시앵 부샤르(Lucien Bouchard)를 생각해 보자. 그는 대부분의 캐나다인보다 더 영어를 잘 했으며, 캘리포니아 출신의 부인은 집에서 영어로 자녀들과 대화했다. 그가 가족과 영어로 이야기하는 것은 분명히 매우 쉬웠을 것이다. 프랑스어를 사용하겠다는 결정에 대해 그가 한 유일한 설명은 퀘벡 문화의 영속성과 통합성을 유지해야 한다는 의무를 느낀다는 것이었다.

어려운 것은 이것이 행위 패턴일 뿐 아니라 **관습**practice이기도 하기 때문이다. 관습은 규범화되어 있고 보통 행위자가 유지하고 재생산하겠다고 헌신하는 공유된 가치들에 의해 보증되는 행위 패턴이다. 결과적으로 개인들은 자신이 비자발적으로 참여하는 관습이 요구하는 것을 흔히 실행한다. 그러나 그들은 관습이 유발하는 선호와 자신을 동일시한다. 강한 가치평가는 자체로 관습을 보증하는 가치 체계의 반영이기 때문이다. 그들의 개인적 정체성은 관습 속에 제도화되어 있는 문화 체계와 긴밀히 결합되어 있다. 행위자들이 연관된 일련의 가치들과 자신을 동일시하는 것이 이러한 관습들의 재생산에 중심적이다. 결과적으로 문화적으로 각인된 모든 행위 형식은 드워킨의 설명에 따르면 자발적인 것으로 보이는 것 같다.

그러나 여전히 문화적 관습을 자발적인 것으로 여기는 것에는 이상한 점이 있다. 의도적으로 배양된 선호의 비용을 행위자들이 책임질 것을 요구하는 것의 핵심은 행위자들이 이러한 효과를 신중하게 생각하지 않고 타인에게 비용을 부과하는 것을 막는 것이다. 개인들은 어떤 문화나 다른 것에 충분히 사회화되기 전까지 그러한 심의 행위를 할 수 없다. 결과적으로 이런 사회화 과정이 유발하는 선호에 대한 책임을 개인에게 요구하는 것은 정당하지 못한 것 같다. 나아가 문화와 개인적 정체성 사이의 밀접한 관계로 인해 서로 다른 관습들과 연관된 자발성의 수준을 확인하는 것은 매우 어렵다. 사회화를 통해 내재화된 가치와 역할 기대는 개인 정체성의 발달에 중요한 내적 구성 요소가 되며, 그렇기 때문에 많은 경우 변경하기가 어렵다. 비록 문화적 패턴이 가치와 역할 기대의 강력한 관습적 요소라고 해도, 이것이 개인이 하룻밤 사이에 가치와 역할 기대를 바꿀 수 있다는 것을 의미하지는 않는다.

다른 한편으로, 단순히 뒤로 물러나 문화적으로 확립된 관습을 비자발적인 것으로 대하는 것은 적절한 선택이 아니다. 무엇보다도 그런 식으로 문화를 비자발적인 것으로 대하면 시간의 흐름에 따라 문화가 매우 역동적이고 수용적이라는 사실을 인지하지 못하게 된다. 개인들이 어떤 일을 하는 특수한 방식에 매우 헌신적이라고 해서 그들이 아이를 동일한 방식으로 키울 거라고 자동적으로 확신할 수는 없다. 제대로 기능을 못하는 문화 패턴에 대해 개인에게 완전히 보상하는 것은 기존의 문화와 다른 방식으로 아이를 키울 동기를 제거하며, 이것은 문화 발전을 지체시킬 수 있다. 그러나 원칙적 수준에서 가장 중대한 문제는 문화적으로 유발된 선호에서 기인하는 복지 상실분을 개인에게 보상하는 것은 한 문화적 집단이 일방적으로 상호작용 조건을 정하는 것을 허용한다는 점이다. 어떤 집단의 관습에 대해 보상을 제공하는 것이 공동체의 다른 성원에게 심대한 부담을 부과하는 상황에서, 해당 관습을 가진 집단에게 자동적으로 보상 자격이 주어질 수 있다는 생각은 잘못된 것이다. 만일 공동체의 어떤 개인 성원도 상호작용 조건을 좌우할 수 없다면, 공동체의 일부 집단 역시 조건을 좌우할 수 없을 것이다. 협력은 **모든** 당사자의 협의를 요구한다.

이렇게 해서 집단 차이의 문제는 평등주의자에게 딜레마를 제시한다. 관습과 관련해서 두드러진 특징은 자발적 선호와 비자발적 선호 사이에 있는 것이 아니라, 본질적 관습, 즉 개인 혹은 집단 정체성을 구성하는 관습과 비본질적 관습 사이에 있는 것 같다. 어떤 관습은 자아에 유의미한 영향을 갖는 상실이나 혼란을 개인적으로나 집단적으로 느끼는 것 없이도 포기될 수 있고, 다른 것은 그렇지 않을 수 있다. 공정한 상호작용 조건을 결정하기 위해서는 어떤 집단의 근본적 관습도 심각하고 보상되지 않는 복지 상실을 낳지 않는 수용 조건을 마련할 필요가 있다.

일상 정치에서 집단 차이의 문제는 종종 심각할 정도로 서로 다른 관습을 가진 사람들이 자신의 정치 공동체를 형성하는 것을 통해 드러나지 않고 무마될 수 있다. 민족 주권의 원칙은 특수한 정치 공동체를 위한 '상호작용 조건'이 그 집단 이외의 누군가와 상의 없이 구체화될 수 있다는 것을 효과적으로 설명한다. 그러한 정치 공동체 내에서 덜 중요한 관습상의 차이들은 하위 정치 단위로의 권력 이양, 즉 일종의 연방주의를 도입함으로써 포용 가능하다. 마지막으로 개인적 수준에서의 단순한 결사의 자유는 사람들이 자신이 선호하는 집단이나 결사체를 결성하는 것을 허용한다. 이것은 개인들이 자신의 특수한 가치나 습관을 공유하는 사람들과 우선적으로 상호작용할 수 있게 한다.

이러한 세 가지 형식의 자유, 즉 민족 자결, 지방자치, 결사의 자유는 서로 다른 관습을 갖는 개인들의 공정한 상호작용 조건을 구체화하는 문제를 다루는 데 매우 성공적이었다. 문제는 한두 가지의 이유로 이런 종류의 제도적 다원주의가 가능하지 않을 때, 그리고 조직(국가나 기업 등)이 어떤 관습의 조합을 권위적인 것으로 제도화할 필요가 있는 곳에서 발생한다.[29] 단일한 법규, 공유된 언어, 공공 교육 제도 등이 필요할 때는 언제든 서로 다른 집단의 관습들 사이에서 구조적 갈등이 발생할 수 있다. 갈등은 캐나다 같은 다민족 국가 상황에서 가장 분명히 나타난다. 이러한 사례에서 관습들 사이의 양립 불가능성은 제도들이 단지 하나의 관습만을 강요할 필요가 있다는 사실로 인해 불이익을 발생시킬 수 있다.

---

29 이것은 어니스트 겔너가 강조한 것이다. Ernest Gellner, *Nations and Nationalism*, Oxford: Blackwell, 1983.

원칙적으로 한 집단의 관습이 다른 집단의 관습에 수용되어야 할 이유가 없기 때문에, 패배자가 되는 어떤 집단이든 불만을 가질 합당한 이유를 갖게 된다.

이것이 집단 차이를 협상하는 것이 중요해지는 상황이다. 위르겐 하버마스가 정확히 지적했듯이, 차이의 문제는 대개 "대립하는 삶에 대한 생각이나 가치 지향, 즉 경쟁 관계에 있는 포괄적인 원칙의 다원주의"에 관한 것이 아니다. 문제는 "제도와 행위 체계라는 더 강한 소재들"을 조화시키는 것과 관련된다.[30] 현재의 논의와 관련해 까다로운 것은 권위 있는 것으로 어떤 과정의 조합을 결정하고 나서, 그 체제에서 자신이 갖고 있는 근본적 관습으로 불이익을 받는 사람들에게 보상하는 것이다. 따라서 이러한 평등 규범이 이런 맥락에서 부과하는 정확한 요구는 대개 근본적이라 간주되는 이 같은 관습들에 의해 결정될 것이다.

4. 인정 정치

근본적 관습과 그렇지 않은 관습을 구분하는 문제는 자발적 선호와 비자발적 선호를 구분하는 것과 여러 모로 비슷하다. 양 사례에서 상대적으로 분명한 개념적 구분은 실천에 옮기게 되면 아주 불분명해진다(이런 맥락에서 장애에 대한 보상 설계가 행위자들로 하여금 모든 전환 비효율성을 비자발적인 것으로 표현하는 것이 이득이 된다는 동기부여 구조를 만든

---

30 Jürgen Habermas, *Between Facts and Norms: Contributions to a Discourse Theory of Law and Democracy*, trans. William Rehg, Cambridge, MA: MIT Press, 1996, p. 64[『사실성과 타당성: 담론적 법 이론과 민주적 법치 국가 이론』, 박영도 옮김, 나남출판, 2007, 107쪽].

다는 것은 별 의미가 없다. 마찬가지로 성원에게 불이익을 주는 관습에 관련된 집단들에 보상을 해주는 평등주의적 설계는, 어떤 관습이 집단 성원들의 개인적 정체성의 핵심적 부분을 형성할 때 모든 관습의 아주 세밀한 요소 전부를 해당 공동체의 영속성을 위한 매우 유의미한 요소로 다루게 되는, 일종의 근본주의를 부추기는 반대 결과를 낳을 수 있다. 양 사례에서 이러한 동기부여의 문제는 사실상 구분을 쓸모없게 만들고 있다).

이런 문제에 대해 드워킨이 제시하는 해결책은 유용하다. 그는 행위자가 언제 정말로 자신의 선호와 자신을 동일시하는지 구분하는 것은 어렵다는 것을 인정하고 **표출 기제**revelation mechanism를 발전시켰는데, 이것은 각 행위자가 어느 선호가 자신의 통제하에 있는지 **보고하도록** 하는 것이다. 거칠게 말하면 표출 기제는 행위자가 자신이 보유하고 있는 사적 정보에 근거해 스스로 집단을 선택하도록 유도하는 제도적 구조이다. 이러한 방법의 이점은 특정 인구 집단에 대해 어느 정도나 특별한 구분을 해야 하는지를 구체화하는 이론가의 필요를 덜어 준다는 것이다. 대신에 그것은 정치 공동체의 성원이 그들 스스로 구분할 수 있는 기제를 제공한다.

나는 관습과 관련해 유사한 제안을 하고자 한다. 내가 보기에 인정 정치는 하나의 표출 기제라 볼 수 있다. 각 성원이 참여하고 있는 관습이 분배 정의의 관점에서 근본적인 것으로 간주되어야 하는 것인지를 정치 공동체의 성원들이 결정하도록 하는 것이다. 이것이 어떻게 작동하는지 확인하기 위해 드워킨의 제안을 다소 더 자세히 살펴보는 것이 도움이 될 것이다.

자신의 목적을 위해 드워킨에게 필요한 것은 장애를 가진 행위자가 장애에 대한 정보를 제공하고 스스로를 장애인으로 동일시하도록 유도

하는, 그러면서도 비싼 선호를 갖는 개인이 장애가 있다고 **주장하지 않도록** 유도하는 기제였다. 이렇게 하는 하나의 방법은 보험 시장을 통하는 것이다. 만일 개인이 손실 위험을 줄이기 위해 예방적 행동을 취할 수 있다면, 손실에 대비해 보험을 구매하는 데 대체로 관심이 없을 것이다(혹은 만일 그렇다면, 그들은 위험을 통제할 수 없는 사람들과 동일한 수준의 계약 조건으로 보험을 구매하고자 하지 않을 것이다). 이렇게 해서 보험 시장은 종종 표출 기제로 기능한다. 보험 시장은 개인들이 미래 사건을 어디까지 통제하고 있다고 믿는지를 표출하도록 유도한다. 결과적으로 행위자가 보험을 구매하게 되는 전환 비효율성의 유일한 형식은 자신의 통제를 진정으로 벗어났다고 행위자가 간주하는 그러한 사건들이다.

앞서의 토론에서 명백해져야 하는 것은 이러한 특정 표출 기제가 집단 차이의 문제를 해결하는 데 도움이 안 될 것이라는 점이다. 이 제안의 가장 일반적인 결점은 개인들은 종종 보험을 살 입장에 처하기 전에 선호와 장애를 얻게 된다는 것이다. 따라서 드워킨에 따르면 보상 수준은 '가상적 보험 시장'의 결과에 의해 결정되어야 하고, 이것은 그 사회의 성원들이 실행해야 하는 일종의 사고 실험이다. 이것은 집단 관습들을 중재하는 데 있어 확실히 문제를 야기한다. 개인들은 충분히 사회화된 이후에나 그러한 판단을 할 위치에 서게 된다. 그러므로 문화 집단들에 대한 모든 보상은 가상적 조건하에서 어떤 결정이 내려질지 숙고해 결정될 필요가 있다. 더 중요한 것은 보험 시장이라는 생각은 개인들이 특정한 선호에서 '뒤로 물러나' 취향들을 평가할 수 있을 때만 그럴듯하다는 점이다. 하지만 이러한 선호들이 어떤 가치 조합에 의해 강요되는 경우, 개인들은 자신의 이차적 욕망을 평가하거나 강한 가치평가를 수행함으로써만 '한 발 뒤로 물러남'을 수행할 수 있다. 그러나 이것은 적절하지 않은데 왜냐하면 이러한 가치들을 평가하는 데 사용될 수 있었던 문화 '너머' 혹은 '바깥'에는 아무것도 없기 때문이다.[31]

그러나 이 문제는 요구되는 표출 기제를 결정하는 데 있어 하나의 방향을 제시한다. 근본적 관습과 그렇지 않은 관습을 구분하기 위해 개인들은 자신의 문화와 정체성에 대한 성찰적 자세를 수용해야 한다. 그들은 이 가치평가에 영향을 주는 문화 외부에서의 시각을 수용할 수 없기 때문에, 유일한 옵션은 그들이 스스로의 관습을 다른 문화적 가능성들의 관점에서 검토하는 것이다. 이것은 오직 자신의 관습과 정체성을 찰스 테일러가 말한 '중요성의 공유된 지평' 내에 위치시킴으로써만 가능한데, 거기에서 개인은 자신의 가치 체계에서 중요한 것이 무엇인지 이해할 수 있게 된다. 하지만 이러한 종류의 자기 인식이 성취되는 기제는 동시에 서로 다른 집단이 서로의 가치를 이해할 수 있도록 해준다. 결과적으로 좋음의 내용을 구체화하기 위한 시도와 그 내용을 공유된 토론의 장 안에 위치시키려는 시도는 표출 기제로 기능한다. 개인들은 자신의 가치 체계에서 무엇이 중요한지 알게 된다. 그런 가치를 공유하고 있지 않은 타인들이 왜 그런 가치가 중요한지 이해하도록 도움으로써 말이다.

사회적 관습이 문제가 될 때는, 행위자가 직접적으로 자신의 가치 헌신의 중요도를 표출하게 유도하는 어떤 외적인 동기 기제도 설계될 수 없다. 특수한 관습이 실제로 특수한 집단에 근본적인지 아닌지는 오직 그 집단 성원이 그 관습을 뒷받침하는 헌신의 내용들을 정교화하고, 헌

---

31 드워킨은 이러한 점을 깨닫고 있었는데, 자세한 것은 다음 참조. Dworkin, "What is Equality? Part 2", *Philosophy and Public Affairs* 10: 4, 1981, p. 298[「자원의 평등」, 『자유주의적 평등』, 154쪽].

신의 내용들의 중요성을 타인들과 의사소통할 수 있을 때만 결정될 수 있다(이 필요는 논쟁을 통해 생겨날 뿐 아니라 문학·예술·음악 등과도 연관될 수 있다). 개인들은 반드시 [중요성에 관한 인식의] '지평 융합'을 이루어야 한다. 이것은 최후의 순간에 우리가 좋음에 대한 공통의 개념을 공유할 것이라는 점을 의미하는 것이 아니다. 오히려 이것이 의미하는 바는 모든 좋음의 영역들 중에서 어떤 것이 특정한 사람들에게는 가장 중요한 것으로 여겨지는지를 사람들이 알게 된다는 것이다. 그리고 이러한 좋음들은 이와 관련된 관습들을 통해서 표현되게 되는데, 그 표현 방식을 이해하는 것은 그러한 관습들의 상대적 **중요성**에 대해 합의할 수 있는 토대가 된다.

다음의 사례는 이러한 기제가 작동하는 방식을 보여 줄 것이다. 캐나다에서 주목받았던 수많은 공적 논쟁은 시크교 종교 의식에 의해 촉발되었다. 시크교는 캐나다의 수많은 공식 제복의 변경을 요구해 왔기 때문에 더 이상 터번turban 착용의 문제로 갈등을 겪지는 않는다.[32] 어떤 경우에 이들은 중대한 국가적 상징, 예를 들면 캐나다 기마 경찰의 제복 변경을 요구했다. 그러한 모든 경우에 대화 과정을 통해 비시크교도 캐나다인은 이러한 변화의 이유를 이해할 수 있었다. 터번을 쓰는 것이 시크교 남성에게 단순한 의복 선호가 아니라 중요한 종교적 의무라는 사실은 대부분의 저항을 충분히 극복할 수 있게 해주었다. 그러나 다른 한편으로 의례용 단검을 착용하는 것과 관련된 많은 논쟁은 다른 방식으로 진행되었다. 이러한 경우들에서 유사한 대화 과정을 통해 그 관습은 시크

---

32 자세한 토론은 다음 참조. Kymlicka, *Finding Our Way: Rethinking Ethnocultural Relations in Canada*, Toronto: Oxford University Press, 1998, p. 45.

교 공동체에서 미온적 지지만을 받고 있으며, 더 논쟁적인 많은 사례는 원리주의자들이 제기한 것임이 밝혀졌다(다른 경우에 관습은 변경되었는데, 완전히 본래의 기능을 하는 7인치 단검은 더 작고 더 상징적인 형태로 대체되었다). 중요한 점은 시크교와 이러한 관습의 근거를 학습함으로써만 더 넓은 공동체 성원들이 어떤 것이 합당한 수용 형식을 구성하는지에 대해 생각하기 시작할 수 있었다는 것이다.

이러한 예시는 또한 인정 정치에 대한 다른 사실을 보여 준다. 해석적 지평들의 진정한 융합을 성취하기 위해 각 당사자는 자신의 생각과 의견이 변화할 수 있으며 잘못된 것일 수 있다는 점을 염두에 두어야 한다. 이에 대해 테일러는 다음과 같이 말했다.

우리가 다른 사회를 이해하기에 적절한 언어는 우리나 그들의 이성 언어가 아니라 우리가 명료한 대조의 언어라고 부를 수 있는 그러한 언어가 될 것이다. 이 언어 속에서 우리는 그들 삶과 우리 삶 모두에서 작동하는 인간 상수human constants와 관련한 대안적 가능성들로서 그들의 삶과 우리의 삶 모두를 공식화할 수 있을 것이다. 이 언어 속에서 가능한 인간의 다양한 차이가 공식화되어 우리와 그들 삶의 형식 모두가 이러한 차이를 갖는 대안으로 명쾌하게 서술될 수 있을 것이다. 그러한 대조의 언어는 그들의 이성 언어가 어떤 관점에서 왜곡되고 부적절한지 보여 주거나, 우리의 언어는 또 어떤 점에서 그런지 보여 줄지 모른다(어떤 경우에 그들을 이해하는 것이 우리의 자기 이해를 변형시키고, 따라서 우리 삶의 형식도 변형시킬지 모른다. 익히 알려진 과정이긴 해도). 혹은 양자 모두에게 그러한 점을 보여 줄지 모른다.[33]

결과적으로 인정 정치를 근거로 재분배 정책들을 시행하게 되면, 평등주의자가 특정 집단을 위한 특별한 수용을 하도록 허용하면서, 동시에 그 집단이 일방적으로 상호작용 조건을 정하는 것을 허용하지 않게 해준다. 해석적 지평의 융합을 통해 얻어진 상호 인정은 적어도 모든 방면에서의 운동의 가능성을 포괄하는 것이기 때문이다. 인정을 주장하는 어떤 집단도 만일 자신의 주장이 정당하지 않거나 타인에게 합당하지 않은 부담을 준다면 기꺼이 그 주장을 포기해야 한다. 그러나 인정을 일방통행식으로 다루는 인정 모델이 너무나도 자주 제시된다. 이런 경우에 한 집단이 주장을 하면 그 이후 그것을 인정하는 것은 타인에게 의무가 된다. 이것은 일방주의라는 형식으로 이어지는데, 이것의 일방적 성격에 대해서는 반대할 만한 타당한 이유가 있다. 테일러는 만일 집단의 주장이 "명료한 대조의 언어" 내에서 정당한 것으로 증명되지 않는다면, 어떤 집단도 자신의 주장을 포기해야 한다는 점을 분명히 했다(이것은 관련된 관습이 포기되어야 함을 반드시 의미하지는 않는다. 오히려 그 관습이 발생시키는 비용이 얼마이든 간에 집단은 책임을 져야 할 것임을 의미한다).

인정 정치는 사회로 하여금 전체 가치 체계에 대해 전면적으로 존중하는 것과 사람들이 하는 모든 것을 개인적 선호의 문제로 다루는 것 사이의 어떤 공간을 개척하도록 도와준다. 전자는 집단들이 타인의 이해관계를 부당하게 무시하는 것을 용인하지만, 후자는 집단에 소속되는 것이 개인에게 종종 부과하는 의무를 심각하게 고려하지 못하게 한다. 인정

---

33 Taylor, "Understanding and Ethnocentricity", in *Philosophy and the Human Science: Philosophical Papers*, Vol. 2, Cambridge: Cambridge University Press, 1985, pp. 125~126.

정치는 개인들이 어떻게 자신의 삶을 선택하는지를 결정하는 공유된 관심, 가치의 영역을 드러낸다. 다원주의 사회의 맥락에서 우리는 개인에게 이러한 가치와 관심을 **공유**하라고 요구할 수 없다. 우리가 개인에게 요구할 수 있는 최대의 것은 이러한 가치들이 타자의 관습 속에 어떻게 살아 숨쉬면서 녹아 있는지를 이해할 능력을 키울 것을 요구하는 것 정도이다. 일단 이것이 이루어지면 평등 규범이 부과하는 요구를 구체화하는 것이 가능해진다. 또한 이러한 제도의 특수한 성격이 발생시킬 수 있는 모든 불이익을 상쇄하는 것과 동시에, 개인을 공통의 제도에 통합하는 것을 허용하는 상호작용 조건을 구체화하는 것이 가능해진다.

여기서 제시된 정의 이론에서 인정 정치는 재분배 정치에 보완적인 역할을 한다. 사회 정의론의 주된 관심사는 개인을 평등하게 대하는 상호작용 조건을 구체화하는 것이다. 무엇이 좋은 삶인지에 대한 문제에 개인들이 합의하지 않는 다원주의 사회, 그리고 개인이 자유롭게 자신이 좋아하는 목표와 계획을 추구하는 개인적 자율성의 조건하에서, 일반적으로 허용 가능한 상호작용 조건을 제공할 수 있는 평등의 유일한 형식은 자원을 평등하게 분배하는 것뿐이다. 그러나 자원 평등주의는 개인이 책임져야 하는 선호와 사회가 일반적으로 의무를 져야 하는 선호 사이에 분명한 '선'을 그어야 한다. 인정 정치는 문제시되는 이러한 선호들을 개인들이 자신의 사회화나 집단 성원 자격의 측면 때문에 지지하게 되는 상황에서 그러한 '선'이 그어질 수 있는 방법을 제공한다.

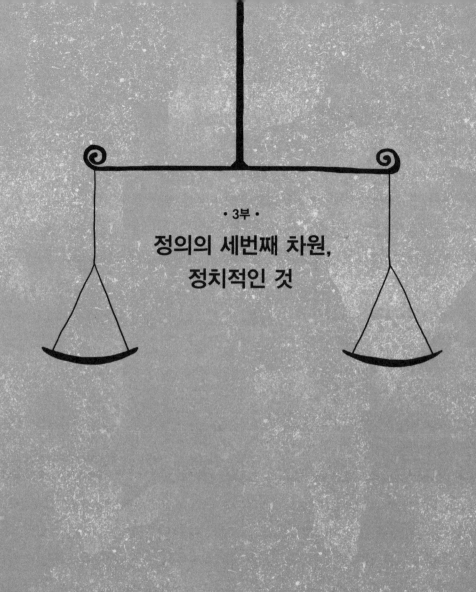

· 3부 ·

정의의 세번째 차원,
정치적인 것

1장

/

지위 부정의

국가의 역할

레너드 C. 펠드먼

재분배와 인정에 대한 낸시 프레이저의 최근 연구는 '구좌파'와 '신좌파' 사이, 계급 정치 옹호자와 정체성 정치 지지자 사이, 맑스주의 전통의 이론가와 포스트구조주의 개념에 기반한 이론가 사이에서 되풀이되는 몇 가지 구분점을 재해석하고 초월함으로써 새로운 통찰력을 제시해 정의의 본질을 둘러싼 새로운 논쟁에 불을 지폈다. 프레이저의 연구는 정체성 인정을 위한 요구가 경제 재분배를 위한 요구에 지장을 초래하는 조건이 무엇인지를 검토한다. 그리고 사회주의적인 재분배 형식과 해체주의적인 인정 형식 사이에 공명이 이루어질 수 있는 놀랄 만한 유사성도 설명한다.

여기서 함께 고려해서 논의를 확대하고 싶은 부분은 재분배와 인정 정치에 대한 프레이저의 최근 연구에서 나타난 세 가지 사유 흐름이다. 첫째, 나는 인정의 전략이 어떻게 결정되는지를 살펴볼 것이다. 낙인찍힌 집단은 보편적인 범주에 포함시켜 달라고 호소하기 위해 별개의 집단 정체성 인정을 추구해야 하는가, 아니면 차이를 최소화해야 하는가? 특권화된 정체성과 악마화된 타자라는 극단적으로 이분화된 대립은 해체되어야 하는가? 재분배와 인정에 관한 프레이저의 초기 설명은 뭔가 불충분한 대안보다는 해체주의적 인정 정치를 지지하는 것이었다. 그러나 나중에는 서로 다른 맥락에서는 서로 다른 인정 전략이 요구된다고 하면서 "사회 이론의 통찰에 정통한 실용주의"[1]가 필요하다고 주장한다. 나는 이론적으로 정통한 실용주의에 대한 나름의 판단을 시도하기 위해 나머지 다른 두 사유 흐름에도 관심을 기울여 보려고 한다. 그래서 오늘날의 정의 투쟁을 다루는 데 있어 **정체성** 범주보다 **지위**status 개념이 용이하다고 한 프레이저의 주장에 관심을 기울이고자 한다. 그리고 난 다음 정치적 배제political exclusion가 부정의의 역학에서 독립적인 역할을 할 수 있다는 개념(아직 제대로 완성되지는 않았지만)에 대해 논의해 보려고 한다.

이렇게 세 가지 사유 흐름을 발전시키기 위해 **정치적 지위**를 갖는다는 것이 자유주의적인 정치 공동체에서 무엇을 의미하는지를 검토하려고 한다. 나는 정치 이전의prepolitical '사회적' 혹은 '개인적' 지위에 대한 국가의 긍정적 인정이 역설적이게도 종속적인 정치적 지위를 만들어 낼 수 있다는 점을 논의하려고 한다. 즉 인정의 형식처럼 보이는 이것이 결과적으로는 정치적 배제의 형식임을 밝히려는 것이다. 더 나아가 인정 전략을 실용주의적으로 판단하려면 사회 이론에만 정통해야 하는 것이 아니라 **비판 국가 이론**a critical theory of the state에도 정통해야 한다는 것 역시 논증하려고 한다. 그리하여 노숙인 범죄화와 군대 내 성적 지향에 관한 정책이라는 두 사례를 통해 정치적 지위와 법적 지위의 역학을 탐구하려고 한다. 이를 통해 정체성/차이를 위계적 관계로 구성하는 자유

---

1 Nancy Fraser, "Recognition Without Ethics?", *Theory, Culture & Society* 18: 2~3, 2001, p. 30.

주의 국가의 역할을 비판적으로 검토할 것이다. 그리고 국가의 그런 지위 생산 방식이 기존의 사회적 차이에 대한 인정으로 위장되는 경향을 비판적으로 검토할 것이다. 이를 통해 **해체주의적 인정 정치가 지위에 기반한 부정의를 해결하는 데 핵심이 된다는 결론으로 이어 가려 한다.**

차이 전략: 인정 정치 평가하기

프레이저는 인정 정치를 처음 분석하면서 인정을 목표로 하는 문화 정치 형식과 재분배를 목표로 하는 경제 정치 형식 사이의 긴장을 언급했다. "나의 진단은……좌파의 균열은 한편의 계급 투쟁과 다른 한편의 젠더, '인종', 성적 투쟁 사이에 있지 않다. 오히려 균열은 이런 운동들을 가로지르며 진행되고 있다. 각각의 운동은 이미 문화적 흐름과 사회적 흐름으로, 재분배를 지향하는 흐름과 인정을 지향하는 흐름으로 분할되어 있다"고 프레이저는 설명했다.[2] 젠더와 인종에 대한 구별 짓기와 억압을 기반으로 형성된 집단은 경제 부정의와 문화 부정의 모두를 경험한다. 이같은 '이가적 집단들'bivalent collectivities은 이중 구속에 처해 있다. 한 예로 무시를 극복하기 위해 이를테면 여성성에 대한 재평가를 시도한다고 하자. 이때 이것이 경제 부정의를 극복하기 위해 젠더화된 노동 분업을 제거해야 하는 측면과 충돌함을 깨닫는 것이다. 이가적 집단에서 문화 정치는 종종 진보적인 경제 재구조화와 충돌한다. 또 예를 들어 보자. 한번 낙인찍힌 정체성을 칭송하고 재평가하는 식의 긍정적 인정 정치, 즉 프레이저가 주류 다문화주의로 칭한 긍정적 정치는 노동 분업 내에서 그

---

2 In this Volume, p. 108[이 책 171쪽].

집단이 구조화되어 있는 위치를 제거하려고 하기 때문에 경제 재분배를 향한 변혁적 노력의 기반을 잘라 내 버리는 것이 된다. 여성성에 대한 문화 페미니즘의 재평가, 흑인 자긍심에 대한 칭송, 미국식 다원주의의 에스닉 집단 모델로서 게이 정체성의 구성 등 이런 형태의 문화 정치는 "평등의 사회 정치"와는 잘 결합되지 않는다.[3]

그렇지만 재분배-인정 딜레마 "해결 방책을 고안"할 수 있다. 모든 형식의 문화 인정이 경제 관계를 재구조화하기 위한 진보적 노력을 방해하는 것은 아니기 때문이다. 프레이저는 경제적 사회주의와 문화적 해체주의라는 한 쌍의 프로젝트를 자유주의적 복지국가와 주류 다문화주의라는 다소 불충분한 대항쌍에 맞서 승인하는 것으로 마무리했다. '변혁적인' 경제 재분배 정치(사회주의)와 변혁적인 문화 인정 정치(해체주의) 모두 부정의의 심층 구조를 문제 삼는다. 둘 모두 착취적 생산관계를 변혁하는 방식으로, 또 문화적 무시라는 관행을 지탱하는 위계화된 이분법적 대립을 해체하는 방식으로, 적대감이 강화되는 것을 피하면서 집단 구별 짓기의 토대를 허물어 버리려고 한다. 이런 방식으로 이 변혁 정치들은 사회 내 '참여 동등'participatory parity을 촉진한다. 그러므로 이성/동성의 이분법적 대립을 탈안정화하는 퀴어 정치는 이를테면 동성애적인 것에 대한 주류 사회의 저의undercurrents에 초점을 맞춘다는 점에서 생산에 대한 통제를 변혁하고자 하는 사회주의 정치의 목표와 잘 들어맞는다. 이런 정치는 주어진 (경제 혹은 문화) 질서 속에서 재화나 그 가치를 그저 재할당받기보다 오히려 밑에 깔린 (재분배 혹은 의미화의) 구조를 문제 삼기 때문이다.

---

3 In this Volume, p. 12[이 책 25쪽].

그런데 최근의 연구에서 프레이저는 인정 정치에 대한 본인의 설명을 더 복잡하게 만들어 버렸다. 즉 인정을 설명하는 틀을 다각적으로 분석할 수 있는 비-해체주의적 문화 정치 형식으로 자신의 입장을 약화시킨 것이다. 처음에는 긍정적 인정 정치를 전적으로 비판하는 것처럼 보였다. 그 정치가 불이익을 받는 집단을 주된 대상으로 삼는 자유주의적 복지국가의 프로그램과 결합해서 변혁적인 경제 정의를 훼방 놓고 왜곡된 적대감의 고리들을 만든다고 비판했기 때문이다. 그러다가 『인간의 가치에 대한 태너 강의』 시기로 접어들면서는, 상이한 시간대와 상이한 맥락에서 서로 다른 인정 전략이 필요하다고 하면서, 이론적으로는 문화 부정의에 대한 해체주의적 접근이나 다문화주의적 접근의 적실성을 판단할 수 없다고 이야기한 것이다. 그러면서 직관적으로,

[무시당하는 집단들은—인용자] 어떤 경우에는 과도하게 귀속·구성된 구별됨distinctiveness이라는 부담을 내려놓을 필요가 있다. 다른 경우에는 자신들이 지금껏 인정받지 못했던underacknowledged 구별됨을 갖고 있음도 고려해야 한다. 그리고 또 다른 경우에는 보편성으로 잘못 과시된 지배하고 혜택받는 집단의 구별됨을 폭로하는 것으로 초점을 바꿔야 할 수도 있다. 아니면 지금의 형태로 만들어져 버린 귀속된 차이라는 바로 그 개념들을 해체해야 할 수도 있다. 결국 이들은 위에 언급한 것 중 일부가 필요할 수도 있고 모두가 필요할 수도 있다.······그리고 재분배와의 결합도.[4]

글의 끝부분에서 프레이저는 다른 무엇보다 한 가지 특정한 재분배/인정 결합을 옹호하는 것처럼 보이지만("재분배에 대한 변혁적 접근과 인

정에 대한 해체주의적 접근을 추구하는 식으로……통합적으로 사고할 필요가 있다"[5]), 이 인용에서는 정의 투쟁의 가능성을 다원화하고 있다. 뒤이어지는 글인 「윤리 없는 인정?」에서 프레이저는 이 점, 즉 맞닥뜨리는 부정의의 형태에 따라 서로 다른 인정 전략이 요구된다는 점을 강조한다. 그리고 사회 내 '참여 동등'을 추진하는 잠재력을 지닌다는 점에서 볼 때, 무시를 개선하기 위해 서로 경합하는 접근 방식들은 적어도 '원리상'으로는 똑같이 정의를 추진하는 것이라고 논의한다. 예를 들어 보자. 게이와 레즈비언의 종속이라는 쟁점은 동성 결혼의 법적 인정을 촉진하는 방향이어야 하는가, 아니면 이성애 중심의 결혼에서 그 혜택을 분리시켜 이를 개인에게 귀속시켜야 하는가. 이에 대해 프레이저는 "이 중 하나의 방안을 다른 것보다 선호해야 하는 여러 이유가 있을 테지만, 양자 모두 동성애자와 이성애자 사이의 참여 동등을 촉진하는 데 복무한다면, 그런 면에서 둘 모두 원칙상 정당화될 수 있다"고 답했다.[6]

인정에 대한 정체성 모델 대 지위 모델

재분배/인정 이론에 관한 프레이저의 최근 개정판에서 가장 마음을 끄는 것은 **정체성 낙인화**identity stigmatization와 반대되는 **지위 종속**status subordination의 측면에서 무시를 재개념화한 부분이다. 프레이저는 인정

---

4 Fraser, "Social Justice in the Age of Identity Politics: Redistribution, Recognition and Participation", in *The Tanner Lectures on Human Values*, vol. 19, ed. Grethe B. Peterson, Salt Lake City: The University of Utah Press, 1998, p. 35.

5 *Ibid.*, p. 67.

6 Fraser, "Recognition without Ethics?", *Theory, Culture & Society* 18: 2~3, p. 34.

정치에서 정체성에 초점을 맞춘 접근이 사회 제도에 대한 관심을 상처받은 주체의 마음에 존재하는 문화적 낙인의 내면화에 대한 관심으로 대체해 버렸다고 논의한다. 더 나아가 정체성을 기반으로 하는 정치는 동질적인 집단 정체성을 전제하고, 주류 사회와 관계를 끊어 버리는 분리주의 정치를 지향하며, 문화 집단 내에 존재하는 복합성이나 권력 투쟁을 외면하는 경향이 있다고 말한다. 그렇기 때문에 그녀는 인정 정치를 정체성·낙인·자존감의 측면이 아니라 이하의 방식을 통해 이해해야 한다고 단언한다.

> [우리는] 인정을 **사회적 지위**의 문제로 접근해야 한다.……인정되어야 하는 것은 집단 고유의 정체성이 아니라 오히려 사회적 상호작용에서 온전한 동료가 될 수 있는 집단 성원이라는 지위다. 그러니 무시는 집단 정체성을 경시하거나 그 형태를 왜곡하는 것이 아니라, 오히려 사회 생활에서 **동료로 참여하는 것**participating as a peer을 방해한다는 의미의 사회적 종속을 뜻한다.[7]

다시 말해서 지위 모델은 사회 제도와 사회 관계에서 낙인을 찍어 내는 의미 패턴을 다시 부각하는 것이다. "지위의 관점에서 볼 때 무시는 정신의 기형화나 독자적 문화 손상이 아니다. 여기서 무시는 제도화된 사회적 종속 관계이다."[8]

지위에 접근하는 이 방식은 무시 부정의를 이해하기 위해 제도화된

---

7 Fraser, "Recognition without Ethics?", *Theory, Culture & Society* 18: 2~3, p. 24.
8 In this Volume, p. 135[이 책 212쪽].

의미들의 역할을 강조하기에 관심의 방향을 국가 제도로 돌린다. 예를 들어 법적으로 이성애자에게만 결혼을 허용하는 규제는 국가가 뒷받침하는 지위 종속의 형태, 즉 "이성애를 정상으로, 동성애를 타락으로 구성하는 이성애 중심적 문화 가치 패턴의 법적 제도화"인 셈이다.[9] 지위 종속은 국가의 법과 정책을 통해 반복적으로 형성된다. "어떤 경우 무시는 법제화되어 있으며 공식 법률의 코드로 표현되고 있다. 또 다른 경우에 무시는 정부 정책, 행정 코드 혹은 전문가적 실천을 통해 제도화된다."[10]

그러나 프레이저의 지위 모델에서는 국가가 구성하는 지위라는 특별한 패턴은 찾아볼 수 없다. 프레이저는 **정치적** 지위에 대한 설명을 발전시키기보다 오히려 시민사회나 '사회'라는 언어로 복귀한다. "지위 모델은 인정의 문제를 좀더 큰 사회적 틀 내에 위치시킨다. 지위 모델의 관점에서 볼 때 사회는 문화적 사회 질서 형식뿐 아니라 경제적 질서 형식까지도 포괄하는 복합적 장으로 나타난다."[11] 이처럼 프레이저의 논의에서 '지위'는 포괄적인 개념으로서 '사회에서 자리하고 있는 위치'를 의미한다. 제도화된 의미와 가치 패턴에 따라 개인의 지위가 구성되는 상황에서만 지위는 계급과 구분된다. 지위는 경제로 환원되는 것이 아니다. 두 범주는 분석적으로 분리된 두 가지 정의의 차원을 의미한다.

인정 차원은 사회의 지위 질서, 즉 사회적으로 자리 잡은 문화 가치 패턴들 및 문화적으로 정의된 사회적 행위자 범주——지위 집단——에 의

---

9 In this Volume, p. 136[이 책 214쪽].

10 In this Volume, p. 135[이 책 213쪽].

11 In this Volume, p. 138[이 책 217쪽].

해 만들어진 구조에 해당한다.……반대로 분배 차원은 사회의 경제 구조, 즉 소유권 체제와 노동 시장 및 경제적으로 정의된 행위자 혹은 계급 범주에 의해 만들어진 구조에 해당한다.[12]

이 개념화에서 "공식 법률……정부 정책, 행정 규칙 혹은 전문가적 실천"은 상호 교환 가능한 방식으로 사회적 지위를 만드는 지점이 된다.

정치적 배제

프레이저는 「인정을 다시 생각하기: 문화 정치에서의 대체와 물화의 극복을 위하여」에서 부정의의 정치적 형식에 특히 주목한다. 한 각주에서 그녀는 잘못된 분배와 무시가 본인의 설명틀에서 제시된 사회 정의 차원을 철저하게 규명하지 못했을 수도 있다고 말한다.

내가 특히 염두에 두고 있는, 참여 동등을 방해하는 제3의 가능한 장애물은 '정치적인 것'이다. 이것은 경제적인 혹은 문화적인 것에 대립되어 있다. 이 장애물은 잘못된 분배나 무시가 없는 경우에도 불구하고 일부 사람을 체계적으로 주변화시키는 의사 결정 과정을 포함하고 있다.[13]

프레이저는 이 부정의의 역학을 진전시키지 않은 채 남겨 두었다.[14] 다음 부분에서는 자유주의적 정치 공동체에서 정치적 지위가 갖는 의미

---

12 In this Volume, pp. 137~138[이 책 216쪽].
13 In this Volume, pp. 137~138, n. 1[이 책 216쪽 각주 1].

가 무엇인지를 검토하면서 지위 종속 개념과 부정의의 정치적 형태라는 독특한 아이디어를 결합해 보려고 한다.

정치적 지위와 자유주의 국가

프레이저는 부정의의 독자적인 역학으로 정치적 배제를 짧게 언급하면서 얼핏 '지위'의 옛 의미를 일러 준다. 지위는 국가가 결정한 인간 범주에 그 또는 그녀가 속함으로써 얻게 된 정치 공동체에서 개인이 차지하는 법적 위치다. 『옥스퍼드 영어 사전』은 지위를 "시민·외국인·서민 등으로 그 혹은 그녀의 법적 권리 혹은 그 한계를 결정하는 개인의 위치 혹은 입장이다. 이를테면 기혼 혹은 독신, 미성년 혹은 성인에 따르는 조건 같은 것"이라고 설명한다.[15]

그리스법이나 로마법에서 지위는 온전한 시민만이 소유하는 무엇이었다. 도시 공화정civic republican 전통에서 시민권은 일종의 지위다. 한나 아렌트는 법적 지위를 일종의 시민권을 보호하는 방책으로 설명한다.

> 로마에 사는 사적인 개인과 로마 시민 사이의 구분은 후자가 **페르소나** persona를 지닌다는, 말하자면 법적 인격legal personality을 지닌다는 점에 있다. 그가 공적인 상황에 맞추어 연기할 수 있도록 법이 단서를 달아 조항을 뒤집어씌우는 것이라 말할 수도 있겠지만, 실상 이를 통해 본

---

14 "나는 여기서 이러한 제3의 가능성을 발전시키기보다 잘못된 분배와 무시에 한정해 논의하고자 한다. 참여 동등을 방해하는 정치적 장애물에 대한 분석은 다음 기회로 미루기로 한다." In this Volume, p. 138, n. 1[이 책 216쪽 각주 1].

15 *Shorter Oxford English Dictionary*, New York: Oxford University Press, 2007.

인이 목소리를 낼 수 있는 것이기도 하다.……이런 페르소나가 없는 사람은 권리와 의무가 없는 개인, 아마 '자연인'natural man일 것이다. 자연인은 인간 혹은 원래의 어원적 의미에서 **호모**homo로서 법의 범위 밖에 그리고 시민들의 정치체body politic 밖에 있는 누군가, 이를테면 노예로서, 분명히 정치적인 것과 무관한 존재다.[16]

중세 영국에서 "법적 지위는 개별 인간의 법적 권력이나 의무에 관한 공식 기반으로 기능했다".[17] 그러다가 자유주의가 성원 자격과 의무를 "지위에서 계약으로" 전환해 버림에 따라 국가가 정하는 지위 범주의 구속으로부터 개인도 해방되었다.[18] "국가가 개입해서 지위를 관리하는 것을 거부하는 고전적 자유주의"[19]는 정치 질서를 시민이라는 지위에 따른 결과로서가 아니라, 태생적 인간으로서 갖게 되는 권리, 즉 **자연권**을 보장받기 위해 개인들이 계약을 맺음으로써 구성되는 것으로 그린다.[20]

계약이 인간관계를 매개하면서, 계약을 맺는 개인은 아무런 법적 지

---

16 Hannah Arendt, *On Revolution*, New York: Penguin, 1990, p. 107[『혁명론』, 홍원표 옮김, 한길사, 2004, 194~195쪽].

17 Judith Failer, *Who Qualifies for Rights?*, Ithaca: Cornell University Press, 2002, p. 59.

18 "지금까지 진보 사회로의 움직임은 지위에서 계약으로의 움직임이었다고 말할 수도 있다." Henry Summer Maine, *Ancient Law: Its Connection with the Early History of Society and Its Relation to Modern Ideas*, New York: Henry Holt, 1906, p. 165.

19 Janet E. Halley, *Don't: A Reader's Guide to the Military's Anti-Gay Policy*, Durham: Duke University Press, 1999, p. 29.

20 조르조 아감벤에 따르면, 권리가 "인간에게 부여되는(혹은 인간에게서 발원하는) 것은 오로지 인간이 즉각적으로 사라져 버리는(또는 결코 그 자체로 드러나서는 안 되는) 시민의 토대인 한에서다." Giorgio Agamben, *Homo Sacer: Sovereign Power and Bare LIfe*, Stanford: Stanford University Press 1998, p. 128[『호모 사케르: 주권 권력과 벌거벗은 생명』, 박진우 옮김, 새물결, 2008, 251쪽].

위도 갖지 않게 되었다. 이제는 사람들이 어떤 부적격자가 되어 온전한 시민권이라는 눈에 보이지 않는 규범과 차별화될 때만 지위를 갖게 되는 것이다.[21] 다시 말해서 자유주의는 영주나 농노처럼 법적으로 부여되어 개인의 특정한 권리와 의무를 규정하던 정치적 지위에 종말을 고했다. 귀속적인 정치 범주로부터 개인이 풀려남에 따라 국가도 지위가 아니라 (자유롭게 선택하고 손해를 입을 수도 있는) 행위에 대한 규제로 방향을 돌렸다. 정상 시민은 사회적 지위를 가질 수도 있다. 그러나 공화적 전통과 달리 정치적인 면에서 그 정상 시민은 **법적 지위에서 분리되었다**.

그러므로 자유주의로 인해 지위는 정치적인 것이 아니라 사회적 또는 문화적인 어떤 것이라는 생각이 가능해진 것이다. 사람들이 **정치적으로는** 자유롭고 동등하지만 **사회적으로는** 구별되고 위계화되어 있다는 아이디어는 국가와 시민사회를 나누는 자유주의의 근본적 구분의 결과로, 이에 대해서는 칼 맑스가 익히 잘 분석한 바 있다. 「유대인 문제에 대하여」에서 맑스가 언급했듯 자유주의 국가는 봉건 시대 사람들의 정치 관계를 매개했던 지위 범주로부터 스스로를 해방시켰다. 계급·종교·재산 등은 '비정치적인' 구별이 되어 버렸다. 다시 말해서 이 구분은 정치적 지위가 아닌 사회적 지위의 문제가 되어 버린 것이다. 맑스는 지위가 국가가 아닌 시민사회의 사안으로 사유화되는 탈정치화를 통해 차별화의 관행이 어떻게 자연스러운 것으로 형성되어 갔는지, 더 나아가 국가와 형식적 시민권이라는 추상적 보편주의가 어떻게 사유화된 요소들에 대립하는 것으로 구성되었는지를 밝혔다.[22]

그러나 계약과 인간 존재의 자연권이라는 수사를 논외로 한다고 해

---

21 이 변화에 대한 보다 많은 논의는 Falier, *Who Qualifies for Rights?*, pp. 57~63 참조.

도 자유주의 국가는 정치적 지위의 생산에서 완전히 자유롭지 않다. '남편'과 '아내'는 정치적 지위이며,[23] '흉악범'이나 '어린이'도 마찬가지다. 이 범주들은 부분적으로는 국가에 의해 규정된 것으로, 주디스 페일러의 표현에 따르면 특정한 권리·의무·능력을 규정한다. 사실 자유주의 국가에서 대부분의 정치적 지위는 흉악범과 어린이 사이의 서열에 놓여 있다. 정치적 지위는 정상적인 개인이 향유하는 온전한 시민권에 종속되기도 하고 이로부터 일탈되기도 하는 개인을 규제 혹은 보호하는 범주인 것이다. 페일러는 그 결과 "앵글로-아메리카의 법은 법적 규범과 **구분되**는 개인이라는 용어를 남겨 두었다"고 설명한다.[24] 그러니 자유주의 국가가 정치적 지위를 구성하는 비즈니스를 **전적으로** 박탈당한 것이 아니라면, 국가는 동시에 두 가지 특별한 업무를 하는 셈이 된다. 첫째, 자유주의 국가에서 법적 지위는 개인이 온전한 시민권이라는 규범에서 **일탈**했을 때만 얻을 수 있는 그 무엇이다. 정치 공동체에 속하는 온전한 성원

---

22 맑스에 따르면 "국가는 사유 재산, 교육, 직업이 각각 **고유의** 방식대로 그것의 **특별한** 본질을 드러내면서 행동하도록 허용한다. 국가는 이 같은 **사실상의** 구별을 극복하려 하기는 커녕 오히려 이를 전제함으로써만 존재한다. 국가는 스스로 **정치적 국가임**을 자인하며 이런 요소들에 대립하는 방식으로써만 자신의 **보편성**의 효과를 드러낸다". Karl Marx, "On the Jewish Question", in *Selected Writings*, ed. Lawrence H. Simon, Indianapolis: Hackett, 1994, p. 8[『마르크스의 초기 저작: 비판과 언론』, 전태국 외 옮김, 열음사, 1996, 342쪽].

23 재클린 스티븐스는 이렇게 표현한다. "맑스는 충분히 성숙한 자유주의 국가에서는 모든 정치적 지위 관계가 제거되어 버리는 것처럼 잘못 정리했다. 근대 국가는 '악당', '기사', '영주', '농노', '소작농'은 제거했지만 한 가지 사법적 지위 관계는 남겨 두었다. 그 관계는 '아내'와 결혼한 그녀의 '남편'이다. Jacqueline Stevens, *Reproducing the State*, Princeton: Princeton University Press, 1999, p. 24.

24 Failer, "Homelessness in the Criminal Law", in William C. Heffernan and John Kleinig ed., *From Social Justice to Criminal Justice: Poverty and the Administration of Criminal Law*, New York: Oxford University Press, 2000, p. 249.

자격은 결코 하나의 지위로 간주되지 않는다. 성원 자격은 티 나지 않는 unmarked 규범인 셈이다. 정치적 지위를 갖는다는 건 이 규범과는 다른 것으로 구분된다는 것이다.

둘째, 온전한 시민권이라는 티 나지 않는 규범만 인식하기 어려운 것이 아니다. 종속된 정치적 지위 역시 **정치적인 것으로** 인식하기 어렵다. 왜냐하면 종속된 정치적 지위는 자유주의 국가의 법적·정책적 담론 속에서는 국가가 그저 재-인지re-cognize하기만 하면 되는 '저 밖에 있는' 사회적 차이처럼 간주되기 때문이다. 국가가 어린이에게 광범위한 일련의 수혜(이를테면 공립 교육)를 베풀면서도 권리를 제한하는(이를테면 투표권을 주지 않는) 이유는, 어린이와 관련된 몇몇 사실이 종속된 정치적 지위를 요구한다는 점을 인정하기 때문이다. 범죄를 저지른 흉악범이 감옥에서 나온 뒤에도 국가가 그의 투표권을 제한하는 것 역시 아마도 그 흉악범과 관련된 몇몇 사회적 사실을 기반으로 하기 때문일 것이다. 그러나 페일러가 지적하다시피 흉악범이 "흉악범 아닌 사람과 본질적으로 반드시 차이가 있는 것은 아니다". 이렇게 보면 법적 지위는 그저 법을 통해 여러 사회적 사실을 재-인지하는 것이 아니라, 오히려 **차이를 긍정적으로 구성하는 것**이다. "왜냐하면 법적 지위는 법이 부가하거나 새롭게 만들어 내는 그 무엇으로서, 본질적으로 법적 창조물이기 때문이다."[25]

우리는 인정의 '**인지적**'cognitive 의미와 '**구성적**'constructive 의미를 구분한 패첸 마켈 덕분에 이 묘수를 잘 정리할 수 있다. 인정은 개인이나 집단의 정체성 혹은 그 조건에 대한 진정한 지식을 기초로 개인이 존중받는 경우에 **인지적인 것으로** 이해된다(이 맥락에서 무시는 '진정한 나'를 제

---

25 *Ibid.*, p. 250.

대로 알지 못해서 발생하는 일종의 실수다). 그러나 인정은 **구성적** 측면에서도 접근된다. 이에 대해 마켈은 회의에서 발표자를 인정하는 의장을 그 사례로 설명한다. "의장이……발표자를 인정한다고 해서……의장이 이미 진짜로 존재하는 발표자의 지위를 인식하는 것은 아니다. 오히려 발표한다는 그 특권이야말로 의장이 제도적으로 위임받아 인정한다는 행위를 했기 때문에 가능한 결과물이다."[26] 이 경우 인정은 인지적이지 않고 수행적performative이다. 즉 인정한다는 행위를 통해 지위가 만들어진 것이다. 마켈은 구성적 실천을 인지적인 것처럼 보이게 하는 인정 정치의 역학도 언급한다. "인정이라는 행위를 통해 정체성이 **구성된다**. 하지만 그것이 무엇을 구성하는지를 단지 인지하는 것처럼 보이는 방식으로 구성된다. 즉 이 경우 그저 사실을 확인하는 정도를 포함하는 교묘한 조건이라는 의미에서 수행적인 것이다."[27]

이처럼 '스스로를 숨기는'self-obscuring 인정의 측면은 지위에 대한 국가의 접근 방식에서 가장 분명하게 드러난다. 국가는 사회의 '저 밖에 있는' 개인들 간의 실질적인 차이를 단지 재-인지하는 **것처럼 보일 뿐**이다. 그러나 이를 통해 국가는 지위가 차별화되는 상황과 영역을 **적극적으로 구성**한다. 따라서 국가가 사회적 지위를 인정하는 것은, 사실을 확인하는 것처럼 보이게끔 가장masquerading하는 수행적 행위다. 다시 말해 자유주의 국가는 그저 단순하게 지위를 만드는 것이 아니다. 오히려 국가는 온전한 성원과 종속된 성원을 정치적으로 차별화해서, 온전한 성원

---

26 Patchen Markell, "The Recognition of Politics: A Comment on Emcke and Tully", *Constellations* 7: 4, 2000, p. 496.

27 *Ibid.*, p. 503.

을 티 나지 않는 규범으로 만들어 버린다. 그러고는 그렇게 만들 수 있는 권력의 증거를 제거해 버림으로써, 마치 이런 결과물이 사회적 혹은 개인적 차별화를 재-인지하는 것인 양 행세하는 것이다. 자유주의 국가는 차이를 만드는 스스로의 관행을 숨기면서 (종속된) 정치적 지위를 만든 스스로의 권력도 숨겨 버린다. 인정이라는 국가의 실천은 마켈이 인정 정치의 보다 일반적인 형태에서 핵심을 차지하는 무시의 요소로 언급한 것의 한 사례인 것이다. "인정의 추구는 특정한 종류의 **무시**와 결합될 수밖에 없다. 여기에서 무시는 **정체성**에 대한 무시가 아니라……오히려 더 근본적인 **존재론적** 무시, 즉 우리 행동의 본질과 정황을 제대로 인식하지 못하는 것이다."[28] 마켈이 설명했듯이 "국가가 점점 배경으로 묻힐 때" 정체성과 차이를 만드는 국가의 실천들은 정치 이전 상태의 사회적 지위를 인지하는 것처럼 보인다.[29] 마켈은 이렇게 구성을-마치-인지처럼 오독misapprehension하는 것이 인정 정치의 두드러진 특징이라고 주장한다. 나는 (마켈의 분석을 부분적으로 참고해서) 인지와 구성 사이의 긴장이 특히 적확하게 들어맞는 상황이 근대 자유주의 국가라고 제안하고 싶은 것이다.

클라리사 라일 헤이워드는 스스로를 숨기는 국가의 인정 실천 역할을 설명하기 위해 미국 도시의 인종차별적인 정치적 구분들political boundaries을 분석했다. "국가에 대해 사회적 차이를 인정하라고 요구하는 것은……반동적이다. 이런 요구는 아무런 의도 없이 그저 생겨난 그 차이에 대응하는 것이 민주 국가의 과제인 것처럼 여기게 하기 때문이다." 이

---

28 Markell, *Bound by Recognition*, Princeton: Princeton University Press, 2003, p. 59.
29 *Ibid.*, p. 26.

미 존재하는 사회적 차이를 국가가 인정하기만 하면 된다는 식의 설명은 "정체성/차이 범주가 규정되고 제도화되고 체계화되는 정치 과정에 집중하려는 우리 관심의 방향을 엇나가게 한다".[30] 국가와 시민사회가 구분되어 있고 국가가 지위 규제라는 업무에서 풀려나 중립적이며 보편적인 존재가 되어야 한다는 자유주의의 주장은, 국가의 지위 구성 권력 개념과 충돌할 수밖에 없다. 국가의 지위 구성 권력이 보편성에의 헌신이라는 개념과 모순되며, 인식이나 사회적이라는 수사 뒤로 감춰져 버리기 때문이다.

지위 정치에서 국가가 하는 복잡한 역할 때문에 정의 투쟁에서 딜레마가 발생한다. 한편으로 국가가 사회적 차이를 인정하는 경우, 그 과정에서 국가가 배제 혹은 특권화라는 특정한 권리를 행사한다고 할 수 있다. 그러나 다른 한편으로 국가가 차이를 인정하는 경우, 온전한 시민권의 규범에서 어느 한 집단을 박탈하는 것이 되기도 한다. 정황상 우리는 매우 익숙한 분야, 즉 '평등/차이' 논쟁을 따라가고 있는 것 같다. 내가 캐물어 들어가는 쟁점은 사실 억압받는 사회 집단이 그 자체의 특색(차이)을 추구해야 하는가 아니면 지배적 규범에 동화(평등)되어야 하는가 여부를 따지는 오래 이어져 온 쟁점과 연결되어 있다. 그렇지만 평등/차이 논쟁은 모든 입장·제도·관행을 동화와 차이의 딜레마로 똑같이 구조화하는 경향이 있다. 나는 포용inclusion과 인정의 딜레마가 때로 **지위 생산에서 국가의 자기-은폐라는 특별한 역학**에 의해 구조화된다고 이야기하는 것이다.

---

30 Clarissa Rile Hayward, "The Difference States Make: Democracy, Identity, and the American City", *The American Political Science Review* 97: 4, 2003, p. 506.

이 같은 자기-은폐적인 정치적 지위의 생산은 법과 정책이라는 두 영역을 통해 살펴볼 수 있다. 하나는 공적 공간에 대한 처벌법punitive public space laws의 맥락에서 노숙인의 권리에 관한 것이며, 다른 하나는 동성애에 대한 1993년 군 개정책을 배경으로 한 게이와 레즈비언의 권리에 관한 것이다. 나는 정부 담론이 지위(성적 지향, 노숙 상태homelessness)를 사회적·개인적 특징으로 처리한다고, 즉 그런 지위에 대한 분명한 인정을 허용하는 한편으로 그 지위에 연계된 행위를 범죄화하고 그에 따라 종속된 정치 지위를 만든다고 논의하려고 한다.[31] 두 경우 모두 개인적 혹은 사회적으로 전제된 어떤 지위가 법적으로 인정된다. 그러나 다른 한편으로 국가는 그 행위를 범죄화함으로써 그와 매우 다른 지위를 감쪽같이 만든다. 이를테면 국방부 정책에 의해 동성애 지향이 개인의 정체성으로 인정되는 순간, 국가는 군대의 공공 문화에서 이성애를 취약하며 보호되어야 하는 것으로 추인하면서, 철저하게 봉쇄되어 갇혀 사적인 것이 된 동성애를 '인정되는 차이'로 둔갑시켜 버린다. 또한 지위에 기반한 부랑법vagrancy law의 함정을 피하기 위해 도시에서 공공 노숙하는 것public sleeping, 인도에 앉아 있는 것sidewalk sitting, 구걸 행위하는 것을 범죄화하는 처벌 정책이 펼쳐지는 순간, 집에 거주하는 소비자는 정상적인 시민으로 추인되는 반면 노숙인 지위는 무법자로 둔갑한다.

---

31 군 정책의 사례는 이미 종속된 정치 지위 내에서 종속된 정치 지위가 구성되는 대표 사례라고 할 수 있다. 주디스 버틀러가 설명하듯 "군대는 이미 불완전한 시민권(partial citizenship)의 영역이다. 이 영역에서는 선별된 시민권의 속성만 유지되고 나머지 다른 것들은 보류된다". Judith Butler, *Excitable Speech: A Politics of the Performative*, New York: Routledge, 1997, p. 103.

'동성애적 품행'과 군대

1993년 시행된 성적 지향에 관한 군 정책에서 '동성애 지향'은 그 자체로는 군 복무에 장애가 되지 않는 것으로 정리되었다. 클린턴 시기 1차 시 정책에는 이렇게 적혀 있다.

> 성적 지향은 동성애적 품행homosexual conduct을 드러내지 않는 한 복무에 장애가 되지 않는다. 군대는 동성애적 행위로 규정되는 동성애적 품행을 하는 구성원에게는 전역 조치를 취해야 한다. 즉 동성애나 양성애 혹은 같은 젠더의 누군가와 결혼하거나 결혼을 시도하는 경우에 전역 조치를 당한다.[32]

군의 과거 정책에서는 동성애 **존재**being만으로 전역의 근거가 되었던 반면, 새 정책은 지위가 아닌 품행에 초점을 맞춘다고 공포하고 있다. 이 정책은 동성애 지위를 범죄화로부터 보호하는 방식으로 그 지위를 인정하는 것처럼 보인다. 재닛 핼리가 언급하듯 "1993년 개정의 지지자들이 게이 인권을 앞세우며 지위 규제 업무에서 정부를 제외하라는 주장을 펼친 이후로, [오히려] 게이 인권 옹호 운동은 무력화되고 그들의 논리에 흡수되고 말았다". 국방부 정책은 동성애를 사적인 지위, "일종의 개인적 특징으로, 개인에게 본래부터 너무 깊이 내재되어 사적인 본질처럼 침투되어 구성되어 버린"[33] 것으로 간주한다. 지위를 사적이고 개인적인 본질

---

[32] "The Pentagon's New Policy Guidelines on Homosexuals in the Military", *New York Times*, July 20, 1993, p. A16.

로 바꿔 버림으로써 국가는 동성애 지향을 하나의 보호되는 지위로 '인정'한 반면, 이와 동시에 동성애적 품행은 전역 사유로 구성해 버렸다.

국방부의 규정은 "사려 분별이 있는 개인이 동성애 행위에 빠져들 만한 경향을 드러낼 품행"을 둘러싼 법적 금지의 망을 확대했다. 핼리에 따르면 그 결과는 더 나은 정책이 아닌 더 나쁜 정책이 되었다. "법적 절차를 통해 생겨난 것은 사실상 더욱 복잡해진 일련의 새로운 규제였고 이 사유로 사람들은 전역되었다. 이를 통해 지위는 품행과 연결되었고 품행은 의외의, 상도에서 벗어난, 교묘한, 변태적인, 남에게 위협이 되는 지위로 연결되었다."[34] 이 정책은 '동성애적 품행'(그리고 이에 따른 전역 사유)을 구성하는 광범위한 행동 범위를 제정했다. 여기에는 "사려 분별이 있는 개인이 동성애적 품행에 빠져들거나 그럴 의도를 드러낸다고 이해될 만한" 손을 잡거나 키스하는 행위가 포함되었다.[35] 심지어 커밍아웃을 하는 진술도 전역 사유가 된다. 그런데 역시 이 경우에도 동성애 지위에 대한 확언을 선언하기 때문이 아니라 동성애적인 행동에 빠져드는 경향을 나타내기 때문이다. 이 정책에 대해 1993년 12월에 국방부가 내놓은 해명은 다음과 같다.

동성애 행위에 빠져들거나 그럴 의도를 드러내는 구성원에 의한 진술, 이를테면 그 혹은 그녀가 동성애자라는 것에 대한 구성원의 진술 등은 격리의 근거가 된다. 이것이 **구성원의 성적 지향을 반영하기 때문이 아니**

---

33 Halley, *Don't*, pp. 29~30.

34 *Ibid.*, p. 4.

35 "The Pentagon's New Policy Guidelines on Homosexuals in the Military", *New York Times*, July 20, 1993.

라, 그 구성원이 동성애 행위에 관여하거나 관여할 가능성을 나타내는 진술이기 때문이다.[36]

프란시스코 발데스에 따르면 "새 정책의 기저는 선행 정책들의 맥락과 동일하다. 자인하다시피 이 정책이 표방하는 벼랑 끝 전술brinkmanship은 헌법을 위반하는 것처럼 보이지 않게 하면서 성적 소수자들을 표적화하는 것이다".[37]

핼리는 지위 기반으로부터 품행 기반으로 바뀐 규정이 "새롭게 고안된 치밀함을 통해……품행이라는 기호로 지위를 규정하는 것을 가능하게 했다"[38]는 점에서 진정 "기만"적임을 지적한다. 핼리는 이런 규제가 지위와 정체성에 대한 거짓 규제라고 하는 것도 올바른 비판이 아니며, 이 같은 '품행'에 대한 규제가 지위 규제의 변장에 불과할 뿐이라고 표현하는 것도 정확한 것이 아니라고 말한다. "이 정책을……지위-아닌-품행에 대한 규제, 혹은 품행-아닌-지위에 대한 규제라고 설명하는 것은 사실을 왜곡하는 것이다." 오히려 핼리는 "군대의 새로운 동성애 반대 정책의 무엇보다 중요한 기제는 지위나 품행이 아니다. 오히려 이 둘 사이의 그야말로 변덕스럽고 인공적으로 새롭게 만들어진 관계"라고 이야기한다.[39]

---

36 "Pentagon's New Rules on Homosexuals Isn't the Last Word for Troops", *New York Times*, December 24, 1993, p. A1. 강조는 추가.

37 Francisco Valdes, "Sexual Minorities in the Military: Charting the Constitutional Frontiers of Status and Conduct", *Creighton Law Review* 27, 1994, pp. 473~474.

38 Halley, *Don't*, pp. 68, 23.

39 *Ibid.*, p. 126.

그 결과 사적이고 개인적인 동성애 지위에 대한 인정이 아니라 오히려 이성애 중심주의라는 공적 지위가 법적으로 구성되고, 앤 B. 골드스타인의 표현을 빌리면 규범화된 동성애자가 "그저 독신인 것이 아니라 건드리지도 않고, 손도 대지 않는" 사람으로 구성되었다.[40] 개인성 personhood에 내재된 핵심으로서의 동성애 지위는 규제에 의해 분명히 인정되고 보호되었다. 즉 '있는 그대로의' 동성애가 인식상 인정된 것이다. 그러나 그런 반면, 동성애 행위를 규제하고 금지하기 위해 국가는 ① 건드리지도 않고 손도 대지 않는 동성애 지위(법적 지위로서 수행적으로 변장된 구성)를 만들고, ② 취약한 이성애 지위(티 나지 않는 법적 규범으로서 수행적으로 변장된 구성)를 보호한다. 군 정책에서 "성적 지향은 개인적인 것이며 사적인 사안"이라고 제시할 때, "이는 게이와 레즈비언에 대한 인지적·긍정적 인정을 제공하는 것 같아 보인다".[41] 그러나 이 정책에서 행위와 빠져드는 경향이라는 공들인 문구의 맥락을 거슬러 독해하면 이 진술은 수행적이고 구성적인 무시 행위로 판명된다. 즉 동성애 지향은 사적이고 내적인 본질로서, 공개적으로 발설하거나 행동해서는 안되는 것으로 재규정된 것이다.[42] 국가는 이때 (사적 본질로서) 게이 정체

---

40 Anne B. Goldstein, "Reasoning About Homosexuality: A Commentary on Janet Halley's 'Reasoning About Sodomy: Act and Identity in and after Bowers v. Hardwick'", *Virginia Law Review* 79: 7, 1993, p. 1802.

41 "Pentagon's New Rules on Homosexuals Isn't the Last Word for Troops", *New York Times*, December 24, 1993.

42 헬리에 따르면 "그들은 새로운 규칙을 만들어, 그렇지 않았더라면 매우 취약한 인격 유형에 그칠 지위를 국가가 규제해서 공적으로 구성되고 유지되는 것으로 한 반면, 지위를 내재적이자 법에 앞서는 인격 구조로 규제하는 모든 노력은 부정해 버렸다". Halley, *Don't*, p. 31.

성을 적극적으로 구성하면서, 그렇게 구성된 행위를 마치 새로운 것을 발견한 것처럼 하면서 무시한 것이다. 이 경우 정체성에 대한 사유화는 자유주의 국가가 그저 지위에 관한 업무에서 빠져나와 정체성을 원래의 혹은 적절한 장소로 되돌려 보내는 것이 아니다. 오히려 정체성에 대한 사유화는 구성 행위가 되는 것이다.[43] 이런 교묘한 작업은 결과적으로 그리고 부분적으로 공/사 이분법의 서로 상충하는 두 의미를 통해 나타났고, 이 작업의 해방적 혹은 제약적 결과는 판독하기 어렵다. 국가 규제의 영역(공적)과 소극적 자유의 영역(사적) 사이의 구분이라는 측면에서 군대가 성적 지향을 사적인 사안으로 선언한 것은, 성적 지향 때문에 받게 되는 처벌과 괴롭힘으로부터 동성애자를 보호한다는 명목으로 동성애를 인정하는 셈이 되었다. 그러나 상호 주관적 의사소통이나 시민 간의 대화라는 공적 영역과 개인적 비밀 유지나 틀어박혀 있는 의미로서 사적 영역을 구분한다는 측면에서 볼 때, 군대의 선언은 무시를 수행한 셈이며 동성애 정체성을 소멸의 상태가 될 정도로 가두어 구속해 버린 것이다. 나아가 핼리가 주장하듯 **이성애자들도** 새 정책의 혜택을 받지 못하게 되었다. 왜냐하면 새 정책을 통해 복무하는 모든 구성원이 동성애적 품행에 빠져드는 경향의 행동이나 제스처를 하는지를 감시받게 되었기 때문이다. 그런 면에서 오히려 새로운 규제로부터 혜택을 입은 것은 티 나지 않는 지위로서 공적이고 법적으로 강요되는 **이성애 중심주의다.**[44]

---

43 마켈은 맑스의 「유대인 문제에 대하여」를 언급하면서 이렇게 말한다. "맑스가 제안한 대로 시민사회와 국가는 언제나 정치 해방을 통해서만 관계가 풀릴 수 있는 독립적인 실체가 아니다. 오히려 근대 정치 국가와 시민사회는 분화라는 하나의 동일한 정초 행위에 의해 **처음부터 그렇게 구성되었다.**" Markell, *Bound by Recognition*, p. 129.

44 Halley, *Don't*, p. 130.

군 정책을 비판하는 하나의 방법은 보편적인 정책처럼 보이는 이것, 즉 사람들이 성적 지향과 무관하게 복무하도록 허용하는 이 정책이 사기임을 밝히는 것이다. 이 정책은 게이와 레즈비언을 차별하는 사안이 국가와 무관한 것처럼 주장하지만, 사실상 국가는 이런 방식으로 그 차별을 지속하고 있다. 하지만 이것만으로는 충분하지 않다. 왜냐하면 이는 국가가 그들을 공정하게 대우(차별하지 않음을 통한 보편적 인정)하거나 불공정하게 대우(차별을 통한 무시)할 수 있는 게이와 레즈비언이 정치 이전의 지위 집단으로 이미 존재한다고 전제하기 때문이다. 나는 이 정책이 이보다 더 나아간다는 점을 지적하고 있는 것이다. 이 정책은 게이 또는 레즈비언 병사라는 하나의 정치적 지위를 만들어 낸다. 이는 행동이 뒤따르지 않을 수도 있는, 일종의 사적인 본질을 바탕으로 구성된다. 이 지위가 '벽장'을 만들어 낸 사회적·문화적 낙인의 힘과는 매우 다르다는 점이 중요하다. 이 경우 국가는 벽장을 만들고 이에 대해 비밀을 지키라는 금지 명령을 내리는 데 그치지 않고, 여기에 덧붙여 그 벽장 안에 무엇이 있는지를 **알아야 할**(또 긍정적으로 인정할) **필요가 있다고 주장**한다. 국가는 인정을 제시하는 와중에 침묵과 비활동inactivity을 요구하고 있는 것이다.[45]

---

45 따라서 게이나 레즈비언 병사에 대한 국가의 인정은 마켈이 19세기 프로이센 국가가 유대인을 인정한 것의 모순적인 본성이라 묘사한 것과 유사하다. "유대인의 특징(타자성)은, 이 경우에는 포용이라는 평화로운 방식을 통해 제거되어야 한다. 그러나 다른 한편으로……국가의 제도는 유대인에 대한 자기 방어적 감시를 유지해서 스스로를 해방해야 한다. 그런데 이런 감시는 유대인에 대한 인정을 요구한다. 그러니 역설적으로 해방에 대한 절박함 때문에 국가는 언제 어디서나 모든 개별 유대인이 더 이상 유대인이 아님을 지켜보아야 한다." Markell, *Bound by Recognition*, p. 146.

노숙인 범죄화와 지위 생산

사적 혹은 사회적 지위에 대한 자기 기만적인 '인정', 그리고 그 지위에 결부된 품행을 규제하는 빽빽한 금지 조처들은 군대 내 섹슈얼리티 쟁점에만 국한되지 않는다. 법적 지위 생산의 전형으로 제시되어 온 부랑법의 무효화는 노숙인을 타깃으로 삼아 그 품행을 문제시하는 새로운 금지 조처들의 출현으로 이어졌다.[46] 미국의 전 도시에서, 이를테면 공공 장소에서 노숙 금지, 인도에 앉아 있는 것 금지, 다양한 구걸 행위에 대한 범죄화라는 공적 공간 '미풍양속'civility법이 제정되었고, 치안 유지와 공공질서 '강력 단속'을 강조하기 위해 '깨진 유리창'broken windows 정책으로 선회했다. 과거에 부랑은 확실한 법적 지위를 보장받았다. 그러나 지금의 노숙 금지anti-homeless 정책은 위장된 방식으로 정치적으로 종속된 지위를 만들어 낸다. 한 예로 도심에서 노숙하는 것, 인도에 앉아 있는 것, '저돌적으로' 달려들어 구걸하는 것에 대한 금지 같은 공적 공간 규제는 '지위'가 아닌 '품행'을 문제 삼는다. 따라서 이 법령을 옹호하는 사람들은 이 정책과 지위는 무관하다고 주장한다. 오히려 이 정책은 타인에게 해가 되는 선에서만 개인이 자유롭게 선택한 행위를 규제하는 것이기 때문에 자유주의의 전통을 지지하는 것이라고 주장한다.

그 예로 조지 L. 켈링과 캐서린 M. 콜스는 공적 공간 치안에 대한 자신들의 '질서 유지' 접근 방식이 구식의 부랑법 방식과 다르다고 강조한다. 즉 이 질서 유지 방식은 제대로 실행되기만 하면 부랑자·노숙인·걸

---

46 대법원은 1972년 파파크리스토 대 잭슨빌 사건(Papachristou v. Jacksonville 405 US 156)에서 부랑법을 폐지했다.

인이라는 지위를 문제 삼지 않고 그 품행만 타깃으로 할 수 있다는 것이
다. "여기서 문제가 되는 무질서한 행위는 구걸하는 **행위**, 노상에서 음주
하는 **행위**이지, 그 사람이 걸인인지 매춘인인지 길거리의 취객인지를 문
제 삼는 것이 아니다. 여기서 쟁점은 행위다."[47] 이들의 주장에 따르면 바
로 이 점이 부랑법과 극명하게 대조된다. 부랑법은 "지위를 처벌한다. 즉
일할 수 있는 멀쩡한 상태인데도 가난하고 게을러 일하지 않는 그 개인
을 처벌하는 것이다. 이 경우에는 불법 행위가 필요 없다. 부랑 그 자체가
체포의 충분조건이 된다".[48] 도시는 공적 공간의 미풍양속을 유지해서 불
안감을 줄이려 하기 때문에, 특정 형태의 품행을 처벌하는 협소하고 표
적화된 법령을 채택한다. "지위에 기반한 애매하고 너무 광범위한 입법
안의 대안으로 허용된 법안은 행위에 기반한 더욱 구체적인 법규와 법령
이다."[49]

　'지위가 아닌 품행'에 관한 법령은 누가 진짜 타깃인지에 대한 우리
의 지식과 그 지식을 부인하려는 우리의 의지에 동시적으로 의존해 작동
한다. 한편으로 인도에 앉아 있는 '품행'을 타깃으로 하는 이런 법은, 이
를테면 집에 살고 있는 시민이 집 앞 인도에 나와 앉아 있는 상황처럼 무
수한 예외를 만들어 낸다. 구체적으로 시애틀의 인도 관련 법령에는 예
외가 매우 많이 포함되어 있다. 응급 의료 상황으로 고통을 겪고 있거나
휠체어에 타고 있거나 버스를 기다리는 사람은 인도에 걸터앉아 있을 수
있다. "공공의 인도에서 시행되는 상업 시설의 운영와 후원은 거리 사용

---

47 George L. Kelling and Catherine M. Coles, *Fixing Broken Windows: Restoring Order And Reducing Crime In Our Communities*, New York: Free Press, 1996, p. 40.

48 *Ibid.*, p. 51.

49 *Ibid.*, p. 57.

허가에 따라야 한다. 또는……퍼레이드·축제·퍼포먼스·집회·시위·모임 또는 그와 유사한 이벤트도……거리 사용……허가에 따라야 한다."[50] 커피를 판매하는 노점상의 고객이나 퍼레이드를 구경하는 사람처럼 티나지 않는 시민권 규범의 영역 내에 포함되는 사람들은 앉아 있을 수 있다. 그리고 이들의 활동은 예외로, 노숙하며 거리를 배회하거나 구걸하는 사람의 행위와는 구별된다.

노숙인과 집에서 거주하는 사람 모두 동일한 법적 지위를 가진 것처럼, 어떻게 보면 아무 지위도 아닌 것처럼 보이게 하는 사례가 있다. 그러나 페일러가 언급하듯, 공적 공간의 구걸과 노상을 타깃으로 하는 형법, 여타의 선별적인 근린 방해법nuisance laws, 그리고 법적 담론 내의 노숙인 이미지 등을 통해 실제로 노숙인들은 종속된 법적 지위를 갖게 된다. "노숙인이 관여하는 활동에 대한 구형법이나 신형법의 시행령, 금지 조처, 혹은 사법 담론에서 노숙인에 대한 법적 묘사를 들여다보면, 형법이 노숙인에게는 다른 법적 의무를 부여하고 있음을 알게 된다."[51] 페일러의 말대로 법적 지위로서 노숙 상태는 단순히 종속만 만드는 것이 아니라, 어떤 혜택(쉼터에의 접근성, 특정 처벌법에 대해서는 면책)도 만든다.[52] 더나아가 노숙 상태는 꾸며 낸 법적 지위다. 즉 법적 담론에서는 공적 공간에 대한 접근을 처벌하는 식으로 품행 규제의 한도를 확대하는 한편, 노

---

50 Seattle, Wash., Code 15.48.040-050. William M. Berg, *"Roulette v. City of Seattle:* A City Lives with Its Homeless", *Seattle University Law Review* 18: 1, 1994, pp. 170~171, n. 173에서 재인용.

51 Failer, "Homelessness in the Criminal Law", in Heffernan and Kleinig ed., *From Social Justice to Criminal Justice*, p. 258.

52 "어떤 측면에서는 이런 점이 이들에게 이점이 될 수도 있다. 한 예로 노숙인들은 온전한 시민은 갖지 못하는 쉼터에의 권리를 소유하기도 한다." *Ibid.*, p. 258.

숙 상태라는 **사회적** 지위에 대한 규제나 범죄화를 피하고 오히려 노숙인이 될 권리를 '인정'하는 것처럼 보인다. 또한 노숙인의 품행을 이런 식으로 범죄화하는 법은 노숙 상태라는 기존의 지위를 표적화하는 것에 그치지 않고 법의 보호를 박탈당한 사람으로서의 노숙인이라는 지위를 만든다. 나는 다른 글에서 (생명 그 자체에 대한 정치화라는 아감벤의 설명을 따라) 이런 법적 지위를 정치적으로 만들어진 벌거벗은 생명bare life의 지위라고 언급한 적이 있다.[53]

이런 새로운 처벌법들이 전제하는 보편성이 사기라는 점을 지적하는 것은 그 법들에 대응하는 하나의 방법이 된다. 이런 법들은 모두의 행동을 규제하는 것처럼 보이기 때문에, 노숙인을 차별화해서 낙인찍는 것처럼 보이지 않는다. 그러나 그것들의 보편성은 거짓이다. 즉 형식적 보편성이 실천에서의 차별과 모순을 빚는 것이다. 그러나 이런 지적만으로는 충분하지 않다. 왜냐하면 이는 '집 있는 사람들'과 마찬가지로 '노숙인'을 현존하는 사회 집단으로 전제하며, 또한 일련의 법과 관행이 무시부정의를 만들 수도 있고 그렇지 않을 수도 있다고 전제하기 때문이다. 그러나 애시당초 사회 집단들 사이의 경계/차이가 구성되고 보존되어 온 것은 바로 이런 법 때문이다. 여기서 강조하고 싶은 건 국가가 노숙 상태를 만든다는 점이 아니다. 오히려 노숙인과 집 있는 사람 사이에 이미 존재하는 사회적 구분 위에 "순진하고 우연히" 국가가 그저 있는 것이 아님을 강조하려는 것이다.[54] 사미라 카와시가 언급하듯 "집요한 지난 십 년

---

53 Leonard C. Feldman, *Citizens Without Shelter: Homelessness, Democracy and Political Exclusion*, Ithaca: Cornell University Press, 2004.

54 Hayward, "The Difference States Make: Democracy, Identity, and the American City", *The American Political Science Review* 97: 4, p. 506.

간의 노숙인 정책은 노숙인을 없애는 식으로 노숙 상태의 문제를 해결한다는 당면 목표에 국한되지 않는다. '노숙인과의 전쟁'은 공공 대중을 구성하고 보호하여, 포용의 경계를 설정해서, 품위 있고 공적인 시민체에 맞서 비체abject body를 구성하는 기제의 하나로 간주되어야 한다".[55]

인정 정치를 위한 시사점

지위 인정에서의 국가 역할에 대한 이 분석은 바람직한 인정 전략이 무엇인지를 판단하는 데 도움이 된다. 그러나 프레이저는 인정과 지위 종속에 대한 연구를 발전시키면서 오히려 이 판단에 대해서는 언급을 줄였다. 나는 지위 생산에서 국가가 맡은 역할에 초점을 맞춰야 긍정적 혹은 다문화적 인정 형식에 대한 프레이저의 초기 비판, 즉 정치적 지위의 창출은 긍정적 인정 정치를 번번이 제한하며 더 나아가 역효과를 가져온다는 비판을 뒷받침할 수 있음을 주장하려고 한다. 법이나 정책 담론에서 차이가 구성되고 이 차이가 이미 존재하는 사회적 사실로 간주되어 국가는 그저 반응을 보이는 것처럼 그려질 때, 국가는 인정의 지형을 틀 짓고 있는 것이다. 이 맥락에서 집단의 긍정적 인정을 위한 운동은 소위 개인적 혹은 사회적 지위를 구성하는 국가의 힘을 받아들이는 방식으로 자신들의 종속된 정치 지위를 긍정해야 할 위험이 있다. 범죄화에 맞서 이런 지위를 인정하고 보호하라는 요구는, '스스로를 숨기는' 방식으로 지위를 구성해 내는 자유주의 국가를 문제 삼지 않으면서 오히려 정치 질서상 종속된 지위를 긍정하는 데만 크게 기여할 뿐이다. 그러므로 나는 품

---

55 Samira Kawash, "Homeless Body", *Public Culture*, 10: 2, 1998, p. 325.

행 규제가 '사실은 지위를 문제 삼고 있다'고 고집하는 것에만 인정 운동이 머물러서는 안 된다고 이야기하는 것이다. 이 주장이 틀린 건 아니다. 그러나 이 주장은 매우 중요한 구성적 차원을 놓치고 있다. 즉 국가는 그저 기존의 사회 지위를 표적화하는 데 그치는 것이 아니라 오히려 정상적인 시민과 종속된 지위 사이의 구분을 만든다는 점을 놓치는 것이다. 따라서 종속된 지위에 대한 보호를 추구하는 것은 국가가 만든 지위상의 구별에 맞서 시민들 사이의 평등과 민주적인 논쟁을 증진하려는 노력을 잠식하는 것이 되는 셈이다.

종속된 법적 혹은 정치적 지위를 만들어 내는 국가의 인정 형식에 대응하려면 긍정적 인정 정치 그 이상의 무엇이 필요하다. 어떤 면에서는 해체나 보편화 전략이 필요할 수도 있다. 동성애적 품행을 금지하는 군대의 부정의에 맞서기 위해 동성애 권리를 옹호하는 변호인들이 채택한 하나의 전략을 예로 들어 보자. 이들은 이 정책이 진정 타깃으로 한 것은 품행이 아니라 동성애 지위라는 점을 강조한다. 이는 긍정적인 인정 전략이다. 이 전략은 군대가 '동성애 지위'와 '동성애적 품행'을 구분한 것을 받아들이면서, 군 정책이 제대로 보장하지 못하고 있다고 자신이 주장하는 바로 그 지위에 대한 인정을 촉구한다. 품행 때문이 아니라 지위 때문에 타깃이 된 동성애자의 갇힌, 그리고 금욕의 상황을 옹호하는 이런 문제 제기는 동성 간의 성행위를 반대하는 제도화된 낙인을 오히려 강화할 뿐만 아니라, 더 나아가 그것이 행동으로 옮겨지는지의 여부와 상관없이 법적으로 동성애 지위를 "개인의 비밀스런 내적 핵심"으로 구성하는 것을 다시금 강화하고 만다.[56] 이런 문제 제기는 군대가 진정 타깃

---

56 Halley, *Don't*, p. 30.

으로 한 것은 품행이 아닌 지위라고 주장하면서, 다이앤 H. 마주르의 표현대로 "군에서 하는 개인적인 생활 속에서 어떤 친밀함을 표현했다는 이유로 동성애 병사를 전역시키는 것이 정당화"되는 상황을 허용하는 것으로 이어진다.[57] 이 전략은 금욕적인 동성애자를 훌륭한 병사로서 법적으로 인정하라는 요구이며, 더 나아가 군대에서 추진하고 있는 저열한 지위/행위의 구별 속에서 인정을 추구하려는 방식인 것이다.[58]

다른 한편으로 해체 전략은 지배적인 정체성인 이성애로 초점을 이동해서, 취약하고 공적인 이성애적 지위를 떠받치기 위한 이런 노력을 통해, 어떻게 이 정책이 동성애적 품행에 빠져드는 경향의 신호로 모든 사람의 활동·제스처·품행을 감시하는지, 그리고 이를 통해 결국 모든 개인의 성 정체성을 더 불안하게 만드는지를 드러낸다. 이 같은 해체 전략을 실행에 옮길 수 있게 하는 나름의 문제 제기 전술들은 이 논문이 다룰 수 있는 범위를 넘어선다. 이런 책략들은 법적 논쟁에서보다는 정치 비판에서 더 잘 작동할지도 모르겠다. 어쨌든 이하에서 나는 법적 인정에 대한 해체적 형식이 노숙 상태라는 법적 지위의 기반을 약화시키는 데 상당히 설득력을 지닌다는 점을 이야기해 보려고 한다.

노숙인 범죄화는 법적 인정에 대한 해체적 형식과 긍정적 형식을 대비해서 살펴볼 하나의 사례가 될 수 있다. 공공 공간에 대한 미풍양속법의 경우, 위의 성적 지향에 대한 문제 제기와 마찬가지로, 긍정적 인정 전략은 '현실적으로' 노숙이나 인도에 앉는 등의 행위가 아닌 노숙인 지위

---

57 Diane H. Mazur, "The Unknown Soldier: A Critique of 'Gays in the Military' Scholarship and Litigation", *U.C. Davis Law Review* 29, 1996, p. 225.

58 *Ibid.*, p. 249.

가 타깃이라는 점을 강조한다. '지위에 대한 처벌'을 헌법 수정 제8조를 위반하는 가혹하고 이례적인 처벌로 판결한 로빈슨 대 캘리포니아 사건 Robinson v. California의 연장선에서 볼 때, 노숙인 권리를 옹호하는 소송은 공공 장소의 노숙을 금지하는 것이 품행이 아닌 비자발적involuntary 지위에 대한 처벌임을 법정에서 밝혔다는 점에서 일부 제한적인 성공을 거두었다고 할 수 있다. 소송단은 로빈슨 사건, 즉 마약 중독을 범죄로 간주한 법을 대법원이 무효화한 사건을 비유로 들어, 노숙 금지가 자유롭게 선택한 품행에 대한 처벌이 아니라 비자발적 지위(노숙 상태)에 대한 처벌임을 주장했다. 이 전략은 노숙 상태가 비자발적으로 획득된 사회적 조건이라는 맥락에서, 노숙 상태가 하나의 지위라는 점을 노숙인 권리 옹호단이 법정에서 제시함으로써 가능했다. 그러나 노숙 상태라는 '사회적 사실'에 대한 설명이 법에서 채택되면서, 불행하게도 그 결과 신체적인 필요에 의해 규정되는 존재가 된 노숙인은 시민이 아니라 의존적이며 무기력한 희생자로 격하되고 말았다. 예를 들어 보자. 존슨 대 댈러스시 사건Johnson v. City of Dallas에서 연방 지방 법원은 노숙 금지를 무효화했다. 자유롭게 선택한 품행에 의해서가 아니라 노숙이라는 지위로 사람을 처벌하는 것은 헌법에 위배되는 가혹한 것이며 이례적인 처벌이라는 설명이었다. 이에 따라 법원은 노숙 상태를 하나의 지위로 인정했고 이에 대한 법적 보호를 허용한 것으로 보인다. 그러나 노숙 상태를 하나의 지위로 인정함으로써 법원은 노숙인을 시민이 아니라 무기력한 '벌거벗은 생명'으로 간주하는 관점을 만들었다.[59]

존슨 사건을 다룬 법원은 검토된 법령이 사실상 지위가 아닌 품행을

---

59 이 표현은 Agamben, *Homo Sacer*에서 따왔다.

타깃으로 했다고 주장한다. 그러면서 "인간 생활을 영위하기 위해서는 특정한 행위, 이를테면 영양을 섭취하고 숨 쉬고 잠자는 것 등의 행위가 포함되어야 한다"고 표현했다. 법원은 규제당한 품행이 신체 활동을 유지하기 위한 바로 그것이라고 진술하고는, 다시 원고 측 노숙인들이 비자발적으로 노숙인이 되었다고 진술한 것이다.

댈러스에는 항상 갈 곳 없는 사람들이 존재한다. 쉼터에 가고 싶은데(갈 곳 없는 사람 다수가 정말로 가고 싶어 한다) 쉼터를 찾지 못할 때도 있고, 이런저런 이유로 쉼터에서 거부당하는 사람도 많다. 이들의 요구를 수용하는 쉼터에서조차 잘 수 있는 침대는 넉넉하지 않다. 또 어떤 사람들은 쉼터에서 요구되는 특정한 입회 자격을 충족시키지 못하기도 한다.[60]

법원의 추론은 이렇다. 생활하기 위해서는 잠이 필요하다. 그런데 노숙인은 비자발적으로 공적 공간에 갇혀 있다. 때문에 노숙인들은 공적 공간에서 잠을 잘 수밖에 없다. 따라서 공공 장소에서의 노숙을 처벌하는 것은 본질적으로 **노숙 상태라는 비자발적 지위**를 범죄화하는 것이다.

노숙인은 자신이 생활하는 공공의 땅 외에 달리 갈 만한 곳이 없다. 다시 말해 이들은 공공 장소에 있어야 한다. 또한 노숙인이 잠을 자야 한다는 것도 분명하다. 잠자는 것이 지위라기보다는 일종의 행위이긴 하

---

60 Johnson V. Dallas, 860 F. Supp 344(N.D. Tex. 1994), p. 350. 존슨 대 댈러스 사건과 아래의 토브 대 산타애너 사건(Tobe v. Santa Ana)은 나의 책 *Citizens Without Shelter*, pp. 74~75, 142~143에서도 자료로 제시한 바 있다.

지만, 그 지위에 있다고 해서 범죄화되어선 안 된다는 것이 로빈슨 사건의 분명한 취지다. 인간은 잠자지 않고는 존재할 수 없기 때문에, 잠자는 것을 범죄화하게 되면 필연적으로 노숙 상태라는 지위, 즉 공공 장소에 강제로 있어야 하는 그 지위 때문에 노숙인을 처벌하는 것이 된다.[61]

존슨 사건의 법원은 이런 식(마치 매번 '강제되었다'는 설명을 반복함으로써 무리해서라도 청중으로부터 동의를 구하는 것이 목적인 양)으로 강제에 무게를 둔 정교한 수사술을 동원해서 판결을 하고 난 뒤, 공공 장소에서의 노숙이 더 이상 비자발적으로 노숙인이 된 사람들이 저지르는 비자발적 활동이 되지 않게 하기 위해 무엇이 필요한지를 다음과 같은 희한한 방식으로 설명한다.

댈러스의 수많은 노숙인에게 쉼터가 여의치 않은 것은 선택 때문에 그렇게 된 것이 아니다. 쉼터의 바닥에서 자느니 노상에 남겠다는 것은 선택의 문제가 아니다. 왜냐하면 그 사람에게 알맞은 침대를 쉼터가 제공하지 못했기 때문이다. 증거에 따르면 댈러스의 수많은 노숙인에게 지금 이 순간의 노숙 상태는 비자발적이며 돌이킬 수 없는 것이다.[62]

위에서 법원은 비자발적으로 노숙인의 지위에 처하게 된 사람을 범법자로 처우할 수 있는 맥락이 쉼터 바닥이라는 공간 때문임을 분명히 명시했다.[63]

---

61 *Ibid.*, p. 350.
62 *Ibid.*, p. 350. 강조는 추가.

노숙 상태라는 궁지를 모면하기 위해 쉼터 바닥이라는 공간을 법적으로 정당화한 것은 사미라 카와시가 "노숙인 신체에 감당하라고 덧붙이는 속박과 구속의 전략"이라 표현한 것의 전형이다.[64] 존슨 사건은 속박과 구속이라는 특별한 법적 전략을 드러낸 판결이다. 즉 노숙인을 생활의 필요에 의해 강제당하는 것처럼 논증적으로 축소시킨 뒤, 가장 최소한의 쉼터로 이들을 감금하는 것을 공인한 것이다. 따라서 존슨 사건에서 법원은 한편으로는 노숙 상태라는 비자발적인 **사회적** 지위를 **인정**하고 **보호**하는 것 같으면서, 그와 동시에 생리적 필요에 의해 규정되는 무기력한 희생자가 합법적으로 가장 최소한의 열악한 쉼터 제도라는 조건에 감금되도록, 노숙 상태라는 **정치적** 지위를 만들어 낸 것이다.

그러나 해체 전략은 정책적으로 '보호되는', 집에 거주하는 공적인 소비자 시민이라는 위태위태한 정체성으로 초점을 이동시킨다. 그리고 어떻게 이런 금지 규정으로 모든 개인이 잠재적으로 포획되는지를 밝혀낸다. 토브 대 산타애너 사건Tobe v. Santa Ana을 예로 들어 보자. 이 사건은 캘리포니아 주 정부가 항소심에서 애매하며 지나치게 광범위하다는 이유로 공공 장소에서의 캠핑 금지를 위헌으로 무효화한 것이다. 법원은

---

63 웨스 대니얼스의 논의대로 "범죄화에 관한 법적 소송이 성공을 거두더라도 그렇게 판결된 권리는 소극적 권리로, 기껏해야 정부가 특정 행위를 한 노숙인을 처벌하는 방식만 제한할 수 있을 뿐이다.……그리고 국가는 노숙인에게 이를테면 긴급 쉼터에서의 '침대'나 심지어 '쉼터 바닥' 같은 가장 최소한의 대안을 제시함으로써, '비자발적' 노숙 상태라는 맥락에서만 장애물로 인식되는 공식적 처벌 조치의 구성적 장애물을 제거할 수 있게 되는 것이다." Wes Daniels, "Derelicts, Recurring Misfortune, Economic Hard Times and Lifestyle Choices: Judicial Images of Homeless Litigants and Implications for Legal Advocates", *Buffalo Law Review* 45: 3, 1997, p. 731.

64 Kawash, "Homeless Body", *Public Culture*, 10: 2, p. 331.

문자 그대로 법의 금지가 어떻게 모든 사람을 표적화하는지를 드러내 보였다. 즉 때때로 공공 장소에 "소지품을 두어야" 할 상황이 생기고, 공공 장소를 일정 기간 점유한다는 의미에서 "문 밖에서 살 수"도 있는, 집이 있는 사람이나 노숙인을 막론한 모두를 어떻게 표적화하는지를 드러낸 것이다. 이 같은 해체 전략은 '지위가 아닌 행위'를 주장하는 정책을 **진지하게** 받아들이면서, (노숙인을 타깃으로 하는) 지위 지향의 배경에 깔린 상식적 지식은 거부하는 것이다.

예를 들어 보자. 법원은 "캠핑 시설이나 노상에 임시로 사는 것"이라는 캠핑에 대한 정의가 위헌으로 여겨질 정도로 애매하다고 한다. "대부분의 사람은 매일 그렇게 한다. 왜냐하면 우리의 모든 활동이 삶의 일부이기 때문이다."[65] 또 공적 공간에 물건을 "두는" 것을 금지하는 것이 무효가 된 이유는 '둔다'store는 동사의 정의가 너무 광범위하기 때문이었다. "시의 입장에서는 쇼핑 카트나 휴대용 침낭을 문제 삼은 것일 테지만 그 언급으로 자전거, 자동차, 온갖 종류의 배달 차량, 공영 수영장에 놓여 있는 물기 닦는 수건, 도서관 로비에 꽂혀 있는 젖은 우산 등이 해당 사안으로 포함된 것이다."[66]

항소 법정은 주소지가 있는 사람을 무법자의 범주로 넣는 해체적 움직임을 통해 보편성을 지향하는 듯한 제스처를 취했다. "그 법령은 노숙인, 피크닉 하는 사람, 야외 실습을 하고 있는 스카우트 단원 등 누구에게

---

65 Tobe v. Santa Ana 27 Cal. Rptr. 2d 386(Cal. App. 4 Dist. 1994), pp. 394~395. 이 판단은 캘리포니아 대법원(Tobe v. City of Santa Ana 27 Cal. Rptr. 2d 386[Cal. App. 4 Dist. 1994])에 의해 기각되고 40 Cal. Rptr. 2d 402(Cal. 1995)에 의해 취소되었다. 대법원 판결의 근거는 나의 책 *Citizens Without Shelter*에서 다뤘다.

66 Tobe v. Santa Ana, 1994, p. 395.

나 적용될 수 있을 만큼 애매하고 지나치게 광범위하다."[67] 법원은 품행에 기반한 처벌 정책에 어떻게 노숙인과 집 있는 사람이 똑같이 타깃이 되는지를 밝히는 방식을 통해, 오히려 '정상적'으로 집에 거주하는 시민을 잠재적인 무법자로 만들어 노숙인을 시민권 범주에 포함시켰다.

상고심에서는 법령을 액면 그대로 받아들여 법이 노숙인을 직접 타깃으로 삼는다는 상식으로부터 멀리 벗어나는 방식이 취해졌다. 즉 우리 모두 때때로 공공 장소에서 소지품을 두며 우리 모두 공적 공간에 거주하는 한에서 우리 모두 임시로 노상 생활을 한다. 부자나 빈자나 다리 밑에서 잠자는 것을 금하는 위대한 평등의 법으로 인해, 부자나 빈자나 똑같이 임시로 밖에서 사는 것을 금지당하는 위헌 수준의 법으로 나아가게 된 것이다.

이 같은 법의 추론은 노숙인이라는 차이를 절대적 타자성으로 뒤바꾸자는 요구에 저항하는 것이기는 하다. 이 추론은 노숙인을 정치적·물질적으로 배제하는 것을 비판하고 있다. 그러나 그 비판은 우리를 인간으로 끈끈히 연결하는 마음의 '근저'에 깔린 상식적이고 추상적인 인류애를 기반으로 하고 있지 않다. 오히려 노숙인의 주거 활동과 집 있는 사람의 주거 활동 사이의 연계를 떠올리는 방식으로 비판을 시도한다. 항소 법원은 법의 해석에 우리의 공통적인 주거 상황에 대한 인정을 끼워 넣었다. 법원은 주소지가 있는 시민을 공공 장소에서의 잠재적인 무법자로 상정함으로써, 지위에 관한 범죄 논쟁, 즉 노숙인을 무기력한 벌거벗은 생명이라는 종속된 법적 지위로 주조해서 이들을 보호한다는 논쟁의 일부 함정을 피해 갈 수 있었다.[68]

67　Tobe v. Santa Ana, 1994, p. 395, n. 14.

결론

자유주의 국가가 만들어 내는 차별적인 지위를 어떻게 생각해야 할까? 자유주의 국가의 지위 정치를 이해하는 한 방식으로 중세 영국이 남긴 잔재를 생각할 수 있다. 그 예로 페일러는 현대 국가에 남아 있는 종속적인 법적 지위를 "개인에 관한 법의 흔적"이나 "구체제의 끈질긴 메아리"로 설명한다.[69] 이렇게 생각하면, 보다 완벽한 자유주의를 통해 우리가 귀속적 정체성으로부터 해방되면 이로써 그야말로 순수하게 품행의 정치 속에 살아갈 전망이 가능할지 모르겠다. 그러나 현대 국가의 지위 정치를 이해하는 또 다른 방식으로 집단과 지위를 정치적으로 위계화하는 접근이 있다. 이 접근은 계약과 개인주의라는 자유주의적 문화 속으로 숨어 버릴 수는 있지만 그렇다고 사라져 버리지는 않는다. 만일 모든 정치 공동체 각각이 영역과 경계를 긋게 되면, 필연적으로 그 정치 공동체는 온전한 성원, 종속된 성원, 비성원이라는 범주를 구성할 수밖에 없다. 이를 기본으로 이해한다면, 문제의 해결은 지위에서 해방되는 것을 상상하는 것이기보다는, 종속된 법적·정치적 지위를 제대로 밝혀 줄 조건을 추구하는 것이 될 수 있다. 종속된 지위가 가시화되면 온전한 성원이라는 티 나지 않는 규범도 가시화될 수 있고, 이에 따라 개인을 정치적으로 위

---

68 토브 사건의 항소심에서도 캠핑 규제를 무효화하기 위한 기반으로 헌법 수정 제8조를 들면서 피상적으로 포팅거 대 마이애미 사건(Pottinger v. Miami)을 인용했다. 그러나 토브 사건에서 다루어진 비자발적 지위로서 노숙 상태에 관한 논의는 그 광범위함과 애매함이 상대적으로 폭넓게 다루어지지 못했다.

69 Failer, "Homelessness in the Criminal Law", in Heffernan and Kleinig ed., *From Social Justice to Criminal Justice*, p. 250.

계화하는 것도 민주적인 논쟁이나 해체의 사안으로 다룰 수 있다.

　나는 이런 관점에서 프레이저가 제기한 참여 동등 규범을 적극 추천하는 셈이다. 나는 참여 동등을 방해하는 요소들이 지위에 대한 자유주의 국가의 접근 방식을 통해 어떻게 감춰지는지를 살펴보았다. 또 집단을 인정하는 긍정적 정치가 어떻게 정치적 종속을 더 확고히 하면서 참여 불평등을 심화시키는지도 살펴보았다. 법적 지위를 지속시킨다는 면에서, 긍정적 인정 정치는 위에서 언급한 민주적인 논쟁을 가능하게 하는 데서 종종 실패하고 만다. 그 이유는 긍정적 인정 정치가 국가 정책에 의해 형성된 외관으로서, 전제된 개인적·사회적 지위에 대한 긍정을 추구하기 때문이다. 어떤 면에서는 해체주의적 인정이 온전한 성원이라는 티 나지 않는 규범이 갖는 잘못된 보편성을 노출시키는 데 성공을 거둘지도 모른다. 해체주의적 인정은 잠재적으로 부정의한 정치적 지위 종속 형식을 유지하는 경계들을 뒤흔들기 때문이다.

2장

/

참여 동등과 민주적 정의

케빈 올슨

철학은 정의라는 문제에 그다지 성공적으로 답하지 못했다. 적어도 아리스토텔레스 이후로 분배 정의 이론가들이 재화의 공정한equitable 분배를 위한 규범을 찾아 왔지만 헛된 노력이었다. 최근 정체성·차이·인정에 대한 논쟁을 둘러싸고 문화 정의라는 어려운 문제가 부상하는 상황에서도 결과는 마찬가지로 미적지근하다. 이런 논쟁들은 문화 정의와 경제 정의의 관계를 해명하는 데 중요한 역할을 했다. 그러나 둘 중 어느 영역에서도 무엇이 정의여야 하는지에 대한 분명한 설명은 제시되지 못했다. 이 난제를 해결하기 위한 괜찮은 전략은 민주주의라는 심원한 규범의 원천을 건드리는 것이다. 민주적 정의론democratic theory of justice이 있다면, 이는 사람들이 자신의 삶을 통제할 수 있는 규범과 가치가 무엇인지를 스스로 결정할 수 있도록 하는 것일 것이다. 그런데 문제는 민주주의가 그 임무를 해내도록 보장할 수 있느냐다. 결국 민주적으로 만들어진 규범과 가치는 이를 창안한 정치 과정 여하에 달려 있는 것이다.

　나는 이 글에서 낸시 프레이저의 민주적 정의론이라는 중요한 시도를 검토한다. 최근 프레이저는 정의 규범이 '참여 동등'participatory parity

으로 특화되는 민주주의 개념을 통해 발전할 수 있다고 주장했다. 더 나아가 우리가 정의를 설명할 때 활용하는 분석적 관점으로는 문화와 경제가 망라되지 않을 수도 있음을 일종의 강령처럼 발표했다. 그녀는 정치를 별도의, 환원되지 않는 제3의 관점으로 간주한다. 나는 이 방식에 박수갈채를 보낸다. 왜냐하면 민주주의야말로 정의에 관한 주장을 평가할 수 있는 가장 정당한 규범적 방법이기 때문이다.

이 프로젝트에 기여하기 위해 먼저 이 논의의 급진적인 민주주의 요소를 힘주어 논의하고, 이로 인해 야기되는 몇 가지 문제를 분명하게 설명하려고 한다. 정치가 정말로 정의에 관한 별도의 제3의 관점을 구성한다는 점을 논의하면서 이 글을 시작하려고 한다. 분명히 말하건대, 정치는 정의에 대한 관점에서 규범적인 우선순위를 차지한다. 정치는 정의 자체의 토대가 되는 규범과 가치를 발전시키는 기반이다. 정의의 문제를 해결할 엄청난 잠재력을 갖고 있지만 이 제안은 숨겨져 있는 문제를 은폐하고 있기도 하다. 정치 참여를 규범적으로 호소한다는 것은 어쩌면 상당한 역설이기 때문이다. 참여는 한 묶음의 문제는 해결하지만 동시에 다른 한 묶음의 문제, 즉 내가 권한 부여의 역설paradox of enablement이라 이름 붙인 새로운 문제를 야기한다. 역설은 정치·경제·문화가 복잡하게 뒤얽혀 있기 때문에 생겨난다. 정치 영역은 경험상 경제나 문화와 쌍을 이루는 것 같지만, 규범상 이것들과 분리된다. 때문에 역설은 제대로 포착되지 못했고 그에 따라 가능한 해결책도 적법하게 제시되지 못했다. 그러니 해결을 위해서는 민주주의와 정의 사이의 긴장을 더 깊게 파고들어야 한다. 나는 정치 과정의 재귀적recursive 특징, 시민권의 성찰적 특징, 그리고 정치 이론과 공적 심의public deliberation 사이의 관계에 초점을 맞추는 방식을 통해 해결책을 제시하려고 한다. 놀라지 말기를 바란다. 정의를 위한 기초로 민주주의를 활용하면 민주주의에 제한을 가하는 셈이 되지만, 그럼에도 불구하고 이를 통해 미해결된 정의 쟁점의 상당 부분이 풀린다는 이야기를 하려고 하니 말이다.

1. 정의에 대한 제3의 관점으로서의 정치

낸시 프레이저의 정의 개념은 '참여 동등'이라는 생각에 기반하고 있다. 그녀의 설명에 따르면 "정의는 모든 (성인) 사회 성원이 동료로 상호작용할 수 있도록 해주는 사회적 배치를 요구한다".[1] 또한 그녀는 활동이나 상호작용이 일어나는 상황에서 동등은 "**동료**peer로 존재하는 조건이고, 다른 사람과 **동등**par해지는 조건이며, 평등한 기반에 서는 조건이다"라고 더 명료하게 설명한다.[2] 이런 맥락에서 **부정의**는 다른 사람에게는 아니지만 일부 사람에 대해서는 참여를 방해하는 사회적-물적 조건에 붙박힌 것이 된다.

　프레이저는 참여 동등을 가로막는 두 종류의 장애물을 규명한다. 그

1　Nancy Fraser, "Social Justice in the Age of Identity Politics", in Nancy Fraser and Axel Honneth, *Redistribution or Recognition?: A Political-Philosophical Exchange*, trans. Joel Golb, James Ingram, and Christine Wilke, London: Verso, 2003, p. 36[「정체성 정치 시대의 사회 정의: 분배, 인정, 참여」, 『분배냐 인정이냐?: 정치철학적 논쟁』, 김원식·문성훈 옮김, 사월의책, 2014, 71쪽]. Fraser, "Rethinking the Public Sphere: A Contribution to the Critique of Actually Existing Democracy", in *Justice Interruptus: Critical Reflections on the "Postsocialist" Condition*, New York: Routledge, 1997, pp. 77~80도 참조. 또 이 책에 수록된 「인정을 다시 생각하기」와 "Recognition without Ethics?", *Theory, Culture & Society* 18: 2~3, 2001, pp. 21~42도 참조.

2　Fraser, "Social Justice in the Age of Identity Politics", in Fraser and Honneth, *Redistribution or Recognition?*, p. 101, n. 39[「정체성 정치 시대의 사회 정의」, 『분배냐 인정이냐?』, 71쪽 각주 39].

중 하나는 '객관적 조건'에 대한 침해다.[3] 객관적 조건은 참여자의 독립과 목소리를 잠식하는 물적 자원의 분배를 의미한다. 프레이저는 이 상황을 '잘못된 분배'maldistribution라 설명한다. 잘못된 분배로 객관적 조건이 침해되면 이에 대한 경제 재분배가 요구된다. 이런 부정의는 사회의 **계급** 구조 내에서 발생한다. 부정의의 두번째 형태는 '상호 주관적 조건'에 대한 침해다. 상호 주관적 조건은 동등한 존중, 특히 우리 일상을 지배하는 제도와 법 영역에서의 존중을 요구한다. 이렇게 되면 제도화된 구조에 코드화되어 있는 문화적 이해가 초점이 된다. 프레이저는 이 같은 동등한 존중에 대한 거부를 '무시'misrecognition로 본다. 무시는 제도화된 가치 체계에 대한 변화를 필요로 하는 부정의의 한 형태로, 상호작용하는 사람에게 온전한 지위를 부여하지 않는 것이다. 이런 유형의 부정의는 사회의 **지위** 구조에서 발생한다.

참여 동등에 초점을 맞추면 재화 분배만을, 혹은 사적 정체성에 대한 가치판단만을 근간으로 하는 정의에 대한 협소하면서도 어쩌면 양 갈래로 나뉜 개념에서 멀리 벗어날 수 있다. 오히려 참여 동등은 사회적 배치나 참여 동등의 조건을 하나라도 침해하는 경우, 그 제도의 위반성을 알려 주는 공통의 규범 기준을 제공하기도 한다. 이 공통의 규범 기준은 잘못된 분배와 무시 사이에 놓인 규범적 연속성normative continuity을 드러내는 것으로, 이 경우 잘못된 분배와 무시는 참여가 불공정한 방식으로 실행될 수 있는 각각의 방식이 된다.

---

3 Fraser, "Social Justice in the Age of Identity Politics", in Fraser and Honneth, *Redistribution or Recognition?*, p. 36[「정체성 정치 시대의 사회 정의」, 『분배냐 인정이냐?』, 71쪽].

이 경우 규범적 연속성은 규범의 혁신을 통해 만들어진다. 프레이저는 잘못된 분배와 무시를 조건, 즉 참여 동등의 부정의로부터 재분배와 무시가 갖는 규범적 무게를 가늠하는 조건으로 재고하고 있다. 이 설명들은 참여가 사회의 성원 자격과 상호작용에서 기초가 되는 범위에 초점을 맞추고 있다. 이런 방식의 설명은 사회 정의를 이해하는 데 매우 큰 도움이 된다. 경제적·문화적 불평등은 각각의 영역에서 미치는 즉각적인 영향력을 넘어서기 때문에 해롭다. 경제적 불평등은 분배적으로 불공정하며, 바로 이 점에서 경제적 불평등은 참여 동등을 방해한다. 마찬가지로 문화적 낙인 역시 참여 동등을 방해하기 때문에 도덕적으로 비난받는 reprehensible 지위 손상이 된다.

이런 식의 부담-전이burden-shifting가 가능하려면 참여가 규범의 무게를 감당할 수 있는 수준으로 보장되어야 한다. 그러려면 먼저 참여 동등이 왜 정의에 대한 요구를 가능하게 하는 타당한 기반인지를 명료화해야 한다. 이를 위한 첫 단계는 참여 동등의 규범적 함의를 추적해서 이것이 경제적·문화적 조건과 관련되는 것에 대한 개요를 잡고, 이에 대한 가장 견고한 설명을 시도하는 것이다.

낸시 프레이저는 서로 구분되지만 상호 관련되는 세 가지 개념으로 참여 동등을 설명한다. ① 첫째로 참여 동등이 객관적이고 상호 주관적인 조건을 지닌다는 해석이다. 이는 경제 정의와 문화 정의라는 우리에게 익숙한 형식을 반영한 것으로서, 계급과 지위의 측면에서 사회 분화를 분석한 오랜 전통을 따르는 방식이다. 참여 동등은 두 영역이 접목되어 나타날 수 있다. 그렇기 때문에 경제와 문화에 경험적으로 연결되어 있다. 이때 참여 동등의 의미 중 하나는 부정의의 이차원적 형식들에 깔려 있는 복합적인 경제-문화 규범이다.[4] 젠더 부정의를 예로 들어 보

자. 젠더 부정의는 두 가지 요소가 전반적인 하나의 규범적 문제로 포괄된 것으로 보일 수 있다. 두 요소 중 하나는 객관적 조건을 침해하는 경제적인 것이다. 남녀 사이의 임금 격차, 이교대second shift의 돌봄 노동 등이 모두 합해져 여성을 남성보다 경제적으로 불평등하게 만든다. 다른 하나는 상호 주관적 조건을 침해하는 문화적인 것이 될 수 있다. 이를테면 여성을 무시하는 태도, 성추행, 강간 등은 여성이 누릴 동등한 문화적 지위를 잠식한다. 여기에서 나타나는 전반적인 문제는 참여에 대한 이중 방해double impediment다. 즉 여성은 경제적·문화적 맥락 둘 모두에서 동등한 참여를 방해받고 있는 것이다. 이런 식의 참여 동등 개념화는 문화와 경제가 결합되어 복합적인 불평등을 만든다는 설명인 셈인데, 이 경우 복합적인 불평등은 두 관점 모두에서 규범적으로 문제적이다.

이때 참여 동등을 위한 경제적·문화적 조건의 현존이 참여 동등의 **규범 그 자체를** 문화 혹은 경제로 제한하는 것이 아님을 인식하는 것이 중요하다. 이 경우 사람들은 참여에서 중요한 의미를 지니는 것은 규범적으로 **오직** 문화적·경제적인 것뿐이라는 식으로 프레이저의 주장을 해석하고 싶어 할 수도 있다. 일례로 이런 해석은 참여에 대한 문화적·경제적 방해가 각각의 특화된 영역에서만 영향을 미친다는 생각으로 이어질 수 있다. 이렇게 오해하면 참여 조건에도 두 종류, 방해에도 두 종류가 있는 것처럼, 참여에도 두 종류가 있게 된다. 이렇게 되면 프레이저의 원래 형식인 '무시와 잘못된 분배' 대 '문화에의 참여와 경제에의 참여'에 고무

---

4 Fraser, "Social Justice in the Age of Identity Politics", in Fraser and Honneth, *Redistribution or Recognition?*, pp. 16~26[「정체성 정치 시대의 사회 정의」, 『분배냐 인정이냐?』, 38~54쪽].

받아 새로운 2×2의 모형을 떠올릴 사람이 있게 될 것이다.[5] 이런 관점에서 보면 문화에의 참여는 무시 혹은 잘못된 분배 중 어느 하나에 의해 방해를 받을 수 있다. 둘 중 하나(혹은 둘 모두) 때문에 규범과 정체성에 대한 사회 구성에 평등하게 참여할 수 없게 되는 것이다. 마찬가지로 경제에의 참여 역시 무시 혹은 잘못된 분배 중 하나에 의해 방해받을 수 있다. 둘 중 하나(혹은 둘 모두) 때문에 부의 사회적 생산에 평등하게 참여할 수 없게 되는 것이다.

이런 방식의 이중 궤도dual track에 따라 참여를 생각하면 프레이저의 이전 저작의 분석적 에토스를 떠올릴 수 있지만, 이렇게 하면 지나치게 협소한 참여 개념이 되고 만다. 왜냐하면 이때 상호작용이 경제적·문화적 변수로만 환원되기 때문이다. 이원적 관점 형식을 취하는 이런 분석은 문화 혹은 경제적인 것으로는 두드러지지 않는 많은 중요한 활동 영역, 이를테면 볼링 동호회 같은 사소한 시민 활동에서부터 공식적인 정치 참여에 이르는 모든 활동 영역을 분석에서 제외시킨다.

더 나아가 이런 독해 방법은 참여에 대한 양 갈래로 나뉜 관점을 낳아 사회 정의를 위한 단일한 기반으로 활용되기 어렵다. 참여의 두 가지 맥락은 근본적으로 서로 다른 두 종류의 활동을 설명한다. 경제 참여는 전형적으로 시장에서 행위자가 된다는 의미이다. 여기에는 노동 시장에 노동자 혹은 고용주로 참여하는 것과 재화와 서비스 시장에 소비자로 참여하는 것이 포함된다. 때문에 경제 참여는 상품화된, 언어화되지 않는non-linguistic, 1인 중심의 주관적인 선호에 기반한 도구적 합리성이 된다. 한편 문화 참여는 전형적으로 우리가 공유하는 이 세상에 대한 이해를

---

5 In this volume, pp. 33~34[이 책 57쪽].

가능하게 하는 그 의미·이미지·재현을 만드는 행위자가 된다는 의미다. 문화 참여는 상징적·언어적이며, 대화 가능한 상호 주관적 선호의 창출을 지향하는 의사소통적 합리성이 된다. 이 두 개의 참여는 참여라는 이름을 제외하고는 공유하는 바가 거의 없다. 그렇기 때문에 통합된 사회 정의론은 문화와 경제의 측면에서만 참여를 이론화할 수는 없다. 오히려 통합된 사회 정의론이기에 상호작용을 더 폭넓게 고민해야 한다. 참여를 구성하는 일련의 활동은 상호작용을 촉진하거나 방해하는 상황 저 멀리 너머로 뻗어 가야 한다.

② 조금 더 적절한 두번째 해석이 강조하는 것은 프레이저가 **사회적 상호작용**으로, 혹은 **사회 생활**에서 발생하는 것으로 설명한 참여의 성격이다.[6] 이때 동등에서 규범적으로 중요한 형식들은 광범위한 스펙트럼을 넘나드는 사회 활동 모두를 포괄한다. 이 방식의 독해에서 참여는 한 사회에 속한 성인이라면 누구에게나 가능한, 모든 것을 할 수 있는 능력을 의미한다. 개인은 다른 누구와 똑같은(혹은 이에 준하는) 기회를 갖는다. 이 관점은 특징상 문화적인 동시에 경제적인 여러 형태의 차별을 문제 삼을 수 있다. 개인들은 버스의 같은 자리에 앉을 수 있고 동일한 수도꼭지에서 나오는 물을 마실 수 있으며 그 레스토랑과 호텔의 단골이 될 수 있다. 모든 조건이 같으면 사람들은 똑같은 직장·집·이웃·학교에 대해 동등한 기회를 가질 수 있다. 한마디로 요약하면 이런 식의 참여 동등 해

---

6 Fraser, "Social Justice in the Age of Identity Politics", in Fraser and Honneth, *Redistribution or Recognition?*, pp. 29~31, 34~35, 38[「정체성 정치 시대의 사회 정의」, 『분배냐 인정이냐?』, 59~62, 66~70, 75쪽]; Fraser, "Distorted Beyond All Recognition: A Rejoinder to Axel Honneth", *Ibid.*, p. 232[「과도한 왜곡: 악셀 호네트에 대한 응답」, 같은 책, 348쪽].

석은 평등한 기회에 대한 개념을 풍성하게 한다. 원칙상 누군가가 배제될 수 있는 그런 식의 기회에서의 격차는 없다. 따라서 사회 생활의 어떤 측면에서건 누군가의 참여를 금하는 것은 부정의가 된다.

이 해석은 사회 생활에 참여하는 것의 의미를 폭넓게 이해할 수 있도록 하면서 성인들의 활동 범위도 포괄한다. 더 나아가 사실상 참여가 방해되어 왔던 역사적 사례들도 포괄한다. 예를 들어 차별이라는 사회적 손해는 광범위하고 일반적인 맥락에서 사람들이 사회에 평등하게 참여할 능력을 감퇴시킨다. 그러나 여기서 그려지는 참여 역시 우리의 생각을 아우르기엔 아직 협소하다. 이 해석에서 사회 생활은 기회·가능성·선택에서의 동등으로 조망되기 때문에 우선적으로 참여에 대한 **소비주의적** 설명틀이 된다. 이 틀에서 참여는 생활양식의 소비에 관한 문제가 된다. 따라서 부정의는 선택의 폭이 다른 사람보다 좁기 때문에 발생한다. 이런 의미의 평등은 특히 소비 그 자체가 신분을 나타내는 핵심 지표가 되는 현대 산업 사회에서 평등이 어떤 의미인지를 이해하는 데 중요하다.[7] 그러나 이 개념은 규범적 주장을 바탕으로 하기 때문에 기회의 평등을 선호 충족preference satisfaction으로 바라보는 고전적·복지국가적 이상에 무게중심을 두고 있다.[8] 그러니 역설적이게도 참여에 대한 지극히 주관적이며 개인주의적인 개념이 되는 셈이다. 즉 사회 생활을 그저 개인적

---

7 Pierre Bourdieu, *Distinction: A Social Critique of the Judgement of Taste*, trans. Richard Nice, Cambridge, MA: Harvard University Pres, 1984[『구별 짓기』, 최종철 옮김, 새물결, 2005].

8 Richard J. Arneson, "Liberalism, Distributive Subjectivism, and Equal Opportunity for Welfare", *Ethics* 19: 2, 1990, pp. 158~194; Arneson, "Equality and Equal Opportunity for Welfare", *Philosophical Studies* 56: 1, 1989, pp. 77~93.

인 일들이 현실화되는 영역으로만 조망하는 것이다. 따라서 사회 생활에의 참여는 매우 두드러지게 비사회적non-social이다. 이렇게 되면 결코 참여의 의미를 규범적 개념으로 녹여내지 못한다.

③ 참여 동등에 대한 규범적으로 정교한 개념을 만들려면, 이와 관련된 사회적 차원을 보다 더 상호 주관적인 의미에서 설명해야 한다. 종종 참여는 공동의 목표를 이루기 위해 다른 사람과 함께 일하는 것을 의미한다. 즉 주어진 과제의 본질을 제대로 파악해서 그 과제를 잘 완수할 적절한 수단을 심의하는 능력을 의미한다. 이런 맥락에서 참여는 일종의 협력 활동cooperative activity을 뜻한다. 더 나아가 참여는 의사 결정 또는 정책 결정을 할 수 있는 힘, 이를테면 앨버트 O. 허시먼이 목소리 내기 voice라 언급한 그런 힘을 뜻한다.[9] 여기서 참여는 동등한 정도로 여러 선택의 폭을 갖는 정도의 사안이 아니라 더 풍성한 의미의, 즉 어떤 협력적 노력에 적극적으로 개입하는 사안이 된다. 다시 말해서 여기서 참여는 그저 자발적인 데 그치지 않고, 상호작용한다는 의미이다. 이런 맥락에서 참여는 이에 걸맞게 분명히 **정치적**이다.

참여의 정치적 의미가 가장 두드러지는 영역은 공식 정치 영역에서의 활동이다. 이때 참여는 대표를 선출하기 위해 투표하고, 정부의 일상적인 직무에 관한 의견을 제시하고, 정책 수행이나 법안을 만들고, 규칙을 정하고, 예산을 짜는 일 등의 결정에 참여하는 것이다. 그러나 정치적인 참여는 공식적인 정치 영역 외곽에서도 분명히 발생한다. 사회 생활의 여러 서로 다른 영역, 즉 자발적 결사, 시민 단체, 일터 등의 영역을 두

---

9 Albert O. Hirschman, *Exit, Voice, and Loyalty: Responses to Decline in Firms, Organizations, and States*, Cambridge, MA: Harvard University Press, 1970.

드러지는 예로 들 수 있다.[10] 이때 정치 참여는 서로 매우 다른 여러 종류의 쟁점과 관련된다. 한 예로 일터에서 가능한 의사 결정에 대한 참여를 살펴보자. 이 과정에서 초점은 임금이나 세금 공제가 될 수 있다. 이 쟁점은 재분배의 관점에서 조망될 수 있는 정의에 관한 사안이 된다. 다른 한편 일터의 의사 결정은 문화적 사안도 포괄할 수 있다. 가족 휴가 정책이나 이성애 규범에 기반한 배우자 공제 쟁점은 인정의 관점에서 조망되는 정의 주장과 맞물린다. 이렇게 되면 고유하게 정치적인 참여 형식은 분석적으로 경제적이며 분석적으로 문화적인 맥락 모두로부터 정의 주장을 제기하면서 옹호하는 것으로 활용될 수 있다. 바로 이 점이 프레이저의 다음과 같은 주장을 잘 드러내 준다. "참여 동등은 정의의 문제에 대한 공적 논쟁과 심의의 관용어구로 기능한다. 더 강하게 말하면 이것은 **공적 이성의 주요 관용어구**를 대표하는데, 분배와 인정 양자의 쟁점에 대한 민주적 정치 논쟁을 수행하는 데 있어 우선적인 언어이기 때문이다."[11]

그렇다고 참여 동등을 분배와 인정 쟁점에 관한 사안을 판단하는 수단으로만 생각해서는 안 된다. 참여는 경제나 문화 정의 중 하나로 환원되지 않는 그 자체 독특한 **정치적인** 의미를 지니기 때문이다. 일터의 사례를 예로 들어 볼 때, 이는 참여 절차상의 정의에 관한 논의를 드러내는 것으로도 볼 수 있다. 즉 발언의 기회를 누가, 얼마 동안, 어떤 규칙하에

10 Robert D. Putnam, *Bowling Alone: The Collapse and Revival of American Community*, New York: Simon and Schuster, 2000[『나 홀로 볼링』, 정승현 옮김, 페이퍼로드, 2009]; Carole Pateman, *Participation and Democratic Theory*, New York: Cambridge University Press, 1970.

11 Fraser, "Social Justice in the Age of Identity Politics", in Fraser and Honneth, *Redistribution or Recognition?*, p. 43[「정체성 정치 시대의 사회 정의」, 『분배냐 인정이냐?』, 82~83쪽].

그리고 어떤 의사 결정 권위를 바탕으로 갖게 되는지를 살펴볼 수 있다. 이는 자본과 노동에 따른 참여 평등에 관한 문제와 연결될 수도 있고, 일터 조직 구성에 대한 주장에 호소할 수 있는 규범이나 논의를 둘러싼 여러 사안과 연결될 수도 있다. 여기서 참여는 참여 그 자체에 대한 것이지 재분배나 인정에 관한 것이 아니다. 즉 정의의 문제는 본질적으로 협력적 의사 결정을 위해 조정이 가능한 사안이 된다. 이 경우 정치 참여는 그 나름의 고유한 관점에 기반한 정의 요구에 관한 사안이 되며, 경제나 문화 중 어느 하나의 관점으로 환원되지 않는다.

저임금의 라틴계 노동자 상황을 다원적 관점의multi-perspectival 정의론의 측면에서 생각해 보자. 일단 저임금이라는 부정의를 초점으로 하는 관점이 가능하다. 이는 재분배 사안으로, 이 관점에서는 참여의 객관적 조건을 잠식하는 바로 그 방식에서 손해가 발생한다. 다른 관점도 가능하다. 즉 라틴계 정체성을 낙인찍는 부정의에 초점을 맞출 수도 있다. 이는 인정에 관련된 사안으로, 이 관점에서는 참여의 상호 주관적 조건을 잠식하는 바로 그 방식에서 손해가 발생한다. 이 경우 바로 이 상호 교차하는 정체성들로 인해 정치 참여에서의 위험도도 두 배가 된다. 그러니 현실에서 하나의 집단으로서 저임금 노동자와 하나의 집단으로서 라틴계, 두 집단 모두 현대 미국 정치에서 다른 집단에 비해 정치에 참여하는 빈도가 훨씬 낮은 것이다.[12]

자, 그렇다면 재분배와 인정이 상황에 대한 모든 설명을 다 하고 있

---

12 Sidney Verba, Kay Schlozman, and Henry Brady, *Voice and Equality: Civic Voluntarism in American Politics*, Cambridge, MA: Harvard University Press, 1995, Chaps. 7~8.

느냐를 물어야 한다. 다시 강조하지만 손상을 입은impaired 참여는 잘못된 분배와 무시에 의해 부분적으로 설명될 수 있다. 그렇지만 이때 매우 독특한 정치적인 역학이 작동한다. 시민권을 결정하는 정치 과정에서 정치적 행위자성agency은 시민들에게 보통 동등하게 배분되지 않는다. 일부 집단은 다른 집단보다 더 강력한 행위자성을 발휘한다. 특정 집단이 정치적 행위자성을 결여하는 경우, 이 집단은 그 정치 제도하에서 의견을 제시할 수단을 결여하게 된다. 한 집단이 정치적 요구를 제대로 못하면, 이들은 애초에 자신들이 처한 이런 주변화의 구조라는 경제적·문화적·정치적 조건에 맞서 싸울 수 없다. 주변화는 주변화를 낳고, 이런 식으로 참여 불평등의 악순환적 하향화가 지속된다. 이는 경제와 문화 관점에서 진단받은 부정의와 연결되어 있긴 하지만 이와는 구별되는 독특한 정치적 손해인 것이다. 이렇게 이 쟁점에서 뚜렷하게 구별되는 정치적 특징이 인정된다면, 이를 통해 우리는 프레이저가 이원적 관점[13]이라 부른 것으로부터 제3의 차원, 즉 경제·문화·정치의 삼원적 관점perspectival trio으로 뻗어 나갈 수 있다.[14]

이 분석적 구도는 순서 정연하게 세 부분으로 구성되지만 이에 기반하고 있는 경험적 현실은 훨씬 더 복잡다단하다. 경제·문화·정치는 중요한 대중 일부를 위한 참여 동등을 약화시킬 수 있는 방식으로 뒤섞여

---

13 Fraser, "Social Justice in the Age of Identity Politics", in Fraser and Honneth, *Redistribution or Recognition?*, pp. 60~64[「정체성 정치 시대의 사회 정의」, 『분배냐 인정이냐?』, 110~116쪽].

14 레너드 C. 펠드먼은 정치적 손해에 대한 통찰력 있는 분석을 통해 유사한 결론을 내렸다. Leonard C. Feldman, "Redistribution, Recognition, and the State: The Irreducibly Political Dimension of Injustice", *Political Theory* 30: 3, 2002, pp. 410~440.

있다. 참여 동등은 세 가지 조건을 기반으로 한다. 어느 정도의 경제 평등(객관적 조건)이 필요하고, 어느 정도의 문화 평등(상호 주관적 조건)이 필요하며, 소위 **공적-정치적**public-political 조건으로 불리는 어느 정도의 정치 평등이 필요하다. 이 같은 참여 동등의 조건들은 복합적으로 연결되어 있다. 개인이 경제·문화·정치 중 **단** 하나의 맥락에서만 부정의를 경험하기는 쉽지 않다. 현실에 들어맞는 더 그럴듯한 시나리오는 한 개인이 가난하며 동시에 무시당하고 그러면서 정치적으로 주변화되는 상황이다.

또한 사회적 분화의 몇몇 중요한 형식 중 계급이나 지위 그 어느 것과도 연결되지 않는 것이 있다. 내가 언급한 독특하게 정치적인 손해는 **시민권** 쟁점과 가장 직결된다. 여기서 시민권 개념은 정치 참여를 위한 형식적 권리를 갖는 것에 국한되지 않는다. 여기서 시민권은 자질과 정도에서 서로 다른, 보다 폭넓은 개념이다. 개인이 향유하는 정치적 행위자성의 종류는 광범위하다. 한편으로 이것들은 여러 방식으로 가능성을 차단당할 수도, 봉쇄당할 수도, 혹은 영향력 행사를 제한당할 수도 있고, 다른 한편으로는 가능성이 증진되거나 영향력이 강화될 수도 있다.[15] 모든 시민이 정치에 참여할 형식적 권리를 갖는다고 할지라도 그 권리들은 사람마다 서로 다른 의미를 지닐 수 있다. 대표단을 접촉하거나 지역 공동체 모임에서 의안을 심의하는 경우 등 다소 덜 공식적인 정치 활동을 고려할 때 이 차이는 더 극명하게 드러난다. 이 경우 참여가 미치는 영향력의 편차는 상당하다. 그러므로 시민권은 다양한 방식으로 정치적 행위

---

15 Rogers M. Smith, *Civic Ideals: Conflicting Visions of Citizenship in US History*, New Haven: Yale University Press, 1997.

정의의 영역	참여 동등의 조건	사회적 분화의 형식	부정의의 형식	개선책
경제	객관적 조건	계급	잘못된 분배	재분배
문화	상호 주관적 조건	지위	무시	인정
정치	공적-정치적 조건	시민권	주변화	포용

자성을 부여하거나 방해하는 일종의 고도로 분화된 정체성 형식이라고 할 수 있다. 이 형식 중 일부는 서로 간에 대략 동등하게 주어지지만 그렇지 않고 매우 불평등하게 주어지는 경우도 있다. 때문에 시민권 개념은 정치적 참여 동등이 성취되는 서로 다른 맥락을 서술한다는 측면에서 매우 중요하다.

이 논의를 기반으로 수정된 분석틀을 만들면 다음과 같다. 이 틀은 경제 차원의 정의와 문화 차원의 정의에 대한 프레이저의 연구를 확대하는 것으로서, 참여 동등의 복잡성과 그 복잡함을 가능하게 하는 조건을 보여 준다.

정의에 관한 세번째 관점으로 정치 참여를 고려하는 것은 분석적 가치 때문만은 아니며, 이를 넘어선 추가적인 이유가 존재한다. 재분배와 인정과 마찬가지로 정치 참여도 프레이저가 정의의 대중 패러다임folk paradigm of justice이라 명명한 기능을 한다.[16] 사회심리학자와 실험경제학자experimental economist들은 서로 다른 문화적 배경을 가진 사람들이 매우 깊이 뿌리박혀 있는 참여 동등이라는 규범 속에서 행동한다고 설명한

---

16 Fraser, "Social Justice in the Age of Identity Politics", in Fraser and Honneth, *Redistribution or Recognition?*, pp. 11~16[「정체성 정치 시대의 사회 정의」, 『분배냐 인정이냐?』, 30~37쪽].

다. 정치를 예로 들면, 사람들은 자신에 대한 규제가 공정하게 적용된다고 믿을 때 행정적 결정이나 사법적 판단이 더 적법하다고 생각하는 경향이 있다.[17] 공명정대함이나 중립성을 지킨다는 점이 여기에서 중요하게 고려된다. 공명정대함이나 중립성은 동등한 처우에 관한 규범으로서, 시민을 같은 동료로 대우하라고 요구한다. 더 나아가 사람들은 스스로를 위해서도 참여를 매우 중요한 것으로 간주한다. 결정에 앞서 자신의 입장이 반영될 권리는 사람들이 공정함을 평가하는 데 매우 중요한 요소가 된다. 이때 본인의 의견이 그 결정에 영향을 미치지 않았다고 해도 마찬가지다.[18] 이런 규범은 정치적 참여 동등이 오늘날 정의에 관한 대중적 개념에서 규범적으로 중요하다는 것을 반영한다.

지금까지 정치 참여의 분석적이면서도 규범적인 독립성을 설명했으니, 이제는 이것이 위의 ②에서 대략 서술한 보다 넓은 의미의 사회 생활에의 참여라는 문제와 어떻게 연관되는지로 돌아갈 차례다. 사회 참여와 정치 참여는 똑같은 여러 조건에 의해 서로 다른 것이 되어 버린다. 시민권은 보편주의적 헌법의 원칙 속에서 법적으로 코드화된 것이긴 하지만 그럼에도 불구하고 지위와 계급의 영향을 받는다. 지위는 개인이 발언할 기회를 얻거나 발언할 때 지지를 얻는 정도에 큰 영향을 미친다.[19] 부와

---

17 E. Allan Lind and Tom R. Tyler, *The Social Psychology of Procedural Justice*, New York: Plenum Press, 1988, Chaps. 4, 7; Tom R. Tyler, *Why People Obey the Law*, New Haven: Yale University Press, 1990, Chap. 11; Tom R. Tyler and Steven Blader, *Cooperation in Groups: Procedural Justice, Social Identity, and Behavioral Engagement*, Philadelphia: Taylor and Francis, 2000, Chaps. 7~10.

18 Lind and Tyler, *The Social Psychology of Procedural Justice*, pp. 101~106, 170~172; Tyler, *Why People Obey the Law*, pp. 149~150; Tyler and Blader, *Cooperation in Groups*, pp. 96~101, 104~106.

소득에 따른 계급 분화는 정치에 참여하는 개인의 능력이나 의지에 상당한 영향을 미친다.[20] 더 나아가 정치 활동이 더 활발하고 더 풍부하게 토론될수록 지위와 계급이 미치는 영향력은 더 커진다. 이런 맥락에서 정치 참여는 사회 참여가 이루어지는 방식과 동일하게 작동한다. 정치 참여 역시 상호 주관적 조건과 객관적 조건, 즉 지위나 계급과 연관된다. 이런 조건들이 제대로 갖추어지지 않을 경우 정치 참여는 동등에 이르지 못한다.

사회 참여와 정치 참여가 비슷한 조건을 갖고 있다고 해서 이 둘을 혼동하거나 하나를 다른 하나로 환원하지 않아야 한다는 점도 중요하다. 정치 참여는 발언권의 동등, 발언이 채택되는 여부의 동등, 협조적으로 협력하는 데 적극적으로 참여할 동등에 초점을 맞추기 때문에, 폭넓은 의미의 사회 생활에의 참여와는 분석적으로 구분된다. 개인이 동등한 목소리를 가질 때, 그 사람은 배제의 형식을 문제 삼을 수 있고, 정의의 기준에 대해 재협상을 시도할 수 있으며, 그 개인에 대한 타인들의 처우가 변화되어야 한다는 요구를 할 수도 있다. 이 같은 상호작용의 맥락은 다른 종류의 참여를 방어하는 데도 도움이 된다. 이를테면 내가 위에서 언급한 세속적이며 소비주의적인 참여를 방어하는 데도 도움이 된다. 이를 기반으로 사람들은 자신이 중요하다고 생각하는 다른 형태의 참여를 주장할 수도 있다. 그러므로 정치적 참여 동등은 사회 생활에 대한 참여 동등과 분석적으로는 구별되지만 이와 긴밀하게 연결되어 있다.

이제 우리는 참여 동등에 대한 예비적인 결론을 몇 가지 도출할 수

19 Bourdieu, *Distinction*, Chap. 8.
20 Verba, Schlozman, and Brady, *Voice and Equality*, Chap. 7.

있다. ① 정치 참여는 폭넓은 의미에서의 사회 참여와 **분석적으로** 구분된다. ② 정치 참여는 넓은 의미의 사회 참여와 **규범적으로** 구분된다. ③ 시민권은 부분적으로 지위나 계급과 관계되며 또한 이들과 부분적으로 단절된다. ④ 정치적 참여 동등은 무시나 잘못된 분배와 구분되는, 정의 요구에 대한 별도의 영역을 구성한다. 정치적 참여 동등이 경제 정의와 문화 정의에 완벽히 들어맞게 기능할 수는 없다.

2. 규범적 기반으로서 정치 참여

지금까지 사회 참여와 정치 참여가 분석적으로나 규범적으로 구별된다는 점을 설명했으므로, 이제는 그들 간의 상호 관련성을 보다 깊이 다뤄 볼 차례다. 특히 규범적 수준에서 두 가지가 어떻게 서로 연결 또는 연결되지 않는지를 살펴보려고 한다. 이를 살펴보려면 각 행동 양식form of activity의 규범적 의미를 깊이 파헤쳐 들어가 볼 필요가 있다.

첫째, 폭넓은 의미에서의 사회 참여라는 생각을 떠올려 보자. 이 생각은 풍부한 규범적 함의를 지닌다. 동등은 여기서 직관적 의미를 지닌다. 사람은 동등한 기반에서 다른 사람과 상호작용하고 또 다른 사람이 할 수 있는 비슷한 종류의 일을 할 수 있도록 기회의 동등을 보장받아야 한다. 그러나 이때 동등은 아직 규범으로서 충분히 규정되어 있지 않다. 특정한 사회 영역이나 특정한 범위 모두에서 동등이 적용되어야 한다는 점이 그렇게 명명백백하지는 않은 것이다.

이 상황에서 참여 동등을 규범적 기준으로 제시하기 위해서는, **사회 생활의 어떤 영역에서** 참여 동등이 요구되는지를 평가할 몇 가지 수단을 고안해야 한다. 다음의 예들을 떠올려 보자. 투표는 참여의 한 형태로 모든 시민에게 부여되어야 한다는 점에는 폭넓은 합의가 존재한다. 그렇지만 일터에서의 민주주의나 새로운 행정 규칙에 대한 시민의 승인을 필요로 하는 상황에서 참여 동등이 보장되어야 한다는 점에 대한 사회적 합의는 그 정도가 훨씬 낮다. 이 경우 사회 생활의 다양한 영역에서 어떤 참여가 규범적으로 어느 정도로 요구되는지에 관한 내용은 아직 미해결의 사안이다.

어떤 영역에서 참여 동등이 요구되는지가 결정된다면, **규범적으로 의미가 있는 방해 요소들은 무엇인지도** 결정할 수 있다. 위의 사례를 다시 한 번 떠올려 보자. 참여 동등을 위해서는 모두가 동등하게 투표권을 부여받아야 한다는 점에는 모두 동의한다. 그러나 여성이나 가난한 사람이 정당하게 투표권을 보장받을 수 있도록 투표장에 돌봄 편의 시설을 설치해야 한다는 주장에는 많은 사람이 반대할 수 있다. 우선 사람들이 돌봄의 책임 때문에 투표를 방해받고 있는지 여부가 불분명하며, 이런 점을 고려하는 것이 정치 동등의 일부가 되어야 하는지도 불분명하기 때문이다. 여기서 미해결의 사안은 어떤 조건이 참여 동등을 규범적으로 방해하는 주요 방식인가 하는 점이다.

앞에서 설명한 참여에 대한 각각의 주장은 나름의 개연성을 갖고 있다. 일터 민주주의나 시민들이 감독하는 것oversight은 사회 생활의 중요한 영역을 민주화하면서 사람들 각자가 자신의 행동을 규제하는 데 더 큰 자유를 부여하는 것으로 읽힐 수도 있지만, 자본주의적 재산권의 침해나 정부의 과잉 정치화로 간주될 수도 있다. 마찬가지로 투표장의 돌봄 편의 시설은 전일제로 돌봄을 제공하는 사람들에게도 동등한 투표권의 기회를 보장하는 것이 될 수도 있지만, 다른 한편으로 과도한 정치적 올바름이나 거대 정부의 행패로 간주될 수도 있다. 이런 사례들에서 문제는 참여에 대한 규범적 기준을 찾는 것이다. 이는 사회 생활의 어떤 영역에서 참여 동등이 보장되는지와 이를 도덕적으로 방해하는 것이 무엇인지를 포함해야 해결할 수 있다.

낸시 프레이저의 논의를 반영하면서 이에 대한 두 가지 전략을 답안으로 떠올려 볼 수 있다.[21] 첫째는 참여와 그것이 낳는 문제에 관한 **객관주의적**objectivistic 평가다. 이는 사회 생활의 어떤 영역에 공정한 투입을 하고 어떤 영역에서 공정한 배제를 해야 하는지를 제대로 설명해 줄 인민주권의 철저한 검증을 필요로 한다. 이를 위해서는 참여의 서로 다른 영역을 구분할 필요가 있다. 예를 들어 대표 선출에는 참여가 필요하지만 연방 판사를 선출하는 데는 왜 그렇지 않은지에 대한 설명이 필요하다. 또한 사회 생활의 서로 다른 영역에 들어맞는 서로 다른 규범을 구별해야 한다. 이를테면 정부에는 참여해야 하고 기업 관리에 대해서는 그렇지 않아야 하는지에 대해서도 설명이 필요하다. 또한 어느 정도 참여해야 그것이 충분한 정도가 되는지에 대해서도 설명이 필요하다. 이를테면 왜 대의 정부 체계가 우리가 의미하는 인민주권을 무력화하는지를 설명해야 한다.

이 프로젝트는 불합리하지 않다. 따지고 보면 이 프로젝트는 정치학에서 가장 우선시되는 규범적 계획의 하나이기 때문이다. 그러나 엄밀히 말하면 이 프로젝트에 몇 가지 난제가 얽혀 있기는 하다. 이 접근은 일종의 규범적인 정신분열을 나타내는 것이기도 하다. 이 접근은 한편으로

---

21 Fraser, "Social Justice in the Age of Identity Politics", in Fraser and Honneth, *Redistribution or Recognition?*, pp. 70~72[「정체성 정치 시대의 사회 정의」, 『분배냐 인정이냐?』, 126~130쪽].

는 인민으로부터 정당성이 나오며 실질적 참여는 그 정당성을 확보하기 위한 필연이라고 주장한다. 그러나 다른 한편으로 이 접근은 자신이 참여하는 범위나 한계를 결정할 능력을 사람들이 지니고 있음을 부인한다. 즉 이 접근은 어떤 결정에 영향을 받는 사람들의 참여를 무시하거나 배제하는 방식으로 참여에 관한 질문에 대답하려는 시도인 것이다.

둘째 전략은 규범적인 측면에서 조금 더 일관성이 있는데 왜냐하면 근본적으로 민주적이기 때문이다. 이 **심의**deliberative 전략은 참여에 관한 규범이 영향을 받는 사람들에 의해 결정되어야 한다고 주장한다. 이는 참여 자체에 대한 심의와 논의, 즉 토론이 필요한 상황에 대해 자기 준거적으로 논의하는 실천을 강조한다. 이 전략은 어떤 참여 형식이 동등을 표출할 수 있는지, 또 무엇이 이것을 방해하는지에 관해 사람들이 주장을 펼 수 있게 한다는 중요한 장점을 갖고 있다. 위에서 언급한 사례들을 고려해 보자. 사람들은 재산권에 맞서 일터 민주주의가 갖는 상대적인 장점을 심의할 수 있으며, 돌봄 편의 시설이 투표 절차의 일부가 되어야 하는지를 심의할 수 있다. 이 전략은 일관성을 유지한다는 측면을 통해 규범적 질문들을 피해 갈 수 있다. 이 전략은 참여의 실천과 이상 둘 **모두**를 동시적으로 충족시킨다.

심의 개념은 이 전략이 갖는 일관성과 규범적 확고함으로 인해 참여의 규범에 관한 최선의 전략으로 자리 잡는다. 이에 대해 나는 프레이저의 저작을 둘러싼 이전 토론에서 이미 다룬 바 있다.[22] 프레이저 역시 난

---

22 Kevin Olson, "Distributive Justice and the Politics of Difference", *Critical Horizons* 2: 1, 2001, pp. 5~32; Olson, "Recognizing Gender, Redistributing Labor", *Social Politics* 9: 3, 2002, pp. 380~410.

제에 대해 심의적 해결을 선호한다며 이렇게 지적했다. "참여 동등의 규범은 공적 토론의 민주적 과정을 통해서 반드시 대화적이고 담론적으로 적용되어야 한다."[23] 이런 모든 이유 때문에 나는 사회 정의의 핵심에 놓인 참여 규범은 풍성한 심의를 거친 것이어야 한다고 확신한다.

심의를 의사 결정 수단의 하나로 받아들이면 정치 참여가 특별한 규범적 중요성을 획득하게 된다. 심의를 통해 사람들은 참여 규범을 해석할 수단을 갖게 되고 이를 통해 개인이 서로 동료로 참여하는 맥락을 공통적으로 합의할 수 있다. 보다 폭넓은 의미의 사회적 맥락에서 참여는 다양한 활동 기회를 갖는 데 그치는 반면, 정치 참여는 이에 덧붙여 사람들이 자신에게 가능한 기회를 심의할 수 있게 해준다. 그러므로 정치 참여는 폭넓은 의미에서의 참여보다 규범적으로 앞서는 것이다. 왜냐하면 정치 참여가 참여에 대한 메타 범주적 참여로서 기능하기 때문이다.

요약하면 참여는 이중적 맥락에서 접근되어야 한다. 참여는 상호작용하는 심의적 정치 과정으로 접근되어야 하며, 또한 폭넓은 (사회) 활동에 한몫을 하는 능력이라는 의미에서도 접근되어야 한다. 둘 중 정치 영역은 참여 동등에서 특권화된 영역이다. 왜냐하면 이것이 다른 종류의 참여 동등을 보호하고 촉진하는 동시에 참여의 범위와 경계를 결정하기 때문이다. 복잡하고 제도적으로 분화된 사회에서 정치는 규범과 가치를 통합하는 기반이 된다. 다른 차원에서의 동등에 관한 우리의 개별적인 관심사는 정치적으로 공식화된 것이다. 그러므로 정치 참여는 삼가적 정

---

23 Fraser, "Social Justice in the Age of Identity Politics", in Fraser and Honneth, *Redistribution or Recognition?*, p. 43[「정체성 정치 시대의 사회 정의」, 『분배냐 인정이냐?』, 82쪽]. 보다 일반적인 설명은 *Ibid*., pp. 42~45, 70~72[같은 글, 같은 책, 82~86, 126~130쪽] 참조.

의론trivalent theory of justice에서 가장 눈에 띄는 자리를 잡게 된다. 이를 통해 정의 주장을 위한 규범적 기반이 참여 동등이 되어야 한다는 주장의 범위가 좁혀졌다. 이 개념에 대한 규범적 무게는 이제 **정치적** 참여 동등으로 옮겨 간다.

3. 권한 부여의 역설

규범적 부담을 인정과 재분배에서 정치적 참여 동등으로 옮기는 것은 실제로 도움이 된다. 이제 정의 주장은 실제로 영향을 받는 사람들이 하는 실질적인 심의에 관한 문제가 되었다. 따라서 규범과 이상은 현실의 사회적 맥락과 현실에 있는 사람들의 생생한 경험에서 도출된다. 이때의 민주적 정의 개념은 인민주권과 마찬가지로 직관에 의해 지지된다. 이런 이상은 사람들이 살아가는 상황에 맞는 법률이 공식화되어야 한다는 주장을 뒷받침한다. 정의에 대한 심의적 접근은 규범에 대한 것과 동일한 태도를 취한다. 이렇게 함으로써 이 개념은 이론가들이 정의를 논할 때 부담으로 느끼는 정당화해야 한다는 중압감을 상당히 덜어 줄 수 있다. 재분배와 인정에 관한 논쟁에서 드러나듯, 만족스러운 정의 개념을 찾는 것은 중요한 철학적 과제다. 그 중 빠지지 않고 등장하는 고민은 이것이다. 즉 이론적으로 도출된 정의 개념이 그 이론의 타당성을 인지하지 못할 수도 있는 현실의 사람을 어떻게 강제할 수 있을 것인가? 프레이저의 경우에는 정의를 관련된 사람들에게 넘기는 방식으로 문제를 해결했다. 그러니 정의 규범이 제대로 발현될 수 있는 조건을 설명해야 하는, 조금은 수수한 이 임무가 이론가들의 손에 남겨진 셈이다.

이렇게 해서 이론가의 역할이 조금 줄어들긴 했다. 그러나 그렇다고 이 문제가 중요하지 않은 것은 아니며 결코 수월한 것도 아니다. 정의는 본질적으로 규범적 사안이다. 정의의 규범적 기반을 민주주의로 옮겨 놓으려면, 이제 우리는 민주주의가 제 역할을 수행할 수 있도록 해야 한다. 그러므로 가장 신중하게 고려된 규범과 가치를 공식화하기 위한 정치의 타당성에 대해 조심스럽게 생각해 봐야 한다.

엄밀히 따지면 참여 동등 개념은 이에 대한 심의 절차라는 개념과 분리되어야 한다. 민주 정치가 참여 동등으로 설명되어야 한다는 논의와 실질적 규범을 만들기 위해 실질적인 민주 절차를 활용해야 한다는 것은 별개의 사안이다. 그러나 낸시 프레이저는 이 두 가지가 함께 결합하면 최상의 규범적 견고함을 갖는다고 설득한다.[24] 나 역시 이를 강력하게 지지한다. 쉽게 설명하기 위해 그 결합을 **참여적 이념**participatory ideal이라 불러 보자. 이 설명은 프레이저의 전반적인 주제, 즉 정의는 참여 동등의 규범에 뿌리내려야 하고 **또한** 참여 규범은 심의로 다듬어져야 한다는 주제를 언급하는 것이기도 하다.

안타깝게도 이 두 개념이 나란히 놓이면 실제로 문제가 발생한다. 프레이저는 참여적 이념에 순환성circularity이 내재하고 있음을 지적했다.[25] 참여는 정의 주장을 일으키고 이를 매듭짓는 하나의 수단이다. 잘못된 분배, 무시, 혹은 주변화로 고통받는 사람들은 자신이 부정의한 상황

---

24 Fraser, "Social Justice in the Age of Identity Politics", in Fraser and Honneth, *Redistribution or Recognition?*, pp. 42~45, 70~72, 86~88[「정체성 정치 시대의 사회 정의」, 『분배냐 인정이냐?』, 82~86, 126~130, 154~158쪽]; Fraser, "Distorted Beyond All Recognition", *Ibid.*, pp. 207~211, 229~233[「과도한 왜곡」, 같은 책, 307~313, 342~350쪽].
25 Fraser, "Social Justice in the Age of Identity Politics", *Ibid.*, p. 44[「정체성 정치 시대의 사회 정의」, 같은 책, 84~85쪽].

에 처해 있다고 주장할 때 어떤 부정의가 문제가 되었는지에 대한 규범적 기준으로 참여 동등을 제시할 수 있어야 한다. 정치 참여는 동료로 대우받지 못하는 시민들이 그런 주장을 펼 수 있는 능력을 부여해 준다. 더 나아가 자신의 필요와 이해관계에 가장 잘 들어맞는 적절한 정책을 주장할 수 있도록 해준다. 그러나 이렇게 되면서 이 상황이 처해 있는 역설이 더 분명하게 드러난다. 부정의를 주장할 필요가 가장 많은 사람은 해당 사회에서 정치적으로 가장 불이익을 받는 사람이며, 이들은 참여 동등에서 가장 위협을 받는 사람이다. 이들이야말로 동등을 촉진하는 정책을 가장 필요로 한다. 그런데 개념적으로 볼 때, 동료로 대우받지 못하는 사람들이 그런 주장을 할 능력을 가장 최소한으로 갖춘 사람이다. 요약하면 심의는 참여 동등을 전제하지만 바로 그와 동시에 그 심의가 참여 동등을 위한 기준을 전제하게 된다는 데 문제가 있다. 참여적 이념은 순환적이다. 왜냐하면 참여적 이념은 동등한 주체성을 전제함과 동시에 이를 촉진하려 하기 때문이다. 나는 이런 순환성을 **권한 부여의 역설**paradox of enablement이라 칭하려고 한다. 여기서 권한 부여는 시민이 동등하게 참여하도록 **권한을 부여하는**enabling 참여적 이념의 목표이다. 권한 부여는 동등하도록 힘을 부여받은 시민이 심의에 의해 **전제되는** 동시에 그 의도의 **산물**이 되는 상황에서 역설이 된다.[26]

프레이저는 그런 순환성이 악순환이 아니라고 주장한다. 즉 이론의 한 요소로서 그런 순환성은 "민주적 관점에서 볼 때 정의의 성찰적 특징으로 이해되는"[27] 것의 일종의 기호sign에 불과하다는 것이다. 프레이저

---

26 Olson, *Reflexive Democracy: Political Equality and the Welfare State*, Cambridge, MA: MIT Press, 2006, Chap. 5.

는 순환성이 실천에서 문제가 되는 경우에는 참여의 서로 다른 수준을 구분함으로써 문제를 해결할 수 있다고 보았다. 심의의 상당 부분을 차지하는 정의에 대한 보다 직접적이며 일차적인 주장과 더불어 참여의 규범에 초점을 맞추는 메타 담론도 생길 수밖에 없다. 일차적인 주장은 정의에 관한 의견을 직접 표출하지만 이차적이거나 메타 수준 성격의 주장은 담론 자체를 문제 삼는다.[28] 이는 담론을 규제하는 규범과 절차에 관한 담론인 것이다. 때문에 주변화된 사람들은 이런 담론을 통해 자신의 주변화로 인한 부정의에 대한 주장을 펼치게 된다.

　담론의 수준을 구분하는 것이 괜찮은 해결책인 듯 보인다. 왜냐하면 이를 통해 규범적 무게는 일반화된 심의로부터 심의에 관한 보다 특화된 일련의 심의들로 옮겨 가기 때문이다. 그러나 이 해결책은 역설을 새로운 메타-담론의 수준에 재배치하는 것일 뿐이다. 새로운 수준에서 참여 동등의 조건들은 규범적으로 건전한 정의 기준들에 도달해야 한다. 그러나 그 기준에 도달하기에 앞서 우리는 그것이 무엇인지를 먼저 알아내야 한다. 그러니 참여의 조건과 그 결과 사이에 여전히 순환적 관계가 존재한다. 이렇게 역설은 해소되지 않고 되풀이될 뿐이다.

　프레이저와 다르게 나는 이 순환성이 실천뿐 아니라 이론에서도 문제가 된다고 생각한다. 문제의 핵심으로 들어가기 위해 이 문제의 이론적 뿌리를 검토하는 단계를 거치려 한다. 프레이저가 지적하듯 참여적 이념은 원래 성찰적이다. 참여적 이념은 스스로 만들어지고 다듬어지는

27　Fraser, "Social Justice in the Age of Identity Politics", in Fraser and Honneth, *Redistribution or Recognition?*, p. 44[「정체성 정치 시대의 사회 정의」, 『분배냐 인정이냐?』, 84쪽].

28　*Ibid.*, pp. 44~45[같은 글, 같은 책, 84~86쪽].

과정을 특화한다. 상황이 이러하기 때문에 한편으로 이념적인 상태에서 나타나는 특정 규범과 다른 한편으로 특정 맥락에서 적용되는 규범 사이를 제대로 구분하기는 쉽지 않다. 참여적 이념이 통용된다는 것은 그 사회의 모든 사람이 정치 과정에서 같은 동료로 참여한다는 뜻이다. 그러나 같은 동료가 된다는 것의 의미는 정치적으로 정교화되어야 한다. 즉 어떤 차원의 참여가 어느 정도로 중요한지를 사람들이 결정해야 한다. 이는 사전에 결정되어 있는 규범에 **적용하기만 하면 되는** 그런 결정이 아니다. 오히려 문제로 드러나는 정치 과정을 통해 그 규범의 의미와 경계가, 즉 그 의미가 무엇이며 어떻게 적용되는지가 **구체화된다**. 이 과정은 근본적인 개념 작업을 통해 수행된다. 이 과정이 없다면 적용할 규범도 찾을 수 없고 그 규범이 적용될 영역에 대한 이해도 할 수 없다. 왜냐하면 이 경우 규범의 형성과 적용은 분리될 수 없고, 참여적 이념에 상응하는 모든 실천적 문제는 이론적 문제가 되기 때문이다.

이런 유의 사항을 염두에 두면 권한 부여의 역설이 참여적 이념의 핵심에 놓인 인식론적 문제를 폭로하는 것임을 알 수 있다. 정치 참여는 사람들의 요구와 의견, 사람들이 처한 상황, 선호를 표출하는 데 특히 중요하다. 정치 참여는 정보를 교환하거나 처리하는 데 결정적 역할을 한다. 그러나 권한 부여의 역설로 인해 특정 집단은 이런 기능을 충족하는 데 제한을 받는다. 이에 따라 이들은 만성적인 주변화된 조건 속에 방치된다. 이들의 정치적 목소리는 축소되며 이에 따라 이들이 정치적 주장을 요구할 능력도 감퇴한다. 때문에 중요한 목소리는 전혀 들리지 않고 공공 정책은 가장 혜택을 받아야 하는 사람들의 요구를 종종 반영하지 못한다. 정치적으로 주변화되면 핵심적인 정보를 받는 정치 체계로부터 배제되고 정의 주장의 결정권자arbiter로서 능력을 발휘하지 못하게 된다.

정치 주변화로 야기된 인식론의 문제들은 사람들이 정치적으로 배제당하는 것에 맞서 요구를 제기할 수 없도록 그것들이 철저하게 가로막을 때 특히 악화된다. 이 경우 주변화는 그저 동등을 침해하는 데 그치지 않는다. 포용을 요구하는 사람들에게 추가적으로 그 수단마저 빼앗아 버리는 것이다. 이들은 정치적으로 비가시화되며, 어떤 정보도 스며들어 오지 않는 정치적 블랙홀에 갇힌다. 역설은 상호작용 속에서 다른 사람을 같은 동료로 취급하는 데 실패하는 것에 그치지 않는다. 역설은 사람과 정치적 정보에 대해 점점 더 심각하게 지속되는 함정이 되어 버린다.

권한 부여의 역설은 내가 위에서 언급한 정치적인 손해와 딱 들어맞는다. 권한 부여의 역설은 참여 동등의 공적-정치적 조건을 위반한 결과로 생긴다. 역설이 중요한 경제적·문화적 뿌리를 갖는 것은 사실이지만, 궁극적으로 이 역설은 원래 정치적이다. 이런 측면은 역설의 인식론적 발현을 통해 알 수 있는데, 이 발현은 시민들이 민주적인 수단을 통해 자신이 겪는 주변화에 대한 불만을 제기하는 것을 방해한다. 이 같은 인식론적 문제는 특정 민주주의 체제 내의 결함 때문에 생겨난 것이다. 따라서 주변화는 경제와 문화를 넘어서는 정치적인 사안이 된다. 경제·문화 평등을 촉진하는 방식으로만 역설을 해결하는 것을 상상하면 이를 알아차릴 수 있을 것이다. 또한 이는 참여 동등의 두 조건과 관련되지만, 객관주의적인 맥락에서만 그런 것이다. 그렇기 때문에 역설의 정치적·심의적 기반은 무시되고 만다. 이런 해결책은 심의에 참여하는 실제 시민으로부터 정보를 제공받지 못하기 때문에 이들의 요구와 선호를 파악하는 데 실패할 수밖에 없다. 그러니 내가 위에서 설명한 인식론적 문제로 좌초해 버리고 마는 것이다. 따라서 비정치적인 형태로 역설을 해결하려는 이 시도는 객관적이고 상호 주관적인 참여 조건으로 환원되지 않는 참여의 정치적 손해를 무시하는 것이다.

내가 설명한 역설은 실천에서의 참여 동등을 실현하지 못하는 실패에 그치지 않는다. 이 역설은 참여적 이념 자체에 내재되어 있다. 이념 자체에 참여적 해석과 법규에 대한 성찰적 개입이 포함되어 있기 때문에, 규범과 그 적용 사이에 분명한 선이 그어지지 못하는 것이다. 이 경우 구분선은 붕괴되어 버리고 없다. 그 대신 이념과 현실 사이의 혼잡스런 상호 간섭에서 비롯된 개념적 문제가 우리에게 남겨질 뿐이다. 참여 동등은 참여를 촉진하는 몇 가지 수단을 요구한다. 만일 이 메커니즘이 심의적으로 명료해지면, 참여 동등의 요구 조건이 충족될 수 있을 것이다. 그러나 이 기제는 명료해지는 그 과정에서 동등한 주체성을 전제한다. 그러니 참여 동등을 촉진하기 위해서는 우선 참여 동등을 요구해야 한다. 그렇지 않고 다른 사람에 의해 참여 동등 개념이 온정주의적으로 고안되면 그 개념은 규범적으로 무효가 되어 버린다. 이 개념은 그것이 돕고자 하는 사람들을 주변화하는 동시에 이들의 동등한 주체성을 촉진한다. 따라서 참여는 참여의 문제에 대한 해결책이 되지 못한다고 결론 내릴 수 있다. 이런 충고에 귀 기울이지 않으면 그 결과로 역설이 발생한다.

4. 이론과 정치의 통합

권한 부여의 역설은 민주적 정의 프로젝트를 위험에 빠뜨린다. 역설은 이 프로젝트의 근본이 되는 두 가지 개입된 요소 사이의 긴장 때문에 생긴다. 한편으로 민주적 정의는 정의가 참여 동등을 필요로 한다는 통찰력과 관련된다. 다른 한편으로 민주적 정의는 민주적 시민에 의해서만 정의 개념이 공식화될 수 있다는 생각과 관련된다. 이 경우 정의에 관한 전문가의 견해가 인민주권 자체와 팽팽하게 맞선다. 우리는 이론적으로도 수용 가능하고 **또한** 민주적으로도 정당한 해결책을 고안해서 이 긴장을 완화할 방도를 모색해야 한다. 이는 이론적으로 설명해서 그 긴장을 없애 버리는 문제가 아니라 실제로 이론과 실천을 통합하는 문제인 것이다. 이렇게 하려면 이론과 실제 민주주의 사이의 관계를 더 심도 깊게 파고들어야 한다. 결국 문제의 핵심은 이론가들이 고려한 판단이 실제 사람들의 대중적인 규범 및 실질적인 심의와 어떻게 제대로 통합되는지에 달려 있다.

이하에서는 이 프로젝트를 진전시키는 데 유용한 몇 가지 요소를 설명하려고 한다. 프레이저의 연구틀이 그렇듯, 역설을 해결하기 위해서 이 요소들은 다양한 방식으로 조합될 수 있다.

첫째 요소는 온정적이지 않은 평등주의이다. 분배 정의라는 통찰을 근간으로 신중한 검토를 마친 민주적 평등주의라면 객관주의와 심의 사이의 경계를 상당 부분 흐트러뜨릴 수 있다. 이 방법은 재분배·인정·참여 사이의 연계를 설명하기 위해 사회과학을 활용한다. 이는 자료 수집과 통계적 추론이라는 표준 도구를 활용해서 정치 참여가 불평등해지는 양상을 규명한다. 이렇게 해서 불평등을 완화하고 참여 동등을 촉진할 정책적 제안을 하는 것이다.

객관주의적·사회과학적 분석이 현실의 민주적 시민들이 심의하는 영역 외부에서 진행되기 때문에 이렇게 제시된 해결책은 온정주의적paternalist이고 탈맥락화될 위험이 있다. 이 위험을 막으려면 민주적 절차가 민주주의를 잠식하지 않으면서 어떻게 참여 동등을 촉진할 수 있는지를 좀더 깊이 고민해야 한다. 이때 분배 정의를 떠올리는 것이 도움이 될 것이다. 사회 정책과 사회과학은 정부의 권력을 활용해서 강제적으로 사람들의 선택을 제한하거나, 심지어 그런 방식으로 사람들을 특정한 주체로 바꾸어 버리려 할 때 온정주의적이 된다. 이런 방식은 **기회**를 창출하는 것과는 매우 다르다. 기회를 창출하는 것은 사람들에게 다른 가능한 선택의 범위를 막지 않으면서도 이들에게 가능성의 폭을 확대하는 것인 한에서 온정주의적이지 않기 때문이다.

이 같은 기회 창출의 방법으로 정치 평등을 위한 역량 접근capability approach을 고려할 수 있다.[29] 아마티아 센의 연구에서 역량은 분배 정의의 척도로 설명된다. 즉 어떤 활동을 할 수 있도록 혹은 그 활동을 할 만한 사람이 될 수 있도록 사실상의 평등한 기회가 제공되는지를 살펴보는 척도다.[30] 정치 참여를 위한 동등 역량은 정치 영역에서 사실상의 동등한 기회를 만들어 준다. 만일 이 정책이 이런 기회를 모두에게 제공할 정도로 충분히 일반화되고 또 그만큼 충분히 풍성하게 제공되면, 이는 인민주권에 대한 온정주의적이지 않은 방식이 될 것이다. 오히려 이렇게 되면 인민주권이 현실화되는 구조적 환경이 새롭게 변할 수 있다. 언론이

---

29 Olson, *Reflexive Democracy*, pp. 138~149; Olson, "Distributive Justice and the Politics of Difference", *Critical Horizons* 2: 1. 또한 이 책에 수록된 잉그리드 로베인스의 「분배 정의론에 대한 낸시 프레이저의 비판은 정당한가」; James Bohman, "Deliberative Democracy and Effective Social Freedom: Capabilities, Resources, and Opportunities", in James Bohman and William Rehg ed., *Deliberative Democracy: Essays on Reason and Politics*, Cambridge, MA: MIT Press, 1997; Bohman, *Public Deliberation: Pluralism, Complexity, and Democracy*, Cambridge, MA: MIT Press, 1996, Chap. 3 참조.

30 Amartya Sen, *Commodities and Capabilities*, Amsterdam: North-Holland, 1985; Sen, *Inequality Reexamined*, Cambridge, MA: Harvard University Press, 1992[『불평등의 재검토』, 이상호 외 옮김, 한울, 2008]; Sen, "Capability and Well-Being", in Martha Nussbaum and Amartya Sen ed., *The Quality of Life*, New York: Oxford University Press, 1993.

나 참여할 수 있는 기술의 함양에 대한 접근에서 평등한 기회의 보장이 이에 맞는 사례이다. 이런 기회 보장이 객관주의적 분석 및 심의와 결합하면, 의사 결정에 시민들이 동료로 참여해 활약할 수 있는 공정한 활동의 장이 만들어질 수 있다. 이런 맥락에서 기회 창출은 객관주의적 전략과 심의적 전략 사이의 경계를 무너뜨린다.

둘째 요소는 재귀적 성찰성이다. 낸시 프레이저는 민주적 정의의 성찰적 특징을 언급했다. 정의 규범이 심의를 거쳐 고안되어야 함을 명문화하는 것은 이를 통해 시민들이 규범을 성찰해서 자신이 처한 조건을 재귀적recursive으로 살펴볼 수 있어야 함을 강조하는 것이다. 프레이저도 언급하다시피 "민주적 관점에서 볼 때, 정의는 외적으로 부과되어 그것을 의무로 여겨야 하는 사람들의 머리 위로 떨어지는 결정 사항이 아니다. 오히려 정의는 이에 해당하는 사람들이 스스로를 제대로 당사자로 여기는 상황에만 적용된다."[31] 물론 바로 이 성찰성이 역설의 원천이 된다. 성찰성은 역량을 덜 지닌 동료들의 경우 그들이 당사자가 되지 못하는 법에 종속되도록 버려 두는 반면, 충분한 역량을 갖춘 시민들의 경우 그들이 종속되는 그 법의 당사자가 될 수 있게 한다. 뿐만 아니라 성찰성이 문제의 원천이 아닌 해결책으로 제시될 수 있는지에 대한 의구심도 여전히 남는다.

성찰성이 구성적 목적을 위해 동원되는 규범 형성 과정을 상상해 보자. 참여 동등은 지위를 명시하고, 이 지위를 통해 개별 시민은 심의에 동

---

31 Fraser, "Social Justice in the Age of Identity Politics", in Fraser and Honneth, *Redistribution or Recognition?*, p. 44[「정체성 정치 시대의 사회 정의」, 『분배냐 인정이냐?』, 84쪽].

료로 참여하기에 충분한 수단을 얻는다. 잠시 우리가 다음의 **이상**ideal, 즉 참여 동등을 보장받는 과정에 시민들이 동등한 존재로 참여하는 상황이 구현되었다고 가정해 보자. 이때 시민들은 시민권의 의미와 내용을 결정하는 데 동등한 능력을 지니고 있다. 또한 시민들은 자기 고유의, 진행형인, 평등의 기반을 공식화하는 데서도 동등한 능력을 갖출 수 있다. 이 상황에서 시민들이 공유하는 법적 지위는 **성찰적인 것**이다. 이 성찰성은 시민들에게 시민**으로서의** 동등을 유지할 수단을 부여한다. 이런 방식으로 법적 지위가 구조화되기 때문에 법적 지위는 스스로를 지지하기 위해 돌이켜 성찰하게 되고, 이런 방식으로 자신의 가능성의 기반을 유지한다.[32]

자, 이제 이 이상이 공적인 것이라고 상정해 보자. 공적인 것이라는 생각은 이론가의 구성에 불과한 것이 아니라 실제 시민들도 중요하다고 생각하는 무언가이다. 이러한 맥락에서 이 생각은 정의의 대중 패러다임으로 작동한다. 더 나아가 사람들이 정치적 주변화를 다룰 때 검토하는 다양한 정책 제안의 준거로 이 기준을 사용한다고 가정해 보자. 현실의 시민들이 "우리에게 필요한 정치적 동등은 어떤 형태여야 하지?"라고 물을 때 그들은 이런 답을 얻게 된다. "시민권의 의미와 내용을 결정할 수 있는 동등한 능력을 부여받는 것이지." 어떻게 보면 이런 가정은 좀 터무니없는 것 같기도 하다. 왜냐하면 현실의 시민도 정치를 이론가처럼 생각한다고 전제하기 때문이다. 그러나 다르게 생각하면, 시민들도 우리와 마찬가지로 정치 참여의 중요성을 이해한다고 단순하게 전제하는 것이

---

32 Olson, "Constructing Citizens", *The Journal of Politics* 70: 1, 2008, pp. 40~53; Olson, *Reflexive Democracy*, Chap. 6.

라고 볼 수도 있다. 시민들도 주변화를 해결해야 할 문제로 이해하고 있으며 그에 대한 적절한 해결책으로 성찰적 시민권을 이해하고 있다고 보는 것이다.

성찰적 시민권 규범이 공개되면 현실의 사람들은 참여를 봉쇄당한 사람들에게도 정치 과정이 개방되어야 함을 생각하게 된다. 더욱이 개념 정의상 이 규범은 권한 부여의 역설 때문에 일부 사람이 정치적으로 비가시화되는 현실을 인식하게끔 촉구한다. 이렇게 되면 시민들은 적극적으로 성찰성의 영역을 확장하려고 모색한다. 이에 성공하면 심의에 참여할 수 있는 동료의 수는 증가하고 주변화되는 사람의 수는 줄어든다. 이런 정치 역학은 끝없이 참여자의 수를 증가시키는 방식으로 참여 동등 규범의 **재귀적** 재공식화를 이어 간다. 그리고 이를 통해 참여 동등과 성찰적 시민권을 촉진하는 진화적 역학을 창출한다.[33]

성찰적 참여는 궁극의 변혁적 해결책이 될 것이다. 개념 그대로 성찰적 참여는 진정한 정치 참여의 조건을 만든다. 그 결과로 모든 시민은 자신이 속한 제도적·사회적 환경에서 가장 받아들일 만한 것으로 가시화된 해결책을 고안할 수 있다. 시민들은 동등을 촉진하기 위해 자유롭게 재분배·인정·포용에 의지할 수 있다. 이런 생각은 모두가 연루된 문제를 풀기 위해 각자 경험적으로 뒤엉킨 상황에 관여하면서, 세 가지 영역 사이의 (인위적인) 경계들을 넘나든다. 그러니 해결책은 혼종적이며 유연할 수밖에 없다.

물론 이 모두가 큰 전제를 기반으로 하고 있다. 즉 참여 동등 규범이

---

33 Olson, "Paradoxes of Constitutional Democracy", *American Journal of Political Science* 51: 2, 2007, pp. 330~343.

공적인 영역에서 통용되고, 현실 사회에서 사회 정의를 이해하는 주된 방식이 되었다는 전제를 기반으로 한다. 이 상황은 그저 상상된 것이기 때문에, 재귀적 성찰성은 가능한 해결책 중 그저 하나의 **요소일 뿐이다.**

셋째 요소는 내재된 전제 조건이다. 규범이 공적으로 받아들여지도록 촉진하는 한 가지 방식은 이미 사람들이 그것을 **받아들였음을** 지적하는 것이다. 매일의 상호작용 속에서 사람들은 종종 분명하게 알지 못하는 규범을 전제하거나 참고한다. 그 규범들은 사람의 일상에 내재적으로 implicitly 전제되어 있지만 그렇게 규명되기 전까지는 의식적으로 파악되지 않았던 그런 것이라고 할 수 있다.[34] 이제 이 방식을 민주적 정의에 접목해 보자.

예를 들어 권한 부여의 역설이 민주적인 규범-형성의 실질적 실천에서 무엇을 알려 주려는 것인지를 떠올려 보자. 이 논의는 참여 규범이 제한 없는 방식의 심의를 통해서는 결정될 수 없다는 근본적인 교훈을 일깨워 준다. 동료로 존재한다는 의미에 관한 모든 결정이 똑같이 타당한 것도 아니다. 그런 결정 중 일부는 자가당착적이기도 하다. 즉 참여의 조건을 무효화해서 일부 시민이 주변화되면 그 결과 권한 부여의 역설에 빠지게 되는 것이다. 이와 반대로 모두를 위한 참여 동등을 고수해서 역설을 피해 갈 수도 있다. 자가당착을 피하고 후자를 보장하려면 일부 권한의 보장이 민주적 정치에 통합되어야 한다. 이 보장은 역설에 대한 해결책으로 즉시 정당화될 수 있으며, 애시당초 그 역설을 야기한 상황을

---

34 Jürgen Habermas, "What is Universal Pragmatics?", in *Communication and the Evolution of Society*, trans. Thomas McCarthy, Boston: Beacon Press, 1979; Olson, "Do Rights Have a Formal Basis?: Habermas's Legal Theory and the Normative Foundations of the Law", *The Journal of Political Philosophy* 11: 3, pp. 273~294.

고려하면 올바른 방식이기까지 하다. 이는 실제 시민들의 민주적 참여에 함의되어 있을 뿐만 아니라 이들이 실제로 겪는 불평등의 배경에 맞서 정당화된다.

이렇게 보면 역설은 이미 자체적으로 해결책이 될 씨앗을 뿌려 놓은 셈이다. 역설은 이론적 세상과 일상의 세상 모두에 해당하는 문제다. 적절한 해결책이 되려면 이론적 진단도 만족시키고 동시에 현실 사회에서의 실제 문제도 해결해야 한다. 정의 규범에 관해 동료로서 심의하려는 시민들이라면 이 역설과 맞닥뜨릴 수밖에 없다. 이 심의가 가능하려면 특별한 정치적 권리, 재분배 조치, 인정이 필요하다. 그런 조치를 갖지 못한 시민은 자신의 목표나 의도와 모순을 일으킬 수밖에 없다. 그러니 이 해결책은 실제 시민들의 심의적 실천에 내재된 전제 조건인 것이다. 정치적 참여 동등에의 요구는 무엇을 민주적으로 결정할 것인지를 가늠하게 한다. 그러므로 참여 동등에의 요구를 거부하는 것은 결국 자기 모순의 고통에 빠지는 것이 된다.

이 접근은 정치적 행위자성에 대한 포괄적 보장을 정당화한다. 이 방법은 공적이며 수사적인 힘으로 실제 사회에서 일어나는 현실의 모순을 지적한다. 사람들이 민주적 수단을 통해 규범을 고안할 수 있다고 믿는다면, 그들은 중요한 맥락에서 참여 동등을 전제 조건으로 삼고 있는 것이다. 그러니 잘못된 분배, 무시, 주변화 문제에 대한 해결책은 민주주의의 단순한 조건이 아니라 민주주의에 내재된 **전제 조건**인 것이다. 이 전제 조건에 대한 분석은 공공의 심의에 대한 개입으로 기능한다. 이 분석은 중요한 사회 문제, 실제로 존재하는 역설, 이를 해결할 내재적 자원을 이론가들이 활용할 수 있도록 지침을 제시해 준다. 이 지침은 정의 아니면 민주주의 둘 중 하나를 선택해야 하는 이분법을 빠져나가게 해준다.

이제 이론가들은 현존하는 공적 개입public commitment에 대한 분석을 시도할 수 있게 되어, 이를 통해 객관주의와 심의 사이의 긴장을 완화할 수 있게 된다.

넷째 요소는 정치·경제·문화 사이의 관계 해명이다. 이론가들은 공적 심의를 가로막는 장애물을 제거하는 임무에도 만반으로 채비했다. 다른 무엇보다 권한 부여의 역설 때문에 문화·경제·정치 사이의 피드백 관계를 해결해야 할 필요가 있다. 즉 잘못된 분배, 무시, 주변화를 연결하는 악순환의 고리를 끊어야 한다. 이 세 영역이 경험적으로는 뒤얽혀 있으면서도 규범적으로는 분리되어 있기 때문에 역설이 발생한다. 경제·문화·정치가 경험적으로 중요하게 연결되어 있기 때문에, 재분배와 인정이 참여의 조건으로 작동하고 있다. 또한 경제와 문화의 문제는 종종 정치 영역에서 배제된다. 경제에 대한 정치 규제는 종종 국가의 간섭, 사소한 일에까지 미치는 통제로 여겨지거나, 재산권 또는 경제와 정치 영역의 분리라는 자유주의적 개념의 정당성에 대한 침해로 간주된다. 마찬가지로 '문화를 입법화할 수는 없다'는 생각 때문에 정치적 간섭의 대상에서 문화는 규범적 피의자 신분에서 배제되었고 정치적 결정에 미치는 문화의 영향력도 파악하기 어려워졌다. 다시 말해서 정치의 영역에서, 즉 규범이 논의될 수 있는 최소한의 공식적인 공적 영역에서 문화가 배제되었다. 이런 움직임에 의해 경제와 문화 모두 정치에서 단절되어, 인민주권의 규범적 맥락에서도 고립되었다. 시민들이 씨름하고 있는 복잡한 문제는 사실상 이 영역들이 서로 경험적으로 연결되어 있기 때문에 발생하는데, 영역들이 분리되어 있다는 이데올로기가 이 해결을 방해하고 있는 것이다. 경험적으로는 뒤얽혀 있지만 규범적으로는 분리되어 있기 때문에 때때로 권한 부여의 역설은 정치적 해결책과 단절되어 버린다. 그러니 이 상황을 해명하기 위해 방법을 모색함으로써 이 영역들 사이의 피드백 관계를 살펴볼 수 있고, 동시에 이를 통해 이 상황에서 빠져나갈 방법을 찾을 수 있다.

다섯째 요소는 유기적 지식인과 비판적 대중이다. 전문가의 의견과 공적 심의 관계는 이 글에서 계속 논의된 주제다. 이 마지막 요소는 둘의 상호 연계성을 강조하고 둘 사이의 노동 분업을 재고하는 방식을 통해 이 영역들 사이의 간극을 메울 수 있게 한다. 둘째, 셋째, 넷째 요소가 마무리되는 바로 그곳에서부터 시작하려고 한다. 그럼으로써 정치 이론에 집중하면 사실 이를 통해 실천적 결과가 **야기될 수 있음**을 강조하려고 한다. 프레이저의 연구는 단순하게 이론적인 논의에 기여하는 데 그치지 않고 실제로 존재하는 공적인 심의 과정에도 개입할 수 있게 해준다. 이렇게 보면 공적인 여론 형성에서 지식인의 역할이 중요하기 때문에, 소통 가능한 영역에 존재하고 있음에도 불구하고 정치적 결정이 일어나는 영역에서 고립되어 있는 것처럼 지식인을 취급해서는 안 된다. 모든 지식인은 대중의 일부이자 공적인 영역에 참여하고 있다는 의미에서 유기적이다.[35]

이런 관점을 바탕으로 하면 정의론과 현실의 심의 사이의 관계를 재정립할 수 있다. 이 관점은 실천을 지향하는 이론이 어떻게 비판적으로 사고하는 대중들에 의해 채택되는지를 설명한다. 참여 동등을 방해하는 것들에 대한 이론가들의 논의는 정의 주장으로 활용될 수 있다. 이들의

---

35 Antonio Gramsci, *Selections from the Prison Notebooks*, eds. Quintin Hoare and Geoffrey Nowell Smith, New York: International Publishers, 1971, pp. 5~23[『그람시의 옥중 수고』 2권, 이상훈 옮김, 거름, 1999, 13~34쪽].

논의는 공적 심의에 이론적으로 뒷받침된 관점을 제공함으로써 진정코 "실제로 존재하는 민주주의에 대한 비판에 기여하고 있다".[36] 더 나아가 객관주의적 전략과 심의적 전략 사이의 구분도 해체할 수 있다.

이 방법은 제법 그럴싸해 보이지만 그렇다고 한계가 없는 것은 아니다. 이 방법은 궁극의 규범적 권한을 공공에게 맡겨 두는 방식으로 정의보다 민주주의를 강조하는 방식이라고 이야기되기 때문이다. 이론가들은 공적 영역에 대해 조금은 더 설득력 있게 제안할 수 있을 것이다. 그렇지만 이론가들의 이런 제안이 특정한 어떤 특권을 지니지는 못한다. 그러니 이론가의 관점에서 무엇이 정의를 구성하는지를 문제 삼는 것이 대중을 견인할 수 있을지 여부는 미지수인 셈이다.

또한 이 방법은 공적 심의에서 지식인의 역할을 과도하게 강조한다는 혐의를 받을 수도 있다. 어떤 면에서 이 방법은 전문가 영역이 공공 생활에서 분화되어 있음을 무시하고 있기도 하다. 학계의 의견(특히 계량화되지 않는 의견)은 정치적인 정책 결정의 영역에서 종종 고립된다. 학자들은 일반 대중과 소통하기보다 자신들끼리 의견을 주고받는 경향이 있으며, 학자들의 의견은 엘리트적이거나 지나치게 이론적이라는 이유로 제대로 받아들여지지 못한다. 더 나아가 학문적 논쟁은 감정적이거나 준이성적인semi-rational 성격을 띠는 공적 담론과 잘 섞이지 못한다. 그러니 학계의 사회적 기원이 어떻든 간에 이로 인해 지식인들은 비유기적이 되는 경향이 있다. 유기적 지식인과 비판적 대중은 서로 완벽하게 딱 들어맞지는 않는다. 그래서 이 요소는 장단점 모두를 갖추고 있다.

---

36 Fraser, "Rethinking the Public Sphere: A Contribution to the Critique of Actually Existing Democracy", in *Justice Interruptus*.

5. 자체 한계를 지닌 민주적 정의

자, 이제 지금까지의 논의가 민주적 정의를 위해 무엇을 했는지 그 교훈을 평가해 볼 때다. 나는 정의에 관한 한 정치가 분리된, 환원될 수 없는, 규범적으로 우선시되는 관점이라고 설명했다. 이런 면에서 정치 참여는 특권화된 종류의 참여라고 할 수 있다. 왜냐하면 이를 통해 정의 주장을 만들고 조절할 수 있기 때문이다. 다시 말해서 정치적 참여 동등은 민주적 정의 프로젝트에서 핵심적 규범이다.

정치적 참여 동등이 무대의 핵심으로 옮겨 오면, 경제·문화·정치 영역의 뒤얽힘도 마찬가지로 매우 중요한 의미를 지니게 된다. 규범적으로 문제가 되는 방식으로 경제적·문화적·정치적 손해는 정치적 참여 동등을 잠식해 버린다. 권한 부여의 역설은 이런 손해가 특히 다루기 힘든 방식으로 덩어리져 있는 것이다. 정치 체제가 재귀적으로 배타적일 때 이 역설이 만들어지고 다시 재생산된다. 이런 조건에서 주변화라는 악순환이 발생한다. 주변화된 사람들은 스스로를 주변화시킨 부정의에 뭔가를 주장할 수 있는 그런 영역에서 점점 더 추방당한다. 이에 따라 민주주의와 정의는 점점 사이가 벌어진다.

민주주의와 정의를 다시 만나게 하기 위해서는 민주적 정치 참여의 경제적·문화적·정치적 조건들이 서로 조화를 이룰 수 있는 그 어떤 방식을 고안해야 한다. 나는 민주주의 자체를 통해 이것을 가장 잘 이룰 수 있다고 설명한 셈이다. 이는 민주적 정치 개념을 필요로 하는데 이 개념은 지속적으로 포용을 증대시킬 수 있다. 그 프로젝트를 진전시키기 위해, 내가 설명한 요소가 낸시 프레이저의 정의 개념과 어떻게 맞물리는지를 좀더 분명하게 설명하면서 이 글을 마무리하려고 한다.

권한 부여의 역설은 정치적 참여 동등을 보호하기 위해 정치 과정을 좀더 신중하게 재고해야 함을 일깨워 준다. 역설을 방지하려면 동등을 보장할 수 있는 어떤 '공적-정치적 조건'이 필요하다. 민주적 정의에 대한 프레이저의 개념은 이 역설 때문에 곤란을 겪는다. 그러니 우리는 행위자성의 동등화equalizing agency에 집중할 수밖에 없다. 이런 맥락에서 정치적 참여 동등은 이론의 내재적 전제 조건이다. 이때 동등이 어떤 형식이 되어야 하는지에 대해서는 논의가 분분할 수 있다. 그러나 그 형식은 정치 참여를 위해 동등한 역량을 창출할 수 있는 정책, 즉 내가 온정적이지 않은 평등주의라고 칭한 것과 기능적 측면에서 그렇게 다르지 않을 것이다. 이렇게 제한하면 유익한 방식으로 심의의 범위도 좁힐 수 있다. 즉 동등 요구를 특정한 종류로 특화함으로써, 민주 시민이 다른 사람의 권한을 박탈하는 것을 방지할 수 있다.

이런 통찰을 바탕으로 하면 무시, 잘못된 분배, 주변화가 존재하는 사회에서 참여 동등 규범이 어떻게 심의를 통해 개발되는지가 상상 가능한 일이 된다. 이 상황에서는 참여 동등이 다른 무엇보다 정의의 대중 패러다임으로 기능할 수 있어야 한다. 다시 말해서 실제 사람들이 자기 스스로 구체적인 사회 조건을 만드는 측면이 보장되어야 한다. 그런데 얼핏 이런 측면 때문에 이론가들이 이 규범을 그다지 선호하지 않을 수 있다. 여기서 대중적이라는 형식이 사람들에게는 미약하거나 개발이 덜 된 것으로 간주되어 오히려 평등이 매우 초보적 단계에서만 적용될 것처럼 여겨지기 때문이다. 이 규범을 정교화해서 완전히 성숙한 의미의 참여 동등 개념으로 꽃피우는 것은 본질적으로 정치 과정을 통해서다. 이 과정에서 사람들은 규범적 주장에 대해 심의하기 때문이다. 더 나아가 이는 **재귀적** 과정이기도 하다. 왜냐하면 각 체제의 규범과 절차가 바로 **다**

음 세대의 규범과 절차에 대한 심의의 기반을 제공하기 때문이다.

주지하다시피 정치적 참여 동등을 **단순히** 정의의 대중 패러다임으로 볼 수는 없다. 그러나 이는 민주적 정의의 실천에 내재되어 있는 규범이다. 민주적 수단을 통해 정의 규범을 발전시키려 한다면, 어느 사회든 매우 특정한 형식의 동등을 전제해야 한다. 이 특정한 형식의 동등을 나는 성찰적 시민권으로 칭한 것이다. 이 규범에 의하면 사람들은 자신의 정치적 행위자성을 유지하게 하는 법률을 통제할 수 있어야 한다. 이런 동등 규범은 정의 문제가 민주적으로 야기되는 어떤 사회에서나 전제될 수 있다.

그렇다고 대중에게 자신의 의지를 관철시키고 싶은 이론가들이 아무 때나 비장의 카드처럼 이것을 꺼내 사용할 수 있는 것은 아니다. 그러나 기존의 상황을 비판하면서 가능한 다른 방안을 제시하기 위해 강력한 버팀목을 필요로 하는 사람에게는 이것이 사용 가능한 카드로 제공될 수도 있다. 정치적 참여 동등이 민주적 정의에 의해 전제되기 때문에 동등을 위한 주장은 공적 담론에서 추가적인 힘을 더 부여받을 수 있다. 이 경우 동등은 그저 좋은 생각에 그치는 것이 아니라 특정한 실천에 내재된 일부가 된다. 즉 민주적 정의가 좋은 생각이라는 데 동의하는 그 누구나 정치적 참여 동등에 암묵적으로 개입하는 셈이다. 그 결과 동등 규범은 다른 사람에 의해 공유되지 않더라도 이미 받아들여진 것으로 전제된다. 따라서 이 규범을 대화에 끌어들이려는 시도는 다른 사람들에게는 와닿지 않더라도 '이치에 맞게' 되는 것이다. 그러니 이 규범을 옹호하기 위한 논쟁은 힘겨운 싸움이기보다는 수월한 싸움이라 할 수 있다.

그동안에도 그랬지만, 앞으로 지속될 정치 담론에서도 반평등주의적인 대중 규범들inegalitarian folk norms은 바로 이 규범을 반박하기 위한 부담을 질 수밖에 없다. 이 대중 규범들은 배타적이기 때문에 역설일 수밖에 없는 정치 체제를 뒷받침할 근거를 찾아내야 한다. 더 나아가 이 대중 규범들은 내가 위에서 언급한 관점, 역설에 대한 해결책으로 '받아들여진' 관점을 반박하기 위한 부담도 질 수밖에 없다. 성찰적 시민권 개념은 실제 시민이 경험하는 것이기 때문에, 비록 대중이 현명하지도 않고 통찰력이 없어도 역설에 비해 더 나은 해결책을 제시한다는 유리한 입장을 누릴 것이다. 이론가들은 공적 영역에서 특권화된 권위는 누리지 못할지라도 때때로 당면한 문제에 잘 들어맞는 해결책을 제시한다는 이점은 갖고 있다. 평등이라는 대중적 규범이 재귀적으로 적용되고 정교화될수록, 좋은 해결책을 갖고 있는 조용한 목소리가 결국에는 가장 신빙성 있는 제안이 될 것이다.

이 논의는 민주주의라는 측면에서 정의 문제를 **제기하는 것**이 그 자체로 여러 실질적인 **답안을 제공함**을 드러낸다. 즉 질문을 민주적 심의로 돌리면 심의 자체를 통해 무엇을 결정할 수 있는지에 관한 논의로 폭을 좁힐 수 있다. 프레이저가 제시하는 것처럼 민주적 정의론은 그 정의의 범위와 특징에 관한 여러 질문에 답할 수 있다. 놀랄지도 모르지만, 이 이론은 많은 심의 민주주의자가 생각하는 것 이상으로 그런 질문들에 상당히 전문적으로, 그리고 실질적인 심의에 그다지 기대지 않아도 되는 방식으로 답할 수 있다.

참여에 대한 낸시 프레이저의 생각은 새로운 관점에서 정의를 떠올리는 데 소중한 입구 역할을 한다. 이 관점을 통해 정의는 어떤 최종 상태가 아닌 하나의 과정이 된다. 여기서 정의는 민주주의의 기초로 작동하며, 이론가들의 탁상공론이 아닌 실제 사회의 구체적인 규범의 지평을 제공한다. 이 글은 그 지평을 더 넓혀서 이것의 내재적인 규범적 가능성들과 문제들을 생각해 보려는 것이었다. 이 논의는 사회적으로 뿌리내린 규범적 관점과 보다 추상화된 이론가들의 이상 사이의 연결 고리를 발견하려는 것이다. 이렇게 보면 민주적 정의는 모순되는 반대항들 간의 결합이 아니라 오히려 내적인 긴장을 통해 에너지를 얻는 하나의 프로젝트가 된다.

3장

/

글로벌한 세상에서
정의의 틀 새로 짜기

낸시 프레이저

지구화globalization와 더불어 정의에 대한 논의 방식이 변화되고 있다. 사회민주주의의 전성기 때까지만 해도 정의에 대한 논쟁은 이른바 '케인스주의-베스트팔렌적 틀'Keynesian-Westphalian frame을 전제했다. 정의에 대한 논의는 주로 근대 영토 국가의 틀 내에서 다루어졌기 때문에, 동료 시민들 사이의 관계에 집중하거나, 국민 여론 내의 논쟁을 살펴보거나, 국민국가를 통해 문제를 해결하는 것을 주된 내용으로 했다. 이는 사회경제적 재분배에 관한 정의 주장과 법적 혹은 문화적 인정에 관한 정의 주장 모두에 해당하는 사실이다. 브레턴우즈 체제하에 케인스주의 경제가 국가 수준에서 작동하던 시기의 재분배 주장은 주로 영토 국가 내의 경제 불평등에 초점을 맞추었다. 재분배 주장은 국내 총생산에 대한 공정한 분배를 국민의 여론에 호소하면서 국민경제에 국민국가가 개입할 것을 촉구했다. 또 '국제'와 '국내' 영토를 뚜렷하게 구분하던 시기, 즉 여전히 베스트팔렌적인 정치적 상상에 사로잡혀 있던 시기의 인정 주장도 주로 국내의 지위 위계에 관심을 기울였다. 인정 주장은 국가 차원에서 제도화된 경시disrespect를 없애야 한다고 국민들의 양심에 호소하면서 차별을 철폐하고 시민들 사이의 차이를 수용해야 한다고 국민 정부를 압박했다. 두 경우 모두 케인스주의-베스트팔렌적 틀이 당연한 것으로 전제되었다. 재분배에 관한 것인지 아니면 인정에 관한 것인지, 계급 분화에 관한 것인지 지위 위계에 관한 것인지를 막론하고 정의가 적용되어야 하는 단위가 근대 영토 국가라는 점에는 이견이 없었다.[1]

물론 언제나 예외도 있었다. 때때로 기근이나 특정 인종에 대한 집단 학살genocide이 발생하면 국경 너머의 공공 여론이 자극을 받기도 했다. 또 일부 코스모폴리턴주의자cosmopolitan나 반제국주의자가 글로벌한 관점을 퍼뜨리기도 했다.[2] 그러나 이는 규칙을 증명하는 예외 정도에 불과했다. '국제' 영역을 담당한 사람들은 정의보다는 안보 문제에 주로 초점을 맞추었다. 결과적으로 케인스주의-베스트팔렌적 틀은 도전받기는커녕 오히려 강화되었다. 정의에 관한 이런 논쟁들은 제2차 세계대전 말부터 1970년대까지 지속되었다.

---

1 '케인스주의-베스트팔렌적 틀'이라는 표현은 대략 1945년부터 1970년대까지 전후 민주적 복지국가 전성기에 정의 논쟁의 기초가 국가 영토를 기반으로 했음을 의미하는 것이다. '베스트팔렌'이라는 용어는 1648년의 조약을 의미하는 것으로, 이를 통해 현대의 국제적인 국가 체계의 주요 특징이 자리 잡았다. 그러나 여기서 관심사는 그 협정이 실제로 거둔 성과나 이 체계가 시작된 이후 전개된 수세기의 장구한 과정이 아니다. 오히려 나는 베스트팔렌을 하나의 정치적 상상, 즉 상호 인정하는 주권적 영토 국가들이라는 하나의 세계 체제로 불러들이고 있다. 비록 포스트-베스트팔렌적인 인권 체제의 출현이 시작되고 있긴 하지만, 나는 제1세계에서 전후 진행된 정의에 대한 논쟁의 틀이 이 상상을 기반으로 하고 있다고 생각한다. 베스트팔렌을 '사건', '이념/이상', '진화 과정', '규범적인 득점 기록표' 등으로 파악하는 방식들 사이의 구별에 대해서는 Richard Falk, "Revisiting Westphalia, Discovering Post-Westphalia", *The Journal of Ethics* 6: 4, 2002, pp. 311~352 참조.
2 제3세계의 관점에서 볼 때 베스트팔렌이라는 전제는 명백한 정반대의 사실일 수도 있다. 그렇지만 대다수의 반식민주의자가 각자의 독립적인 베스트팔렌 국가를 추구했다는 점도 상기할 필요가 있다. 글로벌한 틀 내에서 정의를 끈질기게 붙들어 온 사람들이 소수에 불과했던 맥락은 충분히 수긍 가능한 것이다.

당시에는 그렇게 파악되지 않았지만 이 틀은 사회 정의 논쟁에서 두드러지는 형태가 되었다. 당연히 근대 영토 국가를 분석의 적절한 단위로, 그 시민을 그에 딱 들어맞는 주체로 간주한 이 논쟁은 시민들이 서로서로 정확하게 **무엇**을 의무로 해야 하는지에 집중했다. 법 앞에 형식적으로 평등한 시민이면 충분하다는 사람도 있었던 반면, 기회의 평등이 필요하다는 사람도 있었다. 또한 다른 사람과 동등하게 참여하기 위해, 즉 정치 공동체의 온전한 성원이 되기 위해서는 모든 시민이 그에 필요한 자원에 대한 접근권을 가져야 하고 그 점을 존중받아야 할 필요가 있다는 사람도 있었다. 다시 말해서 논점은 한 사회에서 사회적 관계를 공정하게 질서화하기 위해 정확하게 무엇이 고려되어야 하는지에 맞춰졌다. 정의에서 '무엇'이 고려되어야 하는지로 논쟁이 집중되면서 '누구'에 관한 논의는 논쟁자들에게 불필요한 것으로 간주되었다. 케인스주의-베스트팔렌적 틀이 확고하게 자리 잡고 있는 상황에서 '누구'는 두말할 나위 없이 국가의 일반 시민이었던 것이다.

　　그러나 오늘날 이 틀은 그처럼 자명했던 분위기를 잃어 가고 있다. 지구화에 대한 인식이 고양되어 가고, 포스트-냉전 시대의 지정학적 불안정성이 증대하는 것과 더불어 많은 사람이 자신의 삶을 틀 짓는 사회 과정이 영토화된 국경을 일상적으로 넘나들고 있음을 목도하고 있다. 이를테면 다국적 기업, 국제 환투기단, 거대 기관투자가의 활동처럼 한 영토 국가 내의 결정이 종종 그 영토 밖에 살아가는 사람들의 삶에도 영향을 미친다는 사실을 깨닫고 있다. 많은 사람이 글로벌 매스미디어와 사이버 기술을 통해 국경이 궁극적으로 무시되는 흐름 속에서 정부·비정부를 포괄하는 초국적 기구나 국제 기구가 증가하고 초국적 공공 여론의 중요성도 두드러지고 있음을 목도하고 있다. 그 결과 초국적 세력에 대해 우리가 얼마나 취약한지도 새롭게 느끼고 있다. 지구온난화, HIV-AIDS 확산, 국제 테러주의와 강대국 주도의 일방주의 정책을 접하면서 많은 사람이 잘 살기 위한 선택의 기회가 자신들 국가 영토 내의 움직임만큼이나 국가 영토 경계를 침범하는 과정들에도 의존하고 있음을 깨달아 가고 있다.

이런 상황에서 케인스주의-베스트팔렌적 틀을 언급하지 않고 넘어가는 것은 불가능하다. 이제 많은 사람에게 정의 쟁점을 생각할 적정한 단위가 근대 영토 국가라거나 그 국가의 시민이 고려되어야 할 적절한 주체라는 사고방식은 더 이상 자명한 진리로 통용되지 않는다. 이로 인해 기존의 정치적 주장 만들기claims-making 구조가 탈안정화되고 있으며, 대신 사회 정의에 대한 우리의 논쟁 방식의 변화가 요구되고 있다.

이는 정의 주장을 펼치는 두 주요 집단 모두에 해당한다. 현대 세계에서 재분배 주장은 점점 국가 경제라는 전제에서 멀어지고 있다. 한때 국내 쟁점에 초점을 맞추던 노동조합은 초국적 생산, 아웃소싱되는 일자리, 그리고 그와 연관된 '노동 기준 완화 경쟁'의 압박을 겪으면서 점차 해외 연대를 찾아 나서고 있다. 그러는 한편으로, 빈곤에 허덕이는 농민과 토착민은 사파티스타에서 고무받아 독재적 지역 정부와 국가 정부에 맞서는 자신의 투쟁을 초국적 기업의 약탈 및 글로벌 신자유주의에 대한 비판과 연결하고 있다. 그래서 세계무역기구에 반대하는 저항 세력들은 거대 기업과 투자자들이 영토 국가의 규제나 조세 징수망을 벗어나는 것을 강력하고도 광범위하게 뒷받침하는 글로벌 경제의 새로운 거버넌스 구조를 마침내 직접적인 표적으로 삼게 되었다.

인정 투쟁 운동도 마찬가지로 관심사를 점차 영토 국가 너머로 넓히고 있다. 예를 들어 '여성의 권리도 인권이다'라는 포괄적인 슬로건하에

전 세계 페미니스트들은 지역의 가부장적 관행에 맞서는 투쟁을 국제법 개혁을 위한 캠페인과 연결하고 있다. 그러는 한편으로, 영토 국가 내에서 차별을 겪는 종교적·에스닉 소수자들은 국제 여론을 동원할 수 있도록 스스로를 디아스포라로 재구성하면서 초국적인 대중을 형성하려 하고 있다. 그래서 초국적인 인권 활동가들의 연대를 통해 국제형사재판소International Criminal Court 같은 새로운 범세계적 기관이 만들어져 인간 존엄을 침해하는 국가에 대한 처벌이 가능하게 되었다.

이런 사례들에서 정의 논쟁은 케인스주의-베스트팔렌적 틀을 파열하고 있다. 더 이상 정의가 배타적으로 국민국가만을 대상으로 하지도 않고, 배타적으로 국민들에 의해서만 논의되지 않게 됨에 따라, 정의 주장자들은 더 이상 동료 시민들 사이의 관계에만 초점을 맞추지 않고 있다. 이렇게 논쟁의 문법이 바뀌었다. 분배 쟁점이냐 인정 쟁점이냐를 막론하고 기존에는 공동체 성원과 관련된 정의의 문제가 무엇이 되어야 할 것인지에 대해서만 초점이 맞춰졌던 논쟁이, 이제는 **누가** 구성원이 되어야 하며 **어떤 것이** 해당 공동체여야 하는지에 관한 것으로 바뀌었다. '무엇'만이 문제가 된 것이 아니라 '누구' 역시 파악해야 할 주요 쟁점이 된 것이다.

다시 말하면 요즘의 정의 논쟁은 이중의 외관을 전제한다. 한편으로는 이전과 마찬가지로 내용이라는 일차적 문제를 다룬다. 정의는 어느 정도까지 경제 불평등을 용인하는가, 어느 정도의 재분배가 필요한가, 이는 어떤 분배 정의 원칙을 따르는 것인가? 무엇이 평등한 존중을 구성하는가, 어떤 종류의 차별이 어떤 수단을 통해 공적 인정에 기여하는가? 그런데 오늘날의 정의 논쟁은 이 같은 일차적인 질문을 넘어 이차적인 메타-수준의 질문에도 관심을 기울인다. 일차적 정의 문제를 고려할 수 있는 적절한 틀은 무엇인가? 주어진 상황에서 공정한 분배 혹은 상호 인정을 받을 자격이 있는 적절한 주체는 누구인가? 따라서 정의의 내용에 대해서만이 아니라 그 틀에 대해서도 논쟁이 진행되고 있다. 그 결과 사회 정의론은 중요한 도전을 받고 있다. 지금까지 이론들은 재분배 그리고/혹은 인정이라는 일차적 쟁점에 몰두한 나머지 틀이라는 메타-쟁점을 성찰하는 개념적 자원을 발전시키지 못했다. 그러니 현 상태에서 이 이론들은 글로벌한 시대의 정의 문제가 당면한 이중적 특성을 결코 제대로 다룰 수 없다.[3]

이 글에서는 틀의 문제를 생각할 수 있는 전략을 제안해 보려고 한다. 나는 우선 정의론을 삼차원으로 접근해야 함을 논의하려고 한다. 즉 경제 차원의 분배, 문화 차원의 인정과 나란히 정치 차원의 **대표**representation를 통합해야 한다는 것이다. 그리고 이때 정치 차원의 대표는 세 수준을 망라하는 것으로 이해해야 한다는 점도 논의하려고 한다. 이 두 가지 논의를 결합함으로써 세번째 질문을 가시화할 수 있다. 즉 '무엇'과 '누구'에 대한 질문을 넘어 '어떻게'에 대한 질문이 가능해지는 것이다. 그런 다음 이 질문은 패러다임 전환을 새로이 열어젖힌다. 즉 사회 정의론에 대한 케인스주의-베스트팔렌적 틀이 이제 **포스트-베스트팔렌적 민주적 정의론**이 되는 것이다.

---

3 주류 정의론에서 틀의 문제가 생략된 측면에 대해서는 첫 스피노자 강연에서 언급했다. Fraser, "Who Counts?: Thematizing the Question of the Frame", in *Reframing Justice: Spinoza Lectures*, Amsterdam: Van Gorcum, 2005. Fraser, "Two Dogmas of Egalitarianism", in *Scales of Justice: Reimagining Political Space in a Globalizing World*, New York: Polity Press and Columbia University Press, 2008[「평등주의의 두 가지 독단」, 『지구화 시대의 정의: 정치적 공간에 대한 새로운 상상』, 김원식 옮김, 그린비, 2010]도 참조.

삼차원적 정의론: 정치의 독특함에 대해

일반적인 정의의 의미와 특별한 정치 차원에 대한 설명에서 시작해 보자. 내가 보기에 가장 일반적인 의미의 정의는 참여 동등parity of partici-pation이다. 동등한 도덕 가치equal moral worth 원칙이라는 급진 민주적 해석에 따르면, 정의는 모든 사람이 동료로 사회 생활에 참여하는 것을 허용하는 사회적 배치를 요구한다. 부정의를 극복한다는 것은 제도화된 장애물을 제거한다는 것을 의미한다. 장애물은 어떤 사람이 온전한 동료로 다른 사람과 사회적으로 상호작용하는 데 동등하게 참여하는 것을 가로막는 것이다. 이미 나는 참여 동등을 방해하는 서로 다른 두 가지 장애물과 이에 상응하는 서로 다른 두 가지 부정의를 설명한 적이 있다. 한편으로 사람들은 다른 사람과 동료로 상호작용하는 데 필요한 자원을 제공하지 않는 경제 구조에 의해 온전한 참여를 방해받을 수 있다. 이 경우 사람들은 분배 부정의나 잘못된 분배로 고통받는다. 다른 한편으로 사람들은 제도적으로 위계화된 문화 가치로 인해 자신이 필요로 하는 위치를 거부당해서 동등하게 상호작용하는 것을 방해받을 수도 있다. 이 경우 사람들은 지위 불평등이나 무시로 고통받는다.[4] 첫째 사례에서 문제는 사회의 계급 구조이며, 이는 정의의 경제 차원과 맞물린다. 둘째 사례에서 문제는 지위 질서이며, 이는 정의의 문화 차원과 맞물린다. 근대 자본주의 사회에서 계급 구조와 지위 질서가 서로 인과적으로 상호작용하긴 하지

---

4 인정에 대한 이 '지위 모델'은 통상적인 '정체성 모델'의 대안으로 제시된다. 정체성 모델 비판과 지위 모델 옹호에 관해서는 이 책에 수록된 나의 「인정을 다시 생각하기: 문화 정치에서의 대체와 물화의 극복을 위하여」 참조.

만 그렇다고 서로 정확히 대치되는 것은 아니다. 오히려 각각은 서로 나름의 자율성을 갖는다. 때문에 분배 정의론을 다루는 일부 경제학자가 전제하는 것과 달리 무시는 잘못된 분배의 부수적 효과로 환원되지 않는다. 역으로 인정을 다루는 일부 문화주의 이론가가 전제하는 것과 달리 잘못된 분배 역시 무시의 우발적 징후로 환원되지 않는다. 따라서 인정 이론이나 분배 이론 중 그 어느 하나만으로는 자본주의 사회의 정의를 적절하게 이해할 수 없다. 분배와 인정 모두를 포괄하는 이차원 이론이어야만 사회 이론적인 복합성과 도덕철학적인 통찰력의 수준에서 요구되는 필요조건을 충족할 수 있다.[5]

내가 그간 옹호했던 정의에 관한 관점은 최소한 이런 방식이었다. 그리고 정의에 대한 이차원적 설명은 여전히 어느 한계까지는 유효해 보인다. 그러나 이제는 이 한계를 넘어설 때인 것 같다. 분배와 인정은 케인스주의-베스트팔렌적 틀이 당연하게 받아들여지는 상황에만 정의의 유일한 차원을 구성할 수 있다. 구성틀이라는 문제가 논쟁의 주제로 떠오르니 정의의 세번째 차원에 대한 가시화가 필요하다. 이 차원은 다른 여러 철학자의 연구에서도 그랬듯 나의 이전 연구에서도 간과되던 부분이다.[6]

---

5 보다 풍부한 논의는 Fraser, "Social Justice in the Age of Identity Politics: Redistribution, Recognition, and Participation", in Nancy Fraser and Axel Honneth, *Redistribution or Recognition?: A Political-Philosophical Exchange*, trans. Joel Golb, James Ingram, and Christine Wilke, London: Verso, 2003[「정체성 정치 시대의 사회 정의: 분배, 인정, 참여」, 『분배냐 인정이냐?: 정치철학적 논쟁』, 김원식·문성훈 옮김, 사월의책, 2014] 참조.
6 정치 영역의 간과는 자유주의 혹은 공동체주의의 철학적 전제를 깔고 있는 정의론자들의 경우에 특히 두드러진다. 이와 달리 심의 민주주의자들, 논쟁적 민주주의자들, 공화주의자들은 정치를 이론화하려는 노력을 기울였다. 그러나 대부분의 이론가는 민주주의와 정의의 관계에 대해 별달리 언급하지 않았고, 어느 누구도 정치를 정의의 세 차원 중 하나로 개념화하지 않았다.

정의의 세번째 차원은 **정치적인 것**이다. 물론 분배와 인정도 권력이 관계되며 경합을 벌인다는 의미에서 그 자체 정치적이다. 또한 이것들은 대체로 국가의 판결을 요구하는 것처럼 보인다. 그러나 여기서 정치적이라는 것은 좀더 특화된 구성적 의미로, 국가의 사법권 및 경합을 구조화하는 결정 규칙과 관련된다. 이런 맥락에서 정치는 분배나 인정 투쟁이 벌어지는 무대를 제공하는 셈이다. 사회 소속에 대한 기준을 제시함으로써 누가 구성원이 되는지를 결정하는 정의의 정치 차원은 다른 차원이 영향을 미치는 경계를 구체화한다. 정의의 정치 차원은 공정한 분배와 상호적 인정을 허락받는 범위에 누가 포함되고 누가 배제되는지를 알려 준다. 또한 결정 규칙을 수립하는 측면에서 정치 차원은 경제와 문화차원 모두와 관련된 경합이 가능한 무대를 만들고 또 이를 해결할 절차를 설정한다. 정치 차원은 누가 재분배와 인정 요구를 할 수 있는지를 알려 줄 뿐만 아니라 어떻게 그런 요구가 제기되며 판결되는지에 대해서도 알려 준다.

정의의 정치 차원은 성원 자격과 절차를 핵심 쟁점으로 삼기 때문에 주로 **대표**에 집중한다. 정치적인 것이 지닌 경계 설정이라는 측면에서 볼 때 대표는 사회 소속의 문제이다. 이 경우 쟁점은 서로가 서로에 대해 정의 주장을 하는 공동체에 누가 포함되고 누가 배제되는지에 관한 것이 된다. 결정 규칙이라는 또 다른 측면에서 볼 때 대표는 공적인 경합 과정을 구조화하는 절차와 관련된다. 이 경우 쟁점은 정치 공동체에 포함된 사람들이 자신의 요구를 표출하고 그 논쟁에 판결을 내리는 조건들에 관한 것이 된다.[7] 두 수준 모두에서 문제는 이러한 대표의 관계들이 공정한지 여부에 달려 있다. 이런 질문이 가능하다. 정치 공동체의 경계로 인해 실제로 대표될 수 있는 사람이 잘못 배제된 것은 아닌가? 공동체의 결정 규칙은 공공 심의에서 동등한 발언권을 부여하고 공공 의사 결정에서 모든 성원을 공정하게 대표했는가? 대표와 관련된 이런 사안들은 특히 정치적이다. 앞으로 살펴보겠지만, 이런 쟁점들은 경제적·문화적 문제들과 떼려야 뗄 수 없이 뒤얽혀 있긴 하지만 개념적으로는 이 문제들과 분명히 구분되며 이 문제들로 환원되지 않는다.

정치가 개념적으로 구분되며 경제·문화로 환원되지 않는 정의 차원이라는 말은 또한 부정의에 대해서도 개념적으로 구분되는 설명이 필요하다는 말이기도 하다. 참여 동등의 관점에서 정의에 접근하면, 이 말은 동등을 가로막는 정치적 장애물은 잘못된 분배나 무시와 (또다시) 뒤얽히긴 하지만 이 둘로 환원되지 않는 그 무엇으로 설명되어야 한다는 의미이다. 그 장애물은 계급 구조나 지위 질서와는 구별되는 것으로서 사회의 정치적 구성political constitution에서 파생한다. 특별히 정치적인 사회질서 양식에 기반하는 이 장애물은 대표를 분배·인정과 나란히 정의의세 근본 차원으로 개념화하는 이론을 통해서만 제대로 파악할 수 있다.

대표가 정치에서 분명한 쟁점이라면 그에 고유한 정치 부정의는 대표 불능misrepresentation이라 할 수 있다. 정치의 경계 그리고/혹은 결정규칙이 정치 영역을 포함하는 사회적 상호작용에서 다른 사람이 동등하게 참여할 가능성을 부당하게 거부하는 경우에 대표 불능이 발생한다.

---

7 대표에 관한 고전적 연구들은 대체로 성원 자격의 측면은 무시한 채 내가 결정 규칙이라 칭한 것을 주로 다루었다. 이를테면 Hanna Fenichel Pitkin, *The Concept of Representation*, Berkeley: University of California Press, 1967; Bernard Manin, *The Principles of Representative Government*, New York: Cambridge University Press, 1997[『선거는 민주적인가: 현대 대의 민주주의의 원칙에 대한 비판적 고찰』, 곽준혁 옮김, 후마니타스, 2004] 참조.

대표 불능은 대체로 잘못된 분배나 무시와 뒤섞여 있지만, 이 둘로 환원되기는커녕 두 종류의 부정의가 부재하는 상황에서도 발생할 수 있다. 일단 두 개의 서로 다른 수준의 대표 불능을 구별해야 한다. 포함된 사람 일부에 대해 정치적인 결정 규칙이 잘못 적용되어 그들이 온전한 동료로 충분히 참여할 기회를 박탈당하는 경우의 부정의를 **일반 정치에서의** ordinary-political 대표 불능이라 불러 보자. 이 경우 쟁점은 틀 내부의 대표intra-frame representation가 되고, 우리는 대안적인 선거 체제가 갖는 상대적 장점에 대한 정치학적 논쟁이라는 친근한 영역에 개입된다. 소선거구제, 승자독식제, 최다 득표자 당선제 등은 수적인 소수자의 동등을 부당하게 거부하는 것인가? 만일 그렇다면 비례대표제나 누적투표제는 적절한 개선책이 될 수 있나? 마찬가지로 젠더를 고려하지 않는 규칙이 젠더에 기초한 잘못된 분배나 무시와 결합해서 정치에 참여하는 여성의 동등을 거부하는 식으로 작동하는가? 만일 그렇다면 젠더 할당제는 적절한 개선책이 될 수 있나? 이런 질문들은 일반 정치에서의 정의 영역에 속하는 것으로, 케인스주의-베스트팔렌적 틀 속에서도 통상적으로 제기되던 것이다.

대표 불능의 두번째 수준은 이보다는 분명하지 않을 수 있다. 이 두번째 수준은 정치의 경계 설정 측면과 관계된다. 이때 부정의는 정의를 둘러싸고 인가된 경합을 벌이려고 할 때, 어떤 사람들이 참여할 기회를 **전혀** 갖지 못하게끔 공동체의 경계를 잘못 그어서 그 사람들을 배제해 버리는 상황에서 나타난다. 이 경우 대표 불능은 좀더 심각한 형태가 되는데, 이를 **잘못 설정된 틀**misframing이라 불러 보자. 잘못 설정된 틀의 심층적 특징은 사회 정의의 모든 문제에 틀 짓기가 결정적인 중요성을 지닌다는 점에 있다. 틀을 설정하는 것frame-setting은 주변적인 의미에 국한되기는커녕 오히려 정치적 결정에서 가장 큰 결정력을 갖는다. 단 한 번의 움직임으로 성원과 비성원 모두를 구성하는 이 결정의 결과로 비성원은 공동체 내의 재분배, 인정, 일반 정치에서의 대표 문제가 고려될 자격이 있는 사람들의 세계에서 배제된다. 이로 인해 심각한 부정의가 초래될 수 있다. 누군가를 고려하지 않은 채 부당하게 배제하는 이런 방식으로 정의의 문제가 틀 지어지면 그 결과는 특별한 종류의 메타-부정의가 된다. 이 메타-부정의에서 개인은 자신이 속한 정치 공동체에서 일차적인 정의 주장을 할 기회를 부여받지 못한다. 더 나아가 만일 정치 분업의 효과가 정의의 일부 적절한 영역을 공동체 권한 너머로 넘겨, 개인이 한 정치 공동체에서 배제당한 뒤 다른 공동체에서 정의의 주체로 포함된다고 해도 부정의는 여전히 남는다. 물론 개인이 모든 정치 공동체로부터의 성원 자격을 배제당하는 경우는 더 심각한 상황이 된다. 한나 아렌트가 '권리를 가질 권리'라고 표현한 것을 상실하는 경우와 유사한 이런 잘못 설정된 틀은 일종의 '정치적 죽음'political death이다.[8] 이로 인해 고통받는 사람들은 자선이나 자비의 대상이 될 수 있다. 그러나 일차적인 주장을 할 가능성을 박탈당한 이 사람들은 정의에 관한 한 사람이 아닌non-person 것처럼 되어 버리는 셈이다.

바로 이것이 지구화를 통해 최근 가시화되고 있는 대표 불능의 잘못 설정된 틀 형식이다. 케인스주의-베스트팔렌적 틀이 확고하게 보장되던 전후 복지국가 전성기 시절에 정의에 대한 주된 관심사는 분배였다.

---

8 Hannah Arendt, *The Origins of Totalitarianism*, New York: Harvest Books, 1973, pp. 269~284[『전체주의의 기원』 1권, 박미애·이진우 옮김, 한길사, 2006, 493~515쪽]. '정치적 죽음'은 아렌트의 표현이 아니라 내 표현이다.

그 이후에 신사회운동과 다문화주의가 부상하면서 무게중심이 인정으로 옮겨 갔다. 두 경우 모두 근대 영토 국가가 기본 전제였다. 그 결과 정의의 정치적 차원은 주변부로 남겨졌다. 그렇지 않고 정치적 차원이 부각되는 경우에, 그 쟁점은 이미 영역화된 정치체 내의 결정 규칙을 둘러싸고 경합을 벌이는 일반 정치의 형식을 취하는 데 그쳤다. 따라서 젠더 할당이나 다문화 권리에 대한 주장은 이미 원칙적으로 정치 공동체에 포함된 사람의 참여 동등을 가로막는 정치적 장애물을 제거하는 것이었다. 이 주장들도 케인스주의-베스트팔렌적 틀을 당연시하고 있었기 때문에 정의의 적절한 기반이 영토 국가라는 전제는 문제 삼지 않았다.

이와 달리 오늘날 지구화는 틀의 문제를 정치적 의제로 제대로 문제시하고 있다. 계속해서 도전받던 케인스주의-베스트팔렌적 틀은 이제 많은 사람에게 부정의를 야기하는 주요 수단으로 간주되고 있다. 왜냐하면 이 틀이 가난하고 멸시당하는 사람들이 자신을 억압하는 힘에 도전하는 것을 봉쇄하는 방식으로 정치적 공간을 구분하고 있기 때문이다. 이 틀은 전적으로 실패는 아닐지라도 상대적으로 취약한 권력을 가진 국가의 국내 정치 공간으로 그들 주장의 방향을 유도해서 국외의 권력을 비판하고 통제할 수 없도록 막고 있다.[9] 정의가 미치는 영향으로부터 방어막을 치고 있는 사례에는 해외 투자자나 채권자, 국제 환투기단, 초국적

---

9 특히 Thomas W. Pogge, "The Influence of the Global Order on the Prospects for Genuine Democracy in the Developing Countries", *Ratio Juris* 14: 3, 2001, pp. 326~343; Pogge, "Economic Justice and National Borders", *Revision* 22, 1999, pp. 27~34; Rainer Forst, "Towards a Critical Theory of Transnational Justice", in Thomas W. Pogge ed., *Global Justice*, Oxford: Blackwell, 2001, pp. 169~187; Forst, "Justice, Morality and Power in the Global Context", in Andreas Follesdal and Thomas W. Pogge eds., *Real World Justice*, Dordrecht: Springer, 2005 참조.

기업을 포함하는 초국적인 사적 세력들과 가장 강력한 약탈 국가들이 포함되어 있다. 덧붙여 글로벌 경제의 거버넌스 구조도 방어막을 치고 있는데, 이 구조는 상호작용에서의 착취적 조건을 통해 민주적 통제를 벗어나고 있다. 끝으로 케인스주의-베스트팔렌적 틀은 단절적이다. 즉 국가 간 체계라는 구성이 그것이 제도화하는 정치 공간의 구분을 보호하고, 정의에 관한 사안에서 초국가적인 민주적 의사 결정을 효과적으로 배제한다.

이런 관점에서 보면 케인스주의-베스트팔렌적 틀은 가난하고 멸시당하는 사람들의 희생을 대가로 정치 공간을 자신에게 유리한 쪽으로 재편하는 부정의의 강력한 도구가 된다. 초국가적인 일차적 주장을 제기할 기회를 거부당한 사람들의 경우, 잘못 설정된 틀에 맞선 투쟁과 결합하지 못하면 잘못된 분배와 무시에 맞선 투쟁은 성공은커녕 제대로 제기되지도 못할 수 있다. 따라서 몇몇 사람이 글로벌 시대의 부정의를 잘못 설정된 틀로 규명하는 것도 무리는 아니다.

이런 상황에서 정의의 정치적 차원을 무시하기는 어렵다. 지구화가 틀의 문제를 정치화한다고 보면, 이전 시기에 종종 무시되던 정의의 문법의 한 측면이 가시화되고 있다고도 할 수 있다. 그 어떤 정의 주장도 틀이라는 전제를 피할 수 없는 한, 모든 정의 주장은 (그것이 암묵적이든 명시적이든) 특정한 대표 개념을 전제하는 것을 피할 수 없다. 그러니 대표는 언제나 이미 모든 재분배와 인정 요구에 내재하고 있다. 즉 정치적 차원은 정의 개념의 문법에 함축되어 있을 뿐만 아니라 이 문법이 요청하는 것이기도 하다. 따라서 대표 없이는 재분배도 인정도 없다.[10]

그러니 우리 시대에 적절한 정의론은 삼차원이어야 한다. 우리 시대에 맞는 정의론은 재분배와 인정만이 아니라 대표도 포괄하면서 틀의 문제를 정의의 문제로 파악할 수 있어야 한다. 또 경제·문화·정치 차원을 병합하면서 잘못 설정된 틀로서의 부정의를 규명해, 이에 대한 개선책도 평가할 수 있어야 한다. 그리고 다른 무엇보다 이를 통해 우리 시대의 핵심적인 정치적 질문, 즉 **포스트-베스트팔렌적** 틀에서 우리는 어떻게 잘못된 분배, 무시, 대표 불능에 맞서는 투쟁들을 통합할까 하는 문제를 제기하고 이에 답할 수 있어야 한다.

틀 짓기의 정치에 대해: 국가 영토성에서 사회적 유효성으로?

지금까지는 정의의 근본적인 세 차원 중 하나로 정치의 비환원적 특수성

---

10 나는 정치가 정의의 주인 차원이라거나 경제나 문화에 비해 더 근본적이라고 제안하는 것이 아니다. 오히려 세 차원이 상호 뒤얽히고 상호 영향을 미치는 관계에 있음을 말하는 것이다. 분배와 인정 주장을 할 수 있으려면 대표 관계에 의존해야 하는 것처럼 개인이 정치적 목소리를 발휘하기 위해서는 계급 및 지위 관계에 의존해야 한다. 다시 말해서 공적 논쟁과 권위 있는 의사 결정에 영향을 미치는 능력은 공식적인 결정 규칙에만 의존하는 것이 아니라 경제 구조와 지위 질서에 뿌리내린 권력 관계에도 의존한다. 이 사실은 대부분의 심의 민주주의 이론에서 충분히 강조되지 않았다. 따라서 잘못된 분배와 무시는 민주적이라고 주창하는 정치체에서조차 모든 시민의 평등한 정치적 발언권이라는 원칙을 전복하는 데 공모한다. 물론 그 역도 성립한다. 대표 불능으로 고통받는 사람은 지위와 계급 부정의에도 취약하다. 정치적 목소리를 결여하고 있기 때문에 이들은 분배와 인정에 관한 이해관계를 도모하고 옹호할 수가 없다. 그렇기 때문에 이들의 대표 불능은 배가된다. 이 경우 결과는 악순환이 되며 그 속에서 세 가지 부정의는 서로를 강화한다. 그러면서 일부 사람은 사회 생활에서 다른 사람과 동등하게 참여할 기회를 박탈당한다. 이 세 차원이 서로 뒤얽혀 있기 때문에, 부정의를 극복하려는 노력은 아주 예외적인 일부 사례를 제외하면 이 중 어느 하나만을 언급하는 방식으로는 가능하지 않다. 오히려 잘못된 분배와 무시에 맞선 투쟁은 대표 불능에 맞선 투쟁과 결합하지 않으면 성공하기 어렵다. 그 역도 마찬가지다. 어디에 방점을 찍느냐는 물론 전술적이면서도 전략적인 결정이 된다. 잘못 설정된 틀이 부정의에서 두드러지는 현실을 고려할 때, 내가 선호하는 슬로건은 '대표 없이는 재분배도 인정도 없다'이다. 그렇다고 해도 대표의 정치는 글로벌 세상의 사회 정의를 위한 서로 연결된 세 가지 투쟁의 전선 중 하나일 뿐이다.

을 언급했다. 그러면서 정치 부정의의 서로 구분되는 두 차원으로 일반 정치에서의 대표 불능과 잘못 설정된 틀을 설명했다. 이제부터는 글로벌한 세상에서 틀 짓기의 정치politics of framing를 검토하려고 한다. 변혁적 접근과 긍정적 접근을 구별하면서 나는 대표 정치가 제대로 되려면 제3의 차원을 설명해야 한다고 논의하려 한다. 즉 한편으로 일반 정치에서의 대표 불능과 다른 한편으로 잘못 설정된 틀을 놓는 이런 식의 경합을 넘어서서, 틀 짓기 정치는 틀을 설정하는 과정의 민주화를 목표로 삼아야 한다.

'틀 짓기의 정치'가 무엇을 의미하는지를 설명하면서 시작하려고 한다. 내 설명의 둘째 차원에 해당하는 이 정치는 성원과 비성원을 구분하기 때문에 정치적인 것이 지닌 경계 설정의 측면과 관련된다. 누가 정의의 주체가 되고 무엇이 적절한 틀인지 하는 사안에 초점을 맞추는 틀 짓기의 정치는 정치 공간의 권위 있는 구분authoritative division을 만들고 강화하고 이에 맞서 경합을 벌이며 수정을 요구하는 노력을 총괄한다. 여기에는 잘못 설정된 틀에 맞선 투쟁이 포함된다. 이 투쟁들은 불이익을 받는 사람들이 자신을 억압하는 힘에 맞서 정의 주장을 펼치지 못하도록 가로막는 장애물을 없애는 것을 목표로 한다. 이처럼 틀의 설정과 그 틀에 대한 문제 제기에 초점을 맞춘 틀 짓기의 정치는 '누구'의 문제에 관심을 기울인다.

틀 짓기의 정치는 서로 다른 두 형식을 취할 수 있는데, 모두 현재의 글로벌한 세상에서 실천되고 있다.[11] 첫번째 접근은 **긍정적** 틀 짓기의 정치다. 이는 베스트팔렌적 틀 설정의 문법을 받아들이면서 기존 틀의 경계를 문제 삼는다. 이 정치에서 잘못 설정된 틀의 부정의로 인해 고통받고 있다고 주장하는 사람은 기존 영토 국가의 경계를 다시 그리거나 더 나아가 새로운 경계를 만들고자 노력한다. 그러나 이 과정에서 영토 국가는 여전히 정의에 관한 논쟁을 제기하고 그 해결을 모색하는 데 적절한 것으로 전제된다. 이 경우 이들에게 잘못 설정된 틀의 부정의는 베스트팔렌적 질서의 정치 공간 구분을 따르는 일반적 원칙의 작동에 의한 것이 아니다. 오히려 부정의는 이 원칙이 적용된 부당한 방식의 결과로 발생한다. 따라서 긍정적 틀 짓기의 정치를 실천하는 사람은 국가 영토성의 원칙을 정의에서 '누가' 문제가 되는지를 설명하는 적절한 기반으로 인정한다. 다시 말해 이들은 일군의 개인을 정의의 주체인 동료로 만드는 것이 근대 국가의 영토에 공통으로 거주하는 것 그리고/혹은 그 국가에 상응하는 정치 공동체의 성원 자격을 공유하는 것이라고 생각한다. 그러므로 긍정적 틀 짓기의 정치를 실천하는 사람들은 베스트팔렌적 질서에 깔린 문법에 맞서기는커녕 국가 영토성 원칙을 그대로 받아들인다.

그러나 바로 이 원칙이 두번째 틀 짓기의 정치에서 문제가 된다. 두번째 방식을 **변혁적** 접근이라 불러 보자. 이 원칙을 주장하는 사람에게 국가 영토성 원칙은 더 이상 정의에서 '누가 문제'인지를 결정하는 것과 관련된 어느 사례에서도 적절한 판단 기준으로 고려되지 않는다. 물론 이들은 국가 영토성 원칙이 여러 방면에서 어느 정도 적절한 면이 있다는 점을 인정한다. 때문에 변혁적 접근을 지지하는 사람들이 국가 영토성을 전적으로 제거하라고 제안하지는 않는다. 그러나 그들은 특성상 영토적이지 않은 오늘날의 글로벌한 세상에서 발생하는 수많은 부정의의

---

11 '긍정적' 접근과 '변혁적' 접근의 구분은 예전에 재분배 및 인정과 관련해 사용한 용어를 활용한 것이다. 이 책에 수록된 「재분배에서 인정으로?: '포스트사회주의' 시대 정의의 딜레마」와 Fraser, "Social Justice in the Age of Identity Politics", in Fraser and Honneth, *Redistribution or Recognition?*[「정체성 정치 시대의 사회 정의」, 『분배냐 인정이냐?』] 참조.

구조적 원인과 이 문법이 아귀가 잘 맞지 않는다고 주장한다. 그런 부정의로는 이를테면 누가 임금노동을 하고 누가 그럴 수 없는지를 결정하는 금융 시장, '해외 공장', 글로벌 경제의 투자 체제와 거버넌스 구조를 들 수 있다. 또한 의사소통 권력의 회로에 누가 포함되고 누가 포함될 수 없는지를 결정하는 글로벌 미디어와 사이버 기술의 정보 네트워크를 들 수 있다. 또한 누가 오래 살 수 있고 누가 일찍 죽어야 하는지를 결정하는 기후·질병·의약품·무기·생명공학을 둘러싼 생명정치biopolitics도 포함된다. 이처럼 인간 복지와 관련된 매우 근본적인 사안들을 둘러싸고 부정의를 지속시키는 세력들은 '장소의 공간'에 속해 있는 것이 아니라 '흐름의 공간'the space of flows에 속해 있다.[12] 이들은 실제 혹은 파악 가능한 영토 국가의 사법적 관할권 내에 포섭되지 않기 때문에, 국가 영토성 원칙에서 틀 지어지는 정의 주장에 책임을 질 필요가 없다. 때문에 이 경우 이 틀을 결정하기 위해 국가 영토성 원칙에 기대는 것 자체가 부정의를 저지르는 일이 된다. 국가 영토성 원칙은 국경을 따라 정치 공간을 구분하는 방식으로 영토 외부의 그리고 비영토적인 권력을 정의가 미치는 범위로부터 단절시킨다. 따라서 글로벌한 세상에서 이 원칙은 잘못 설정된 틀에 대한 개선책이 아니라 오히려 잘못 설정된 틀을 촉진하거나 영속화하는 수단이 될 수 있다.

그러니 글로벌한 세상에서 변혁적인 틀 짓기의 정치는 틀 설정의 문법을 뿌리에서부터 변화시킬 것을 목표로 할 수밖에 없다. 이 접근은 베

---

12 이 용어는 Manuel Castells, *The Rise of the Network Society*, Oxford: Blackwell, 1996, pp. 446~460[『네트워크 사회의 도래』, 김묵한·박행웅·오은주 옮김, 한울, 2008, 541~555쪽]에서 빌린 것이다.

스트팔렌적 질서의 국가 영토성 원칙을 하나 혹은 여러 개의 **포스트-베스트팔렌적** 원칙을 통해 보완하려고 시도한다. 여기서 잘못 설정된 틀의 부정의를 극복하는 것의 목표는 정의에서 '누가 문제'인지에 관한 구분선을 바꾸는 것에 그치지 않고 이렇게 경계가 그어진 방식, 즉 이렇게 구성된 양식을 바꾸는 것까지 포함한다.[13]

포스트-베스트팔렌적인 틀 설정 양식은 어떤 모습일까? 아직은 의심할 여지 없이 명백한 전망을 갖기 어렵다. 그렇지만 지금까지 가장 그럴싸한 가능성은 '관련된 모두에 영향을 미치는 원칙'all-affected principle 이다. 이 원칙은 해당 사회 구조나 제도의 영향을 받는 모든 사람이 이에 관한 정의의 주체로서 도덕적 위상을 갖는다는 점을 견지한다. 이 관점에 따르면 일군의 개인이 정의의 주체인 동료가 되는 것은 이들이 지리적으로 근접해 있기 때문이 아니라 공통의 구조적 혹은 제도적 틀에 함께 겹쳐 있기co-imbrication 때문이다. 이 틀은 사람들의 사회적 상호작용을 지배하며, 이에 따라 각자의 생활이 혜택과 불이익의 패턴에 맞춰 할당되는 기본 규칙이 마련된다.

최근까지 많은 사람이 관련된 모두에 영향을 미치는 원칙과 국가 영토성 원칙이 잘 들어맞는다고 생각했다. 즉 베스트팔렌적 세계의 이미지와 보조를 맞춘, 혜택과 불이익의 패턴을 결정하는 공통의 틀이 근대 영토 국가의 입헌적 질서와 정확히 맞아떨어진다고 전제한 것이다. 그 결과 국가 영토성 원칙을 적용하면 동시에 관련된 모두에 영향을 미치는

---

13 포스트-영토적인 '정치적 분화 양식'(mode of political differentiation)이라는 생각은 존 G. 러기에게서 빌려 온 것이다. 강한 설득력을 지닌 John G. Ruggie, "Territoriality and Beyond: Problematizing Modernity in International Relations", *International Organization* 47: 1, 1993, pp. 139~174 참조.

원칙의 규범적 영향력도 획득하는 것으로 간주되었다. 그러나 사실 이는 결코 사실이었던 적이 없다. 식민주의와 신식민주의의 오랜 역사가 이를 입증한다. 그러나 중심부metropole의 관점에서는 국가 영토성을 사회적 유효성social effectivity과 혼합하는 것이 해방의 추진력을 갖는 것처럼 보였다. 왜냐하면 이를 통해 영토에 거주하지만 실질적인 시민권에서 배제된 종속된 계급과 지위 집단을 정의의 주체로 점진적으로 병합하는 것이 정당화되었기 때문이다.

그러나 오늘날 국가 영토성이 사회적 유효성의 대리물로 활용될 수 있다는 주장은 설득력을 잃어 가고 있다. 오늘날의 조건에서 개인이 좋은 삶을 살 수 있는 기회는 그 개인이 거주하는 영토 국가의 내적인 정치적 헌법 질서에만 전적으로 의존하지 않는다. 물론 영토 국가의 헌법 질서는 여전히 중요하다. 또한 영토 외부의 그리고 비영토적인 여러 구조에 의해 유효성이 중재되고 있다고 해서 그 효과가 중요하지 않다고 여기기는 어렵다. 그러나 지구화는 국가 영토성과 사회적 유효성 사이에서 쐐기 박힌 골의 간극을 더 넓히고 있다. 두 원칙이 점점 더 분리될수록 국가 영토성이 사회적 유효성의 대리물이 되기에 부적합하다는 결론으로 이어질 것이다. 그래서 질문이 다시 제기된다. 관련된 모두에 영향을 미치는 원칙을 국가 영토성을 우회하지 않으면서 정의의 틀에 적용할 수 있을까?[14]

---

14 모든 것은 관련된 모두에 영향을 미치는 원칙의 적합한 해석을 찾는 데 달려 있다. 여기서 핵심은 '영향 미침'(affectedness)이라는 생각의 범위가 어느 정도로 좁혀져야 정의의 다양한 틀을 평가하는 작동 가능한 기준이 될 수 있는지이다. 소위 나비효과를 떠올리면 그야말로 모든 사람이 모든 것에 영향을 받는다고 논증할 수 있다는 데 문제가 있다. 따라서 도덕적 위상을 부여받는 것과 아닌 것을 충분히 변별할 수 있는 유효성의 수준과 종류를 구별

바로 이것이 변혁적 정치의 실천가들이 시도했던 그것이다. 일부 글로벌 활동가는 잘못된 분배와 무시가 기대고 있는 해외의 자원들에 맞서고자 하면서, 정치 공간의 국가 영토성 구획화를 돌파하기 위한 장치로 관련된 모두에 영향을 미치는 원칙에 직접 호소하고 있다. 환경 활동가들과 토착민들은 케인스주의-베스트팔렌적 틀로 인한 배제를 문제 삼으면서, 자신의 삶을 침해하는 영토 외부의 그리고 비영토적인 권력에 맞서는 정의의 주체로서 자신들의 위상을 주장하고 있다. 이들은 유효성이 국가 영토성보다 우선시되어야 한다고 하면서, 자신에게 상처를 입히는 구조가 심지어 장소의 공간에 자리 잡지 못하는 상황에서조차, 개발 부

하는 방법이 필요하다. 캐럴 굴드는 주어진 관습과 제도에 의해 인권을 침해당한 사람에게만 그런 위상을 부여하자고 제안했다. 데이비드 헬드는 기대수명과 삶의 기회에서 크게 영향을 받는 사람에게 그 위상을 부여하자고 제안했다. 내 생각에 관련된 모두에 영향을 미치는 원칙은 합리적인 해석의 다양성에 열려 있다. 그러니 이에 대한 해석이 철학적 명령에 따르는 독백으로 결정되어서는 안 된다. 오히려 영향 미침에 대한 철학적 분석은 원칙의 의미를 보다 폭넓게 공적으로 논쟁하는 것에 기여하는 것으로 이해되어야 한다. 주어진 제도나 정책에서 누가 영향을 받는지에 관한 경험적인 사회과학적 설명도 마찬가지다. 관련된 모두에 영향을 미치는 원칙은 민주적 심의에서 논쟁을 주고받는 방식으로, 대화적인 것으로 해석되어야 한다. 그러나 한 가지는 분명하다. 도덕적 위상이 주어진 제도의 공식 구성원으로 이미 인정되거나 주어진 실천에 참여를 허락받은 사람들에게 한정되지 않는 경우에만 잘못 설정된 틀의 부정의를 막을 수 있다. 그러니 부정의를 피하려면 문제가 되는 제도나 실천에 의해 중요하게 영향을 받는 비성원이나 참여하지 못하는 사람에게도 위상이 적용되어야 한다. 그러므로 글로벌한 경제로부터 비자발적으로 연결이 끊기게 된 사하라 이남의 아프리카인들도 그 경제에 실질적으로 참여하지 않더라도 이와의 관계에서는 정의의 주체로 고려되어야 하는 것이다. 인권적 해석에 대해서는 Carol Gould, *Globalizing Democracy and Human Rights*, Cambridge: Cambridge University Press, 2004 참조. 기대수명과 삶의 기회의 해석에 대해서는 David Held, *Global Covenant: The Social Democratic Alternative to the Washington Consensus*, Cambridge: Polity, 2004, p. 99 이하 참조. 대화적 접근에 대해서는 Fraser, "Two Dogmas of Egalitarianism", "Abnormal Justice", in Fraser, *Scales of Justice*[「평등주의의 두 가지 독단」, 「비정상적 정의」, 『지구화 시대의 정의』] 참조.

문 활동가, 국제 페미니스트 등과 연대해 그 구조에 맞서 권리를 주장하는 데 노력을 기울이고 있다. 이들은 베스트팔렌적 틀 설정이라는 문법을 벗어 던지면서 글로벌한 세상에서 관련된 모두에 영향을 미치는 원칙을 정의의 문제에 직접 적용해야 한다고 주장하고 있다.

이처럼 변혁적 틀 짓기의 정치는 다층적인 수준에서 다층적인 차원으로 동시에 진행되고 있다. 한 수준에서 이 정치를 실천하는 사회운동은 잘못된 분배, 무시, 일반 정치에서의 대표 불능이라는 일차적 부정의의 시정을 목표로 삼고 있다. 또 다른 수준에서 이 운동들은 정의에서 '누가 문제'인지를 재구성하는 방식으로 메타-수준에서 잘못 설정된 틀의 부정의를 시정할 방법을 찾고 있다. 나아가 국가 영토성 원칙이 부정의에 맞서기보다 부정의를 보호하는 쪽으로 향할 때, 변혁적 사회운동은 관련된 모두에 영향을 미치는 원칙에 호소한다. 이들은 포스트-베스트 팔렌적 원칙을 발동시키면서 틀 설정의 바로 그 문법의 변화를 추구하고, 이에 따라 글로벌한 세상에서 정의를 위한 메타-정치적 토대를 재구축하려는 것이다.

하지만 변혁적 정치의 주장은 여기서 더욱 멀리 나아간다. 자신들이 요구하는 것 이상으로 이 운동들은 이를테면 포스트-베스트팔렌적 틀 설정의 과정도 문제 삼는다. 이들은 국가와 초국적 엘리트의 특권을 틀 설정의 기반으로 여기는 통상적 관점을 거부하면서, 정의의 틀이 만들어지고 수정되는 바로 그 과정의 민주화를 유효한 목표로 삼는다. 이들은 정의에서 '누가 문제'인지를 구성하는 데 참여할 권리를 주장하면서 '어떻게'의 사안도 변혁시키고 있다. 이때의 '어떻게'는 '누구'를 결정하는 절차에 대한 승인을 의미한다. 그 어느 때보다 가장 성찰적이며 야심만만한 변혁적 운동은 이 틀에 관한 흥미로운 논쟁을 불러일으킬 수 있는 새로운 민주적 영역의 창출을 요구하고 있다. 더 나아가 일부 사람은 그런 영역을 스스로 만들어 내고 있기까지 하다. 변혁적 정치를 실천하는 사람들이 세계사회포럼World Social Forum에서 초국가적 공공 영역을 만든 것을 그 예로 들 수 있다. 거기에서 참가자들은 서로 동료로 참여해 이틀에 대한 논쟁을 공론화하고 그에 대한 해결책을 토론했다. 이런 방식으로 사람들은 **포스트-베스트팔렌적인 민주적 정의**라는 새로운 제도의 가능성을 예시하고 있는 것이다.[15]

변혁적 정치의 민주적 차원은 이미 언급한 두 가지 정치 부정의 차원 이외에 제3의 차원을 지적하고 있다. 이미 앞에서 일차적 부정의로서 일반 정치에서의 대표 불능과 이차적 부정의로서 잘못 설정된 틀을 구분했다. 그러니 이제는 '어떻게'의 질문에 상응하는 제3의 정치 부정의 종류를 판별해야 한다. 비민주적 틀 설정 과정이라는 사례가 전형인 이 부정의는 '누구'에 대해 심의하고 결정하는 문제에 관한 메타-정치 수준의 참여 동등이 실패하는 과정에서 발생한다. 이때 일차적 정치 공간이 구성되는 과정이 문제가 되기 때문에 여기서의 부정의는 **메타-정치적 대표 불능**meta-political misrepresentation이라고 할 수 있다. 메타-정치적 대표 불능은 국가와 초국적 엘리트가 틀 설정에 관한 일을 독점하면서, 이 과정에서 손해를 보는 사람들에게 발언권을 부여하지 않고 이들의 주장이 수정·교정될 수 있는 민주적 영역의 창출을 가로막기 때문에 발생한다. 그 결과로 정치 공간의 유효한 구분을 결정하는 메타-담론에 참여할 수

---

15 틀 설정의 과정을 민주화하기 위한 노력은 당분간은 초국적 시민사회에서의 경합에 국한될 것이다. 이 수준이 필수불가결하기는 하지만, 그 노력은 초국적 공공 여론을 구속력과 강제력을 지닌 결정으로 전환할 공식적인 제도가 존재하지 않으면 성공할 수 없다. 때문에 변혁적 민주 정치의 시민사회적 방식은 공식적인 제도적 방식에 의해 보강될 필요가 있다.

있는 압도적인 다수의 사람이 배제당한다. 이렇게 참여를 보장하는 제도화된 영역이 결여되고 이 영역이 '어떻게'에 대한 비민주적 접근 방식에 종속되어 있기 때문에 대다수 사람이 '누구'에 대한 의사 결정에 동등하게 개입할 기회를 부여받지 못하는 것이다.

이런 방식으로 잘못된 틀에 맞선 투쟁은 새로운 종류의 민주적 결함을 폭로한 셈이다. 지구화를 통해 잘못된 틀이라는 부정의가 가시화된 것처럼, 신자유주의 세계화에 맞서는 변혁적 투쟁은 메타-정치적 대표 불능을 가시화해 준다. 이 투쟁들은 '누구'에 대한 논쟁을 민주적으로 공론화화고 해결할 수 있는 제도가 갖추어져 있지 않음을 폭로함으로써 '어떻게'에 초점을 맞추도록 해준다. 이 투쟁들은 그런 제도의 부재로 인해 부정의를 극복할 노력이 방해받는다는 점을 제시함으로써 민주주의와 정의 사이의 내적인 깊은 연계를 드러내 준다. 그리고 그 결과 현 위기 국면의 구조적 특징이 드러난다. 즉 글로벌한 세상에서 정의를 위한 투쟁은 **메타-정치적 민주주의**를 위한 투쟁과 손잡지 않으면 성공할 수 없다. 따라서 또다시 이 차원에서도 대표 없이는 재분배도 인정도 없다.

패러다임 전환 : 포스트-베스트팔렌적인 민주적 정의

나는 현재의 위기 국면이 정의의 '누구'와 '어떻게' 모두에 관한 강도 높은 논의를 통해 두드러지게 되었다고 이야기했다. 이런 조건에서 정의론은 패러다임 전환을 겪고 있다. 예전에 케인스주의-베스트팔렌적 틀이 작동하던 시기에는 대부분의 철학자가 정치적 차원을 무시했다. 이들은 영토 국가를 주어진 것으로 생각하면서 정의에 요구되는 조건들을 자기 독백의 방식으로 이론적인 수준에서 규명하려고 노력했다. 따라서 이들은 국가 수준의 틀에서 배제되는 사람은 말할 것도 없고 이에 포함되는 사람을 위한 조건을 결정하는 역할에 대해 아무런 생각을 하지 않았다. 틀이라는 문제를 제대로 고려하지 못했기 때문에, 철학자들은 틀의 결정으로 자신의 운명에 심각한 영향을 받는 사람들에게 그 틀을 만드는 데 참여할 권한이 부여되어야 한다는 것을 상상도 하지 못했던 것이다. 이들은 대화적인 민주주의적 계기에 대한 어떤 필요도 거부하면서 자기 독백의 사회 정의론에 만족했다.

그러나 오늘날 자기 독백의 사회 정의론은 점점 더 실효성을 잃어 가고 있다. 주지하다시피 지구화는 '누구'라는 질문을 정치화한 것과 마찬가지로 '어떻게'라는 질문을 문제로 만들 수밖에 없다. 이 문제 제기 과정은 다음과 같이 전개된다. 즉 틀 설정을 요구하는 일군의 사람이 점점 많아질수록 '누구'에 관한 결정은 전문가와 엘리트의 손에 맡겨지는 기술적 사안에 그치지 않고 오히려 점차 더 민주적으로 접근될 필요가 있는 정치적 사안이 된다. 그 결과 전문가주의적 특권을 옹호하는 편에서 자기 주장의 정당함을 입증하기 위해 논쟁의 부담을 떠맡게 된다. 이제 평정심을 잃고 이들은 필연적으로 '어떻게'에 관한 논쟁으로 휩쓸려 들고 만다. 그래서 이들은 메타-정치적 민주화를 위한 요구와 씨름할 수밖에 없게 되는 것이다.

유사한 변화가 규범 철학에서도 감지되고 있다. 일부 활동가가 엘리트 중심으로 틀을 짜는 특권을 대중을 중심으로 한 민주적 여론으로 이전시키려 노력하는 것과 나란히, 일부 정의론자도 이론가와 **대중**demos 간의 고전적인 노동 분업의 재고를 제안하고 있다. 이 이론가들은 더 이상 자기 독백의 방식이 아니라 대화식 접근을 통해 정의에 요구되는 조건을 규명하려고 시도하고 있다. 대화식 접근은 정의의 중요한 측면들이 집단적인 의사 결정을 거쳐야 한다고 강조한다. 그래서 이를 통해 정의의 중요한 측면들이 민주적 심의를 거쳐 시민 스스로에 의해 결정될 수 있다고 주장하는 것이다. 따라서 이들에게는 정의론의 문법이 변형되고 있다. 한때 '사회 정의론'[16]이라 불리던 것이 이제는 '민주적 정의론'으로 불리고 있다.

　그러나 지금 형태의 민주적 정의론은 아직 불완전하다. 자기 독백의 방식에서 대화식 이론으로 완전히 탈바꿈하려면 대화적 전환의 대다수 옹호자가 숙고하는 것 이상으로 나아가야 한다. 따라서 민주적 결정 과정이 '어떤' 정의에 국한되지 않고 '누구' 그리고 '어떻게'의 사안에도 적용되어야 한다.[17] 이 경우 정의 이론은 '어떻게'를 풀기 위해 민주적인 접근을 채택함으로써 글로벌한 세상에 걸맞은 외양을 갖추게 된다. 일반 정치적 수준뿐만 아니라 메타-정치적 수준에 이르는 모든 수준에서 대화식이 가능해지면, 그 이론은 포스트-베스트팔렌적인 민주적 정의론이 될 수 있다.

　정의를 참여 동등으로 바라보는 관점은 기꺼이 이 접근에 힘을 보태

16　이 문구는 Ian Shapiro, *Democratic Justice*, New Haven: Yale University Press, 1999 에서 인용했다. 그렇지만 이 생각은 Jürgen Habermas, *Between Facts and Norms: Contributions to a Discourse Theory of Law and Democracy*, trans. William Rehg, Cambridge, MA: MIT Press, 1996[『사실성과 타당성: 담론적 법 이론과 민주적 법치 국가 이론』, 박영도 옮김, 나남출판, 2007]; Seyla Benhabib, *The Rights of Others: Aliens, Residents, and Citizens*, Cambridge: Cambridge University Press, 2004[『타자의 권리: 외국인, 거류민, 그리고 시민』, 이상훈 옮김, 철학과현실사, 2008]; Rainer Forst, *Contexts of Justice: Political Philosophy beyond Liberalism and Communitarianism*, Berkeley: University of California Press, 2002 등에서도 찾아볼 수 있다.

17　앞서 인용한 어느 이론가도 틀의 문제를 '민주적 정의'로 접근하려 시도한 적이 없다. 근접한 사상가로는 라이너 포르스트가 있지만, 그도 틀 설정의 민주적 과정을 떠올리진 않았다.

주고 있다. 참여 동등 원칙은 민주적 정의의 성찰적 특징을 표현할 수 있는 이중의 자질을 지니고 있다. 한편으로 참여 동등 원칙은 정의의 실질적인 원칙을 명확히 하는 결과로서의 개념이고, 이를 통해 사람들은 사회적 배치에 대해 평가할 수 있다. 이때 사회적 배치는 관련된 모든 사회 행위자가 동료로 참여하는 바로 그때만 공정한 것이 된다. 다른 한편으로 참여 동등은 절차적 기준을 명확히 하는 과정으로서의 개념이고, 이를 통해 사람들은 규범의 민주적 정당성에 대해 평가할 수 있다. 이때 규범은 관련된 모든 사람이 공정하고 개방된 절차를 거쳐 심의하는, 즉 모두가 동료로 참여하는 것에 동의가 확보되는 바로 그때만 정당성을 획득하게 된다. 이 이중의 자질로 인해 정의를 참여 동등으로 바라보는 관점은 내재적 성찰성을 지닌다. 이 자질로 인해 내용과 절차 모두를 문제시할 수 있게 됨에 따라, 이 관점은 사회적 배치의 두 국면이 서로 뒤얽혀 있다는 점도 가시화하게 된다. 때문에 이 접근은 세간에서 민주적인 의사 결정인 것처럼 왜곡되는 불공정한 배후 조건을 드러낼 수 있을 뿐만 아니라 실질적으로 불평등한 결과를 낳는 비민주적 절차도 드러낼 수 있다. 그 결과 이를 통해 수준들 사이의 이동, 즉 일차적인 수준과 메타 수준 질문들 사이에서 필요에 따라 왔다갔다 이동하는 것이 수월해진다. 정의를 참여 동등으로 바라보는 관점은 민주주의와 정의가 함께 겹쳐 있음을 드러냄으로써, 글로벌한 세상이 필요로 하는 성찰성, 바로 이것을 공급해 준다.

이렇게 해서 참여 동등 규범은 지금까지 설명한 포스트-베스트팔렌적인 민주적 정의의 설명에 들어맞는다. 이 설명은 세 가지 차원과 다층적 수준을 포괄함으로써 현재 위기 국면의 특징적인 부정의를 가시화하고 비판할 수 있도록 해준다. 이 설명은 잘못 설정된 틀과 메타-정치적 대표 불능을 개념화하는 방식을 통해 표준적인 이론들이 간과했던 핵심적인 부정의를 폭로한다. 이 설명은 '어떤' 정의의 문제에 초점을 맞추는 데 그치지 않고 '누구'와 '어떻게'에도 초점을 맞춤으로써, 틀이라는 문제가 글로벌한 세상에서 정의의 핵심 문제가 될 수 있게 한다.

· 4부 ·

철학적 토대

인정, 정의, 비판

1장

/

인정의 의미를 둘러싼 투쟁

니컬러스 컴프리디스

> 나 자신에 대한 지식은 성공적인 탐문의 과정에서 내가 발견한 어떤 것
> 이다. 반면 타자에 대한 지식, 타자들이 나로부터 분리되어 있음에 대한
> 지식은 나를 발견할 수 있도록 만드는 어떤 것이다.
>
> — 스탠리 캐벨

정의의 문제인가 아니면 자아 실현의 문제인가

내 생각에 악셀 호네트와 낸시 프레이저 논쟁의 중심에 놓여 있는 문제
는 재분배냐 인정이냐가 아니다. 이 논쟁에서 결정적인 문제는 인정이
무엇을 의미하는지, 인정이 무엇을 행하는지, 그리고 인정이 무엇을, 누
구를 위해서 수행되는지다. 논쟁을 주고받던 초창기에 프레이저는 다음
과 같이 물었다. "인정은 과연 정의의 문제인가 아니면 자아 실현의 문제
인가?"[1] 이 물음은 우리가 여전히 인정의 사회적·정치적 의미meaning와
씨름하고 있음을 다소나마 보여 준다. '인정받는' 것이 무엇인지, 우리가
개인이나 집단을 '인정할' 때 혹은 '인정받기를' 요청할 때 우리가 하고자

---

1 Nancy Fraser and Axel Honneth, *Redistribution or Recognition?: A Political-Philoso-
phical Exchange*, trans. Joel Golb, James Ingram, and Christine Wilke, London:
Verso, 2003, p. 27[『분배냐 인정이냐?: 정치철학적 논쟁』, 김원식·문성훈 옮김, 사월의책, 2014,
56쪽].

하는 것이 무엇인지 등은 불확실하다. 따라서 인정 투쟁은 경합하고 변화하는 인정의 의미들을 둘러싸고 벌어지는 투쟁에 불을 지핀다.[2]

언뜻 보기에도 인정에 대한 프레이저와 호네트의 견해는 불협화음을 낼 수밖에 없는 것 같다. 찰스 테일러와 마찬가지로 악셀 호네트에게 인정은 "살아 있는vital 인간의 필요"[3]이며, "인간의 상호 주관성"[4]과 연관된 심층의 **인간학적 사안**이다. 우리는 인정을 **욕망**desire하기만 하는 것이 아니다. 우리는 정치 영역에서의 존중, 사회 영역에서의 가치평가, 가족과 같은 친밀 영역에서의 배려 등 다양한 종류의 인정을 **필요**로 한다. 서로 맞물리는 인정 경험이 부재하는 경우 우리는 완전한 '자아 실현'self-realization을 성취할 수 없다. 우리는 되고 싶은 사람이 될 수 없으며, 자신이 원하는 삶의 양식을 실현할 수도 없다. 호네트에게 불인정과 무시로 인한 손해는 가장 나쁜 형식의 사회 부정이다. 사실상 무시는 사회적 부정의 전반을 보여 주는 단서이다.[5] 불인정이나 무시의 경험은 우리의 정체성 주장을 사회적으로 확인시켜 주고 긍정해 주는 초역사적 규범 기대들을 거스른다. 정체성 주장의 확인이 부재할 때 우리는 '손상되지 않은' 개인 정체성을 발전시킬 수 없을 뿐 아니라 자아를 실현하는 행위자agent

---

2 여기서 나는 인정 투쟁을 인정 규범에 대한 투쟁으로 재규정하는 제임스 툴리(James Tully)의 공식을 보완하고자 한다. 행위자들은 (전형적으로 법적인) 어떤 인정 규범을 참을 수 없는 것으로 경험하기 때문에 이에 도전하게 되는데, 이때 그들은 그 특정한 규범이 야기하는 특수한 손해를 없애려 할 뿐만 아니라 암묵적으로 인정이 어떤 의미를 가져야 하는지도 재규정하고자 한다. 나 또한 (지속적으로) 인정 의미와 씨름하고 있는데 이것은 툴리에게 신세를 지고 있다.

3 Charles Taylor, "The Politics of Recognition", in Amy Gutmann ed., *Multiculturalism: Examining the Politics of Recognition*, Princeton: Princeton University Press, 1994, p. 25.

4 Fraser and Honneth, *Redistribution or Recognition?*, p. 145[『분배냐 인정이냐?』, 223쪽].

5 *Ibid.*, p. 133[같은 책, 205~206쪽].

로 온전하게 기능할 수도 없게 될 것이다. 호네트의 주장에 따르면, 공적 인정 투쟁의 문턱 아래에는, 즉 이런저런 우연적인 역사 구성의 차원 아래에는 "정치 이전의 고통"prepolitical suffering이라는 지층이 놓여 있는데 이 지층은 도덕 이론과 사회 비판 이론 양자에 경험적 준거와 규범적 자원으로 기능할 수 있다. 호네트는 이러한 재료를 가지고 모든 것을 포괄하는 정의론과 비판 사회 이론을 만들어 낸다.

반면 평등의 의미와 실천을 규범적으로 확장시키고 있는 낸시 프레이저의 정의론에서 인정은 중요하지만 제한된 역할을 담당한다. 이러한 노력 속에서 프레이저는 자아 실현이라는 최고선hyper-good을 핵심으로 하는 '윤리적' 규범틀에서 '참여 동등'이라는 도덕적-민주적 이념을 핵심으로 하는 의무론의 틀로 전환할 것을 요구한다. 그녀는 인정을 개인의 자아 실현을 위한 도구로 다루기보다 온전한 사회적 상호작용 파트너로서의 지위를 획득하기 위한 도구로 간주한다. 그녀의 주장에 따르면 인정은 '손상 없는' 개인의 정체성을 형성시키기 위한 필요조건(이자 충분조건)으로 기능하는 인간학적 상수가 아니라 사회적 지위를 얻기 위한 쟁점으로 다루어지는 것이 가장 바람직하다. 우리가 주목해야 할 것은 일부 개인과 집단을 "열등하고 배제되며 전적으로 다른 것 혹은 단순히 비가시적인 것으로" 구성하는 문화 가치 패턴들이다. 이 경우 우리는 정당하게 "무시와 지위 종속"에 대해 말할 수 있다.[6] 이 경우 부정의를 "개선"하기 위해 필요한 것은 무시와 지위 종속을 증대시키는 문화 가치 패턴들을 "탈제도화"deinstitutionalization하는 것이다. 여기서 필요한 개선책은 사회적 행위자의 왜곡된 주체성이나 손상된 정체성을 치유하는 것이

---

6 Fraser and Honneth, *Redistribution or Recognition?*, p. 29[『분배냐 인정이냐?』, 59쪽].

아니라 행위자가 온전한 사회적 상호작용 파트너로서의 지위를 회복할 수 있게 하는 것이다.

호네트와 프레이저는 서로의 견해를 거의 지지하지 않는다. 특히 호네트의 기획에 대한 전적인 회의를 표현하고 있는 프레이저의 비판은 매우 날카롭다. 그녀는 호네트의 기획을 매우 애매하고 일원론적이며 토대주의적인 것으로 간주한다. 나는 그녀가 제시하는 몇 가지 비판에 대체로 공감한다. 나는 다른 곳에서도 그와 유사한 혹은 그것을 보완하는 비판을 한 적이 있다.[7] 그러나 나는 프레이저의 접근법도 신중히 검토할 필요가 있다고 본다. 정의를 인정이나 재분배 중 하나로 환원하는 것이 현명하지 않듯, 인정 투쟁을 정의나 정체성의 문제 중 하나로 환원하는 것도 현명하지 못하다. 둘 중 하나를 택하는 방식은 잘못된 안티테제에 토대를 둔다. 안티테제를 재생산해서 얻을 수 있는 것은 아무것도 없다. 이론뿐 아니라 실천에서도 인정의 의미 자체가 서로 경합을 벌일 수 있다면, 인정의 의미를 이러저러한 규범적 이념과의 관련 속에서 엄격하게 정의하지 않는 것이 더 현명할 수도 있다.

고통의 주체 없는 무시

프레이저는 인정에 대한 자신의 설명이 호네트의 것보다 규범적으로 더 선호할 만하다고 믿는다. 나는 프레이저의 설명 중 서로 연관되어 있는

---

7 Nikolas Kompridis, "From Reason to Self-Realization?: On the 'Ethical Turn' in Critical Theory", *Critical Horizons* 5: 1, 2004. John Rundell et al. eds., *Contemporary Perspectives in Critical and Social Philosophy*, Leiden: Brill, 2004에 재수록.

특징 두 가지를 면밀히 살펴보고자 한다. 프레이저의 인정 개념에는 불편부당성impartiality과 공공성publicity의 기준이 병합되어 있다. 프레이저는 인정을 의무론적 도덕의 틀 내부에 있는 정의의 문제로 다루는데, 이 틀에서 옳음the right은 좋음the good과 분리되어 있을 뿐 아니라 좋음에 우선하는 것으로 제시된다. 이 때문에 프레이저는, 호네트의 자아 실현 개념과 달리, 논쟁을 불러일으키거나 편협할 수 있는 역사적 혹은 문화적으로 특수한 좋음의 이념에 호소할 필요가 없다. 그녀의 모든 작업은 참여 동등이라는 의무론적·비분파적 규범에 따라 수행된다. 그녀는 인정에 대한 자신의 설명이 가치 다원주의 및 심층 다양성과 양립할 수 있는 불편부당한 규범의 관점에 호소할 수 있다고 믿는다. 그러나 나는 논쟁을 불러일으키는 다른 규범적 입장을 가져옴으로써 기존의 논쟁적 입장을 회피하는 방법을 통해 어떻게 그녀가 자신의 인정론을 호네트의 것보다 **필연적으로** 우월한 것으로 만들 수 있는지 이해할 수 없다. 물론 그녀가 생각하는 불편부당성 기준을 지탱시키는 데 필요한 정의와 선의 분명한 구분은 오래전부터 당연시되던 것이다. 그러나 언제부터인가 그런 강력한 불편부당성 개념이 가치 다원주의와 심층 다양성의 도전에 대한 해결책이 아니라 오히려 문제를 발생시키는 요인이 될 수 있다는 상당히 설득력 있는 주장들이 회자되었다. 그 중 하나는 인정의 의미와 요구를 둘러싼 모든 인정 투쟁에는 항상 "옳음과 좋음이 우리가 이제 막 이해하기 시작한 복잡한 방식으로 얽혀 있다"는 것을 분명하게 보여 준다.[8] 다

---

8 James Tully, "The Practice of Law-making and the Problem of Difference: One View of the Field", in Omid A. Payrow Shabani ed., *Multiculturalism and Law: A Critical Debate*, Cardiff: University of Wales Press, 2006.

원주의와 다양성의 도전에 대항해 옳음의 면역력을 높임으로써 옳음을 좋음으로부터 보호할 수 있다는 생각은 자멸적이다. 이런 점에서 우리는 논쟁의 여지 없이 이미 준비되어 있는 불편부당성의 규범이 있다는 여전히 매력적인 생각에 저항할 필요가 있다. 다시 말해서 우리는 인정 주장과 '문화 주장'의 갈등을 해결하는 유일한 최선의 문제 해결 과정으로 기능할 수 있는 불편부당성의 규범이 있다는 생각에 저항할 필요가 있다. 이와 같은 불편부당성 이념은, 비록 호네트의 이념보다는 좀 덜하겠지만, 그래도 여전히 규범 일원론의 지배를 받는다고 할 수 있다.

프레이저가 호소하는 공공성의 기준 또한 난점을 갖는다. 프레이저는 "테일러와 호네트의 말대로" 무시가 부정적이고 무능화를 유발하는 "윤리적·심리적 효과들"을 가져올 수 있다는 것을 받아들이기는 하지만, 그럼에도 불구하고 "무시의 폐해는 그러한 효과가 나타나는지의 여부에 달려 있는 것이 아니"라고 주장하고 싶어 한다. 그녀에게 "참여 동등을 방해하는 제도적 규범을 갖는 사회는, **그것이 억압받는 자들의 주체성을 왜곡하는지 아닌지에 관계없이, 도덕적으로 변호 불가능하다**".[9] 그러나 이러한 프레이저의 말은 무시의 효과가 무시의 도덕적 폐해를 판단하는 것과 아무런 상관이 없다는 뜻인가? 무시와 관련된 중요한 역사적 사건 중에서 앞서 말한 그러한 무능화의 효과들이 나타나지 않았던 그런 독특한 경우를 상상하기란 매우 어려울 것이다. 마찬가지로 자신이나 다른 사람이 그러한 윤리적·심리적 효과 없이 무시를 당하는 경우를 상상하는 것도 분명히 어렵다. 무시 개념을 이해하는 것, 그리고 도덕 언어에서 무시가 중요한 역할을 수행하는 장소가 어디인지 이해하는 것은 무시가

---

9 Fraser and Honneth, *Redistribution or Recognition?*, p. 32[『분배냐 인정이냐?』, 63~64쪽].

야기할 수 있는 고통에 접근하지 않고는 불가능하다. 프레이저는 무능화를 유발하는 "윤리적·심리적" 효과들을 생산했던 제도화된 규범들이 참여 동등의 원리에 부합한다면(만약 이것이 **실제로** 가능하다면), 그 규범들을 지지할 준비가 되어 있는 것인가? 그러한 무능화 효과가 나타난다는 것은 현재의 평등 규범 제도에 뭔가 문제가 있음을 보여 주는 것이 아닌가? 이것이 바로 인정이 오늘날 민주주의를 위한 규범적 어휘의 일부를 이루었던 이유가 아니겠는가? 그렇다면 왜 프레이저는 윤리적·심리적 무시의 효과들을 무시의 폐해를 판단하는 일과 상관없는 것으로 만들고자 하는가?

분명 그것은 객관성을 주장하기 위해서이다. 프레이저에게 "무시는 어떤 이들을 사회의 온전한 성원으로 설 수 없게 만드는 외적으로 명시적이고 공적으로 검증 가능한 방해물이다". 이렇게 되면 우리는 "단순히 부정의로 **경험되는**experienced 것이 아니라 실제로 부정의라는 이름을 **얻을 만한**merit 것이 무엇인지를" 파악하려 할 것이고, 이렇게 될 때 우리는 공적으로 검증될 수 없는 주관적 경험과 같은 독립적이고 "원초적인"pristine 영역에 호소하지 않게 될 것이다.[10] 우리가 요구하는 것은 완전히 다른 전략이 된다. 이 전략은 매개되지 않은 주관적 경험이 아니라 탈중심화·탈개인화된 정의 담론과 사회 비판론에서 시작한다. 이와 같은 "주체 없는"subjectless 담론은 인정 주장을 평가하기 위해 "고통을 표현"하는 것이 아니라 이보다 훨씬 더 개연적이고 객관적인 경험 준거점을 제공한다. 고통을 표현하는 담론과 달리 주체 없는 담론이 갖게 되는 분명한 장

---

10 Fraser and Honneth, *Redistribution or Recognition?*, p. 31, 205[『분배냐 인정이냐?』, 63, 304쪽].

점은, 그것이 비록 "공적 논쟁을 막아 주지는" 않지만, 그래도 "열린 논쟁을 통해 비판적 검증을 받는다"는 점이다.[11]

그러나 고백하자면 "단순히 부정의로 경험되는 것과 실제로 부정의라는 이름을 얻을 만한 것"을 명백히 구분하는 것은 매우 곤란한 일이다. 주관적 경험은 믿을 수 없는 정당화의 원천이라는 악명을 갖고 있지만, 그것은 또한 대체 불가능한 그리고 절대적으로 필수적인 이해 가능성intelligibility의 원천이기도 하다. 문제의 고통은 일인칭을 피할 수 없다. 반면 정당화의 문제에서 유효한 공적 정당화의 척도 자체는 항상 수월하게 획득될 수 있지만, 이 역시 결코 정착되지 않으며 완전히 위기에 놓일 수도 있다. 따라서 성공적으로 무시를 규정하려면 주관적 경험과 주체 없는 담론 **양자**를 통과해야 한다는 사실을 부정하기란 매우 어려워 보인다. 주체 없는 담론이 주관적 경험을 교정하고 체크하도록 작동해야 하듯이, 주관적 경험은 주체 없는 담론을 교정하고 체크하도록 작동해야 한다. 확실하게 해두고 싶은 것은 주관적 경험과 주체 없는 담론 사이에는 상호적 회로 혹은 피드백의 과정이 있다는 것이다. 정말로 주관적 경험은 주체 없는 담론의 내용이 공허하지 않다는 것, 그 담론이 또 하나의 소외 원천으로 기능하지 않는다는 점을 보장하기 위해 그 담론에 **스며들어** 가야 한다. 또한 무시당한 자는 주체 없는 인정 담론 안에서 인정받을 수 있어야 하며, 그 담론을 통해 자신의 고통을 이해시킬 수 있어야 한다. 프레이저가 전자를 희생시킴으로써 후자를 특권화시키고 있다는 것은 그녀의 사고 안에 어떤 실증주의적 잔재가 있음을 드러내 보여 준다. 그녀는 고통받는 주체의 요구 없이도 무시를 설명할 수 있다고 보는 것 같다.[12]

---

11 *Ibid.*, p. 205[같은 책, 304쪽].

부정의라는 이름을 얻을 만한 것과 단순히 부정의로 경험되는 것을 구분하는 것, 그리고 오직 "외적으로 명시적이고 공적으로 검증 가능한" 경험만이 무시의 타당한 경우로 설명될 수 있다고 보는 것 이외에도 다른 문제가 있다. 그것은 바로 주장을 만들기 위해 현재 사용 가능한 어휘와 주체 없는 담론이 모두 우리가 인정 주장을 **표현**하고 **정당화**하기 위해 필요한 어휘와 담론의 전부라는 가정이다. 이것은 또한 무시가 이미 잘 알려진 공적 형식을 취할 것이라고 가정하고 있다. 그러나 주장되어야 하는 것이 현재 사용되는 어휘와 담론에서 "외적으로 명시적이지도 공적으로 검증될 수도" 없는 것이라면, 그리고 요구되는 담론과 어휘가 단순히 하룻밤에 무에서 창조될 수 없다면, 우리는 현재 사용되는 평가 및 정당화의 담론과 어휘가 적절하다고 가정하는 공적 검증의 기준들을 실질적으로 얼마나 신뢰할 수 있는가?

이와 관련해 프레이저의 입장은 좀 당황스럽다. 왜냐하면 이전 저술에서 그녀는 상처받은 정체성으로 인해 고통스러워하는 사람들의 "행위 영역을 확장하기 위해", 그리고 무능화하는 정체성을 "역능화하는 정체성으로, 즉 누군가 주장하고픈 정체성"으로 바꾸기 위해, 계승된 정체성의 어휘들을 변형시킬 필요가 있음을 인정했기 때문이다.[13] 만약 누군가 이러한 계승된 정체성의 어휘들로 인한 목소리 삭제나 행위 불능 결과를

---

12 프레이저를 보충적으로 비판하고 나아가 아도르노의 시각에서 무시와 고통을 해명하는 글로는 Jay M. Bernstein, "Suffering Injustice: Misrecognition as Moral Injury in Critical Theory", *International Journal of Philosophical Studies* 13: 3, 2005, special issue on "Rethinking Critical Theory", Nikolas Kompridis, quest editor, pp. 303~323 참조.

13 Fraser, "From Irony to Prophecy to Politics: A Response to Richard Rorty", *Michigan Quarterly Review* 30: 2, 1991 참조.

일인칭적으로 경험하지 않는다면 어떻게 그 사람이 위와 같은 필요를 인식할 수 있겠는가? 이것이 바로 우리가 현재의 담론과 어휘의 정당화 적절성을 가정할 수 없는 이유이며, 주관적 경험을 저항, 논박 그리고 변형을 위해 삭제되어서는 안 되는 항상적인 규범적 준거로 두어야 하는 이유이다.

프레이저의 공공성 기준에는 문제가 될 만한 또 다른 가정이 놓여 있다. 직접적인 진리 주장이나 특정한 종류의 도덕적 주장과 마찬가지로 인정 주장이 **완전히 명시적이고 결정적인** 주장이라는 가정이다. 인정에 대한 프레이저의 지위 모델은 바로 이러한 방식으로 인정 주장들을 다룬다. 그러나 인정 주장은 엄격하게 볼 때 정의의 문제이기만 한 것이 아니라 우리의 정체성 및 이 정체성들과 연관된 다양한 좋음의 이념과도 얽혀 있다. 따라서 인정 주장은 불확정성으로 가득 차 있다. 이런 점에서 볼 때 인정 주장을 진술할 때 현재 사용 가능한 어휘들이 인정되어야 하거나 인정될 필요가 있는 것들에 완전히 적합하다고 할 수는 없을 것이다. 그렇다면 이때 무엇보다도 우선 주장되어야 하는 것은 "표현되지 않은 고통"이 **발화되어야**articulate 한다는 것이다. 그러나 주장하고자 하는 것이 성공적으로 발화되거나 표현되지 않을 수도 있다. 이 경우에는 "권리가 진술될 수 없기에 대신 뭔가를 드러내 보여 주어야 한다".[14] 어떤 발화의 '성공' 여부는 발화 **이전에는** 부정의로 보이지 않던 것을 얼마나 드러내 보여 주느냐에 달려 있다. 성공적 발화는 도덕적으로 중요함에도 불구하고 이전에 주제화되거나 인식되지 않았던 공적인 인정(무시) 관행

---

14 Stanley Cavell, *Conditions Hansome and Unhandsome: The Constitution of Emersonian Perfectionism*, Chicago: University of Chicago Press, 1990, p. 112.

들, 좀더 일반적으로는 그러한 제도적 규칙과 질서의 특징이 무엇인지를 드러내 보여 준다. 동시에 성공적 발화는 왜 요구되는 바가 드러나기 전에는 권리가 주장될 수 없는지도 해명해 준다.

일단 인정 주장이 매우 불확정적인 주장이며 불분명함이 그 주장에 내재한 본질이라는 것을 알기만 한다면, 우리는 **무성**aphonia; 無聲, 즉 목소리 없음이나 표현 불가능의 경험이 불러 오는 저 불분명함의 측면에 좀더 촉각을 세울 수 있게 될 것이다. 무성 또한 무시가 낳은 무능화 효과 중 하나이다. 그것은 프레이저의 공공성 기준에 저항하는 말하기라고 할 수도 있다. 이것의 문제는 공적 논쟁과 비판적 검증의 위험을 기꺼이 감수하지 않으려 한다는 데 있는 것이 아니다. 더 직접적인 문제는 오히려 목소리의 부재, 좀더 상세히 말하자면, 다른 사람의 목소리가 아닌 **자기 자신의 목소리**가 부재한다는 것이다. 자신의 목소리를 통해 우리는 자신의 고통과 비참함을 분명하게 말하고 이를 의미 있는 것으로 만들 수 있다. 이 말은 우리가 부정의의 경험을 표현하는 데 적절하고 올바른 단어들을 결여하고 있다는 것만을 의미하지 않는다. 이 말은 또한 우리가, 문자 그대로 보건 비유적으로 보건, 말없이 살아 왔다는 것을 의미한다. 아마도 부정의를 소리 내어 말하고 이에 이름을 부여하는 것만이 부정의로 경험된 것을 정당하게 부정의라는 이름을 얻을 만한 것으로 변환시키는 길을 열어 줄 유일한 방식일 것이다. 이런 방식으로 목소리를 찾는 우리의 투쟁, 그리고 이름이 없던 것에 이름을 부여하는 투쟁은 도덕적 의미의 지평을 확장시킨다. 이러한 투쟁이 우리에게 상기시키는 것은 공적 합리성을 곧 정당화 담론으로 환원해 생각해서는 **안 된**다는 것이다. 만약 부정의가 부정의**로** 나타나게 된다면, 그것은 의미론적으로 혁신적인 문제 해결의 차원(가령 표현되지 않은 고통을 표현하는 문제)을 필연적으로 포함하게 된다. 그것은 또한 어떻게 공공성의 빛이 우리의 눈을 밝히는 만큼이나 어둡게 할 수 있는지도 경고해 준다. 우리는 공공성에서 나오는 빛 **때문에** 어떤 쟁점이나 갈등에 담긴 도덕적으로 중요한 특징 몇 가지를 보는 데 실패할 수도 있다. 따라서 우리는 공공성의 밝기를 지속적으로 조절할 필요가 있다. 이럴 때 비로소 공공성의 빛이 무엇을 가리는지를 개시disclosure, 開示할 수 있기 때문이다. 결국 이것은 개시와 표현이 실천이성의 공적 실행 속에서 함께 구체화되어야 함을 의미한다.[15]

나는 잠시 프레이저에 대한 논의를 접고, 호네트의 인정 이론이 부정의와 정체성에 새로운 표현을 가져오기 위한 의미론적-정치적 투쟁에 어떤 의미를 부여하고 있는지를 살펴보고자 한다. 호네트에게 **보조를 맞추어 본다고 해도**, 목소리 없음을 극복하려는 우리의 투쟁, 목소리 자체가 위험에 처했음을 알 게 된 후 **우리의** 목소리를 되찾기 위해 벌이는 투쟁은, 심지어 그 동기상으로 볼 때도 인정 투쟁이라는 말만으로는 충분히 설명할 수 없는 투쟁이다. 왜냐하면 그것은 아마도 더 근본적으로 자기 자신의 목소리를 **위한** 또는 자기 자신의 목소리를 **둘러싼** 투쟁일 것이기 때문이다. 자기 자신의 목소리에 대한 물음은 무시의 맥락에서 제기되겠지만, 그것이 말하고 있는 우리 자신의 목소리임은, 작동하고 있는 우리 자신의 행위자성agency임은 어떤 적절한 인정 형식에 의해서도 최종적으로 재확인될 수 없을 것이다. 우리의 말과 행동이 사실상 우리 자신의 것임을 스스로 재확인하고자 하는 시도는 오직 **부분적으로만** 만족될 수 있다. 가장 호의적인 사회적·정치적 조건하에서도 우리가 추구하

---

15 "세계의 비밀을 개시하는" 이성의 역할에 대해서는 Kompridis, *Critique and Disclosure: Critical Theory Between Past and Future*, Cambridge, MA: MIT Press, 2006 참조.

는 '만족'은 잠정적이며, 그 만족은 다시금 규범적 도전과 자기 원인적 의심의 대상이 될 것이다. 왜냐하면 우리는 만족의 '욕망'이 발생하는 그 장소에서 '만족'을 발견하게 되기 때문이다. 인정이 부여되면서도 부정되는 조건, '만족'이 쉽사리 '불만족'으로 전환되거나 대체될 수 있는 조건하에서 우리는 만족을 발견한다.

호네트의 인정 이론은 우리가 행위자성을 실행하는 데, 즉 우리 자신의 목소리로 말하는 데 **필요한** 인정의 정도를 과장한다. 여기서 자세히 설명할 수는 없지만, 헤겔의 '주인/노예' 변증법 분석은 호네트에게 골칫거리였던 것 같다. 왜냐하면 '노예'는 불평등과 무시의 조건하에서도 새롭게 획득된 행위자성을 실행하고 새로운 자기 이해에 도달할 수 있기 때문이다. 노예는, 최소한 부분적으로라도, 호네트가 성공적인 행위자성과 개인적 정체성을 위한 필요충분조건으로 간주한 인정의 종류들이 없이도, 만족되지 않은(그리고 만족될 수 없는) 인정 욕망에 의해 추동되는 '인식론적 위기'를 해소할 수 있음을 증명했다. 사실상 '노예'가 자신의 기본적 자기 이해를 재인식하고 변형시킬 수 있었던 것은 잇단 인식론적 위기와 마땅한 인정의 거절 덕분이었다. 이 모든 것의 핵심은 무시가 정말 우리에게 좋으므로 무시당하는 것에 그다지 염려할 필요가 없다는 것이 아니다. 핵심은 인정과 무시가 우리의 정체성과 행위자로서의 자아감의 **토대가 된**다는 것이다. 정체성을 형성하고 행위자성을 실행시키는 우리의 힘은 미리 마련된 적절한 형식의 인정을 받는 것에만 의존하지 않는다. 우리는 그러한 인정의 부재나 부정에도 불구하고 반복해서 정체성을 형성하고 행위자성을 실행할 능력을 갖고 있다. 뿐만 아니라 내가 헤겔을 해석하는 바에 따르면 무시의 경험이 **반드시** 부정의의 형식을 포함하는 것은 아니다. 무시의 경험은 타자와 변혁적이고 비판적으로 조우하는 경우에도 나타날 수 있다. 이 경우 우리가 조우하는 타자는 우리 자신의 인정 주장에 도전한다. 즉 이때 타자는 지배와 비대칭성의 조건을 유지하기 위해서가 아니라 자기 이해와 우리의 관계 변화를 주도하기 위해서 도전하는 것이다.[16]

여기서 또 다른 의미가 도출된다. 세상의 모든 인정이 우리 자신의 목소리를 보장하지도, 이를 대신하지도 않는다는 것이다. 인정에 대한 호네트의 설명에는 에머슨, 니체, 하이데거 그리고 최근에는 캐벨이 주제로 삼았던 '완전주의적'perfectionist 관심이 빠져 있다. 즉 그에게는 자아 실현의 '내적' 방해물에 대한 인식이나 충분한 이해가 결여되어 있다. 여기서 내적 방해물이란 에머슨이 '일치성' 및 '일관성'으로, 니체가 '르상티망'으로, 그리고 하이데거가 '일상인'das Man으로 불렀던 것이다.[17] 행위자성의 자유로운 실행을 방해하는 것, 우리 자신과의 자유롭고 실천적인 관계를 방해하는 것 모두를 '외적' 방해물로 간주할 수 있는 것은 아니다.

---

16 Kompridis, "From Reason to Self-Realization?", *Critical Horizons* 5: 1, pp. 346~349 에서 나는 이 점을 상세히 논했다.
17 Ralph Waldo Emerson, "Self-Reliance", *Essays: First and Second Series*, New York: Vintage, 1990; Friedrich Nietzsche, *On the Genealogy of Morals*, trans. Walter Kaufmmann and R. J. Hollingdale, New York, Vintage, 1969[『선악의 저편·도덕의 계보』, 김정현 옮김, 책세상, 2002]; Martin Heidegger, *Being and Time*, trans. John Macquarrie and Edward Robinson, New York: Harper and Row, 1962, Pt. 1, Chap. 4[『존재와 시간』, 이기상 옮김, 까치, 1998]. 이 점에 대한 상세한 설명을 보려면 나의 저서 *Critique and Disclosure*와 "Intersubjectivity, Recognition, and Agency", in Danielle Petheridge ed., *The Critical Theory of Axel Honneth*, Leiden: Brill, 2006 참조. 이것이 바로 여기서 내가 자아, 정체성 그리고 소위 '정치 이전의' 고통 경험에 초점을 맞추는 솔직한 접근들을 기각하는 프레이저를 잘못이라고 보는 또 다른 이유이다. 자아와 사회의 이분법은 분명 시대에 뒤진 것이 되었다. 그것은 내부와 외부, 주관과 객관, 공과 사와 같은 문제가 있는 불공정한 구분 위에 토대를 두는 형이상학적 그림의 효과이다. 이 그림에 대한 일련의 비판으로는 하이데거, 비트겐슈타인, 테일러 그리고 캐벨의 저술을 참조하라.

우리는 스스로를 이해하지 못하고 스스로에 대해 무지했음을 알게 될 수 있다. "마치 우리는 정당화되지 않은, 말로 형용할 수 없는 요구들에 종속된 것처럼 보인다. 우리 삶은 저주받은 것 같다."[18] 이러한 상황은 당연히 받을 만한 인정을 받음으로써 개선될 수 있는 것이 아니다. 왜냐하면 자신의 목소리를 위한, 그리고 이를 둘러싸고 벌어지는 급박하고 삭제 불가능한 투쟁을 만들어 내는 것이 바로 인정 관계 그 자체이기 때문이다.

반면 나는 고통의 현상학의 필요성을 주장했다는 점에서 호네트가 옳았다고 본다. 고통의 현상학이 토대주의적 역할을 수행하는 것이 아닌 한, 그러한 작업에 잘못된 것은 없다. 오히려 우리는 이로부터 많은 것을 배울 수 있다. 가령 우리는 어떤 공식 언어로도 적절하게 표현되지 않는 고통의 형식에 좀더 예민해질 수 있으며, 부정의라는 이름을 얻을 수 있을 만한, 그러나 이전에는 주시되지 않았던 우리 관습과 제도의 측면들에도 좀더 촉각을 세울 수 있다. 그러나 불행히도 호네트는 그러한 현상학을 제공하지 않는다. 대신 그는 부정의에 대항한 **모든** 투쟁이 벌어지는 규범적 공간을 개념화하려는 지나치게 야심적인 시도를 통해, **어림짐작으로** 고통의 분류를 도출해 낸다. 그러나 좀더 겸손한 고통의 현상학을 만들려면 니체의 고통의 계보학을 통해 이를 보완하거나 이에 균형을 맞추어야 할 것이다. 니체의 계보학을 통해 우리는 인정에 대한 우리의 필요에 깔려 있는 심층 동기와 심층 복합성을 좀더 잘 이해할 수 있게 될 것이기 때문이다.[19]

---

18 Cavell, *Conditions Handsome and Unhandsome*, pp. xxxi~xxxii.
19 Wendy Brown, "Wounded Attachments", in *States of Injury*, Princeton: Princeton University Press, 1995, pp. 52~76.

인정의 도구화

지금까지 나는 프레이저와 호네트 사이에 심층적으로 존재하는 불일치만을 주제로 다루었다. 그러나 인정에 대한 그들의 견해에는 약간의 공통점도 보인다. 이제 나는 이 중 하나를 살펴보고자 한다. 호네트와 프레이저는 모두 인정에 대한 도구주의적인 견해를 갖고 있다. 다시 말해서 두 사람 모두 인정을 목적을 위한 수단으로 간주한다. 여기서 목적이란 손상되지 않은 개인 정체성일 수도 있고 온전한 사회적 참여일 수도 있다. 그리고 두 사람은 모두 인정을 **외적인** 혹은 **명시적인** 행위로 간주한다. 인정은 우리가 처리할 수 있는 어떤 것, 국가나 개인적 의지 작용에 의해 형성될 수 있는 어떤 것으로 간주된다. 그들 모두에게 인정 주장은 공적으로 정당화되는 것처럼 여겨지며, 그런 한 적정량의 적절한 인정을 **관리하는 것**administering이 중요한 문제가 된다. 따라서 인정은, 프레이저가 자주 그렇게 말했듯, 부정의의 '개선책'으로 이해된다.

나는 인정에 대한 이러한 도구주의적 견해에 두 가지 문제가 있다고 본다. 다시금 프레이저의 논의에 초점을 맞추어 보자. 무엇보다도 우선 인정에 대한 도구주의적 견해는 인정, 정체성 그리고 정의의 쟁점을 **의학화**medicalize한다. 이는 적절한 약물이 처방되어야 하는 생체 정치에서 심각한 질병을 다루는 것과 유사하다.[20] 둘째로 이러한 견해는 궁극적으로 도구화될 수 없는 것을 도구화하고자 한다. 인정은 우리가 처분할 수 있

---

20 이러한 의학화 경향은 특히 호네트에게서 많이 드러난다. 호네트에게 이러한 경향이 있음을 비판하는 글로는 Kompridis, "From Reason to Self-Realization?", *Critical Horizons* 5: 1 참조.

는 어떤 것이 아니다. 그것은 적절한 시기에 적절한 사람들에게 적절한 양을 할당할 수 있는 것도 아니다. 경제적 자원은 국가 조직을 통해 재분배될 수 있지만 인정은 '재분배'될 수 있는 어떤 것이 아니다. 부분적으로 이는 인정이 쉽게 측정되고 재배치될 수 있는 어떤 사물이 아니기 때문이다. 분명히 법적인 인정 형식은 불법적 형식의 배제와 불평등을 방지하기 위해 인정의 규범을 제도화하고자 한다. 물론 인정 관습의 변화를 제도화하기 위한 법적 기제들은 중요하다. 그러나 나는 법적인 인정 투쟁이 인정 투쟁 전반에서 성패를 가늠하는 것이 무엇인지를 복합적으로 설명하는 데 충분한 모델은 아니라고 본다. 그것은 단지 법적 인정 규범이 항상 그 자체로 논쟁을 불러일으킬 수 있기 때문만은 아니다.

인정의 의미가 무엇이든, 그것이 사실상 어떤 범위를 규정하는 실천이라면, 인정은 재교육 과정과 인지 정향 및 규범 기대의 개조에서 중요한 것으로 나타나게 될 것이다. 그것은 더 큰 학습 과정의 일부이지만 진짜genuine **학습** 과정이기도 한 만큼, 그로부터 예측 불가능하고 예언할 수 없는 결과가 나올 수 있다. 제도적 조치는 그러한 학습 과정들을 촉진시키는 **하나의** 방법이다. 그러나 법적 형식의 인정은, 그것이 필수적인 것일지라도, 그 자체로 일상적 실천의 차원에서 요구되는 상징적이고 문화적인 변화를 가져오기에 충분하지 않다. 게다가 프레이저와 다른 이론가들이 지적한 바 있듯이 그러한 변화를 생산하기 위한 법적 기제들은 저항이나 극심한 반발에 부닥칠 수 있다. 따라서 프레이저가 답해야 하는 문제는 그녀가 "문화 가치 패턴의 탈제도화"에 대해 말할 때 어떤 종류의 변화를 생각하고 있는가이다. 이러한 변화는 '제도적' 수단만으로, 예를 들어 법적 기제를 통해서 성취될 수 있는가? 여기서 우리는 좀더 복합적인 규범적·문화적 변화 과정을 얻기 위해 올바른 규범적·개념적 언어를 사용하고 있는가?

이러한 물음들은 특히 프레이저가 '해체주의적 인정'을 통해 말하려 했던 바가 무엇인지, 그리고 좀더 상세하게는 이것이 어떤 실천적 역할을 하리라고 가정되는지를 고려할 때 맞닥뜨리게 된다. 물론 프레이저는 호네트와 마찬가지로 인정이 다양한 사회적 맥락에서 다양한 방식으로 표현될 수 있는 명시적 긍정 행위라고 보는 관습적 견해에 따르고 있다. 그러나 프레이저는 또한 어떤 종류의 무시는 완전히 다른 종류의 인정을 요청한다고 본다. 여기서 요청되는 '개선책'은 부당하게 헐뜯긴 집단 정체성의 긍정이 아니라 집단 차이를 만들어 내는 그 용어의 해체이다. 긍정으로서의 인정이 모든 이의 정체성을 다소 불변적인 것으로 남긴다면 이와 달리 해체로서의 인정은 "모든 이의 사회적 정체성을 변화"시키게 된다.[21]

분명히 해체주의적 인정의 실천은 긍정적 인정이라는 '보수적' 실천의 '급진적' 반대급부로 가정된다. 그러나 그것이 **실천**에서 의미하는 바가 무엇인지는 도무지 분명하지 않다. 한 가지 의미는 텍스트를 해체하는 것이라고 할 수 있다. 그러나 우리의 정체성을 해체하는 것은 그와는 완전히 다른 일이다. 앞의 경우는 그 사람을 문제시하지 않고도 개입이 진행될 수 있다. 그리고 일단 활동이 시작되면 그 결과는 자동적으로 나오며 정당하게 예측될 수 있는 것도 사실이다. 그러나 두번째 경우에는 우리에게 중요한 대부분의 것이 문제가 된다. 우리는 어떻게 무엇을 지속하고 기대해야 할지를 알 수 없다. 결국 우리 정체성을 해체하는 일은

---

21 Fraser and Honneth, *Redistribution or Recognition?*, pp. 13, 15, 75[『분배냐 인정이냐?』, 32, 36, 134~135쪽].

우리가 결코 능수능란하게 할 수 있는 것이 아니다. 그것은 우리가 완수할 수 있는 것도 아니다. 이 영역에서 해체의 완수는 성공이 아니라 실패를 의미하게 될 수 있다. 이 말은 우리 정체성이 그 해체에 저항한다는 것만을 의미하는 것도, 우리가 해체의 '주체'이면서 동시에 '대상'이 된다는 것만을 의미하는 것도 아니다. 이 말은 그 과정과 결과가 우리가 실질적으로 통제하거나 예견할 수 있는 어떤 것이 아니라는 것이다.

따라서 자연스럽게 '해체주의적 인정'이 사회적 실천을 구성할 수 있는지의 문제가 제기된다. 만약 그것이 우리가 규범적으로 지지할 수 있는 실천이 될 수 있다면 분명 그것은 모든 당사자의 협력과 동의를 요구하는 **민주주의적** 실천이 될 것이다. 그러나 그것은 시작부터 매우 불확정적으로 보이는 과정에 그보다 더 높은 수준의 불확정성을 도입하는 일이 될 것이다. 게다가 만약 '해체주의적 인정'이 어느 정도 민주주의적 실천이 될 수 있으려면, '모든 이의 사회적 정체성'에 변화를 가져오리라는 이 '급진적' 야망이 다원주의와의 성실한 대면을 통해 완화되어야 할 것이다. 즉 어떤 사람들은 좋은 이유에서 자신의 정체성의 측면들을 보존하고 유지하고 싶어 할 것이며, 이 정체성을 단순히 없애는 것이 아니라 계승시키고 싶어 할 것이라는 사실과 대면해야 하며 이를 통해 완화되어야 할 것이다.[22]

방금 내가 기술한 바는 해체적 유형의 인정을 실행 가능한 사회적 실

---

22 Kompridis, "Normativizing Hybridity/Neutralizing Culture", *Political Theory* 33: 3, 2005, pp. 318~343. 이 논문에서 제기되는 쟁점에 대해서는 Seyla Benhabib, "The Claim of Culture Properly Interpreted: Response to Nikolas Kompridis", *Ibid.* 34: 3, 2006, pp. 383~388과 벤하비브에 대한 나의 대답인 "The Unsettled and Unsettling Claims of Culture: Reply to Seyla Benhabib", *Ibid.* 34: 3, 2006, pp. 389~396 참조.

천으로 만들고자 했던 프레이저의 시도와는 다르다. 그녀는 "개혁주의적 개혁"을 "정치적으로 실현 가능하지만 존재적으로 결함을 갖는 긍정 전략과 프로그램상 건전하지만 정치적으로는 실현 불가능한 변혁 전략을 잇는 매개체"로 생각했다.[23] 그러나 나는 해체주의적 인정이 "프로그램상 건전"하다고 생각하지 않는다. 반대로 나는 해체주의적 인정을 가능한 실천으로 개념화하는 일은 인정이 도구화될 수 있다는 프레이저의 가정으로 인해 심각한 결함을 갖게 된다고 생각한다. 이로 인해 그녀는 어떻게 문화적 변화가 일어날 수 있으며 또 일어나야 하는지를 인지하는 데 실패하게 된다.[24]

만약 프레이저가 '해체주의적 인정' 개념을 사용함으로써 의도치 않게 인정의 문제를 정체성의 쟁점과 재연결시키고 있는 것이라면, 다시 말해서 해체주의적 인정 개념을 그녀가 엄격하게 분리시키고자 했던 바로 그 쟁점과 재연결시키고 있는 것이라면(이를 억압된 것의 귀환이라고 부를 수 있을 것이다), 우리는 다시 원점으로 돌아온 것이라 할 수 있다. 우리는 우리가 통상 이해하는 바의 인정이 정체성의 문제인 만큼 평등의 문제이기도 하다는 것을, 행위자의 문제인 만큼 정의의 문제이기도 하다는 것을 본다. 그러나 우리는 여전히 인정을 어떻게 이해해야 할지 확신할 수 없다. 우리는 인정이 무엇을 의미하는지, 사회 생활에서 우리가 수행하고 싶은 혹은 수행할 필요가 있는 규범적·정치적 역할(들)이 무엇인지 알지 못한다.

---

23 Fraser and Honneth, *Redistribution or Recognition?*, p. 79[『분배냐 인정이냐?』, 142~143쪽].

24 나는 "비개혁주의적 개혁"의 이념을 재분배에 적용하는 것이 훨씬 더 장래성이 있다고 본다는 점을 덧붙여야 할 것이다.

인정 담론과 인정에 대한 대항 담론

한동안 우리는 근본적으로 치료적인 인정 담론을 만들기 위해 작업했다. 이 담론은 좋은 종류의 인정과 나쁜 종류의 인정을 구분하며, 좋은 인정을 절대적으로 좋은 것으로, 나쁜 인정으로 인해 발생한 손해에 대한 확실한 개선책으로 인식한다. 이와 거의 동시적으로 인정에 대한 매우 회의적인 대항 담론이 등장했는데 여기서 인정은 지속적으로 그리고 가차없이 해체되어야 하는 복잡한 사회 구성 과정에 연루된 것이었다. 놀랍게도 낸시 프레이저는, 비록 성공적이지는 못했지만, 각각의 한계를 초월하는 방식으로 두 담론을 조합하고자 했다.

그러나 아마도 우리가 다루고 있는 것은 정말로 이질적인 실천들과 기대들일 것이다. 이것들은 악셀 호네트와 같은 인정 이론가가 일반적으로 믿고 있는 것보다 더 불확정적이고 불안정할 수 있다. 이것들은 저변에 놓인 불변의 인간학적-규범적 핵심보다 우연적인 역사적 환경과 더 많이 결부되어 있다. 이 생각이 맞다면 이제 우리에게 필요한 것은 인정에 대한 일원론적인 설명이 아니라 좀더 다원적이고 맥락주의적인 설명일 것이다. 이것이 얼마나 복잡하고 내적으로 분화되어 있는지는 문제가 되지 않는다. 인정에 대한 호네트의 설명은 형식적 옳음the good의 이론에 치우쳐 있는데, 그 중심에 놓인 자아 실현은 그 자체의 목적을 위해 인정 실천을 주조하는, 매우 많은 논쟁을 불러일으킬 수 있는 결함을 가진 이념이다.

내 생각에 제임스 툴리는 올바른 방향으로 가기 위한 중요한 발걸음을 내디뎠다. 그는 인정 투쟁을 누군가의 정체성 주장을 정당화하기 위한 투쟁이 아니라 **인정 규범을 둘러싼** 투쟁으로 다시 쓴다. 인정 규범 자체로 초점을 전환시킴으로써 툴리는 상호 주관적 인정 규범을 둘러싼 투쟁을 통치 방식을 둘러싼 투쟁에 연결시킨다. 이로써 인정은 **자유**의 문제가 된다. 그것은 정의나 정체성의 문제로만 국한되지 않는다. 무시는 스스로를 통치할 우리의 자유를 정당하지 못한 방식으로 축소시킨다. 인정 규범을 둘러싼 투쟁은 곧 인정하는 것 혹은 인정받는 것이 무엇을 의미하는지를 둘러싼 투쟁이므로, 우리가 작금의 인정 실천과 형식의 결점과 불완전성을 이해하고자 할 때 규범적 투사의 빛으로 사용할 수 있는 최종적인 혹은 완벽한 인정의 상태 따위는 거기에 존재할 수 없다. 툴리가 지적하듯이, 모든 도덕적·정치적 규범과 마찬가지로 인정 규범은 저항과 논쟁을 불러일으킬 수 있는 두 가지 기능, 즉 규범적이고 규범화하는 기능을 갖는다. 얼마나 좋은 의미나 의도를 갖는지와 상관없이, 얼마나 상호적인 혹은 호혜적인 인정 규범인지와 상관없이, 실천에서의 효과는 항상 논쟁적이고 의문투성이다. 그래서 우리는 상호적이고 호혜적인 인정 규범이 강제 권력으로 발동할 수 있음을 염려할 필요가 있다.[25]

이제 우리가 인정으로부터 무엇을 기대하는지에 대해 물어야 할 때인 것 같다. 왜냐하면 우리는 인정을 규범화하고 정상화해 왔으며 그런 한 인정에 너무 많은 사회적·정치적 요구들의 짐을 부과했기 때문이다. 이제는 인정이 우리에게 무엇을 해주는지뿐 아니라 무엇을 할 수 없는지도 생각해 봐야 할 때인 것 같다. 우리는 인정에서 무엇을 얻을 수 있고 또 무엇을 얻을 수 없는가? 조심스럽게 말하자면, 완전하고 완벽한 인정은 망상chimera이다. 모든 인정은, 그것이 매우 좋은 종류의 것일지라도,

---

25 Tully, "The Practice of Law-making and the Problem of Difference", in Shabani ed., *Multiculturalism and Law*.

부분적이며, 불완전하고 일방적이다. 인정을 수행하고 있을 때 우리는 자신이 무엇을 하고 있는지를 완전히 알 수 없기 때문이다. 우리의 동기와 행위가 결코 우리에게 완전히 투명할 수 없고 또 완전히 예견될 수도 없기 때문에, 모든 각각의 인정 행위에는 무시의 가능성이 내재해 있다. 무시의 가능성은 실제로, 좋건 나쁘건, 우리가 지금 가지고 있는 인정의 규범을 해석하고 적용하는 실천 과정에서 나타난다.

나는 우리가 인정을 이론적·실천적으로 무리하게 다루고 있다고만 주장하는 것이 아니다. 나아가 나는 인정이 재현하고 생산할 것이라고 여기는 좋음을 우리가 부분적으로 잘못 파악했을 수 있다고 주장하고 있는 것이기도 하다. 우리는 인정에 대한 우리의 **갈망**과 인정이 만족시켜 줄 것이라 기대하는 욕망을 문제시할 필요가 있다. 우리의 인정 욕망은 '어떤 만족도 얻을 수 없는' 그런 욕망으로 판명될 수도 있으며, 심지어 동등한 자에 의해 인정될 수 있는 욕망이 아닐 수도 있다. 그 이유에 대해 우리는 지금보다 더 잘 이해할 필요가 있다. 이러한 문제 제기는 인정에 대한 담론 그리고 인정의 담론이 나아가야 할 새로운 방향을 제시한다.[26]

---

26 제임스 툴리의 작업에 덧붙여 여기서 내가 생각하고 있는 작업은 Wendy Brown, *States of Injury*와 Patchen Markell, *Bound by Recognition*, Princeton: Princeton University Press, 2003이다. 툴리의 다음 논문들도 참고하라. "On Reconciling Struggles over Recognition: Toward a New Approach", in Avigail Eisenberg ed., *Equality and Diversity: New Perspectives*, Vancouver: University of British Columbia Press, 2006; "Exclusion and Assimilation: Two Forms of Domination", in Melissa Williams and Stephen Macedo eds., *Domination and Exclusion*, Princeton: Princeton University Press, 2004; "Recognition and Dialogue: The Emergence of New Field", in *Critical Review of International Social and Political Philosophy* 7: 3, 2004, pp. 84~106. 인정에 대한 대항 담론의 맥락에서 참고할 것은 Andrew Schaap, "Political Reconciliation through a Struggle for Recognition?", in *Social and Legal Studies* 13: 4, 2004, pp. 523~540.

아마도 우리는 좀 다른 인정의 실천을 상상할 필요가 있을 것이다. 긍정적 실천과 해체적 실천을 말끔하게 구분하지 않는 그런 실천 말이다. 아마도 우리는 지금까지 우리가 기술할 수 없었던 방식으로 무시당한 자와 무시하는 자를 결부시키는 가운데, 우리 사회에서 형성되거나 일어나지 않았던 인정의 실천으로, 그럼에도 지속적인 자기 비판이 가능한 표출적 실천으로 나아갈 필요가 있을 것이다. 여기서는 이를 더 이상 논할 수 없지만 언젠가 그렇게 할 수 있기를 바란다. 나는 비판 이론이 경험적 현실에 규범적 발판을 놓아야 한다는 것에 동의한다. 이것은 우리가 이전에 사용하지 않았던 대안적 가능성을 드러낼 더 큰 힘을 가질 것을 요구한다.[27]

---

27 비판 이론의 이러한 대안적 개념을 체계적으로 서술하고 있는 것으로는 Kompridis, *Critique and Disclosure* 참조.

중요한 일부터 먼저

재분배, 인정 그리고 정당화

라이너 포르스트

1

낸시 프레이저와 악셀 호네트의 논쟁은 포괄적 의미의 **비판적 정의론**을 구성하려는 시도 중 가장 앞서가는 것이다. 두 접근 방식의 대립 양상은 오래된 '비판론의 분파'schism of critique를 상기시킨다. 즉 두 사람의 접근 방법은 맑스주의 전통과 비판적 계몽주의 담론에 뿌리를 두고 있는 두 줄기 이론적 흐름을 상기시킨다. 첫번째 흐름은 경제적·사회적·정치적 **불평등** 관계의 극복을 근본적인 목적으로 한다. 정치경제학 분야에서는 '착취'가 중심 주제였고 또 지금도 그러하다. 다른 흐름은 주로 근대 자본주의 생산양식에서 나타나는 개인적·문화적 **황폐화**impoverishment를 고발한다. 여기서 주요 비판점은 착취보다 '소외'이다.

이 두 가지 비판 형식이 분명 다양한 방식으로 연결되어 있긴 하지만,[1] 이들 사이의 이론적 차이가 분명한 만큼 이를 통합하는 현대적 이론

---

1 장-자크 루소의 저작들은 이러한 조합을 보여 주는 사례를 제공한다.

을 찾고자 하는 시도도 계속되고 있다. 전자의 비판론이 심각한 힘의 불균형이나 정당화되지 않은 지배 형식으로부터 자유로운 사회적·정치적 관계를 성립시키고자 하는 **정의**의 개념을 그 토대에 두는 반면, 후자의 비판론은 그보다 더 질적이고 윤리적으로 실체적인 용어, 즉 '진정한'true **자아 실현**self-realization, '의미 있는' 삶의 형식, 혹은 다양한 형식의 상호 인정과 사회적 존중을 통해 **지양된** 존재being aufgehoben 등을 비판의 도구로 사용한다.

에른스트 블로흐식으로 이 차이를 분석해 볼 수도 있다. 블로흐는 이러한 분화를 인간 **존엄성**dignity의 이념에 초점을 맞추고 있는 자연법 사상과 인간 **행복**happiness의 실현을 목적으로 하는 사회적 유토피아 사이의 차이로 재구성한 바 있다.[2] 그러나 이러한 분석이 아주 적절한 것은 아니다. 왜냐하면 후자의 질적으로 윤리적인 비판 형식이 필연적으로 '유토피아적인' 것도 아니며, 존엄성 개념을 결여하고 있는 것도 아니기 때문이다. 호네트가 자신의 저작에서 분명히 한 것처럼, 긍정적인 인정 개념의 구성만큼이나 다양한 무시 형식의 재구성도 분명히 사회적 투쟁에서 발생하고 역사적 짜임새를 갖는 풍부한 인간 존엄성 개념을 제공한다. 그럼에도 불구하고 존엄성과 행복을 병치시키고자 하는 것은 이러한 방법이 우리가 이 논쟁에서 마주하게 되는 몇 가지 이론적인 차이를 포착할 수 있도록 해주기 때문이다. 즉 이러한 병치는 칸트주의적인 입장과 헤겔주의적인 입장의 비판적 기획들 사이에 존재하는 기본적인 차이를 반영하고 있다. 이 말은 낸시 프레이저처럼 첫번째 전통에 있는 이

---

2 Ernst Bloch, *Natural Law and Human Dignity*, trans. D. Schmidt, Cambridge, MA: MIT Press, 1987[『자연법과 인간의 존엄성』, 박설호 옮김, 열린책들, 2011].

론가들이 두번째 전통의 이론가들에게 행복이나 '좋은 삶'과 같은 용어들이 다원주의 시대의 혹은 탈형이상학 시대의 정의 주장을 위한 토대가 될 수 없음을 지속적으로 상기시키고 있다는 것만을 의미하지는 않는다. 이 말은 또한 악셀 호네트와 같은 두번째 전통의 지지자들이 첫번째 전통의 이론가들에게 정의를 위한 투쟁의 대략적 목적이 궁극적으로 충만하고 좋은 삶을 이끌 가능성을 갖는 것에 있음을 끊임없이 상기시키고 있다는 것만을 의미하지도 않는다. 이를 넘어서서 두 입장 사이의 논쟁은 사회 관계 안의 인간 존재를 어떻게 볼 것인가와 같은 좀더 심층적인 쟁점, 다시 말해서 사회 존재론의 쟁점을 반영하고 있다고 볼 수 있다. 사실상 어떤 점에서는 첫번째 전통의 대표자들이 두번째 전통의 사람들보다도 더 '소외된' 사회 존재론적인 견해에서 출발한다고 할 수 있다. 반대로 소외 및 여타의 '나쁜' 삶의 형식에 주된 관심을 갖고 있는 사람들이——**정체성**이 아니라면——개인이나 사회의 통일성과 같은 것으로 '환원되지 않는' 사회적 삶을 기대하는 윤리적 견해에서 시작한다고 할 수도 있다.[3]

후자의 포괄적 전망점을 가질 때 우리는 왜 낸시 프레이저와 같은 첫번째 접근법의 대표자들이 '건강한' 사회적 삶의 형식이 무엇인지를 증명하는 부담에서 벗어나고자 했는지, 왜 그 과정에서 자신의 사회 비판을 사회 '병리학' 비판으로 규정하지 않았는지를 이해할 수 있게 된다. 나아가 이러한 관점을 가질 때 우리는 왜 그녀와 달리 악셀 호네트가 포

---

3 악셀 호네트는 다음의 논문에서 헤겔주의적인 '합리적 보편주의'의 이념에 대해 적고 있다. Axel Honneth, "A Social Pathology of Reason: On the Intellectual Legacy of Critical Theory", trans. J. Hebbeler, in Fred Rush ed., *The Cambridge Companion to Critical Theory*, Cambridge: Cambridge University Press, 2004, pp. 336~360.

괄적 이론을 시도하는 가운데 이 부담을 재구성하고자 했으며 이 과정에서 형이상학의 무게를 덜어 내고자 했는지를 이해할 수 있다. 이를 통해 그는 '잘못된' 삶의 형식 전체totality를 다루지 않는 축소된 비판 양식에 안주하는 것을 피하고자 했던 것이다.[4] 내가 보기에 이러한 차이는 '인정'과 '재분배'에 대한 논쟁을 관찰할 때 대면하게 되는 기본적인 쟁점일 것이다. 나는 이 차이가 정의에 대한 또 다른 논쟁일 뿐이라고 생각하지는 않는다. 프레이저의 최근 연구에 쓰인 한 구절을 빌려 (문맥과 무관하게) 말하자면, 이 차이는 비판적 사고의 적절한 '틀'frame이 무엇인지에 대한 논쟁이다.[5] 그녀의 주장처럼 만약 정의의 틀에 대한 논쟁이 '이례적'abnormal 담론(이에 대립하는 것은 신쿤주의적neo-Kuhnian 언어로 '정상적 정의'normal justice이다)의 기호라면, 여기서 우리는 또 다른 '이례성' abnormality 형식을 지닌 논쟁을 발견하게 될 것이다. 이 논쟁은 정의의 정치적 틀을 쟁점으로 삼는 그런 논쟁만을 뜻하지 않는다. 그것은 정의를 사고하는 기본적인 방법론과 규범적 물음까지도 경합시키는 논쟁이다. 뿐만 아니라 이는 우리가 비판 이론을 실천할 때 주로 정의에 초점을 맞추어야 하는지를 묻는 논쟁일 수도 있다. 이하에서 나는 이러한 쟁점들에 간단히 주목하고자 한다.

---

4 Honneth, "Pathologien des Sozialen", in *Das Andere der Gerechtigkeit: Aufsätze zur praktischen Philosophie*, Frankfurt/M.: Suhrkamp, 2000, pp. 11~69.

5 Nancy Fraser, "Abnormal Justice", in *Critical Inquiry* 34: 3, 2008, pp. 393~422. 이 글은 다음의 저서에 수록되었다. Fraser, *Scales of Justice: Reimagining Political Space in a Globalizing World*, New York: Polity Press and Columbia University Press, 2008[「비정상적 정의」, 『지구화 시대의 정의: 정치적 공간에 대한 새로운 상상』, 김원식 옮김, 그린비, 2010].

2

프레이저와 호네트의 이론을 '앞서가는' 것으로 본다는 것은 그들 각각의 시도가 내가 시작 부분에서 말했던 전통적 비판론 분파들을 완전히 다른 방식으로 극복하려 한다는 것을 의미한다. 프레이저는 작금의 서구 자본주의 사회의 특징이 서로 연결되어 있는 두 가지 지배적 부정의 형식—그리고 주체의 두 가지 경험—으로 나타난다고 본다. 다시 말해서 작금의 서구 사회는 경제적·정치적 불평등으로 인한 자원의 결핍에서 오는 고통과 인간 존재 혹은 인간 정체성에 대한 사회적·문화적 인정의 결핍에서 오는 고통에 시달리고 있다. 따라서 그녀는 인정과 재분배의 '변혁적'transformative 전략을 목적으로 하는 이차원적 정의론을 제안하는데, 이는 사회 생활의 가장 중요한 측면과 관련하여 모든 구성원 간의 **참여 동등**participatory parity이 존재하는 사회 기본 구조를 성립시키려는 목적에 통합되어 있다. 그러나 참여 동등은 상호 인정받는 좋은 삶이라는 실질적substantive 관념을 토대로 하지는 않는다. 오히려 그것은 자율적인 삶('자율성'의 의미에 대한 윤리학적 해석을 제공하지 않고)을 이끌 동등한 기회를 확립하고자 하는 "강한 의무론적 자유주의"[6]의 형식을 의미한다.

프레이저와 달리 악셀 호네트는 '일원론적' 인정 이론을 주장한다. 이것은 인정과 인정을 통해 가능한 **자아 실현**의 세 가지 차원을 분석하

---

6 Fraser and Honneth, *Redistribution or Recognition?: A Political-Philosophical Exchange*, trans. Joel Golb, James Ingram, and Christine Wilke, London: Verso, 2003[『분배냐 인정이냐?: 정치철학적 논쟁』, 김원식·문성훈 옮김, 사월의책, 2014].

는 것에 토대를 두고 있다. 이러한 토대 위에서 그는 프레이저의 이론으로는 해명할 수 없을 고통의 형식들을 규명할 수 있을 뿐 아니라, 단순한 '문화적' 인정 투쟁이 아니라 다양한 인정 투쟁의 사회적 역학을 좀더 잘 이해하게 될 것이라고 주장한다. 경제적 재분배에 대한 그의 논의에는 오히려 특정 형식의 일과 경제·사회 과정에의 기여를 어떻게 평가하고 인정할 것인가가 문제의 핵심으로 자리 잡고 있다. 마지막으로 그의 관점에서 볼 때 사랑, 평등한 권리 그리고 사회적 존경이라는 세 영역에서 인정받는 삶의 실질적 이상을 제시하지 못하는 정의론은 허무하고 형식적인 것이 된다. 이 경우 정의의 진짜 핵심, 즉 좋은 삶이 망각될 수 있기 때문이다.

그러나 내가 지적했듯 그의 이론이 절차적 정의가 도달해야 할 목적론적 지점이나 그 실질적 측면(들)을 가져오려는 또 다른 시도에 지나지 않는다고 보는 것에는 문제가 있다. 그는 오히려 개별성·사회성·정상성에 대해 완전히 다른 사고를 제시하는 포괄적 틀을 만들고자 했기 때문이다. 자신의 접근 방식이 **내재성**과 **초월성** 모두를 갖는 좀더 강력한 사회 비판의 관점에 의지하고 있다는 점을 강조하면서 호네트는 인정의 설명이 다음과 같은 함축을 갖는다고 본다. 즉 인정의 설명은 '규범적 가능성'을 보여 주는 사회적·개인적 삶의 차원에 접근할 수 있는데, "이 규범적 가능성은 인간의 이해관계 구조에 밀착되어 있다는 점에서 매번 사회적 실재 속에서 새롭게 다시 출현한다".[7] 그의 견해에 의하면 도덕적 논리뿐 아니라 인간학적 논리 역시 저 사회 조직에 안착되어 있는데, 이 논리들을 통해 우리는 미묘한 인정의 관점만이 포착할 수 있는 무시의 경

---

7 *Ibid.*, p. 244[같은 책, 364~365쪽].

험을 할 수 있게 된다. 이에 따르면 프레이저식의 접근 방식은 정의에 대한 관습적 사고 패러다임, 특히 "공적으로 이미 표현되었던 목표들"과 연관될 수밖에 없는 불운한 운명을 갖는 것으로 보인다. 그녀의 이론에서 "사회적 비참과 도덕적 부정의의 배아적 형식을 담고 있는 일상은 주제화되지 못한 채" 부정된다.[8] 그러나 프레이저는 이러한 비난에 대항하면서 주관적 고통의 경험에 대한 우리의 접근 방식이 규범적으로 매개되어 있음을 주장한다. 그녀는 또한 자신의 접근 방식이 '비토대주의적' nonfoundational이고 실용주의적인 특성을 가짐을 강조한다. 자신의 접근 방식이 현재의 "정의의 대중 패러다임들"folk paradigms of justice을 비판적으로 재구성하고 있으며, 자신이 보기에 작금의 정의 투쟁에서 중추를 담당하는 참여 동등의 이념을 기준으로 하고 있다는 것이다.[9]

3

나는 이 논쟁과 관련된 많은 중요한 측면과 차원을 공정하게 다룰 수 있는 양 가장할 수는 없다. 오히려 내가 가장 중요하게 여기는 쟁점을 다룰 방법을 발전시키기 위해, 나는 프레이저 및 호네트 이론과의 대화를 통해 비판 정의론에 대한 제3의 대안적 접근 방식을 모색하고자 한다. 나는 이 대안적 접근 방식을 '중요한 일부터 먼저'first-things-first라고 부를 것이다. 좀더 기술적으로 말하자면 이것은 **정당화 일원론과 진단-평가 다원주의**justificatory monism and diagnostic-evaluative pluralism를 사용하는 접근 방

---

8 Fraser and Honneth, *Redistribution or Recognition?*, p. 114[『분배냐 인정이냐?』, 176쪽].
9 *Ibid.*, pp. 204~209[같은 책, 302~311쪽].

법이라 할 수 있다.[10] 이 관점을 통해 나는 아마도 어째서 (여전히[11]) 인정 이론적 설명이 넓게는 사회적 고통 경험을, 좁게는 부정의를 좀더 가까이서 경험할 수 있게 만드는 필수적 **감각 중추**sensorium를 제공하는지, 그러나 어째서 **정의** 주장의 **정당화** 기준이 문제가 될 때는 과정-의무론적, 담론-이론적 설명이 필요한지(이는 우리가 실질적 구성 요소들이 결핍되어 있는 '순수' 절차적 정의로 설명을 제한해야 한다는 것을 의미하지 않는다)를 설명할 수 있을 것이다. 정의를 다룸에 있어서 우리는 자신의 규범적 판단 영역에 깊숙이 침투해 있는 특별한 규범적 정당화 문법을 사용한다. 그것은 정당화 불가능한 주장들에서 정당화 가능한 주장을 가려내 분류하는 것과 같은 작업이다. 이 작업은 정의 주장의 가능성을 개방함과 동시에 제한한다. 만약 누군가 정의를 비판적인 방식으로 이해한다면, 이러한 종류의 개방과 제한의 계기 모두가 해방적 목적에 기여하게 될 것이다. 궁극적으로 이것이 바로 실천이성이——그리고 타자 존중이——이 맥락에서 요구하는 것이다.

그와 같이 고유한 정의의 문법이 있다고 생각하는 이유를 설명하면 다음과 같다. 정치적이고 사회적인 정의에 대해 말할 때, 우리는 일반적으로 그리고 상호적으로 타당하며 구속력 있다고 정당하게 주장할 수 있는 규범의 토대 위에 제도를 성립시키기 위해 주어진 사회적·정치적 맥

---

10 이러한 접근 방식을 좀더 완전하게 발전시키고 있는 것이 바로 나의 저서 *Das Recht auf Rechtfertigung: Elemente einer konstruktivistischen Theorie der Gerechtigkeit*, Frankfurt/M.: Suhrkamp, 2007이다. 영어 번역본이 컬럼비아 대학 출판부에서 곧 출간될 예정이다.

11 이러한 주장의 초기 버전을 보려면 나의 *Contexts of Justice: Political Philosophy beyond Liberalism and Communitarism*, trans. John M. M. Farrell, Berkeley: University of California Press, 2002(German orig. 1994), p. 280 참조.

락에서 구성원들이 지켜야 하는 (칸트주의적 용어로 '완벽한') 의무에 대해 말한다. 이런 점에서 **정의의 맥락**context of justice은 항상 **모든** 중요한 사회적·정치적 기본 관계——기본적 경제 관계를 포함해——를 상호적으로 그리고 일반적으로 정당화시키는 특별한 **정당화 맥락**이다. 성찰적으로 말하자면 상호성reciprocity과 일반성generality이라는 척도는 타당성 척도에서 담론적 정당화 척도로 변화한다. 이런 방식으로 볼 때 정의의 맥락들은 이 척도들을 토대로 하는 정당화 맥락들이다. 그러나 현실적 시각에서 볼 때 가장 자주 나타나는 정의의 맥락은 처음에는 **부정의의 맥락**으로 나타난다. 정의에 대한 설명은 그다음 그런 부정의의 다양한 형식을 비판적으로 분석하는 과정에서 구성된다. 이러한 의미에서 모든 정의론은 복합적 부정의론을 요구한다. 부정의론은 규범적 설명을 제공할 뿐 아니라 사회 분석의 형식이기도 하다. 규범적 설명이 복합적이고 다층적이라면, 재귀적 주장의 과정을 통해 우리는 하나의 **포괄적이고 성찰적인 정의 원칙**overarching reflexive principle of justice을 정식화할 수 있을 것이다. 어떤 정치-사회적 맥락에 속하는 사람 모두에게 상호적으로 그리고 일반적으로 정당화될 수 없는 사회적·정치적 관계란 있을 수 없다.

이 견해에 따르면 정의는 원래 **우리가 가진 것**(혹은 가지지 못한 것)에 관한 것이 아니다. 오히려 정의는 우선 그리고 일차적으로 **우리가 대우받는 방식**에 관한 것이다. 정의는 목적론적인 개념이 아니다. 왜냐하면 첫째로 정의는 정의의 맥락에서 사람들이 서로에게 귀속시키는 의무론적 책무와 연관되어 있으며, 둘째로 정의의 핵심 부분은 있으면 좋을 만한 어떤 것을 **결핍**하고 있는 사람들에 대한 것이 아니라, 상호적이고 일반적으로 거부할 수 없는 이유에서 주장될 수 있는 어떤 것을 **박탈당한** 사람들에 대한 것이기 때문이다. 우선 그리고 일차적으로, 정의는 정치적이든 사회적이든 광범위한 의미의 지배, 정당화될 수 없는 것 그리고 자의적인 규칙을 종결시키는 것과 연관된다. 정의는 정치적이고 사회적인 삶에서 평등한 시민, 즉 내가 **정당화 기본권**이라고 부른 것을 갖춘 사람으로서의 지위와 연관된 것이다.[12] 가장 근본적인 정의 원칙은 정해진 재화를 분배하는 특별한 패턴을 요구하는 것이 아니다. 오히려 근본적인 원칙은 그러한 모든 분배가 가장 정당한 방식으로 진행되어야 한다고 요구하는 것이다. 완전히 다른, 경쟁적 배분 방식들이 정의롭다고 혹은 정당하다고 말할 수 있다는 점을 이해하는 것이 중요하다. 이것은 영향을 받는 모든 사람이 발생 과정에 적절하게 참여했는지, 그리고 결과에 영향을 미칠 충분한 기회가 있었는지와 밀접한 관련이 있다. 이러한 성찰적이고 고차원적인 시각에서 보자면, 정의의 맥락에서 구성원들이 평등한 입장에 있는지에 초점을 맞추는 민주주의적 정의는 해방적 우선성을 갖는다.

이러한 설명은 프레이저의 이론(적어도 프레이저를 읽는 한 가지 독해 방식)과 달리 정의에 대한 일원론적 접근을 제안한다. 뿐만 아니라 이 설명은 비록 한 가지 기본적 인정 형식을 전제하고 있지만 그럼에도 불구하고 호네트의 이론과 달리 인정과 자아 실현에 대한 실질적인 설명에 토대를 두는 접근법도 아니다. 즉 이러한 견해는 기본 사회 구조의 모든 구성원이 유효한 사회적 정당화 과정의 동등한 참여자로 존중받을 기본권에 대한 인정을 제안한다. 이것이 바로 이 맥락에서 인간 '존엄성' 존중

---

12 Forst, "The Basic Right to Justification: Towards a Constructivist Conception of Human Rights", trans. J. Caver, *Constellations* 6: 1, 1999, pp. 35~60: Forst, "Towards a Critical Theory of Transnational Justice", in Thomas Pogge ed., *Global Justice*, Oxford: Blackwell, 2001, pp. 169~187 참조.

이 의미하는 바이다(나는 나중에 이 점을 다시 논의할 것이다).

물론 프레이저의 방법론을 일원론적인 것으로 독해하는 해석, 즉 그녀의 이론이 '참여 동등'이라는 (하나의) 일반 원리를 토대로 한다고 보는 해석이 있다. 그러나 그녀의 이론에서 이 개념은 서로 다른 취지들에 기여하는 것 같다.[13] 어떤 독해에 따르면 참여 동등은 공정한 사회적·정치적 구조, 즉 정의의 최종 상태를 확립시키는 **목적**telos이다.

재분배 요구자는 기존의 경제 배분이 자신에게 참여 동등을 위한 필수수적이고 객관적인 조건을 마련해 주지 않는다는 것을 보여야 한다. 인정 요구자는 제도화된 문화 가치 패턴이 자신에게 필수적이고 상호 주관적인 조건을 제공하지 못한다는 것을 보여야 한다. 이 두 가지 경우에 참여 동등 규범은 정당화 주장의 기준이 된다.[14]

좀더 선호되는 다른 독해(프레이저의 최근 작업을 고려한 해석)에 따르면 참여 동등은 정의의 **목적**이 아니라 정의의 주요 **수단**이다. 그것은 정당화 가능한 재분배 정책이나 인정 정책에 대한 민주적 논쟁에서 시민이 누려야 할 필수적인 정치적·사회적 위상을 보호하기 위한 것이다. "인정 주장의 장점을 고려하려는 공정한 민주적 심의는 모든 실제적·잠재적 심의자의 참여 동등을 요구한다."[15] 그러나 이러한 해석은 정의의 목적에 대해 프레이저가 이전에 고려했던 것보다 더 심각한 이론적 불가지

---

13 Fraser and Honneth, *Redistribution or Recognition?*, p. 261[『분배냐 인정이냐?』, 391쪽]에 담긴 호네트의 비판도 보라.

14 *Ibid.*, p. 38[같은 책, 75쪽].

15 *Ibid.*, p. 44[같은 책, 84쪽].

론을 포함한다.

이 문제가 갖는 애매성과 순환성을 극복하기 위해서는 **기초적**(혹은 **최소치**) **정의**와 **최대치 정의**를 개념적으로 구분할 필요가 있다. 이는 (앞서 언급했듯) 정의의 성찰적 원리에 기반하고 있는 것이다.[16] 기초적 정의는 **정당화의 기본 구조** 확립을 요청한다. 그 기본적 구조는 모든 구성원이 자신의 삶을 규정하는 제도를 결정할 충분한 지위와 힘을 가질 수 있도록 한다. 최대치 정의는 **완전하게 정당화된 기본 구조**의 확립을 의미한다. 즉 최대치 정의는 정당한 사회의 시민이라면 상호 간에 부여해야 하는 권리, 삶의 기회 그리고 재화를 제공해 주는 기본 구조의 확립을 요구한다. 분명 '참여 동등'은 그 기초적 양식에서와 최대치 양식에서 매우 다른 것을 의미한다. 기초적 양식에서 참여 동등이란 민주적으로 자기 변혁을 하는 '성찰적' 사회·정치 제도들 안에서 유효한 정당화 권리를 갖는 것을 의미한다. 본질적으로 이것은 재화가 **생산되고 분배되는** 방식을 담는 기본 제도를 결정할 힘을 최우선적으로 포함하는 것이다. 따라서 만약——(이 점에 동의하는[17]) 낸시 프레이저와 더불어——우리가 사회 정의에 대한 '변혁적' 접근을 지지한다면, 우리는 우선 생산과 분배의 공정한 제도에 대해 말해야 하지 **재**분배 제도를 우선적으로 말해서는 안 된다. 여기서 '재'라는 접두사는 뭔가 '당연한' 첫번째의 분배가 이미 발생했고 이제 우리는 두번째의 좀덜 '당연한' 분배를 원하고 있다는 잘못된 인상을 준다. 존 롤스는 "순수 절차적 정의"라는 자신의 이상 속에서 이를 강

---

16 특히 Forst, "Towards a Critical Theory of Transnational Justice", in Pogge ed., *Global Justice* 참조.

17 Fraser and Honneth, *Redistribution or Recognition?*, p. 95 n. 8[『분배냐 인정이냐?』, 33쪽 각주 8].

조했는데 이는 뒤에서 다시 논할 것이다.[18] 최대치 양식의 '참여 동등'은 좀 모호하긴 하지만 그래도 일반적인 것일 수 있다. 이 개념은 실제적으로 어떤 종류의 구조적 사회 부정의에 의해서도 고통받지 않고 온전하게 사회적으로 통합된 삶을 살 가능성에 대한 것이다. 비록 이와 관련해서는 불가지론이 제기되곤 하지만 나는 정의로운 사회에 대한 이러한 이념에 목적론적인 이름을 붙여야 하는 것인지 잘 모르겠다.

　나는 다음과 같이 질문을 던짐으로써 프레이저의 접근법에 대한 이 논의의 결론을 맺고자 한다. 그러한 관점에서 볼 때 '참여 동등'은 과연 정의 주장을 정당화하기에 충분한 **척도**인가? 그리고 그녀가 제안하는 개념적 도구들이 **부정의** 현상을 분석하기에 충분한가? 이것은 두 개의 방대한 질문이다. 이에 나는 단지 암시적인 답만을 할 수 있다. 첫번째 문제와 관련하여 말하자면, 나는 '참여 동등'에 대한 서로 다른 의미 해석들 간의 (사회적으로 피할 수 없는) 갈등이 어떻게 해결될 수 있는지 잘 모르겠다. 추측해 보건대 여기서 결정적인 것은 평등의 개념이지 좀더 실질적인 이념으로서의 '참여'가 아니다. 만약 이 말이 맞다면 상호성과 일반성이 좀더 적절한 규범적 척도일 것이다. 이 척도에 따라 우리는 사회적 특권 같은 것을 정당화하고자 하는 사람에게 정당화의 부담을 부여할 수 있다. 여기서 상호성 개념은 비판을 위한 충분한 지점이 된다. 가령 게이 결혼이 문제로 등장할 때, 동등한 권리의 부정은 상호성에 입각해 정당화될 수 없다. 이는 심각한 논쟁을 불러일으키는 종교적 혹은 전통적 결혼관의 경우에도 마찬가지다. 교육을 제공하는 체제 안에서 또는 유의미

18　John Rawls, *Justice as Fairness: A Restatement*, ed. Erin Kelly, Cambridge, MA: Harvard University Press, 2001, p. 50.

하고 건전한 임금노동 안에서 부정의가 발생하는 경우, 일부 집단의 사회적 특권 역시 변호될 수 없다. '인정'이나 '재분배' 주장을 위한 척도에 관심을 갖는다면 우리는 '동등'parity에서 '평등'equality으로 나아가야 한다. 여기서 평등이란 특정 사회 구조 및 관계에서 상호 거부할 수 없는 정당화를 의미한다.

부정의 현상을 분석하는 문제와 관련하여 내가 말하고 싶은 것은 부정의가 많은 면모를 가질 수 있으며, 경제적 착취나 배제 또는 문화적 인정의 결핍이 분명히 이 면모들에 속한다는 것이다. 그러나 나는 왜 우리가 사회 분석의 언어를 이러한 형식들에만 제한시켜야 하는지 잘 모르겠다. 가령 미디어 조작이나 정치적 배제의 형태를 비판하는 경우, 우리는 이러한 형태들이 특정 권력의 영향과 이익 정치로 인해 민주적 원리를 위반하고 있다고 말하고 싶어 할 것이다. 그러나 이 기본적 현상을 경제 영역에 속한 것으로 분석해야 할지, 문화 영역에 속한 것으로 분석해야 할지는 분명하지 않다. 왜냐하면 이러한 현상들은 또한 기능이 마비된 대표 체계의 산물일 수도 있기 때문이다. 여기서 **정치적인 것** 그 자체는 이차원적 이론이 고려하지 못하는 것을 포함하는 좀더 광범위하고 독립적인 영역인 것처럼 보인다.

4

이제 내가 방금 제기한 두 질문을 되새기면서 악셀 호네트의 이론으로 넘어가 보자. 앞서 논의했듯이 인정 이론은 부정의의 형식을 파악하는 데 중요한 역할을 수행하지만 나는 우리의 설명 도구를 그런 방식으로만 제한할 필요는 없다고 본다. 예를 들어 분배 (부)정의 쟁점을 생각해 보자. 일부의 경우에 무시는 분명 부당한 경제 관계의 원인일 수 있으며, 이 경우 개선책은 제도적 변화(사회적으로 중요한 노동에 대한 경제적 보상의 공정한 구조 같은 것)뿐 아니라 문화적 변화도 요구한다. 그러나 때때로 부정의는 일차적으로 인정 문제와 결부되어 있지 않은 것처럼 보인다. 왜냐하면 거대 기업의 관리자나 부동산 중개업자처럼 극도로 높은 보상을 받는 어떤 직종이 바로 그만큼의 존경을 받는 것은 아니기 때문이다. 호네트의 말대로 경제 영역은 일반적으로 문화적 인정의 영역에 속하는 것이 사실이지만 경제 영역에서 나타나는 많은 부정의 현상은 다른 원인을 갖는 것처럼 보이며, 밝혀지고 비판될 필요가 있는 또 다른 시장 논리나 '체계'의 논리에 따르는 것처럼 보인다.[19]

또 다른 핵심을 하나 첨언하자면, 사회적 인정 구조의 변화가 어떤 집단의 '기여'를 재평가할 것을 요구한다고 해도, 그러한 변화는 정의라는 **목적**을 위한 **수단**에 지나지 않는 것이지 목적 자체일 수는 없다. 여기서 목적은 사회적으로 존경받는 것이 아니라 동등한 사회적 지위와 기회를 가지는 것이며 더 이상 차별(차별은 특별하게 평가되는 것과는 다르다)의 대상이 아니게 되는 것이다. 이런 점에서 볼 때, 나는 의무론적 이론이 수단/목적 관계를 전도시킬 수밖에 없다거나 사회 정의라는 목표에 맹목적이라고 보는 호네트의 비난에는 문제가 있다고 본다.

인정 척도를 통해 어떤 것이 정당화 가능한 정의의 주장인지를 충분히 파악할 수 있을지는 잘 모르겠다. 왜냐하면 어떤 주장도 상호성 및 일반성의 척도를 통해 정당화될 필요가 있기 때문이다. 저 '무시'의 형식은

---

19 Fraser and Honneth, *Redistribution or Recognition?*, p. 142[『분배냐 인정이냐?』, 218~219쪽].

모두 상호적으로 그리고 일반적으로 정당화될 수 없는 '부정의'의 범주에 속한다. 이를 **선험적 정당화**a priori of justification라고 불러 보자. 사실상 나는 호네트의 주장이 이와 그다지 다르지 않다고 본다. 왜냐하면 무시의 현상—혹은 주관적 경험—을 부정의 현상으로 번역할 때 그리고 이를 다시 정의 주장으로 번역할 때, 호네트 역시 일반적으로 '정당화된', '공평한' 혹은 '평등한' 등과 같은 용어를 사용하고 있기 때문이다. 인정 주장은 "토대가 굳건해야" 하며 부정의는 "정당화되지 않은 인정 관계"의 표현이다.[20] 나는 그러한 관계나 주장의 정당화에서 평등성—또는 내 언어로 하자면 상호성—이 분명 주된 척도라고 본다. 심지어 나는 과감하게 이것이 유일한 척도라고까지 말하고 싶다. 법적 인정의 영역에서는 분명히 그렇다. 그러나 이것은 문화적 인정 주장에 있어서도 맞는 말이다. 호네트가 말했듯 문화적 인정 주장은 "평등성 원칙이라는 바늘귀를 통과"해야 하기 때문이다. "문화를 가치 있는 어떤 것으로 인정하는 데 포함된 사회적 존경과 같은 것은 호소하거나 요구될 수 있는 공적 조치가 아니다."[21] 나는 가령 경제-사회적 협력에서의 개인의 기여도처럼, 제3의 영역에서 상호적으로 '요구될' 수 있는 것 또한 상호적 정당화 논리에 따른다는 점을 덧붙이고 싶다. 이 논리에 따라 여기서도 정당화되지 않은 특권은 **불공정한 것**unfair으로 간주된다. 이 점과 관련해 호네트가 헤겔을 어떻게 재구성하는지를 보자.

자본주의 사회의 도덕적 질서를 위한 길을 준비하고 있다고 보이는 세

---

20 *Ibid.*, p. 114[같은 책, 176쪽].
21 *Ibid.*, pp. 140, 164, 168[같은 책, 215~216, 253, 259쪽].

가지 새로운 사회 관계 형식들과 함께 서로 구분되는 인정 원리들이 도출되는데, 이러한 원리의 빛을 통해 주체는 자신의 억울한, 정당화될 수 없는 경시의 특별한 경험을 진술할 수 있게 되며, 그리하여 확장된 인정의 토대를 생산할 수 있게 된다.[22]

여기서 "정당화될 수 없는" 기존의 형식에 대한 비판이나 '기여'contribution 인정의 기준들은 대부분 '공정성'fairness의 용어로 표현된다.

사회적 불평등이 어느 정도 합리적 동의를 얻게 되는 것은, 모든 현실적 왜곡은 차치하고라도, 그것을 정당화하는 원리가 상호 존경의 형식을 통해 사회의 모든 구성원의 개인적 성취를 공정하게 그리고 적절하게 고려하라는 규범적 주장을 포함하고 있기 때문이다.[23]

이렇게 주관적 경험을 정의 주장으로 번역하는 데 있어서 상호 인정의 논리는 상호성과 일반성의 척도에 의존하고 있다. 영역의 본질과 그에 포함된 각기 다른 인정의 종류는 정의를 정당화하는 서로 다른 척도들로 변형되지 **않는다**. 부정의 현상을 포착하는 다층적인 감각 중추도 이와 마찬가지다. 따라서 상호성과 일반성의 척도는 사람들이 정향해야 하는 "역사적으로 성립된 인정 질서"에 대한 좀더 급진적인 비판을 가능하게 하며, 문제의 이념인 '기여' 자체에 대한 비판 역시 가능하게 한다.[24]

---

22 Fraser and Honneth, *Redistribution or Recognition?*, p. 144[『분배냐 인정이냐?』, 222쪽].
23 *Ibid.*, p. 148[같은 책, 228~229쪽].
24 *Ibid.*, p. 137[같은 책, 211쪽].

요약하자면 규범적으로 나는 포괄적 정의의 원리와 관련해 기본적으로 **일원론적** 접근이 옳다고 주장하고자 한다. 우선 일원론적 접근은 실질적으로 기본적 사회 정당화 구조와 관련해 많은 것을 이야기할 수 있다. 그러나 나는 '최대치 정의'의 의미를 따질 때는 급진적 **다원주의** 접근을 선택할 것이다. 가령 '노동'이나 '건강'과 같은 재화가 어떻게 분배되어야 하는지의 문제는 (최대치) 정의에 대한 주장과 연관될 수 있는데, 여기서 우리는 매우 많은 규범적 측면을 생각해 볼 수 있을 것이다. 이렇게 되면 우리는 정의를 프레이저식의 '이원적인 접근'이나 호네트식의 '일원적인 접근'에만 한정해야 할 어떤 이유도 없다. 만약 당신이 기초적인 정의의 구조(이것은 **실질적** 정의의 견지에서는 매우 과도한 것이다)를 가동할 준비가 되어 있고, 부당하게 한쪽만 편드는 주장들을 제외시킬 수 있는 상호성과 일반성의 척도를 갖고 있다면, 논의는 분명 **광범위한** 규범적 숙고를 향해 열릴 것이다. 정치 공동체 전통에서부터 일반적 인간의 필요, 특정한 능력, 효율성의 문제, 특별한 윤리적 가치에 이르는 문제를 **광범위하게** 고려할 수 있게 될 것이다. 어쨌든 이 모든 담론에서 롤스의 차이 원리의 담론적 버전이 가동될 준비가 되어 있어야 한다. 그것은 롤스의 말로 하자면, "가장 부족한 자"가 정당화될 수 없는 분배에 대항해 "거부권"을 행사할 수 있도록 한다. "좀더 가진 자가 평등을 비교의 토대로 삼을 수 있는 것은 그것을 적게 가진 자들에게 정당화할 수 있는 조건 하에서이다."[25]

---

25 Rawls, *A Theory of Justice*, revised edition, Cambridge, MA: Harvard University Press, 1999, p. 131[『정의론』, 황경식 옮김, 이학사, 2003, 213쪽].

선험적 정당화와 관련해서 볼 때 '중요한 일부터 먼저'라는 격언은 그저 규범적 의미만을 갖는 것이 아니다. 이 토대 위에서 우리는 정의의 문제에서 권력power은 그 어떤 재화보다 더 중요한, 진정한 '최고선'hypergood이라고 말해야 한다. 권력은 우선적으로 정당화된 기본 구조를 만들고 이를 유지하고자 할 때 요구되는 재화이기 때문이다. 따라서 비판적 (부)정의론은 우선적으로 그리고 무엇보다도 먼저 기존의 정당화 관계 (또는 '정당화 권력')에 대한 비판을 시도해야 한다. '진단적'diagnostic 견지에서 보자면 이러한 비판은 세 가지 본질적 측면을 갖는다.[26] **첫째로** 비판적 사회 분석은 **정당화될 수 없는 사회 관계를 드러내는 것**을 목적으로 한다. 비판적 사회 분석은 좁은 의미의 정치적 관계에서 경제적 혹은 문화적 관계에 이르기까지, 상호적이고 일반적인 정당화 가능성의 기준에 미달하는, 어느 정도 제도화된 형식을 갖는 사회 관계들을 폭로한다. **둘째로** 비판적 사회 분석은 그러한 관계의 **'거짓'**(이데올로기적일 수 있는) **정당화에 대한 담론 이론적**(그리고 부분적으로 계보학적) **비판**을 포함한다. 즉 비대칭적 권력 관계와 배제(말하자면 젠더나 계급에 따른)의 전통에 베일을 씌우는 **정당화**에 대한 비판을 포함한다. **셋째로** 비판적 사회 분석은 효과적인 **사회적·정치적 정당화 구조의 실패**(또는 비존재)에 대한 설명을 포함하며, 이를 통해 정당화될 수 없는 사회 관계의 베일을 벗기

---

26 나는 여기서 이 측면들을 나열할 수만 있다. 이를 상세히 설명하려면 정당화에 대한 규범적 설명은 담론적 권력 이론 및 사회적 정당화 이론에 의해 완성되어야 한다. 후자를 시도하고 있는 것으로는 Luc Boltanski and Laurent Thévenot, *On Justification: Economies of Worth*, trans. Catherine Porter, Princeton: Princeton University Press, 2006.

고 변화시키고자 한다.

　규범적-제도적 견지에서 이런 종류의 정당화 접근은 오직 공평한 정당화 구조가 마련될 때 비로소 좀더 개별적인 정당화 관점들이 채택될 수 있다고 주장한다. 정당한 사회 구조는 많은 측면을 가지지만 본질적으로 그것은 하나, 즉 상호적으로 그리고 일반적으로 정당화된 기본 구조이다. 따라서 겨냥해야 하는 첫번째의 것은 효과적인 정당화 권력 구조이다. 이런 점에서 나는 이론적 정의 담론 내에 정치적 전회가 필요하다고 주장하고자 한다. 왜냐하면 사회적 권력 관계라는 정치적 쟁점을 우선적으로 불러내지 않고서는 분배 정의를 적절하게 설명할 수 없기 때문이다. 근본적으로 인간을 **정의의 수혜자**recipients of justice로 놓아서는 안 된다. 오히려 인간은, 물론 근대 사회에서 발전한 사회 체계의 구속이 주어진 상황에서, **정의의 행위자**agents of justice, 다시 말해서 자신의 삶을 결정하는 생산과 분배 구조를 공동으로 결정하는 자율적인 행위자여야 한다. 비록 롤스는 그러한 정치적 전회를 하지 않았으며 모든 기본재 중에서 가장 중요한 것이 정치 권력이라고 분명하게 주장하지 않았지만, "순수한 배경적 절차 정의"pure background procedural justice의 형식을 옹호하는 그의 논변은 여기서 핵심적이다. 그의 설명에 따르면 "기본 구조는 모든 사람이 공적으로 인정된 협력 규칙을 따를 때……이로부터 도출된 개별적 재화의 분배가 어떤 결과를 가지든 그것을 정당한 것(최소한 부당하지는 않은 것)으로 수용하도록 구성되어 있다".[27] 롤스는 자본주의 복지국가를 자신이 제안하는 "재산-소유 민주주의"property-owning democracy로부터 구분하는 과정에서 이를 분명히 한다.

---

27 Rawls, *Justice as Fairness*, p. 50.

재산-소유 민주주의의 배경이 되는 제도는 부와 자본의 소유권을 분산시키도록 작동한다. 이것은 또한 사회의 소수가 경제적 삶을, 그리고 간접적으로는 정치적 삶을 통제하지 못하도록 막아 주는 기능을 한다. 이와 대조적으로 자본주의 복지국가는 적은 수의 계급 집단이 생산수단을 거의 독점하는 것을 허용한다. 재산-소유 민주주의는 매 시기period 후반에 적게 가진 사람들에게 수입을 재분배함으로써가 아니라, 오히려 매 시기의 초반에 생산 장비와 인간 자본의 광범위한 소유(즉 교육 및 훈련된 기술)를 보장함으로써 공정한 기회 동등성을 가로막는 이 모든 독점을 피하고자 한다. 이것이 의도하는 바는 단순히 사고나 불행으로 인해(이것이 일어남에도 불구하고) 뭔가를 잃어버린 사람들을 돕는 것이 아니라 모든 시민을 적절한 정도의 사회적·경제적 평등의 기초 위에서 자신의 일을 관리할 수 있는 위치에 놓는 것이다.[28]

내가 권력 재화의 우선성 및 유효한 기본적 정당화 구조를 주장함으로써 말하려 하는 바는, 재분배와 인정이라는 이차원적 정의관이 충분한 것이 되기 위해서는 권력 실행에서 중요한 **정치적** 문제를 강조할 필요가 있다는 것이다. 이것은 어쨌거나 프레이저의 최근 이론적 기획과 그 궤를 같이한다. 그녀는 요즘 정의의 올바른 틀 혹은 맥락(국가적이든 초국적이든)을 둘러싸고 벌어진 이차 논쟁에서 '삼차원적' 정의론을 주장하는데, 그 과정에서 정치적 대표의 차원을 다른 것으로 환원될 수 없는 제3의 차원으로 강조한다.[29] "정치적 차원은 경제적이고 문화적인 차원 모두에 있는 경합을 무대에 올리고 해소하는 과정을 제공한다. 정치적 차

---

28 Rawls, *Justice as Fairness*, p. 139.

원은 우리에게 누가 재분배와 인정을 위한 주장을 할 수 있는지를 말해 줄 뿐 아니라, 어떻게 그러한 주장이 논의되고 판결되어야 하는지도 말해 준다."[30] 나는 이것이 정의의 '틀을 다시 구성하는' 시대에만 그런 것이 아니라 좀더 일반적으로 그렇다고 생각한다. 또한 나는 프레이저에 **발맞추어** 정치적인 것이 "정의의 주인 차원"이 되었다고 믿고 있기도 하다.[31] 만약 우리가 정당화 원리에 의존하고 있다면 정치적인 문제는 필연적으로 정의의 좀더 높은 차원의 질문이 된다. 왜냐하면 (만약 우리가 정치적인 것을 협소한 제도적 의미로 이해하지 않는다면) 정치적인 영역이야말로 부당한 문화적·경제적·정치적 사회 실천이 도전받는 곳이자 변화가 일어날 수 있는 곳이기 때문이다.

6

요약하자면 내가 강조하려는 것은, 정당화 일원론과 진단-평가 다원주의의 조합으로 이루어진 나의 비판적 정의론(과 부정의론)이 호네트뿐 아니라 프레이저의 주장에 담겨 있는 많은 중요한 특징을 포함할 수 있게 된다는 것이다. 또한 나의 비판적 정의론은 내가 앞서 지적한 몇 가지 문제 역시 피할 수 있도록 구성되어 있다.

우선 나의 비판적 정의론은 "유사 초월적인"quasi-transcendental[32] 인간학적 혹은 사회 존재론적 토대에 의존하지 않는다. 오히려 나의 정의

---

29 Fraser, *Reframing Justice: Spinoza Lectures*, Amsterdam: Van Gorcum, 2005, pp. 41 ff., 49.

30 *Ibid.*, p. 44.

31 *Ibid.*, p. 49.

론은 정당화 원리와 자기 성찰적 이념에서 재귀적이고 초월적인 토대를 발견한다. 이것은 인간이 실천이성의 능력을 갖고 있음이 무엇을 의미하는지를 보여 준다(예를 들어 정당화 원리를 이해하고 받아들이는 사람은 이에 따라 실천이성의 능력을 갖는다). 따라서 나는 (프레이저의) '비토대주의적' 경로를 따르지는 않을 것이다. 물론 이 점에서 프레이저는 나를 토대주의자라고 비난할 수 있다. 반면 호네트는 나의 '중요한 일부터 먼저' 접근법이 일종의 '선험적 인정'에 의존하는 것처럼 보인다는 이유로 이 접근이 사태를 잘못된 길로 가게 만든다고 이의를 제기할 수 있다. 타자를 내가 존중해야 할 존재로 도덕적으로 인정하는 것은 정당화의 기본 권리가 전제될 때만 가능하다는 것이다. 여기서 이 쟁점들을 상세히 다룰 수는 없다. 첫번째 프레이저의 비판에 대해서는 다음과 같이만 답할 수 있다. 즉 내 생각에 프레이저식의 비판적 정의론 및 정당화 이론이 '의무론적' 이론이 되기 위해서는 정당화 권리와 의무의 강력한 도덕적 토대가 필요하다는 것이다.[33] 반면 선험적 인정과 선험적 정당화 사이의 경쟁은 '본래적' 형식의 도덕적 인정을 정당화 이성의 '사실'로 해석함으로써 해결될 수 있을 것이다. 칸트의 유명한(혹은 악명 높은) 용어를 사용하자면, 정당화 이성은 타자를 정당화 존재 및 권위를 갖는 자로 인식적·도덕적으로 인정하는 것이다. 즉 이에 따르면 나는 어떤 다른 (윤리적, 형이상학적, 종교적 혹은 자기 이해적) 이유 **없이** 무조건 그에게 적절한 정당화를 (주어진 맥락에서) 부여**해야 한다**. 내가 이해하기로 이것은 실천이성의 기본——그리고 자율성——에 대한 도덕적 통찰이다. 왜냐하면 그것

---

32 Fraser and Honneth, *Redistribution or Recognition?*, p. 245[『분배냐 인정이냐?』, 366쪽].
33 *Ibid.*, p. 30[같은 책, 61쪽].

은 타자를 우리가 그와 공유하는 이성 능력의 관점에서 보고 있기 때문이다. 다시 말해 타자는 이성을 사용할 수 있고 이를 필요로 한다. 따라서 나는 이것이 실천적 인정 행위이기만 한 것이 아니라 인식 행위, 즉 (정당화) 이성의 통찰이기도 하다고 본다.[34] 자신을 '이성적 동물'로 보는 법을 배우는 것, 즉 이성의 공간으로 들어가 사회화되는 것은 이러한 종류의 통찰을 전제로 이루어진다. 이러한 통찰은 다름 아닌 나의 자기 이해관계(광범위한 의미에서의)를 필요로 한다.

두번째로 호네트 이론의 관점에서는, 정당화 접근 방식이 역사성이 없으며 추상적 이성의 원리에만 토대를 두고 있다는 이의가 제기될 수 있을 것이다. 그러나 다른 곳에서 나는——초기 기독교인들부터 오늘날에 이르는 관용 담론을 재구성하면서[35]——상호적으로 정당화할 수 있는 구체적인 사회적·정치적 관계를 마련하기 위한 주장으로서의 정의 주장, 다시 말해서 정당화 권리를 가진 행위자로 존중되어야 한다는 주장이 사회적 투쟁들에서 매우 중요하고 중심적인 추동력이었으며 지금도 그러하다는 점을 보여 주고자 했다. 매우 다른 역사적 환경 속에서, 서로 다른 '강한'thick 규범적 언어를 말하고 있는 사람들은 자신을 규정하는 구조와 규범에 대한 기존의 정당화를 문제시하면서 좀더 나은, 다른 근거를 요구했다. 정당화 투쟁은, 호네트 자신의 문구를 빌리자면, 사회적 갈등과 해방 운동의 심층 '문법'이다. 이를 통해 우리는 해방 운동과 역사적 환경

---

34 Forst, "Moral Autonomy and the Autonomy of Morality", trans. Ciaran Cronin, in *Graduate Faculty Philosophy Journal* 26: 1, 2005, pp. 65~88 참조.

35 Forst, *Toleranz im Konflikt: Geschichte, Gehalt und Gegenwart eines umstrittenen Begriffs*, Frankfurt/M.: Suhrkamp, 2003. 영어 번역본이 케임브리지 대학 출판부에서 곧 출간될 예정이다.

위에서 표현되었던 요구들의 형식을 벗어나게 된다. 이런 점에서 정당화 실천은 관습적이고 배제적인 담론 형식을 열어젖힐 내재적 잠재력을 가지는 **사회적이고 역동적인 기본적 실천**으로 간주된다. 내가 보기에 이성은 비판적이고 전복적인 힘이다. 그러나 잘못된 실천에 내재된 이성의 '병리'와 정당화 내용은 비판되어야 한다. 비판 이론의 실천이성은 독립적인 만큼 상황화될 필요도 있다.

다음으로, 정의 그리고/혹은 인정의 '욕망'——다른 말로 하자면 '해방적 이해관계'——의 심리적 측면과 관련해 인정 이론가들이 우려할 수 있는 제3의 문제를 거론하자면, 나는 특히 정치적 맥락에서 다른 이들에게 타당한 이유를 제공하는 자율적 행위자로 존중받고자 하는 욕망은 인간 존재의 심층적인 합리적 욕망이라 생각한다. 그 욕망의 토대는 도덕적 의미의 '존엄성'이다. 이것은 "비가시화"[36]될 때 그리고 적절한 정당화 '권위'가 경시될 때 침해된다. 물론 정당화 불가능한 방식으로 취급되는 모욕은 매우 깊이 각인된다. 그러나 최악의 모욕은 타자를 합리성을 갖지 않는 사람으로 보는 것이다. 자율성(정당화 권리를 가지고 있다는 의미로 이해되는)은 단지 정신적 영역의 철학적 이념에 불과한 것이 아니다. 그것은 우리 개인의 자기 이해와 우리의 자기 존중에 기본적인 것이다.

7

마지막 하나의 문제가 남아 있다. 이 문제와 관련해서 내가 처음에 언급

---

36 또한 Honneth, *Unsichtbarkeit: Stationen einer Theorie der Intersubjektivität*, Frankfurt/M.: Suhrkamp, 2003 참조.

했던 것으로 돌아가 보자. 만약 위르겐 하버마스가 발터 벤야민에 대해 쓴 유명한 에세이에서 질문했던 것처럼, 이러한 정의의 비전이 가장 중요한 뭔가를 망각하고 있다면 어떻게 할 것인가? 하버마스의 말처럼 "언젠가 해방된 인류가 확장된 담론적 의지-형성의 공간에 존재하게 되더라도, 그것이 인류의 삶을 좋은 것으로 해석할 수 있게 할 만한 희망을 주는 것인가?"[37]

이에 대한 첫번째 답으로 내가 생각하는 것은, 위에서 언급했듯 공정한 제도에 대한 충분히 다원적인 접근법은 정당화 가능한 개별 정의 주장에 토대를 둔 수많은 측면의 '좋은' 삶을 구체화할 것이라는 점이다. 두번째 답으로 내가 생각하는 것은, 앞에서 내가 말했던, 나 자신의 사고가 속해 있는 첫번째 전통이 그에 내재한 윤리적 불가지론에 대한 대가를 치러야 한다는 것이다. 첫번째 전통과 같은 접근 방법이 포착하지 못하는——물론 서로 경쟁하는——여러 가지 좋음the good의 측면들이 있다. 그리고 개별적 개념 도구를 통해 사회가 특정 형식의 좋음을 제공하지 못하도록 만드는 방식이 무엇인지를 거론하는 서로 다른 비판 형식이 존재한다. 정의 개념에 기반을 둔 접근 방식은 오직 그 개념이 허용하는 한도 내에서만 작동할 수 있다. 내 생각에는 이것이 바로 프레이저가 강조했던 바이다. 그러나 호네트의 인정 이론이 갖는 미덕 중 하나는 그의 이론을 통해 '병리적'이고 윤리적으로 '나쁜' 사회 실천의 형식에 대한 풍부한 비판론이 규정될 수 있다는 것이다. 이것은 비판적 **정의론**이 수행할

---

37 Jürgen Habermas, *Philosophisch-politisch Profile*, Frankfurt/M.: Suhrkamp, 1987, p. 375(나의 번역). 같은 페이지에서 하버마스는 또한 왜곡되지 않은 의사소통이 갖는 구제적 힘이라고 불릴 수 있을 만한 것에 대한 단상들을 첨가하는 과정에서 해방의 문제에 접근할 때는 '중요한 일부터 먼저' 접근법이 옳다고 주장한다.

수 있는, 수행해야 하는 바를 넘어서는 것이다. 최근 물화——"인정의 망각"으로 분석된——를 주제로 열린 호네트의 태너Tanner 강의는 이를 입증해 보여 준다.[38] 여기서 나에게 중요해 보이는 것은, 그러한 비판이 정의나 부정의 같은 용어를 사용할 때면 언제나 거기에는 어떤 특정한 상호 인정 양식이 근원적인 것으로 자리 잡고 있다는 점이다. 상호 정당화 실천에 그러한 상호 인정 양식이 구현되어 있음을 인식하는 것은 개념적 빈곤의 표시가 아니며 오히려 개념적 풍부함과 명료함을 가져다준다. 이 말은 다른 형식의 비판이 약하다거나 우리를 잘못 인도한다는 것을 의미하지 않는다. 다른 형식의 비판들은 단지 다른 도구를 사용하고 다른 목적을 가질 뿐이며 다른 타당성 주장을 포함할 뿐이다.

---

38 Honneth, *Reification: A New Look at an Old Idea*, New York: Oxford University Press, 2008[『물화』, 강병호 옮김, 나남출판, 2008].

/

3장

참여 동등의 정의를 우선시하기
컴프리디스와 포르스트에 대한 답변

낸시 프레이저

니컬러스 컴프리디스와 라이너 포르스트, 이 두 사람은 비판 이론을 재구성하려는 나의 시도에 깔려 있는 철학적 토대를 검토한다. 서로 다른 방식으로 이들은 내 접근 방식의 규범적 토대와 '사회 존재론'을 시험대에 올린다. 포르스트가 나의 참여 이론적participation-theoretic 정의 개념을 따져 묻고 있다면, 컴프리디스는 좀더 일반적으로 이에 깔린 담론 이론적discourse-theoretical 토대를 문제 삼는다고 할 수 있다. 그들이 제기하는 쟁점들은 이에 따라 두 흐름으로 구분될 수 있다. 내가 '패러다임 내적'인 것으로 호명하고자 하는 첫번째 흐름은 일단 비판 이론의 근본 목적을 받아들이는데, 여기서 일차적 질문이 되는 것은 이 목적을 가장 잘 수행하기 위해 비판 이론은 어떤 용어로 공식화되어야 하는가이다. 반면 내가 '패러다임 외적'이라고 부르고자 하는 두번째 흐름에서는 비판 이론의 목적 자체가 논쟁거리가 된다.

이 글에서 나는 우선 컴프리디스가 관심을 두었던 두번째의 패러다임 외적 문제 제기에서 시작하고자 한다. 나는 그가 비판 이론에 대한 나의 이해 방식에 도전하고 있다고 본다. 따라서 나는 내 이해 방식의 장점과 컴프리디스가 자신의 논문에서 내비친 몇 가지 다른 가능성의 장점을 비교해 볼 것이다. 이때 숙고되는 질문은 비판 이론은 제도화된 부정의 비판에 우선성을 부여해야 한다고 보는 내 견해를 대신할 바람직하고 옹호할 만한 대안이 있는가이다. 다음으로 나는 패러다임 내적 문제 제기로 방향을 돌려, 나와 포르스트 사이의 주요 쟁점들을 검토해 볼 것이다. 비판 이론에 대한 이해 방식을 공유하기에 우리의 쟁점들은 우리가 함께 지지하는 프로젝트를 가장 잘 실현할 수 있는 방식에 관심을 기울인다. 따라서 여기서는 어떤 사회 이론적, 규범적 개념을 가질 때 이 시대의 제도화된 부정의를 비판하는 이론을 가장 잘 만들 수 있는지를 질문하면서, 이 질문에 대한 우리 각자의 대답이 상대적으로 어떤 장점을 갖는지를 가늠해 볼 것이다.

정의의 우선성 : 니컬러스 컴프리디스에 대한 대답

니컬러스 컴프리디스의 주장에 따르면 『분배냐 인정이냐?』의 핵심 쟁점은 인정의 의미다. 컴프리디스는 호네트의 정체성 중심적 인정 개념 설명과 나의 지위 모델 모두를 거부하면서, 그러한 해석들 중 어떤 것도 인정의 완전한 의미를 포착하지 못한다고 주장한다. 그의 견해에서 볼 때 인정은 전적으로 정의의 영역에 속하는 것도, 전적으로 자아 실현의 영역에 속하는 것도 아니다. 인정은 본질적으로 논쟁의 여지가 있는 개념이기에 인정의 의미는 하나의 규범적 이념으로 환원될 수 없다. 따라서 컴프리디스가 볼 때 『분배냐 인정이냐?』에서 논쟁되고 있는 대안들은 잘못된 안티테제를 제시하고 있다. 그러나 논쟁에 기여하고자 했던 바람과 달리 그는 그 논쟁의 자리에 다른 질문들을 대신 들여오게 된다. 좀더 포괄적이며 패러다임 외적인 그의 의제를 살펴보면, 내 접근 방식에 대한 컴프리디스의 독특한 반대 입장이 어떤 것인지를 알 수 있다. 가령 그는 내가 인정 주장을 기존의 공적 이성public reason 프로토콜과 관련해 정당화하는 데만 너무 집중하고 있기 때문에 주체의 고통을 표현하는 언어의 개시적disclosive 역할을 소홀히 한다고 주장한다. 그 밖에도 그는 이와 유사한 비판들을 통해, 제도화된 부정의에 일차적인 초점을 두지 않는 인정에 대한 다른 이해 방식 및 다른 비판 이론을 개념화한다.

그러나 컴프리디스의 대안에서 무엇이 핵심인지는 여전히 불분명하다. 어디에선가 그는 인정이 정의와 자아 실현 모두를 포함한다고 주장하며, 그 과정에서 호네트와 나의 종합이 필요함을 넌지시 비춘다. 그러나 다른 곳에서 그는 인정을 푸코적 의미에서처럼 '어떻게 우리 자신을 통치할 것인가'의 관심과 관련된 자유의 문제로 이해하는 것이 최선이라고 주장한다. 뿐만 아니라 또 다른 곳에서 그는 원래 논쟁의 여지가 있는 다양한 인정 개념을 '규범 일원론'으로 환원해 해석하고자 하는 어떤 시도도 본래적으로 잘못된 것이라고 단언한다. 그리고 마지막으로 그는 인정이 열망들의 중심이라고 주장하기도 한다. 그에 따르면 이 열망들에는 많은 문제가 내재되어 있기 때문에 비판 이론가들은 그것에 어떤 규범적인 타당성을 허용하기보다 그 개념을 문제시하는 게 더 맞다.

보았듯이 인정에 대한 이런 네 가지 주장은 각각 서로 다른 비판의 기준과 모델을 포함하고 있다. 그러나 이 네 주장은 모두 내 접근 방식의 핵심 전제, 즉 비판 이론이 **제도화된 부정의**를 비판하는 것에 우선성을 두어야 한다는 것을 부정한다. 따라서 이하에서 나는 컴프리디스의 네 가지 인정 주장 각각을 면밀히 검토하면서 그 각각이 나의 **정의-이론적** 개념을 대신할 실행 가능한 대안을 제공하고 있는지를 가늠해 볼 것이다. 이를 논의하기 위해 나는 거의 논쟁의 여지가 없는, 약한thin 비판 이론의 정의를 전제하는 데서 출발하고자 한다. 약한 비판 이론의 정의에 따르면, 오직 지배의 가면을 벗겨 버리려는 실천적·해방적 관심에 의해 인도될 때만 이론은 '전통적인' 것에 대립하여 '비판적'이다. 이러한 정의가 평가 기준이 될 만큼 충분히 중립적이라고 가정하면서, 나는 컴프리디스가 주창하는 대안 중 어떤 것이 내가 『분배냐 인정이냐?』에서 발전시켰던 접근 방식보다 비판 이론의 조건을 더 잘 만족시키는지를 따져 묻고자 한다. 이런 방식으로 그의 대안들을 몇 가지 다른 가능성과 비교하는 가운데 나는 컴프리디스의 반대에 맞서, 인정에 대한 나의 지위 모델과 제도화된 부정의에 집중하는 나의 방식이 옳다는 것을 옹호하고자 한다.

덧붙여 말하자면 내 전략은 변증법적이 될 것이다. 즉 헤겔의 방법을 사용해 나는 인정에 대한 컴프리디스의 각 주장을 탐구의 과정에서 난국에 이르면 다음으로 나아가는 사고의 단계들처럼 간주할 것이다. 가장 급진적이고 강경한 견해에서 시작해 지위 모델에 점차 근접하는 방향으로 나아가는 이 과정은 지위 모델이 상대적으로 강력한 힘을 가지고 있음을 차례차례 드러내 보여 주게 될 것이다. 최종적으로 이 과정은 인정에 대한 정의-이론적 이해 방식, 나아가 비판 이론의 개념적 우선성을 드러내는 결과로 나아갈 것이다. 정의가 인정의 첫번째 미덕virtue이라는 주장을 옹호하는 가운데 내가 논의하고자 하는 바는, 우리가 일종의 제도화된 부정의로서의 무시를 극복하는 것을 상상함으로써만 정의를 넘어선 좋음으로 간주되는 긍정적 인정 형식을 인식할 수 있다는 것이다.

이제 그렇다면 컴프리디스의 가장 급진적인 인정 주장에서 시작해 보자. 여기에는 비판 이론에 대한 주장도 함축되어 있다. 여기서 그가 주장하는 바는 인정 욕망이 내재적으로 실현 불가능하며 자멸적이라는 점이다. 비판 이론이 인정을 해방적 열망이 아니라 오히려 규범화를 이끄는 수레로 보고 이에 따라 인정을 비판의 대상으로 삼아야 한다는 그의 바람은 사실 매우 문제가 많다. 그에 따르면 비판 이론가들은 좋은 인정과 나쁜 인정을 구분하려는 노력을 삼가면서, 그런 주류적 '치료의' 관심을 포기하고 인정을 동경하는 것 자체를 문제 삼아야 한다. 이런 방식으로 인정을 회의적으로 독해하면서 컴프리디스는 진정한 비판 이론을 위해 인정을 재구성하기보다는 해체할 것을 제안한다.

물론 컴프리디스는 그러한 결론 바로 앞에서 걸음을 멈춘다. 그러나 왜 그가 그러한 결론으로 나아가려고 했는지 그 의미를 살펴보는 일은 의미가 있을 것이다. 앞서 대략적으로 스케치한 논증은 두 가지 반대objection, 즉 개념적인 반대와 정치적인 반대에 직면한다. 개념적으로 볼 때 인정 갈망이 내재적으로 자멸적이라는 주장은 선결문제 요구의 오류를 범한다. 이 주장이 우선 증명되어야 하는 것을 전제로 삼기 때문이다. 즉 여기서 인정 욕망은 타자가 나를 실제 존재하는 대로, 다시 말해서 사실상 자신이 자신을 존중하고 평가하는 대로 존중하고 평가해 주기를 바라는 것으로 분석된다. 이것이 인정의 의미라면 인정은 확실히 가능하지도 바람직하지도 않을 것이다. 그리고 인정이 이런 의미라면 비판 이론의 규범적 범주로서의 인정을 내버려야 한다는 가장 급진적인 주장은 맞는 말이 될 수 있다. 그러나 사실 인정은 이런 방식으로 해석될 필요가 없다. 나는 이와 다른 (비-정체성 중심적) 해석의 가능성을 『분배냐 인정이냐?』에서 제안한 바 있다. 거기서 나는 인정 주장을 지위 종속에 대항하는 저항으로, 따라서 정의 주장으로 이해할 것을 제안했다. 이 경우에 인정 주장은 제도적 변화의 필요성, 특히 위계적 문화 가치 패턴을 탈제도화하고 이를 참여 동등을 장려하는 패턴으로 교체할 필요성을 지시하게 된다. 이런 방식으로 이해하면 인정 주장은 재분배와 대표 획득을 주장하는 다른 유형의 정의 주장들과 마찬가지로 자멸적이지 않다. 물론 이 말이 맞다 해도 이러한 인정 주장은 최상의 시나리오에서조차 완벽한 정의를 가져오지 않을 수 있으며, 실천에서 실패할 수도 있다. 그러나 이 때문에 비판 이론가들이 인정 범주를 아예 회피해야 한다는 것은 말이 안 된다. 이 해석에서 인정 범주는 분배 부정의로 환원될 수 없는 진짜 종속의 한 유형에 해당하는 것이다. 그러한 종속을 드러낼 수 있는 기능적 등가물이 부재하는 상황에서, 인정 개념은 지배의 가면을 벗기고자 하는 비판 이론에 여전히 필수적인 것으로 남는다.

뿐만 아니라 정치적으로 볼 때 인정을 내버리라는 제안은 신의 관점을 전제한다. 즉 신의 관점에 따라 제안자들은 전체 사회운동을 단번에 무효로 만들어 버리려 한다. 비판 이론이 권위주의적이고 엘리트주의적인 관점을 가진다고 전제하면서 이들은 인정 투쟁을 하는 사람들을 단순한 하수인으로 취급한다. 이 때문에 그들은 투쟁하는 주체에게 거리를 두는 것과 이들에게 공감하는 것 사이에서 적절히 균형을 잡는 일에 실패하게 된다. 아마도 그들이 좀더 나은 민주주의적 접근 방식을 가졌다면 인정 투쟁을 하는 이들의 인정 열망의 해방적 핵심을 파악하고 이에 맞게 자신의 주장을 재구성했을 것이다. 『분배냐 인정이냐?』에서 나는 이런 경로를 따르면서 인정을 지위 위계를 극복하려는 주장으로 재구성했다. 중요한 것은 정체성 중심적 사회 저항의 진정한 핵심을 명확하게 인식함으로써 좋은 인정과 나쁜 인정을 구분하는 것이다. 컴프리디스는 이를 업신여겼지만, 더 나쁜 인정에서 더 나은 인정을 구분하고자 하는 이러한 관심은 실천적·해방적 의도를 갖는 비판 이론에 불가결하다. 결국 개념적이고 정치적인 논점 양자 모두에서 컴프리디스는 인정을 규범화와 동일시하고 있고, 이로 인해 그는 비판 이론을 지배의 가면을 벗기려는 실천적 동기를 갖는 연구로 볼 수 없게 된다.

이것이 컴프리디스의 핵심을 가장 잘 보여 주는 제안이 아니라는 것은 다행이다. 그의 입장을 더 잘 대변할 두번째 후보는 좀덜 급진적인 주장이다. 그는 인정 주장이 원칙적으로는 거부할 수 없는 것이지만 매우 다채롭고 논쟁의 여지가 있어서 이에 대한 어떤 "규범 일원론적인" 설명도 환원적이고 부적절하다고 본다. 그의 견해에서 볼 때 무시는 정의의 위반, 자아 실현의 방해, 자유의 속박 등 다각도의 죄목을 포함한다. 따라서 인정을 어떤 하나의 배타적 규범 범주로 이해하고자 하는 모든 시도는 고작해야 전체 줄거리의 부분만을 포착하는 것이 된다. 이렇게 볼 때 인정의 많은 양상을 단 하나의 포괄적 설명에 끼워 넣으려는 노력은 더 이상 살아남을 수 없다. 한편으로 다양한 부분들은 서로 반목하고 있다. 베버의 가치 다원주의처럼 다양한 부분들은 화합적으로 조화를 이루거나 사전적으로 정렬될 수 없다. 다른 한편, 인정의 의미들은 계속해서 역사적으로 새롭고 예측 불가능한 방식으로 전개된다. 따라서 인정의 의미들을 딱 잘라서 규정적으로 열거할 수는 없다. 이 견해에 따르면 비판 이론가들은 규범 일원론적인 노선에 따라 인정을 개념화하려는 노력을 그만두어야 한다. 그보다 이론가들은 인정을 본질적으로 경쟁적일 수밖에 없는 개념으로, 그 의미가 결코 정착되지 않을 개념으로 다루어야 한다.

컴프리디스가 말하고자 하는 의미가 이것에 딱 맞아떨어지지 않을 수는 있겠지만, 어쨌든 이러한 견해 또한 심각한 반대에 부닥칠 수밖에 없다. 우선 인정이 포괄적으로 이론화될 수 없다는 견해는 이의를 불러 일으킬 정도로 연역 추론적이다. 처음부터 게임을 무너뜨리는 이 견해는 쓸데없는 다원주의를 장착시키게 되며, 이로써 실행 가능한 인정 이론을 발전시킬 기회를 막게 된다. 둘째로 인정이 내적으로 비결정적이어서 이론화될 수 없다는 견해는 비판 이론의 해방적 의지와 합치되기 어렵다. 의미 다층성의 면모들을 다루기에는 이론가들의 역량이 부족함을 인정하도록 조언하고 있는 이 견해는 이론가를 끝도 없고 해결될 수도 없는 경쟁 앞에 서 있는 무력한 관찰자로 위치 짓는다. 이 경쟁에서 이론가는 어떤 통찰도 제공할 수 없다. 또한 이 견해는 인정에 대한 어떤 설명도 특별히 더 좋을 수 없다는 것을 암시한다. 앞의 견해가 인정 개념을 전적으로 부정했던 것이라면, 그와 달리 이 견해는 전적인 무관심, 무력화시키는 무관심으로 방향을 튼다. 마지막으로 가장 중요한 점은 이 견해가 좀더 전망 있는 다른 전략, 즉 인정을 포괄적 정의론의 여러 차원 중 하나로 고양시켜 설명하는 전략을 간과하도록 만든다는 것이다. 이러한 설명 전략은 정의에 속해 있는 인정의 측면들에 초점을 맞추기 때문에 모든 인정 양상을 포괄해야 한다고 주장할 필요가 없다. 오히려 이 전략은 다른 측면들에 비해 **정의-연관적 측면들의 개념적 우선성**conceptual priority of the justice-related aspect을 확립하고자 한다.

이 설명 전략을 가능하게 하기 위해, 인정이 본질적으로 논쟁의 여지가 있다는 주장을 다소 문제를 덜 일으키는 방식으로 해석해 보자. 가령 이 주장을 인정의 의미를 결정하는 것은 참여자들의 손에 달려 있다는 민주주의적 견해로 해석해 보자. 이 경우 비판 이론가는 경쟁이 벌어지는 조건의 공정성(혹은 그것의 부재)에 관심을 기울이게 될 것이다. 관심을 기울이는 모든 사람이 무엇을 인정으로 여길 것인지를 규정하는 투쟁에 동료로 온전하게 참여할 동등한 기회를 가지는가? 아니면 그들 중 몇몇은 부당한 사회적 질서로 인해 배제되거나 주변화되는가? 물론 이러한 민주주의적 견해는 인정 규범의 상세한 내용이 무엇인지를 규정하지 않고 열어 둔다. 그러나 인정의 내용을 정착시킬 경쟁의 조건이 공정한지를 따져 묻지 않는다면, 그것은 **비판** 이론이라 불릴 자격이 없을 것이다. 비판 이론의 자격을 가질 만한 가치를 지니기 위해서는 공정한 참여를 구조적으로 방해하는 것을 들추어내는 강력한 사회 이론 작업을 준비해야 한다. 원칙적으로 이 방해물들은 몇몇 참여 가능자에게 동료의 지위를 박탈하는 제도적 인정 관계를 포함하는 것일 수 있다. 만약 비판 이론이 인정 의미를 둘러싼 공정한 경쟁에 대한 이 방해물들을 파악하고자 한다면, 이론가는 이미 무시에 대한 일반적이고 **정의-이론적인** 개념을 갖고 있어야 한다. 그리고 **지위 종속**으로서의 무시라는 그 개념은, 정의 연관성 여부와 상관없이, 투쟁에서 나타난 다른 좀더 특수한 무시의 의미들에 비해 개념적 우선성을 향유해야 한다. 『분배냐 인정이냐?』에서 상세하게 말했듯이, 인정 의미를 둘러싼 평가 경쟁에 대한 컴프리디스의 관심을 비판 이론의 **해방적** 목적과 연결시키기 위해 내가 할 수 있는 유일한 방식은 바로 민주주의적 설명이다. 이러한 설명이 부재할 경우, 인정에 대한 그의 두번째 주장은 전통 이론과 달리 비판 이론이 갖고 있는 지배 극복의 실천적 관심과 같은 것을 표현할 수 없게 된다.

컴프리디스의 세번째 주장에 대해서도 나는 동일한 것을 적용할 수 있다. 그는 인정이 밑바닥부터 자유의 문제라고 본다. 인정을 규범화로 보거나 인정을 본질적으로 논쟁의 여지가 있는 것으로 보는 앞의 두 견해와 달리 이 주장은 인정을 긍정적으로 평가될 수 있는 규범 일원론적인 개념으로 설명한다. 그러나 자유-이론적 인정 개념은 앞의 두 견해의 특징, 특히 규범화에 대한 혐오와 경쟁에 대한 애착을 그대로 안고 있다. 컴프리디스는 이를 제임스 툴리James Tully의 유사 푸코주의적 관점과 연관시켰는데, 이에 따르면 자유-이론적 인정 개념은 투쟁이 열망하는 목적을 토대로 인정을 둘러싼 **투쟁**을 평가한다. 이 견해에서 볼 때 인정을 성취하려는 투쟁은 자유의 실천이지만, 여기서 성취된 인정은, 심지어 그것이 상호적일지라도 강요와 강제가 된다. 따라서 비판 이론가들은 자유 제한freedom-limit 결과를 토대로 자유 구현 과정을 평가하는 가운데 인정을 목적화시키는 데서 벗어나야 한다.

자유를 촉진하려는 관심에도 불구하고 이 견해는 그 목적에 적합한 틀을 창출하는 데 실패한다. 문제는 **비판** 이론이 수용 가능한 자유의 유일한 이상이 **동등한** 자유의 이상이라는 데 있다. 타자의 자유를 제한함으로써 누군가의 자유를 증대시키는 사회 질서는 수용될 수 없다. 타자의 자유를 대가로 몇몇 사람이 자유를 행사할 수 있도록 하는 사회 질서 같은 것은 수용될 수 없다. 따라서 인정 투쟁은, 그 내부에서 그 과정을 통해 적대자들이 자신의 자유를 행사할 수 있는 동등한 힘을 부여받지 못하는 한, 진짜 자유의 표현으로 간주될 수 없다. 이 조건이 충족되지 못한 상태에서의 경쟁은 지배 관계의 행사로 묘사되는 게 나을 것이다. 따라서 앞의 두 견해와 마찬가지로 이 견해에서도 우리는 인정 투쟁을 진행시키는 조건들이 무엇인지를 따져 물을 수밖에 없다. 사회적 질서가 과연 모든 사람이 동료로 참여하는 것을 가능하게 하는지를 물으면서, 제도화된 인정 관계에 내재하는 방해물을 비롯하여 동등한 자유의 구조적 방해물을 들추어내야 한다는 것이다. 따라서 자유-이론적 견해 또한 그 해방적 의도를 유지하려면 정의의 문제들을 우선시해야 한다. 처음에는 정의-이론적 견해와 경쟁하는 독립적 견해로 보이던 것도 자세히 보면 정의-이론적 견해에 기생하는 것으로 나타난다. 일반적으로 인정을 자유로 보는 견해가 비판-이론적 진실성을 갖게 되는 것은 그것이 인정을 참여 동등의 의미를 갖는 정의 차원으로 보는 견해를 전제할 때이다.

잠시 이 지점에서 나의 추론을 되새겨 보자. 지금까지 인정에 대한 컴프리디스의 세 가지 주장을 논의하면서 나는 계속 반복해서 하나의 핵심으로 돌아가곤 했다. 즉 지위 모델은 인정의 모든 의미를 포착하지는 않지만, 그것이야말로 비판 이론가들이 자신의 해방적 목적을 위해 우선시해야 하는 해석이라는 것이다. 제도화된 지배 양식의 하나로서의 지위 종속에 초점을 맞추고 있다는 점에서 이 모델은 정의-이론적이다. 여기서 지위 종속은 다음과 같은 의미에서 다른 해석에 비해 개념적으로 우선한다. 오직 우리가 **제도화된 부정의**로서의 무시를 극복할 방법을 생각할 때만 정의를 넘어선 좋음이라 여겨지는 긍정적 인정 형식도 인식할 수 있다. 이로부터 도출되는 결론을 존 롤스를 인용해 말하자면, 비판 이론가들은 정의를 인정의 **첫번째 미덕**으로 간주해야 한다. 여기서 '첫번째'라는 말은 그것이 필연적으로 최고의 미덕이어야 함을 말하는 것이 아니라 모든 타자에게 이를 가능하게 하는 조건을 허락해야 한다는 것을 의미한다.[1] 이런 식으로 인정을 정의-이론적으로 개념화하면, 지위 모델은 인정이 정당하게 구축되고 추구될 수 있는 방식에 대한 일군의 제약으로 기능하는 다른 인정의 의미들을 그다지 배제하지 않는다. 정의를 우선시하는 것, 그것은 제도화된 참여 불균형을 요구하거나 장려하는 인정 해석들을 제외시킨다.

정의가 인정의 첫번째 미덕이라는 주장은 컴프리디스의 논문에 넌지시 내비쳐진 네번째 대안, 즉 인정이 정의와 자아 실현 모두를 함축하

---

1 John Rawls, *A Theory of Justice*, revised edition, Cambridge: Belknap Press, 1999, pp. 3~4, 263~264, 266~267[『정의론』, 황경식 옮김, 이학사, 2003, 36~37, 396~398, 400~401 쪽].

고 있다는 부분에도 적용될 수 있다. 다양한 그의 주장 중 가장 급진성이 덜한 이 주장은 비판 이론가들에게 자아 실현에 대한 호네트의 관심과 정의에 대한 나의 관심을 조합해야 한다고 제안한다. 그러나 이제 우리는 그러한 조합이 갖추어야 하는 특별한 형식이 무엇인지를 알아챌 수 있을 것이다. 비판 이론은 정당한 자아 실현 형식을 위한 공간을 열기 위해 제도화된 부정의 비판에 우선성을 두어야 한다. 비판 이론은 정의를 첫번째 미덕으로 삼음으로써 인간 번영의 다양한 해석이 형성되고 논의되며 추구되는 조건을 평등화하고자 해야 한다. 인정의 지위 모델은 자아 실현을 대체하거나 그 지위를 강등시키는 것이 아니라 인정이 공평하게 추구될 수 있는 영토를 확립하는 것을 목적으로 한다.

내 생각에 이러한 고려들은 호네트에 대한 컴프리디스의 비판 정신 중 하나와 긴밀하게 연관되어 있다. 호네트가 자아 실현을 인정으로 환원한다고 주장하는 가운데 컴프리디스는 그가 인정 개념에 너무 과한 짐을 지움으로써 자아 실현 개념을 빈곤하게 만든다고 주장한다. 이 점에서 나는 컴프리디스에 동의한다. 나는 인정에서 자아 실현을 분리시키는 게 낫다고 본다. 이것이 완전주의적인perfectionist 관심을 채울 수 있는 광범위한 스펙트럼의 공간을 만들어 줄 수 있기 때문이다. 그러나 컴프리디스는 나의 지위 모델이 바로 그러한 분리를 행하고 있다는 점을 보지 못한다. 나의 접근 방식은 제도적 변화를 통해 극복될 수 있는 제도적 부정의 비판을 우선시함으로써 인정을 **정치적 개념으로** 한정시킨다. 컴프리디스 자신이 추천한 대로 지위 모델은 인정의 규모를 효과적으로 축소하면서 사회적 행위자가 정체성 중심적 인정의 구속을 벗어나 다양한 완전주의적 목적을 정당하게 추구할 수 있는 공간을 보장한다.

지금까지 말한 것만으로도 나는 인정과 비판 이론에 대한 나의 일반적 개념화를 충분히 옹호했다고 믿는다. 하지만 제도화된 부정의 비판의 우선성을 확립함으로써 나는 또한 좀더 특별한 컴프리디스의 반대를 떨쳐 버릴 토대를 제공할 수 있기를 바란다. 여기서 나는 그 특별한 반대 중 하나에 대답함으로써 결론을 맺고자 하는데, 독자들이 이를 통해 다른 반대와 관련된 의미 함축을 분석할 수 있기를 바란다.

컴프리디스의 주장대로라면 나는 지금까지 이름을 부여받지 못했던 부정의를 표현하기 위한 언어적인 혁신의 중요성을 부정하는 사람이다. 그러나 내 접근법 중에서 어떤 것도 기존의 정당화 어휘들이 여태까지 공적으로 발화되지 않았던 해악을 개시하는 데 적합하다는 주장을 포함하지 않는다. 반대로 정의-이론적 견해는 내가 20년도 더 전에 제기한 주장, 즉 한 사회에서 권위를 부여받은 '해석 및 의사소통 수단'means of interpretation and communication(이하에서는 MIC로 표기)은 종종 억압되고 종속된 자들의 관점보다 혜택받은 계층의 관점을 표현하는 데 더 적합하도록 만들어져 있다는 주장과 완전히 양립한다.[2] 의미화 체계 안에 있는 이러한 전형적 편견으로 인해 피지배자는 정치적 논쟁에서 특별하고 비대칭적인 부담을 어깨에 짊어지게 된다. 동료로 참여할 그들의 능력을 지체시키는, MIC에 내재된 이 편견은 그 자체로 하나의 제도화된 부정의이다. 이 가면을 벗기려면 내가 여기서 상술한 종류의 정의-이론적 비판

---

2 Nancy Fraser, "Toward a Discourse Ethic of Solidarity", *Praxis International* 5: 4, 1986, pp. 425~429; Fraser, "Talking about Needs: Interpretive Contests as Political Conflicts in Welfare-State Societies", *Ethics* 99: 2, 1989, pp. 291~313; Fraser, "Struggle over Needs: Outline of a Socialist-Feminist Critical Theory of Late-Capitalist Political Culture", in *Unruly Practices: Power, Discourse and Gender in Contemporary Social Theory*, University of Minnesota Press and Polity Press, 1989.

이 필요하다.

이런 이유로, 사실상 부정의에 대항하는 모든 획기적인 투쟁은 이전에는 이름 없던 부정의를 또박또박 표현하는 새로운 어휘의 창조를 포함해 왔다. 2세대 페미니즘은 '데이트 강간', '성희롱', '이부제'the double shift와 같은 표현을 창안했을 뿐 아니라 의식을 고양하는 언어 게임도 창안했다. 2세대 페미니즘은 전형이 되었지만 유일한 사례는 결코 아니다. 컴프리디스가 목소리를 위한 투쟁이라고 부른 것은 언어적 혁신과 긴밀하게 연관되어 있다. 즉 그것은 새로운 정치적 주체들이 종종 주류 공적 영역에서 처음에는 경청될 수 없는 새로운 요구 해석과 상황 정의를 확장시키기 위해 대항적 하위subaltern 공론장을 만들어 내고 이 과정에서 문자 그대로 자신을 존재하도록 만든 것이었다.[3]

게다가 사회운동이 공적으로 명명 가능한 부정의의 범위를 확장시키는 데 성공하면, 공적 이성의 프로토콜 역시 변화된다. 이해 가능한 주장의 스펙트럼을 넓히면서 이러한 운동들은 또한 설득력 있는 정당화의 풀을 확장하고 불편부당성에 대한 이해를 변화시킨다. 컴프리디스와는 대조적으로, 나의 접근법을 특징짓는 담론 윤리의 버전은 공적 이성의 역사성을 이해하는 최상의 패러다임이다. 무엇을 불편부당한 근거로 간주하는가와 관련해 경직되고 미리 규정된 개념에 의지하지 않은 채, 나의 버전은 부정의하다고 이미 의심받고 있는 모든 제도화된 합리성 체제에 대한 반성적 비판을 가능하게 한다. 나의 버전은 의미화의 개시적 차

---

3 Fraser, "Rethinking the Public Sphere: A Contribution to the Critique of Actually Existing Democracy", in Craig Calhoun ed., *Habermas and the Public Sphere*, Cambridge, MA: MIT Press, 1991, pp. 109~142, reprinted in Fraser, *Justice Interruptus: Critical Reflections on the "Postsocialist" Condition*, New York: Routledge, 1997.

원을 부정하지 않으며, 정의의 의미를 확장하는 새로운 의미화를 창안하고자 하는 해방적 사회운동들의 노력에 가치를 부여한다.

따라서 일반적으로 내가 여기서 옹호해 왔던 비판의 설명은 담론 윤리의 버전으로 나타난다. 하버마스의 버전이 때때로 개시의 역할을 버리고 그 대신 정당화를 특권화하는 것으로 알려진 반면, 나의 버전은 그러한 두 가지 언어적 실천들 간의 연관성을 분명히 하는 가운데 이 둘 모두에 중요성을 부과한다. 컴프리디스가 제안하는 네 가지 대안과 달리 나의 이러한 접근법은 언어의 개시적 사용을 지배의 가면을 벗기는 프로젝트와 직접적으로 연결시킬 수 있는 능력을 갖는다. 이 점에서 나의 접근법은 비판 이론의 실천적·해방적 의도를 더 잘 표현한다.

컴프리디스의 반론에 대답하는 과정에서 나는 유사 헤겔주의적 전략을 추구해 왔다. 인정에 대한 단계적 견해들, 즉 거부적, 반-일원론적, 자유-이론적 그리고 종합적 견해를 하나씩 검토하면서 나는 각각의 견해가 **아포리아**로 나아감을 보여 주었다. 이를 지양하기 위해서는 정의-이론적 개념으로의 전회가 필요하다. 결론은 비판 이론의 사회 존재론에 대한 패러다임 외적 질문에 다음과 같은 특별한 대답이 타당하다는 것이다. 즉 비판 이론은 무시를 지위 종속으로 구성하는 가운데 제도화된 부정의 비판을 우선시할 때 그 해방적 목적을 가장 잘 촉진시킨다.

정당화냐 참여냐: 라이너 포르스트에 대한 대답

라이너 포르스트와 나는 기본적으로 비판 이론의 목적에 동의하고 있다. 그 역시 비판 이론이 제도화된 부정의 비판을 우선시할 때 그 실천적·해방적 목적을 가장 잘 실현한다고 생각한다. 따라서 컴프리디스와의 논쟁에서와 달리 나와 포르스트 간에 존재하는 불일치가 있다면 그것은 패러다임 내적인 것이다. 우리는 모두 정의-이론적 비판에 함께 전념하면서 이 비판 프로젝트를 실현하기 위한 최상의 방식을 찾는 데 관심을 기울인다. 핵심이 되는 쟁점은 범주와 관련되어 있다. 어떤 범주로 (부)정의에 대한 비판 이론을 정식화할 것인가?

핵심적인 불일치를 좀더 상세화하기 전에, 우선 매우 많은 동의 지점이 있음을 지적할 필요가 있다. 사실 포르스트가 조심스럽고 세련된 공명정대함의 태도를 취하고 있지만, 나는 그가 나와 한편이라고 생각한다. 그는 『분배냐 인정이냐?』에서 쟁점이 된 기본 문제 거의 대부분과 관련해 악셀 호네트에 대립해서 내 편을 들고 있는 것 같다. 나의 입장을 착취 비판의 전통에, 호네트의 입장을 소외 비판의 전통에 위치시키면서 포르스트는 자신을 전자의 전통에 연결시킨다. 따라서 그는 두 가지 점에서 호네트의 이론이 비판 이론에 적합한 개념 토양을 제공할 수 없다고 보는 나의 의견에 동의한다. 첫째, 인정 일원론은 현대 사회의 주요한 구조적 부정의 유형들을 파악할 수 없으며 그런 점에서 인정 일원론은 사회 이론으로 부족하다. 즉 분배 부정의가 늘 무시의 형식이나 효과인 것은 아니기에 비판 이론은 다차원적인 설명틀이 필요하다. 둘째, 인정 일원론은 비판에 적합한 규범적 토대를 제공하는 데 실패한다. 인정이라는 목적론적 개념이 현대 윤리 다원주의의 맥락에서 구속력을 가지는 정의의 의무들을 정당화할 수 없기에 비판 이론은 규범적으로 일원적인 의무론적 도덕철학이 필요하다. 따라서 비판 이론가들은 서로 다른 규범이 지배하는 세 가지 인정 영역을 구분하기보다 하나의 포괄적 정의 원칙을 제안해야 하며, **모든** 부정의는 바로 이를 위반하는 것으로 제시될 수 있어야 한다.

대체로 포르스트와 나는 현대 사회의 비판 이론이 **사회-이론적으로 다차원적**이고 **규범적으로 일원론적**이어야 한다고 보는 데 동의한다.[4] 그럼에도 포르스트는 내가 제안한 이론을 지지하지 않는 것 같다. 사회 이론의 수준에서 그는 "평가 개념의 다원주의"를 지지하면서도 세 가지 서로 얽힌 종속의 질서에 대한 나의 설명은 거부하는 것처럼 보인다. 도덕 철학의 수준에서도 그는 나의 참여 동등 원칙을 정당화 공정성 규범으로 대체할 것을 제안한다. 분명한 것은 나의 **참여-이론적 정의** 개념이 **정당화-이론적** 개념으로 대체되는 결과로 나아간다는 것이다.

결국 포르스트의 글은 이 두 가지 접근법 중 어떤 것이 더 나은가의 문제를 고려하도록 만든다. (부)정의의 우선성이 주어진 상황에서 비판 이론가들은 (부)정의 개념을 정당화와 관련해 파악해야 하는가, 아니면 참여와 관련해 파악해야 하는가? 그러나 이것만이 우리의 의견 교환에 대한 유일한 해석 방식은 아니다. 포르스트와 내가 대립한다고 독해하지 말고, 그의 정당화 공정성 규범을 나의 참여 동등 원리의 특수한 경우로, 특수한 사회 실천, 즉 정치적 논증 실천 영역 중 하나로 해석해 보자. 이하에서 나는 이러한 해석들을 각각 고려해 볼 것이다. 나는 우리 견해가 대안으로 구축된다면 각각 어떤 상대적 장점을 가질 것인지를 논의하는 데 많은 시간을 바칠 것이며, 마지막에는 포르스트의 접근 방식이 가진

---

4 포르스트는 나의 이론이 두 가지 방식으로 해석될 수 있다고 본다. 즉 그것은 규범적으로 일원론적이거나 규범적으로 이원론적이다. 첫번째 해석은 옳다. 나는 분배와 인정을(그리고 이제는 대표 역시) 두 개의(이제는 세 개의) 개념적으로 환원 불가능한 정의의 차원으로 인식하지만 양자를 (모두) 참여 동등이라는 하나의 포괄적 규범하에 부속시킨다. 따라서 나에게 모든 부정의는 단 하나의 규범적 원칙과 연관된다. 그러므로 나의 견해는 이차원적(이제는 삼차원적)이지만 규범적으로는 일원론적이다.

요소들을 나의 접근에 합체시킬 수 있게 하는 독해가 무엇인지를 대략적으로 스케치할 것이다.

우리가 두 개의 경쟁하는 (부)정의 개념, 즉 정당화-이론적 개념과 참여-이론적 개념 중 어느 하나를 선택해야 한다고 가정하는 데서 시작해 보자. 우리는 각각이 가진 장점을 어떻게 저울질할 수 있는가? 포르스트는 가치평가의 기준을 다음과 같이 제시한다. 즉 주어진 비판 이론의 틀이 '중요한 일부터 먼저' 하는 데 성공적인가? 그것은 동시에 부정의를 공고히 하는, 그리고 이에 도전하는 노력을 방해하는 권력 비대칭성을 분명하게 인식하고 있는가? 나는 진심으로 이러한 가치평가 기준을 지지한다. 포르스트의 이론과 나의 이론을 대립하는 것으로 구성하는 과정에서 나는 그가 제시한 이 기준을 적용할 것이며, 다음과 같이 질문하는 가운데 우리의 이론 각각이 가진 강점과 약점이 무엇인지를 파악하고자 한다. '중요한 일부터 먼저'의 원리를 사회 이론에 적용하는 게 나은가, 아니면 도덕철학에 적용하는 게 더 나은가?

포르스트 자신이 별로 말한 것이 없기에 나는 이 질문과 관련된 사회 이론적 측면을 간단하게만 언급할 수 있다. 사실 나는 '평가 다원주의'에 대한 그의 언급이 실제로 사회 이론 전반, 다시 말해서 부정의의 종류·기제·질서 그리고 근원 등에 대한 다차원적 **설명**에 대한 언급인지 확신할 수 없다. 그는 이러한 사안들에 대한 자신의 의견을 제시하지 않으며 내 입장에 반대하는 실질적인 주장도 하지 않기 때문에, 그가 세 가지 서로 얽힌 종속의 질서(경제, 문화, 정치)와 이에 상응하는 세 가지 서로 얽힌 부정의의 유형(잘못된 분배, 무시, 대표 불능)에 대한 나의 설명을 거부하려는 것인지 역시 전적으로 분명하지는 않다. 그러나 어떤 경우에도 나의 설명은 포르스트의 가치평가 기준을 만족시킨다. 세 가지 종속 질서와 부정의 유형 각각은 몇몇 사회 행위자가 다른 이들과 동등하게 사회생활에 참여할 기회를 박탈하는 제도화된 권력 격차differential의 유형을 지칭한다. 포르스트가 권력 비대칭에 대해 이에 비견할 만한 설명을 제시하지 못하고 있다면, 나의 접근 방식이 사회 이론에 '중요한 일부터 먼저'의 원리를 장착하는 데 좀더 유리한 장비를 갖추고 있다고 결론 내릴 수 있다.

이제 나는 우리의 의견 교환에 나타나는 도덕철학적 측면으로 관심을 돌려 보고자 한다. 이것은 좀더 확장된 토론을 필요로 할 것이다. 우리가 서로 동의하는 점에서 시작해 보자. 내가 지적하고자 하는 것은 우리 둘의 견해가 모두 담론-이론적 접근 방식의 부류에 속한다는 것이다. 우리는 모두 정의 주장이 담론적으로 보장되어야 하며 잠재적으로 영향을 받는 모든 이가 공평하게 논쟁과 반박의 교환에 참여할 수 있는 심의 과정을 거쳐야 한다는 의견을 지지한다. 덧붙여 우리 둘에게 이 과정은 독백적인 과정, 즉 사고 내적 과정이 아니라 오히려 대화적인 과정, 즉 사회적으로 제도화되어야 할 진정한 민주주의적 정치 과정으로 인식된다. 마지막으로 우리 모두에게 이 과정이 공정하고 그 결과가 정당한 것일 수 있는 것은 오직 잠재적으로 영향을 받는 사람 모두가 동료로서 온전히 참여할 수 있을 때, 다시 말해서 깊게 뿌리박힌 권력 비대칭성이 부재하는 상황에서다.

그럼에도 불구하고 우리의 도덕철학적 견해는 규범적 비판의 **대상**, **양상**, **범위** 그리고 **사회 존재론**과 관련된 네 가지 점에서 차이를 보인다. 대상의 문제에서 시작해 각각을 차례로 살펴보자. 여기서 중요한 것은 각각의 이론이 무엇을 비판적 검증의 주요 핵심으로 여기는가이다. 우리 각자의 이론은 그 규범적 원리가 적용되는 **대상**을 어떻게 이해하는가?

내가 이해한 바에 따르면 포르스트의 정당화-이론적 접근 방식은 참여자들이 교환하는 **형식적 근거의 통사론**formal syntax of the reasons을 그 특권적 대상으로 간주한다. 내 생각에 이것은 그가 일반성과 상호성의 척도에 호소할 때 이미 그렇게 되어 있었다. 그에 따르면 이러한 척도들은 근거의 속성이며 사회적 관계에 대립해 있다. 따라서 포르스트에게 정당화는 그 통사론이 일반성과 상호성이라는 형식적 속성들을 분명히 보여줄 때만 설득력을 가질 수 있다. 제안된 근거는 특수한 변론이나 제한적이고 비-상호적인 코드 및 관용구를 멀리해야 한다.

이와 대조적으로 나의 참여-이론적 접근은 교섭자들 간의 **사회적 관계**를 일차적 대상으로 한다. 동등 기준은 그들이 발언하는 명제의 통사론에 적용되는 것이 아니라 그들이 대화할 때 갖게 되는 사회적 조건들terms에 적용된다. 이러한 조건들은 모든 사람이 온전하게 동료로 정치적 논쟁에 참여할 수 있도록 허용하는가? 아니면 제도화된 권력 비대칭성으로 인해 몇몇 잠재적 교섭자는 온전한 참여에 필요한 재원·지위·목소리 등을 박탈당하는가? 따라서 나의 접근 방식은 그 규범적 기준을 작동하고 있는 권력 관계, 즉 심의에 필요한 참여 동등을 제도적으로 방해할 수 있는 권력 관계에 적용한다.

이와 같은 대상의 차이는 비판 이론가들이 '중요한 일부터 먼저'의 원칙을 도입해야 한다는 포르스트의 주장에도 담겨 있다. 그의 접근법과 달리 나의 접근법은 권력 문제에 대한 비-우회적 경로를 제공한다. 그가 통사론이라는 대리물을 통해서 권력에 간접적으로 구멍을 낸다면, 나의 접근법은 권력에 정면으로 마주하며, 부당한 사회에서 사회적 정당화 실천을 감염시키는 구조적 비대칭을 정면으로 반격한다. 그 결과 나의 접근법은 지배 계층이 논쟁을 왜곡하는 방식을 좀더 잘 볼 수 있다. 예를 들어 한편으로 나의 접근법은 형식적 근거의 통사론이 피지배자에게 상처 주는 질서를 옹호하기 위해 표면적으로 일반성과 상호성을 사용할 수 있음을 파악한다. 다른 한편으로 나의 접근법은 형식적 통사론이 피지배자의 저항을 특수주의적이고 비-상호적이라고 깎아내리는 데 사용될 수 있음을 간파한다. 내 접근법은 통사론이 아니라 사회적 관계를 하나하나 따져 봄으로써 그러한 전략들의 가면을 벗길 수 있는 것이다. 포르스트가 간과한 사회 구조적 맥락을 개입시키는 나의 접근법은 정당화 통사론에서 반성되지 않은 권력 비대칭을 포착한다. 정당화 통사론을 사회적 관계의 대리물로 간주하는 접근법은 권력 비대칭을 포착하지 못한다. 따라서 두 이론이 대립하는 것으로 구성될 경우 나의 이론은 대상과 관련된 쟁점에 있어서 포르스트의 것보다 장점을 갖는다. 권력 격차를 직접적으로 겨냥하는 나의 접근법은 '중요한 일부터 먼저'의 원리를 더 잘 수행한다.

포르스트와 나의 두번째 도덕철학적 차이는 규범적 비판의 **양상**과 연관되어 있다. 여기서 중심이 되는 것은 우리 각각이 가진 정의 원리가 작동하는 양식이다. 우리에게 그 원리는 절차적인가 아니면 내용적인가? 그것은 심의의 **과정**을 평가하는가 아니면 오히려 **결과**를 평가하는 데 기여하는가? 내가 이해한 바에 따르면 포르트스의 정당화 공정성의 원리는 순수 절차적이다. 전적으로 대화 교환의 입력 측면input side에 적용되는 그 원리는 그 과정에서 교환되는 근거들의 통사론을 검증함으로써 정당화 절차의 공정성을 평가하고자 한다.

이와 대조적으로 나의 참여 동등 원리는 절차적이면서도 내용적이다. 심의의 입력과 출력 모두에 적용되는 이 원리는 방정식의 두 주요 변수를 평가하는 데 기여한다. 우선 그것은 대화 과정에 놓인 사회적 권력 관계를 따져 물음으로써 그 과정의 절차적 공정성을 평가한다. 둘째로 그것은 또한 미래의 사회적 상호작용과 관련해 심의의 결과물을 검토함으로써 이 결과물의 내용적 정의를 평가한다. 앞의 경우에 동등 원리는 교섭자들이 정의와 부정의에 대한 논의를 주고받는 과정에 정말로 동료로 참여할 수 있는지를 묻도록 만든다. 두번째 경우에 동등 원리는 그 논의에서 도출된 정치적 결정이 참여 불균형을 축소시켜 미래적 대면의 공정성을 강화할 수 있는지를 묻도록 지시한다.

다시 한 번, 대립하는 것으로 보이는 두 대안 앞에서 우리는 다음과 같이 물어야 한다. 어떤 접근법이 부당한 권력 비대칭을 들추어내자는 의미의 '중요한 일부터 먼저' 원리에 더 적합한가? 내 생각으로는 권력 이론이 진짜 비판적일 수 있으려면 절차적 공평함과 내용적 정의 사이의 갭이 있을 가능성을 열어 두어야 한다. 절차적으로 공정한 과정이 내용적으로 부당한 결과를 창출할 가능성을 허용하면서 비판 이론은 절차적 불공정뿐 아니라 내용적 부정의 또한 비판할 수 있어야 한다. 이렇게 되려면 내용적 부정의에 대한 모든 설명이 대화의 장에 나올 수 있도록 보장되어야 한다. 그러나 이론 자체와 마찬가지로 토론은 주어진 맥락에서 의도된 의사 결정이 현존하는 권력 관계에 미칠 수 있는 영향을 드러내 주는 경험 조사를 숙지해야 한다. 따라서 제도화된 부정의 비판은 결론과 과정 모두를 고려하는 것을 포함해야 한다. 입력뿐 아니라 산출 역시 예민하게 살필 때 비판 이론은 권력의 작동을 가장 잘 잡아낼 수 있다. 그러기 위해 비판 이론은 두 가지 양상, 즉 절차적이고 내용적인 양상 모두에서 작동하는 규범적인 원리를 체현해야 한다. 이때 두 가지를 서로 섞거나 이들 간의 구분을 흐리는 일은 하지 않도록 주의해야 한다.

그러나 포르스트가 정확히 지적했듯, 참여 동등을 나처럼 이중적으로 사용하는 것, 즉 정치적 논의의 입력과 출력 모두를 평가하는 데 사용하는 것은 순환성의 문제를 낳는다. 한편으로 주어진 경우에 참여 동등을 획득하기 위해 필요한 바는 대화를 통해서만, 공정한 민주적 심의를 통해서만 결정될 수 있다. 다른 한편 공정한 민주적 심의는 참여 동등이 이미 존재한다는 것을 전제한다. 사실상 여기에는 순환이 있다. 그러나 포르스트의 견해 역시 마찬가지로 순환적이다. 그에 따르면 사람들은 정의의 요건들을 결정하기 위해 공정한 정당화 구조를 필요로 한다. 그러나 사람들이 공정한 정당화 구조를 가지려면 정당한 배분과 인정이 필요하다. 나만 특별히 그런 것이 아니라, 부당한 환경에서 나타나는 정치적 과정들을 통해 좀더 정당한 사회적 질서로 이행하고자 상상하는 **어떤** 시도도 순환성의 문제에 직면할 수밖에 없다. 그러한 모든 시도는 악순환을 막는 단계를 밟아야 한다.

포르스트는 이 문제에 대해 재치 있는 해결책을 제안한다. 제임스 보먼의 민주주의적 최소치 이념에 부응하면서 그는 최소치 정의를 최대치 정의와 구분한다.[5] 전자가 참여자들이 정당화를 요구하고 받아들일 수 있는 제도화된 정당화 구조의 존재와 연관된다면, 후자는 완전히 정당화된 사회의 기본적 구조를 의미한다. 포르스트는 이러한 구분이 자신의 접근법을 전적으로 믿을 만하게 만드는 데 이바지할 것이라고 주장하지만, 내 생각에 그것은 나의 접근법을 믿을 만하게 만드는 데도 마찬가지로 기여한다. 사실 다른 곳에서 나는 **충분히 좋은 심의**라는 이와 유사한 아이디어를 제안한 적이 있다. 도널드 우즈 위니캇의 개념인 '충분히 좋

---

5 James Bohman, "The Democratic Minimum: Is Democracy a Means to Global Justice?", *Ethics and International Affairs* 19: 1, 2004.

은 돌봄'을 변용한 이 표현은 권력 비대칭에 의해 감염되어 있기에 참여 동등에는 조금 못 미치지만, 불균형을 축소시키는 결과를 산출할 만큼 '충분히 좋은', 그래서 다음 라운드의 정치적 논의를 좀더 공정한 조건 위에 지속시키며 좀더 나은 결과로 우리를 이끌 수 있으리라 기대할 수 있는 그러한 심의를 가리킨다.[6] 이 아이디어는 포르스트와 보먼의 아이디어처럼 악순환을 선순환virtuous spiral으로 전환시키는 것을 목적으로 한다. 나의 아이디어와 포르스트의 최소치 정의 사이의 차이는 차이를 만드는 차이가 아니다.

앞서 보았듯이 우리의 접근 방식을 대립하는 것으로 해석해 보았을 때, 나의 접근 방식은 양상의 쟁점과 관련해서도 포르스트의 것보다 더 나은 것으로 판명된다. 참여-이론적 모델은 그의 모델만큼이나 순환성의 부담을 안고 있지만, 그럼에도 이 모델은 권력 비대칭성에 좀더 비판적이다. 그것은 심의의 입력과 출력 모두를 따져 묻기 때문이다. 절차적으로뿐 아니라 내용적으로도 작동하면서 그것은 '중요한 일부터 먼저'의 원칙을 더 잘 수행한다.

다음으로 포르스트와 내가 갖고 있는 세번째 도덕철학적 차이를 살펴보자. 그것은 규범적 비판의 **범위**와 연관되어 있다. 여기서 핵심 쟁점은 각 이론이 비판적 검증을 하고 있는 사회적 실천의 범위가 어디까지인지다. 내 독해에 따르면 포르스트는 자신의 핵심 원리가 적용되는 범

---

6 '충분히 좋은 심의'라는 문구는 베르트 반 덴 브린크(Bert van den Brink)가 (개인적 대화에서) 내게 제안한 것이다. 나는 이 아이디어를 Fraser, "Two Dogmas of Egalitarianism", in *Scales of Justice: Reimagining Political Space in a Globalizing World*, New York: Polity Press and Columbia University Press, 2008[「평등주의의 두 가지 독단」, 『지구화 시대의 정의: 정치적 공간에 대한 새로운 상상』, 김원식 옮김, 그린비, 2010]에서 발전시켰다.

위를 단 한 종류의 사회적 실천, 즉 정당화 실천에 한정한다. 일반성과 상호성이라는 그의 척도는 그러한 실천들에만(또는 그 내부에서 교환되는 근거들에만) 적용된다. 이와 대조적으로 참여 동등이라는 나의 원리는 좀더 넓게 **모든** 주요한 사회적 실천 및 사회적 상호작용 영역에 적용된다. 확실히 정당화 실천은 여기에 속하지만, 그 밖에 다른 주요한 사회적 영역들, 즉 고용과 시장, 가족과 개인의 삶, 공식 정치와 비공식 정치, 공적 재화와 서비스, 그리고 시민사회 조직 역시 여기에 포함된다. 참여 동등이 심의 과정을 평가하는 절차적 원리로 사용될 뿐 아니라 심의의 결과를 평가하는 내용적 규범으로도 작동할 수 있는 것은 바로 이러한 폭넓은 적용 범위 때문이다.

지금 우리가 서로 경쟁하는 견해들을 다루고 있다면 여기서 다음과 같은 질문을 던져야 한다. 어떤 접근법이 현대 사회에 만연한 부당한 권력 비대칭성을 더 전반적으로 폭로해 줄 수 있는가? 이 질문을 놓고 보면 나의 접근법이 좀더 비판적일 것이다. 왜냐하면 나의 접근법은 좀더 넓은 사회 생활의 영역에 존재하는 좀더 많은 유형의 권력 비대칭을 겨냥하기 때문이다. 그러나 포르스트는 다음과 같은 두 가지 이유에서 자신의 원리를 정당화 영역에 제한시키는 것이 정당하다고 주장한다. 우선 정치적인 것은 사회적 (부)정의의 주인master 차원이기 때문이다. 둘째로 권력 분배는 다른 모든 재화의 차원을 결정하는 최고선hyper-good이기 때문이다. 이 주장을 우리는 어떻게 볼 것인가?

내가 보기에 포르스트는 독창적 통찰력을 애매한 결론과 섞어 버린다. 나는 정치적인 것이 정의의 한 근본 차원이라는 점에 동의한다. 나는 이를 나의 수정된 삼차원적 틀에서도 분명히 했다. 나는 또한 권력이 특수한 위상을 갖는다는 것에 동의한다. 권력은 최고선이다. 그러나 내가 보기에 권력을 전적으로 정의의 정치적 차원에서만 파악하는 것은 잘못이다. 오히려 세 가지 차원(경제·문화·정치) 각각은 환원될 수 없는 근본적 사회 권력으로 파악될 수 있다. 서로 다른 종속 양식과 부정의 종류를 갖는 각각의 차원은 참여 동등을 방해하는 서로 구분되는 유형의 장애와 연관된 권력 비대칭의 질서를 드러낸다. 그렇다면 왜 정치적인 것이 그렇게 특별해야 하는가?

　내 생각에 정치적인 것은 그것이 논쟁의 명시적인 초점이 아닐 경우에조차 항상 필연적으로 작동하고 있다는 포르스트의 주장은 옳다. 그러나 이것이 그 차원이 주인 차원이라는 것을 포함하지는 않는다. 정의의 다른 두 차원에 대해서도 이와 동일한 것을 말할 수 있기 때문이다. 사실상 세 차원은 서로 얽혀 있으며 상호 영향을 주고받는 관계이다. 분배와 인정 주장을 제시할 능력이 대표 가능성에 달려 있듯이, 마찬가지로 정치적 목소리를 낼 능력은 계급 및 지위와의 관계에 의존한다. 따라서 잘못된 분배와 무시는 모든 시민이 정치적으로 동등한 목소리를 가져야 한다는 원리를 파괴하는 데 공모한다. 그것은 심지어 형식적 민주주의 정치에서도 그럴 수 있다. 따라서 부정의를 극복하려는 노력은, 드문 몇 가지 경우를 제외하면, 대표 가능성의 여부만을 거론해서는 안 된다. 반대로 대표 불능에 대항하는 투쟁은 오직 잘못된 분배 및 무시에 대항하는 투쟁과 연합할 때만, 그리고 후자의 투쟁은 전자의 투쟁과 연합할 때만 성공할 수 있다. 물론 전술적인 결정과 전략적인 결정 모두에서 이것이 강조되어야 한다. 현재 잘못 설정된 틀로 인한 부정의가 현저하게 나타나고 있다면, 우선 들어야 할 슬로건은 '대표 없이는 재분배도 인정도 없다'이다. 그러나 이러한 우선성은 상황과 관련된 것이지 개념적인 것은 아니다. 그리고 심지어 오늘날에도 대표의 정치는 글로벌 세상의 사회 정의를 위한 투쟁에서 상호 연결된 세 가지 전선 중 하나이다.

결론은 정치적인 것이 (부)정의의 주인 차원으로 설계되어서는 안 된다는 것이다. 권력을 최고선으로 보는 포르스트의 견해를 지지하더라도, 그리고 오늘날 정치적인 것이 개념적인 이유가 아니라 상황적인 이유에서 특히 현저하게 나타난다고 하더라도 나는 이 말이 옳다고 본다. 이것은 차이를 만드는 차이이다. 정치적인 것을 정의의 주인 차원으로 간주하기를 거부함으로써 나의 접근법은 내가 환원적 '정치 중심주의' politicism라고 부르는 것에 빠지는 곤경을 피할 수 있다. 한편으로는 경제 중심주의와 유사하게, 다른 한편으로는 문화 중심주의와 유사하게, 정치 중심주의는 사회적 대표의 관계가 분배 및 인정의 관계를 결정한다고 본다. 정치적인 것을 '토대'적인 것으로 장착하는 가운데 토대-상부구조의 구성을 현대 사회의 결과로 간주하는 이 견해는 속류 경제 중심주의나 환원적 문화 중심주의만큼이나 적절하지 못하다. 신용을 잃은 이러한 접근법들과 마찬가지로, 그 설계를 똑같이 모방하고 있는 정치 중심주의는 자본주의 사회의 구조적 원인의 복잡성을 공정하게 다룰 수 없다. 결국 대표 불능의 문제만을 극복하게 되면 잘못된 분배나 무시 모든 것을 극복할 수 있다고 보는 정치 중심주의의 실천적 함의는 매우 잘못된 것이다. 정치 중심주의는 정치적인 것이 정의의 주인 차원이라는 포르스트의 주장으로부터 도출되는 것처럼 보인다. 만약 그렇다면 이로 인해 그는 현대 사회에서 변증법적으로 서로 얽혀 있는 세 가지 권력 비대칭성의 근원들을 성공적으로 파악할 수 없게 될 것이다.

그렇다면 범위의 문제에서 어떤 결론이 도출되는가? 정치적인 것이 주인 차원으로 간주될 수 없다면 규범적 비판을 정당화 실천에만 제한하는 것은 정당화될 수 없다. 오히려 비판 이론은 현대 사회의 전반적 사회 실천을 가로지르는 권력 비대칭성의 효과들을 추적해야 한다. 이런 점에서도 참여-이론적 접근법은 중요한 일부터 먼저 처리한다.

이것은 포르스트와 나의 네번째 도덕철학적 차이로 이끈다. 네번째 차이는 규범적 비판의 **사회 존재론**과 관련되어 있다. 여기서도 필수적인 것은 우리가 공유하는 지점과 우리가 갈라지는 지점을 분리하는 것이다. 우리 둘은 모두 분파주의자sectarian로서 인간 존재에 대한 종합적comprehensive(물론 '형식적'이긴 하지만) 설명 위에 비판 이론의 토대를 세우려는 호네트의 전략을 피하고 있다. 오히려 우리는 비판 이론을 좀더 제한된 '정치적' 인간 개념에 연결시키는 롤스의 뒤를 잇는다. 그의 인간 개념은 비분파적 정의론이 전제하는 인간성의 특질들 중 정치적인 것만을 뽑아 만든 것이다.[7] 우리는 이러한 일반적 이론 전략에 동의한다. 그렇지만 포르스트와 나는 인간에 대한 서로 다른 개념을 지지한다. 포르스트의 접근법은 인간을 정당화의 제공자와 수혜자로, 공적 이성을 교환하는 사회적 실천에 서로 참여하는 자로 그린다. 이와 대조적으로 나의 접근법은 인간을 사회적 실천의 불확정적 다층성에 함께 참여하는 자로 그린다. 여기서 사회적 실천은 역사적으로 열려 있는 과정 속에서 나타나고 사라지는 것이며 그래서 최종적으로 그 특수성을 파악할 수 없다. 나의 접근법에서 인간은 사회적 상황에 위치해 있지만 잠재적으로 자율적인 동료 행위자들이다. 이들의 (동등한) 자율성은 그들이 정치적 이성에서뿐 아니라 그들 삶의 형식을 구성하는 **모든** 주요한 영역과 실천에서 서로 동료로 상호작용할 수 있는 능력을 가졌다는 데 토대를 둔다. 따라

---

7 Rawls, *Political Liberalism*, New York: Columbia University Press, 1996, pp. 29~35[『정치적 자유주의』, 장동진 옮김, 동명사, 1998, 35~44쪽].

서 포르스트가 중심으로 삼고 있는 정당화 실천들은 나에게 수많은 사회적 실천 중 하나일 뿐이다. 내 생각에 인간들은 이 많은 실천에 서로 동료로 참여함으로써 자유롭고 동등한 인간성personhood을 실행한다.

우리가 경쟁적인 사회 존재론을 구성하고 있다면, 이러한 개념들 중 어떤 것이 중요한 일부터 먼저 하는 것에 더 잘 부합하는가? 내가 보기에 나의 접근법은 포르스트의 것보다 최소한 두 가지 장점이 있다. 우선 나의 접근법은 특별히 주목할 만한 하나의 정당화 실천을 골라내는 것을 거부하면서, 사회적 인간성에 대해 좀더 광범위하고 다채로우며 역사적으로 열린 시각을 제공한다. 결과적으로 그것은 과도한 합리주의의 부담으로 인한 피해를 덜 받는다. 둘째로 참여 동등의 이념을 긍정함으로써 나의 접근법은 자유주의적 가치인 개인의 자율성과 사회적 소속 사이의 긴밀한 연관을 부여한다. 이러한 비공동체주의적 해석에 따라, 나의 접근법은 제도화된 참여 동등의 방해물들이 동등한 자율성뿐 아니라 온전한 사회적 성원 자격 또한 방해한다고 파악한다. 결과적으로 이러한 사회 존재론으로 인해 비판 이론은 정의를 우선시하면서도 동시에 주요한 소외 형식, 즉 **사회로부터의 소외와 동료 행위자로부터의 소외**를 거론할 수 있다. 따라서 참여-이론적 견해는 의무론적 정의론 내에 적어도 하나의 중요한 윤리적 관심, 즉 통상 전적으로 목적론적 자아 실현 이론의 영역으로 간주되었던 윤리적 관심을 어떻게든 다시 결합시킨다.[8] 이런 식으로 나의 접근법은 비판 이론이 제도화된 부정의 비판을 우선시할 때도

---

8 나는 이 점에 대해서 크리스티나 라폰트(Christina Lafont)에게 빚지고 있다(2006년 시카고에서 열린 미국철학학회 중부 지구 모임의 '분배냐 인정이냐?' 세션에서 의견 교환 중 그녀의 구두 개입).

가능한 한 다른 윤리적 관심을 희생시키지 말아야 한다는 포르스트의 요구 사항을 만족시킨다.

따라서 여기서 고려된 네 가지 쟁점, 즉 규범적 비판의 대상·양상·범위 그리고 사회 존재론과 관련해 나의 접근법은 포르스트의 것보다 선호되어야 할 합당한 이유가 있다. 두 견해가 대립한다고 가정할 때, 나의 참여-이론적 정의 개념은 사회 이론에서뿐 아니라 도덕철학에서도 중요한 일부터 먼저 하는 데 더 적합한 것으로 나타난다.

그러나 우리가 위의 해석을 거부하고 포르스트의 견해를 내 견해의 특수한 경우로 간주하는 해석을 따른다고 해보자. 이런 식으로 보면 그의 정당화 공정성의 규범은 참여 동등의 원리를 하나의 중요한, 그러나 제한된 유형의 사회적 실천에, 즉 정치적 정당화를 요구하고 수용하는 실천에 적용한 것처럼 보인다. 포르스트의 규범은 더 이상 **오직 하나 뿐인**the 정의의 근본적인 원리가 아니다. 그것은 이제 주어진 사회적 실천 유형과 관련해 동등성 의미를 명시하는 몇 가지 적용 사례 중 하나인 것으로 드러난다.

분명 이러한 해석은 나의 접근법이 타당함을 전제로 한 것이다. 그러나 아마도 그것은 글자 그대로는 아니더라도 포르스트의 정신을 포착하고 있을 것이다. 나의 독해에 따르면 그 역시 최대한 정의로운 사회를 꿈꾸고 있다. 그 사회에서는 어느 누구도 제도화된 권력 비대칭으로 인해 경시되지 않으며, 이는 온전한 성원이 되는 데 필요한 모든 사회적 실천에서 그러하다. 이로부터 나는 포르스트가 다음에 동의할 거라고 생각한다. 즉 그러한 사회에서는 아무도 실제로 중요한 **모든** 사회적 영역에서 구조적으로 배제되거나 주변화되지 않을 것이다. 또한 내가 그를 잘 이해한 것이라면 포르스트는 정의로운 사회는 **모든** 주요한 사회적 상호작용 영역에서의 배제나 주변화를 피하기 위해 필요한 자원·지위·목소리를 박탈하지 않는다는 것에 동의할 것이다. 만약 이 말이 맞다면 그의 동등한 정당화 권리는 결과적으로 일종의 사회 전반과 관련된 제유提喩로 기능한다. 즉 그것은 사회 생활 전반을 관통하는, 정의를 위해 좀더 광범위하게 요구되는 그러한 종류의 평등주의적 사회 관계를 촉진시키며, 나아가 그 **모델**이 된다.

나의 관점을 너무 많이 포르스트에게 투사했는지도 모른다. 그러나 내가 그를 이런 방식으로 상상해 해석할 수 있다는 이 단순한 사실은 우리 견해가 그 정신에 있어서 정말 가깝다는 것을 보여 준다. 우리의 불일치는 내가 처음에 말했듯 패러다임 내적인 것이다. 그것은 비판 이론의 기본 형태와 관점에 대한 이해를 공유하고 있음을 전제한 것이다. 그래서 나는 나의 참여-이론적 견해를 옹호하는 과정에서 우리가 공통으로 주장할 앞으로의 주제들을 모색해 보았던 것이다.

결론

감사의 말로 결론을 맺고자 한다. 이렇게 흥미롭고 지적인 논문들에 대답할 기회를 갖게 되는 것은 정말로 드물게 주어지는 특권이다. 컴프리디스와 포르스트는 그 관점은 서로 달랐지만 모두 나로 하여금 『분배냐 인정이냐?』에서 발전시켰던 핵심을 이전보다 더 깊이 고려하게 만들었다. 일차적인 관심이 패러다임 외적인 것이었든 내적인 것이었든 결론은 같았다. 즉 이들은 모두 내가 나의 입장을 새롭게 규명해 이를 능가할 수 있도록 독려해 주었다. 이로써 내가 그 책에서 제시했던 입장들을 개선했기를 바란다.

감사의 말

주디스 버틀러의 글 「단지 문화적인」Merely Cultural의 출처는 *Social Text* 52/53, 1997, 265~277쪽이다. 지은이는 이 책 수록을 허락해 준 듀크 대학 출판부Duke University Press에 감사드린다.

라이너 포르스트의 「중요한 일부터 먼저: 재분배, 인정 그리고 정당화」 First Things First: Redistribution, Recognition and Justification의 초고는 2004년 3월 뉴욕시에서 개최된 사회주의 학자 컨퍼런스Socialist Scholars Conference와 2006년 4월 시카고에서 열린 미국철학학회American Philosophical Association 중부 지구 모임Central Division에서 발표되었다. 지은이는 각 패널에 참여해 논평과 비평을 해준 참여자들, 특히 건설적인 방향의 조언을 준 낸시 프레이저와 악셀 호네트에게 감사를 전한다. 이 글은 논문 형식으로는 *European Journal of Political Theory* 6, 2007, 291~304쪽에 실렸고, 허락을 구해 이 책에 수록했다. 이 글은 호네트의 답변과 함께 Danielle Petherbridge ed., *The Critical Theory of Axel Honneth*, Leiden: Brill에도 실릴 예정이다.

낸시 프레이저의 글 「재분배에서 인정으로?: '포스트사회주의' 시대 정의의 딜레마」From Redistribution to Recognition?: Dilemmas of Justice in a 'Postsocialist' Age는 *New Left Review* 1: 212, 1995, 68~93쪽에 실렸고 Nancy Fraser, *Justice Interruptus: Critical Reflections on the "Postsocialist" Condition*, New York: Routledge, 1997에 재수록되었다. 지은이는 보헨 재단Bohen Foundation, 빈의 인간학 연구소Institut für die Wissenschaften vom Menschen, 어바인 소재 캘리포니아 대학의 인문학 연구소Humanities Research Institute, 노스웨스턴 대학의 도시 문제와 정책 연구소Center for Urban Affairs and Policy Research, 뉴스쿨 대학원Graduate Faculty of the New School for Social Research 총장 등의 연구 지원에 감사를 전한다. 또 로빈 블랙번, 주디스 버틀러, 앤절라 해리스, 랜들 케네디, 테드 코디체크, 제인 맨스브리지, 마이카 맨티, 린다 니콜슨, 엘리 자레츠키, 캘리포니아 대학 인문학연구소 내 '페미니즘과 권력 담론'Feminism and the Discourses of Power 연구 모임 회원들의 유익한 논평에도 감사드린다.

「이성애 중심주의, 무시 그리고 자본주의: 주디스 버틀러에 대한 답변」 Heterosexism, Misrecognition, and Capitalism: A Response to Judith Butler은 *Social Text* 52/53, 1997, 279~289쪽에 처음 실렸다. 지은이는 유익한 논평을 해준 로라 킵니스와 엘리 자레츠키에게 감사를 전한다.

「왜 편견을 극복하는 것으로 충분하지 않은가: 리처드 로티에 대한 답변」Why Overcoming Prejudice Is Not Enough: A Rejoinder to Richard Rorty의 원문은 *Critical Horizons* 1, 2000, 21~28쪽에 수록되었다.

「폴리안나 원칙에 반대하며: 아이리스 매리언 영에 대한 답변」Against Pollyanna-ism: A Reply to Iris Young은 *New Left Review* 1: 223, 1997, 126~129쪽에 수록되었다.

「인정을 다시 생각하기: 문화 정치에서의 대체와 물화의 극복을 위하여」
Rethinking Recognition: Overcoming Displacement and Reification in Cultural
Politics는 *New Left Review* 2: 3, 2000, 107~120쪽에 수록되었다.

「글로벌한 세상에서 정의의 틀 새로 짜기」Reframing Justice in a Globalizing
World는 *New Left Review* 2: 36, 2005, 69~88쪽에 수록되었다. 이 글은
2004년 암스테르담 대학의 스피노자 강연Spinoza Lecture에서 처음으로
발표했고, 2004~2005년 베를린의 고등전문학교Wissenschaftskolleg에 있
으면서 수정했다. 지은이는 지원을 아끼지 않은 두 기관에 감사의 말을
전하며, 제임스 보먼, 크리스틴 기스버그, 키스 헤이섬의 도움에 감사드
린다. 또 에이미 앨런, 세일라 벤하비브, 베르트 반 덴 브린크, 알레산드로
페라라, 라이너 포르스트, 존 주디스, 테드 코디체크, 마리아 피아 라라,
데이비드 페리츠, 엘리 자레츠키의 유익한 논평과 흥미진진한 토론에도
감사를 표한다.

「참여 동등의 정의를 우선시하기: 컴프리디스와 포르스트에 대한 답
변」Prioritizing Justice as Participatory Parity: A Reply to Kompridis and Forst은
European Journal of Political Theory 6: 3, 2007(프레이저의 연구에 관
한 심포지엄)에 처음 발표되었다. 지은이는 심포지엄의 객원 편집에 참여
한 니컬러스 컴프리디스에게 감사를 표하며, 논평을 통해 큰 도움을 준
에이미 앨런, 마리아 피아 라라, 라이너 포르스트, 엘리 자레츠키에게도
감사의 말을 전한다.

낸시 프레이저는 이 책에 글을 수록하도록 허락해 준 모든 관련자에게
깊은 감사를 전한다.

「자원 평등주의와 인정 정치」Resource Egalitarianism and the Politics of

Recognition의 지은이인 조지프 히스는 윌 킴리카, 필리프 판 파레이스, 아서 립스테인에게 감사를 전한다. 그리고 초고에 유익한 논평을 해주어 이 원고가 나올 수 있게 도와준 대니얼 웨인스톡에게도 감사드린다.

니컬러스 컴프리디스의 「인정의 의미를 둘러싼 투쟁」Struggling over the Meaning of Recognition은 *European Journal of Political Theory* 6: 3, 2007, 277~289쪽에 실렸다. 지은이는 재간행을 허락해 준 편집자와 출판사에 감사드린다.

「참여 동등과 민주적 정의」Participatory Parity and Democratic Justice의 지은이인 케빈 올슨은 몇 차례에 걸친 매우 유익한 대화를 나눠 준 낸시 프레이저에게 감사를 전한다. 뿐만 아니라 사려 깊은 논평을 해준 케네스 베인스, 제임스 보먼, 크리스티나 라폰트, 크리스토퍼 F. 주언에게도 감사드린다.

앤 필립스의 「불평등에서 차이로: 대체의 극단적 사례?」From Inequality to Difference: A Severe Case of Displacement?는 *New Left Review* 1: 224, 1997, 143~153쪽에 실렸다.

잉그리드 로베인스의 「분배 정의론에 대한 낸시 프레이저의 비판은 정당한가」Is Nancy Fraser's Critique of Theories of Distributive Justice Justified?는 *Constellations* 10: 4, 2003, 538~553쪽에 실렸다. 지은이는 재간행을 허락해 준 편집자와 출판사에 감사드린다.

리처드 로티의 「'문화적 인정'은 좌파 정치에 유용한 개념인가」Is 'Cultural Recognition' a Useful Concept for Leftist Politics?는 원래 *Critical Horizons* 1, 2000, 7~20쪽에 실렸다. 낸시 프레이저와 케빈 올슨은 재간행을 허락해 준 편집자와 출판사에 감사를 전한다.

아이리스 매리언 영의 「제멋대로의 범주들: 낸시 프레이저의 이원론 비판」Unruly Categories: A Critique of Nancy Fraser's Dual Systems Theory은 원래 *New Left Review* 1: 222, 1997, 147~160쪽에 실렸다.

/

지금 여기에서 낸시 프레이저를
주목해야 하는 이유

비판 이론에 관심을 갖고 있는 사람에게 낸시 프레이저Nancy Fraser, 1947~
라는 이름은 낯설지 않을 것이다. 악셀 호네트Axel Honneth와의 논쟁
을 담은 『분배냐 인정이냐?』*Umverteilung oder Anerkennung?: Eine politisch-*
philosophische Kontroverse, 2003와 『지구화 시대의 정의』*Scales of Justice:*
Reimagining Political Space in a Globalizing World, 2008 등이 이미 국내에 번
역되어 있기 때문이다. 그러나 프레이저의 이론은 국내에서 아직 '충분
히' 주목받지 못하고 있다. 우리 사회의 문제를 푸는 데 중요한 실마리를
담고 있음에도 불구하고 그녀의 이론은 맑스주의나 존 롤스 및 마이클
샌델류의 정의론에 비해 평가절하되어 왔다는 것이다. 따라서 우리는 프
레이저의 이론과 이에 대한 논쟁을 기록한 이 책이 지금 여기와 어떻게
만날 수 있는지를 살펴보는 것으로 옮긴이 후기를 대신하고자 한다. 이
것은 또한 왜 우리가 지금 여기에서 이 책을 번역했는지, 왜 낸시 프레이
저를 주목할 필요가 있는지를 설명할 수 있는 최선의 길이기도 하다.

프레이저에 주목해야 하는 첫번째 이유는 그녀가 "포스트사회주의
시대"postsocialist age라고 명명했던 서구의 상황이 지금 여기의 상황과 사

뭇 닮아 있다는 데 있다. 이 책의 1부 1장에서 분명히 볼 수 있듯이 프레이저는 물질적 불평등은 여전하나 "'재분배'와 같은 용어를 중심으로 구성된 사회주의적 상상의 광영이 실추"된, 그리고 그 자리에 문화적 투쟁의 담론이 대신 들어선 것처럼 보이는 서구의 상황을 "포스트사회주의 시대"로 명명한다. 그리고 그녀의 정의론은 이러한 시대를 고민의 출발점으로 삼아 경제적 불이익과 문화적 무시를 함께 고려하는 비판 이론을 구성하고 있다.

이러한 시대적 고민은 우리와도 무관하지 않다. 1980년대까지만 해도 우리 학계에서 정의는 분배 및 재분배의 관점을 강조하는 맑스주의 정치경제학을 중심으로 논의되는 경향이 있었고, 사회운동의 중심에는 노동운동이 있었다. 그러나 1990년대 이후 본격화되기 시작한 포스트모더니즘 논쟁, 정신분석학, 문화연구, 다문화주의 담론의 급부상은 경제적 관점을 강조하는 비판 이론에 대한 학적 관심을 축소시키는 결과로 이어졌다. 사회운동의 차원에서 볼 때도 마찬가지다. IMF 이후에 극단화된 취업률 하락, 경쟁의 심화, 양극화 심화 등 우리 사회는 여전히 다각도로 경제적 위기를 겪고 있지만, 노동운동은 약화되는 반면 다문화주의, 젠더 혐오, 성소수자 인권 등을 둘러싼 사회운동은 확산되는 추세이다. 문제의 시대 상황을 공유한다는 점에서 프레이저의 이론은 분명 지금 여기 우리 사회의 문제를 풀어 나갈 방식에 대한 힌트를 제공한다.

둘째로, 낸시 프레이저의 비판 이론은 경제적·문화적 차원의 부정의를 다층적으로 분석하고 해결할 방법을 제공한다는 점에서 매우 중요하다. 프레이저는 인정 일원론자들이 자아 실현만을 강조함으로써 경제 부정의를 외면하고, 경제 중심주의자들이 체제 부정의를 강조하는 가운데 문화 부정의를 도외시한다는 점을 비판하면서 재분배redistribution와 인정recognition의 문제를 정합적으로 함께 고려할 수 있는 비판 이론을 구성할 것을 역설한다. 이를 위해 그녀는 우선 재분배와 인정, 경제적인 잘못된 분배maldistribution와 문화적인 무시misrecognition를 분석적으로 구분한다. 하지만 이들을 서로 대립되는 차원으로 놓거나 양자택일의 구도로 이해하기보다는 서로 환원될 수 없지만 얽혀 있는 다층적인 측면으로 파악한다. 그녀에 따르면 인정과 재분배는 서로 환원될 수 없는 정의의 다양한 측면이지만, 정치적 참여 동등parity of participation을 이루는 데 필요한 두 가지 조건이며 한 차원의 부정의가 해소되지 못할 때 다른 차원의 부정의 역시 온전하게 개선되기 힘들다.

이러한 프레이저의 다층적 접근은 특히나 '페미니스트'라는 명명이 욕처럼 취급되는 지금 여기에 커다란 시사점을 제공한다. 여성 임금이 아직도 남성 임금의 60%밖에 되지 못하고, 강간·폭력 등 여성을 상대로 한 범죄가 전체 강력 범죄의 87%에 달하는 현실에도 불구하고, 성을 둘러싼 경제적·문화적·정치적 인정 투쟁을 벌이는 페미니스트는 남성을 혐오하는 분리주의자 혹은 분배 투쟁을 분산시키는 '위험한' 세력으로 오해되곤 하는 시대에 우리는 살고 있다. 그러나 프레이저가 그러하듯 국내의 페미니스트들은 경제를 소홀히 한 채 문화만을 논한 적이 없으며, 성적 상징 체계를 고려하지 않은 채 경제를 논한 적이 없다. 오히려 국내의 페미니스트들은 물질적 손상, 문화적 모욕, 정치적 대표 불능의 측면들을 함께 고려하는 이론을 고안하기 위해 노력해 왔으며, 이러한 노력의 흔적은 최근의 성소수자 혐오 및 여성 혐오 현상을 분석하고 진단하는 연구들에도 고스란히 배어 있다.

따라서 재분배와 인정의 딜레마를 해소하기 위해 프레이저가 제안한 "변혁적 개선책"transformative remedy, 분배 투쟁을 인정 투쟁으로 대체하거나 집단 정체성을 물화해 버리는 문제를 해결하기 위해 그녀가 고안한 "지위 모델"status model로의 전회 등을 비판적으로 살펴보는 일은 인권·문화·경제의 모순이 서로 얽혀 나타나는 페미니즘의 쟁점뿐 아니라 우리 사회를 총체적으로 분석하고 비판하는 논의를 심화시키는 토대가 될 것이다. 이것은 또한 매우 구체적인 집단의 경험에서 출발해 인간 보편을 위한 사회 이론을 구상하는 노정이라는 점에서 보편 인간을 전제로 논의되었던 기존의 사회 이론과는 다른 시각을 제공할 것이며, 최근 우리 사회운동에서 과제로 제기되고 있는 적-녹-보의 패러다임을 화학적으로 재구성하는 사회 이론을 마련하는 데도 중요한 역할을 할 것이다.

셋째로, 우리는 프레이저의 비판 이론이 학술적 논쟁 교환의 문화가 척박한 우리 학계에 각성의 계기를 제공할 수 있다는 점을 잊어서는 안 된다. 지난 30년간 우리의 학문 연구는 양적·질적 발전을 이루었다. 그러나 신자유주의적 성과 경쟁 속에서 학자들이 자신의 개인적 연구물을 쏟아 내는 데만 집중했던 것도 사실이다. 출판된 논문은 거의 읽히지 않고 있으며, 읽힌다고 해도 이것이 논쟁으로 발전하는 경우는 매우 드물다. 그러나 이와 달리 이 책에서 프레이저는 여러 학자와 학술적 논의를 주고받는 과정에서 자신의 비판 이론을 확장·발전시키고 있다. 이를 좀더 구체적으로 살펴보자.

처음에 프레이저는 재분배에서 인정으로 운동의 초점이 대체되는 것을 막기 위해 젠더·인종과 같은 집단을 경제적이면서도 문화적인 부정의에 시달리고 있는 이가적bivalent 집단으로 파악하고, 이에 따른 이차원적 부정의를 모순 없이 해결하기 위해서는 문화적 정체성과 계급적 구분을 해체하는 "변혁적 개선책"으로 나아가야 한다고 주장했다. 그러나 이에 대해 주디스 버틀러는 프레이저가 여전히 경제와 문화를 구분해 생각하고 있음을 비판한다. 버틀러에 따르면 문화는 경제와 말끔하게 구분되는 "단지 문화적인" 것이 아니며, 섹슈얼리티·젠더·재생산 등은 오히려 정치경제가 기능하는 데 있어 핵심적인 것으로 이해되어야 한다. 여기서 우리가 주목해야 할 것은 프레이저가 기존의 관점을 고수하거나 반복하기보다 자신의 이론을 확장·발전시키는 방식으로 이러한 비판에 대응한다는 점이다. 즉 프레이저는 이후의 논문에서 문화와 경제의 구분이 "발견적"heuristic 목적을 위한 분석적 구분일 뿐임을 좀더 명시할 뿐 아니라, 문화적인 것 역시 물질적인 것임을 주장함으로써 문화와 경제의 얽힘을 분명히 하고자 했다.

　리처드 로티의 비판 역시 프레이저의 이론을 확장시키는 데 커다란 영향력을 행사한다. 그는 문화적 집단 정체성에 대한 주장이 오히려 집단 내 개인의 다양성을 억압하고 다른 집단들을 경멸하는 결과를 초래하는 경향이 있음을 지적하면서, 인정의 정의론은 문화적 집단 정체성이 아니라 보편적 개인에 초점을 맞추어야 함을 역설한다. 이에 프레이저는 로티의 문제 제기를 집단 정체성의 "물화"reification와 관련된 문제로 정리하면서, 이 문제를 해소하기 위해서는 "지위 모델"로의 전회가 필요하다고 주장한다. 즉 그녀는 인정 투쟁을 집단 정체성의 실현을 위한 투쟁으로 파악하기보다 사회 성원들이 서로를 사회적·정치적 상호작용 과정에서 동등한 지위를 갖는 온전한 파트너로 인정하기 위해 필요한 투쟁으로 설명함으로써 인정 투쟁 과정에서 집단 정체성이 타인 혹은 타 집단에게 폭력이 되는 결과를 피해 간다. 그리고 이로써 문화·경제의 이차원 정의론에서 정치까지도 포함하는 삼차원 정의론으로 나아간다.

　삼차원적 접근법을 본격적으로 발전시키는 가운데 프레이저는 또한 케인스주의–베스트팔렌적 틀에서 포스트–베스트팔렌적 틀로의 또 다른 전환을 시도한다. 이는 가령 '국가'가 노숙인 범죄화와 군대 내 성적 지향의 문제화에 어떤 식으로 연루되어 있는지를 비판적으로 분석한 레너드 C. 펠드먼의 지적과 관련해 설명될 수 있다. 펠드먼은 '국가'의 역할을 문제 삼으면서 국가가 오히려 정상적인 시민과 종속된 지위 사이의 구분을 만들거나 정치적으로 종속된 지위를 확정해 버리는 역할을 할 수 있다고 비판한다. 이에 프레이저는 국가적 경계 내에서 특정 집단의 정치적 지위가 인정되지 못하는 문제를 비판하고, 또 이러한 경계 설정으로 인해 정의론이 전 지구적으로 나타나는 인정과 분배의 부정의를 정치적으로 논의할 수 없음을 비판하면서, 이러한 문제들을 풀기 위해서는 정치의 차원을 전 지구적 차원, 즉 포스트-베스트팔렌적 틀로 재설정할 필요가 있음을 주장한다.

그 밖에도 이 책은 프레이저가 논쟁을 통해 자신의 이론을 어떻게 확장시키는지를 잘 보여 준다. 가령 니컬러스 컴프리디스는 프레이저가 참여 동등의 정의를 우선시하는 가운데 언어의 개시disclosure적 역할을 소홀히 하고 있다고 비판하는데, 이에 대해 그녀는 자신의 정치적 정의론이 절차뿐 아니라 내용까지도 반성할 수 있는 계기를 지니고 있음을 설명하는 가운데 자신의 이론을 풍부화한다. 즉 그녀는 자신이 말하고 있는 참여 동등의 이념이 무엇이 공정한 근거인지를 미리 규정하고 있지 않다는 점에서 기존의 정당화 언어를 비판하고 반성할 가능성을 담보하고 있으며, 이로써 정의의 의미를 확장하는 새로운 의미화, 언어의 개시를 가능하게 하는 노력과 직접적으로 연결될 수 있다고 주장한다. 뿐만 아니라 프레이저는 라이너 포르스트와 논쟁하는 가운데 참여 동등의 지위, 즉 정치적 차원의 우선성에 대한 견해를 수정하기도 한다. 즉 처음에 그녀는 포르스트와 마찬가지로 정치적인 것을 정의의 최고 차원으로 주장했지만, 자신의 참여 동등과 포르스트의 공정성의 이념을 세부적으로 구분하는 과정에서 정치적인 것은 그것이 명시적인 논쟁의 초점이 아닐 경우에조차 항상 필연적으로 작동하고 있지만, 가장 주요한 최고의 차원이 무엇이냐는 상황에 따라 달라질 수 있다고 주장한다.

물론 이 책의 논쟁은 여전히 열려 있다. 가령 잉그리드 로베인스가 지적하듯, 아마티아 센의 역량 접근은 인정의 쟁점을 충분히 고려하는 분배의 방식을 제안하고 있으며, 프레이저의 삼차원 정의론보다 더 폭넓은 사회적 차원에 대한 설명력을 가질 수도 있다. 이런 점에서 볼 때 언젠가 프레이저는 자신의 이론을 다시금 수정할 수도 있다. 하지만 프레이저가 논쟁에 자신을 열어 두고 있다는 것은 약점이 아니라 강점이다. 왜냐하면 그녀는 이러한 논쟁의 과정에서 자신의 이론을 확장·발전시켜 왔으며 자신을 비판하는 사상마저도 융합시키고 있기 때문이다. 개별 학자들의 역량은 증대했으나 독창적인 학파나 주장이 아직 나타나지 못하고 있는 지금 여기의 상황을 고려해 볼 때, 이러한 논쟁의 문화는 우리에게 반성적 계기를 제시한다.

이제 간단하게나마 번역과 관련된 문제들을 어떻게 처리했는지 언급함으로써 옮긴이 후기를 마무리하고자 한다. 먼저 이 책의 1부에 실린 버틀러의 글과 3부에 실린 프레이저의 글은 기존의 번역본이 있어 이를 참고했다. 물론 이 과정에서 우리는 이 책의 전반적인 흐름에 맞추어 두 논문의 번역어와 문장을 다시 손질했다. 이와 더불어 우리는 이 책 전체에서 매우 자주 등장하는 다양한 부정의의 개념들을 다음과 같이 구분해 번역했다. 즉 우리는 disrespect를 '경시'로, nonrecognition을 '불인정'으로, misrecognition을 '무시'로 번역했다. 그 밖에도 harassment는 '희롱',

disparagement는 '비방', despised는 '경멸받는'으로 옮겼다. 또한 경제적 손실을 나타낼 때 자주 사용되는 injury는 '손상'으로, 문화적 손실을 나타낼 때 자주 사용되는 insult는 '모욕'으로 번역했음을 알려 둔다.

마지막으로 이 책을 번역하는 과정에서 많은 이의 수고가 있었음을 잊지 않고 싶다. 이 책의 번역은 그린비출판사의 제안을 옮긴이들과 연결해 준 박건의 활약이 없었다면 성사될 수 없었다. 그린비출판사의 김재훈 선생님은 3번의 교정 과정에서 매의 눈으로 옮긴이들의 오역을 잡아내 주었다. 그의 끈질긴 재고 요구가 없었다면 가령 하이데거의 용어인 '개시'는 그 고유의 맛을 살리지 못했을 것이다. 다소 부끄럽지만 옮긴이인 우리의 노력도 자찬하고 싶다. 1년간의 세미나를 거치면서 우리는 나름 이 책의 내용을 숙지하고자 했으며, 교차 번역을 거치는 과정에서 각자의 실수를 겸허하게 받아들이고자 했다. 막대한 분량의 교정지를 검토하면서 번역체를 한글답게 고쳐 준 문현아와 색인까지도 세심하게 정리해 준 박건 그리고 묵묵히 옮긴이 후기를 집필해 준 이현재에게 소리 없는 박수를 보낸다. 아직 부족한 부분이 많지만 이는 독자들의 지적을 받아들이는 가운데 차후에 수정하도록 할 것이다.

2016년 병신년 벽두에
옮긴이 일동

찾아보기

【ㅇ】

지은이 소개

주디스 버틀러 Judith Butler

버클리 소재 캘리포니아 대학 수사학과와 비교문학과의 맥신 엘리엇 교수
(Maxine Elliot Professor)이자 수사학과 학장이다. 『젠더 트러블』(*Gender Trouble*,
1990; 조현준 옮김, 문학동네, 2008), 『의미를 체현하는 육체』(*Bodies That Matter*,
1993; 김윤상 옮김, 인간사랑, 2003), 『권력의 정신적 삶』(*The Psychic Life of Power*,
1997), 『젠더 허물기』(*Undoing Gender*, 2003; 조현준 옮김, 문학과지성사, 2015), 『불
확실한 삶: 애도와 폭력의 권력들』(*Precarious Life: The Powers of Mourning and
Violence*, 2004; 양효실 옮김, 경성대학교출판부, 2008), 『윤리적 폭력 비판: 자기 자신
을 설명하기』(*Giving an Account of Oneself*, 2005; 양효실 옮김, 인간사랑, 2013)를 포
함해 여러 저작을 집필했다.

리처드 로티 Richard Rorty

20년간 프린스턴 대학에서 철학을 가르치면서 선구적인 저서 『철학 그리고 자
연의 거울』(*Philosophy and the Mirror of Nature*, 1979; 박지수 옮김, 까치글방, 1998)
을 출간했다. 이후 버지니아 대학과 스탠퍼드 대학으로 자리를 옮겨 『실용주의
의 결과』(*Consequences of Pragmatism*, 1982; 김동식 옮김, 민음사, 1996), 『우연성,
아이러니, 연대성』(*Contingency, Irony, and Solidarity*, 1989; 김동식·이유선 옮김, 민
음사, 1996), 미국 만들기(*Achieving Our Country*, 1998; 임옥희 옮김, 동문선, 2003) 같
은 주요 저작을 발표했고, 그 외에도 여러 다른 책과 네 권의 논문 모음집을 펴
냈다. 최근에는 『문화 정치로서 철학』(*Philosophy as Cultural Politics*, 2007)을 출
간했다.

아이리스 매리언 영 Iris Marion Young

2006년 너무 이른 죽음을 맞기 전까지 시카고 대학 정치학과 교수를 지냈다. 페미니즘 이론과 정치철학에 관한 여러 저작과 논문을 집필했으며, 대표작으로 『포용과 민주주의』(*Inclusion and Democracy*, 2000), 『여성의 신체 경험에 대하여』(*On Female Body Experience*, 2004), 『전 지구적 도전: 전쟁, 자결권, 정의의 책임』(*Global Challenges: War, Self Determination and Responsibility for Justice*, 2007) 등이 있다.

앤 필립스 Anne Phillips

런던 정경대의 정치 및 젠더 이론 교수이며, 민주주의, 평등, 페미니즘, 다문화주의 쟁점에 관한 폭넓은 저술을 발표했다. 저서로 『민주주의를 젠더화하기』(*Engendering Democracy*, 1991), 『민주주의와 차이』(*Democracy and Difference*, 1993), 『현존의 정치』(*The Politics of Presence*, 1995), 『어떤 평등이 문제인가』(*Which Equalities Matter?*, 1999)가 있으며, 최근에는 『문화 없는 다문화주의』(*Multiculturalism without Culture*, 2007)를 출간했다.

크리스토퍼 F. 주언 Christopher F. Zurn

켄터키 대학의 철학과 부교수이다. 민주주의, 법, 인정, 분배, 비판 이론에 관한 여러 논문을 발표했으며, 저서로 『심의 민주주의와 사법 심사 제도』(*Deliberative Democracy and the Institution of Judicial Review*, 2007)가 있다.

엘리자베스 앤더슨 Elizabeth Anderson

앤아버 소재 미시간 대학 철학 및 여성학과의 존 롤스 학부 교수(John Rawls collegiate professor)이다. 저서로 『윤리학과 경제학에서 가치』(*Value in Ethics and Economics*, 1993)가 있으며 민주주의 이론, 평등, 정치경제, 가치론, 합리적 선택 등에 관한 논문을 발표했다. 현재는 민주주의와 인종 통합에 관한 저작을 집필하고 있다.

잉그리드 로베인스 Ingrid Robeyns

젠더 불평등과 역량 접근에 관한 논문으로 케임브리지 대학에서 박사 학위를 받았다. 현재 네덜란드 로테르담의 에라스무스 대학에서 실천철학과 교수로 있다. 역량 접근, 정의론, 젠더 불평등, 가족 정의(family justice), 페미니즘 경제학과 페미니즘 철학, 복지국가 개혁에 관심을 갖고 연구하고 있다.

조지프 히스 Joseph Heath

토론토 대학 철학과 부교수이다. 저서로 『의사소통 행위와 합리적 선택』(*Communi-cative Action and Rational Choice*, 2001)과 『효율적인 사회』(*The Efficient Society*, 2001)가 있으며 앤드루 포터(Andrew Potter)와 『혁명을 팝니다』(*The Rebel Sell*, 2004; 윤미경 옮김, 마티, 2006)를 공저했다. 주된 연구 관심사는 비판 사회 이론과 규범경제학(normative economics)이다.

레너드 C. 펠드먼 Leonard C. Feldman

오리건 대학 정치학과 조교수이다. 『주거지 없는 시민: 노숙 상태, 민주주의, 정치적 배제』(*Citizens without Shelter: Homelessness, Democracy, and Political Exclusion*, 2004)를 출간했으며, 민주주의 이론에 관한 다수의 논문을 발표했다. 현재 『필연성의 지배』(*Governed by Necessity*)라는 저서를 집필하고 있다. 2007~2008년에는 프린스턴 고등연구원(Institute for Advanced Study in Princeton)의 객원 회원이었다.

케빈 올슨 Kevin Olson

어바인 소재 캘리포니아 대학 정치학과 부교수이다. 『성찰적 민주주의: 정치적 평등과 복지국가』(*Reflexive Democracy: Political Equality and the Welfare State*, 2006)를 집필했으며, 인민주권, 시민권, 민주주의의 문화적·물질적 기반, 사회 정의, 다양성 정치, 유럽의 사회·정치·법 이론에 관한 논문을 발표했다. 2006~2007년에는 네덜란드 위트레흐트 대학의 에라스무스 문두스 방문 학자(Erasmus Mundus Scholar)를 지냈다.

니컬러스 컴프리디스 Nikolas Kompridis

요크 대학 철학과 조교수이다. 저서로 『비판과 개시: 과거와 미래 사이의 비판 이론』(*Critique and Disclosure: Critical Theory between Past and Future*, 2006)이

있으며 『철학적 낭만주의』(*Philosophical Romanticism*, 2006)의 엮은이이기도 하다. 현대 사회·정치철학, 독일 관념론과 낭만주의, 비판 이론, 미학, 문화철학에 관한 여러 논문을 저술했다.

라이너 포르스트 Rainer Forst

독일 프랑크푸르트암마인 소재 요한 볼프강 괴테 대학의 정치 이론과 철학 교수이다. 『정의의 맥락들』(*Contexts of Justice*, 2002), 『충돌하는 관용』(*Toleranz im Konflikt*, 2003), 『정당화 권리』(*Das Recht auf Rechtfertigung*, 2007)를 집필했고, 『근대의 에토스: 푸코의 계몽주의 비판』(*Ethos der Moderns: Foucaults Kritik der Aufklärung*, 1990)과 『관용』(*Toleranz*, 2000)을 엮었다.

옮긴이 소개

문현아

서울대학 국제대학원 강사이자 연구 공동체 '건강과 대안' 연구 위원이다. 정치학으로 박사 학위를 받았고, 관심 분야를 넓혀 젠더, 한국 역사사회, 건강 불평등, 수면, 구술사, 사회 이론 등을 연구하고 있다. 『성노동』(공저, 2007), 『돌봄 노동자는 누가 돌봐 주나: 건강한 돌봄 노동을 위하여』(공저, 2012), 『대한민국에서 엄마로 산다는 것: 엄마도 때론 사표 내고 싶다』(2012), 『페미니즘의 개념들』(공저, 2015) 등의 저작을 집필했으며, 『경계 없는 페미니즘』(2005), 『세계화의 하인들』(2009) 등을 우리말로 옮겼다.

박건

서울시여성가족재단 연구 위원이다. '한국 사회의 차별 구조와 반차별 운동'을 주제로 박사 학위를 받았으며, 차별 문제뿐 아니라 여성 노동, 젠더와 건강, 가족 가치, 남성성, 죽음 등 다양한 분야에 관심을 갖고 있다. 논문으로 「낸시 프레이저: 재분배, 인정, 그리고 대표의 3차원 정의와 페미니즘 운동」(2011), 「청춘 밖의 청춘, 그들의 성인기 이행과 자아 정체성」(공저, 2012), 「모욕과 무시 경험의 차별 유형화에 대한 연구」(2014) 등이 있다.

이현재

서울시립대학 도시인문학연구소 HK 교수이다. 독일 프랑크푸르트 괴테 대학에서 인정 이론과 페미니즘을 접목시킨 논문으로 철학 박사 학위를 받았다. 최근에는 육체 유물론, 여성주의 정치경제학, 성적 친밀 관계 등에 관심을 갖고 있으며, 공간 개념의 철학사를 구성하기 위한 연구에도 박차를 가하고 있다. 지은 책으로 『여성의 정체성』(2007), 『사랑 이후의 도시』(공저, 2015) 등이 있으며, 『인정 투쟁』(2011), 『그따위 자본주의는 벌써 끝났다』(2013) 등을 우리말로 옮겼다.

프리즘총서 024

불평등과 모욕을 넘어: 낸시 프레이저의 비판적 정의론과 논쟁들

초판1쇄 펴냄 2016년 2월 25일
초판4쇄 펴냄 2022년 1월 10일

엮은이 케빈 올슨
지은이 낸시 프레이저, 주디스 버틀러, 리처드 로티, 아이리스 매리언 영, 앤 필립스, 크리스토퍼 F. 주언, 엘리자베스 앤더슨,
　　　　잉그리드 로베인스, 조지프 히스, 레너드 C. 펠드먼, 케빈 올슨, 니컬러스 컴프리디스, 라이너 포르스트
옮긴이 문현아, 박건, 이현재
프리즘총서 기획위원 진태원
펴낸이 유재건
펴낸곳 그린비
주소 서울시 마포구 와우산로 180, 4층
대표전화 02-702-2717 | **팩스** 02-703-0272
홈페이지 www.greenbee.co.kr
원고투고 및 문의 editor@greenbee.co.kr

주간 임유진 | **편집** 홍민기, 신효섭, 구세주, 송예진 | **디자인** 권희원, 이은솔 | **마케팅** 유하나, 육소연
물류유통 유재영, 한동훈 | **경영관리** 유수진

ISBN 978-89-7682-427-1 93100

學問思辨行: 배우고 묻고 생각하고 판단하고 행동하고

독자의 학문사변행을 돕는 든든한 가이드 _그린비 출판그룹

그린비 철학, 예술, 고전, 인문교양 브랜드
엑스북스 책읽기, 글쓰기에 대한 거의 모든 것
곰세마리 책으로 통하는 세대공감, 가족이 함께 읽는 책